Die Nordamerikanischen Indianer in frühen Photographien

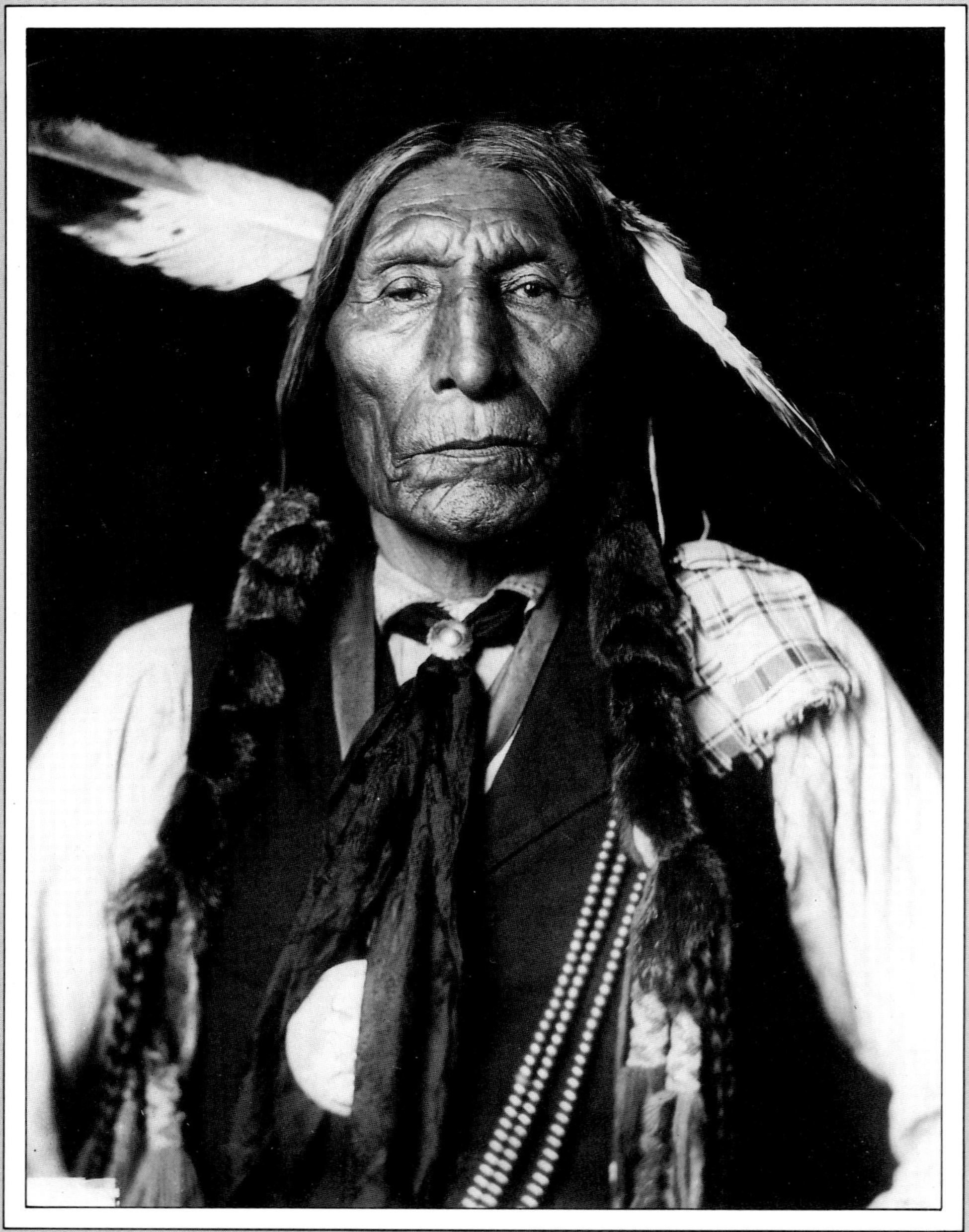

Wolf Robe, ein südlicher Cheyenne.
Photo von De Lancey Gill, Juni 1909

Die Nordamerikanischen Indianer

in frühen Photographien

Von Paula Richardson Fleming · Judith Luskey

Aus dem Englischen von
Eva und Thomas Pampuch

Verlag C. H. Beck
München

Unseren Familien gewidmet:
Sara, Norton und Marion Richardson und
Agnes und Irving Luskey

Der Übersetzung liegt folgende Ausgabe zugrunde:
Paula Richardson Fleming and Judith Luskey:
The North American Indians in early photographs
Erstausgabe: Harper & Row Publishers, New York 1986

Gestaltung: John Calman & King Ltd, London

Umschlagabbildungen: (Vorderseite) Ein Uintah Ute-Indianer und seine Braut zu Pferde. Photo von E. O. Beaman. *(Rückseite)* Wolf Robe, ein Süd-Cheyenne. Photo von De Lancey Gill

CIP-Kurztitelaufnahme der Deutschen Bibliothek

Fleming, Paula Richardson:
Die nordamerikanischen Indianer in frühen Photographien / Paula Richardson Fleming; Judith Luskey, Aus d. Engl. von Eva u. Thomas Pampuch. – 2. Auflage – München : Beck, 1992.
Einheitssacht.: The North American Indians in early photographs ⟨dt.⟩
ISBN 3 406 35826 8
NE: Luskey, Judith:

ISBN 3 406 35826 8

Zweite, unveränderte Auflage. 1992
Für die deutsche Ausgabe:

Satz: Uhl + Massopust GmbH, Aalen
Printed in Slovenia by Mladinska Knjiga

Inhalt

Danksagung

Dieses Buch wäre ohne die Hilfe vieler Menschen nicht zustande gekommen. Dr. John C. Ewers, emeritierter Ethnologe am Smithsonian Institut, gab Anregungen und wertvolle Kritik. Wir stehen tief in seiner Schuld. Unsere Mentoren Dr. Waldo Wedel, emeritierter Archäologe, und Mildred Mott Wedel aus der Forschungsabteilung, beide am Smithsonian Institut, ermutigten uns immer wieder und setzten die Maßstäbe für unser Vorhaben. Francis D. Lethbridge. FAIA, Architekturhistoriker, Dr. John Greenway von der Colorado-Universität in Boulder und Dr. Bruce Wardlaw vom Smithsonian Institut motivierten uns und lehrten uns den Wert strenger Nachforschungen. Besonderen Dank verdient Margaret Blaker, die uns Gelegenheit gab, mit diesem wertvollen Material zu arbeiten.

Das Smithsonian Institut förderte das Vorhaben und hat uns gestattet, dieses Buch zusammenzustellen und zu veröffentlichen. Besonders danken wir Dr. Adrienne Kaeppler, der Leiterin der Anthropologischen Abteilung; der Direktorin Sylvia Williams und Dr. Roy Sieber, dem Co-Direktor des Nationalen Museums für afrikanische Kunst; und Alan Ullberg, Associate General Counsel.

Fachmännische Hilfe und Anregungen erhielten wir von John Carter, Curator of Photography, Nebraska State Historical Society;Richard Rudisill, Curator of Photo History, Museum of New Mexico; und Will Stapp, Curator of Photography, National Portait Gallery im Smithsonian Institut.

Zusätzliche Beiträge lieferten der Graphiker Siamak Bayat; Margaret Blackman von der State University of New York in Brockport; die Bibliothekarin Elizabeth Edwards vom Pitt-Rivers Museum der Oxford-Universität; Nan Fawthrop; Dan Fitzgerald, Kansas State Historical Society; Jonathan King, Assistent Keeper, ethnographische Abteilung des Britischen Museums; Constance Stuart Larrabee, Fotografin; Lonna Malmsheimer, Regisseurin beim amerikanischen Studienprogramm am Dickinson College; Cesare Marino, Handbuch der nordamerikanischen Indianer, Smithsonian Institut; Joan Mark, Peabody Museum, Harvard Universität; Miles Max Miller; Lynn Mitchell; Peter Palmquist; William Reese; Carol Roark, Assistant Curator of Photographs, und Martha Sandweiss, Curator of Photographs am Amon Carter Museum; und der Fotograf Charles Stein.

Im September 1985 veranstaltete die Princeton Universität eine Konferenz über Fotografie und die nordamerikanischen Indianer. Diese Konferenz brachte viele Gelehrte zusammen – Indianer und Nicht-Indianer – und eröffnete viele neue Aspekte zu diesem Thema. Da die Konferenz für die Autorinnen genau zum richtigen Zeitpunkt veranstaltet wurde, geht ein besonderer Dank an die Organisatoren, an Lee Mitchell, Direktor des amerikanischen Studienprogrammes, und Alfred Busch, Curator, Princeton Collections of Western Americana.

Unterstützt wurden wir auch von den Angehörigen der Fotografen und anderen Persönlichkeiten, die sich mit Indianerfotografie beschäftigen. So vor allem Jack Scott, Enkel von James Mooney; er gab uns Informationen und Erläuterungen für das Kapitel über Anthropologie. Ferner erhielten wir Informationen von Mrs. Carl G. Meyer, der Urenkelin von Governor Faulk; E. Marshall Pywell, einem Verwandten des Fotografen William Pywell und Ann Shumard, der Großnichte des Fotografen Sumner Metteson.

Die Idee, dieses Buch zu verfassen, hatte Laurence King von John Calman & King Ltd. Ohne seine Weitsicht wäre diese Forschungsarbeit nicht veröffentlicht worden.

Sue Wagstaff war am Anfang der Arbeit behilflich, wir danken ihr dafür, ebenso Paula Iley für ihren verlegerischen Rat und Pauline Batchelor für ihre Geduld beim Abschluß der Arbeit. Unser Dank gilt auch Jonathan King.

Die Mehrzahl der Illustrationen wurde vom Smithsonian Institut (Office of Printing and Photographic Services) zur Verfügung gestellt. Besondere Hilfe ließen uns auch Hannelore Aceto, Roberta Diemer, Joyce Goulait, Alan Hart, Mary Ellen McCaffrey und Louie Thomas zuteil werden.

Unser Dank gilt auch dem Personal des National Archives and Record Administration und dem der anderen Fundorte der Illustrationen.

Zuletzt muß ein Wort des Dankes all den Freunden und Familien gesagt werden, die während der Arbeit Hilfe und Geduld aufgebracht haben, besonders Edward Donnen, Maureen Downey, die Snarbis Familie, Judi Runner und die Familie C. Duck, Allen und Maryellen Rossmiller und Dianne Walker.

Vorwort

Seit der Entdeckung der Neuen Welt vor fast fünf Jahrhunderten waren es Bilder, die es den Menschen anderer Länder und Kulturen ermöglicht haben, sich Aussehen und Lebensgewohnheiten der nordamerikanischen Indianer vorzustellen, einem Volk, das zu den malerischsten der Erde gehört. In den ersten dreieinhalb Jahrhunderten war man – bis zur Entdeckung der Fotografie – auf Zeichnungen angewiesen, um zu wissen, wie die Indianer aussahen und lebten. Die Gemälde der Künstler waren sehr unterschiedlich. Es gab sehr phantasievolle Arbeiten, die auf wenig oder zumindest keiner unmittelbaren Kenntnis über Indianer beruhten. Andere zeigten eine etwas gefälschte Realität, da die Maler dieser Bilder die Indianer als Menschen der Neuen Welt betrachteten, die – wie griechische oder römische Statuen – das klassische Schönheitsideal verkörperten – Männer und Frauen mit scharf umrissenen Gesichtszügen und schön gerundeten Körpern, die nur teilweise von lockeren Gewändern umhüllt waren.

Die Fotografie ist eine relativ neue Entwicklung in der 500jährigen bildlichen Aufzeichnung der Beziehungen zwischen Indianern und Weißen in Nordamerika. Mitte der 40er Jahre des 19. Jahrhunderts wurden die ersten Fotos gemacht. Zu dieser Zeit waren viele Stämme durch die nach Westen drängenden Siedler aus ihrer ursprünglichen Heimat bereits vertrieben worden. Ihre Zahl war infolge von Krieg und Krankheit stark reduziert, und ihre Lebensgewohnheiten hatten sich durch den Einfluß der weißen Kultur sehr verändert. Lange bevor es die ersten Fotos von Indianern gab, vertauschten die Stämme aus den Waldgebieten ihre Kleidung aus Tierhäuten mit Gewändern aus Tuch, wie es die Weißen trugen. Die büffeljagenden Indianer der Great Plains hatten sich durch den Erwerb spanischer Pferde von schwerfälligen Fußgängern in bewegliche Reiter verwandelt. Und die Indianer der nördlichen Pazifik-Küste hatten von den Weißen die scharfen Metallwerkzeuge übernommen, um ihre eindrucksvollen Totempfähle zu schnitzen, ihre ehrfurchterregenden zeremoniellen Masken und ihre Holzkästen und Schalen.

In den letzten 140 Jahren hat die Fotografie die ständigen Veränderungen der indianischen Lebensgewohnheiten dokumentiert. Während der Hälfte dieser Zeit – der Jahre vor dem Zweiten Weltkrieg – dienten die Kameras häufig dem Hauptzweck, die physische Erscheinung einzelner Indianer zu zeigen. In dieser Hinsicht folgte die Fotografie dem Beispiel der Maler in der Zeit davor.

Während der Kolonialzeit begannen Indianer als Objekt für ein Porträt interessant zu werden. Häuptlinge mächtiger Indianerstämme, deren Loyalität den Engländern erwünscht war, wurden über den Atlantik begleitet, um London, das Zentrum englischer Macht, zu besuchen, dem herrschenden König vorgestellt zu werden und sich von den Wundern der englischen Zivilisation beeindrucken zu lassen. Dort zeichneten oder malten professionelle Künstler Porträts dieser berühmten Indianer. Pocahontas wurde bereits 1616 gemalt. Viele Häuptlinge der größeren Stämme aus den östlichen Waldgebieten wurden während ihrer Besuche in London vor dem Unabhängigkeitskrieg porträtiert.

Der englische Brauch, wichtige Besucher des Regierungssitzes malen zu lassen, wurde von den neuen Vereinigten Staaten übernommen, zunächst sporadisch und später als Bestandteil der Regierungspolitik. Schon 1790 zeichnete John Trumbull eine Reihe von Bleistiftporträts von Creek-Indianern aus den Pinienwäldern Georgias und Alabamas, die in der vorläufigen Hauptstadt New York City Präsident George Washington getroffen hatten, um ihren ersten Vertrag mit den Vereinigten Staaten zu unterschreiben.

Da man bemerkt hatte, daß die indianische Bevölkerung abnahm und sich ihre traditionellen Gebräuche rapide veränderten, faßten Regierungsbeamte Anfang des 19. Jahrhunderts den Plan, eine Sammlung von Porträts aller berühmten Stammeshäuptlinge anzulegen, die Washington besuchten. Damit wurde 1822 begonnen. Man beauftragte Charles Bird King, der bei Benjamin West in London studiert hatte und ein bekannter Washingtoner Porträtmaler war, viele dieser indianischen Besucher zu malen. 1842 hatte er etwa 100 Indianerhäuptlinge von mindestens 20 Stämmen nach dem lebenden Modell gemalt, und 26 weitere Indianerporträts kopiert, die von James Otto Lewis direkt im Indianergebiet gemalt worden waren.

In den 50er Jahren des 19. Jahrhunderts begann die Fotografie die Malerei diesbezüglich zu ersetzen. Die ersten bekannten Delegationsfotografien wurden 1852 von Häuptlingen der Plains-Indianerstämme gemacht, die im Herbst zuvor den wichtigen Fort Laramie Vertrag im Westen unterzeichnet hatten. Aber erst 1867 wurde vom Smithsonian Institut mit Hilfe von Privatmitteln und der Kooperation des Indianerbüros damit begonnen, ein Fotoarchiv der Mitglieder indianischer Delegationen in Washington anzulegen. Diese Fotos bilden den Kern der größten Indianerfotosammlung der Welt, die sich im Nationalen Anthropologischen Archiv des Smithsonian Instituts befindet.

Um 1850 wurden die ersten Aufnahmen im Freien von Indianern westlich des Mississippi gemacht – häufig von Künstlern, die Forschungsexpeditionen begleiteten. Die Forscher erkannten nämlich, daß sich die Fotografie bei der bildlichen Aufzeichnung ihrer Untersuchungen gut verwenden ließ. Leider sind nur wenige dieser Pionierfotos erhalten geblieben, verglichen mit der großen Anzahl von Bildern der späteren wissenschaftlichen Expeditionen in den Westen.

Durch die lange Belichtungszeit der damaligen Kameras war man kaum in der Lage, die dramatischen Aktionen der Indianerkriege während der zweiten Hälfte des 19. Jahrhunderts aufzunehmen, die zahlreichen großen und kleinen Zusammenstöße zwischen der US-Armee und den feindlichen Indianern der Great Plains und des Südwestens oder den kurzen Modoc-Krieg weiter westlich. Aber die Fotografen machten Bildern von allen Anführern der kämpfenden Parteien, es gibt Fotos von den Forts und den Schlachtfeldern, sowie einige grausige Aufnahmen von Gefallenen.

Im letzten Viertel des 19. und in den ersten Jahren des 20. Jahrhunderts benutzten viele Amateurfotografen ihre Kameras dazu, die großen Veränderungen festzuhalten, die es im Leben der Indianer gab, als man sie in Reservaten unterbrachte. Meistens waren es Händler, Missionare und Indianeragenten, denen es darum ging, die Fortschritte zu zeigen, die man bei der kulturellen Anpassung der Indianer machte; bei der Besiedlung ihrer Parzellen, die ihre dauerhafte Heimat werden sollten, bei der Einrichtung von Kirchen und Schulen und bei Ackerbau und Viehzucht, betrieben von Nachkommen der Indianer, die nur Jäger und Sammler gewesen waren.

Zur selben Zeit legten andere Fotografen weite Strecken zurück, um Reste der alten indianischen Lebensgewohnheiten zu zeigen, bevor sie verschwanden; so den Schlangentanz der Hopi, die Maskenzeremonien aller Pueblo-Indianer und der Stämme an der Nordwestküste und den Sonnentanz bei den Plains-Indianern.

In der Absicht das romantische Indianerbild der Vergangenheit wieder erstehen zu lassen, plazierten Anfang des Jahrhunderts einige Fotografen farbenfroh kostümierte indianische Männer und Frauen vor sorgfältig ausgesuchte natürliche Kulissen – an klare Bergseen oder vor zerklüftete schneebedeckte Felsen. Durch sie scheint sich der Kreis der bildlichen Aufzeichnung der nordamerikanischen Indianer zu schließen – zurück zu den phantasievollen Versuchen einiger weißer Maler des 16. Jahrhunderts, die unschuldigen indianischen Einwohner aus dem Garten Eden der Neuen Welt darzustellen.

Dieses Buch beschreibt, wie die Fotografie benutzt wurde, die nordamerikanischen Indianer vor dem Ersten Weltkrieg zu zeigen.

John C. Ewers,
emeritierter Ethnologe
am Smithsonian Institut

Zeittafel

zu den Beziehungen zwischen den USA und den Indianern

1803, 30. April. Der »Louisiana Purchase«. Die USA kaufen Frankreich 828 000 Quadratmeilen im Zentrum des nordamerikanischen Kontinents ab.

1812–14. Krieg mit England, ausgelöst durch britische Blockaden und die antibritische Fraktion im Kongreß. Auf britischer Seite nimmt eine Reihe von Indianerstämmen an den Kämpfen teil. Im Vertrag von Gent am 24. Dezember 1814 wird der Krieg mit einer Rückkehr zum status quo ante beendet.

1813, 5. Oktober. Schlacht von Thames bei Chatham, Ontario. Die britischen und die indianischen Truppen unter dem Shawnee-Häuptling Tecumseh werden geschlagen. Tecumseh, der einen bedeutenden Zusammenschluß der Indianer gegen die Vereinigten Staaten zustande gebracht hatte, fällt. Mit seinem Tod endet der organisierte indianische Widerstand gegen die US-Siedler im Mittelwesten.

1817–18. Erster Seminolenkrieg nach einem Angriff von US-Truppen auf Seminolen-Siedlungen.

1819, 22. Februar. Vertrag mit Spanien: Florida wird an die USA abgetreten.

1822–42. Die »Fünf zivilisierten Stämme« Cherokee, Chickasaw Choctaw, Creek und Seminolen, werden vom Südosten ins Indianerterritorium umgesiedelt. Soldaten treiben die Cherokee im Lager zusammen und bringen sie im Winter 1838/39 nach Westen. Auf diesem »Zug der Tränen« kommt ein Viertel der Indianer um.

1824, 11. März. Thomas L. McKenney wird zum ersten Leiter des Büros für indianische Angelegenheiten. Bis zur Gründung des Innenministeriums 1849 liegt die Verantwortung für die Beziehungen zu den Indianern beim Kriegsministerium.

1832, Juli. Einrichtung des Postens eines Indianerbeauftragten (Commissioner of Indian Affairs).

1835–42. Zweiter Seminolenkrieg nachdem diese den Vertrag von Paynes Landing zurückweisen, der ihre Übersiedlung ins Indianerterritorium vorsieht. Nach ihrer Niederlage müssen die meisten Seminolen Florida verlassen.

1846–48. Krieg mit Mexiko. Im Vertrag von Guadalupe Hidalgo vom 2. Februar 1848 tritt Mexiko Kalifornien und New Mexico für 15 Millionen Dollar an die USA ab und verzichtet auf seine Ansprüche auf Texas.

1846, 15. Juni. Der Oregon-Vertrag regelt die Grenzstreitigkeiten zwischen den USA und Großbritannien. Der 49. Breitengrad von den großen Seen bis zur Pazifikküste wird zur Grenze.

1848, 24. Januar. In der Nähe von Sacramento, Kalifornien, wird Gold gefunden. Das führt zum Goldrausch von 1849 und der Vertreibung der einheimischen Bevölkerung Kaliforniens.

1851. Vertrag von Fort Laramie. US-Vertreter treffen mit Cheyenne, Arapaho, Crow und Sioux zusammen, um über den Bau von Straßen und Forts in deren Gebieten zu verhandeln. Land wird dabei nicht aufgegeben. Obwohl beide Seiten ihre »guten Absichten beschwören und Freundschaft geloben«, wird der Vertrag innerhalb von zehn Jahren gebrochen und wertlos: Den Wagen und den Forts folgen die Postkutschen, die Telegrafen, weitere Forts, der Pony-Expreß, der Goldrausch von Pike's Peak 1858 und 1859 die Gründung von Denver, 1861 wird Colorado US-Territorium.

1853, 30. Dezember. »Gadsden Purchase«. Vertrag mit Mexiko unterschrieben von James Gadsden. Darin wird Land südlich des Gila River für den Bau der Eisenbahn nach Kalifornien zum Verkauf freigegeben.

1860, 3. April. Die erste Post mit dem Pony-Expreß verläßt St. Joseph, Missouri und erreicht Sacramento, Kalifornien am 13. April.

1861-65. Amerikanischer Bürgerkrieg. Manche Indianergebiete leiden unter den Vorstößen der Südstaatenarmee.

1861, Februar. Der Versuch von Leutnant George M. Bascome, Cochise, den Häuptling der Chiricahua-Apachen als Geisel zu nehmen, führt zu einem Guerilla-Krieg der Apachen gegen die US-Streitkräfte im Südwesten, der bis Mitte der 70er Jahre dauert.

1862: Die Revolte der Santee Sioux unter Little Crow wird von General Henry H. Sibley niedergeschlagen.

1862, 20. Mai. »Homestead Act«, der die Besiedlung des Westens sanktioniert: Jeder der eine Farm gegründet und sie fünf Jahre lang bewirtschaftet hat, bekommt 160 acres (64 ha) zugeteilt.

1863–64. Vertreibung der Navaho durch General James Carleton und Oberst Christopher (Kit) Carson. Nach der Zerstörung ihrer Lebensgrundlagen ergeben sich mehrere Tausend Navaho und werden im Frühjahr gezwungen, ihren »Langen Marsch« nach Fort Sumner und zum Bosque Redondo Reservat in New Mexico anzutreten.

1864, 28. September. Das Camp Weld Council bei Denver, Colorado, zwischen Gouverneur John Evans und den Cheyenne und Arapaho bleibt ohne Ergebnis. Evans will keinen Frieden, weil er gerade Geld für eine »Colorado Miliz« zum Kampf gegen die Indianer erhalten hat. Deshalb muß er Washington kämpfende Indianer zeigen.

1864, November. Sand Creek Massaker in Colorado. Das Lager von 600 Cheyenne und Arapaho wird trotz vorheriger Sicherheitsgarantien von der Colorado Miliz unter Oberst John M. Chivington überfallen. 105 Frauen und Kinder und 28 Männer werden getötet. Durch das Massaker wird die Position der Häuptlinge, die wie Black Kettle Frieden mit den USA wollen, untergraben. Cheyenne und Arapaho müssen später alle Ansprüche auf Gebiete in Colorado aufgeben.

1867–79. Die »Four Great Surveys«: King, Wheeler, Hayden, Powell.

1868. Fort Laramie Treaty. Red Cloud weigert sich zu unterschreiben, solange die Regierung militärische Forts am Powder River (Indianergebiet) unterhält. Die Truppen werden abgezogen.

1868, 1. Juni. Das Navaho-Reservat, das größte der USA, wird eingerichtet.

1868, 13. August. Der 370. und letzte Vertrag zwischen den USA und Indianern wird von den Nez Perce unterschrieben.

1869, 10. April. Um seine Friedenspolitik zu intensivieren, richtet Präsident Grant ein »Board of Commissioners« zur Verwaltung der indianischen Angelegenheiten ein. Grant ernennt mit dem Seneca Ely Parker (Donehogawa) erstmals einen Indianer zum Beauftragten. Parker führt Verhandlungen mit den Führern der Sioux u. a. mit Red Cloud, kann Mißverständnisse jedoch nur teilweise ausräumen.

1869, 10. Mai. Die Eisenbahnen der Central Pacific und der Union Pacific treffen sich am Promontory Point, Utah.

1870–90. Die Religion des Geistertanzes wird zu einer Bewegung, die versucht, die Indianer zu einigen. Sie führt zur Tragödie am Wounded Knee.

1871, 30. April. Massaker an 144 Avaraipa-Apachen bei Camp Grant in Arizona.

1873, 3. Oktober. Hinrichtung von Captain Jack (Kintpuash), der die Modocs im Krieg 1872–73 im Lavagebiet Nordkaliforniens gegen die US-Armee anführte. Die Modocs wehrten sich gegen ihre geplante Umsiedlung nach Oregon. Als sich Captain Jack ergibt, stehen 71 Indianer gegen 985 US-Soldaten.

1877, 5. September. Tod von Crazy Horse, dem letzten Kriegshäuptling der Sioux. Nachdem ihm ein Reservat im Powder-River-Gebiet versprochen worden war, hatte er sich General George Crook ergeben, einige Zeit später jedoch das Camp aus Enttäuschung verlassen. Er wird gefangen, nach Fort Robinson, Nebraska, gebracht und dort während eines Handgemenges getötet.

1876. Ausstellung zur 100-Jahrfeier der USA in Philadelphia.

1876, 25. Juni. Schlacht vom Little Big Horn (Custer-Massaker). Die Indianer schlagen die US-Truppen vernichtend.

1879. Ende der Great Surveys und Gründung des Büros für Ethnologie.

1879, 1. November. Eröffnung der ersten Schule für Indianer außerhalb der Reservate in Carlisle, Pennsylvania.

1886, 4. September. Mit der Kapitulation Geronimos, des Häuptlings der Chiricahua-Apachen enden die Indianerkriege.

1887, 8. Februar. Der Dawes-Act legt die Aufteilung des Landes in den Indianerreservaten fest: nach 25 Jahren Bewirtschaftung hat jede Familie Anrecht auf 160 acres (64 ha). Zwischen 1887 und 1934 geht der Landbesitz der indianischen Stämme von 138 Millionen auf 48 Millionen acres zurück.

1890, 29. Dezember. Schlacht von Wounded Knee, South Dakota. Massaker an den Sioux, nachdem sie sich ergeben haben. Die durch die Geistertanz-Religion ausgelösten Unruhen bei den westlichen Indianern sind damit erstickt.

1893. Columbian International Exposition in Chicago. Der von E. W. Putnam zusammengestellte anthropologische Teil der Ausstellung präsentiert Kwakiutl, Penobscot, Apachen, Navaho, Irokesen und 58 Labrador Inuit, aber auch Völker und Stämme aus Afrika, Malaya, Asien, Südamerika und dem Pazifik.

1898–1900. Goldrausch in Alaska. Bei der ersten Volkszählung in Alaska, 1880, waren von 33426 Menschen 430 Weiße. Innerhalb kurzer Zeit kamen nun 30000 Weiße dazu.

1901. Panamerikanische Ausstellung in Buffalo. Unter den 700 Indianern aus 42 Stämmen sind auch die Gefangenen der US-Regierung Geronimo und Crazy Snake.

1907, 16. November. Oklahoma wird zum Staat. Es war 1834 zum Indianerterritorium erklärt worden, das die Vertriebenen aus den Gebieten östlich des Mississippi aufnehmen sollte. Später wurden die unerwünschten Indianerstämme aus allen Richtungen in das Gebiet von Oklahoma abgeschoben. Dennoch wurde das Indianerterritorium 1889 zur Besiedelung durch Weiße freigegeben und 1890 zum US-Territorium erklärt.

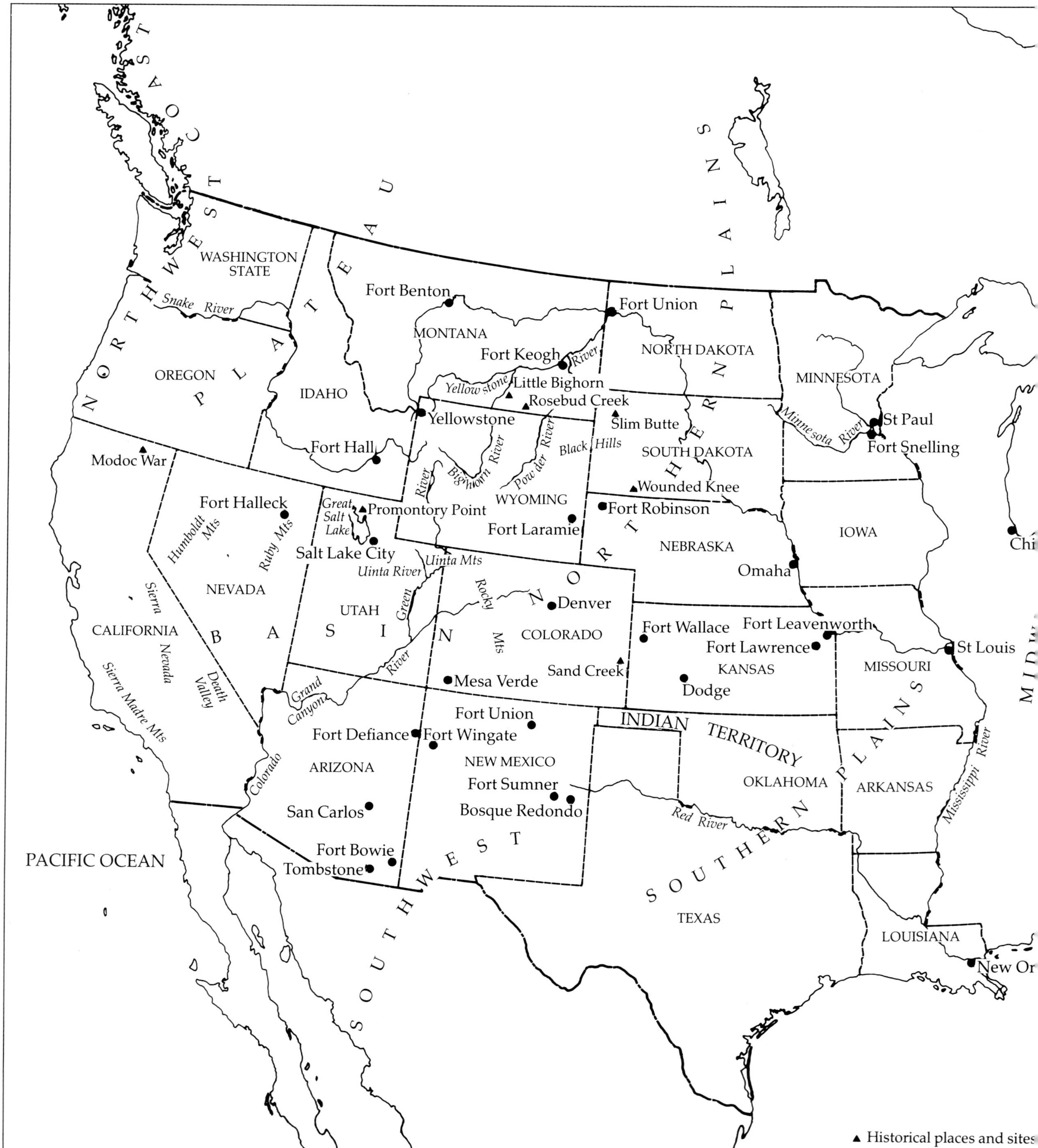
NORTHWEST COAST
PLATEAU
PLAINS
NORTHERN PLAINS
SOUTHERN PLAINS
BASIN
SOUTHWEST
WASHINGTON STATE
OREGON
IDAHO
MONTANA
NORTH DAKOTA
SOUTH DAKOTA
MINNESOTA
WYOMING
NEBRASKA
IOWA
NEVADA
UTAH
COLORADO
KANSAS
MISSOURI
CALIFORNIA
ARIZONA
NEW MEXICO
INDIAN TERRITORY
OKLAHOMA
ARKANSAS
TEXAS
LOUISIANA
PACIFIC OCEAN
Snake River
Fort Benton
Fort Union
Fort Keogh
River
Yellow stone
Little Bighorn
Rosebud Creek
Slim Butte
Yellowstone
Minnesota River
St Paul
Fort Snelling
Fort Hall
Modoc War
Black Hills
Powder River
Bighorn River
River
Wounded Knee
Fort Halleck
Great Salt Lake
Promontory Point
Fort Laramie
Fort Robinson
Humboldt Mts
Ruby Mts
Salt Lake City
Uinta Mts
Uinta River
Omaha
Sierra Nevada
Green River
Rocky Mts
Denver
Fort Wallace
Fort Leavenworth
Fort Lawrence
St Louis
Death Valley
Sierra Madre Mts
Grand Canyon
Mesa Verde
Sand Creek
Dodge
Fort Union
Fort Defiance
Fort Wingate
Colorado
Fort Sumner
Bosque Redondo
San Carlos
Red River
Mississippi River
Fort Bowie
Tombstone
New Or
Chi
MIDW
▲ Historical places and sites

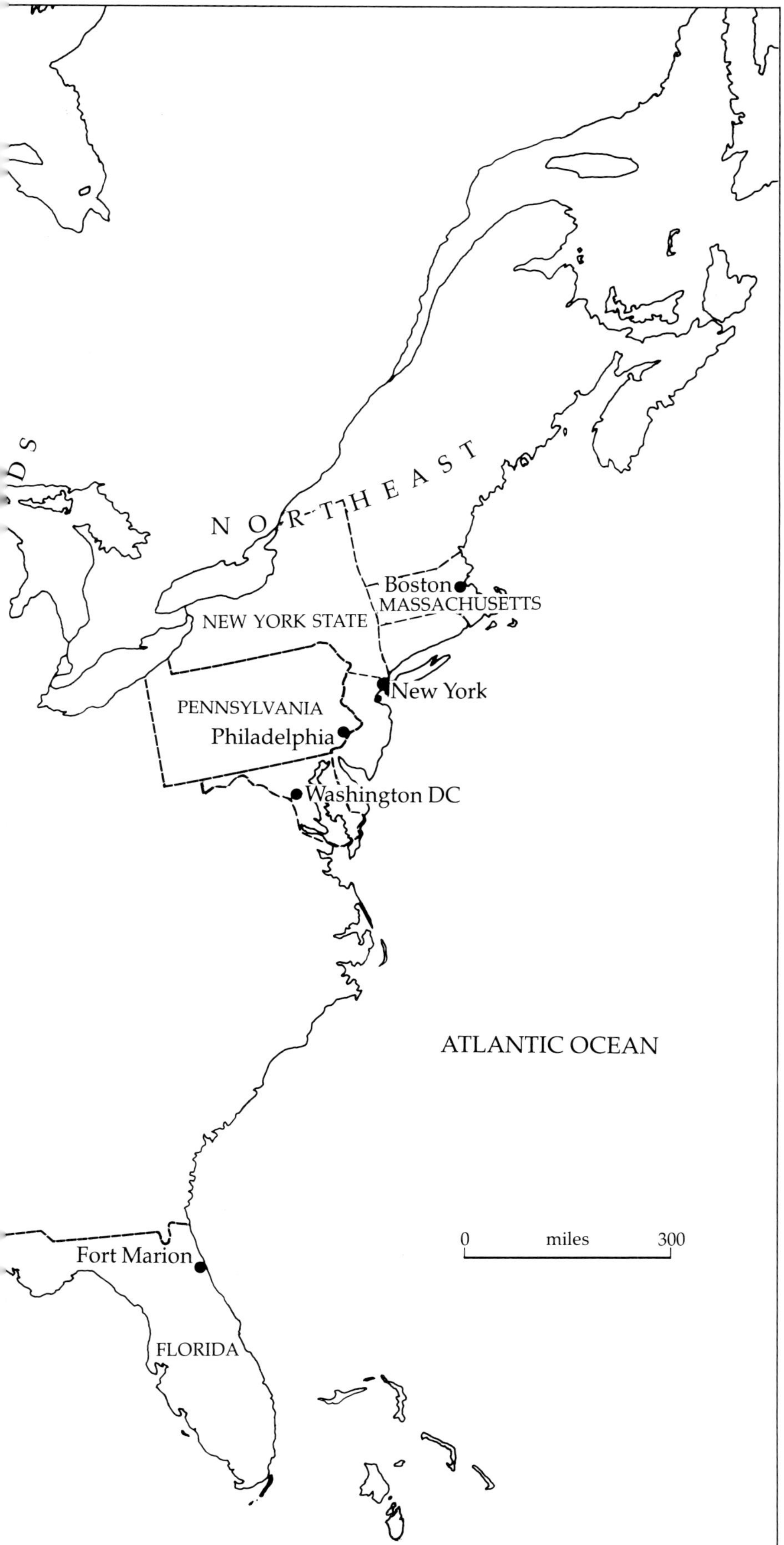

Diese Liste der Stämme ist nach Kulturen geordnet und hält sich an die Landkarte der National Geographic Society DIE INDIANER NORDAMERIKAS (1979), wobei die Woodlands und die Plains noch einmal unterteilt wurden. Obwohl es sich mit den Südlichen Plains und den Kulturen des Südostens überschneidet, wurde das »Indianerterritorium« auch mit einbezogen, weil dort besonders viel fotografiert wurde. Auf der Karte sind nur die Staaten verzeichnet, die eine besondere Beziehung zur Fotogeschichte der Indianer haben. Auf der Liste befinden sich nur die Stämme, von denen Fotos in diesem Buch abgebildet sind. Viele, wie etwa die Dakota/Sioux und die Apachen haben weitere Unterstämme. Verweise im Text auf diese Unterteilungen werden immer im Zusammenhang mit dem Namen des Hauptstammes genannt. Für eine detaillierte Auflistung der Stämme sollten speziellere Quellen benützt werden.

Südwesten
Acoma
Apachen
Cocopa
Havasupai
Hopi
Isleta
Jemez
Maricopa
Mohave
Navaho
Papago
Pima
Quechan (Yuma)
Seri
Taos
Tewa
Yavapai
Zuni

Nördliche Plains
Arikara
Assiniboin
Schwarzfuß
Crow
Dakota
Gros Ventre
Hidatsa
Iowa
Mandan
Nördliche Arapaho
Nördliche Cheyenne
Omaha
Pawnee
Plains Cree
Plains Ojibwa
Ponca

Südliche Plains
Caddo
Comanchen
Kansa
Kiowa
Kiowa-Apachen
Osage
Quapaw
Südliche Arapaho
Südliche Cheyenne
Tonkawa
Waco
Wichita

Nordwest-Küste
Bella Bella
Bella Coola
Chinook
Clallam
Comox
Cowichan
Duwamish
Haida
Kalapuya
Kwakiutl
Makah
Nisqually
Nootka
Siletz
Tillamook
Tlingit
Tututni
Twana

Kalifornien
Hupa
Karok
Maidu
Pomo
Tolowa
Yurok

Plateau
Cayuse
Coer D'Alene
Flathead
Kalispel
Klamath
Klikitat
Kutenai
Modoc
Nez Perce
Palus
Umatilla
Wallawalla
Yakima

Basin
Bannock
Chemehuevi
Mono
Paiute
Shoshonen
Ute
Washo

Indian Territory
Apachen
Arapaho
Caddo
Catawba
Cherokee
Cheyenne
Chickasaw
Choctaw
Comanchen
Creek
Iowa
Kansa (Kaw)
Kickapoo
Kiowa
Missouri
Modoc
Oto
Ottawa
Osage
Pawnee
Peoria
Ponca
Potawatomi
Quapac
Sauk und Fox
Seminolen
Seneca
Shawnee
Tonkawa
Wichita
Wyandot

Nordosten
Irokesen

Mittelwesten Woodlands
Kickapoo
Menominee
Ojibwa
Potawatomi
Sauk und Fox
Winnebago

ERSTES KAPITEL

Der Hintergrund

Sitting Bull und Geronimo – Federschmuck, Wigwams, Totempfähle, Kriegstänze: Namen und Begriffe, die Bilder nordamerikanischer Indianer heraufbeschwören – Bilder, die für viele von uns durch die unermüdlichen Anstrengungen zeitgenössischer Maler und Fotografen geprägt worden sind.

Viele dieser Bilder zeigen die kulturelle Vielfalt der über hundert Indianerstämme vor dem Eindringen der Siedler. Andere Vorstellungen sind reine Klischees, die nicht nur von frühen Fotografien, sondern auch von Kino und Fernsehen geschaffen wurden. Wir wollen uns hier allein den frühen Fotografen zuwenden.

Welchen Wert kann ein steifes Studioporträt eines berühmten Indianerhäuptlings haben, der vor Pappfelsen und einem gemalten Hintergrund posiert? Sicher fängt ein solches Bild keine natürliche Situation ein. Wir sind dennoch davon überzeugt, daß uns selbst ein gestelltes Studiofoto ein Gesicht so zeigen kann, daß der Porträtierte lebendig vor uns steht. Wir können froh darüber sein, so viele »lebendige« Zeugnisse von nordamerikanischen Indianern zu haben.

Frühe fotografische Techniken

1826 gelang es dem Franzosen Niépce, mit einer Camera obscura die erste dauerhafte fotografische Abbildung herzustellen. Niépce übertrug ein lichtempfindliches Präparat auf eine Metallplatte, um ein Bild fixieren zu können. Er wurde später Partner von Louis Mandé Daguerre.

Daguerre war es, der die erste praktische Methode, ein dauerhaftes Bild herzustellen, perfektionierte. Seine Bilder entstanden dadurch, daß er Joddämpfe auf belichtete polierte Kupferplatten einwirken ließ und dann durch Quecksilberdämpfe sichtbar machte. Während des Vorgangs trübte das Licht das Silber je nach Reflexion des Objektes in verschiedenen Graden. Am 7. Januar 1839 wurde die »Daguerreotype« der französischen Akademie der Wissenschaften vorgestellt. Im September erreichte die erste gedruckte Darstellung dieses Verfahrens Amerika. Die Menschen, die zum ersten Mal diese Bilder sahen, waren verblüfft: 1839 beschrieb Lewis Gaylord Clark, der Herausgeber des *»Knickerbocker«*, Daguerreotypen als »die bemerkenswertesten Kunstobjekte, die wir je erblickt haben, und die nur Staunen und Bewunderung hervorrufen können. Ihre außergewöhnliche Vollkommenheit überschreitet jede Vorstellungskraft.«[1]

Die Wissenschaft der Fotografie verbreitete sich rapide. Die Menschen drängten danach, sich mit Hilfe dieser neuen und faszinierenden Erfindung porträtieren zu lassen. Mit der Zeit interessierte sich die amerikanische Öffentlichkeit auch für Fotos von Ereignissen, bei denen man nicht dabei sein konnte. Ansichten fremder Länder waren ebenso gefragt wie Bilder von Indianern: Die Neugier wurde durch die Erzählungen der Pioniere und durch Zeitungsberichte genährt.

Aber die Daguerreotypie hatte, wie andere spätere Formen der Fotografie – Ambrotypie und Zinntypie – auch ihre Schattenseiten. Der Hauptnachteil all dieser Techniken war, daß immer nur ein einziges Bild direkt auf dem Ausgangsmaterial erzeugt werden konnte. Um mehrere Kopien oder Abzüge zu erhalten, waren entweder wiederholte Ablichtungen der gleichen Szene nötig oder die Verwendung von Mehrfach-Belichtungs-Kameras. Beide Verfahren waren teuer und konnten die Bedürfnisse des Publikums auch von der Menge her nicht befriedigen.

1851 erfand Frederick Scott Archer ein fotografisches Verfahren, bei dem er eine Glasplatte mit der klebrigen Masse »Kollodium« beschichtete, die mit der lichtempfindlichen Silberlösung vermischt worden war. Da belichtet und entwickelt werden mußte, während das Kollodium noch feucht war, wurde es unter dem Namen »Nasses Kollodiumverfahren« bekannt. Es war extrem zeitaufwendig und wurde nur von Profis angewendet. Andererseits aber hatte man bei dieser Technik mit der Glasplatte ein Negativ, von dem sich eine unbegrenzte Zahl von Positiven ziehen ließ. In den 50er Jahren des 19. Jahrhunderts wurden auch Stereographien beliebt. Sie wurden hergestellt, indem man zwei getrennte Bilder derselben Szene aufnahm. (Abb. 5.13) Diese Bilder wurden dann montiert und durch ein Stereoskop betrachtet, ein Gerät, bei dem sich die getrennten Szenen für das Auge zu einem dreidimensionalen Bild verbinden. Der Effekt war erstaunlich. Der Betrachter wurde Teil der Szene. Mit Stereografien konnte er um die Welt reisen, ohne sein sicheres Heim zu verlassen.

Das Bedürfnis nach Fotografien war zu dieser Zeit sehr groß. Doch die Techniken für eine fotografische Massenproduktion in Zeitungen und Büchern waren noch nicht erfunden. Erst 1880 wurde das erste gerasterte Foto in einer Zeitung publiziert. Das Interesse der Menschen an den Indianern schuf einen neuen Markt: Verwegene Berufsfotografen verließen ihre Familien und setzten sich den Kämpfen und Gefahren an der Grenze zu den Indianerterritorien aus. Für diese Pioniere war das Kollodiumverfahren nicht nur wegen seiner Schwerfälligkeit von Nachteil. Die Emulsionen arbeiteten zu »langsam«, um Bewegung festzuhalten. Tänze konnten nur gestellt aufgenommen werden. Schon für einen einzelnen war es außerordentlich schwierig, eine endlos erscheinende Zeit stillzuhalten, selbst wenn er eine Kopfstütze benutzen konnte. Für eine ganze Gruppe, die in irgendwelchen Stellungen verharren sollte, war es fast unmöglich. Mit 200 Pfund Ausrüstung, einem Dunkelkammerzelt und einer riesigen Kamera mit dem dazugehörigen schwarzen Tuch und dem Dreifuß konnte man kaum hoffen, jemanden unbemerkt zu fotografieren, schon gar nicht, wenn das Objekt ein Indianer war, dessen Sinne für jede Bewegung auf seinem Territorium geschärft waren.

Schließlich wurden fotografische Techniken entwickelt, die leichter zu handhaben waren. In den 70er Jahren begann man, die trockenen Platten einzuführen. Diese Platten waren immer noch aus Glas, konnten aber beim Hersteller gebrauchsfertig gekauft werden. Mit jeder technischen Weiterentwicklung stießen mehr Menschen zu dem neuen Gewerbe. Als Kodak in den späten 80er Jahren die Rollfilmka-

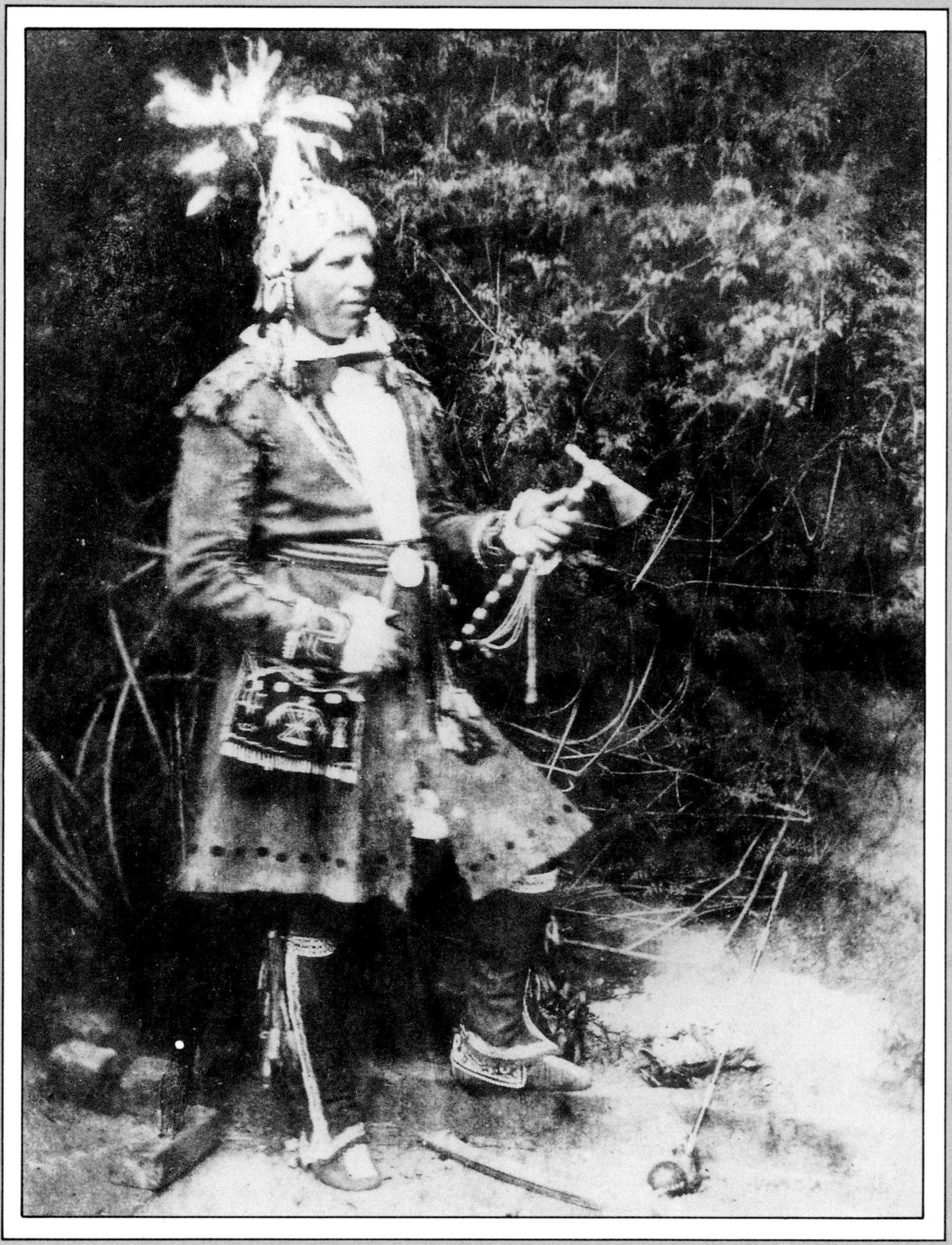

1.1 Rev. Peter Jones (Kahkewaquonaby), Sohn eines Wallisers und einer Mississauga-Indianerin. Das erste Foto eines amerikanischen Indianers, aufgenommen von Hill und Adamson, während eines Besuches in Großbritannien zwischen Oktober 1844 und April 1845.

mera einführte, wurde die Fotografie zu einer auch von Amateuren zu meisternden Angelegenheit. Den professionellen Fotografen öffneten die neuen Techniken weitere Möglichkeiten: Die Abbildungen wurden künstlerischer und komplizierter.

Die Indianer werden enteignet

Schnelle Veränderungen, wie sie für die Fotografie zwischen 1840 und der Jahrhundertwende kennzeichnend waren, gab es auch bei den Indianern. Um 1700 war das Land westlich des Mississippi zum »ständigen Indianergebiet« erklärt worden. Neue Landerwerbungen, wie etwa der Ankauf Louisianas 1803, zogen weitere Siedler nach. 1860 verabschiedete der Kongreß ein Gesetz, das Siedlern freies Land in einigen der westlichen Gebiete zuwies. Zur selben Zeit begann der »Pony-Expreß« Post von Missouri nach Kalifornien zu befördern. Bis 1865 war es dem Kongreß gelungen, den gesamten Westen (mit Ausnahme des heutigen Oklahoma) in Staaten und Territorien aufzuteilen und er rief zur »Besiedlung durch zivilisierte Menschen« auf.[2] Mit den sogenannten »land rushes« (Landnahmen) wurden die Indianer weiter verdrängt. Zu Beginn eines solchen »rushes« stellten sich Tausende der zukünftigen Landbesitzer mitsamt ihren Wagen zu Pferd oder zu Fuß längs einer Linie auf und warteten auf das offizielle Startzeichen. Mit dem Signal begann eine donnernde Jagd nach dem Land, auf dem sich dann jeder sein Gebiet absteckte. Am 10. Mai 1869 trafen sich die zwei großen Eisenbahnlinien am Promontory Point. Damit war eine Ost-West-Schienenverbindung quer durch das Land geschaffen, die noch mehr Siedler in die Indianerterritorien brachte. 1870 bot die Northern Pacific Railroad den Käufern von Land aus ihrem Besitz sogar Gratistransport an.[3] Das Leben der Indianer veränderte sich immer schneller. Auch wenn sie bei dem Versuch, auf ihrem Land und bei ihrem Lebensstil zu bleiben, manchmal gewisse Erfolge errangen, so wurden sie schließlich schon durch die bloße Zahl der Siedler überwältigt. Die inneramerikanische Grenze verschwand, als die Regierung 1890 die Indianerterritorien in den Zensus einschloß. Im selben Jahr endeten die Indianerkriege mit der Tragödie am Wounded Knee. Zur Jahrhundertwende stellten Indianer für den Durchschnittsbürger keine Bedrohung mehr dar. Sie wurden nicht mehr als blutrünstige Wilde angesehen, sondern als der »edle Rote«.

Indianer und Fotografie

In der Zeit zwischen 1840 und 1900 wuchs das Bewußtsein über die Macht der Fotografie. Zunächst wurden Fotografien von Indianern von Weißen und für Weiße gemacht. Viele Indianer der Great Plains nannten die Fotografen »Schattenfänger«. Sie glaubten, das Foto fange einen Teil ihres Wesens ein und sei damit geeignet, Macht über sie auszuüben. Es gibt keine Belege dafür, daß Indianer ihrerseits versuchten, Weiße oder andere Indianer mit diesem Mittel zu fangen und zu »kontrollieren«. Aber sie lernten mit der Zeit den politischen Nutzeffekt der Fotografie kennen: Fotos konnten ihnen dabei helfen, ihre Probleme darzustellen und vielleicht sogar für Veränderungen zu sorgen. Viele wichtige Ereignisse der indianischen Geschichte sind fotografisch leider nicht dokumentiert. Manche lagen vor der Erfindung des Mediums, bei anderen war einfach kein Fotograf dabei. So gibt es z. B. keine Bilddokumente über den 700 Meilen wandernden »Zug der Tränen« der Choctaw, Chickasaw, Seminolen und Creek zu den Indianerterritorien zwischen 1820 und 1845. Doch viele Aspekte zweier Kulturen im Konflikt miteinander sind fotografisch festgehalten worden.

Die vielen östlichen Indianerstämme hatten ihren Lebensstil bereits geändert, als die Fotografie auftauchte. Die ersten historisch belegten Aufnahmen eines Indianers waren die von Rev. Peter Jones. Sie wurden zwischen Oktober 1844 und April 1845 von Hill und Adamson aufgenommen. (Abb. 1.1) 1845–46 traf der Maler George Catlin mehrere Indianer in Europa und zeigte sie zusammen mit seinen Gemälden. Auch diese Indianer sind bei ihrer Rückkehr fotografiert worden. (Abb. 1.5)

Abgesehen von diesen Beispielen sind die meisten frühen Indianerfotos Dokumente der Indianerpolitik der US-Regierung. Ob es friedliche Delegationen, gespannte Vertragsverhandlungen, das Leben in den Reservaten oder Kämpfe waren, alles wurde nach Möglichkeit festgehalten. Ebenso die Bemühungen von Regierungsbeamten und Anthropologen. Sicherlich machten viele der wichtigen Fotografen dieser Epoche ihre Aufnahmen nicht im Auftrag der Regierung. Dieses Buch konzentriert sich jedoch auf die Fotos, die im Zusammenhang mit der Indianerpolitik der Regierung entstanden. Das Material stammt daher vor allem aus den Sammlungen der Regierung im Nationalen Anthropologischen Archiv des Smithsonian Instituts, aus dem Nationalarchiv sowie der Record Administration. Leider sind im Laufe der Jahre viele dieser wichtigen Aufnahmen falsch identifiziert und falsch datiert worden. Und auch Hinweise zu den Bildern sind durcheinander geraten oder verloren gegangen. Robert Taft, ein Fotografie-Historiker, schrieb einmal: »Wie oft habe ich schon Leute verflucht, die es versäumt haben, Fotos richtig zu betiteln, zu datieren oder irgendwie schriftlich festzuhalten, wenn es sich bei einem Bild offensichtlich um ein historisch wichtiges Foto handelt. Wenn der Fotograf schon nicht weitsichtiger war als die Linse seiner Kamera, und nicht erkannte, daß er auch Historiker ist, dann hätte doch zumindest der Käufer des Bildes daran denken können. Solche nicht dokumentierten Fotos sind nicht immer ein völliger Verlust für die Geschichtsschreibung, aber die genaue Einordnung wird in vielen Fällen zu einem mühseligen Versuch, den ursprünglichen Fotografen zu identifizieren.«[4]

Ein weiteres Problem bestand darin, daß die Fotografen häufig die Arbeiten anderer vervielfältigten. 1867 erklärte Alexander Gardner, die Tatsache, daß Berge von Bildern unter seinem Namen erschienen seien, »bedeute keineswegs, daß er die Fotos selbst gemacht hat... sondern nur, daß sie in seinem Washingtoner Studio abgezogen worden sind, und nicht einmal von ihm selber.«[5]

Unser Buch versucht nicht nur, die allgemeine Geschichte der Fotografie nordamerikanischer Indianer darzustellen – es bietet auch Vorstudien zur Lösung der Frage nach den Fotografen. Wichtige, nicht dokumentierte Ereignisse der indianischen Geschichte werden wir im allgemeinen auch nicht behandeln. Auch mit anthropologischen, soziologischen und historischen Interpretationen der Fotos halten wir uns zurück.

So wird hier ein reiches fotografisches Erbe präsentiert. Zunächst wird das Leben der Indianer gezeigt, wie es die Daguerreotypisten in den Tagen der ersten Begegnungen aufgezeichnet haben. Danach werden die Jahrzehnte des Wandels geschildert und schließlich jene Versuche von Kunstfotografen und Indianern, die längst vergangene Zeit vor dem Aufeinandertreffen der Kulturen noch einmal zu beschwören. Die neue Epoche, die mit dem Ersten Weltkrieg begann, ist nicht mehr Thema dieses Buches.

1.2 William Henry Jackson in Laguna Pueblo, New Mexico. Von einem unbekannten Fotografen.

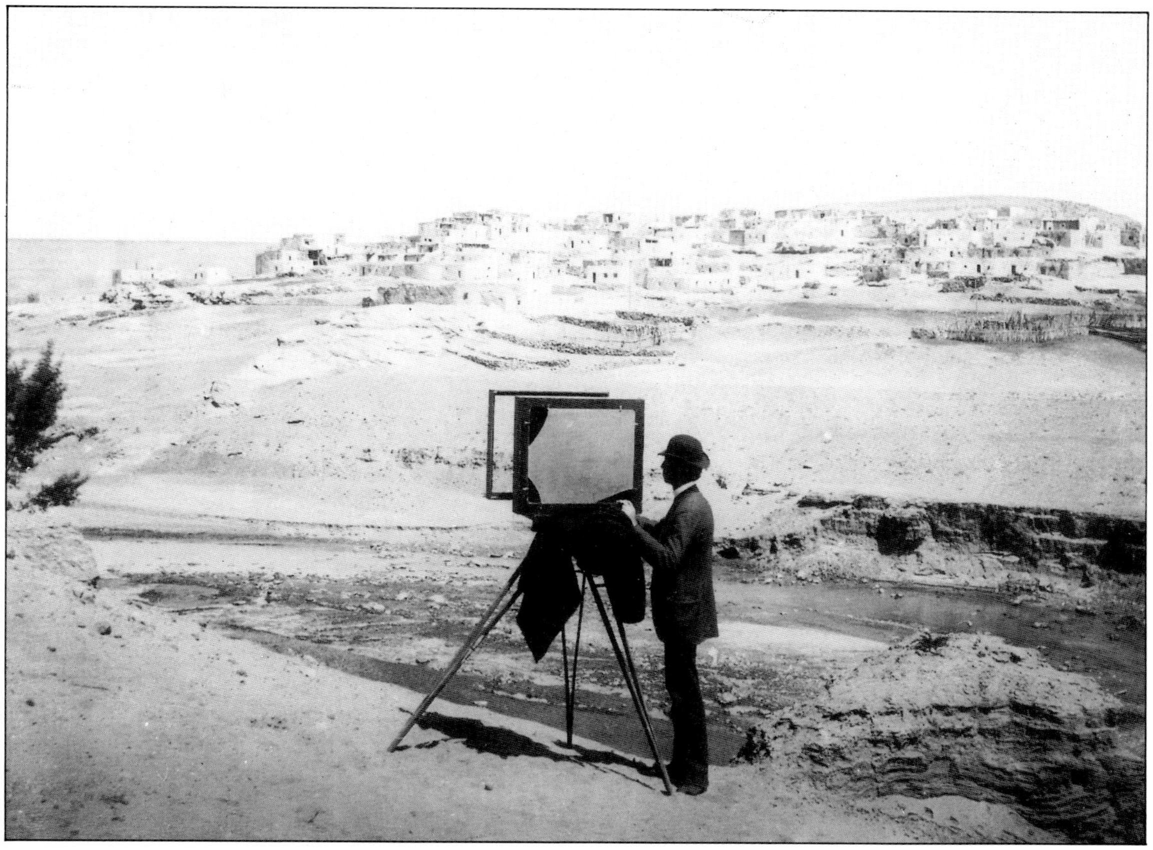

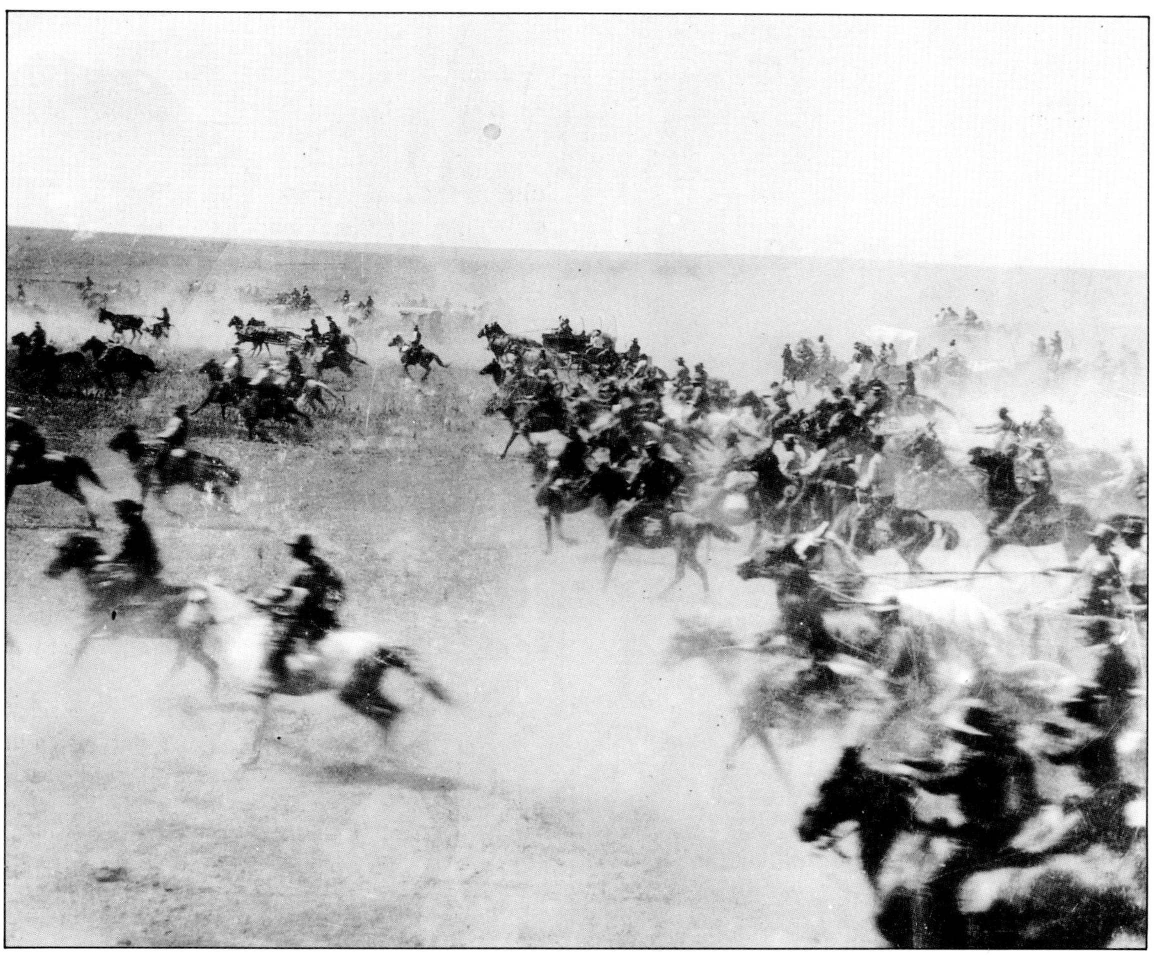

1.3 Land Rush (Landnahme). 16. September 1893, kurz nach 12 Uhr mittags von einer erhöhten Position aufgenommen. Von einem Partner von William S. Prettyman.

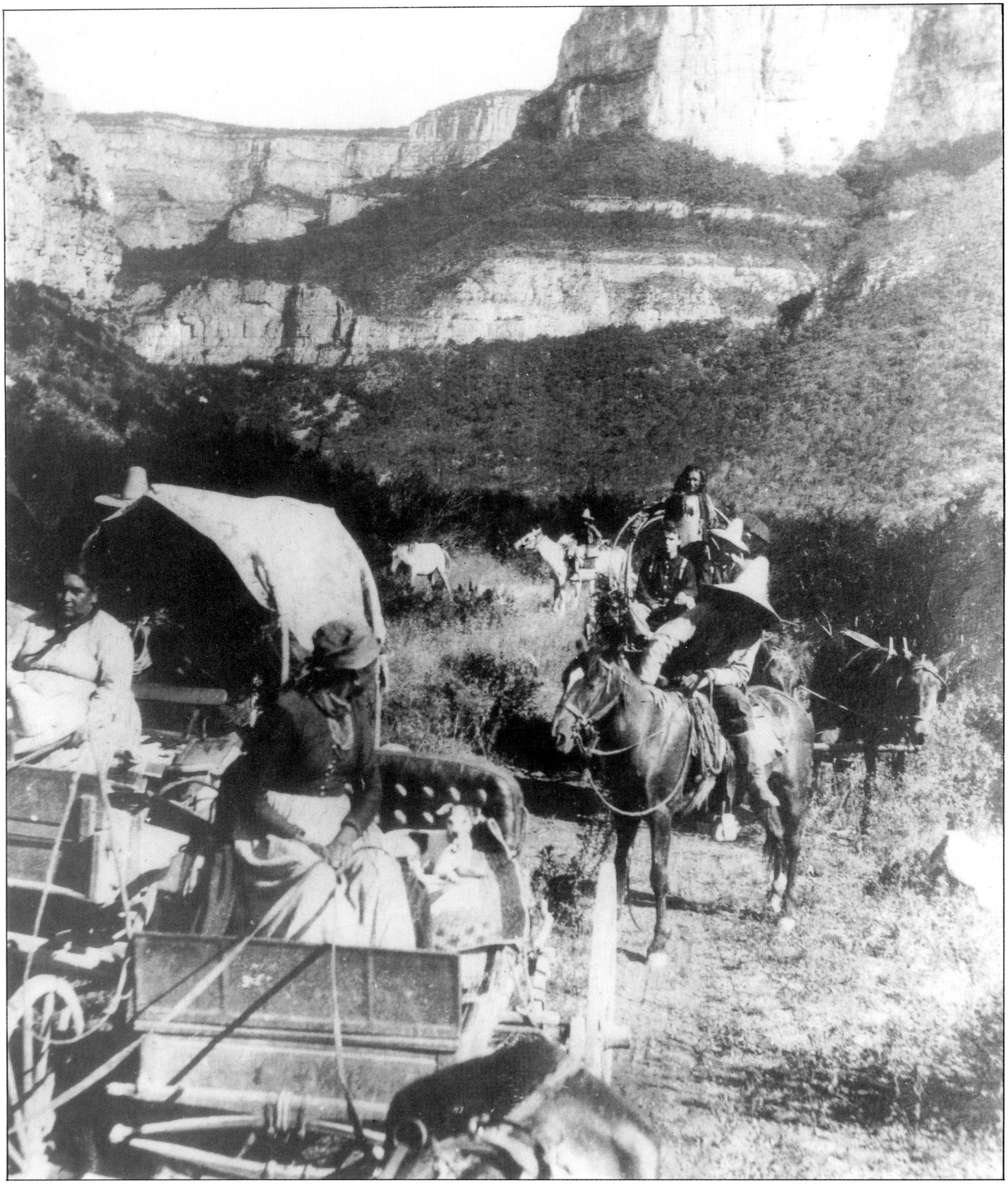

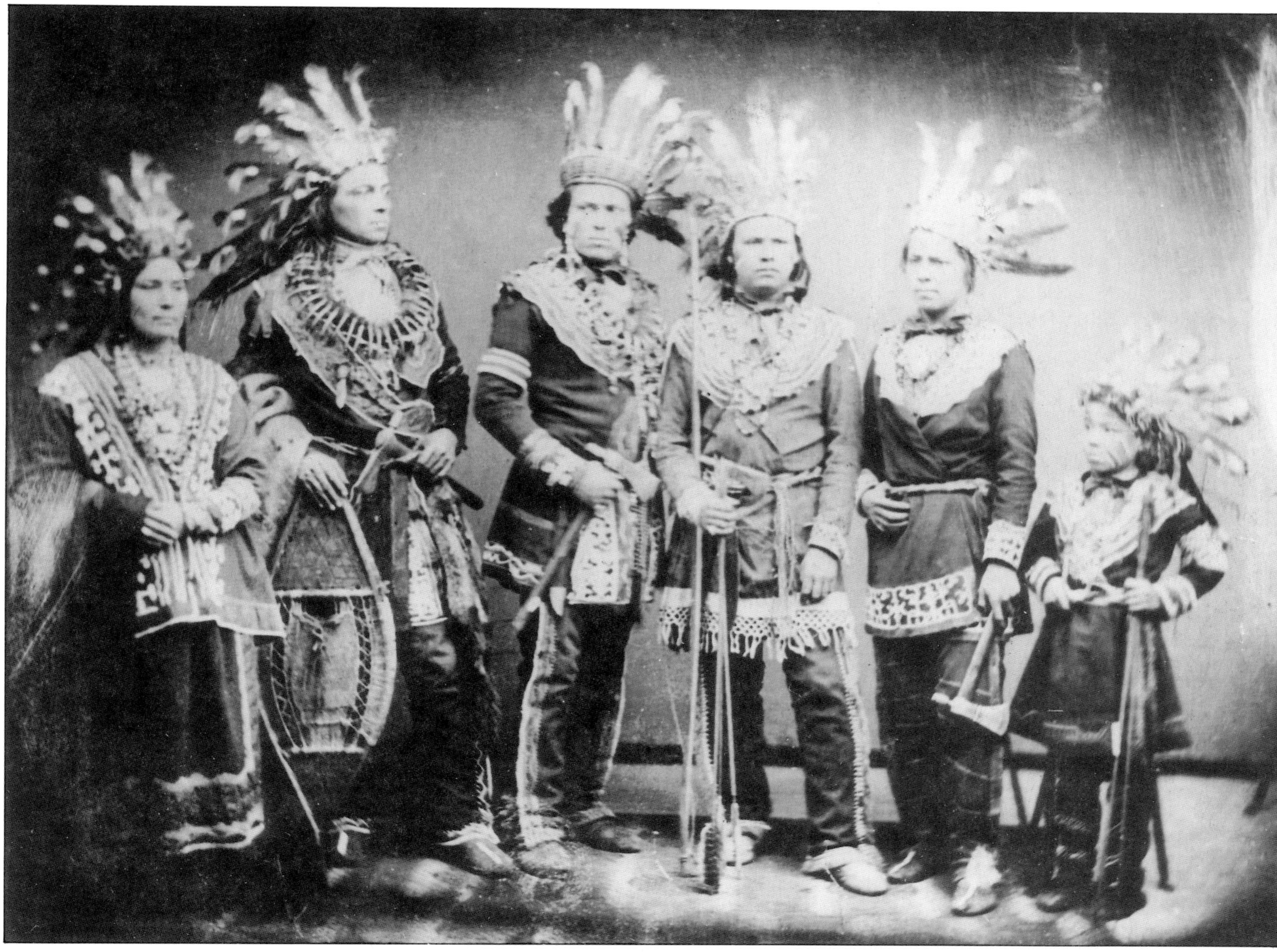

1.5 Eine Gruppe von sechs Ojibwa Indianern, die während ihrer Europareise den Künstler George Catlin trafen. Von links nach rechts: The Great Hero, Bird Of Thunder, The Elk, The Pelican, Woman Of The Upper World und The Furious Storm. Eine Daguerreotype, aufgenommen 1851, fünf Jahre nach ihrer Rückkehr.

1.4 Eine Gruppe von Kickapoos, die nach Mexiko auswandern. Vermutlich von Martin J. Bentley, dem Agenten der mexikanischen Kickapoos.

ZWEITES KAPITEL

Friedliche Begegnungen

1831 kam der Häuptling der Assiniboin, The Light, als offizieller Delegierter und Gast des Kriegsministers nach Washington DC. Er war bekleidet mit einem Gewand aus Büffelhaut, das mit Stacheln eines Stachelschweines verziert und mit den Skalps seiner Feinde umsäumt war. Seine Kopfbedeckung bestand aus Adlerfedern – all das entsprach seinem Status. Als er im Frühling nach Hause zurückkehrte, hatte ihn der Besuch so verändert, daß ihn seine eigenen Leute kaum wiedererkannten. Er trug einen Kastorhut, eine blaue Leutnantsuniform mit goldenen Epauletten, ein Schwert, hochhackige Stiefel, hatte ein Fäßchen Whisky und einen blauen Regenschirm dabei und pfiff den »Yankee Doodle«.[1]

Der berühmte Indianermaler George Catlin hielt das Ergebnis auf der Leinwand fest, indem er ein Vorher-Nachher-Porträt des Häuptlings malte. (Abb. 2.3) Catlin berichtet, wie The Light versuchte, einer wachsenden Zuhörerschaft zu beschreiben, was er gesehen hatte: »Er erzählte ... von der Strecke, die er gereist war; von der riesigen Anzahl der Häuser, die er gesehen hatte; von den vielen Städten mit all dem Reichtum und Glanz; von den Reisen mit Dampfschiffen, Kutschen und Eisenbahnen. Er beschrieb unsere Forts und Kanonenboote, die er besichtigt hatte, ihre großen Kanonen; unsere großen Brücken; unser großes Rathaus in Washington und seine Funktion; die seltsamen und wundervollen Maschinen im Patentamt – das er zum größten Ort der Heilkunst erklärte, den er je gesehen hatte –; das Aufsteigen des Ballons in Castle Garden; die vielen Weißen; die Schönheit der weißen Squaws, ihre roten Wangen und viele tausend anderer Dinge.«[2]

Leider übertrafen seine Erzählungen das Begriffsvermögen seiner Zuhörer so sehr, daß sie ihn für »den größten Lügner der Welt« hielten. Das Erstaunen seiner Landsleute wandelte sich in Angst und Feindseligkeit, und ein junger Indianer ermordete ihn, damit sie von seiner bedrohlichen Gegenwart befreit seien.[3] Der Versuch der Regierung, die Indianer mit ihrer Kultur und Macht zu beeindrucken, hatte zu einer extremen Reaktion geführt.

Mit der Zeichnung dieses Delegierten setzte Catlin eine bereits etablierte Tradition der Porträtmalerei fort. Thomas McKenney, zuständig für den Indianerhandel und späterer Vorsitzender des Büros für indianische Angelegenheiten, hatte die Idee gehabt, eine regierungseigene Sammlung von Porträts der indianischen Delegierten anzulegen. Charles Bird King malte 1821 die ersten Porträts für ihn. 1865 bestand die Sammlung bereits aus fast 150 Porträts.[4] Diese Bilder zeigten die Elite der indianischen Welt – Führer und diplomatische Botschafter, die wie andere ausländische Gesandte zur US-Regierung geschickt wurden, um Verträge auszuhandeln.

Die Einrichtung der Delegation als einer Form der Diplomatie stammte aus der Kolonialzeit. Die junge amerikanische Nation war sich bewußt, daß sie diese Praxis fortsetzen mußte oder das Risiko einging, die mächtigen Stämme rund um ihre Grenzen zu beleidigen. Auf diplomatischem Wege hoffte die Regierung, die Indianer mit ihrer Macht und der Größe der östlichen Städte zu beeindrucken und vor allem Verträge abzuschließen, die im allgemeinen darauf abzielten, Indianerland zu erhalten. Zunächst wurden die Indianer wie unabhängige, souveräne Nationen behandelt, mit denen man Verträge abschloß und förmlich ratifizierte. 1871 wurde dies vom Kongreß dahingehend geändert, daß die Indianer nunmehr als Schützlinge des Staates angesehen wurden. Trotzdem kamen weiterhin Delegationen nach Washington DC.

Die Fotografie war Mitte des 19. Jahrhunderts weit genug, um diese diplomatischen Begegnungen festzuhalten. der Besuch in einem Fotostudio gehörte immer häufiger zum Routine-Programm einer diplomatischen Visite. Wie die Maler porträtierten die Fotografen die Häuptlinge für die Nachwelt, aber sie konnten noch zusätzliche Geschäfte machen, indem sie der weißen Bevölkerung Abzüge verkauften. Die Weißen waren an den federgeschmückten Indianern genauso interessiert, wie diese an ihnen.

Zu dieser Zeit waren Indianerfotos hauptsächlich gestellte Studioaufnahmen. Ein 1863 aufgenommenes Foto von südlichen Plains-Indianern im Gewächshaus des Weißen Hauses ist eine bemerkenswerte Ausnahme. (Abb. 2.14) Normalerweise mußten Illustratoren Zeichnungen nach dem Foto anfertigen, um ein diplomatisches Ereignis würdig darzustellen. Erst später in den 70er Jahren hatten sich die fotografischen Techniken so weit entwickelt, daß Aufnahmen der Delegationen in den relativ dunklen Innenräumen von Kunstgalerien oder vor dem US-Schatzamt (Abb. 2.31, 2.32) möglich waren. Sie zeigten die Indianer inmitten der weißen Kultur.

Die Anfänge der Delegationsfotografie 1851–52

Die ersten bekannten Delegationsfotos wurden Anfang 1852 aufgenommen. Gleich nach Abschluß des Fort-Laramie-Vertrages im September 1851 reiste eine Delegation von neunzehn Arapaho, Cheyenne, Sioux, Oto und Iowa nach Washington DC und blieb dort von November 1851 bis zum 11. Januar 1852. Die Indianer besichtigten Navy Yard und das Arsenal und trafen mit Präsident Fillmore und dem im Exil lebenden ungarischen Staatsmann Lajos Kossuth zusammen. Sowohl von Kossuth wie vom Präsidenten erhielten sie Fahnen und Medaillen.[5] Irgendwann auf der Reise ließ Alights On A Cloud eine Daguerreotype von sich und der weltberühmten Schauspielerin und Tänzerin Lola Montez anfertigen.[6] Sie war auf demselben Schiff nach USA gekommen wie Kossuth. (Abb. 2.8)

Auf dem Heimweg machte die Delegation in Philadelphia Halt. Dies veranlaßte den Sammler John McIlvain, an Präsident Fillmore zu schreiben, ob es ihm wohl erlaubt sei, einen Bogen der Indianer zu kaufen. Er schrieb weiter: »Sie wissen, daß eine Indianerdelegation des Fort-Laramie-Vertrages zur Zeit unsere Stadt besucht ... ich habe Daguerreotypen von ihnen machen lassen, Gruppen- und Einzelaufnahmen, und ich habe veranlaßt, davon Lithographien herzustellen.«[7]

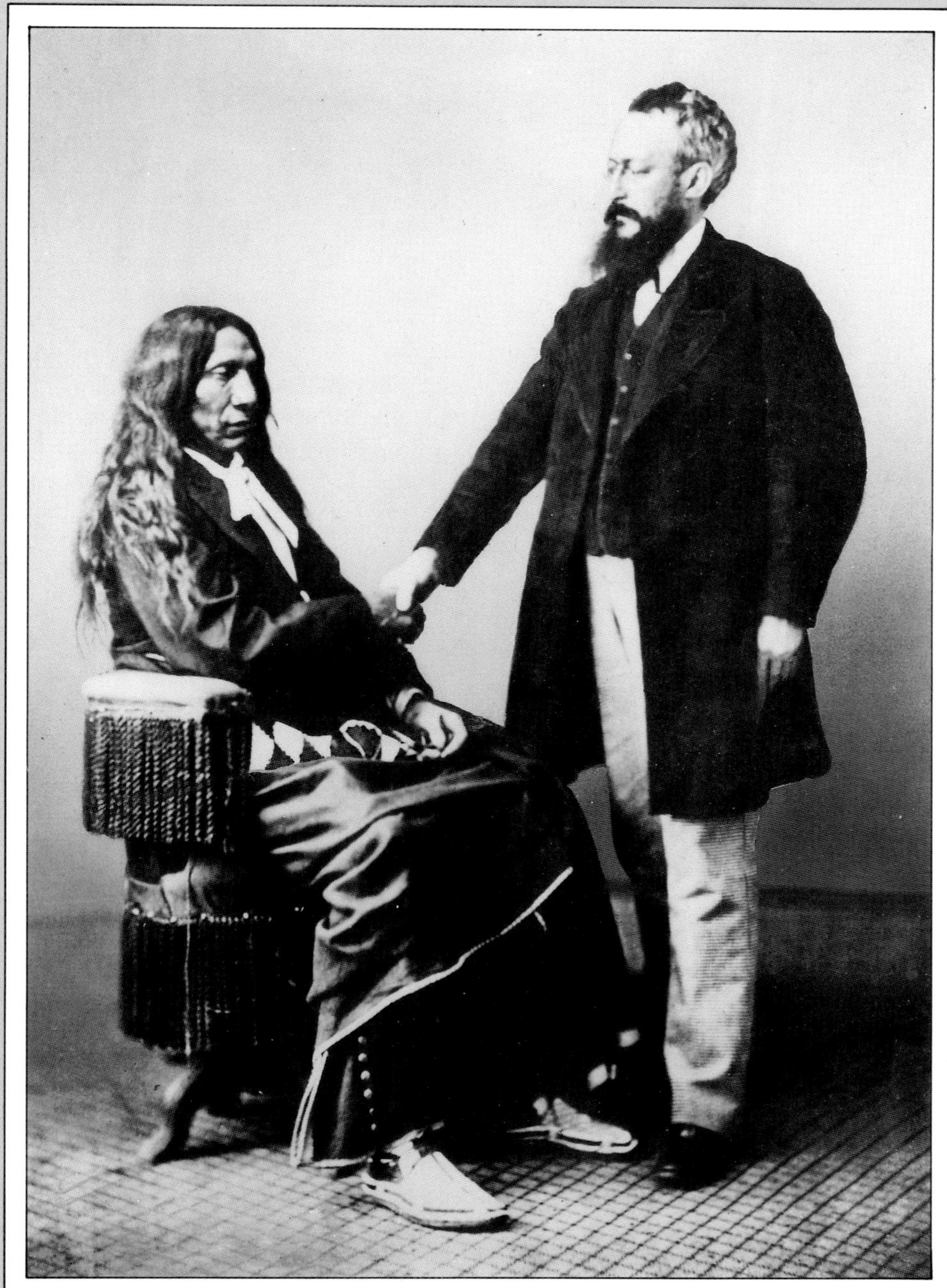

2.1 Der Engländer William Henry Blackmore und Red Cloud, Häuptling der Oglala-Dakota, der den Verhandlungen von Fort Laramie so lange nicht beiwohnen wollte, bis die Vereinigten Staaten ihr Fort am Powder River verlassen hatten. Von Alexander Gardner, Washington DC, 1872

Der Name des Daguerreotypisten wurde von McIlvain nicht erwähnt, aber es handelt sich vermutlich um einen führenden Fotografen Philadelphias, wie James E. McClees oder Marcus Aurelius Root, der auch ein bekannter Fotohistoriker war. Besagte Daguerreotypen sind nicht gefunden worden. Es ist aber anzunehmen, daß es sich um jene unbeschrifteten Daguerreotypen der Delegation von 1851/52 handelte, die Antonio Zeno Shindler 1869 mit Hilfe des Kollodiumverfahrens kopierte. (Abb. 2.4–2.7)

Indianische Delegierte waren hochrangige Mitglieder ihrer Stämme, die mit Recht stolz auf ihre Position waren. Unglücklicherweise war ein Mitglied der Delegation von 51/52 einfach auf dem Weg aufgelesen worden. Er war bekannt als »Goose« oder »Corn Nubbin« und seine Anwesenheit löste eine erhebliche Debatte unter den Delegierten aus, die der Meinung waren, er sei ihnen nicht ebenbürtig und könne seinen Stamm nicht repräsentieren. (Abb. 2.6)[8]

Obwohl die Delegierten wichtige Mitglieder ihrer Stämme waren, kam es bei der Identifizierung der Porträts doch zu Verwechslungen, wie bei dem klassischen Gruppenfoto der Serie von 1851–52. Diese Gruppe (Abb. 2.4) wurde identifiziert als White Antelope, Alights On A Cloud und Roman Nose. Aber Roman Nose, ein wichtiger Häuptling der Süd-Cheyenne, der 1868 die Attacke in Beecher's Island anführte und in dieser Schlacht starb, war gar kein Mitglied der Delegation. Der abgebildete Mann ist Little Chief.[9] Es ist bekannt, daß sich Little Chief während der Delegation porträtieren ließ. 1880 schrieb sein Sohn an den Bevollmächtigten für indianische Angelegenheiten, und bat um eine Kopie des Fotos seines berühmten Vaters, das, wie er schrieb, am Anfang der Delegationsreise aufgenommen worden war. Der Bevollmächtigte bedauerte, die Bitte nicht erfüllen zu können.[10] Das bedeutet, daß die Identifizierung des Bildes bereits verlorengegangen war, wenn nicht sogar das Bild selbst.

Delegationsfotografie 1857–58

Der Kontakt mit den Weißen und die Anzahl der Delegationen nach Osten nahmen zu. In der Mitte des Winters 1857/58 waren ungefähr 90 Delegierte von 13 Stämmen in Washington DC. Sie durchliefen das normale Diplomatenprogramm der Hauptstadt und führten schwierige Vertragsverhandlungen. Dabei kam es zu einem Zwischenfall, als Little Crow, ein Mdewakanton der östlichen Gruppe der Sioux, die Versprechen der Regierung anzweifelte und sich weigerte, den Weißen weiteres Land abzutreten. Man warf ihm vor, sich wie ein Kind zu benehmen. Über seine Rede wurde in der örtlichen Zeitung berichtet, und trotz Übersetzungsschwierigkeiten kommen seine Gefühle zweifellos deutlich zum Ausdruck:

> »Sie sprechen eine gute und freundliche Sprache, aber nie haben wir auch nur die Hälfte von dem bekommen, was versprochen wurde oder was wir kriegen sollten. Ich kam 1854 wegen des Reservates hierher. Ich erinnere mich sehr genau an Sie (den Registrator) und Sie saßen genau wie jetzt am Tisch und schrieben, umgeben von Papieren. Damals haben Sie uns versprochen, daß wir dieses Land für immer haben könnten und jetzt wollen Sie uns dennoch die Hälfte davon wegnehmen ... Ich dachte, wir hätten eine Vereinbarung ... aber es scheint, daß Sie mich nur mit Papieren überhäufen, damit ich später gar nichts mehr habe. Ich werde mir das Papier anschauen, das Sie dem Agenten gegeben haben, und wenn ich es geprüft und etwas Gutes darin entdeckt habe, werde ich wieder zu Ihnen kommen. Und wenn ich das tue, werden Sie mich wie einen Mann sprechen hören und nicht wie ein Kind.«[11]

Unter großem Druck wurden die Verträge schließlich von den Indianern unterzeichnet. Aber 1862 führte Little Crow seine hungernden Leute in eine blutige Revolte, bei der 800 Weiße getötet und 400 gefangengenommen wurden.

Bevor die Indianer 1858 nach Hause zurückkehrten, wurden sie fotografiert. Von diesem Zeitpunkt an wurde das Fotografieren indianischer Delegationen in der Hauptstadt systematisch betrieben. Diese Fotos, die oft A. Zeno Shindler aus Philadelphia zugeschrieben worden sind, wurden in Wirklichkeit von Julian Vannerson und Samuel Cohner vom James McClees-Studio aufgenommen.

Im Winter 1857 dehnte der erfolgreiche Fotograf McClees aus Philadelphia sein Geschäft bis nach Washington aus.[12] Er versprach sich nicht nur Profit, wenn er Indianer fotografierte, es lag ihm auch daran, eine sich wandelnde Kultur dokumentarisch festzuhalten, die auszusterben drohte. In der Werbung für seine Fotos schrieb er:

> »Die Porträt-Galerie zeigt einige der wichtigsten Häuptlinge, Krieger und Berater ... Manche davon sind inzwischen tot – in der Schlacht gefallen. Für den Studenten unserer Geschichte, als Ergänzung zu Bibliotheken und als Erinnerung an die aussterbende Rasse des roten Mannes ist diese Serie von großem Wert.«[13]

Die Sammlung wurde als gebundene Ausgabe angeboten oder in Form einzelner vergrößerter Abzüge. Die Bilder waren 6,5 x 8,5 inches groß, genauso wie die Negative, und wurden von den studioeigenen Malern auf Wunsch handcoloriert.[14]

In seinem Werbeblatt beansprucht McClees auch die Urheberschaft für die Porträts, wobei er vermutlich von seiner Eigenschaft als Studiobesitzer ausging. Als erfolgreicher Geschäftsmann mit Studios in zwei Städten konnte er die fotografische Arbeit nicht allein bewältigen. Er verließ sich daher auf sein talentiertes Personal.[15] Die Zeitschrift *The Photographic and Fine Art Journal* berichtete:

> »McClees Galerie hat einen guten Start, was nicht verwundert, da eine solche Ansammlung von berühmten Männern als Angestellte einfach Erfolg haben muß ... Mr. Samuel Cohner ist der Fotograf. Ich habe schon früher von ihm gesprochen, aber seine Bilder haben in letzter Zeit so große Fortschritte gemacht, daß ich an dieser Stelle noch einmal auf ihn hinweisen möchte: Manche Bilder, die er von einem Indianerstamm gemacht hat, können sich durchaus mit Bilder der besten Fotografen des Landes messen.«[16]

Eine Anzahl von Drucken der Porträts zirkulierten unter dem Namen von Julius Vannerson,[17] was darauf schließen läßt, daß Vannerson auch für die Bilder zuständig war. 1865 veröffentlichten die Treuhänder des William-Blackmore-Museums in England die Delegationsfotos von 1857–58, ohne Angabe der Autoren, aber datiert: 1850–1863.[18]

Die Jahre 1858–67

In der Zeit von 1858 bis 1867 ereigneten sich mehrere wichtige Dinge. Der Bürgerkrieg erzwang eine Pause der Delegationspolitik, und er brachte auch eine Anzahl geübter Fotografen hervor, die sich um Mathew B. Brady scharten.

Am 24. Januar 1865 zerstörte ein furchtbares Feuer im Smithsonian Institut die Kunstgalerie mit der Ausstellung der Indianergemälde von John Mix Stanley und den Delegationsfotos von Charles Bird King. 1859 hatte der erste Sekretär des Smithsonian Instituts Joseph Henry vorgeschlagen, Fotos von den Indianerdelegationen zu machen.[19] Die Angelegenheit ruhte bis zu dem tragischen Feuer. Dem Beauftragten für indianische Angelegenheiten Bogy gegenüber äußerte Henry, daß es Zeit sei, »neu anzufangen ... und zwar mit einer – was die Ähnlichkeit betraf – viel authentischeren und zuverlässigeren Sammlung der wichtigsten Stämme der Vereinigten Staaten. Die Negative sollten verwahrt und Kopien an jeden Interessierten verkauft werden. Wie McClees war auch er der Ansicht, daß es wichtig sei, gute Porträtfotos aufzuheben:

> »Die Indianer verschwinden so schnell, daß nur noch wenige Jahre verbleiben, wo dies getan werden kann. Der Verlust wird unersetzbar sein und auch so empfunden werden, wenn es keine Indianer mehr gibt. Die Fotos sollten Einzelaufnahmen sein, von angemessener Größe. Ein Brustbild genügt. Der Kopf sollte nicht verdeckt sein, damit die Person zu erkennen ist. Kurz: Das Bild sollte den Mann zeigen, und nicht seine Kleidung oder seinen Schmuck.«[20]

Er bat um Kapital für sein Vorhaben, aber das wurde ihm verweigert. Glücklicherweise wurde sein Wunsch, Indianerfotos an die Öffentlichkeit zu bringen, von zwei anderen Männern geteilt, nämlich von Ferdinand V. Hayden von der geologischen Expedition der USA und von William Henry Blackmore, einem reichen englischen Sammler und Spekulanten. Blackmore unterstützte Hayden mit Geld. Er kaufte auch Bilder und nahm Fotografen wie Gardner und Shindler unter Vertrag, die für ihn Delegationsfotos und Kopien anfertigten. Als die US-Regierung nach dem Bürgerkrieg die Beziehungen zu den Indianern wieder aufnahm, war alles für eine fotografische Dokumentation bereit.

Delegationen und Kommissionen, 1867–69

1867 war das Jahr der Delegationen. Es kamen so viele Indianer nach Washington, daß sie in leerstehenden Kasernen untergebracht werden mußten.

Manchmal war es auch schwierig, Delegationen nach Washington zu bekommen. Das war sicherlich der Fall, als der Agent J. R. Hanson mit der Aufgabe betraut wurde, bestimmte Häuptlinge zu dem Treffen von 1867 nach Washington zu bringen. Nachdem er gerade einen sieben Tage dauernden Blizzard in Dakota überlebt und dann vergeblich versucht hatte, die Häuptlinge zu finden, erreichte Hanson schließlich Crow Creek: »lebendig und gesund – zum allgemeinen und besonders meinem eigenen Erstaunen.«[21] Er entschloß sich dann, die ältesten Stammesführer mitzunehmen, die er finden konnte. Die Indianer weigerten sich zuerst, mitzukommen. Für sie bedeuteten Delegationen Verträge, und Verträge hießen Verlust von Land. Aber schließlich gaben sie nach und stiegen in die Wagen. Frauen begleiteten sie und sangen Totenlieder, Kinder schrien, Hunde bellten. Hanson erreichte die Hauptstadt mit einer einigermaßen repräsentativen Delegation, aber er wurde dennoch gerügt, weil es ihm nicht gelungen war, die wirklichen Häuptlinge herbeizuschaffen. McClees war nach Philadelphia zurückgekehrt.[22] Vannerson arbeitete als Fotograf in seiner Geburtsstadt Richmond.[23] Cohner ist wahrscheinlich nach Havannah gegangen.[24]

Einige Delegierte waren schon 1857/58 dabei gewesen. Als die 1867 wiederkehrten, stellten sie fest, daß das McClees Studio, aus dem die damaligen Fotos stammten, den Besitzer gewechselt hatte. Die Galerie gehörte jetzt Robert W. Addis und wurde von Antonio Zeno Shindler & Company geleitet. Unterstützt wurde Shindler bei seiner Arbeit von P. B. Marvin und Louis Fountaine, einem Verwandten seiner Frau.[25]

Ein Foto von Shindler zeigt Scarlet Night. (Abb. 2.15) Am Abend des 24. 2. 1867 verschwand Scarlet Night. Als er nicht gefunden wurde, erschien in der Gesucht-Gefunden-Spalte des *Washington Chronicle* eine Vermißtenanzeige, in der eine Belohnung von 100 Dollar für sein Auffinden geboten wurde.[26] Zwei Wochen später fand man in Alexandria, Virginia, seine Leiche. Er war das Opfer eines Falschspiels.[27] Das Motiv wurde nie aufgedeckt, man vermutete jedoch, daß ihn seine Kidnapper ermordeten, um in Ruhe die Belohnung zu kassieren. Es wurde befürchtet, daß sich derlei Anschläge wiederholen könnten, aber das trat zum Glück nicht ein.

Nicht alle friedlichen Treffen fanden auf dem Boden der Weißen statt. Es gab auch Friedenskommissionen, die zu den Indianern gingen, um Verträge abzuschließen. 1868 machte sich eine solche Kommission nach Fort Laramie auf, um die Lebensbedingungen der Arapaho, der nördlichen Cheyenne, Crow und der Brule, Oglala und Miniconjou Sioux zu untersuchen. Die Kommission hoffte, ein für allemal die Feindseligkeiten beenden zu können, die Indianer in den Reservaten zu halten und neues Land für die Besiedlung zu gewinnen.[28] Diese Verhandlungen wurden von A. Gardner fotografiert. Es sind die einzigen Bilder, die es von derartigen Kommissionen gibt. (Abb. 2.20, 2.21)[29]

Alexander Gardner wurde zum Regierungsfotografen erklärt, genoß freien Transport und Verpflegung von der Armee. Es ist anzunehmen, daß er freiwillig mitmachte, und sich einen Profit von dem Verkauf der Bilder versprach. Die Kommission traf am 4. 4. 1868 in Fort Laramie mit den Indianern zusammen. Gardner kam erst am 24. 4., versäumte also die früheren Begegnungen und den Vertrag mit den Brules. Aber er fotografierte ihren Häuptling Spotted Tail, sowie die verschiedenen Lager. Am 6. und 7. Mai nahm er das Treffen mit den Crow auf und war Zeuge der Vertragsvereinbarung, ebenso wie der Stenograph George B. Willis.[30] Am 10. Mai wurden die Verträge mit den Cheyenne und den Arapaho unterzeichnet.

Man Afraid Of His Horses war auch bei den Verhandlungen von Fort Laramie dabei. (Sein Name bedeutete, daß er in der Schlacht so wild war, daß sogar seine Pferde Angst bekamen.) Am 21. Mai überbrachte er die Kunde, daß der wichtigste Oglala-Häuptling Red Cloud den Treffen so lange nicht beiwohnen werde, bis die Vereinigten Staaten ihre Forts am Powder River verließen.

An diesem toten Punkt unterschrieb die Kommission einen Vertrag mit den Oglalas, die am 24. und 25. Mai anwesend waren. Wie bei allen wichtigen und feierlichen Beratungen wurde von allen Anwesenden eine Pfeife geraucht. Gardners Bild zeigt nicht nur einen Vertragsabschluß, sondern auch das einzig bekannte Foto mit dem rituellen Rauchen der Pfeife. (Abb. 2.20)[31]

Am 28. Mai wurde mit den Miniconjou-Sioux ein weiterer Vertrag unterschrieben. Red Cloud blieb hart und weigerte sich zu unterschreiben. Dies zwang die Kommission, Fort Laramie zu verlassen und ihre Mission bei den anderen Stämmen fortzuführen. Für alle Fälle ließen sie einen Vertrag bei Red Cloud, falls er sich anders entscheiden sollte. Das Problem wurde schließlich im Juli gelöst, als die weißen Streitkräfte die Forts verließen, ganz wie Red Cloud es wünschte – ein bemerkenswerter Sieg für die Indianer. Red Cloud hielt Wort und ging im November nach Fort Laramie und unterzeichnete den Vertrag.

Gardner begleitete die Kommission nicht mehr weiter, sondern kehrte mit ungefähr einhundert 8 x 10 und 98 Stereograph-Negativen nach Washington zurück.[32]

Am 16. Oktober 1868 teilte der Beauftragte für indianische Angelegenheiten N. G. Taylor seinen Offizieren mit, daß der Kongreß seinen Etat gekürzt habe, und es kein Geld mehr für nicht genehmigte Delegationen geben werde.[33] Die Agenten wurden daher angehalten, keine spontanen Reisen mehr zu unternehmen. Taylors Erlaß konnte allerdings wenig gegen entschlossene Indianer ausrichten, die mit weißen Beamten sprechen wollten. Als die Sauk und die Fox in jenem Jahr beschlossen, eine ungenehmigte Delegation loszuschicken, (Abb. 2.22) bat der Agent Albert Wiley seine Vorgesetzten per Kabel um Instruktionen. Er erhielt den Auftrag, die Delegierten aufzuhalten, die inzwischen bereits bis nach Fort Lawrence in Kansas gekommen waren. Sie weigerten sich umzukehren. Daraufhin veranlaßte Wiley den US-Marshal, sie zu verhaften. Die Gruppe verbrachte die Nacht im Gefängnis und wurde nach einer Verhandlung für unschuldig erklärt, da es keine Gesetze gab, die Indianern das Reisen verboten. Die Delegation gelangte nach Washington und verklagte dann Wiley wegen unrechtmäßiger Verhaftung und forderte 40 000 Dollar Schadenersatz. Die Indianer gewannen den Prozeß, erhielten aber nur 1900 Dollar. Wileys persönliches Eigentum wurde gepfändet. Es stellte sich heraus, daß sich die Indianer bei Taylor über Wiley beschweren wollten. Inzwischen hatte es einen Wechsel in der Administration des Präsidenten gegeben. Im Zuge dieser Personalveränderung wurde Wiley vom Dienst suspendiert. Der neue Beauftragte stellte ihn jedoch später wieder ein und bezahlte seine Strafe.[34]

Den Hauptanteil der Delegationsfotografie 1868 übernahm A. Zeno Shindler von der Addis Galerie. Zur selben Zeit hatte William Blackmore einige Ausgaben von *The Peoples of India* erhalten, der ersten größeren ethnographischen Studie, die sich auf Fotografien stützte. Blackmore beschloß, sie als Vorlage für eine Reihe von Bänden mit Indianerporträts zu benutzen. Er plante einen Set mit sechs bis zehn Bänden mit jeweils 50 Fotografien, wobei jeder Stamm mit sechs bis acht Fotos vertreten sein sollte. Die Serie sollte etwa 22 Pfund pro Band kosten und in einer Auflage von 300 Stück erscheinen.[35] Diese Serie wurde jedoch nie hergestellt.

Auch 1869 trafen Delegationen in Washington ein und wurden von Shindler porträtiert. Inzwischen hatte die Zusammenarbeit von William Blackmore, Joseph Henry und den lokalen Washingtoner Fotografen zu erfreulichen Ergebnissen geführt. Ihre Arbeiten bildeten zusammen mit den Bildern von 1857/58 aus dem Studio McClees/Shindler eine hervorragende Sammlung von Indianerporträts. Es war die erste, die im Smithsonian Institut aufbewahrt wurde, und sie vermochte, die Lücke wieder zu schließen, die das Feuer 1865 verursacht hatte.

Diese Fotos wurden in der Galerie des Smithsonian Instituts ausgestellt und auf einem Handzettel für die Besucher mit dem Titel »Fotografische Porträts nordamerikanischer Indianer« aufgelistet. Diesen Handzettel bezeichnete man allgemein als den »Shindler Katalog«.[36] Bei der Zusammenstellung dieses »Katalogs« war Shindler darauf bedacht, seinen und Gardners Namen unterzubringen, aber er zeichnete auch für die Studioaufnahmen von McClees, obwohl er sie lediglich gedruckt hatte. Das Blatt wurde bis Anfang des 20. Jahrhunderts vom Institut ausgegeben, bis schließlich jedermann die fehlerhaften Angaben akzeptierte.

Die letzten Jahre der Delegationsfotografie, 1870–1900

Die Geschichte der Delegationsfotografie hört mit der Ausstellung im Smithsonian Institut 1869 keineswegs auf. 1872 war wiederum ein bedeutendes Delegationsjahr. Alexander Gardner, der für das Büro für indianische Angelegenheiten arbeitete, ersetzte Shindler als Hauptfotografen der Delegationen. (Abb. 2.1, 2.24–2.26) Es gab Zweifel an der Authentizität einiger seiner Bilder. Es wurde vermutet, daß »Frau Gardner die unglückliche Aufgabe hatte, ihrem Mann beim Postieren der Indianer zu helfen, und sie mit Federn und Perlen auszustatten, sowie mit Stammesgewändern, die aus dem muffigen, galerieeigenen Fundus einheimischer Kostüme stammten.«[37] Obwohl Gardner einen solchen Fundus besessen haben mochte, wurde seine Verwendung von den Fotografen nicht bestätigt. Von den vielen Bildern, die Gardner zugeordnet werden, weisen nur zwei Ähnlichkeiten in der Kleidung auf, und die beschränkt sich auf einen Tabaksbeutel, den zwei Blackfoot Sioux in der Hand halten.[38]

William Blackmore benutzte Gardners Porträts von 1872, um seinen großen Plan, Fotobände herauszubringen, zum Teil zu verwirklichen. Obwohl nur Stämme, die Delegierte geschickt hatten, mit Fotos vertreten waren, produzierte Blackmores eigenes Museum mindestens acht Alben mit annähernd 200 Porträts.[39]

Auch andere Washingtoner Fotografen machten Indianeraufnahmen. Julius und Henry Ulke z. B. fotografierten 1872 Apachen, Ute und Crow Delegationen. (Abb. 2.27, 2.28) In den 70er Jahren wurde die Sammlung von Negativen der Delegationsfotos immer größer. Inzwischen hatte die US Geological Survey die Kontrolle des Archivs übernommen. Darin befanden sich auch Negative, die die Expeditionsfotografen William Henry Jackson, John K. Hillers und andere gemacht hatten. 1874 veröffentlichte Jackson einen vorläufigen Katalog dieser Negative.[40] 1877 stellte er einen zweiten umfangreicheren Katalog her.[41] Dieser enthielt erstens mehr Bilder und zweitens einige biographische Details und Angaben über die Körpermaße. In der Einleitung hieß es, die Fotos kämen aus »verschiedenen Quellen«. Jackson beabsichtigte nicht, für den Fotografen aller Bilder gehalten zu werden. Der Katalog wurde jedoch berühmt und stellte seine Vorläufer völlig in den Schatten. Er war allgemein unter dem Namen »Jackson Katalog« bekannt, und man hielt Jackson für den Urheber der Bilder.

Der Jackson Katalog von 1877 enthielt auch die Arbeiten eines anderen wichtigen Washingtoner Fotografen: Charles Milton Bell, der früher zu Bell & Brothers gehörte. Diese Firma hatte eine ganze Anzahl von Partnern, aber schließlich wurde Charles der alleinige Besitzer. Unter seiner Leitung übernahm sie die Delegationsarbeit. (Abb. 2.2)

Das Problem der richtigen Zuschreibung wurde zusätzlich noch dadurch vergrößert, daß sowohl Bell als auch Jackson Abzüge von den Negativen der Geological Survey machten. Jackson benutzte Kartons der Hayden-Studie, die einen Vordruck mit seinem Namen hatten. Bell benutzte seine eigenen Studiopappen, auf denen sein Name und seine Adresse auf der Rückseite standen.[42]

Als der Jackson Katalog fertig war, versuchte man, vergrößerte fotografische Ausgaben davon herzustellen. Diese Alben waren teuer, und es wurden nur wenige tatsächlich produziert. Alle bekannten, noch vorhandenen Kopien befinden sich in öffentlichen Einrichtungen.

1879 wurden die verschiedenen amerikanischen Expeditionen in der US Geological Survey zusammengefaßt. Die Negative der Indianerfotos wurden damit vom neu geschaffenen Büro für Amerikanische

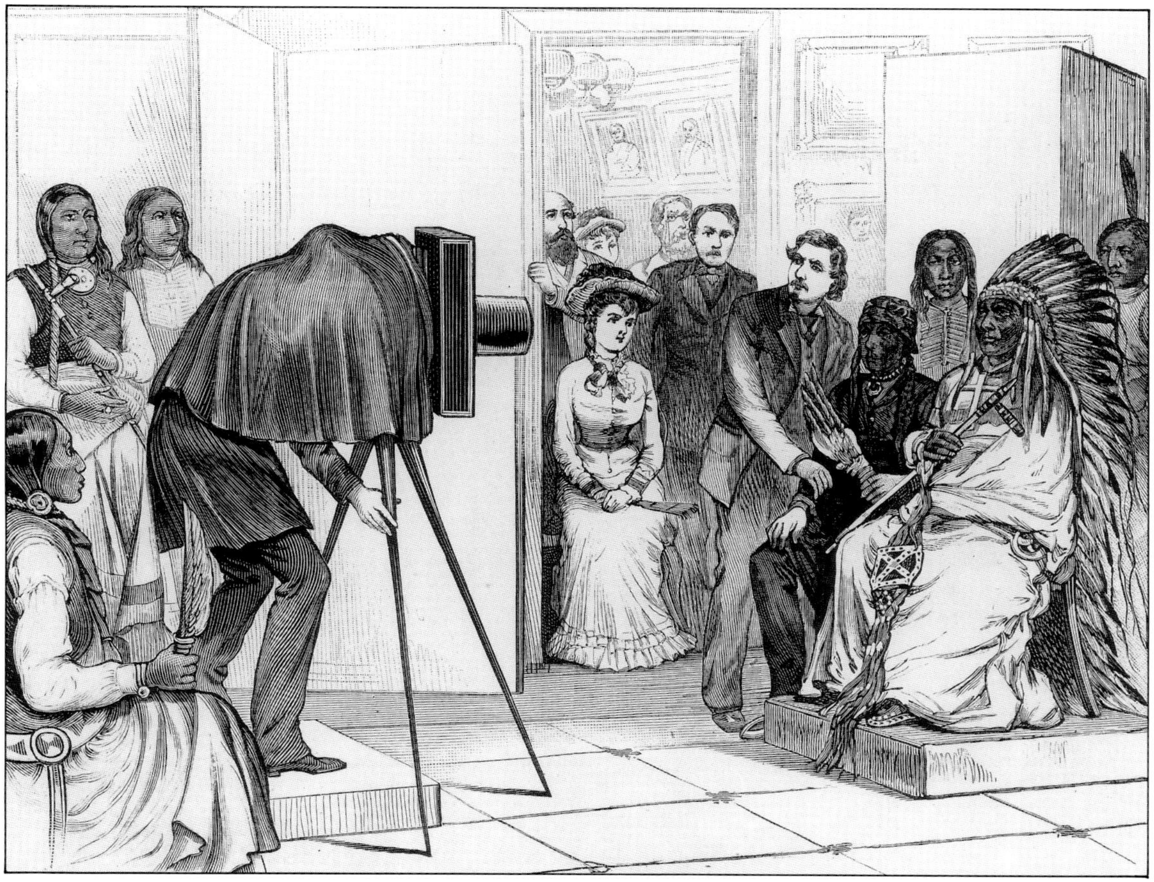

2.2 Charles M. Bell beim Fotografieren von Ponca und Sioux Delegierten. Aus Frank Leslies ILLUSTRATED WEEKLY vom 10. September 1881.

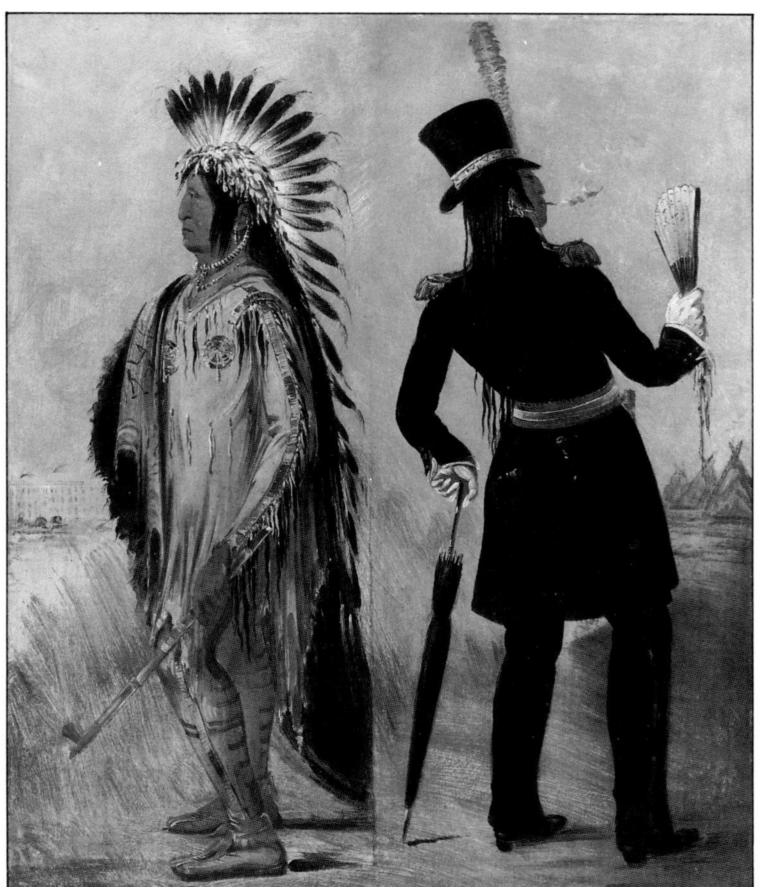

2.3 The Light, ein Assiniboin (fälschlicherweise »Pigeon's Egg Head' genannt), dargestellt von George Catlin »vor und nach« seiner Verwandlung, die durch einen Besuch als Delegierter in Washington DC 1831 hervorgerufen wurde.

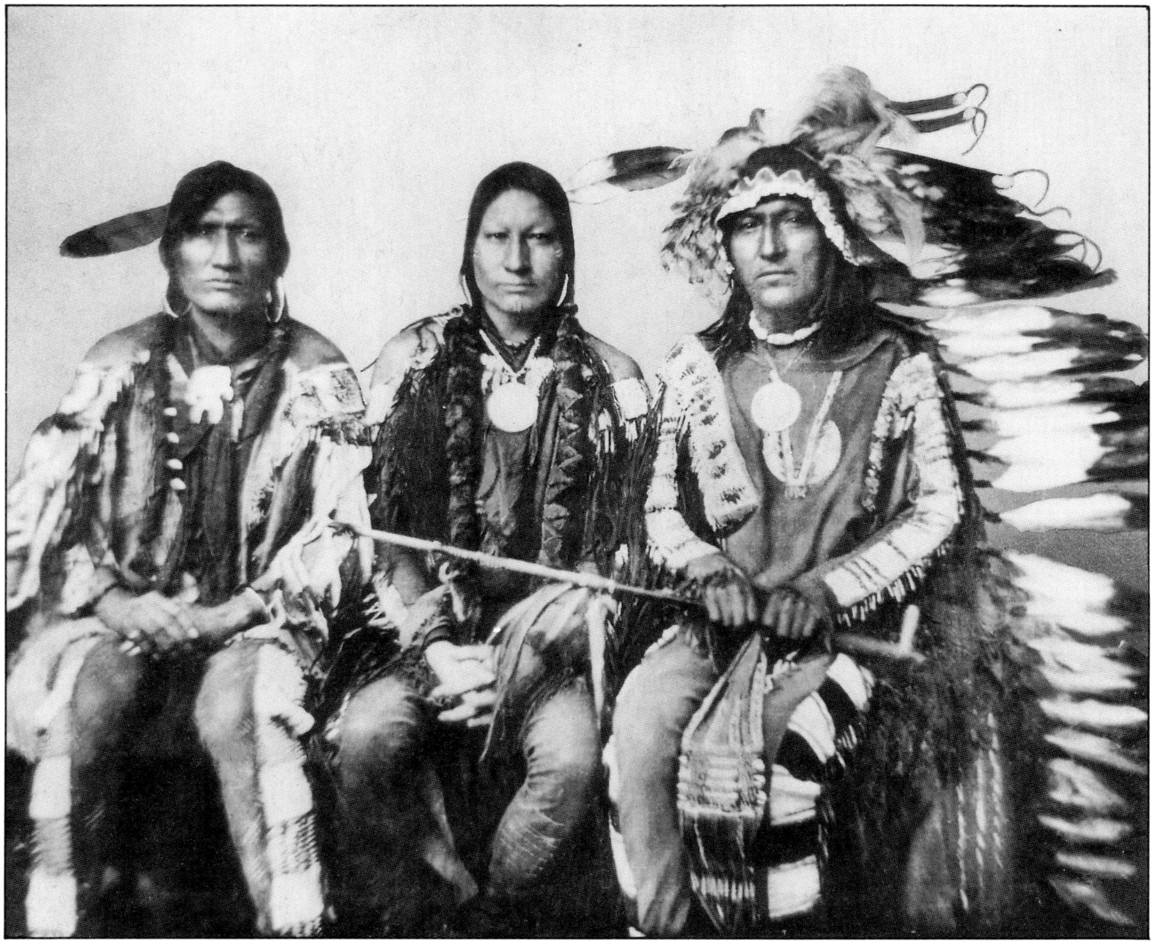

2.4 Drei Cheyenne-Indianer: White Antelope, Alights on A Cloud (Man On A Cloud) und Little Chief (der fälschlicherweise als Roman Nose identifiziert worden war). Von einer Daguerreotype, die während ihrer Delegationsreise nach Washington 1851/52 entstand. Aufgenommen wahrscheinlich in Philadelphia von Marcus Aurelius Root oder James McClees.

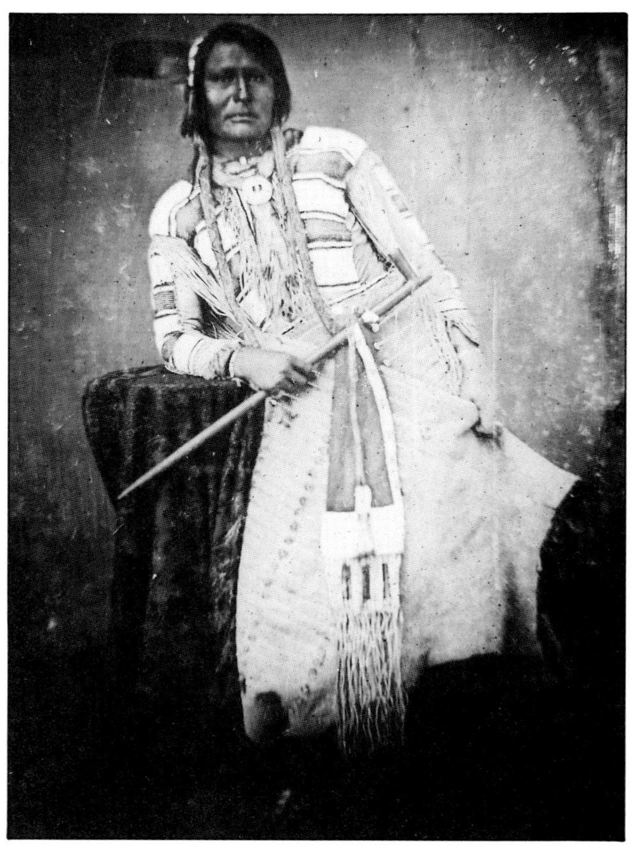

2.5 Friday, ein Arapaho. Von einer Daguerreotype, vermutlich während der Delegationsreise nach Washington 1851/52 aufgenommen. Von einem unbekannten Daguerreotypisten.

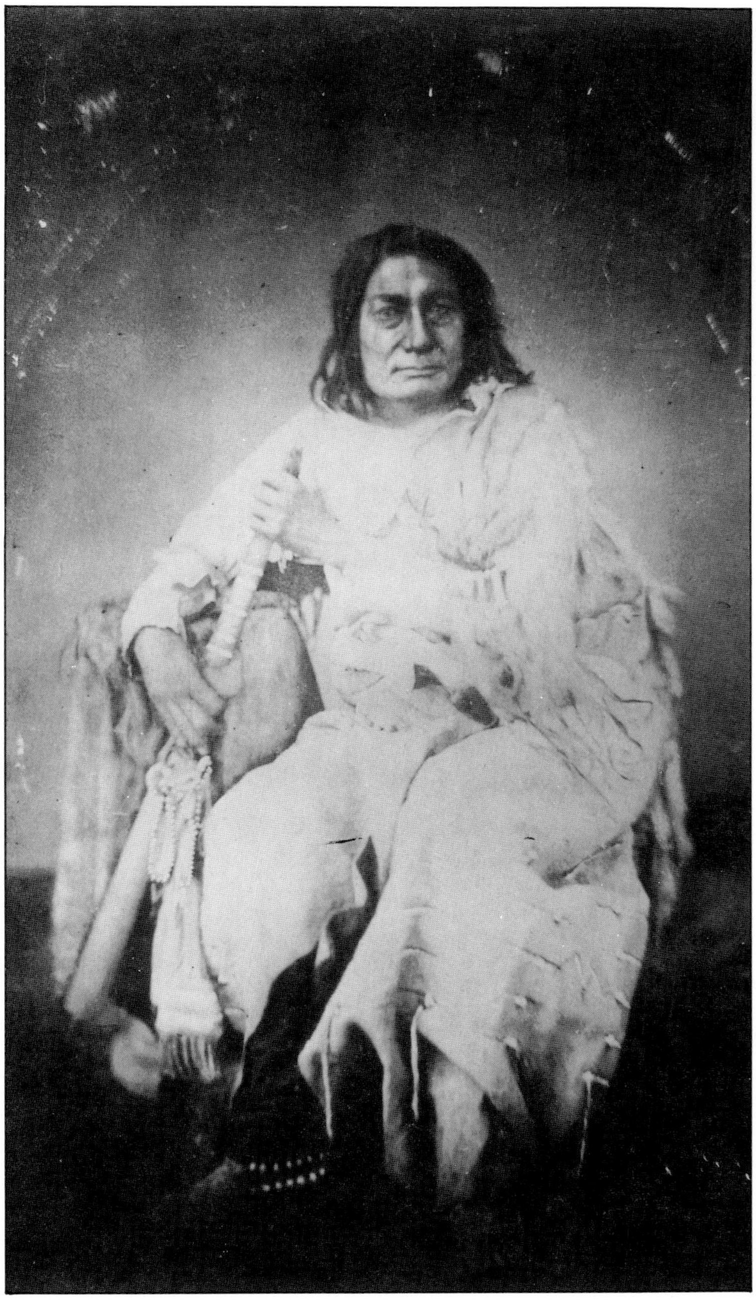

2.6 Goose, ein Dakota, auch bekannt als »Corn Nubbin«, der unoffizielles Mitglied der Delegationsreise nach Washington 1851/52 wurde, und damit große Unruhe unter den offiziellen Delegierten auslöste. Er war auf dem Weg zur Hauptstadt aufgelesen worden. Von einem unbekannten Daguerreotypisten.

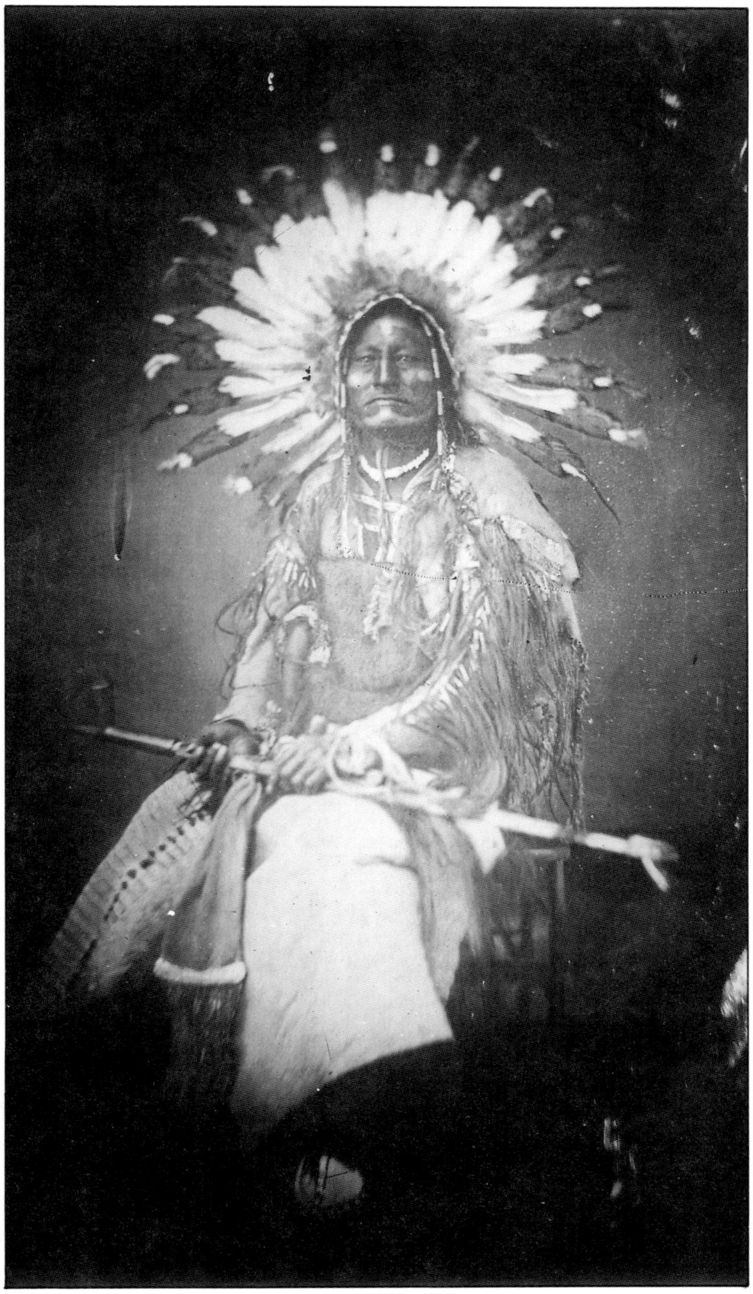

2.7 Red Plume, ein Siouan Schwarzfuß. Von einer Daguerreotype, aufgenommen von einem unbekannten Daguerreotypisten, während der Delegationsreise nach Washington DC 1851/52.

Ethnologie betreut, und befinden sich nun im Nationalen Anthropologischen Archiv des Smithsonian Instituts.

Was die Fotografen angeht, so setzte Jackson seine Karriere fort und wandte sich wieder dem privaten Unternehmertum zu. William Blackmore beging Selbstmord, als sich seine Handelsunternehmungen im amerikanischen Westen als Fehlschlag entpuppten.[43] A. Zeno Shindler besann sich auf seine künstlerische Begabung und wurde Kolorist des US-Nationalmuseums,[44] eine Position, die er bis zu seinem Tod 1899 innehatte. Alexander Gardner blieb weiter Fotograf, widmete sich später jedoch mehr der Masonic Mutual Relief Association.[45] Charles M. Bells Studio spielte bis zur Jahrhundertwende eine große Rolle in Fotografenkreisen in Washington DC.

Anfang des Jahrhunderts hatten sich die meisten Indianerstämme mit mehr oder weniger Erfolg dem neuen Lebensstil angepaßt, den ihnen das Büro für indianische Angelegenheiten auferlegt hatte. Die Delegationen bestimmten nicht mehr die amerikanisch-indianische Politik, und das Fotografieren indianischer Delegierter wurde hauptsächlich von Regierungsstudios erledigt.

2.8 Die Schauspielerin Lola Montez und Alights On A Cloud (Man On A Cloud), ein Cheyenne, der Mitglied der Delegation von 1851/52 in Washington war. Eine Daguerreotype, wahrscheinlich 1852 oder 1854 von J. Hawes aufgenommen.

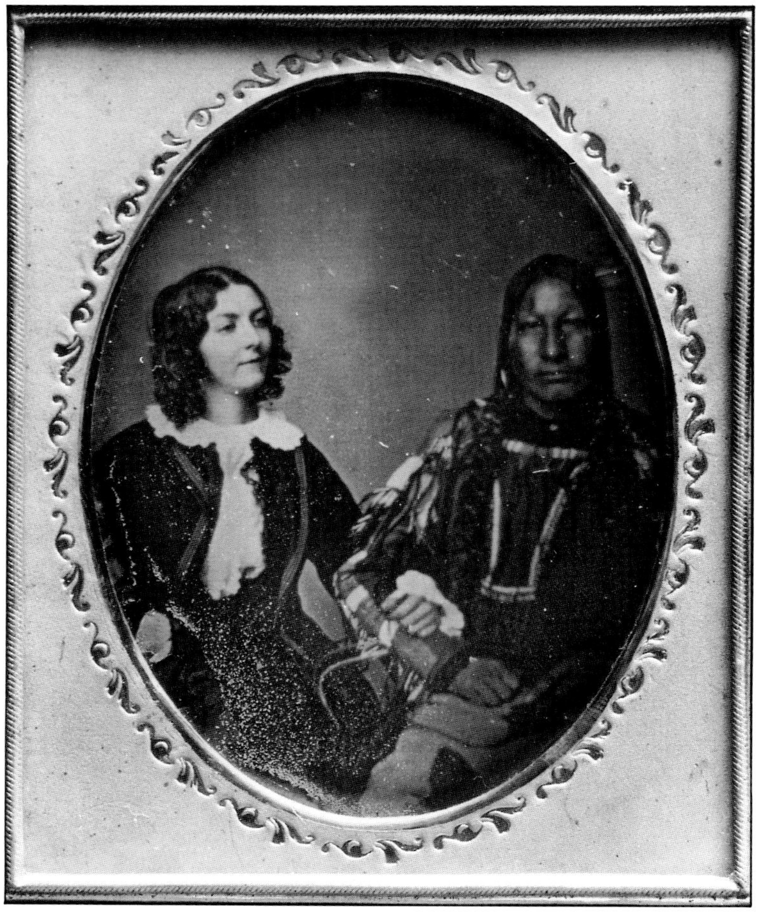

2.9 Gruppenfoto der Delegation von 1857/58 vor dem Weißen Haus. Von Mathew B. Brady.

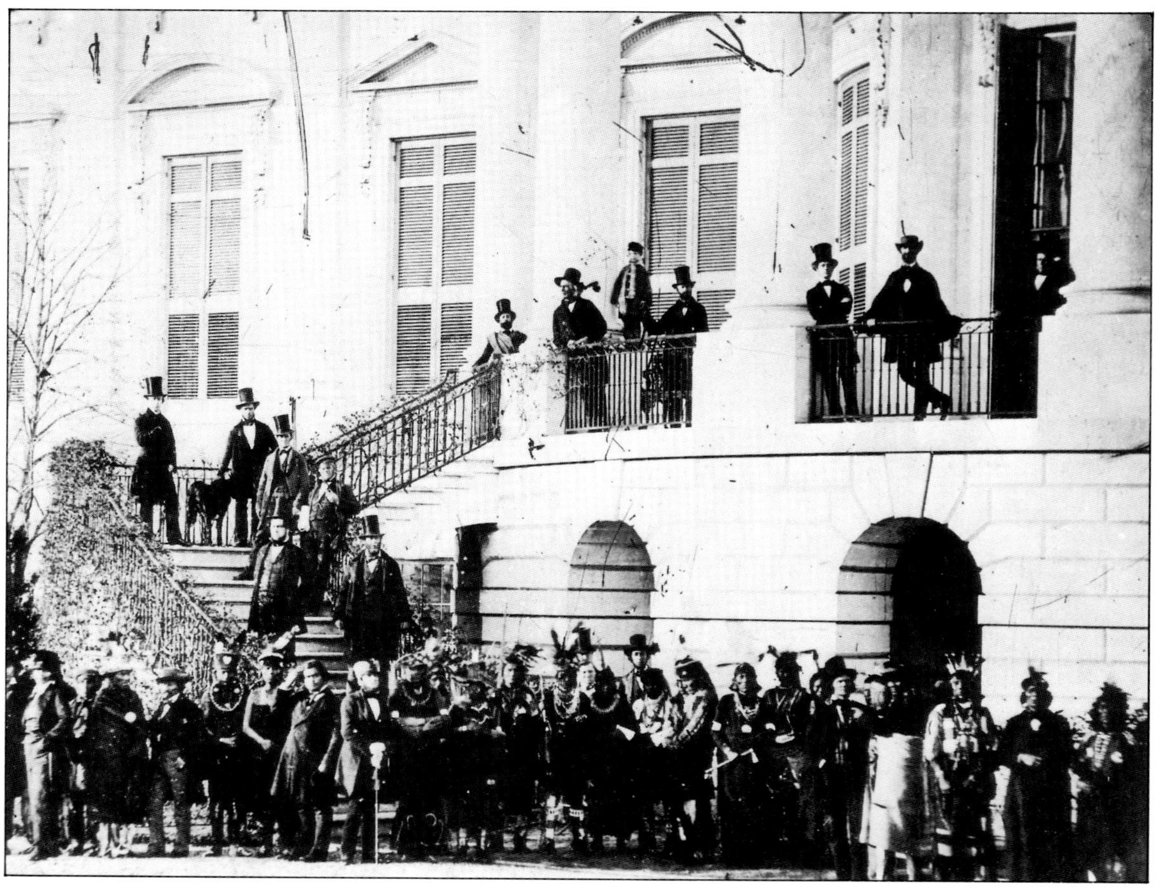

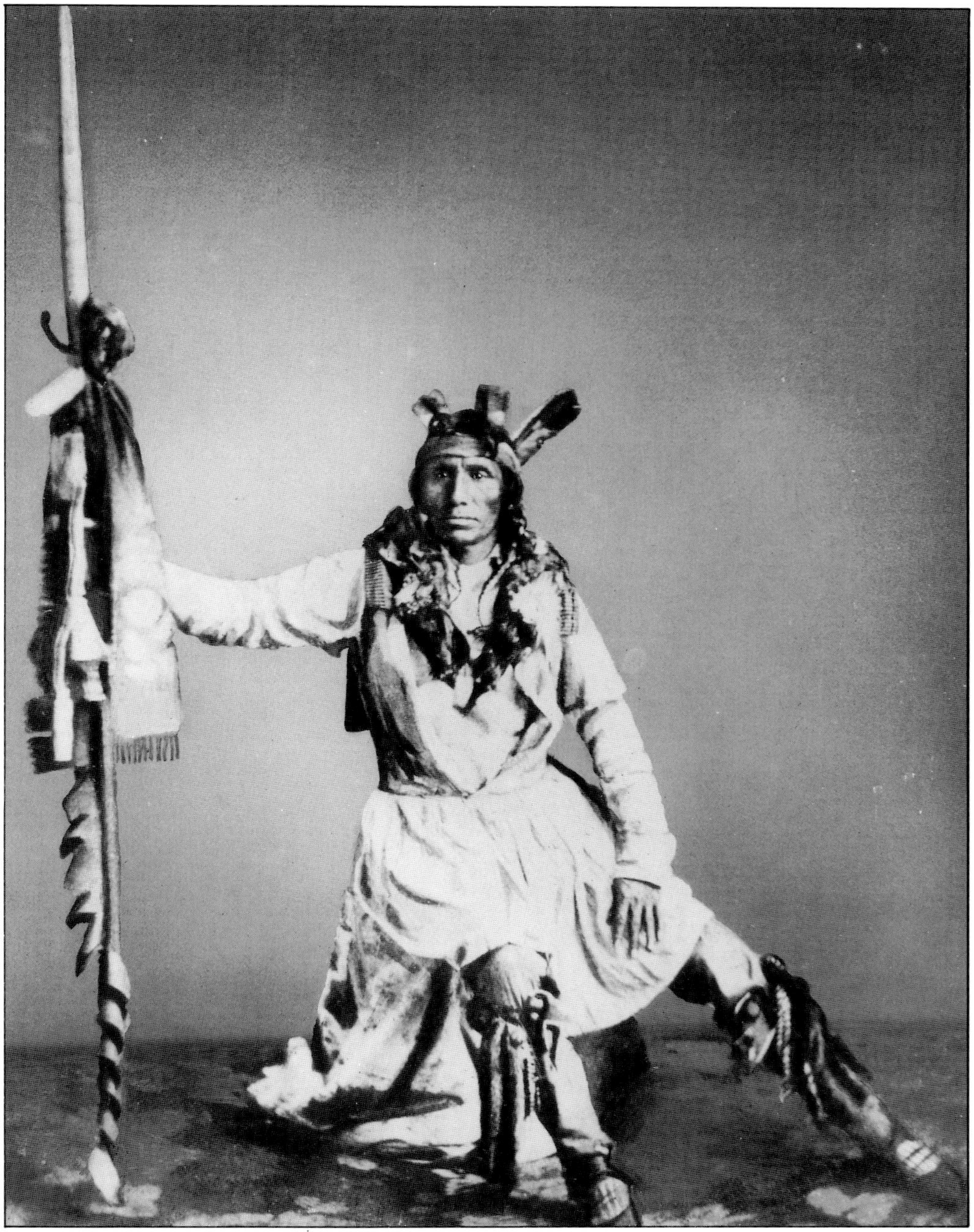

2.10 Little Crow, ein Mdewakanton Dakota. Einer der Anführer des Sioux-Aufstandes von 1862. Aufgenommen von Julian Vannerson und Samuel Cohner vom McClees-Studio in Washington irgendwann zwischen dem 13. März und dem 21. Juni 1858.

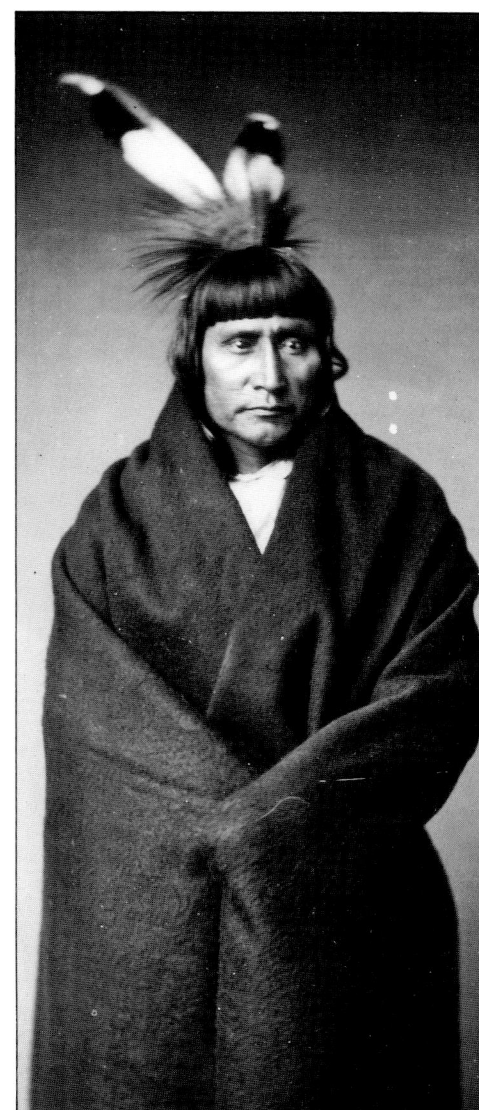

2.11 Passing Hail, ein Delegierter der Mdewakanton Dakota, der mindestens zwei Reisen nach Washington unternahm. Von Julian Vannerson und Samuel Cohner vom McClees-Studio in Washington zwischen dem 13. März und dem 21. Juni 1858. Bei seinem Besuch in Washington 1867 erkrankte Passing Hail an Wassersucht und weigerte sich, in der Hauptstadt zu bleiben, um zu sterben. Er starb einen Tag nach seiner Rückkehr nach Hause.

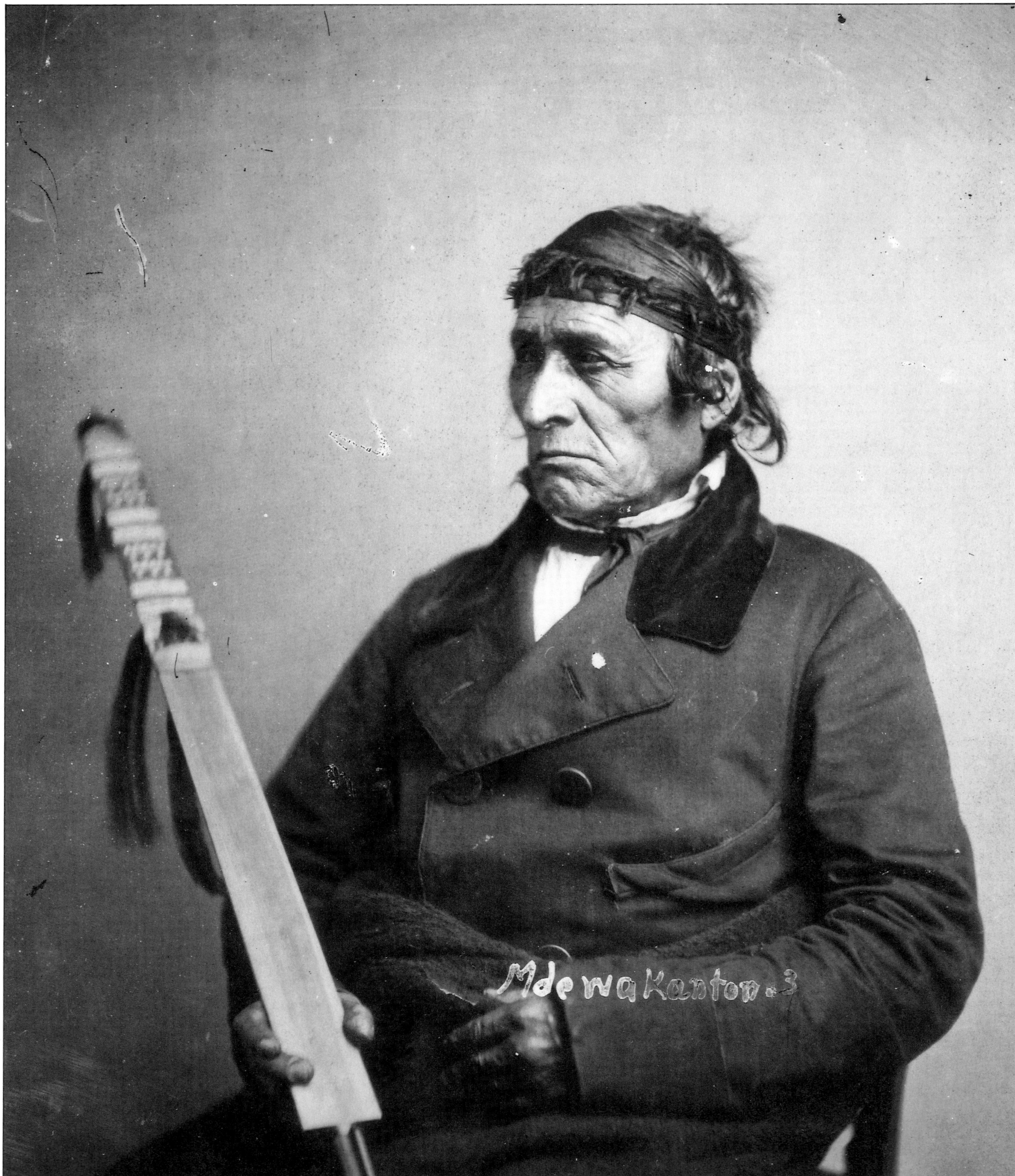
Mdewakanton.3

2.12 Little Six (Shakopee), ein Mdewakanton Dakota. Von Julian Vannerson und Samuel Cohner vom McClees-Studio in Washington, aufgenommen zwischen 13. März und 21. Juni 1858, Shakopee war einer der Anführer des Sioux-Aufstandes von 1862 und wurde dafür bei Fort Snelling, Minnesota, gehängt. Siehe auch Abb 3.5.

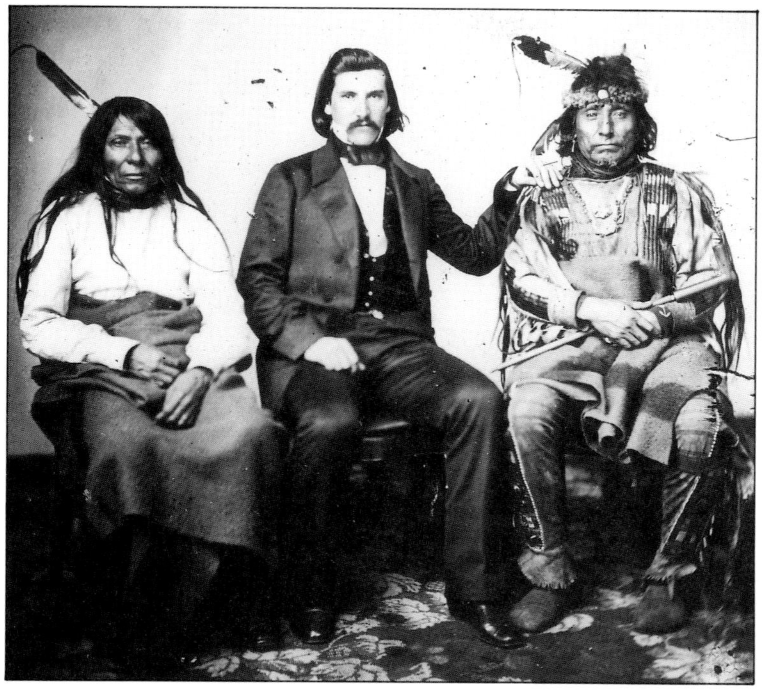

2.13 Drei Yankton Dakota: Struck By The Ree, Charles Picotte und Smutty Bear. Aufgenommen von Julian Vannerson und Samuel Cohner vom McClees-Studio in Washington zwischen 31. Dezember 1857 und 26. April 1858.

2.14 Cheyenne und Kiowa Delegierte im Gewächshaus des Weißen Hauses am 27. März 1863. Die rechts stehende Frau könnte Mary Todd Lincoln sein. Innerhalb der nächsten 18 Monate starben alle vier Indianer, die in der ersten Reihe sitzen: War Bonnet und Standing In The Water, links, wurden beim Sand Creek Massaker getötet; Lean Bear, der dritte von links, wurde versehentlich für einen Feind gehalten und getötet; und Yellow Wolf, rechts, starb an Lungenentzündung. Von einem unbekannten Fotografen.

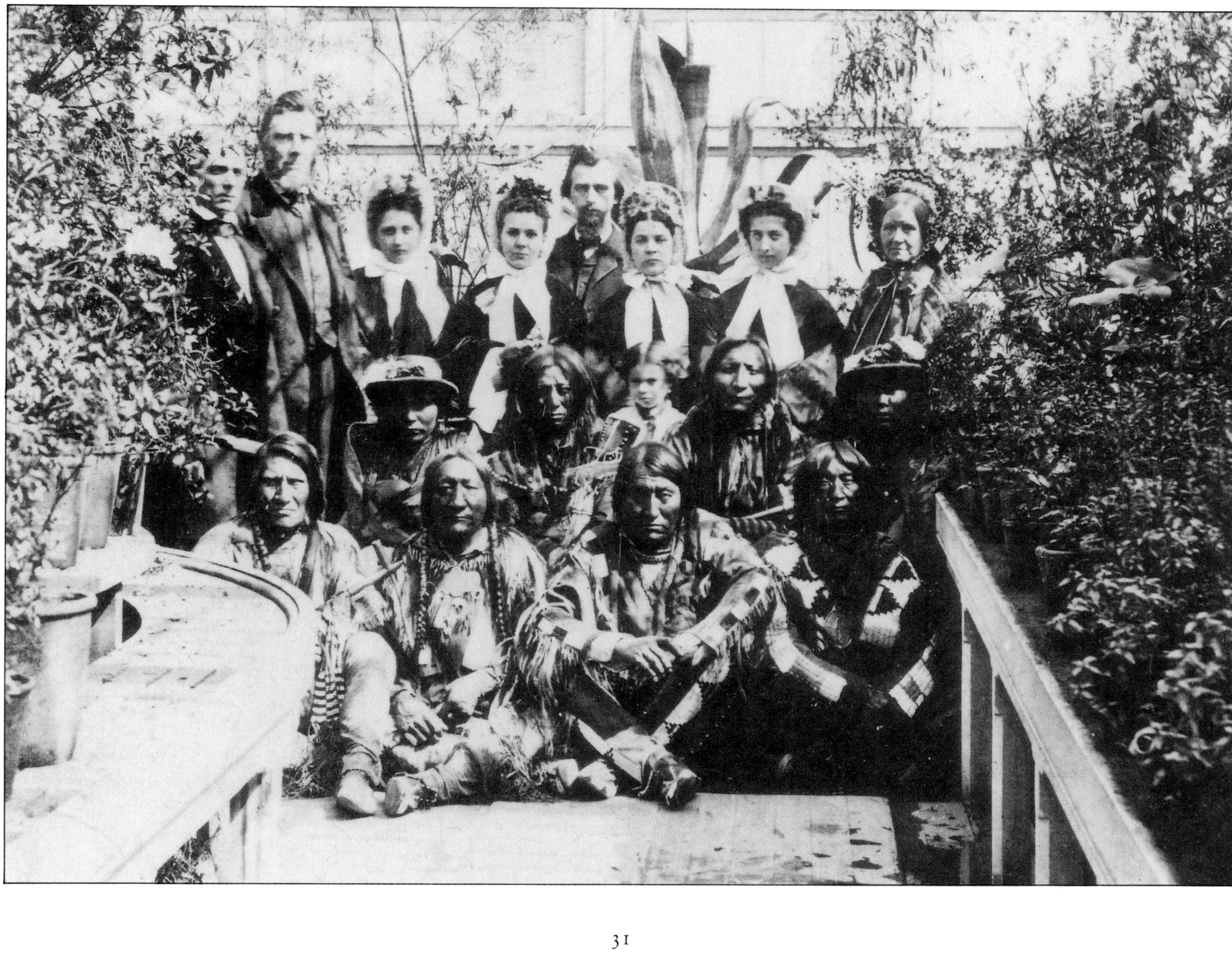

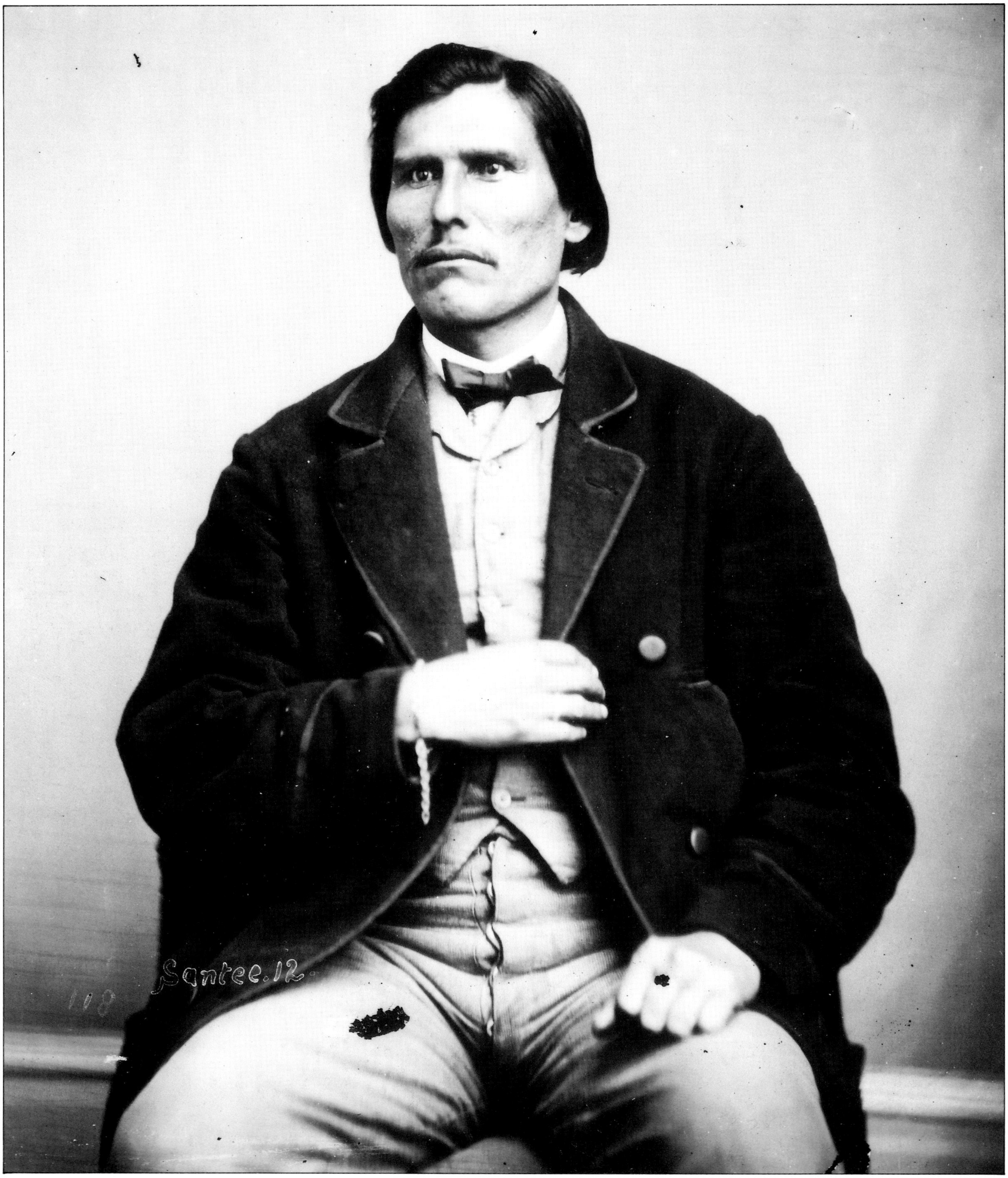
Santee. 12.
118

2.15 Scarlet Night, ein Santee-Dakota, der während einer Delegationsreise nach Washington verschwand und zwei Wochen später in Alexandria, Virginia, ermordet aufgefunden wurde. Da für seine Entdeckung eine Belohnung ausgesetzt war, wurde vermutet, daß ihn seine Kidnapper umbrachten, um gefahrlos die 100 $ zu kassieren. Aufgenommen von A. Zeno Shindler zwischen dem 17. und dem 24. Februar 1867.

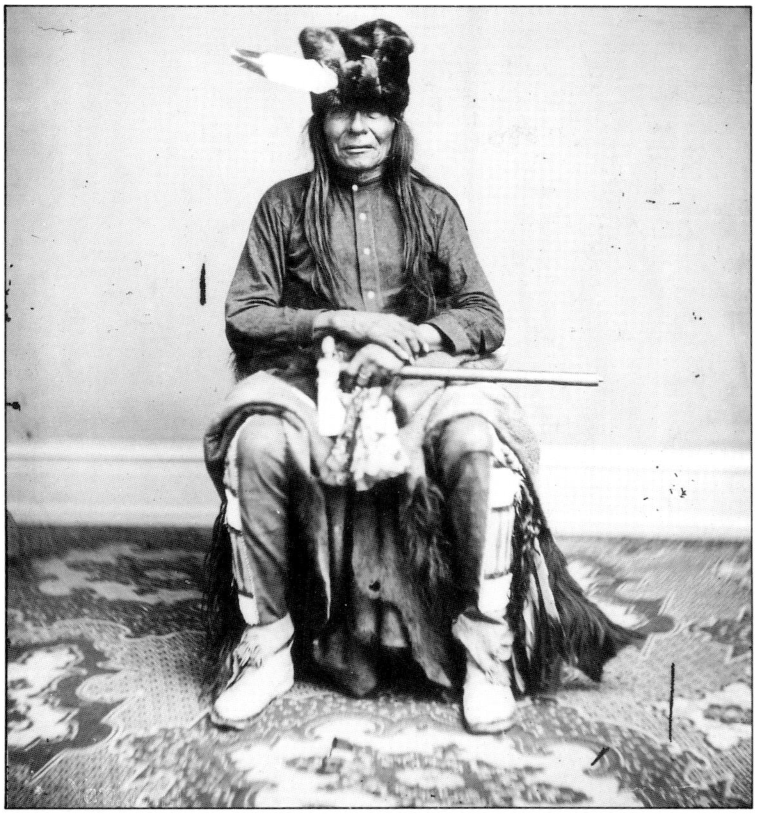

2.16 Struck By The Ree, der am 30. August 1804 in Yankton, Dakota, geboren wurde, während die Forscher Lewis und Clark dort lagerten. Als Captain Lewis erfuhr, daß im Lager ein Junge geboren worden war, schickte er nach dem Baby, wickelte es in eine amerikanische Flagge und erklärte es zum »Amerikaner«. Struck By The Ree war sehr stolz darauf, Amerikaner zu sein. Aufgenommen von A. Zeno Shindler während eines Delegationsbesuchs in Washington zwischen dem 17. Februar und dem 8. April 1867.

2.17 Delegierte der Yankton-Dakota simulieren einen Kriegstanz. (Die fotografischen Techniken waren damals noch nicht so weit entwickelt, um einen »richtigen« bewegten Tanz festzuhalten.) Von A. Zeno Shindler zwischen dem 17. Februar und dem 8. April 1867.

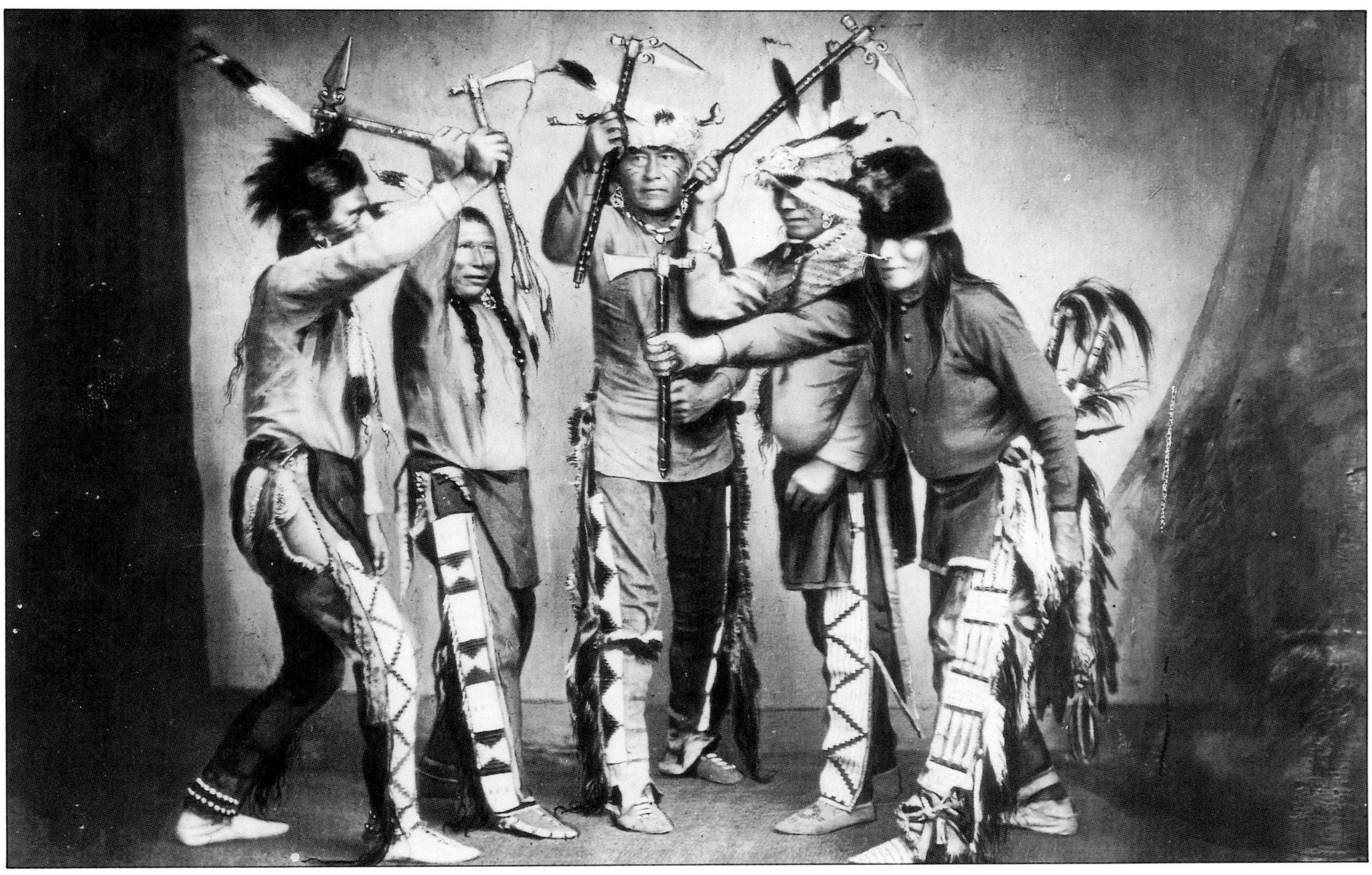

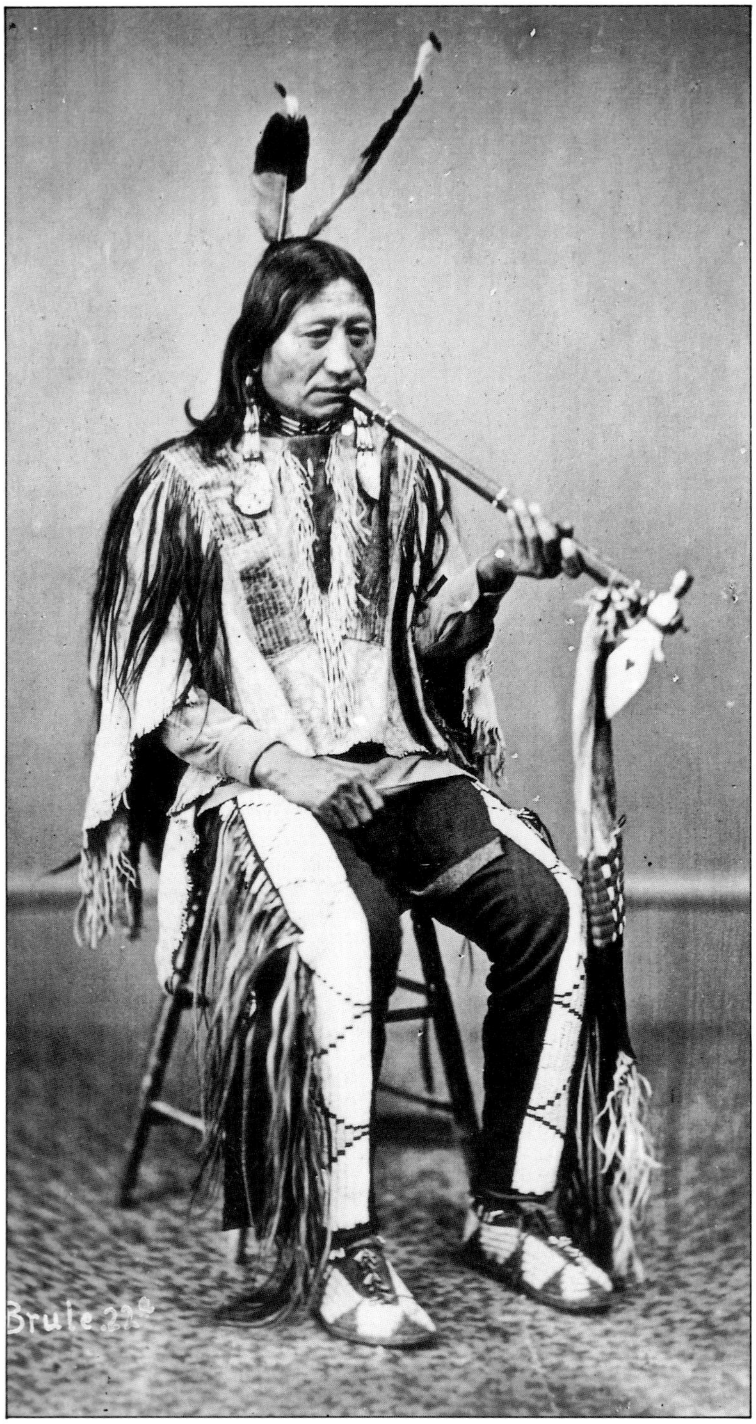

2.18 Iron Nation, ein Brule-Dakota. Aufgenommen von Alexander Gardner oder seinem Studio zwischen dem 17. Februar und dem 8. April 1867.

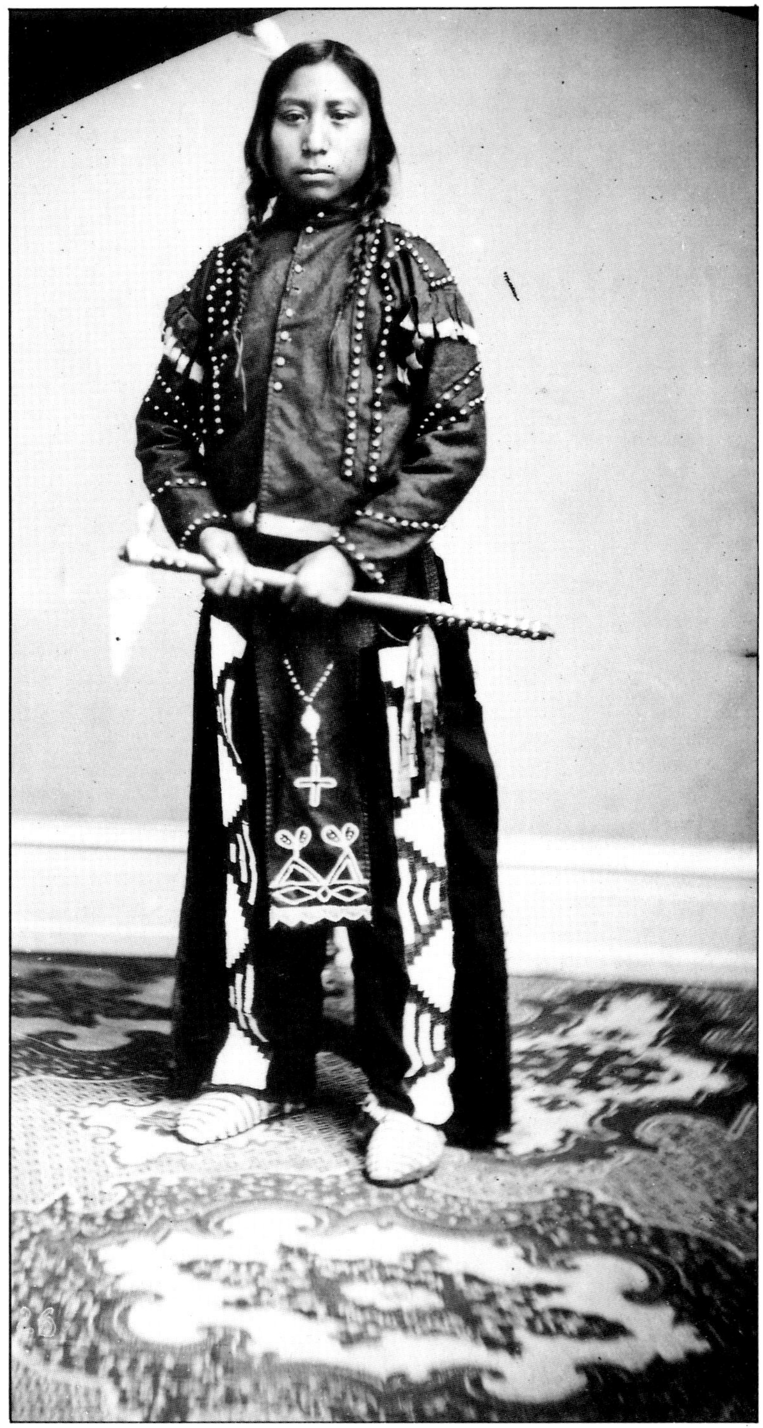

2.19 Pretty Rock, ein Yankton-Dakota. Von A. Zeno Shindler zwischen dem 17. Februar und dem 8. April 1867.

2.20 Die Friedenskommission verhandelt mit den Oglala-Dakota in Fort Laramie., Wyoming, 1868. Dies ist das einzige bekannte Foto eines Indianers (Man Afraid Of His Horses), der eine Friedenspfeife raucht. Aufgenommen von Alexander Gardner, vermutlich am 24. oder 25. Mai.

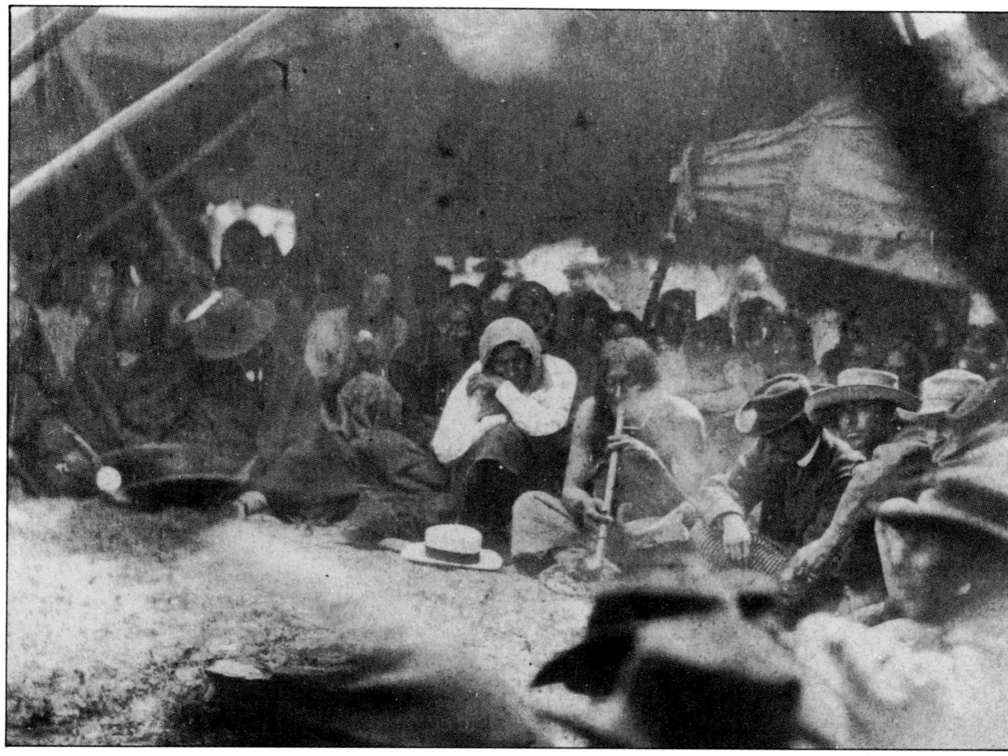

2.21 Vertragsverhandlungen der Friedenskommission mit den Cheyenne und Arapaho in Fort Laramie, Wyoming, 1868. Von Alexander Gardner am 10. Mai.

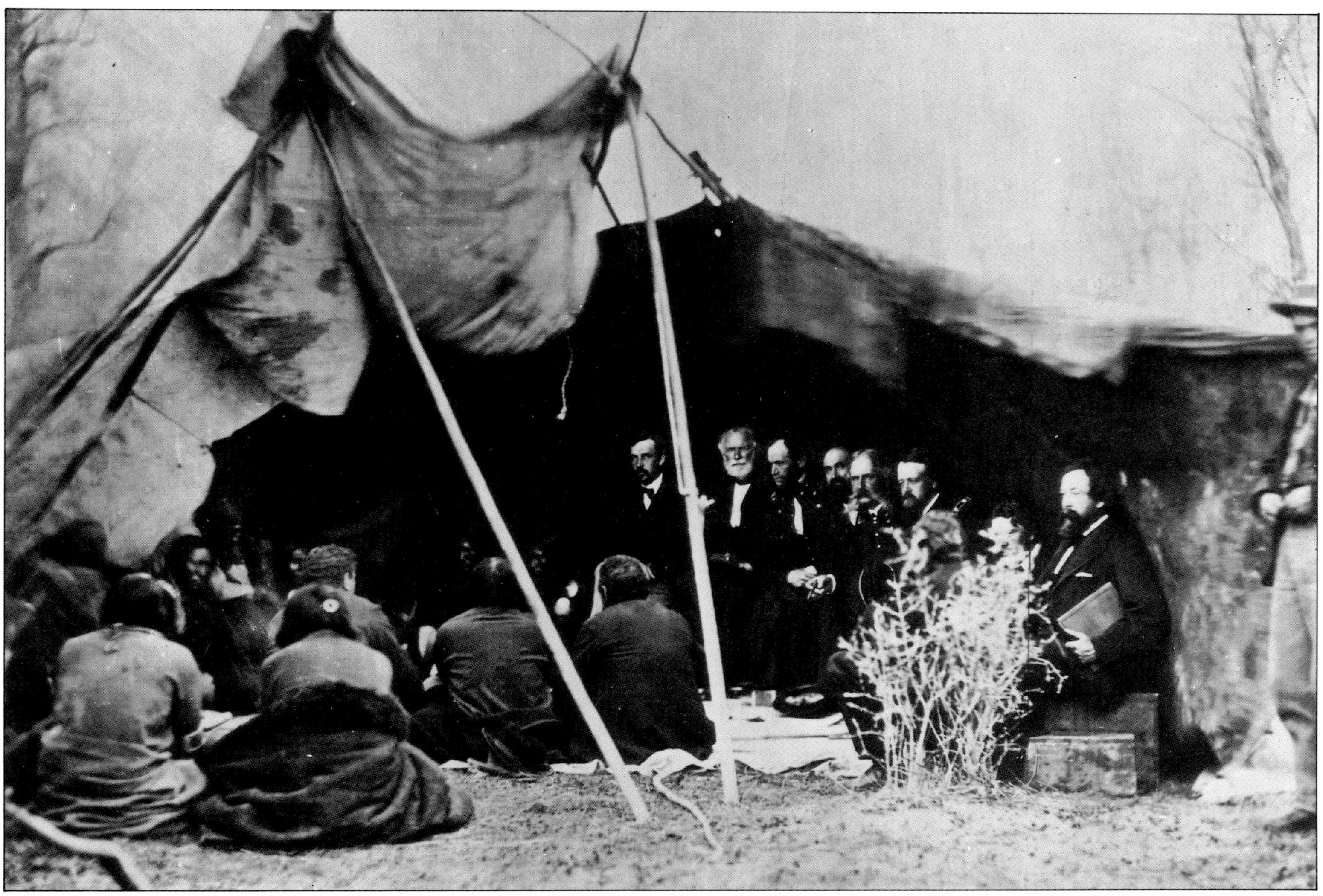

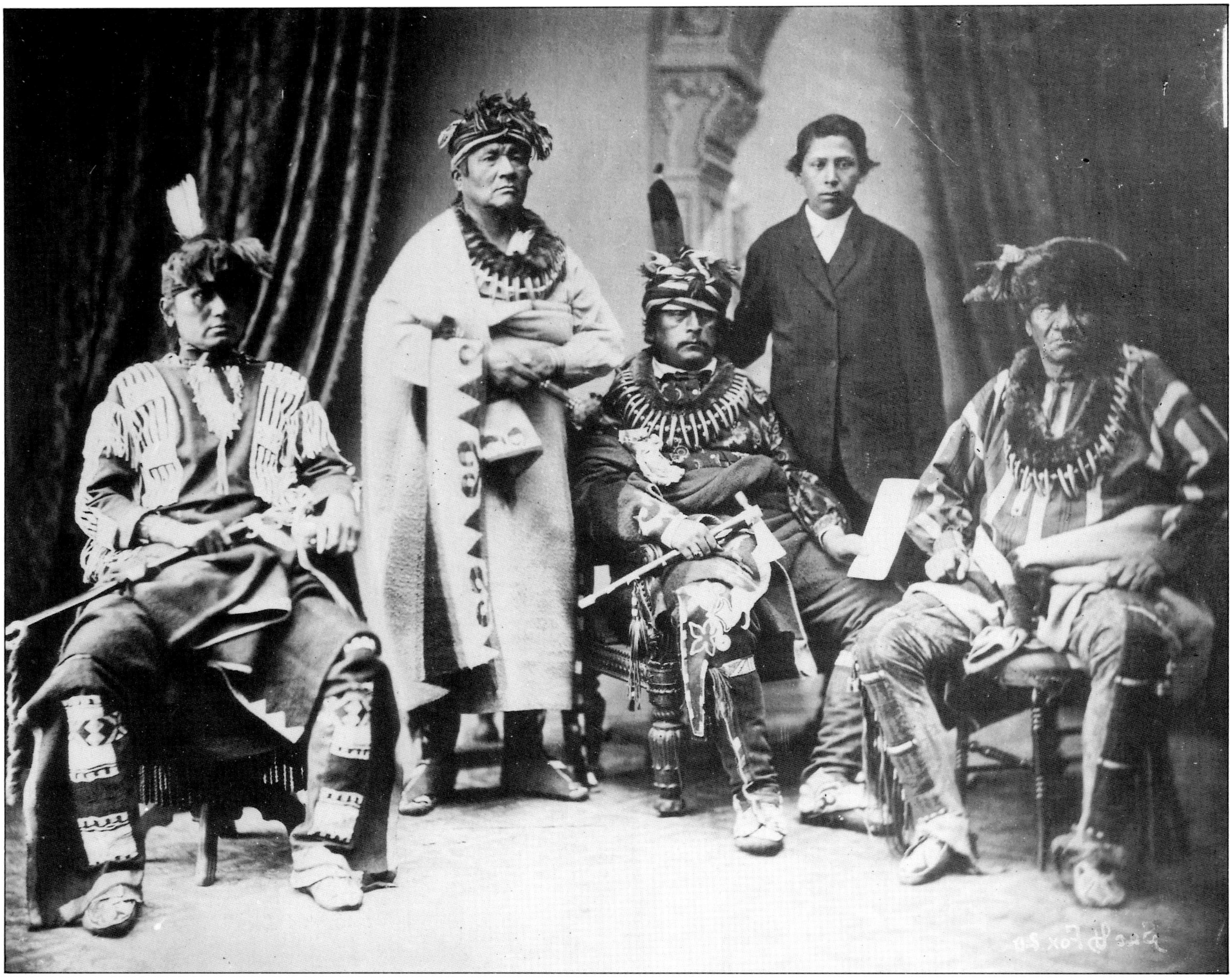

2.22 Eine Gruppe von Sauk- und Fox-Delegierten, die, entgegen offiziellen Anordnungen, nach Washington gereist waren, um sich über den Agenten Albert Wiley zu beschweren. Wiley hatte sie auf ihrer Reise nach Osten verhaften lassen. Einziger Grund: Sie waren keine »offizielle« Delegation. Von Mathew B. Brady, 1868.

2.23 Samuel Folsom, ein Choctaw. Von A. Zeno Shindler, 1868.

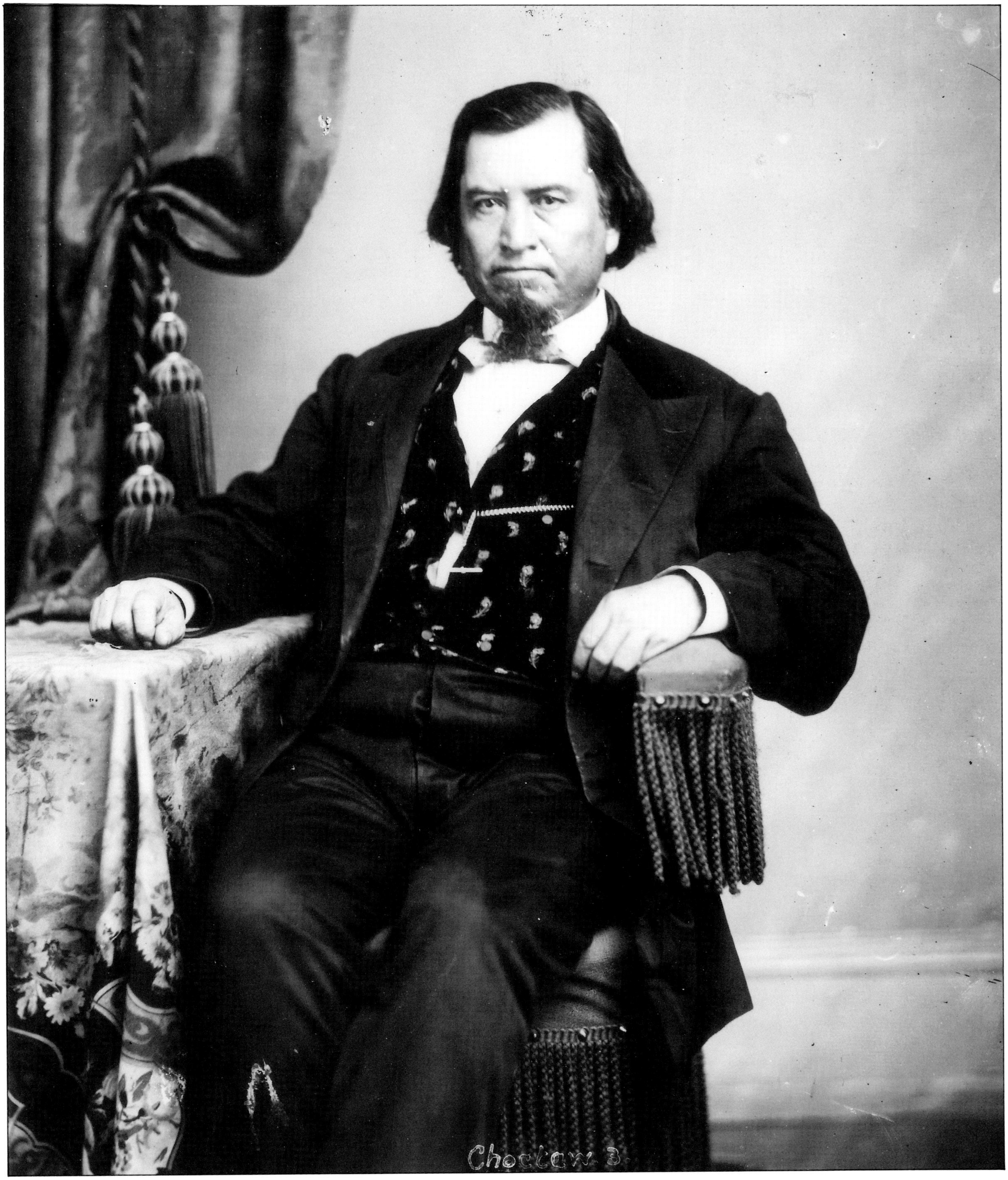
Choctaw 3.

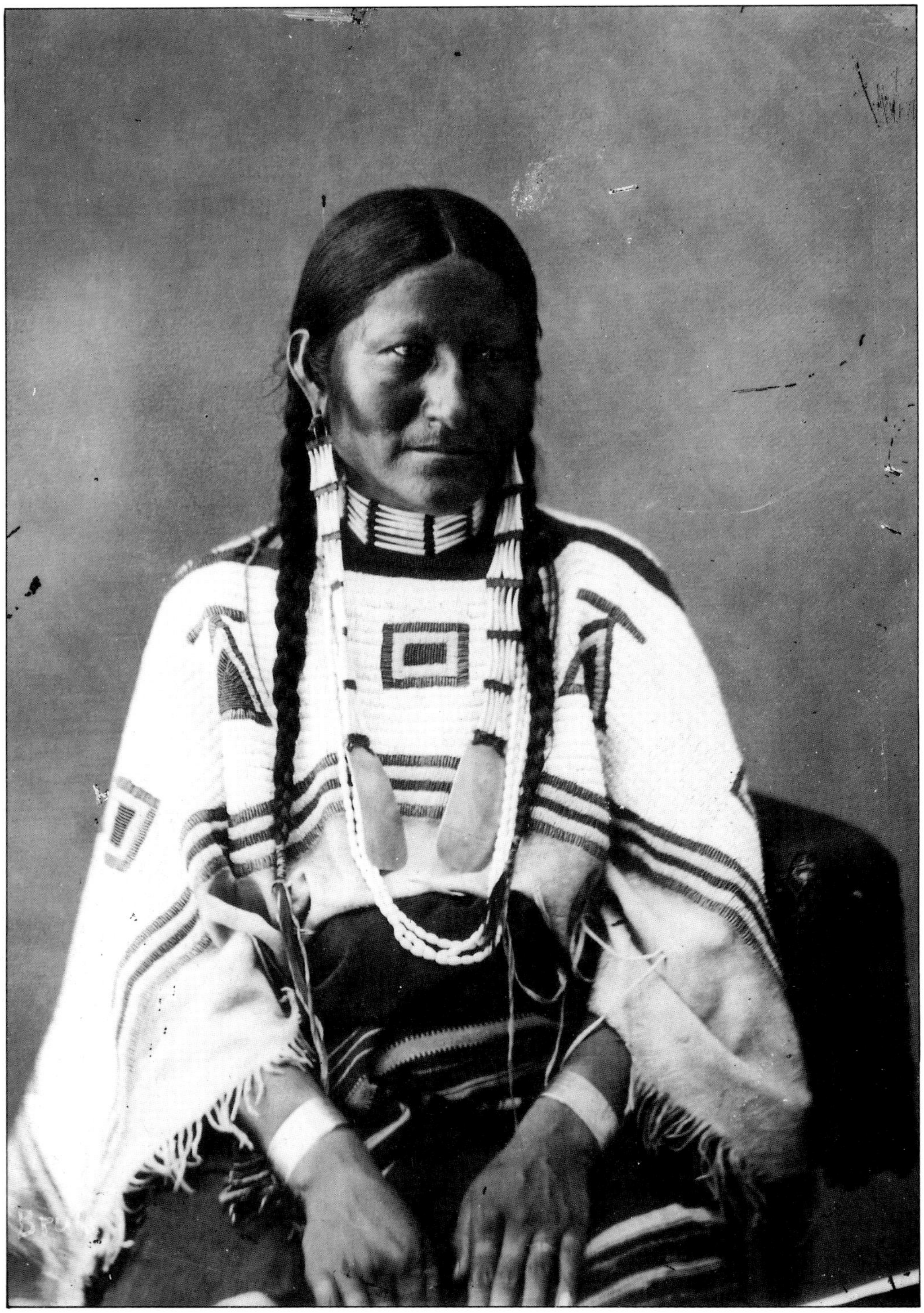

2.24 Die Frau von Spotted Tail, eine Brule Dakota. (Siehe Abb. 2.26) Von Alexander Gardner, Washington DC, 1872.

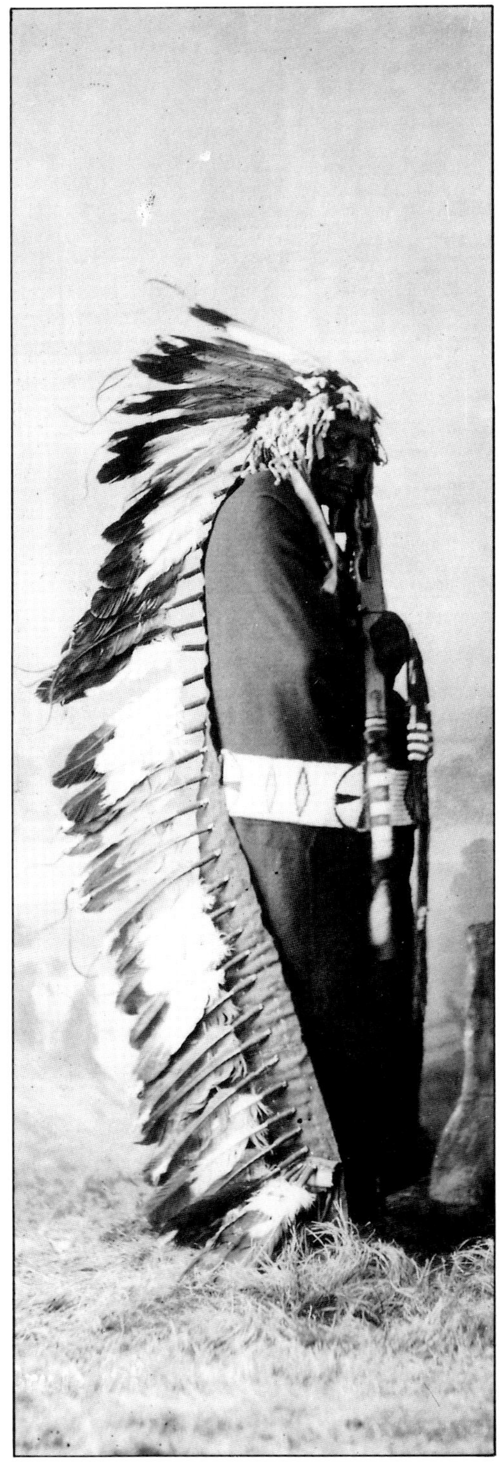

2.25 Iron Shell, ein Brule Dakota. Von Alexander Gardner, Washington DC, 1872.

2.26 Spotted Tail und seine Frau. Brule Dakota. Von Alexander Gardner, Washington DC, 1872.

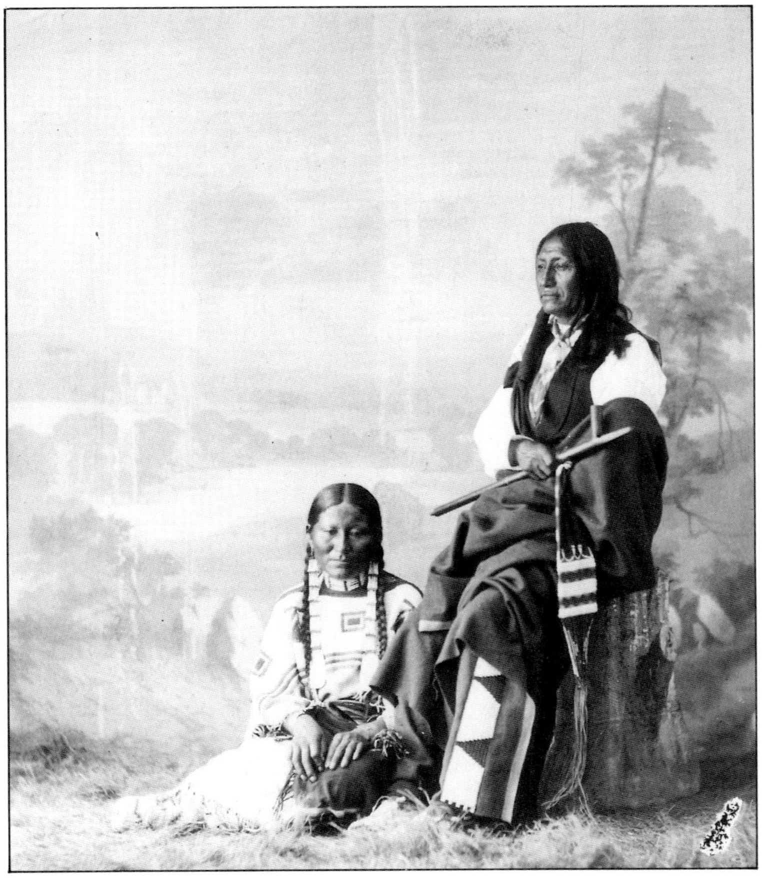

2.27 Eine Gruppe von Crow-Delegierten. Von Julius oder Henry Ulke, 1872.

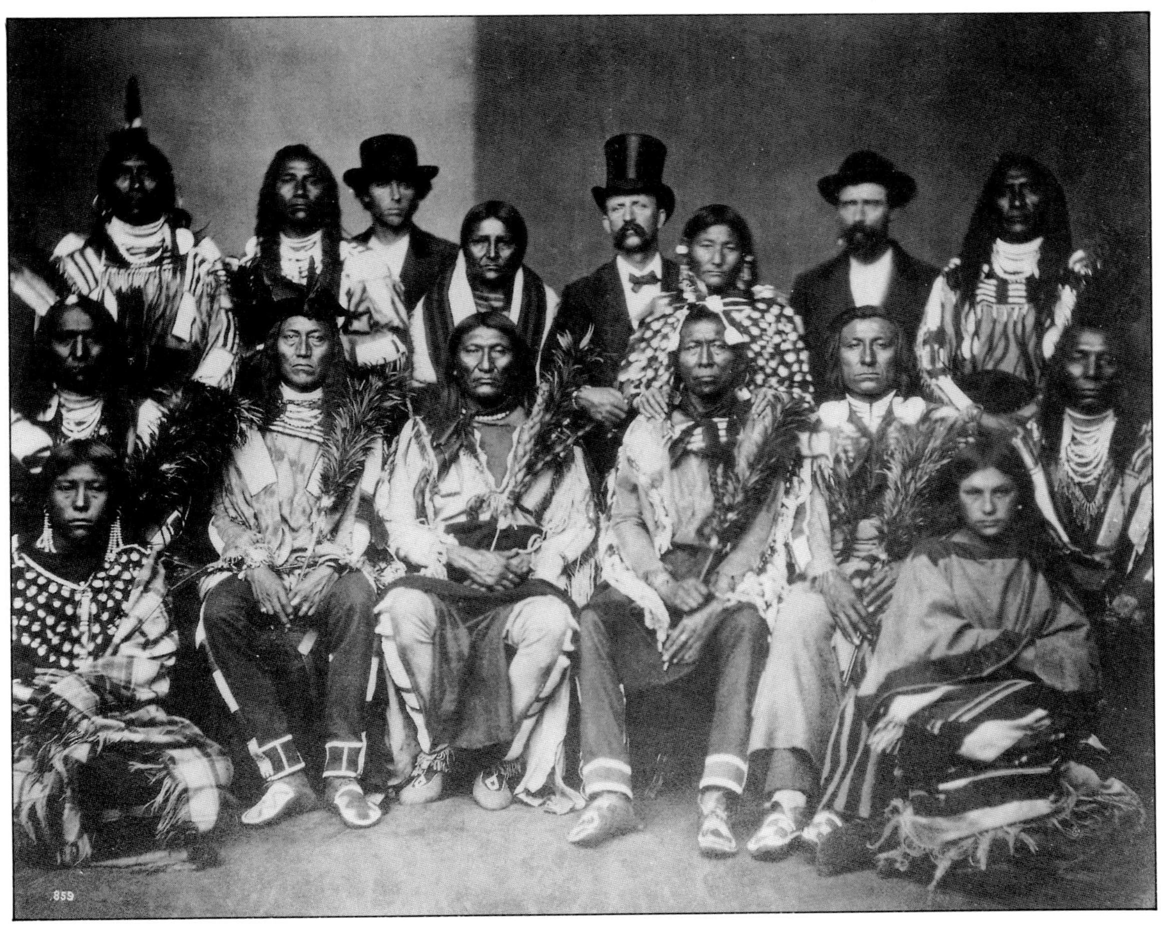

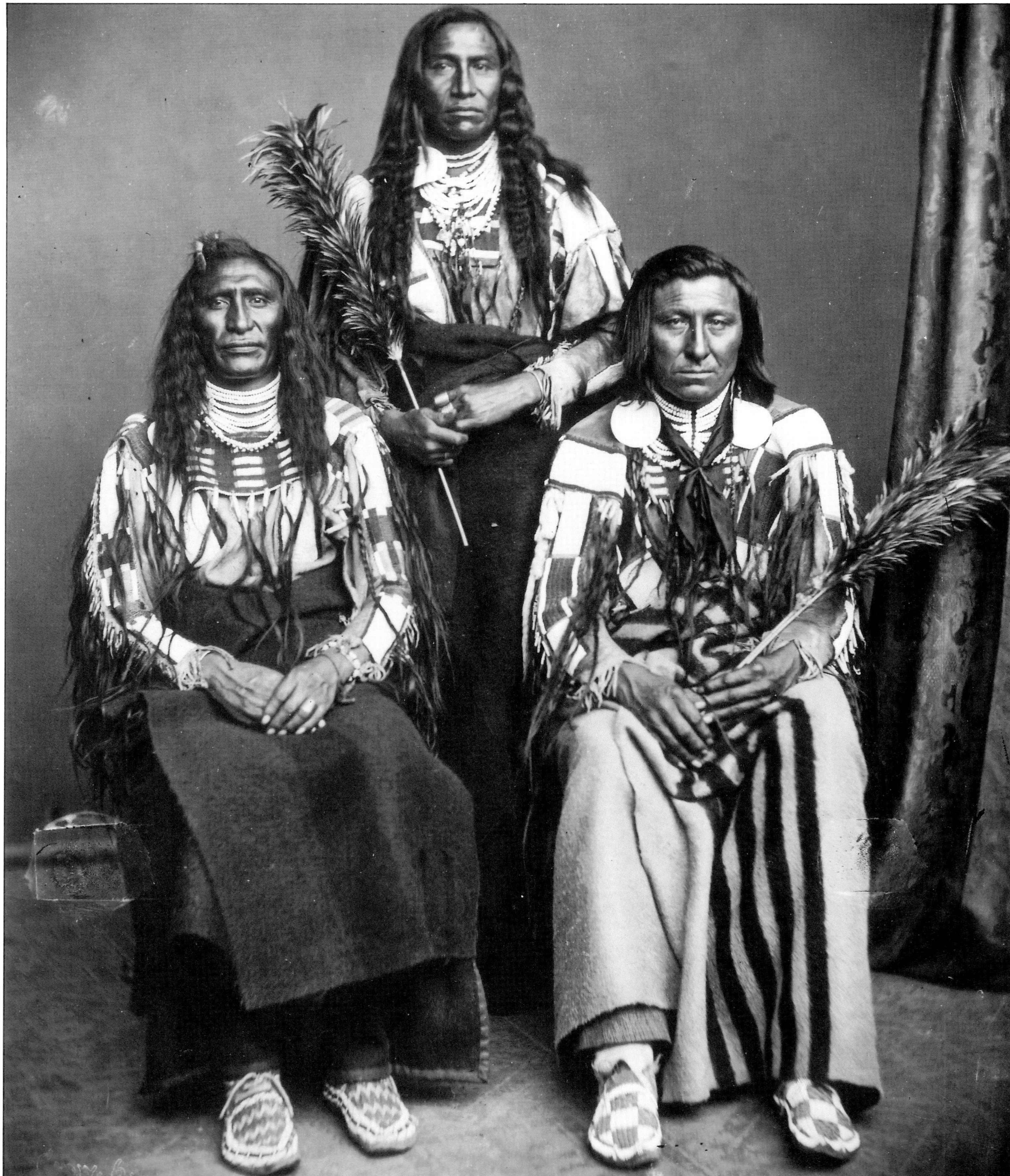

2.28 Eine Delegation der Crow. Von links nach rechts: Mo-Mukh-Pi-Tche, Thin Belly und One Who Leads The Old Dog. Von Julius oder Henry Ulke, Washington DC, 1872.

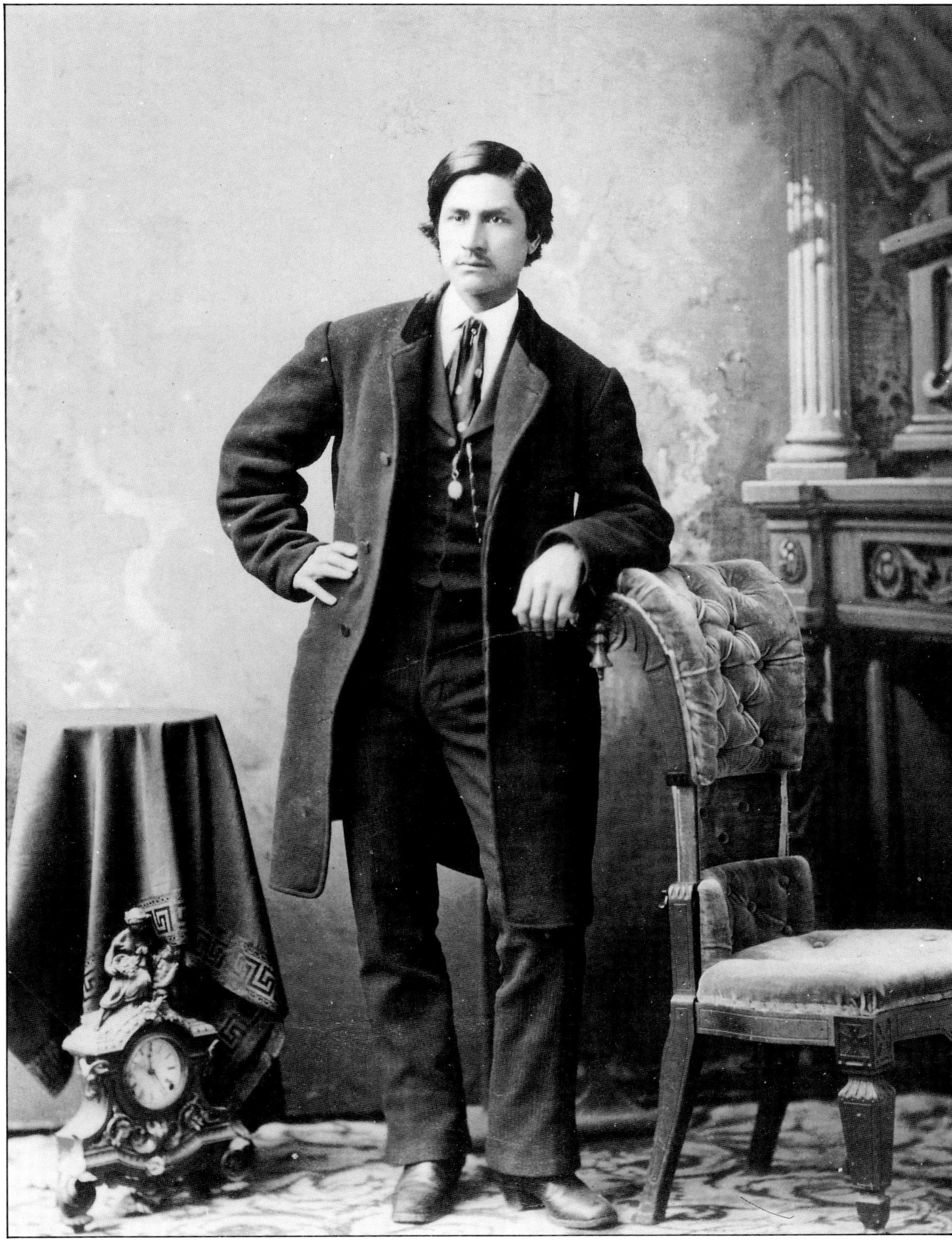

2.29 George Harvey, ein Tututni. Von Charles M. Bell irgendwann 1875. Es sind viele Requisiten zu sehen, die Bell gehörten.

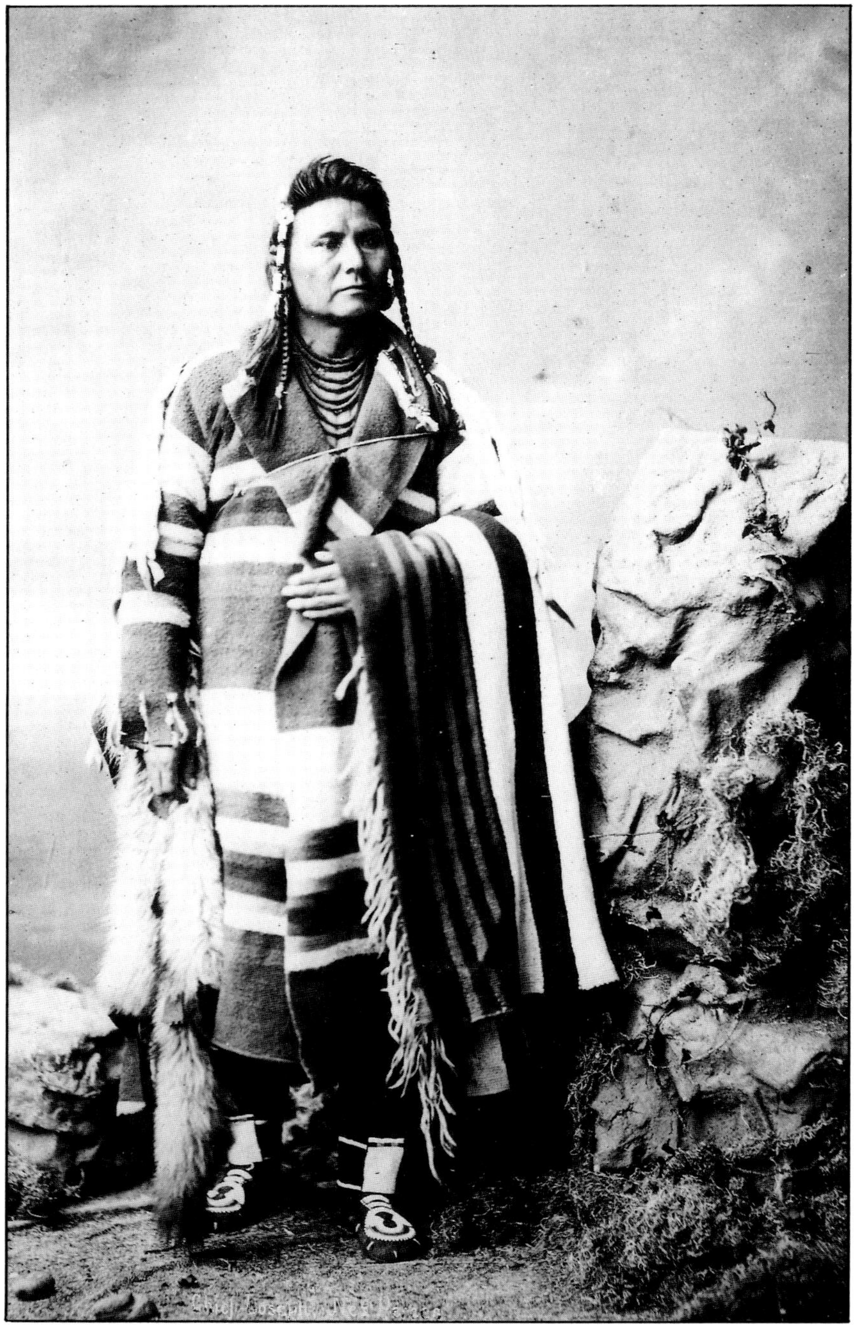

2.30 Häuptling Joseph von den Nez Perce. Von Charles M. Bell.

2.31 Rechts oben Eine Delegationsgruppe von Dakota-Indianern vor dem US-Schatzamt, 1875. In der zweiten Reihe als dritter von links sitzend, mit einem Fächer in der Hand, Big Foot, ein Miniconjou-Dakota. Er hoffte, dabei helfen zu können, daß mit den »feindlichen« Indianern Frieden geschlossen würde, bevor es zum Massaker von Wounded Knee kam. Seine erfrorene Leiche symbolisiert die Tragödie. (Abb. 3.31) Von einem unbekannten Fotografen.

2.32 Rechts unten Eine Delegation Dakota, angeführt von Spotted Tail und Red Cloud, in der Corcoran Kunstgalerie in Washington, am 30. Oktober 1877. Von einem unbekannten Fotografen.

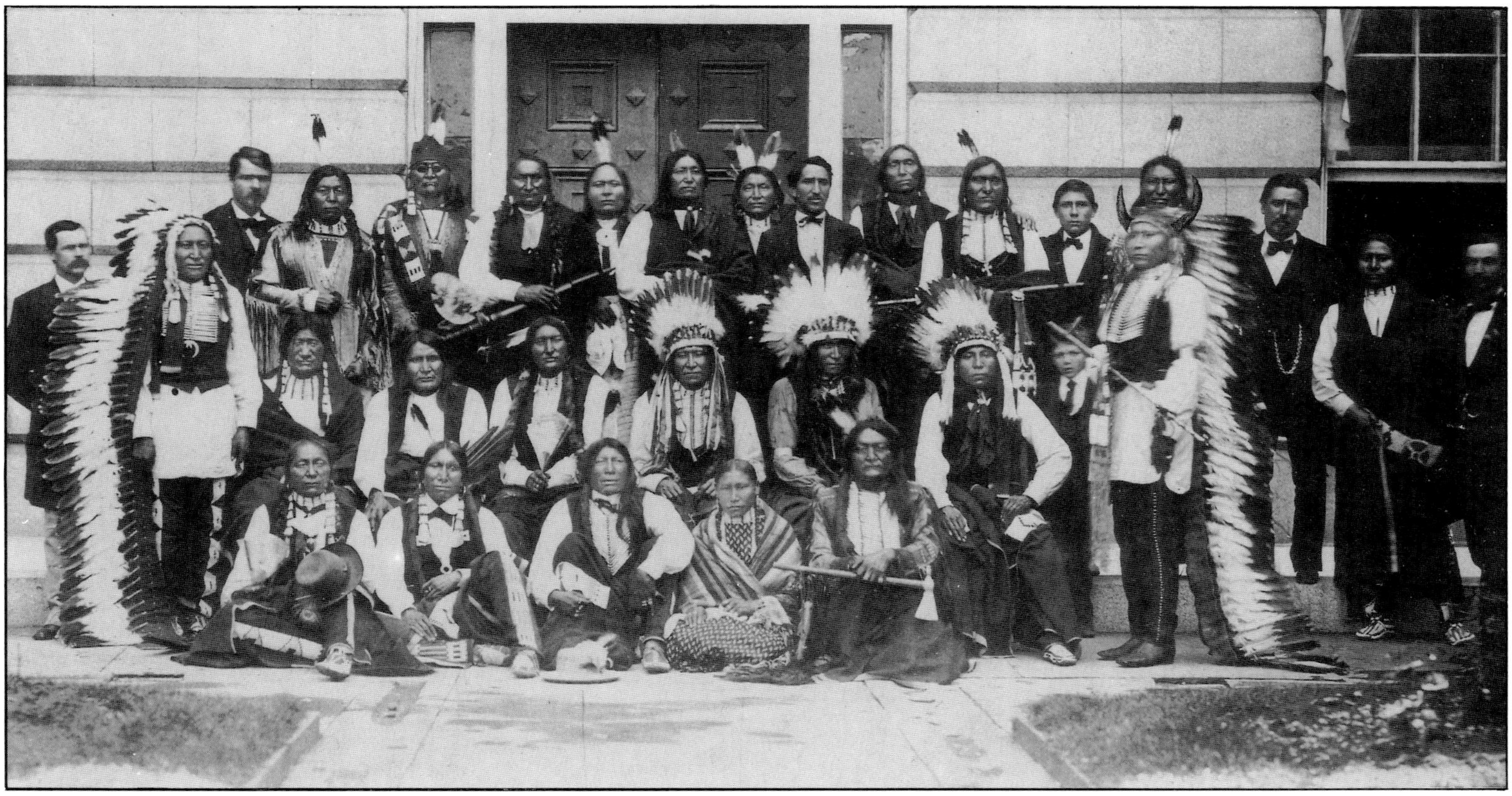

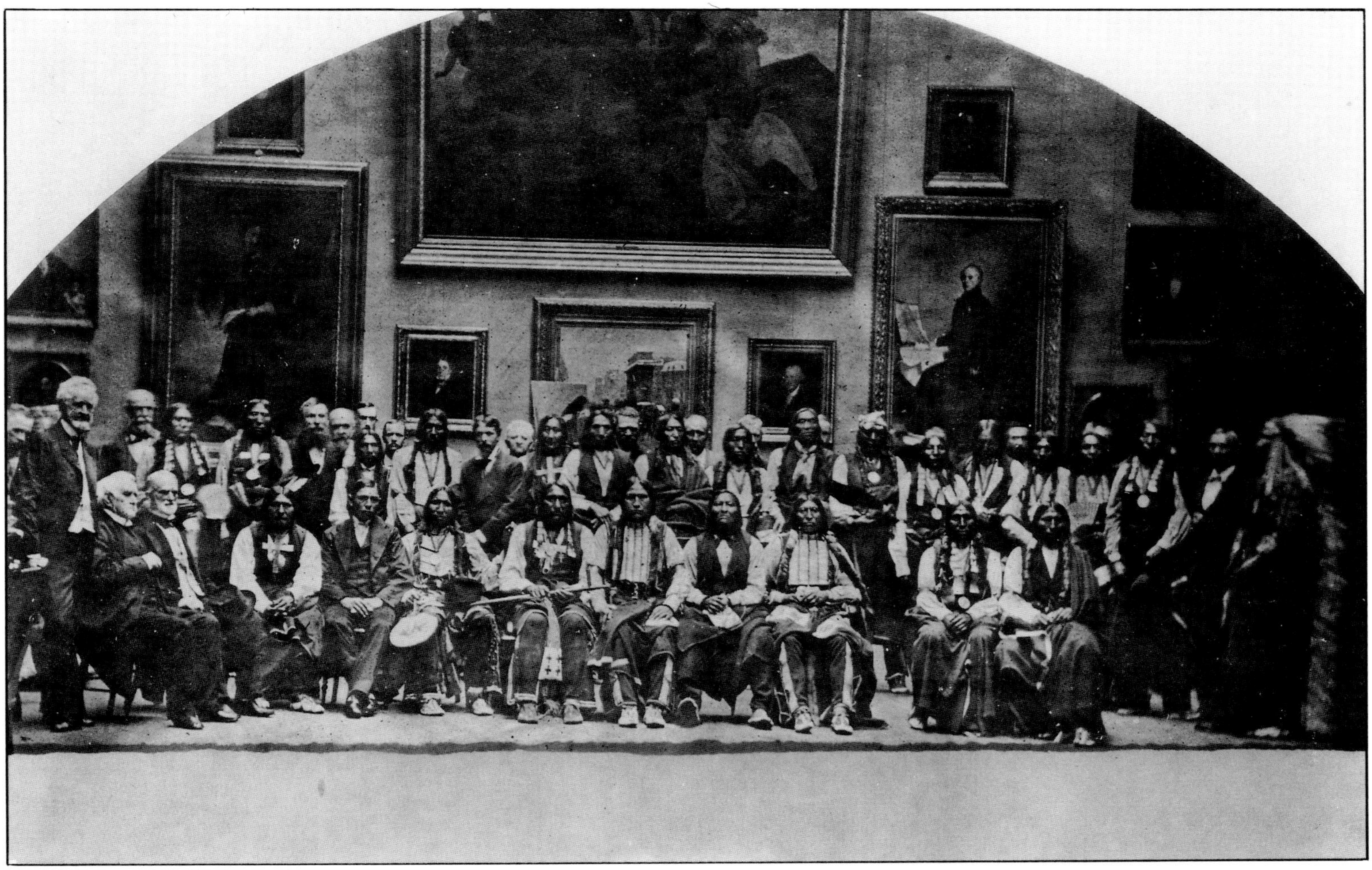

DRITTES KAPITEL

Die Indianerkriege

1844 wurde James K. Polk zum Präsidenten der Vereinigten Staaten gewählt. Zu seinem Regierungsprogramm gehörte ein territorialer Expansionismus, der als »Schicksalsbestimmung des Landes« (›Manifest Destiny‹) propagiert wurde. Der Landkauf nach dem Mexikanischen Krieg 1842 und der Goldrausch 1848 trugen dazu bei, die alte Grenze zum Indianergebiet aufzuheben.[1] 1860 hatten die rund 300 000 Indianer westlich des Mississippi die Auswirkungen der »Schicksalsbestimmung« zu spüren bekommen: 30 Millionen Weiße verschoben die Grenze Stück für Stück.[2] Diese Expansion sowie die Ungerechtigkeiten der Verträge lösten schließlich zwangsläufig die Indianerkriege aus.

An vielen dieser Kriege waren die Plains-Indianer beteiligt. Ihr Nomadenleben forderte viel Land[3] und außerdem genoß militärischer Erfolg bei ihnen großes Ansehen.[4] Von den fast 30 verschiedenen Stämmen kämpften allerdings nur die mächtigeren gegen die Siedler. Die kleineren Stämme, die ihr Land an die größeren verloren hatten, ergriffen dagegen die Partei der Weißen.[5] Die US-Armee bestand zu dieser Zeit aus 18 000 mittelmäßigen Rekruten und Offizieren ohne großen Ehrgeiz und war über ein Gebiet von 1 Million Quadratmeilen verstreut.[6]

Eine Dokumentation der gefährlichen militärischen Begegnungen war fast unmöglich. Der mühselige Prozeß der Herstellung von Daguerreotypien und Negativen und die langen Belichtungszeiten machten Fotos während der Schlacht unmöglich. Die Fotografen mußten sich auf die Auswirkungen der Schlacht beschränken. Auf Porträts der Beteiligten in den Kampfpausen und auf Abbildungen der Schlachtfelder.

Mit ihrer umfangreichen Ausrüstung hätten die Fotografen sich ohne den Schutz einer größeren Gruppe wohl kaum in die Wildnis wagen können. Gelegentlich wurden sie von Militär begleitet, aber bezahlt wurden selbst die von der Regierung beauftragten Fotografen sehr selten. Als Verdienstmöglichkeit blieb ihnen der Verkauf ihrer Aufnahmen. Die weiße Bevölkerung war an Kriegsbildern sehr interessiert. Im Laufe des Bürgerkrieges wurden die Grenzeinheiten durch patriotische Freiwillige ersetzt, was ihre militärische Qualität sehr verbesserte.[7] Der laufende Zustrom von Siedlern und Militär führte zu den Aufständen der Indianer.

Der Aufstand der Sioux von 1862

Die erste fotografisch festgehaltene Revolte war die der Santee-Sioux von 1862. Ihr Siedlungsgebiet war auf einen schmalen Streifen Land längs des Minnesota-Rivers beschränkt. Als weiße Siedler das Wild der Indianer jagten, Insekten die Ernte vernichteten, und schließlich auch noch das Lagerhaus der Agentur, das voller Lebensmittel war, geschlossen werden sollte, schlugen die Emotionen hoch. Die Händler schürten das Feuer, indem sie versuchten, die Indianer um die ihnen nach den Verträgen zustehenden Jahresrenten zu betrügen, Kredite verweigerten, und bei ihren Geschäften auf sofortiger Bezahlung bestanden. (Genau das aber war den Indianern unmöglich, da die Regierung ihnen das Geld oft schuldig blieb.)

Im August führte Little Crow, der sich früher für den Frieden eingesetzt hatte und Mitglied einer Delegation in Washington DC gewesen war, sein hungerndes Volk in den berühmten Sioux-Aufstand. Dabei wurden mehr als 800 Weiße getötet und 400 gefangengenommen. Später überwältigte General Sibley mit seinen Streitkräften die Sioux und nahm seinerseits mehr als 2000 von ihnen gefangen. 303 Indianer wurden zum Tode verurteilt. Präsident Lincoln begnadigte die meisten. 38 aber wurden am 26. Dezember in Mankato, Minnesota gehängt. (Abb. 3.2)

Little Crow und Medicine Bottle konnten mit ihren Kriegern nach Kanada entkommen. Sie hofften auf britische Unterstützung. Im Juli 1863 wurde Little Crow, auf dessen Kopf ein Preis ausgesetzt war, beim Himbeerpflücken getötet. Medicine Bottle wurde bald darauf gefangengenommen und, nachdem man ihn betäubt hatte, auf einem Hundeschlitten über die Grenze zurückgeschmuggelt. Zusammen mit Shakopee und anderen Indianern wurde er zum Tode verurteilt und gehängt. Ein unbekannter Fotograf nahm dieses Geschehen auf.[8]

Die meisten Bilder im Zusammenhang mit dem Aufstand wurden von Joel Emmons Whitney aufgenommen. Er machte Bilder von den Missionaren und den Sioux vor der Revolte. (Abb. 3.3) Als die indianischen Gefangenen nach Fort Snelling gebracht wurden, machte er Porträts von ihnen. (Abb. 3.4–3.6) Er fotografierte die Sioux samt ihren Bewachern vor dem Prozeß, der in einer Blockhütte stattfand. (Abb. 3.7)

Das einzige bekannte Bild, das während des Aufstandes gemacht wurde, stammt von Adrian J. Ebell, der mit Rev. Stephen Rigg den Indianern entkommen konnte. Es zeigt eine Gruppe fliehender Missionare und Siedler am 21. August 1862.[9]

Von der Massenhinrichtung existieren keine Fotos, aber Whitney veröffentlichte eine Zeichnung davon. (Abb. 3.2.) Die freigesprochenen Indianer warteten in einem umzäunten Zeltlager bei Fort Snelling den Winter über auf ihre Umsiedlung ins Dakota-Territorium. Benjamin Franklin Upton aus St. Paul machte von den eingeschlossenen Tipis eine Aufnahme. (Abb. 3.8)

Die Kriege mit den Cheyenne

Auch die Cheyenne reagierten auf die Einwanderungswelle mit gelegentlichen Überfällen. Bei den ersten Angriffen brach bei den Siedlern in Colorado fast eine Panik aus. Eine Gruppe von Cheyenne unter Black Kettle und White Antelope, zu der auch einige Arapahos gehörten, wollte Frieden. Nach langen Verhandlungen kam es schließlich am 28. September 1864 zu einer Beratung mit John M. Chivington und Gouverneur John Evans in Camp Weld bei Denver. Dieses historische Treffen wurde von mindestens einem anonymen Fotogra-

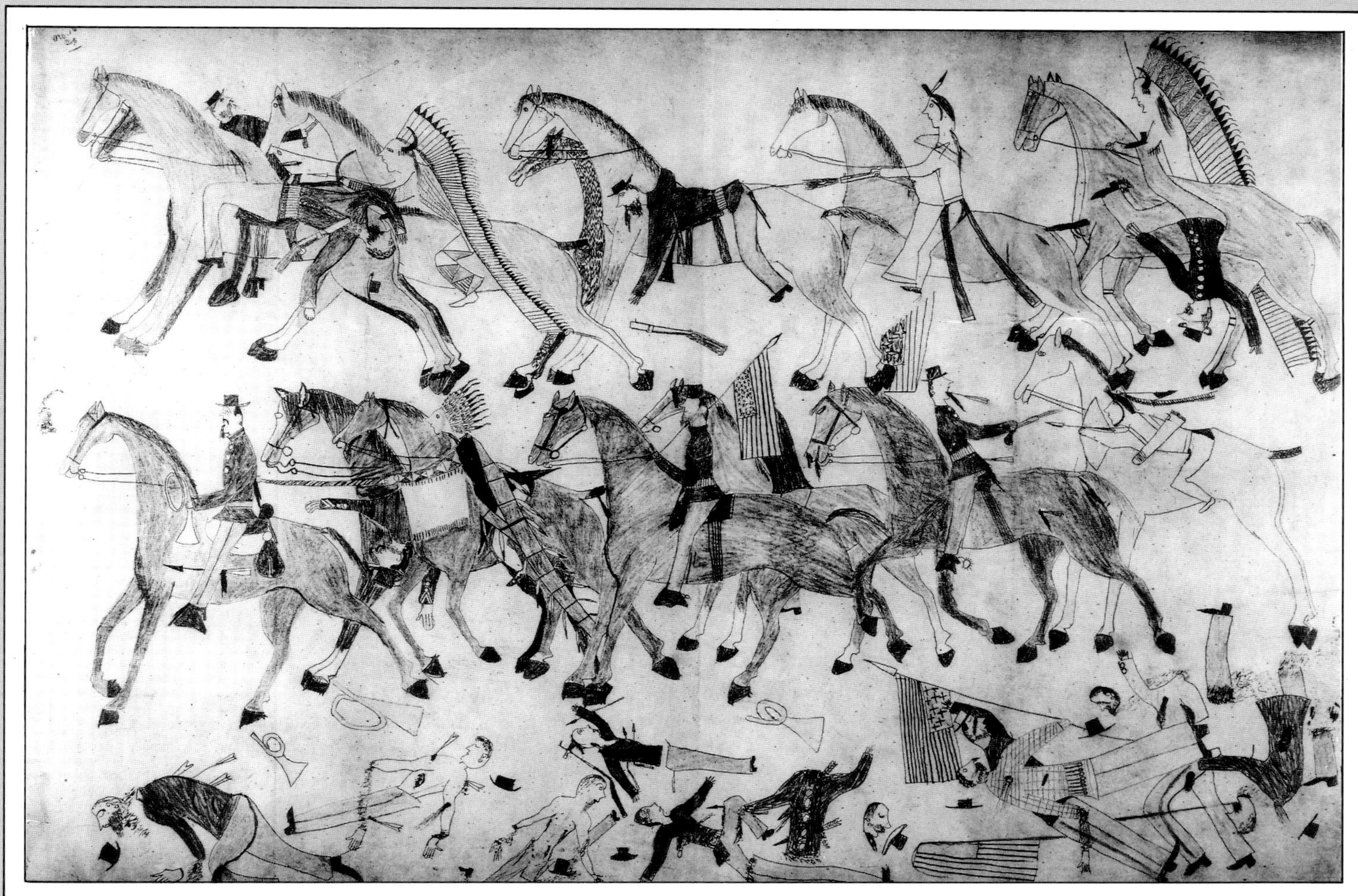

3.1 Custers Kolonne kämpft in der Schlacht von Little Big Horn, 1876.
Eine Zeichnung von Red Horse, einem Miniconjou Dakota.

fen festgehalten. Es kam zu keinen formellen Verträgen, doch die Indianer glaubten, daß Friede geschlossen sei und gaben ihre Waffen ab. Sie schlugen ihr Lager bei Sand Creek auf. Zwei Monate später überfiel Oberst Chivington mit seinen Truppen die wehrlosen Indianer und metzelte sie nieder.[10] Dieser Angriff ging als »Sand Creek Massaker« in die Geschichte ein. Die Kriege mit den Cheyenne gingen weiter.

In der Schlacht bei Fort Wallace, Kansas, am 26. Juni 1867 war Roman Nose der Anführer der Indianer. Einige der tragischen Ereignisse sind fotografisch festgehalten worden. Bei der an den Kämpfen beteiligten 7. Kavallerie diente Sergeant Frederick Wylyams, ein Engländer und früherer Eton-Schüler. Er war bei seiner Familie in Ungnade gefallen und hoffte, sich mit einem amerikanischen Offizierspatent wieder zu rehabilitieren.[11] Wylyams hatte sich mit Dr. Abraham Bell, einem anderen Engländer, angefreundet. Bell war Fotograf, bei der Kansas-Pacific-Expedition, die sich der 7. Kavallerie angeschlossen hatte. Wylyams half Bell oft bei der Arbeit. Als die Cheyenne am 26. Juni angriffen, wurde Wylyams getötet und gräßlich verstümmelt. (Abb. 3.10) Bell schrieb später:

> »Am Tage seines Todes hatte er versprochen, mir beim Abziehen einiger Fotos zu helfen ... nun mußte ich die Negative allein abziehen und ein Foto von dem armen Kerl machen, wie er tot dalag. Ich schickte eine Kopie nach Washington, um den Behörden zu zeigen, wie es ihren Soldaten in den Plains erging.«[12]

William S. Soule fotografierte das Ereignis eines Überfalls auf den Jäger Ralph Morrison. Morrison war am 7. Dezember 1868 von den Cheyenne ganz nahe bei Fort Dodge getötet und skalpiert worden. Soule, ein ausgezeichneter Fotograf, der in der Nähe arbeitete, war eine Stunde nach dem Überfall zur Stelle. (Abb. 3.11) Das Bild erschien am 16. Januar in *Harper's Weekly*.

Trotz der Verbreitung solcher Bilder führte das Sand Creek Massaker zu einem Aufschrei der Empörung und der Forderung nach einer Reform der Indianerpolitik. Noch vor seiner Amtseinführung schlug Präsident Grant eine »neue Politik« vor, »die alle Indianer, die zum Frieden bereit sind ... als Friedenspolitik anerkennen werden.« Sie garantiere den Indianern in ihren Reservaten Sicherheit und Betreuung. Wer jedoch »der alten Gewohnheit folgt, und außerhalb der Reservate herumstreift, muß damit rechnen, als Feind behandelt zu werden.«[13]

Der Modoc-Krieg, 1872–73

Die wirkliche Ursache für den Widerstand der Indianer, ihre Lebensbedingungen, wurden jedoch nicht geändert. Bereits 1872/73 war die neue Friedenspolitik am Ende. Die Modocs, Klamaths und die nördlichen Paiutes hatten ihr Land abgegeben, aber ihr Reservat in Oregon gefiel ihnen so wenig, daß sie wieder nach Kalifornien zurückkehrten. Als Truppen sie daran hindern wollten, kam es zum Kampf. Ihre gute Ortskenntnis erleichterte den Indianern den Widerstand. Die eingesetzte Friedenskommission brachte kaum Fortschritte. Am 11. April wurden General Canby und einige andere Offiziere der Kommission von den Indianern erschossen. Das Militär vergrößerte seine Anstrengungen, und schließlich ergaben sich die Indianer. Am 3. Oktober wurden vier Modocs, darunter Captain Jack, hingerichtet. (Abb. 3.12, 3.13) Die restlichen 152 Modocs wurden in Indianerterritorien im Süden abgeschoben.[14]

Die Bilder von den Ereignissen stammen von Louis Herman Heller und Eadweard Muybridge. Es ist die erste Dokumentation eines Indianerkrieges. (Abb. 3.12–3.18) Die fast 100 Bilder zeigen Militärlager, Panorama-Ansichten, die Topographie der Schlachtfelder und die Beteiligten. Darüber hinaus machten Muybridge und Heller auch noch Stereographien. Vermutlich hatte die Regierung Muybridge als Fotograf angestellt, um mit seinen Bildern die anfänglichen Mißerfolge der Armee gegen die Modocs rechtfertigen zu können.[15] Heller arbeitete auf eigene Rechnung.

Die Arbeitsbedingungen waren riskant. Als die Thomas-Patrouille am 26. April in einen Hinterhalt geriet, war Heller ganz in der Nähe. Muybridge erlebte die Schlacht von Sorass Lake am 19. Mai[16] vermutlich aus nächster Nähe mit. Beide Fotografen versuchten etwas von der Atmosphäre einzufangen, indem sie Indianerscouts der Armee Kampfszenen nachstellen ließen. (Abb. 3.17)

Heller machte Aufnahmen von den gefangenen Modocs. Die Bilder trugen einen Vermerk, auf dem ein Offizier und ein General die Echtheit des Fotos bestätigten.[17] Nach seiner Rückkehr nach San Francisco wurden Muybridges Aufnahmen von Bradley und Rulofson veröffentlicht. 1881 berichtete der San Francisco *Examiner* über den Modoc-Krieg und Muybridges Erfahrungen:

> »Während des Modoc-Krieges wurde Mr. Muybridge an die Front geschickt. Seinen zahlreichen und wertvollen Fotografien ist es zu verdanken, daß man ein genaues Bild über die Topografie der Lavafelder und ihrer Umgebung hat und etwas über die wenigen Indianer weiß, die dort leben.«[18]

Heller machte eine eigene Serie von Fotos, ließ sie aber dann von der Carleton E. Watkins Galerie in Massenauflage herstellen. Watkins verkaufte später Hellers Negative und Hellers Name als Fotograf dieser Bilder geriet so in Vergessenheit.[19] Bis 1890 wurde keine militärische Auseinandersetzung so vollständig dokumentiert, wie durch diese Bilder von Heller und Muybridge.

Wie die Modocs litten auch die Kiowas und Comanchen der südlichen Plains unter dem Leben im Reservat. Auch sie hielten es in dem ihnen zugewiesenen Gebiet nicht aus und verließen das Reservat häufig zu Streifzügen über den Red River nach Texas hinein. Um dem Einhalt zu gebieten, schickte die Regierung zunächst Truppen, versuchte es aber 1875 mit einer neuen Taktik:

Die kämpferischsten und renitentesten Krieger wurden gefangengenommen und nach Fort Augustine, Florida, geschickt. Mit Ausnahme weniger Porträts von William S. Soule gibt es kaum Bildmaterial von diesen Ereignissen.

Kriege in den nördlichen Plains, 1870–81

Auch die Indianer der nördlichen Plains wollten sich nicht mit dem Leben im Reservat abfinden. Der Vertrag von Fort Laramie 1851 wurde von beiden Seiten gebrochen. Die Indianer überfielen Siedlungen in Montana, Wyoming und Nebraska, die Weißen drangen immer tiefer ins Indianergebiet ein. Die militärischen Expeditionen, die ebenfalls in Indianerland einfielen, verschärften die Situation. 1873 begleitete General David S. Stanley die Landvermesser der Northern Pacific Railroad mit einer Eskorte nach Montana. William R. Pywell, ein Fotograf aus Washington DC, nahm an dieser sogenannten »Yellowstone-Expedition« von 1873 teil. Pywells Negative galten lange Jahre als verschollen, aber einige wurden im Nationalen Anthropologischen Archiv wiederaufgefunden, darunter das Foto, auf dem General Custer neben einem erlegten Wapiti posiert. (Abb. 3.19)[20]

1874 führte Custer eine Expedition in die für Indianer heiligen Black Hills. Nach Angaben des Militärs war der Zweck der Black Hills-Expedition die Erkundung des Gebietes, um dort ein Fort zu errichten. Die schwere ökonomische Krise des Landes nährte allerdings das Gerücht, daß es dabei eher um die Jagd nach Gold ging. An dem Unternehmen nahm auch William Henry Illingworth, ein Fotograf aus St. Paul, teil. Die Armee, die offensichtlich an seinen Diensten sehr interessiert war, hatte ihm den Wagen zur Verfügung gestellt, den der Fotograf Stanley J. Morrow auf der Yellowstone-Expedition von 1873 benutzt hatte.[21] Zwischen dem 2. Juli und dem 30. August machte Illingworth seine Aufnahmen. Er fotografierte Lagerplätze, die Teilnehmer, den Wagentreck und geologische Formationen.[22] Auch wenn sich unter den Bildern keine Fotos von Indianern befanden, so stellen sie doch eine wichtige Dokumentation im Vorfeld der berühmten Schlacht von Little Big Horn dar. Illingworth führte später mit der Armee einen Rechtsstreit um den Besitz der Bilder, den er am Ende gewann.[23]

Die Spannungen zwischen Indianern und Weißen wuchsen, als im Sommer 1875 Tausende von Goldsuchern in die Region strömten. Bis Juni 1876 hatten sich viele Indianer, darunter die Gefolgsleute von Sitting Bull und Crazy Horse, am Rosebud Creek versammelt. Aber auch die Streitkräfte von General Crook waren in der Nähe. Am 17. Juni kam es zur Schlacht am Rosebud Creek. Danach schlugen die Indianer ein neues Lager am Little Big Horn River auf. Ihre Zahl wuchs ständig, bis schließlich 7000 Sioux und Cheyenne versammelt waren, darunter 1800 Krieger.[24] In der Schlacht vom Little Big Horn am 25. Juni errangen sie einen totalen Sieg über General Custer. Von dieser Schlacht gibt es keine Fotos, aber Red Horse, ein Miniconjou-Sioux, machte Zeichnungen, in denen er alle Phasen des Kampfes darstellte. (Abb. 3.1)[25]

Einigen Berichten zufolge sollte Stanley J. Morrow ursprünglich Custer auf seinem Zug begleiten, verzichtete dann aber, da seine Chemikalien nicht rechtzeitig eintrafen.[26] Er machte jedoch andere Aufnahmen von den Sioux-Kriegen. Im September traf er die Truppen General Crooks, die von der Schlacht von Slim Buttes heimkehrten. Die Soldaten waren dem Verhungern nahe und hatten angeblich bereits damit begonnen, ihre eigenen Pferde zu schlachten. Morrow fotografierte die Hungernden und die Verletzten, das Lager und eine Gruppe gefangener Sioux mit der wieder zurückeroberten Flagge Custers. (Abb. 3.20)[27]

Am 20. Juni 1877 exhumierte Oberstleutnant Sheridan mit seiner Abteilung die Toten auf dem Schlachtfeld am Little Big Horn. Morrow war nicht dabei, da er bis zum 22. Juni in Süd-Dakota war.[28] John H. Fouch, ein anderer Fotograf, versuchte vergeblich, die Erlaubnis zu bekommen, die Abteilung zu begleiten. Philetus W. Norris vom *New York Herald* machte sich mit Fouch trotz Sheridans Verbot auf den Weg zum Schlachtfeld. Während Fouch mit seiner Ausrüstung nur langsam vorankam, gelang es Norris, verkleidet bis zum Lager von Sheridans Leuten vorzudringen. Er überredete einen alten Freund, ihn noch einmal zum Schlachtfeld zu führen und ihm die Vorfälle zu schildern. Zwei Tage später traf auch Fouch ein. Er war der erste Fotograf, der Custers Schlachtfeld aufnahm, wie eine erst kürzlich entdeckte Fotoserie beweist.[29]

Morrow begleitete 1879 eine Abteilung von Captain George Sanderson, die neue Gräber ausheben sollte. Dabei fotografierte er das Schlachtfeld. Seine Fotos zeigen die neuerrichteten Grabstätten und Haufen von Pferdeknochen. Die Aufnahmen sind ein Teil von Sandersons offiziellem Bericht. Sie sind später fälschlicherweise für Bilder der Exhumierung von 1877 gehalten worden.[30]

Unmittelbar nach dem Custer-Massaker wurde das Indianergebiet von US-Soldaten förmlich überflutet. Crazy Horse, Sitting Bull und die Cheyenne-Krieger waren noch auf freiem Fuß und die Kämpfe gingen weiter. Oberst Nelson A. Miles verfolgte Crazy Horse während des Blizzards im Januar 1877. Dieser Marsch ist fotografisch festgehalten worden. Crazy Horse ergab sich schließlich und wurde im September getötet. Bis heute ist kein authentisches Foto von ihm gefunden worden.

Sitting Bull floh mit seinen Leuten nach Kanada. Der Hunger trieb einige von ihnen wieder zurück. Sitting Bull selbst erklärte: »Solange es noch Eichhörnchen zu essen gibt, werde ich nicht zurückkehren.«[31] Im Fort Buford in Dakota ergab er sich am 19. Juli 1881 schließlich doch. Einige Historiker glauben, daß das erste Porträt Sitting Bulls noch in Kanada aufgenommen wurde,[32] andere meinen, daß es nach seiner Kapitulation gemacht worden ist.[33]

1882 waren Sitting Bull und einige seiner Männer Gefangene im Fort Randall. Dort wurden sie von Bailey, Dix & Mead, sowie von A. G. Johnson fotografiert. Auch bei diesen Bildern ist eine genaue Zuordnung schwer. Die Aufnahme eines Fotografen von Bailey, Dix & Mead hat vermutlich Sitting Bull selbst gemacht. (Abb. 3.21) Das Bild zeigt einen Mann, der in eine Decke eingehüllt ist, und trägt die Unterschrift: »Sitting Bull versucht, das Geschäft zu übernehmen.« Vermutlich richtete der Fotograf die Kamera ein und posierte dann, während Sitting Bull den Auslöser drückte. Wenn das zutrifft, dann ist dies die erste Fotografie, die je ein Indianer gemacht hat. 1886 wurde Sitting Bull in der Standing Rock Agency vor Gericht gestellt. Die Anklage warf ihm vor, die Crow zum Krieg aufgehetzt zu haben. Die Verhandlung wurde von David F. Barry fotografiert. (Eine eindeutige Identifikation fehlt jedoch.)

In Fort Robinson, Nebraska, ergab sich eine Gruppe von Cheyenne, die von Little Wolf angeführt wurde. Little Wolf wollte den Frieden erhalten und zog mit seinen Leuten ins Indianerterritorium, fand das Reservat jedoch nicht akzeptabel. Nachdem ihnen nicht erlaubt wurde, in die nördlichen Plains zurückzukehren, flohen Little Wolf und Dull Knife mit ihren Leuten nach Norden. Durch einen von ihnen verübten Überfall, der auch in seiner Brutalität für sie völlig untypisch war, verloren sie die Sympathie der Öffentlichkeit, und die Jagd auf sie verstärkte sich. Dull Knifes Leute ergaben sich schließlich bei Fort Robinson. Sie wurden eingesperrt und erhielten weder Essen, Trinken, noch Schutz gegen die Kälte. Ein Ausbruchsversuch endete für viele tödlich. Little Wolfs Gruppe kam bis Montana, mußte sich aber bei Fort Keogh ergeben. Ihr Lager wurde von Christian Barthelmess fotografiert. (Abb. 3.22) Ein anderes Foto zeigt eine Gruppe von ihnen auf den Stufen des Gerichtssaals von Dodge County, als sie 1879 in den Süden zurückkehrten. (Abb. 3.23)[34]

Die Apachen-Kriege, 1872–86

Die militärischen Zusammenstöße blieben nicht auf die nördlichen Plains beschränkt. Auch mit den Apachen im Südwesten kam es zu Kämpfen. (Abb. 3.24) General George Crook schlug 1872–73 eine Reihe von Aufständen nieder. Eine große Zahl von Apachen wurde bei San Carlos angesiedelt, doch unter ihrem Häuptling Victorio gingen die Überfälle weiter. Nach Victorios Tod 1880 wurde Geronimo der Anführer.[35] Crook verfolgte Geronimo und seine Krieger mit Hilfe von Apachen-Scouts. Am 25. März 1886 fanden in den Sierra Madre Mountains Friedensgespräche statt. Crook verlangte von den Apachen, die Überfälle einzustellen und sich in ein Reservat zurückzuziehen, was Geronimo schließlich akzeptierte.

Dieses berühmte Treffen im Canyon de los Embudos wurde von Camillus S. Fly aus Tombstone aufgenommen. (Abb. 3.25–3.27) Fly hatte Crook auf dem Sierra Madre Feldzug begleitet. Bei den Aufnahmen während der Friedensverhandlungen bewies er große Kaltblütigkeit. Er postierte Geronimo und seine Krieger so, wie er sie haben wollte, und gab ihnen sogar genaue Anweisungen, wie sie den Kopf halten sollten, um ein besseres Bild zu bekommen. (Abb. 3.25)[36] Diese Fotos sind die einzigen Aufnahmen, die je in einem feindlichen Indianerlager gemacht worden sind.

Crooks Erfolg war nicht von langer Dauer. Geronimo führte bald einen neuen Überfall durch. Crook wurde durch General Nelson A. Miles ersetzt. Am 4. September 1886 kapitulierten Geronimo und seine Leute endgültig. Sie wurden nach Fort Bowie gebracht, um später nach Fort Marion in Florida überführt zu werden.

Die Tragödie von Wounded Knee

Die Lage der Indianer in den 80er Jahren wurde immer elender. Sie waren in Reservate gesperrt und abhängig von den Zuteilungen der Regierung. Hunger war keine Seltenheit. Als die Ernte ausfiel, der Kongreß die ohnehin ungenügenden Rationen weiter kürzte, und sie noch mehr Land verkaufen mußten, verfielen die Indianer auf spirituelle Lösungen. Der Geistertanz, eine stammesübergreifende Bewegung, entstand. Er propagierte die Wiedervereinigung mit den Toten und die Rückkehr zu einer idealisierten Lebensform ohne europäische Einflüsse.

Der weitaus wichtigste messianische Führer der Bewegung war Wovoka, ein junger Paiute, der die Vision eines gelobten Landes der Indianer verkündete. Im November 1890 wurden die Zustände in den Reservaten von Pine Ridge und Rosebud immer chaotischer. Die Indianer zerfielen in zwei Fraktionen, die »Freundlichen«, Anpassungsfähigen, die keinen Widerstand leisten wollten, und die »Feindlichen«, die dem Geistertanz anhingen, und sich in einem Winkel des Reservats verschanzten.

Auf Wunsch der »freundlichen« Indianer kamen Big Foot und eine Gruppe von Miniconjou-Sioux, um zu vermitteln. Unglückseligerweise dachte General Miles, sie zögen zum feindlichen Lager und versuchte, ihnen den Weg abzuschneiden. Am 28. Dezember wurde sie von der 7. Kavallerie gestellt. Die Lager der Indianer und der Soldaten lagen dicht beieinander am Wounded Knee Creek. Am 29. Dezember erhielt die Kavallerie Verstärkung durch die Truppen unter Oberst Forsyth. Die 340 Indianer wurden von über 500 Soldaten mit vier Hotchkiss-Kanonen umzingelt. Die Spannung war geladen, und als die Indianer entwaffnet werden sollten, fielen die ersten Schüsse.

Innerhalb kurzer Zeit wurden zwei Drittel der Leute von Big Foot erschossen oder verwundet. Die Verletzten brachte man in ein improvisiertes Lazarett in Pine Ridge. Die Toten wurden wegen eines Blizzards zurückgelassen und später beerdigt.

Vom Massaker selbst gibt es keine Bilder, doch George E. Trager aus Chadron fotografierte die schrecklichen Folgen. (Abb. 3.29–3.34) Trager war auf der Suche nach sensationellen Bildern vom Geistertanz. Im Herbst hatte er mehrere Reisen ins Pine Ridge Reservat unternommen, um Aufnahmen vom indianischen Leben, von Anführern und vom Geistertanz selbst zu machen.[37] Mit General Miles und dessen Erster Infanterie erreichte er am 30. Dezember Pine Ridge und war damit der erste, der die schauerliche Szene aufnahm.

Seine Fotos fanden weite Verbreitung. Er gründete die Northwestern Photographic Company, um die Bilder zu vermarkten. Bald erschienen seine Fotos mit einer Anzeige für ein Mittel gegen Epilepsie auf der Rückseite.[38]

Für die Indianer waren mit der Tragödie am Wounded Knee alle Hoffnungen begraben. Bis auf wenige Scharmützel waren die Indianerkriege vorbei. Black Elk, der Wounded Knee überlebt hatte, schrieb später: »Dort starb der Traum eines Volkes.«[39]

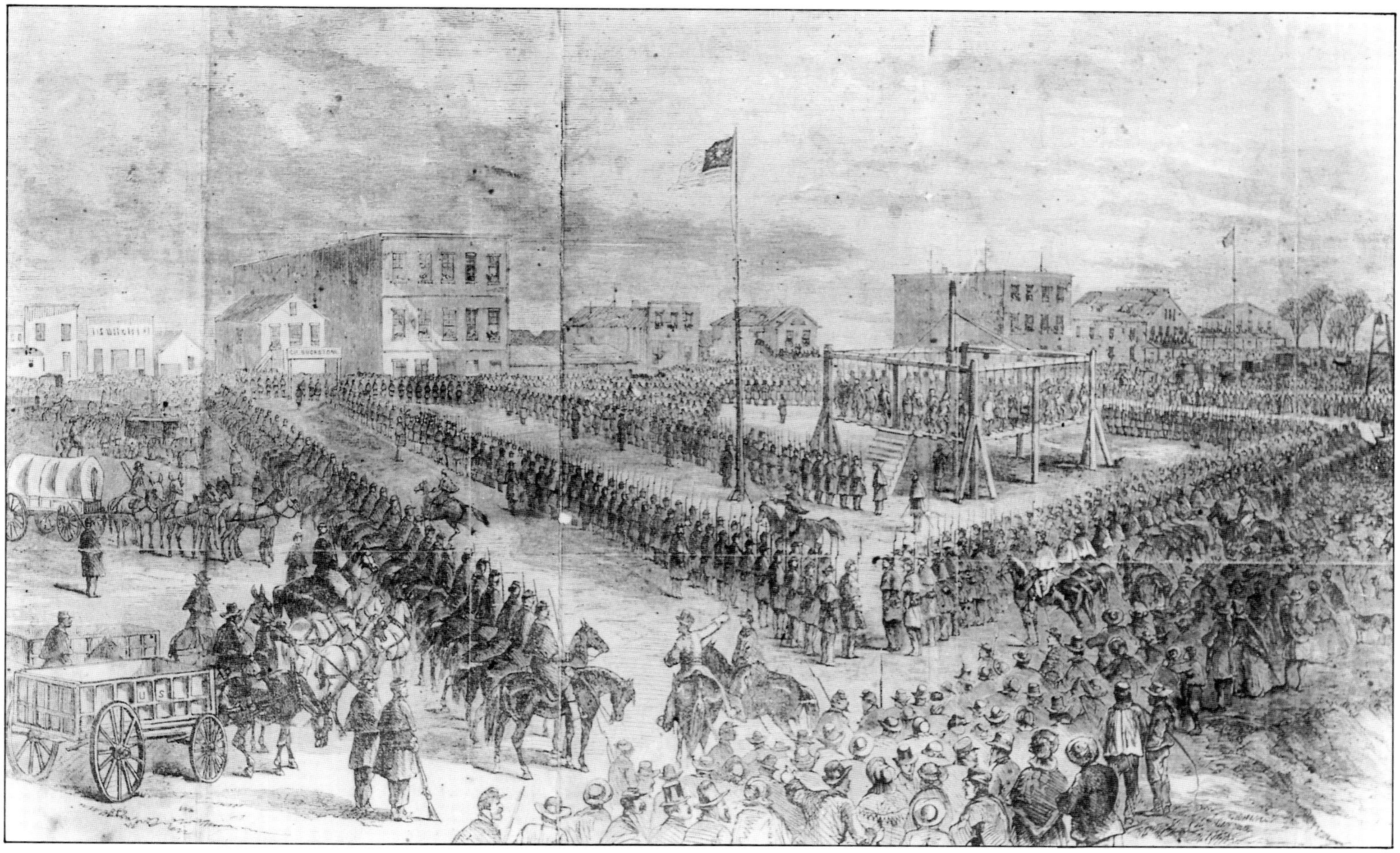

3.2 Die Massenhinrichtung von 38 Santee Dakota-Indianer in Mankato, Minnesota, am 26. Dezember 1862, wegen ihrer Beteiligung am Sioux-Aufstand im selben Jahr. Eine Zeichnung von W. H. Childs aus Frank Leslies *Illustrated Weekly* vom 24. Januar 1863, von Joel Emmons Whitney in Umlauf gebracht.

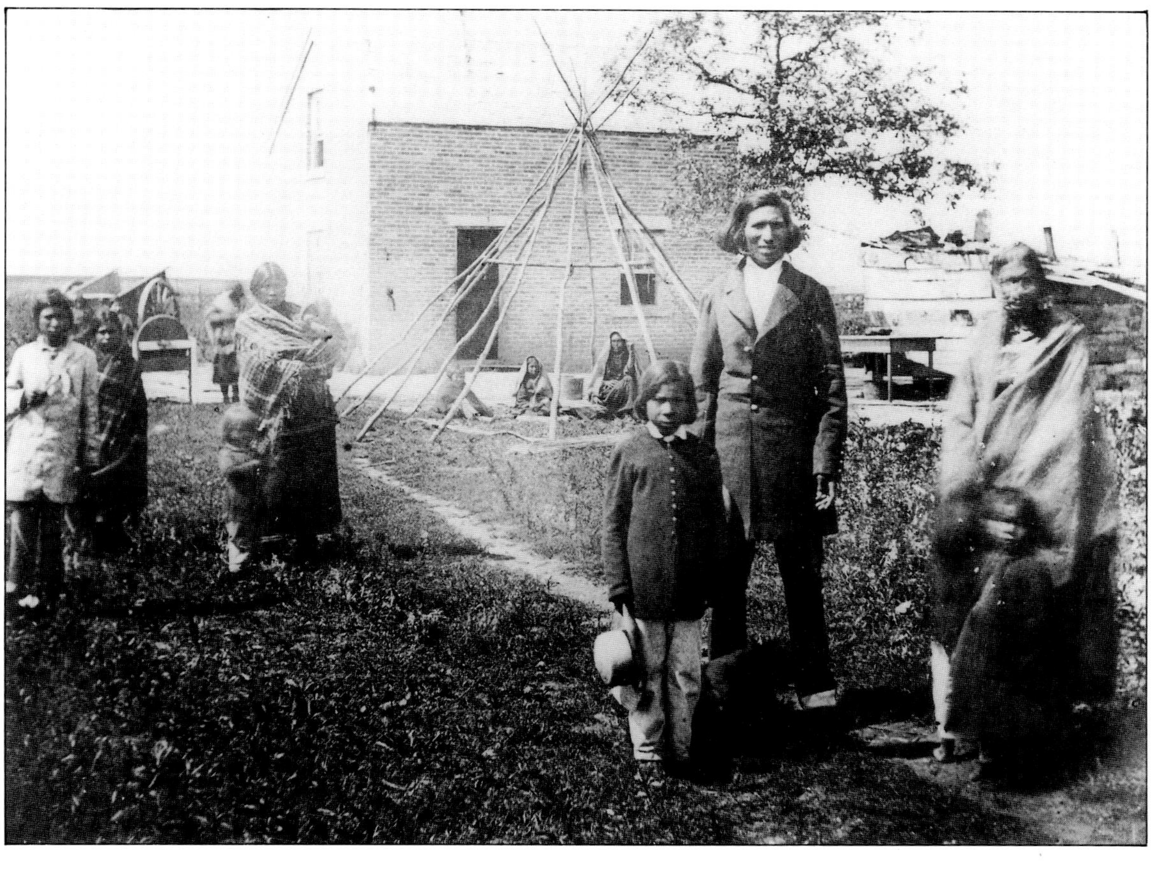

3.3 Eine Gruppe von Dakota-Indianern vor dem Ziegelhaus eines Siedlers. Angeblich im August 1862 aufgenommen, an dem Tag, an dem die Sioux-Revolte begann. Von Joel Emmons Whitney.

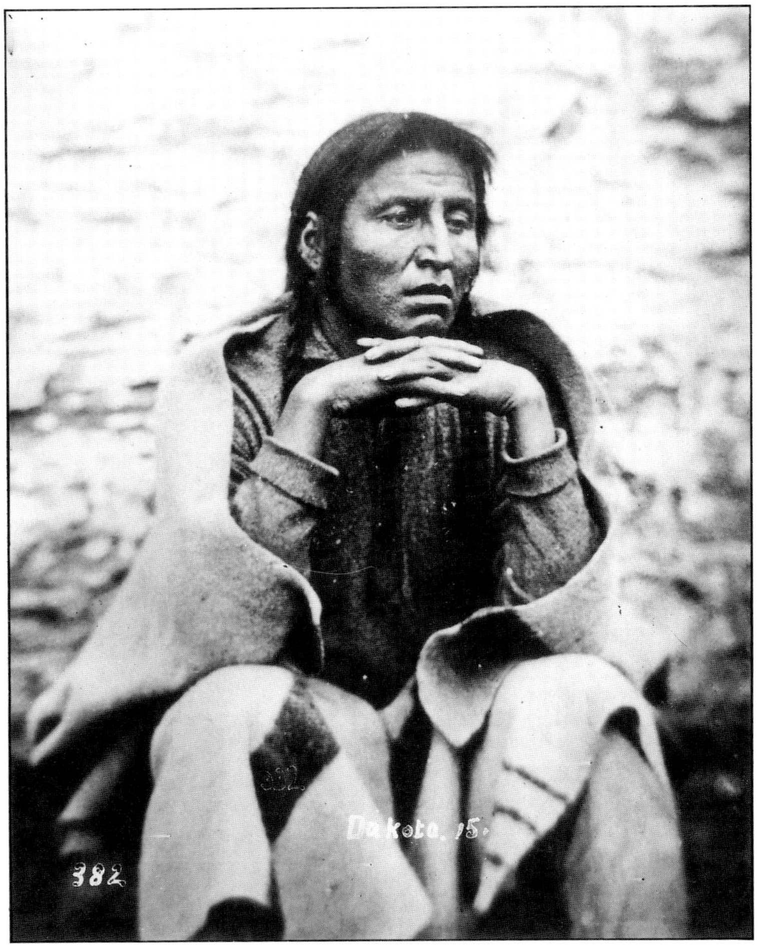

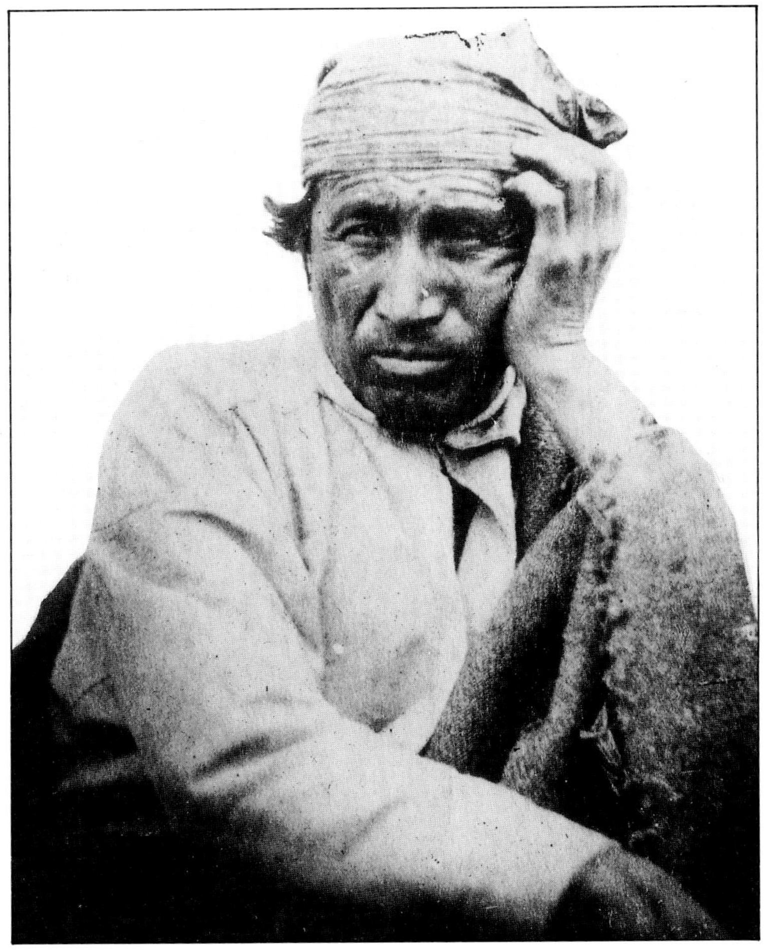

3.4 Medicine Bottle, ein Mdewakanton Dakota. Aufgenommen am 17. Juni 1864 von Joel E. Whitney in Fort Snelling, Minnesota. Medicine Bottle war wegen seiner Beteiligung an der Sioux-Revolte Gefangener im Fort und wurde zusammen mit Little Six (Abb. 3.5) im November 1865 gehängt.

3.5 Little Six (Shakopee) ein Delegierter der Mdewakanton Dakota in Washington 1858 (Abb. 2.12). Ein Anführer des Sioux-Aufstandes von 1862, wofür er gehängt wurde. Wahrscheinlich während seiner Gefangenschaft in Fort Snelling, Minnesota, 1865, von Joel E. Whitney aufgenommen.

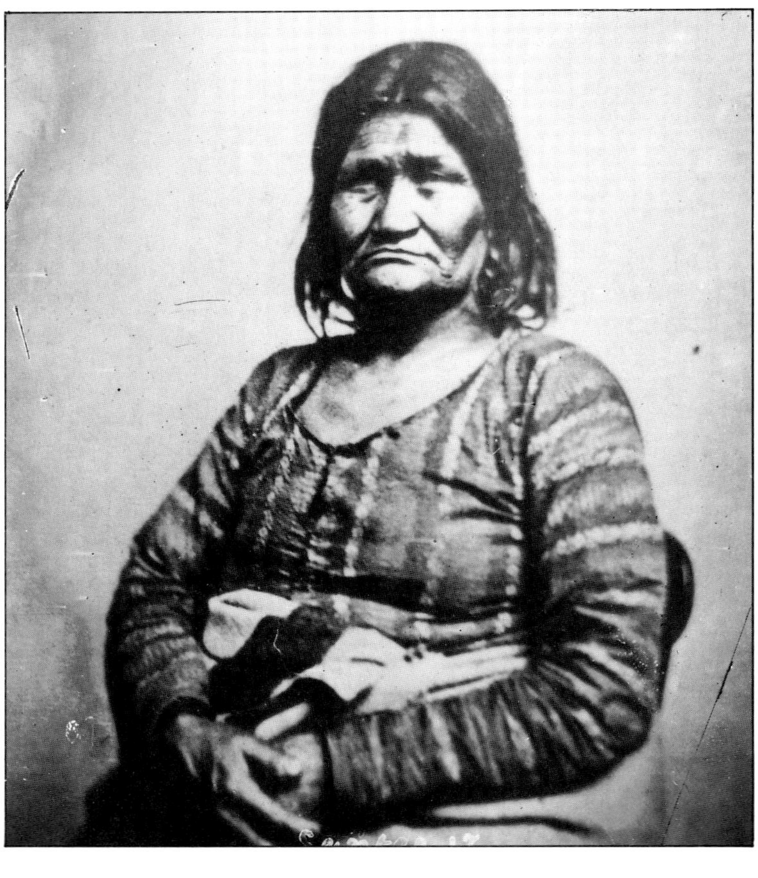

3.6 Old Bets, eine Santee Dakota, die weißen Gefangenen während des Sioux-Aufstandes und Massakers von 1862 half. Von Joel E. Whitney.

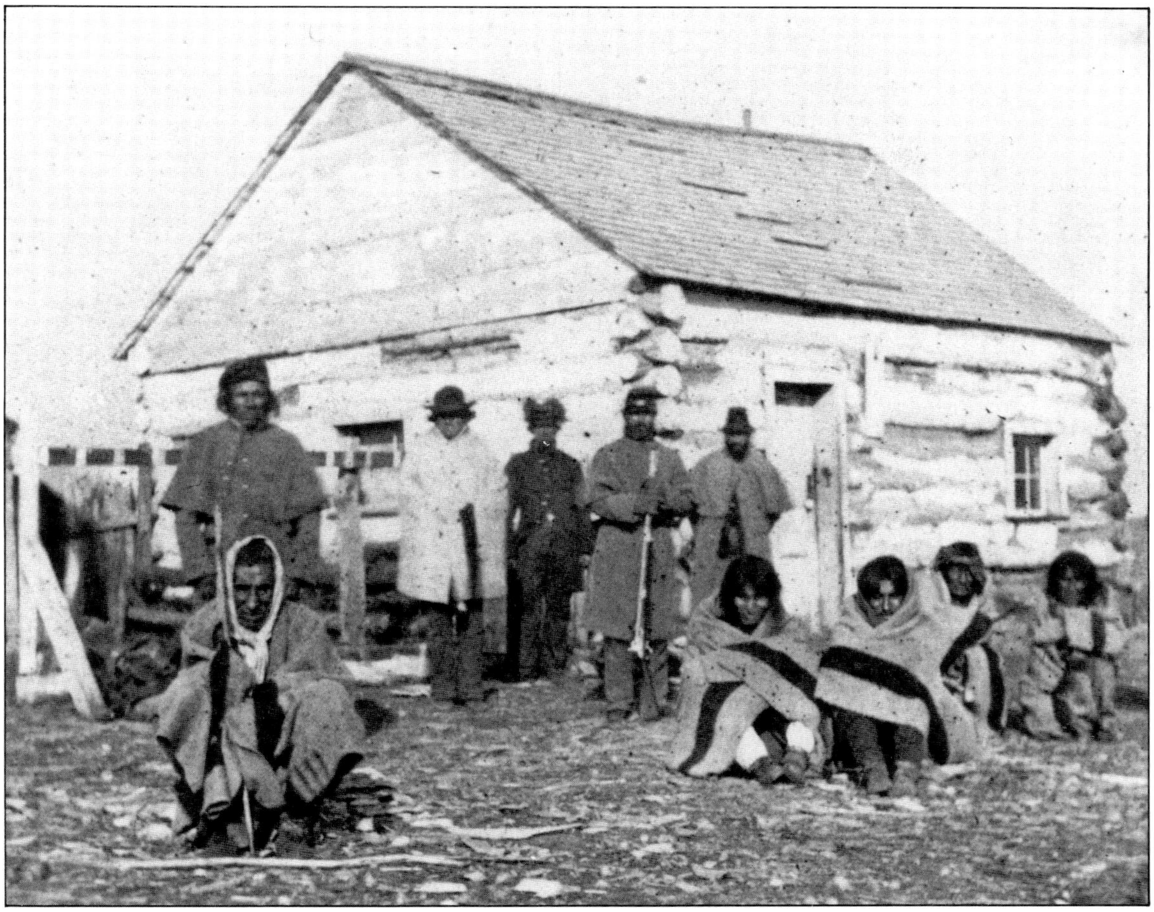

3.7 Das Blockhaus von François La Bathe, das nach dem Sioux-Aufstand oft als Gerichtssaal benutzt wurde. Soldaten bewachen indianische Gefangene. Von Joel E. Withney 1862.

3.8 Eine eingezäunte Anlage am Minnesota River unterhalb von Fort Snelling, wo die nicht verurteilten Gefangenen des Sioux-Aufstandes den Winter 1862/63 verbrachten. Von Benjamin Franklin Upton, 1862.

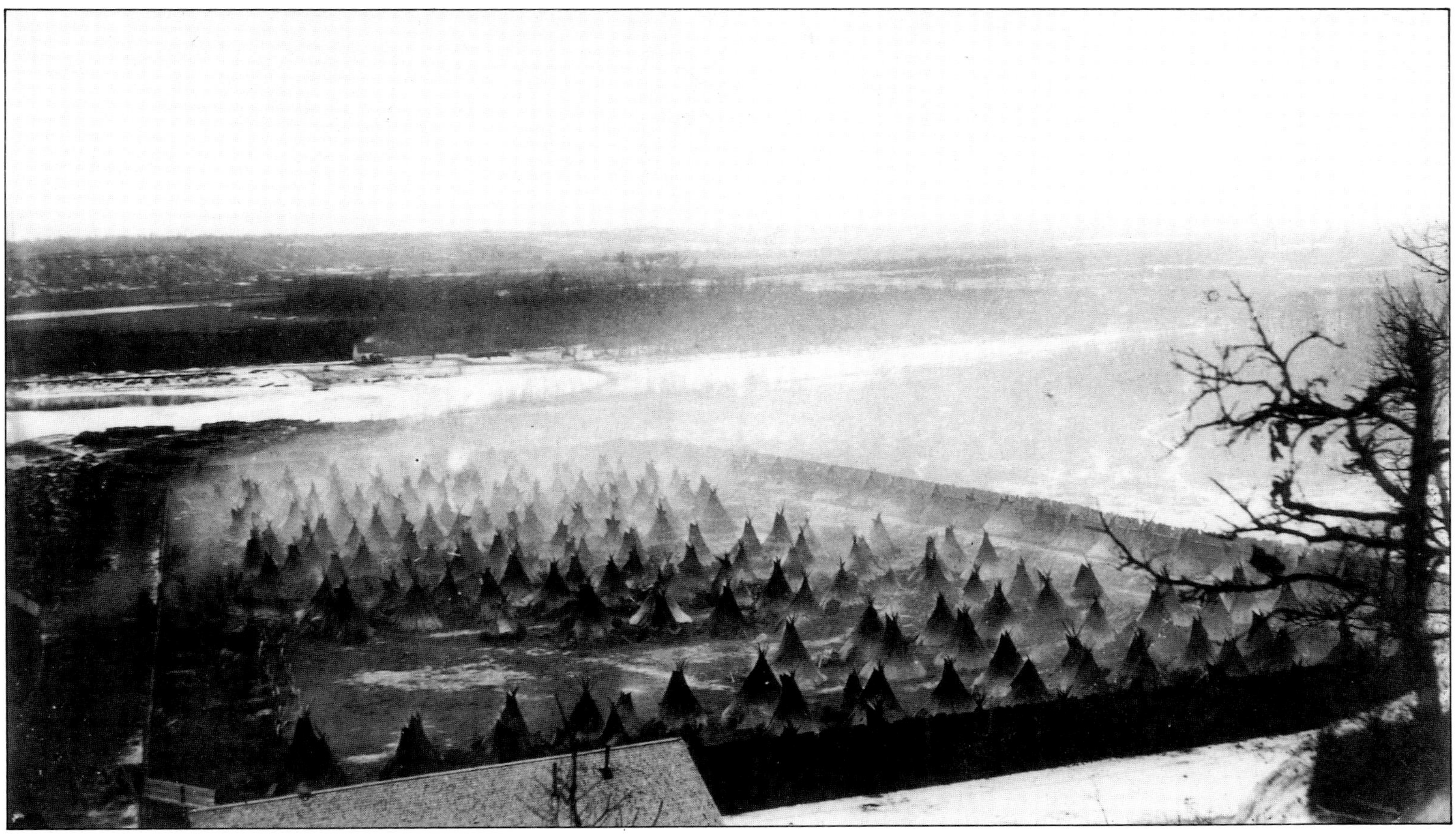

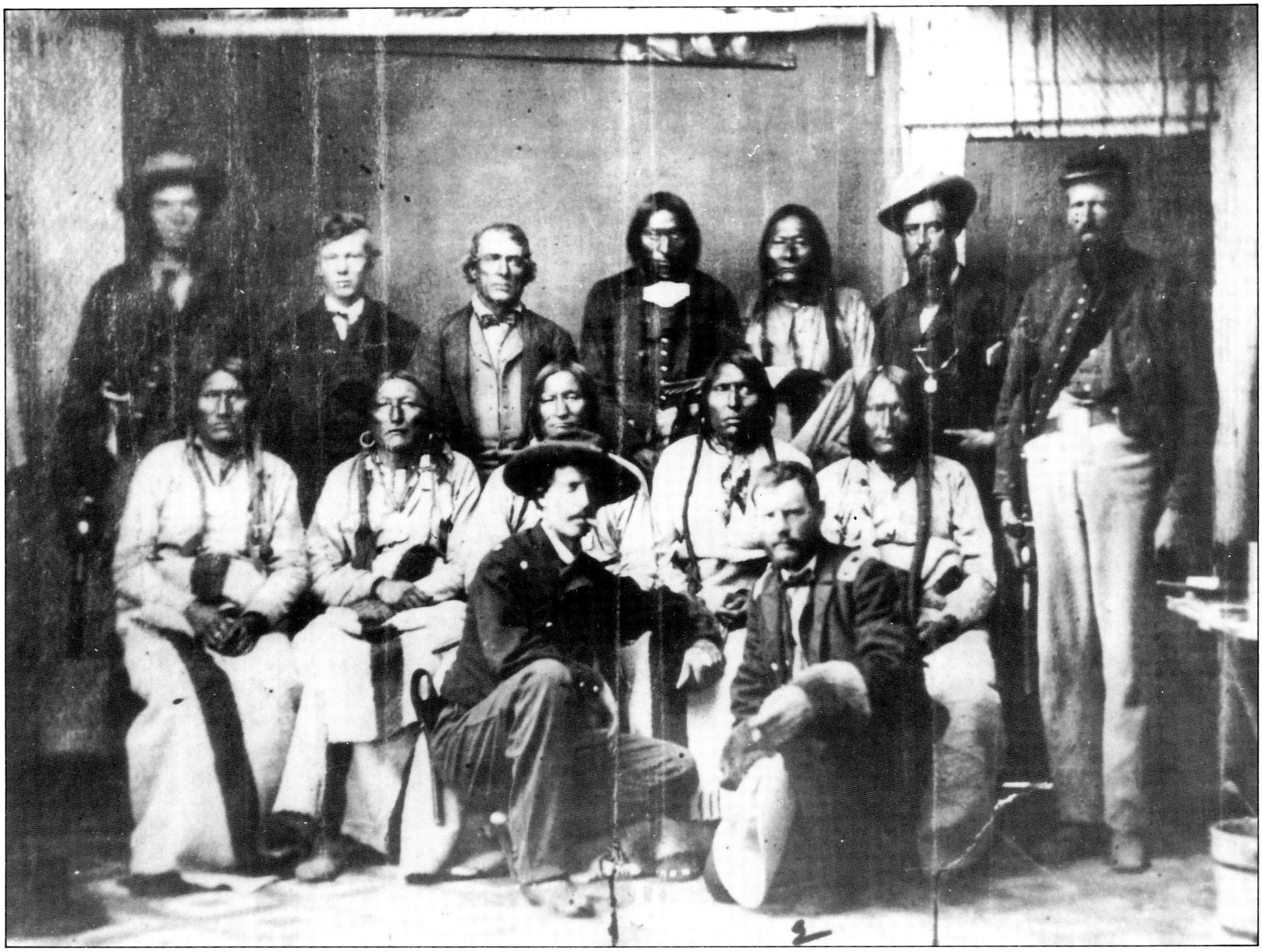

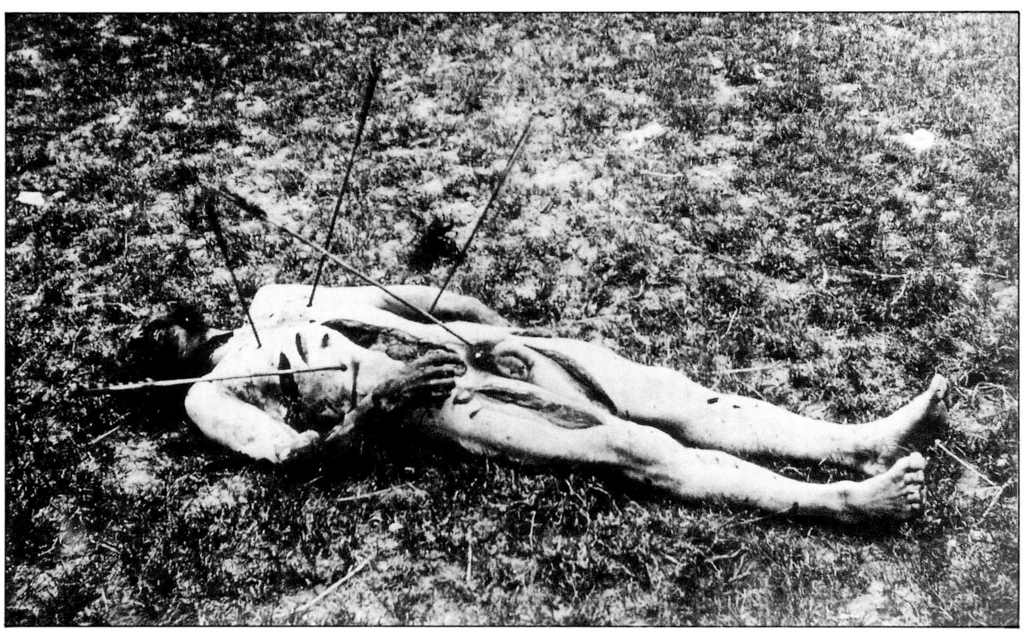

3.9 Das berühmte Treffen von Camp Weld, Colorado, vom September 1864, zwischen Colonel John M. Chivington und Cheyenne und Arapaho. Die Indianer, angeführt von Black Kettle und White Antelope, glaubten, daß Frieden vereinbart worden sei und lagerten unbewaffnet am Sand Creek. Im November überfiel Chivington das Lager in einem Überraschungsangriff und metzelte sie nieder. Von einem unbekannten Fotografen.

3.10 Sergeant Frederick Wylyams, der von einer Gruppe Sioux, Arapaho und Cheyenne am 26. Juni 1867 bei Fort Wallace in Kansas getötet und verstümmelt wurde. Aufgenommen von seinem Freund, dem Fotografen Dr. William Abraham Bell.

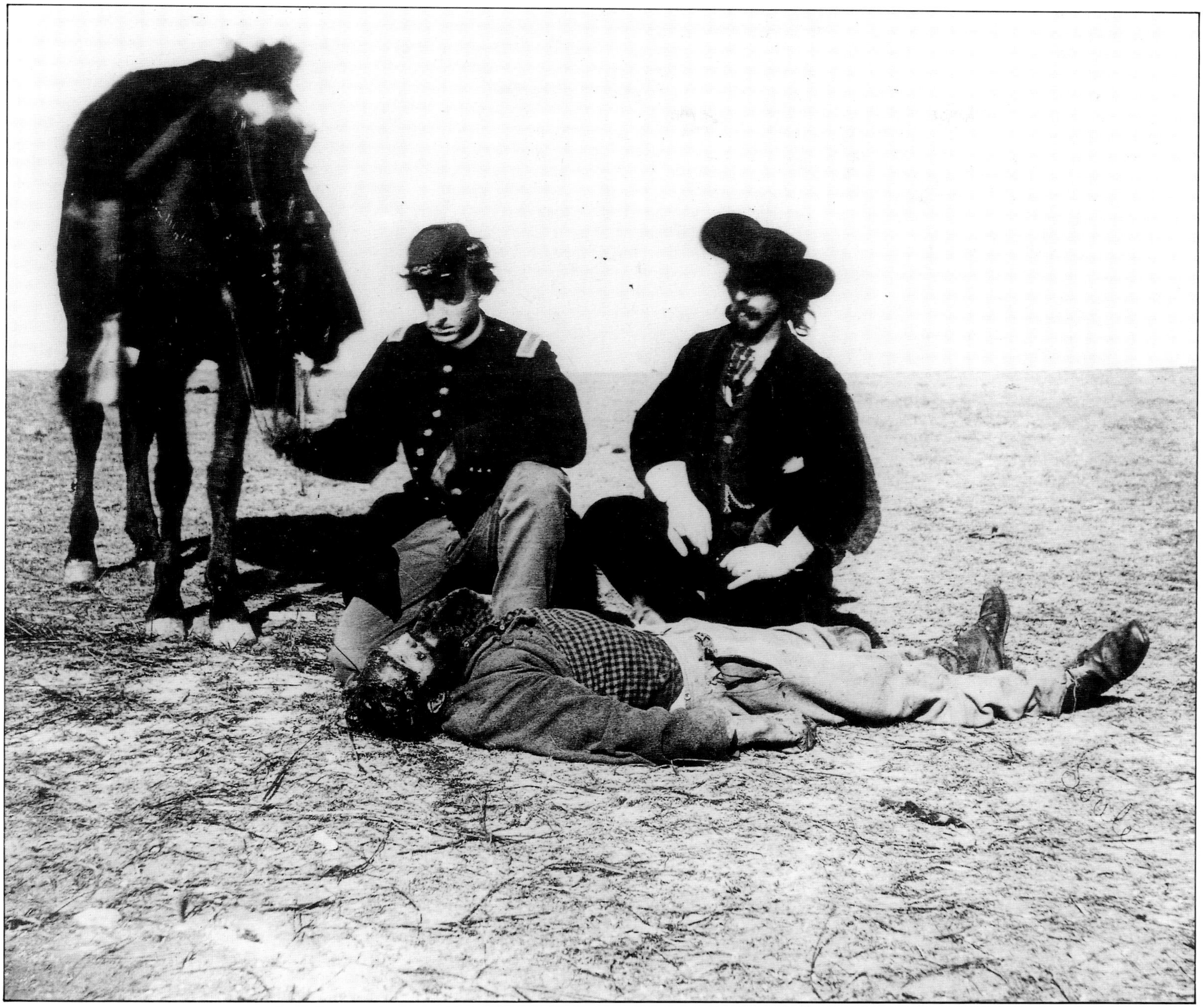

3.11 Ralph Morrison, ein Jäger. Das Foto entstand eine Stunde nachdem er von Cheyenne am 7. Dezember 1868 bei Fort Dodge in Kansas ermordet und skalpiert worden war. Von Williams S. Soule.

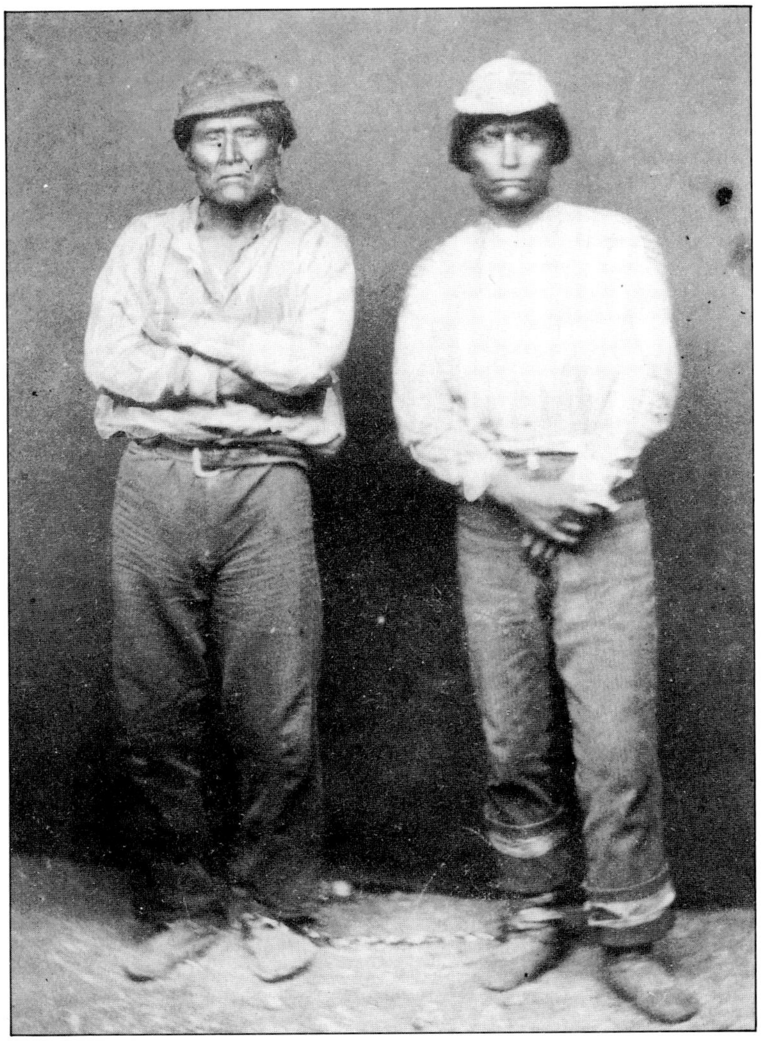

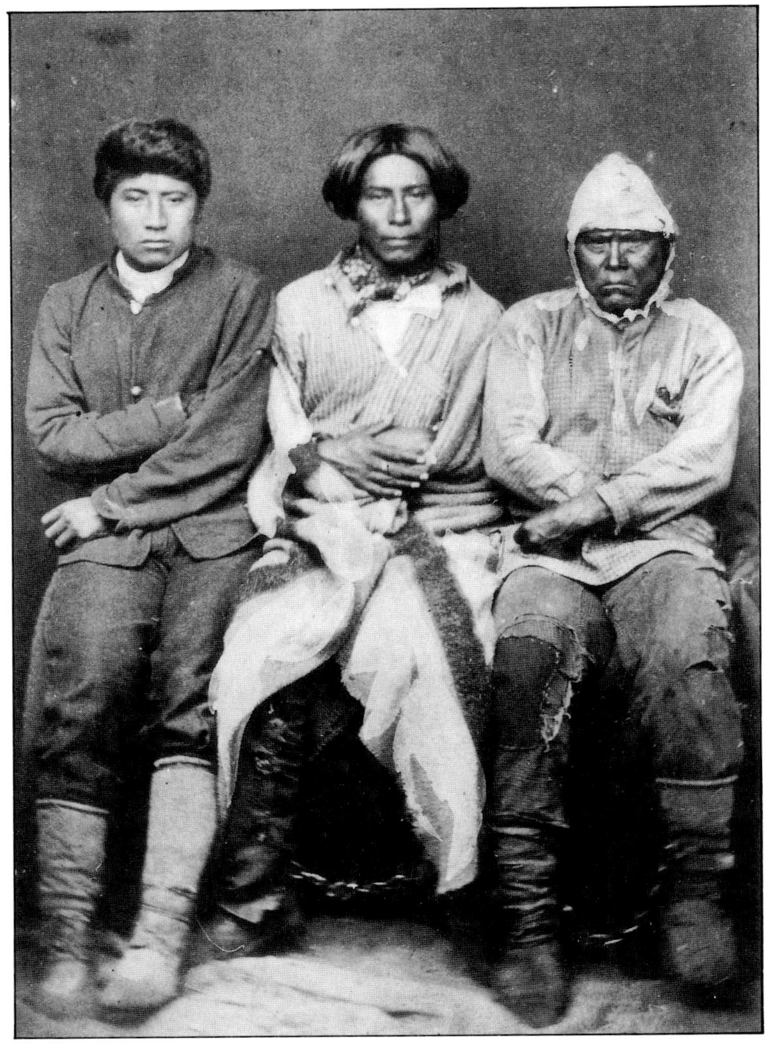

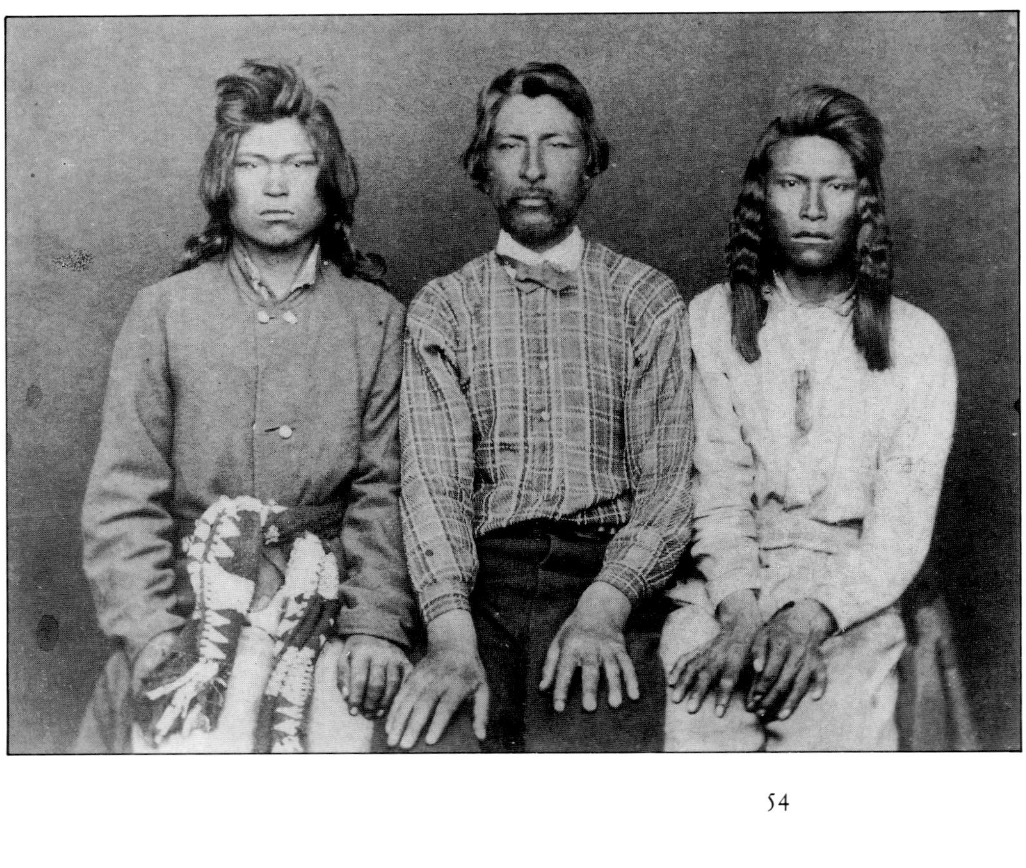

3.12 Links oben Zwei gefangene Modoc, Schonchin John und Captain Jack. Beide wurden wegen ihrer Beteiligung am Modoc-Krieg von 1872/73 am 3. Oktober 1873 in Fort Klamath gehängt. Von Louis Herman Heller, 1873.

3.13 Rechts oben Angekettete gefangene Modoc: Captain Jack (links), Wheum und Buckskin Doctor. 1873 von Louis Herman Heller aufgenommen und unter dem Titel »Die Mörder vom Lost River« von ihm verbreitet.

3.14 Scouts vom Stamm der Warm Springs. Donald McKay (Mitte) half der US-Armee Captain Jack (Abb. 3.12, 3.13) zu fangen. Von Louis Herman Heller, 1873. Veröffentlicht von der Carleton Watkins Yosemite Kunstgalerie.

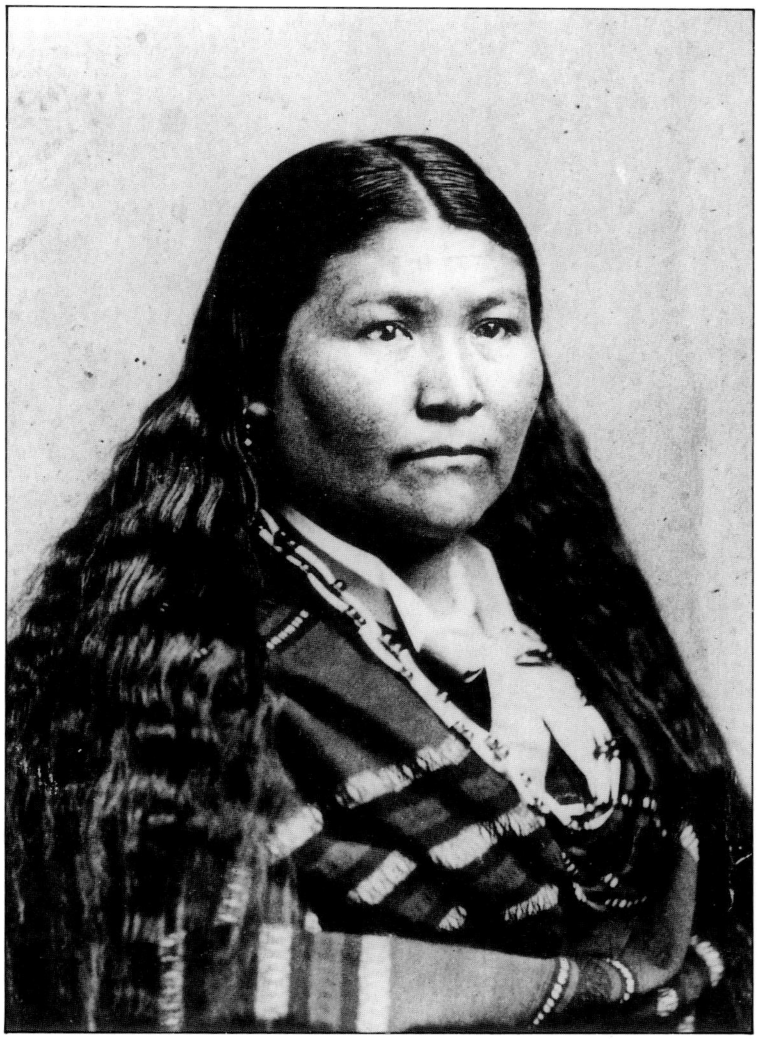

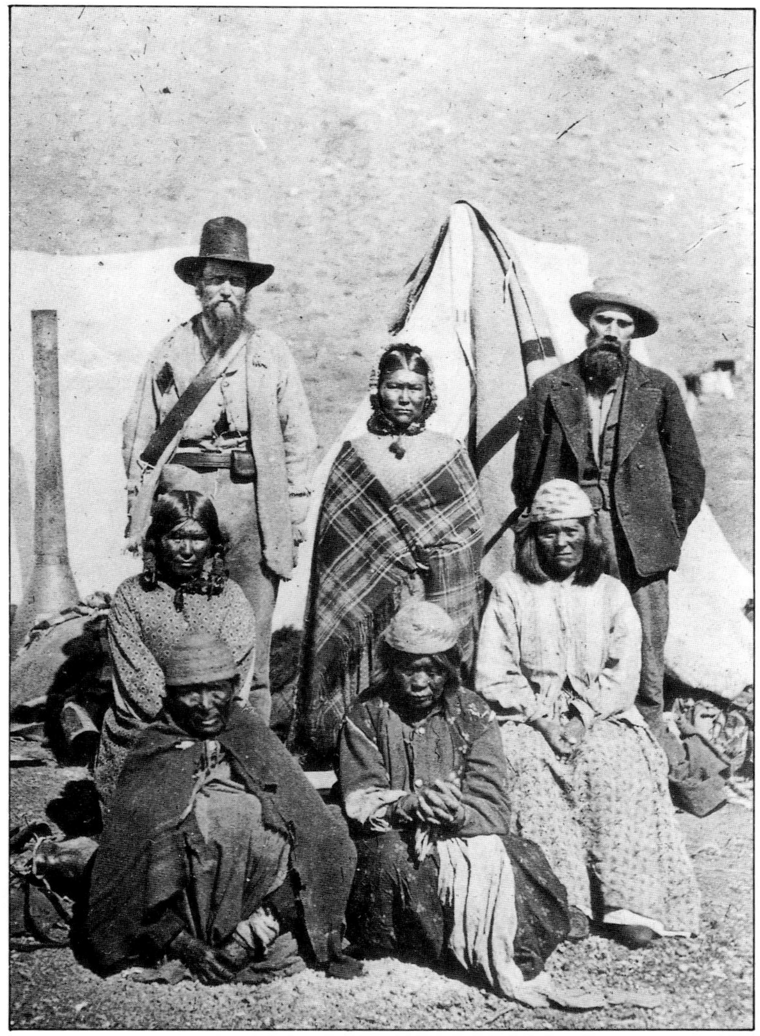

3.15 Toby Riddle (Winema), die Frau eines Modoc-Dolmetschers. Sie warnte den Leiter der US-Friedenskommission, General Canby, vor einer Verschwörung. Am 11. April 1873, während noch immer verhandelt wurde, wurden Canby und mehrere andere ermordet. Von Louis Herman Heller, 1873.

3.16 Zwei Weiße und eine Gruppe Modoc, darunter Toby Riddle (Winema) und ihr Mann Frank, der bei den Friedensverhandlungen mit den Modoc als Dolmetscher fungierte, sowie Captain Applegate, ein Indianeragent. Aufgenommen von E. Muybridge zwischen dem 3. und dem 11. Mai 1873.

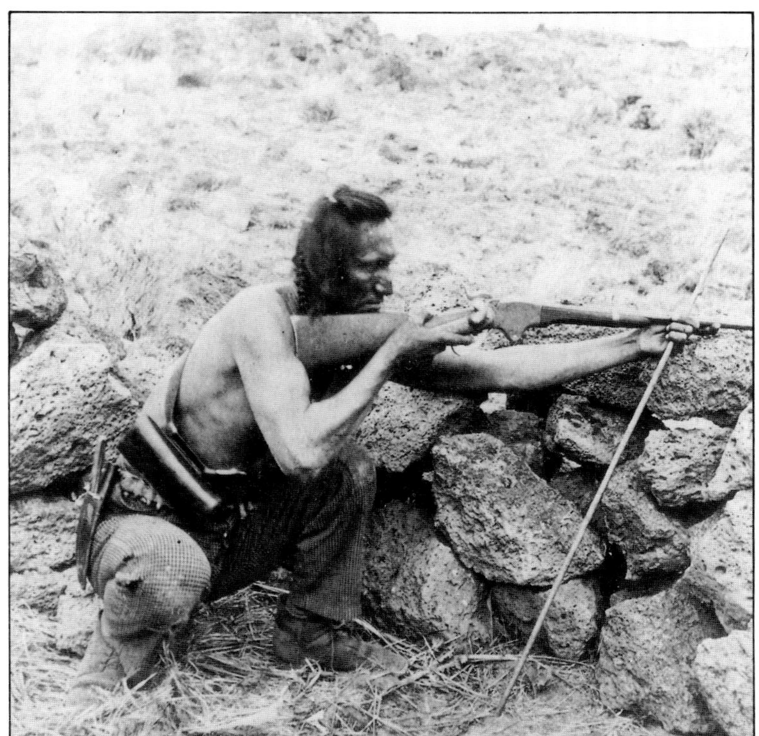

3.17 Loa-Kum Ar-Nuk vom Stamm der Warm Springs, ein Scout der US-Armee während des Modoc-Krieges.
Von E. Muybridge, 1873.

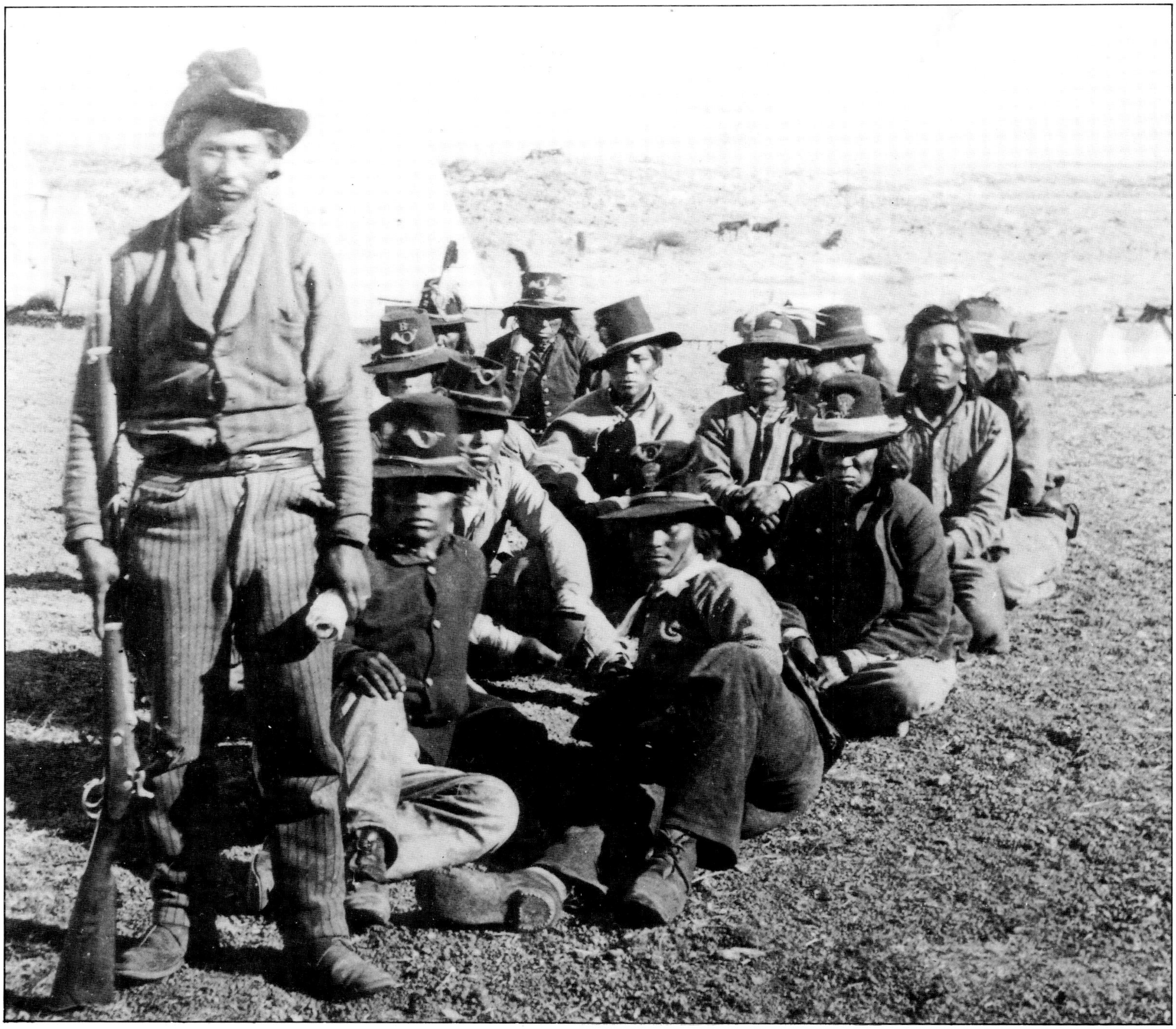

3.18 13 Scouts vom Stamm der Warm Springs, die die USA-Armee während des Modoc-Krieges unterstützten. Von Eadweard Muybridge, 1873.

3.19 General George Custer mit einem erlegten Wapiti. Aufgenommen von William Pywell bei der Yellowstone-Expedition von General David Stanley, 1873.

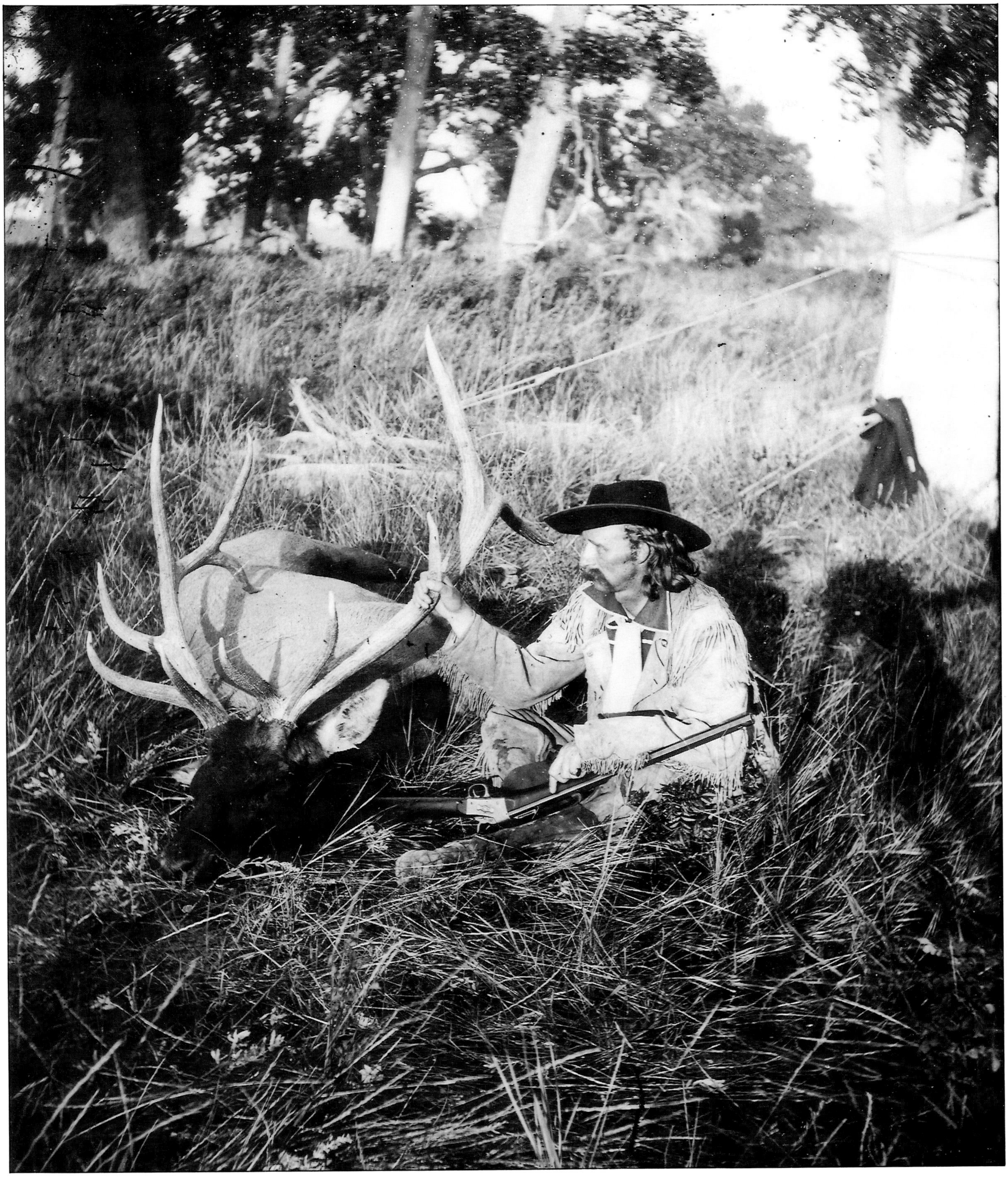

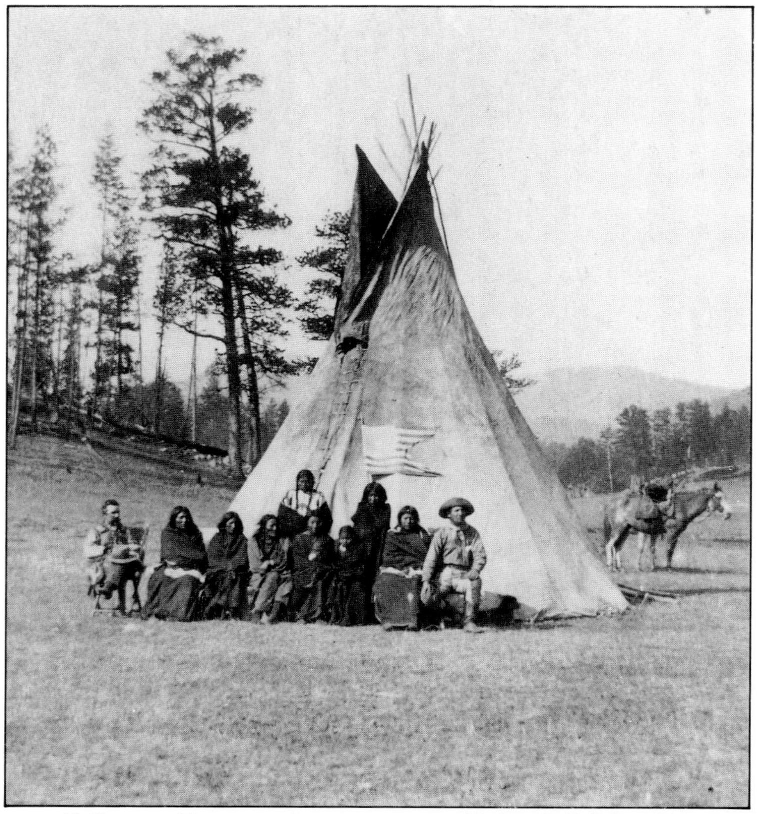

3.20 Gefangene Sioux vor einem Wildlederzelt mit der Flagge Custers, bei der Schlacht von Slim Buttes zurückerobert. Von Stanley J. Morrow im September 1876.

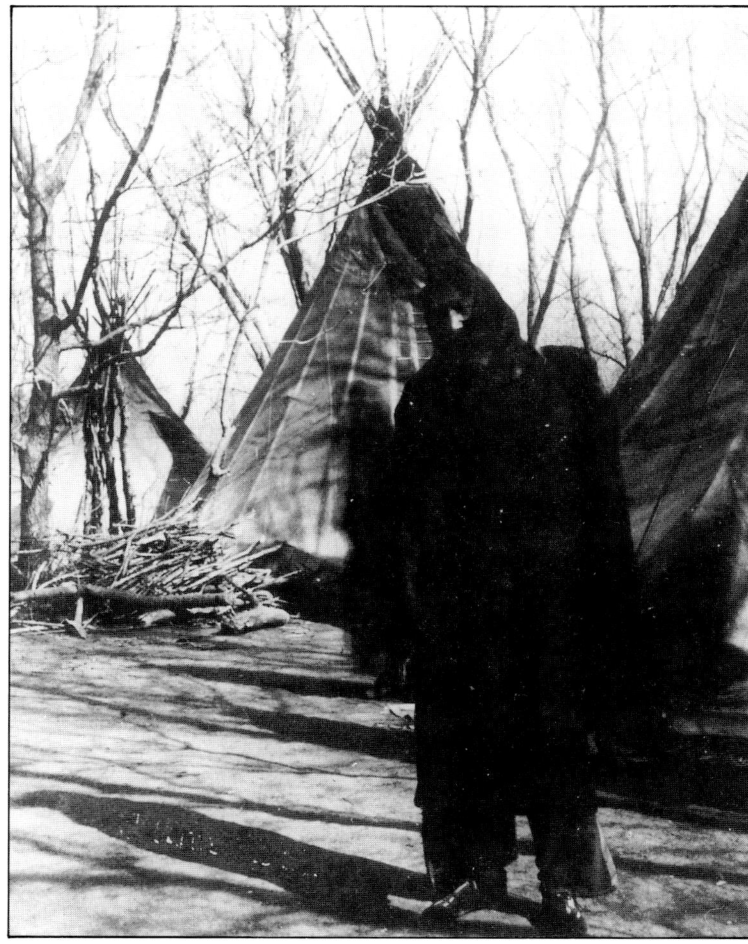

3.21 Sitting Bull, Häuptling der Dakota, ist wahrscheinlich der erste Indianer, der selbst das Foto eines Fotografen von Bailey, Dix & Mead, 1882, gemacht hat.

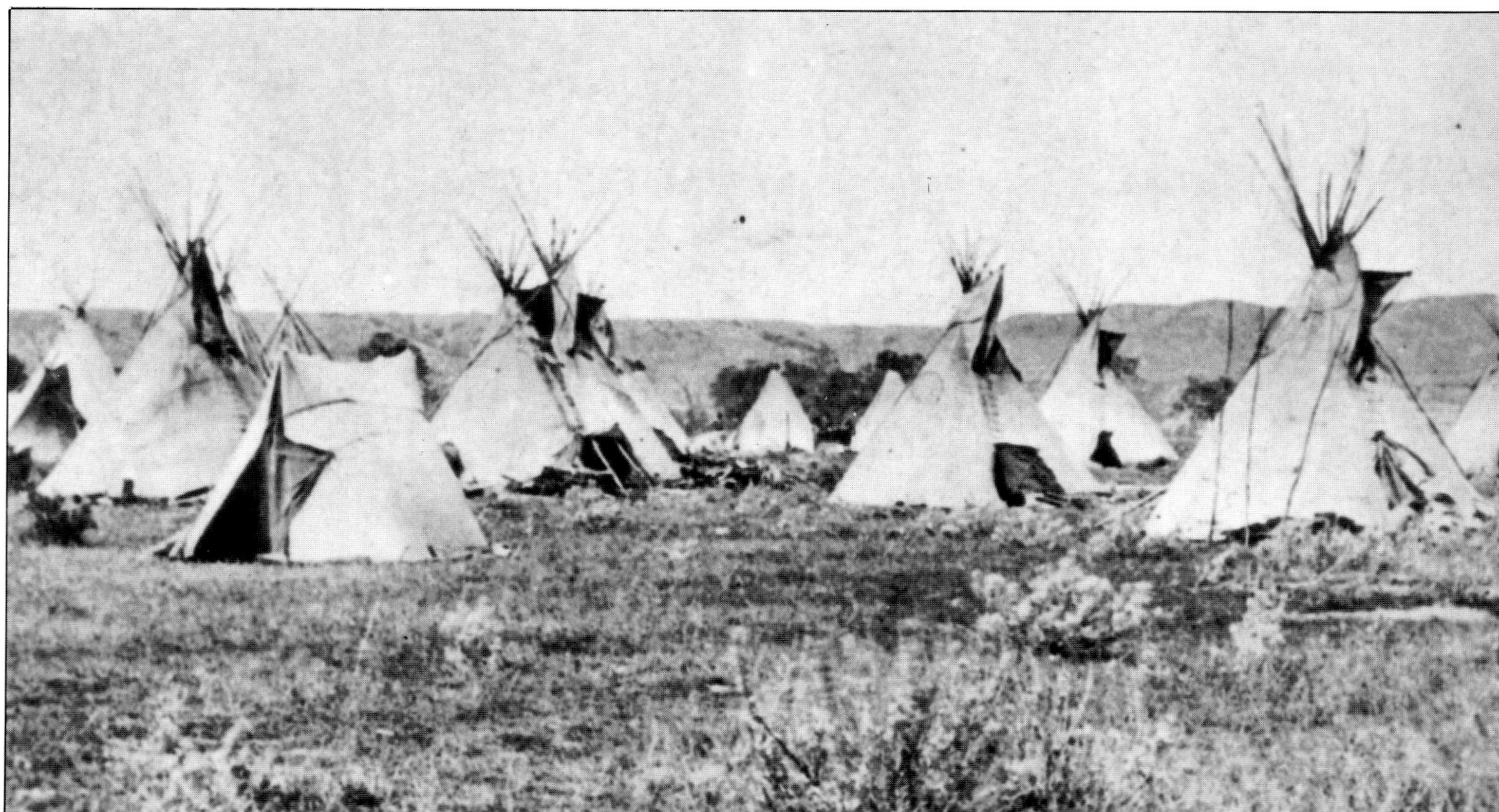

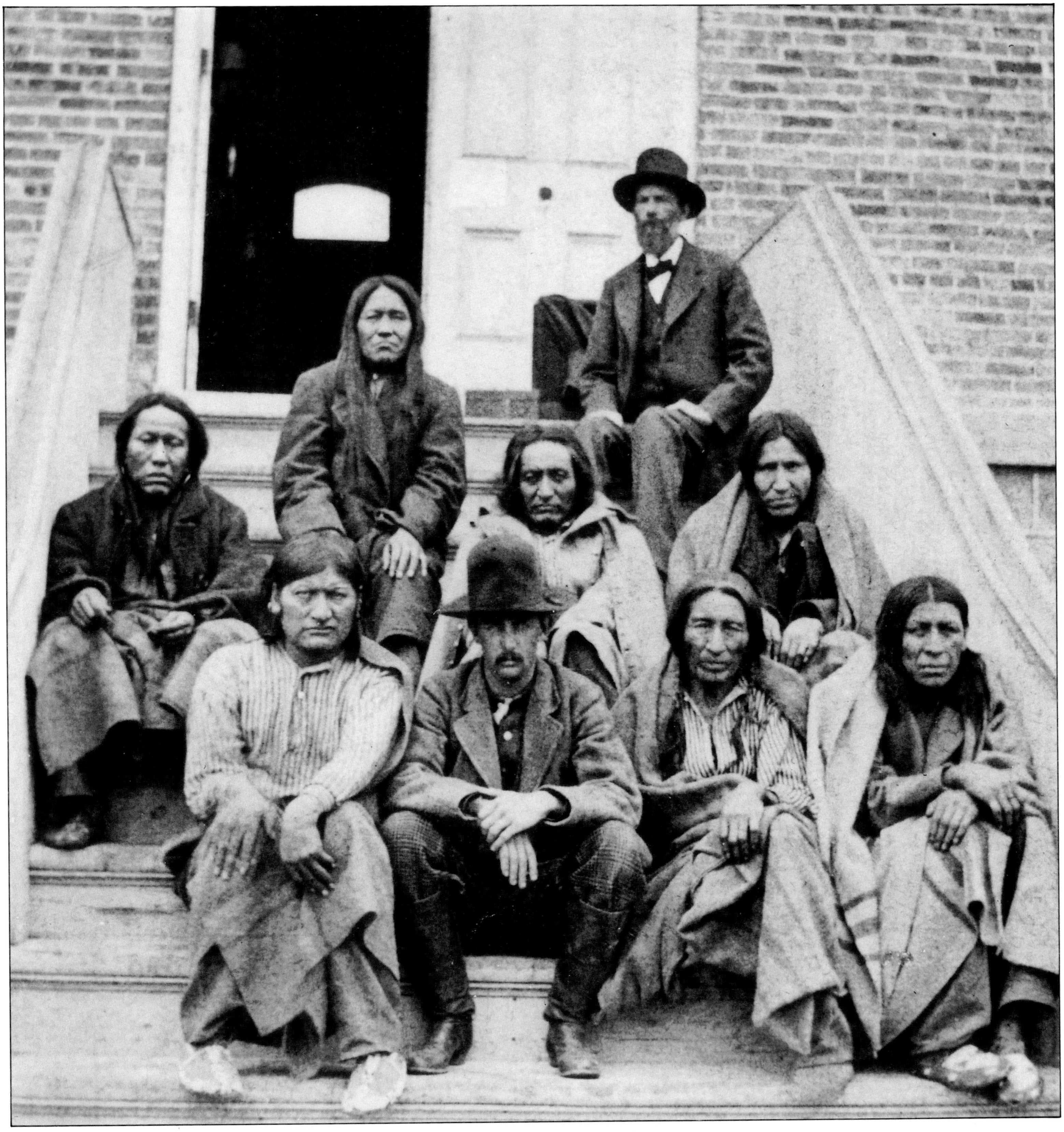

3.22 Das Lager der Cheyenne bei Fort Keogh, Montana, wo Little Wolf mit seinen Anhängern gefaßt worden war. Von Christian Barthelmess, März 1879.

3.23 Gefangene Cheyenne auf den Stufen des Gerichtsgebäudes in Dodge City, Kansas 1879. Von einem unbekannten Fotografen.

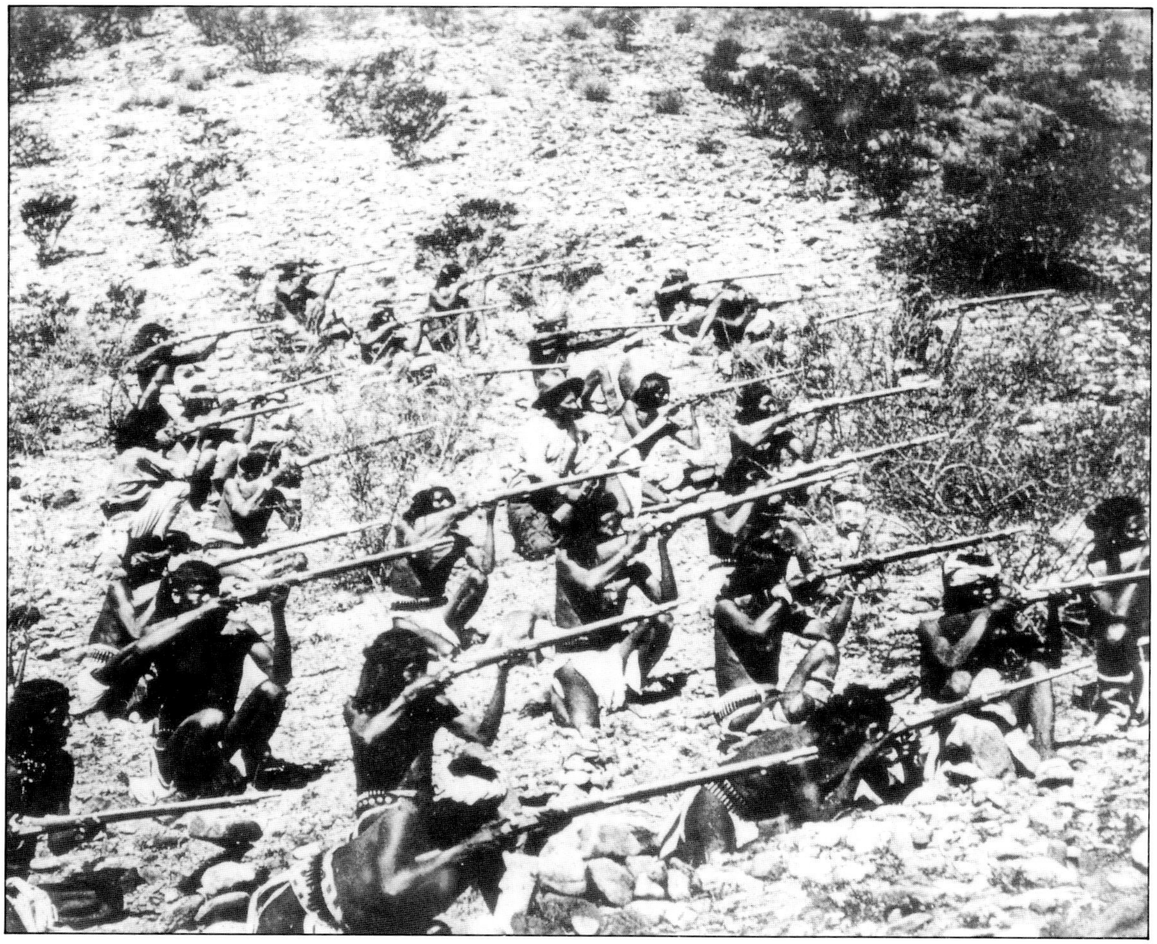

3.24 Eine Gruppe Apachenscouts, die für die Kamera die Gewehre schußbereit halten. Vermutlich von J. C. Burge.

3.26 Rechts oben Geronimo (rechts) und drei seiner Krieger, während der Konferenz mit General Crook in den Sierra Madre Mountains im März 1886. Von Camillus S. Fly.

3.27 Rechts unten Geronimo (links auf dem Pferd) mit einer Gruppe von Kriegern zur Zeit der Verhandlungen mit General Crook in den Sierra Madre Mountains im März 1886. Von Camillus S. Fly.

3.25 Unten Ratsversammlung zwischen General George Crook (zweiter von rechts) und dem berühmten Chiricahua Apachen Geronimo (zweiter von links) in den Sierra Madre Mountains zwischen dem 25. und 27. März 1886. Von Camillus S. Fly, der Geronimo und seine Krieger so postierte, wie er sie haben wollte und ihnen genaue Anweisungen gab, wie sie den Kopf zu halten hätten, um ein besseres Bild zu bekommen. Siehe auch Abb. 4.21.

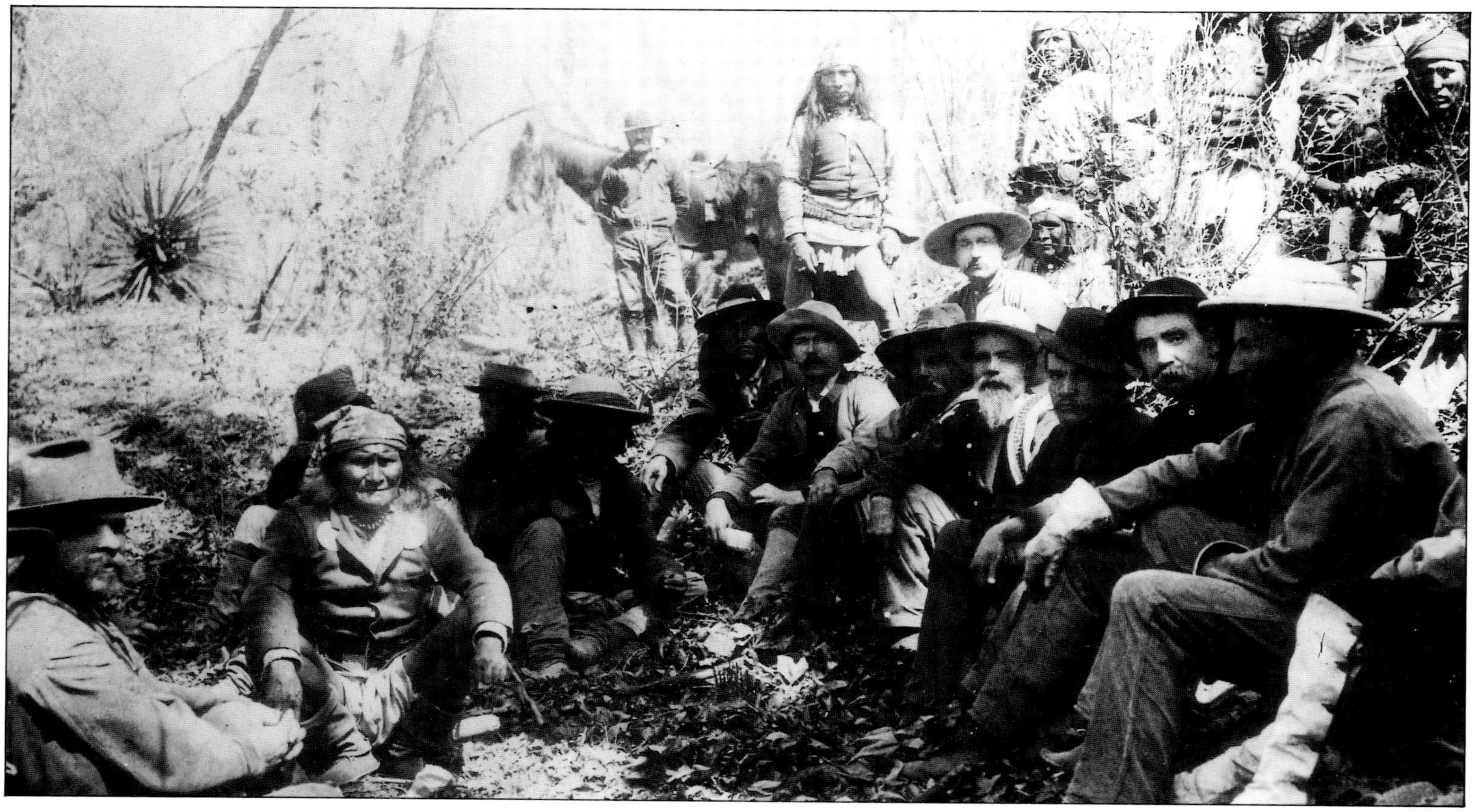

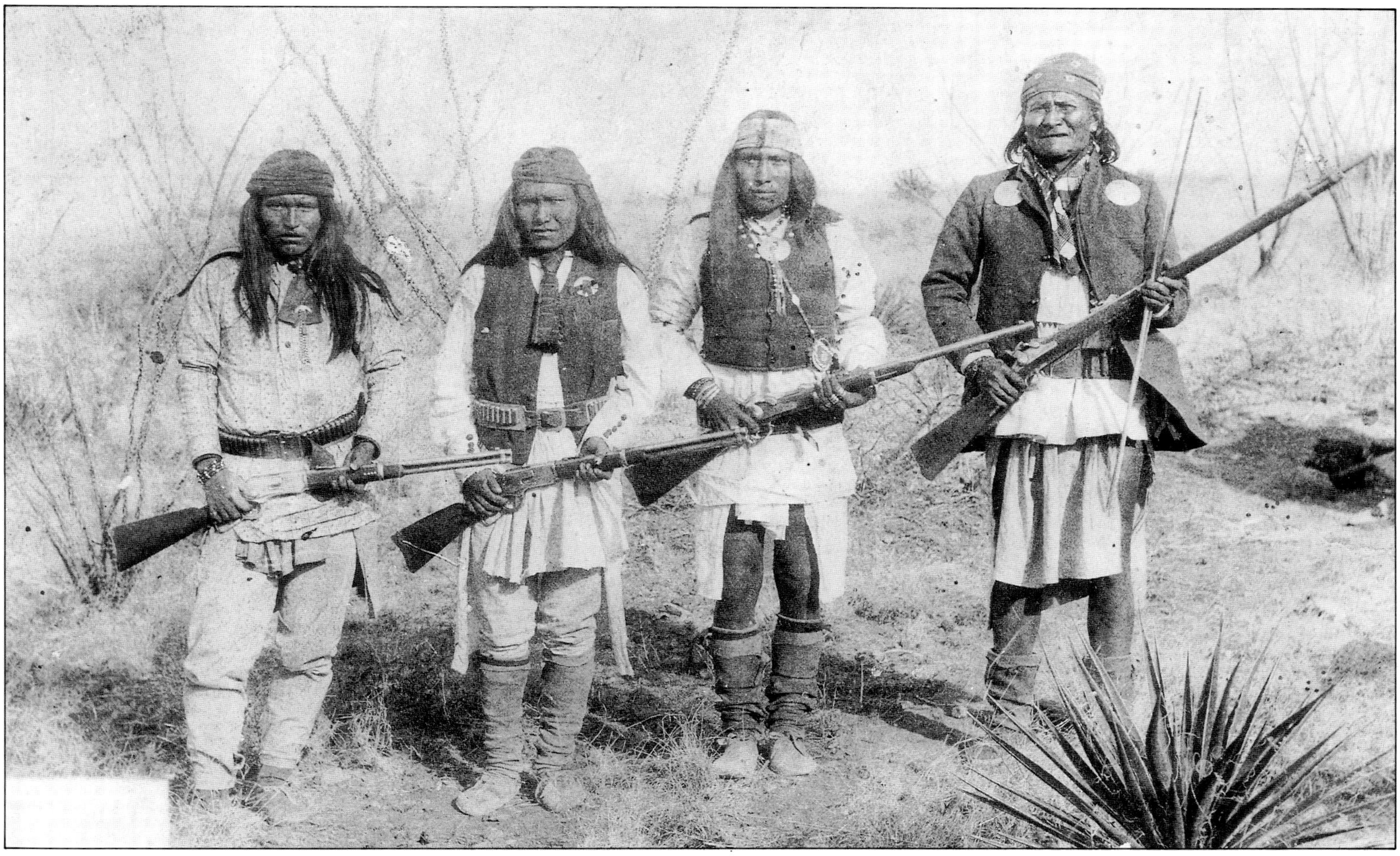

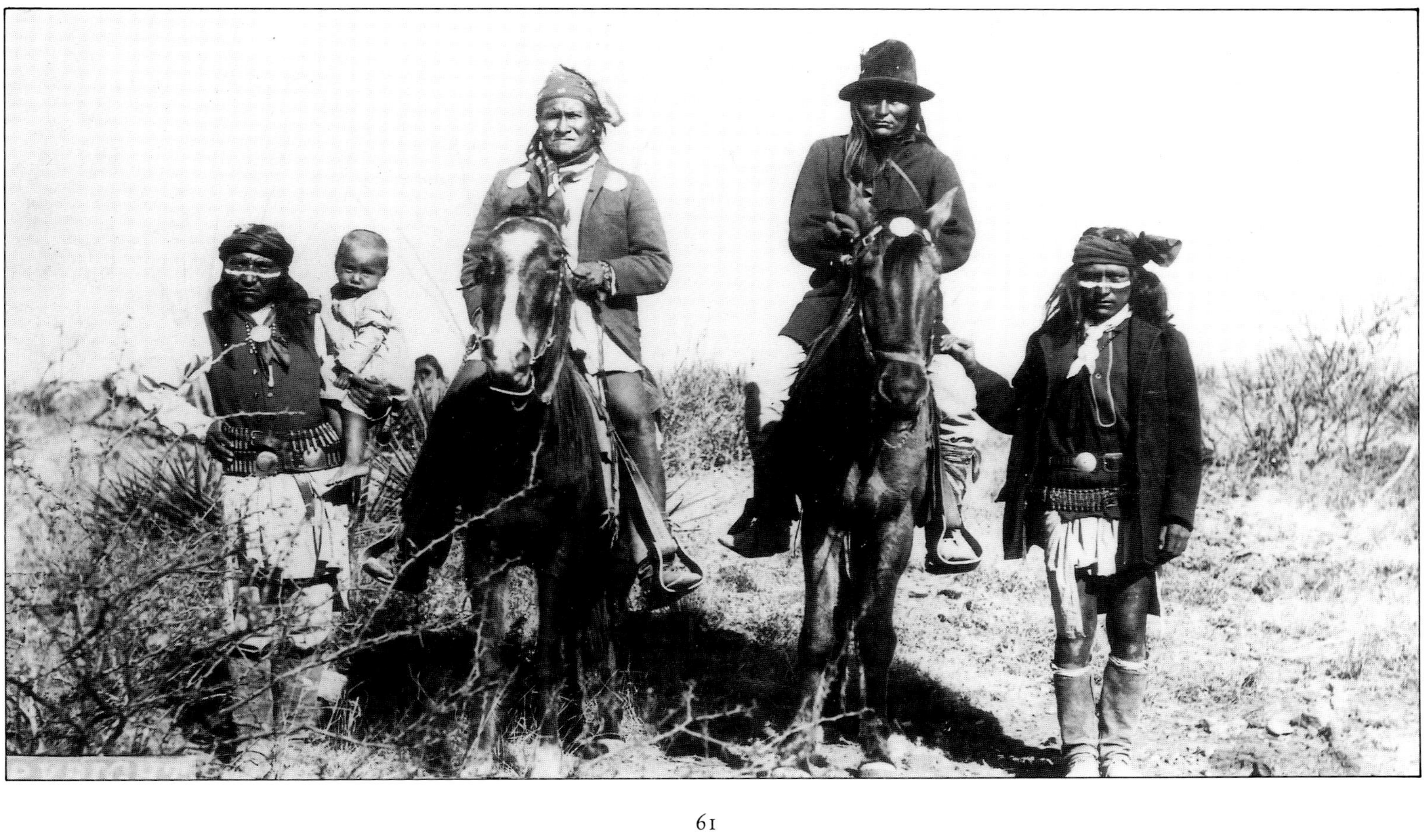

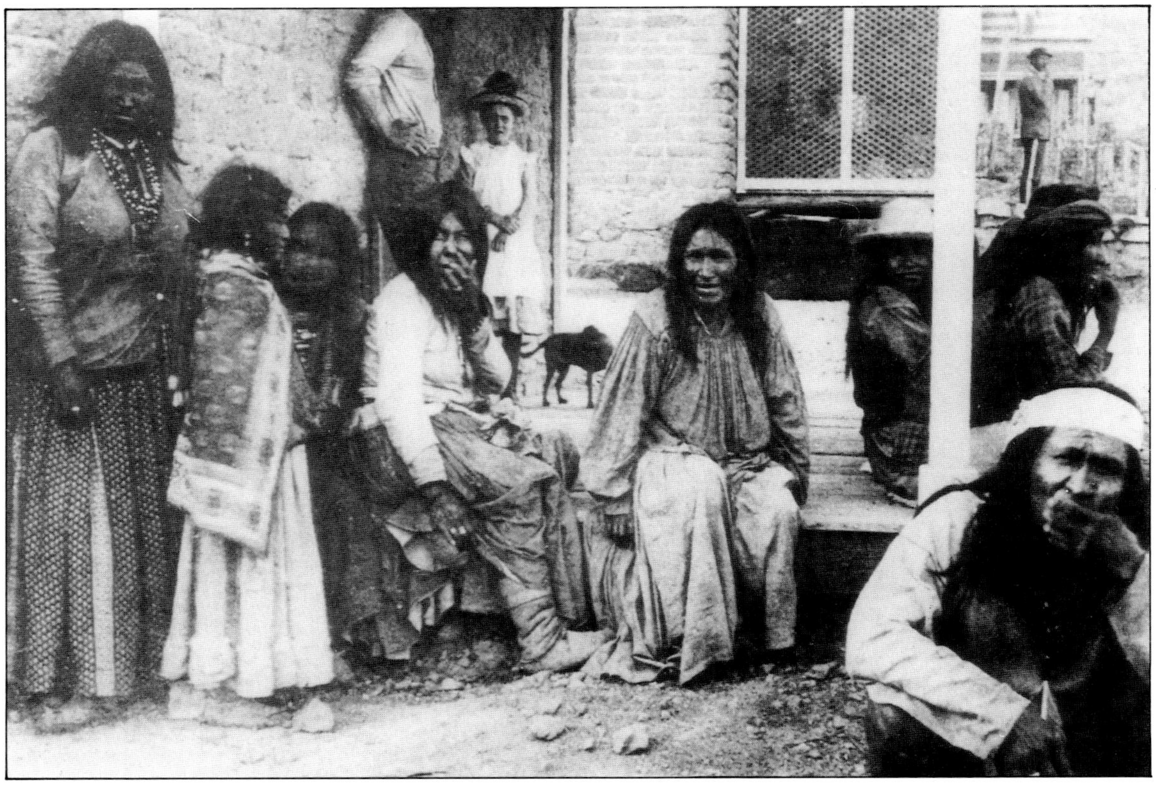

3.28 Gefangene Apachen in Fort Bowie 1886 nach Geronimos Kapitulation. Von einem unbekannten Fotografen.

3.29 Schauplatz des Massakers von Wounded Knee, bei dem zwei Drittel der Anhänger von Big Foot niedergemetzelt wurden. Von George Trager, Januar 1891.

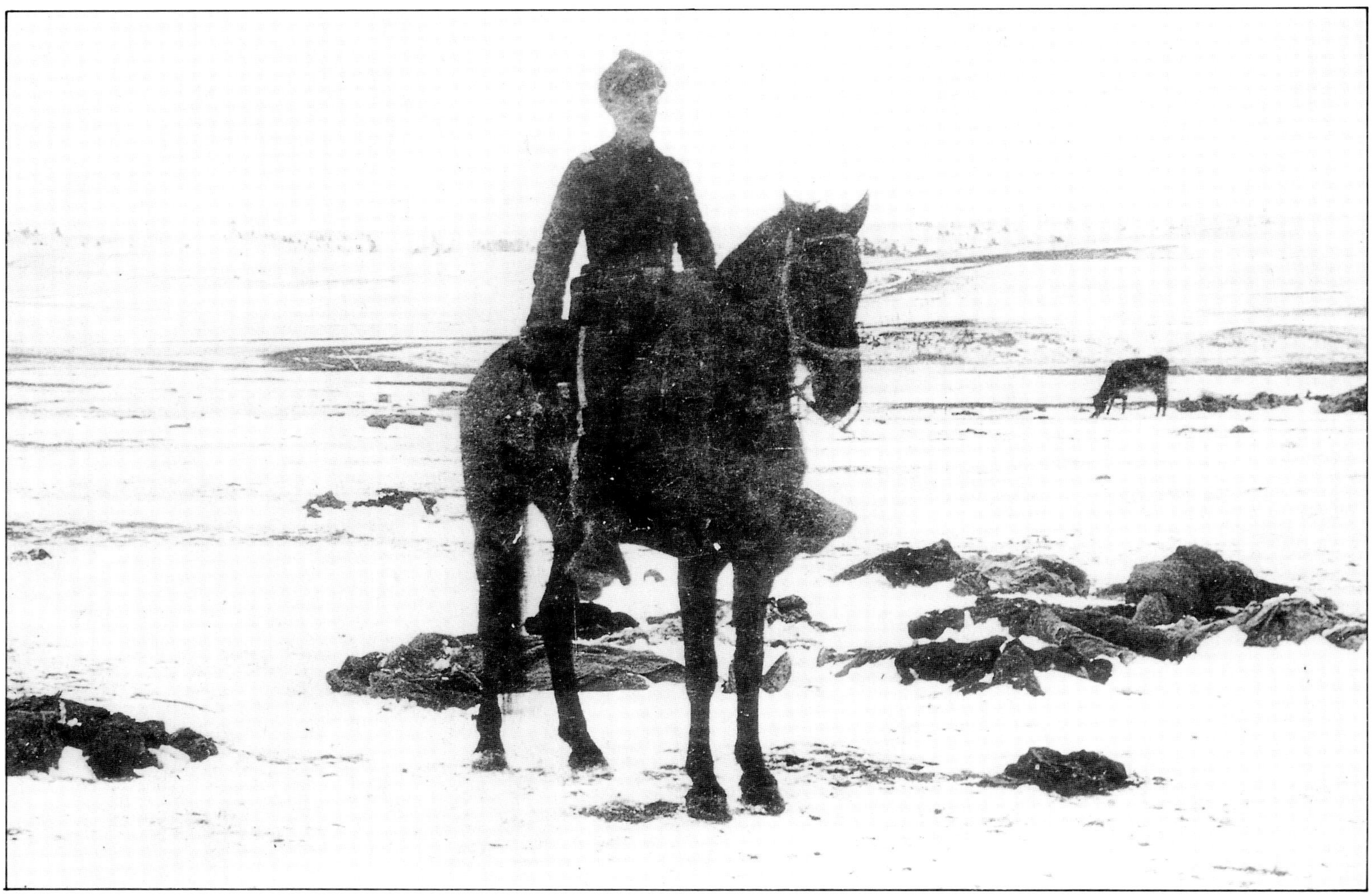

3.30 Das Schlachtfeld von Wounded Knee. Von George Trager. Northwestern Photographic Company 1891.

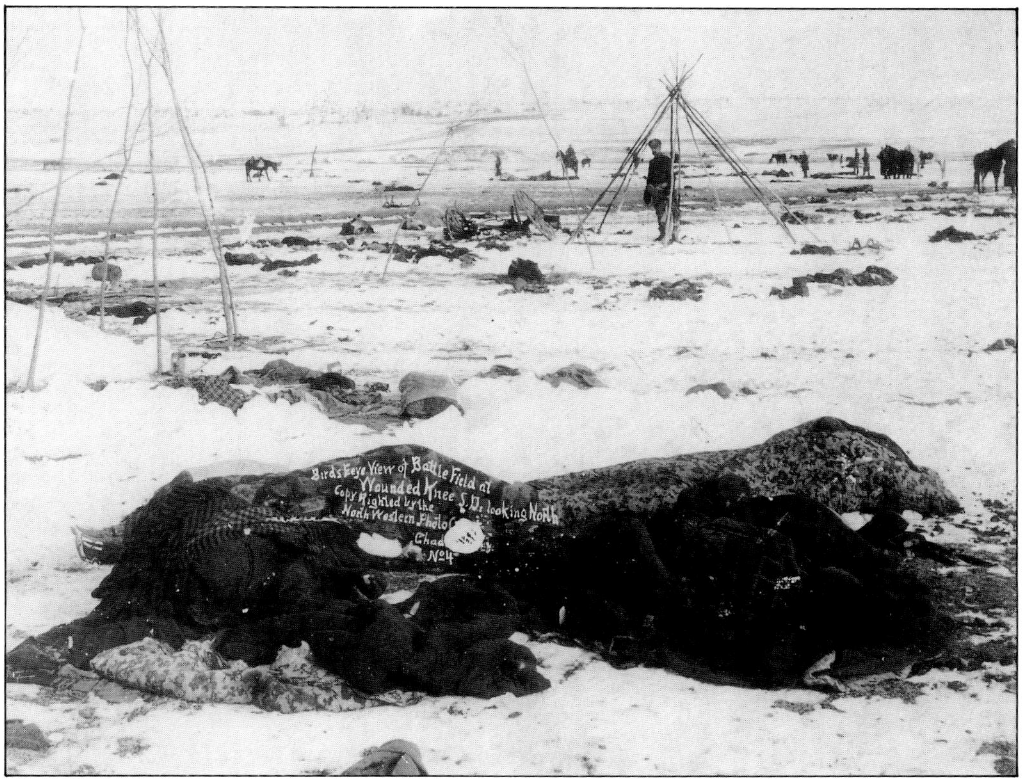

3.31 Big Foot tot im Schnee bei Wounded Knee, Süd-Dakota. Von George Trager, Januar 1891.

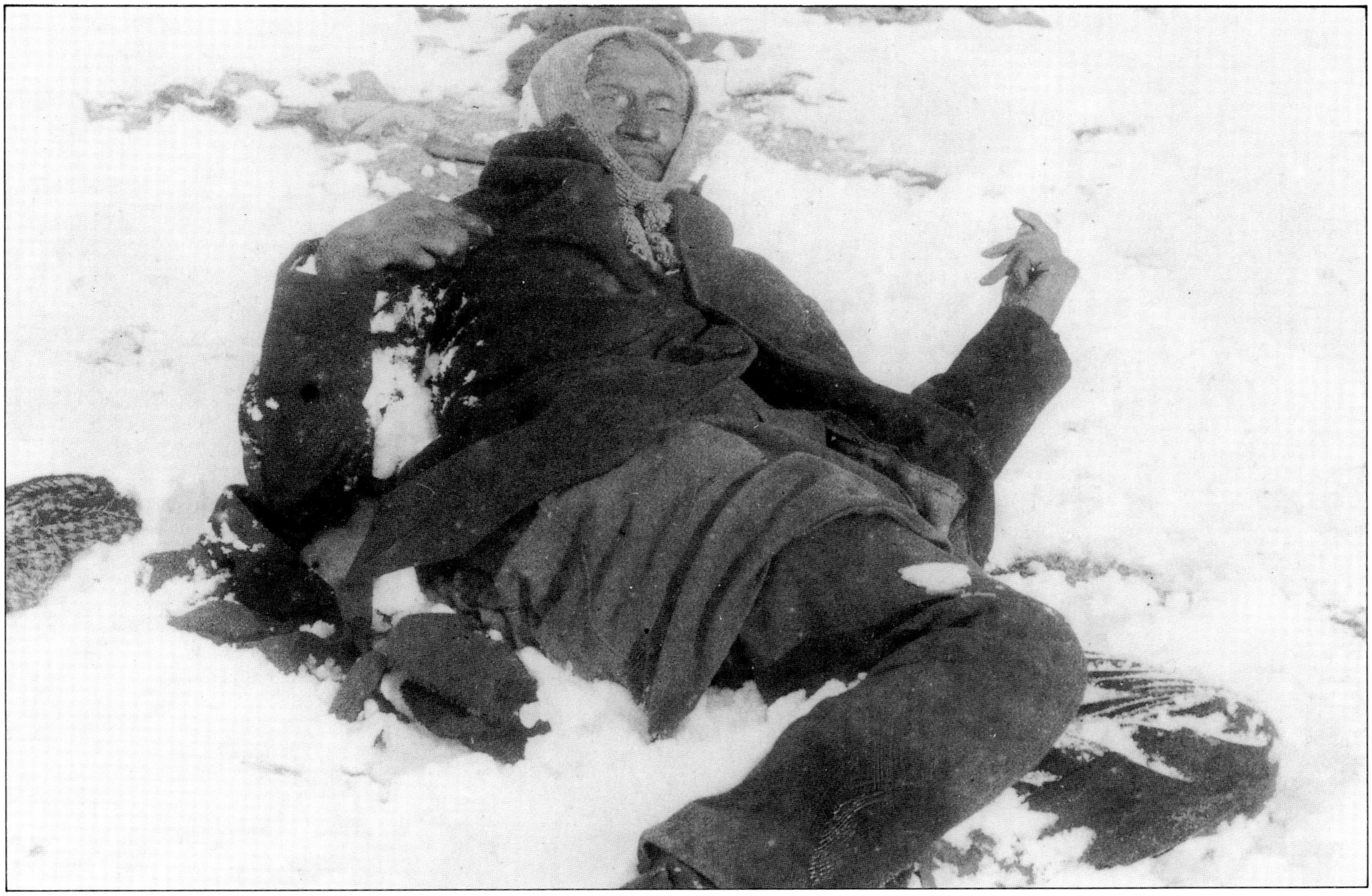

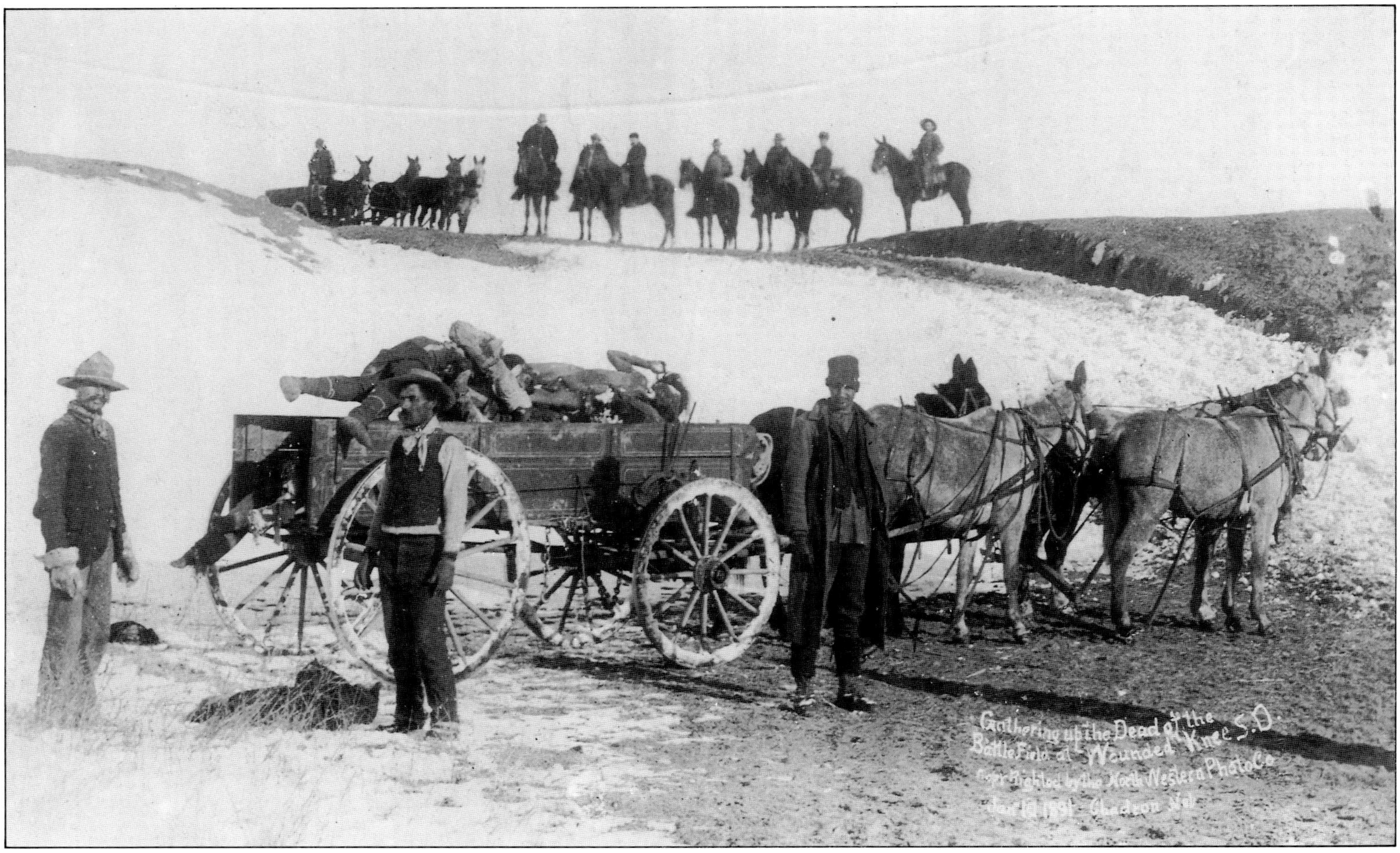

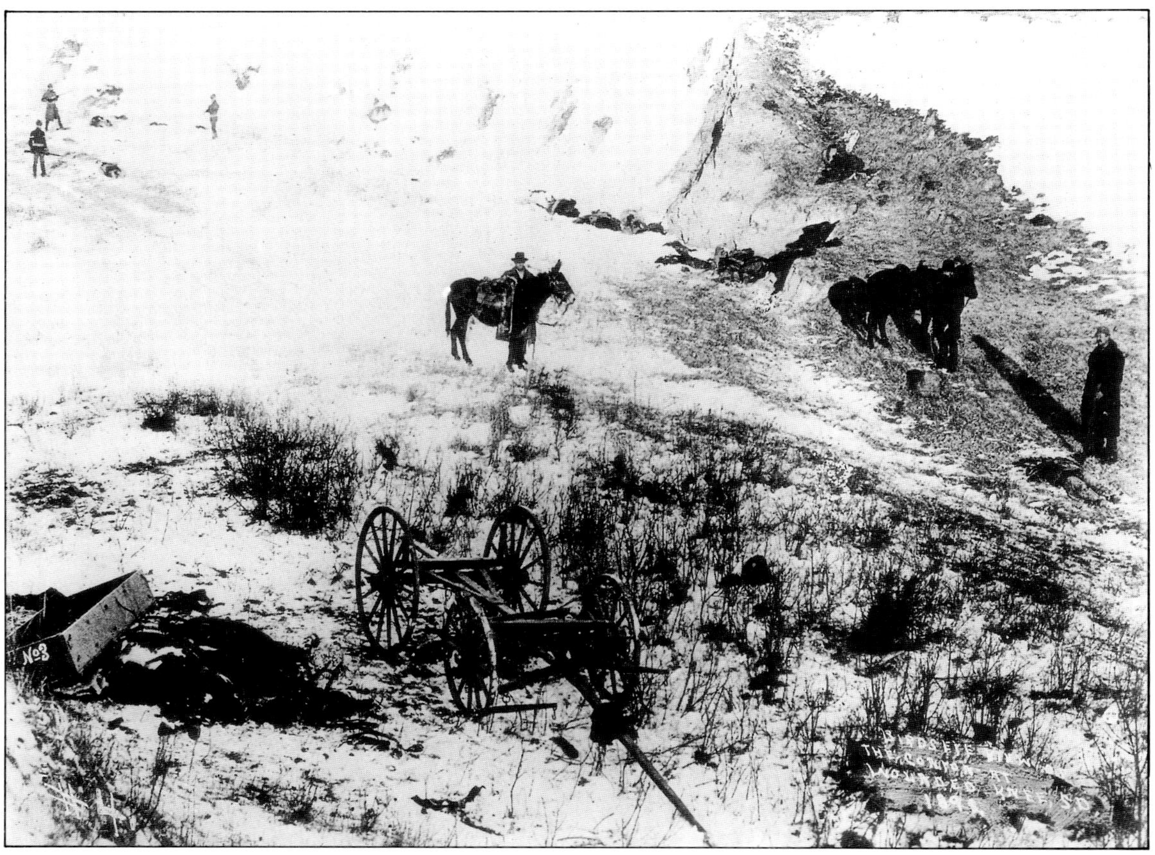

3.32 Das Einsammeln der Toten in Wounded Knee, Süd-Dakota. Von George Trager am 1. Januar 1891.

3.33 Wounded Knee. Von George Trager, Januar 1891.

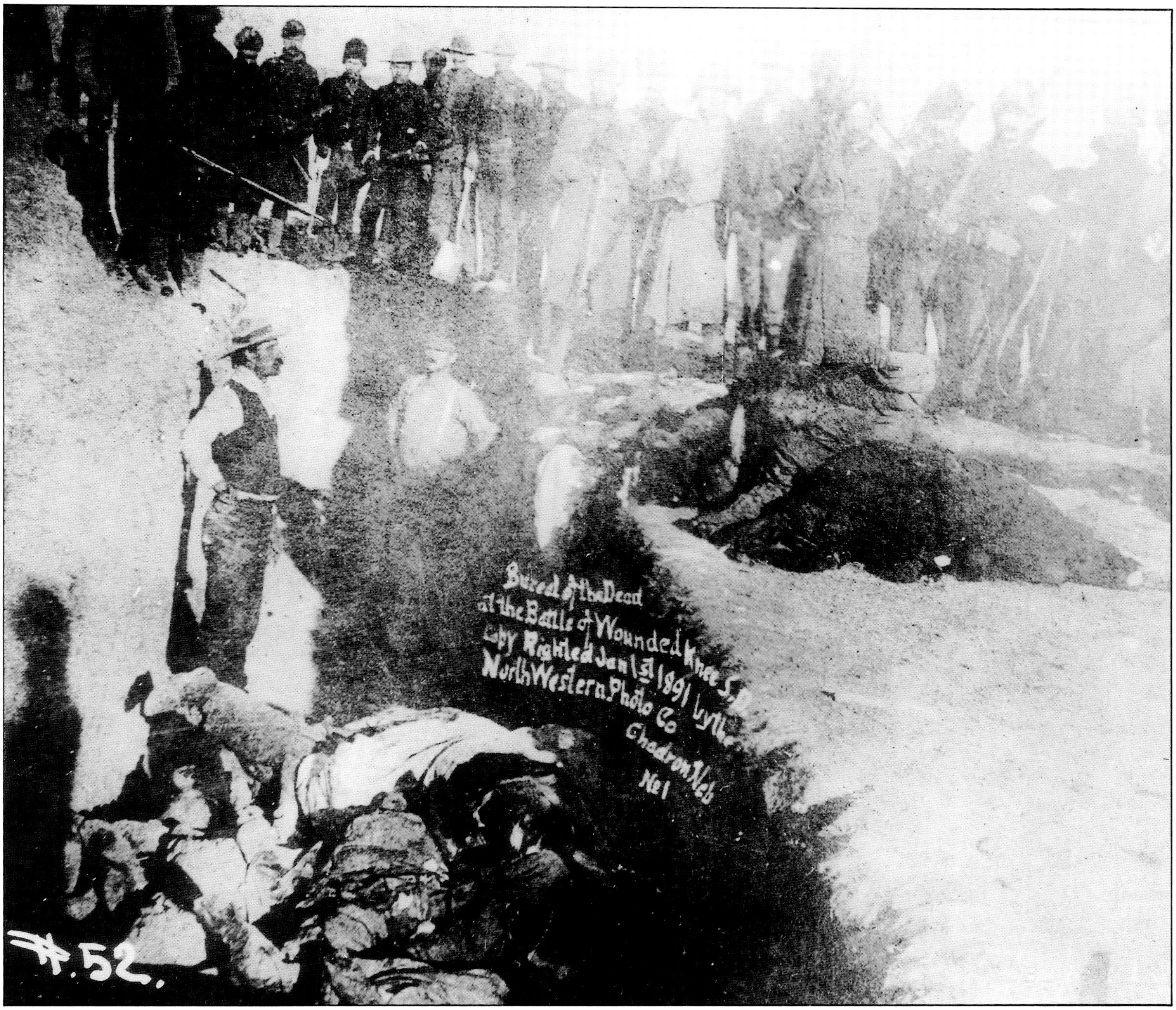

3.34 Die Toten von Wounded Knee werden begraben. Aufgenommen von George Trager am 11. Januar 1891.

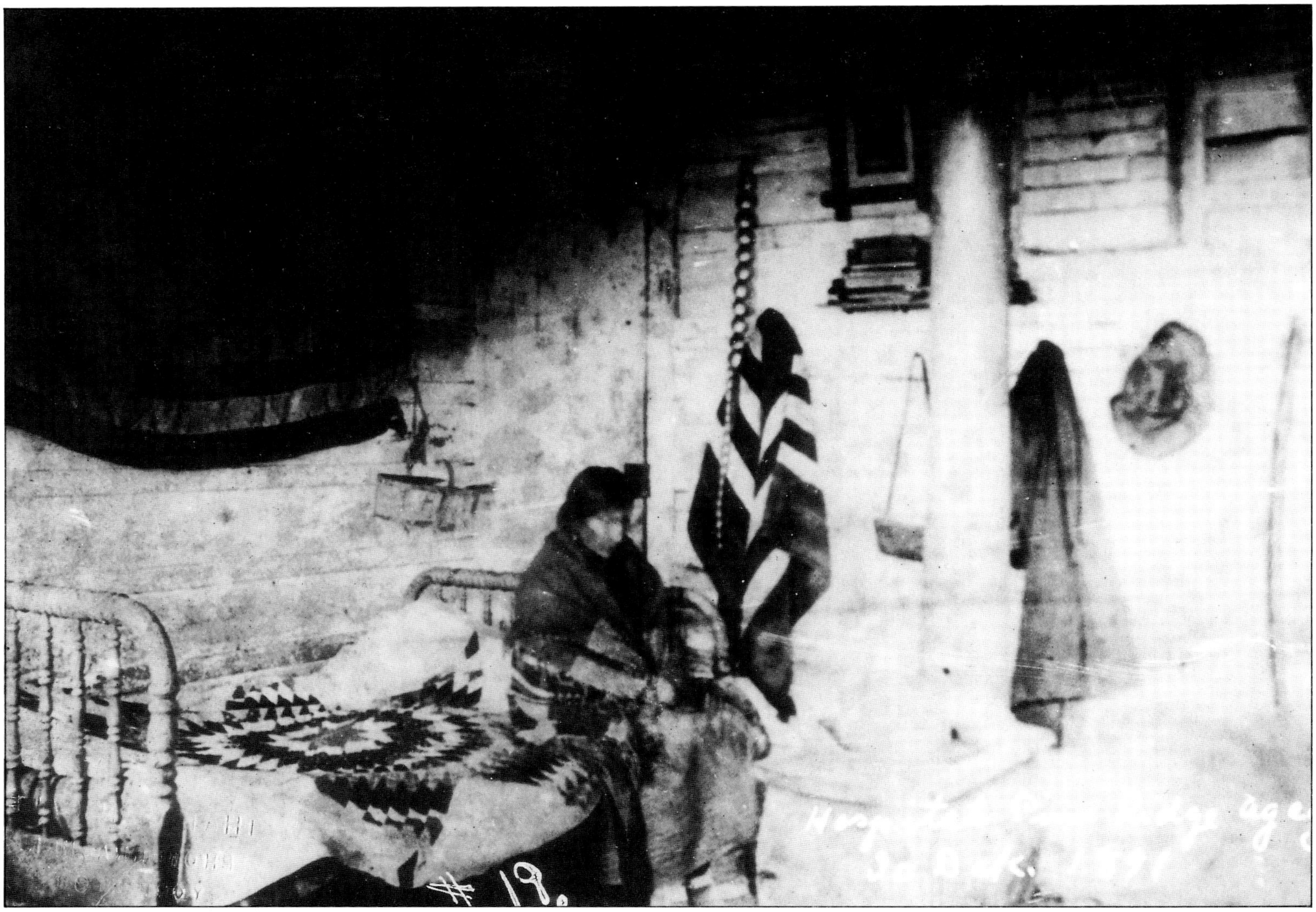

3.35 Das Behelfslazarett im Pine Ridge Reservat, Süd-Dakota, nach der Tragödie von Wounded Knee. Von George Trager, Northwestern Photographic Company 1891.

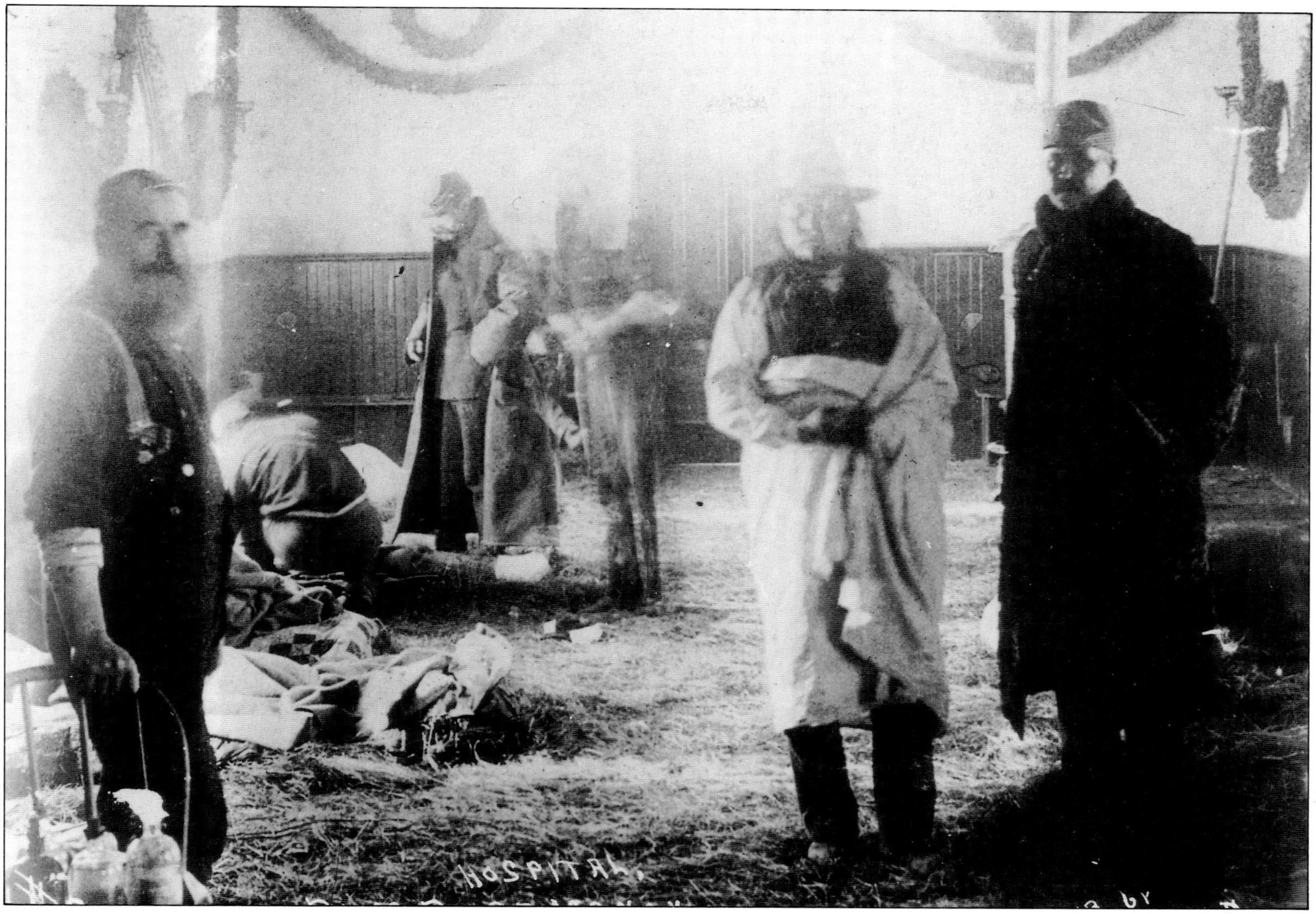

3.36 Das Lazarett im Pine Ridge Reservat, das nach dem Massaker von Wounded Knee eingerichtet wurde. Weihnachtsgirlanden schmücken die Wände. Von George Trager, Northwestern Photographic Company, 1891.

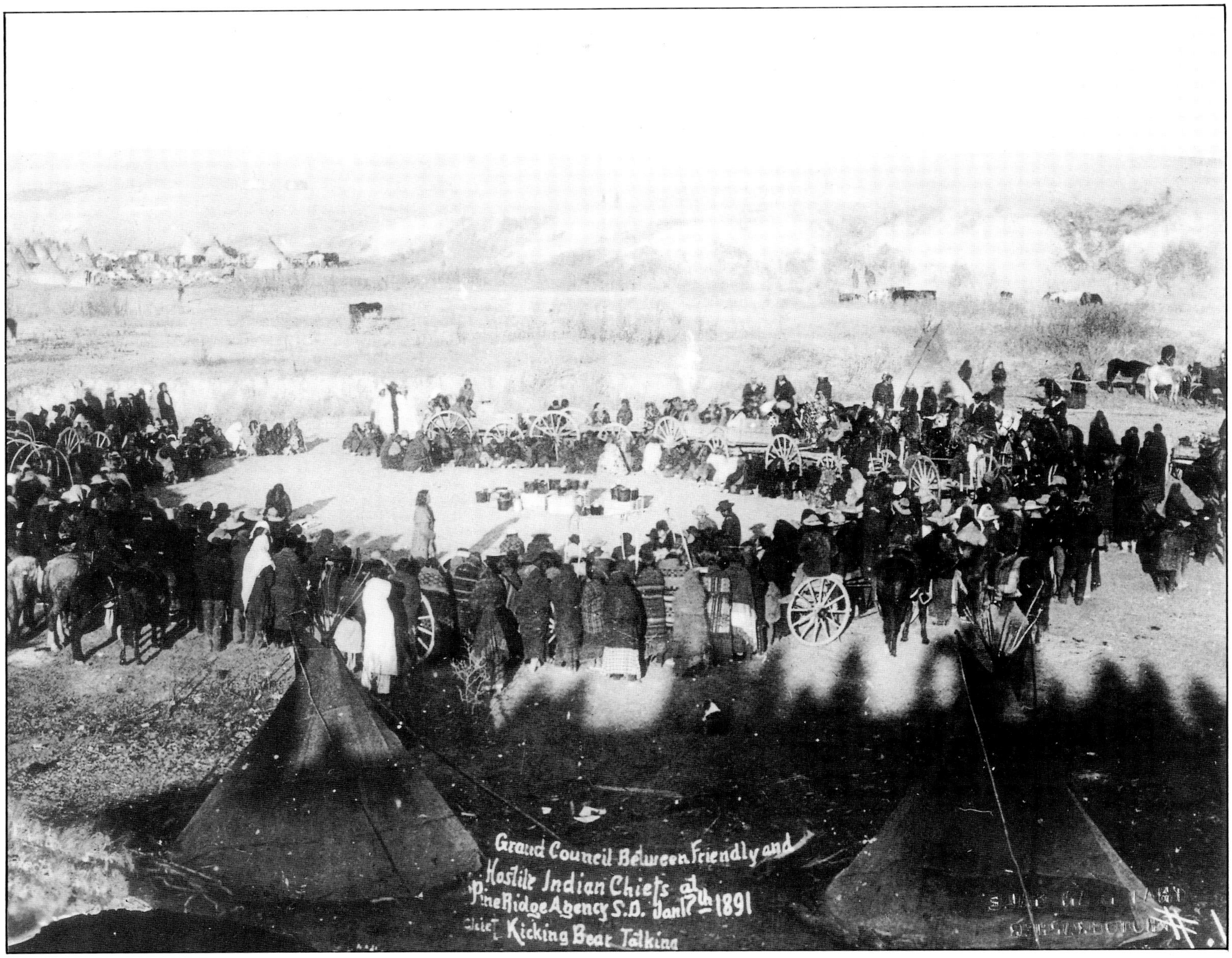

3.37 Große Ratsversammlung zwischen »freundlichen« und »feindlichen« Indianern im Pine Ridge Reservat. Es spricht Häuptling Kicking Bear. Von George Trager, Northwestern Photographic Company, am 17. Januar 1891.

3.38 Rechts oben Das Indianerlager im Pine Ridge Reservat, Süd-Dakota. Von George Trager, Northwestern Photographic Company, 1891.

3.39 Rechts unten »Feindliche« Sioux-Häuptlinge nach der Tragödie von Wounded Knee: Two Strike, Crow Dog und High Hawk. Von George Trager, Northwestern Photographic Company, 1891.

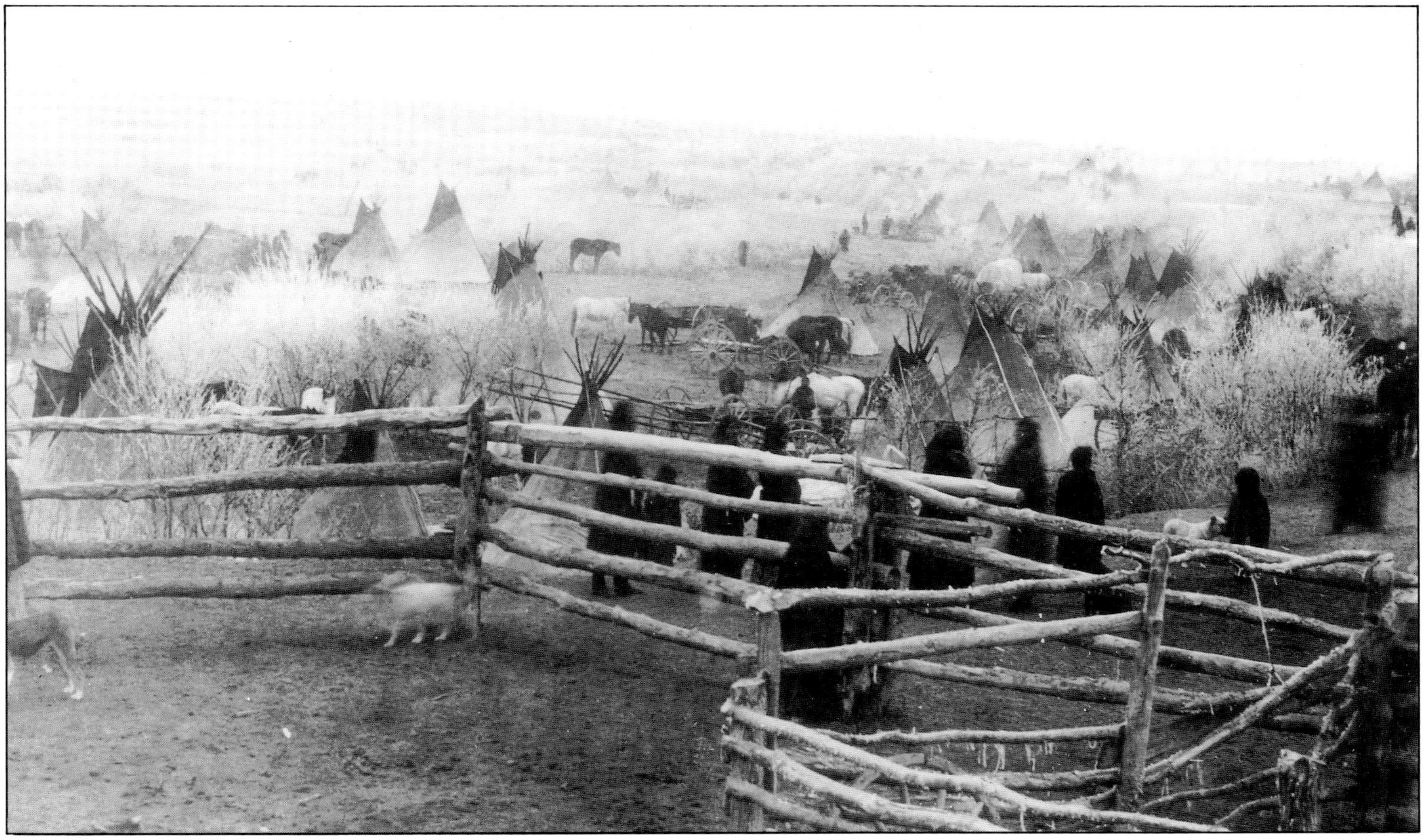

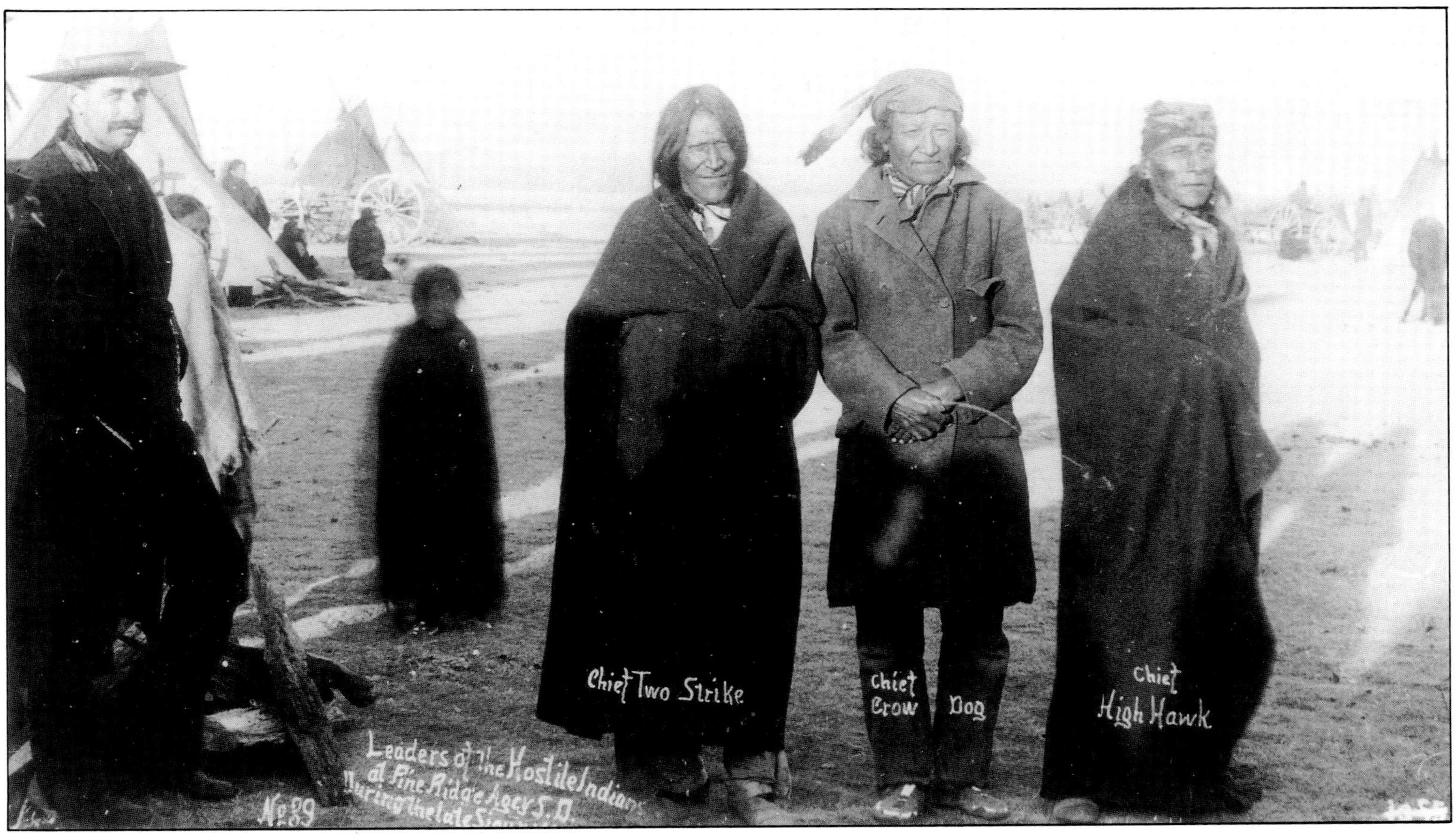

Chief Two Strike
Chief Crow Dog
Chief High Hawk
Leaders of the Hostile Indians
at Pine Ridge Agcy S.D.
No 89

VIERTES KAPITEL

Die Zukunft wird geplant

Die »American Frontier«

Ende des 19. Jahrhunderts war Land eines der begehrtesten Güter in Amerika. Der Landhunger der wachsenden weißen Bevölkerung war unersättlich. Doch auch die vielen Indianerstämme, die die Plains durchstreiften, brauchten Raum. Die »Permanent Indian Frontier« (das ursprünglich den Indianern zuerkannte Gebiet) westlich des Mississippi wurde zur »American Frontier«. Die Indianer wurden in Territorien und dann in immer kleinere Reservate abgeschoben.

In den Verträgen zwischen der Regierung und den einzelnen Stämmen wurde manchmal das Gebiet, innerhalb dessen sich die Indianer aufhalten sollten, genau festgelegt. So etwa in dem Vertrag von Fort Laramie von 1851, dem einzelne Stämme nur widerwillig zustimmten.[1] Black Hawk, ein Oglala Dakota, faßte zusammen, wie er die Beschränkung auf bestimmte Territorien empfand: »Ihr habt unser Land aufgeteilt und das gefällt mir nicht. Dieses Land gehörte einmal den Crows und den Kiowas, aber wir haben diese Völker von hier vertrieben. Genau dasselbe machen jetzt die weißen Männer, wenn sie unser Land wollen.«[2]

Das Bosque Redondo Reservat

Mit Kriegszügen gegen die eindringenden weißen Siedler versuchten die Indianer, ihr Land und ihren Lebensstil zu verteidigen. Die Regierung wollte das Problem dadurch lösen, daß sie die Indianer in abgelegene Resvervate wie etwa das von Bosque Redondo in New Mexico abschob. Doch die anhaltenden Raubzüge der Apachen und Navahos verlangten andere Strategien. Im August 1862 wurde Brigadegeneral James H. Carleton der neue militärische Kommandeur der Region. Während Carleton den neuen Militärposten Fort Sumner bei Bosque Redondo aufbaute, wurde Oberst Kit Carson beauftragt, die Mescalero-Apachen zu unterwerfen. Bei der Verfolgung der Indianer übernahm die Armee deren Guerillataktik. Im November 1862 waren die Häuptlinge zum Frieden bereit. Carleton verlangte von ihnen, in das neue Reservat zu ziehen und sich dort einen bäuerlichen Lebensstil anzugewöhnen. Im März war der größte Teil des Stammes in Bosque Redondo.[3]

Danach wandte sich Carleton den Navahos zu und stellte ihnen ein Ultimatum: wer nicht bis zum 20. Juli in das neue Reservat komme, werde als Feind behandelt.[4] Nachdem das Militär ihre Felder verwüstet und ihr Vieh getötet hatte, ergaben sich 6000 Navahos. Sie waren dem Verhungern nahe. Begleitet von einer Militäreskorte traten sie ihren berüchtigten »Langen Marsch« nach Bosque Redondo an. 200 Indianer starben auf dem Weg. Ende 1864 befanden sich 8000 Navahos zusammen mit den Apachen in Bosque Redondo.[5]

Carleton schwebte in Bosque Redondo ein Modellreservat zur Umerziehung der Indianer vor. Sein Plan war, bei Aufrechterhaltung der militärischen Präsenz »den Kindern Lesen und Schreiben beizubringen, sie in der Kunst des Friedens und den wahren Lehren des Christentums zu unterweisen. Dann werden sie bald neue Ideen, neue Sitten und Gebräuche annehmen. Die alten Indianer werden aussterben.« Im übrigen sei es »billiger, sie zu ernähren als sie zu bekämpfen«.[6]

Die »Wilden« wurden zu Siedlern

Das Bosque Redondo-Experiment erwies sich sehr bald als eine Katastrophe. Navahos und Apachen waren Feinde. Keiner der beiden Stämme hatte eine landwirtschaftliche Tradition. Selbst die Natur spielte nicht mit. Trotz der neu angelegten Bewässerungskanäle folgte Mißernte auf Mißernte aufgrund von Dürren, schlechten Böden, alkalischem Wasser und Schädlingen. Gleichzeitig wurden die ohnehin ungenügenden Zuteilungen der Regierung weiter verringert. Das Modellreservat wurde zu einem Gefängnis hungriger, kranker und demoralisierter Indianer, ein Zustand, der bis nach dem Bürgerkrieg andauerte.[7]

Erst 1865 bemühte sich die Regierung wieder um die indianischen Angelegenheiten. Die weiße Besiedelung war durch den Krieg keineswegs ins Stocken geraten – im Gegenteil: Mit Ausnahme des heutigen Oklahoma waren alle Gebiete des Westens entweder zu Staaten oder zu Territorien geworden.[8] Der indianische Widerstand wuchs. Die Regierung reagierte mit verschiedenen Maßnahmen: sie empfing Delegationen friedlicher Indianer, sie intervenierte militärisch und sie verstärkte ihre Bemühungen, die Indianer in Reservaten zusammenzuziehen. Der Innenminister James Harlan beschrieb diese Politik in einem Brief an den Beauftragten für indianische Angelegenheiten:

> »Nachdem nun die große Rebellion niedergeschlagen ist, hält der Präsident die Zeit für gekommen, sich erneut um die Indianer zu kümmern. Dabei muß ihnen klargemacht werden, daß es für sie keinen anderen Ausweg gibt, als ihr wildes und umherstreifendes Leben aufzugeben und einem friedlichen Gewerbe nachzugehen.«[9]

Im Juli 1867 setzte der Kongreß eine Friedenskommission ein, die mit den Indianern entsprechende Verträge aushandeln sollte. Als Belohnung für die feste Ansiedelung im Reservat wurden den Indianern Schulen, landwirtschaftliche Ausbildung und zeitweilige Unterstützung mit Kleidung und Nahrungsmitteln angeboten. Für den Fall, daß es zu keiner Einigung kommen sollte, wurde mit dem Militär gedroht.

Die Kommission war vor allem an den Plains-Indianern interessiert, beschäftigte sich dann aber auch mit der furchtbaren Lage im Bosque Redondo Reservat. Am 1. Juni 1868 unterzeichneten Generalleutnant Sherman und Samuel Tappan einen Vertrag, der den Navahos erlaubte, in ihre Heimat zurückzukehren, die zum Reservat erklärt wurde.

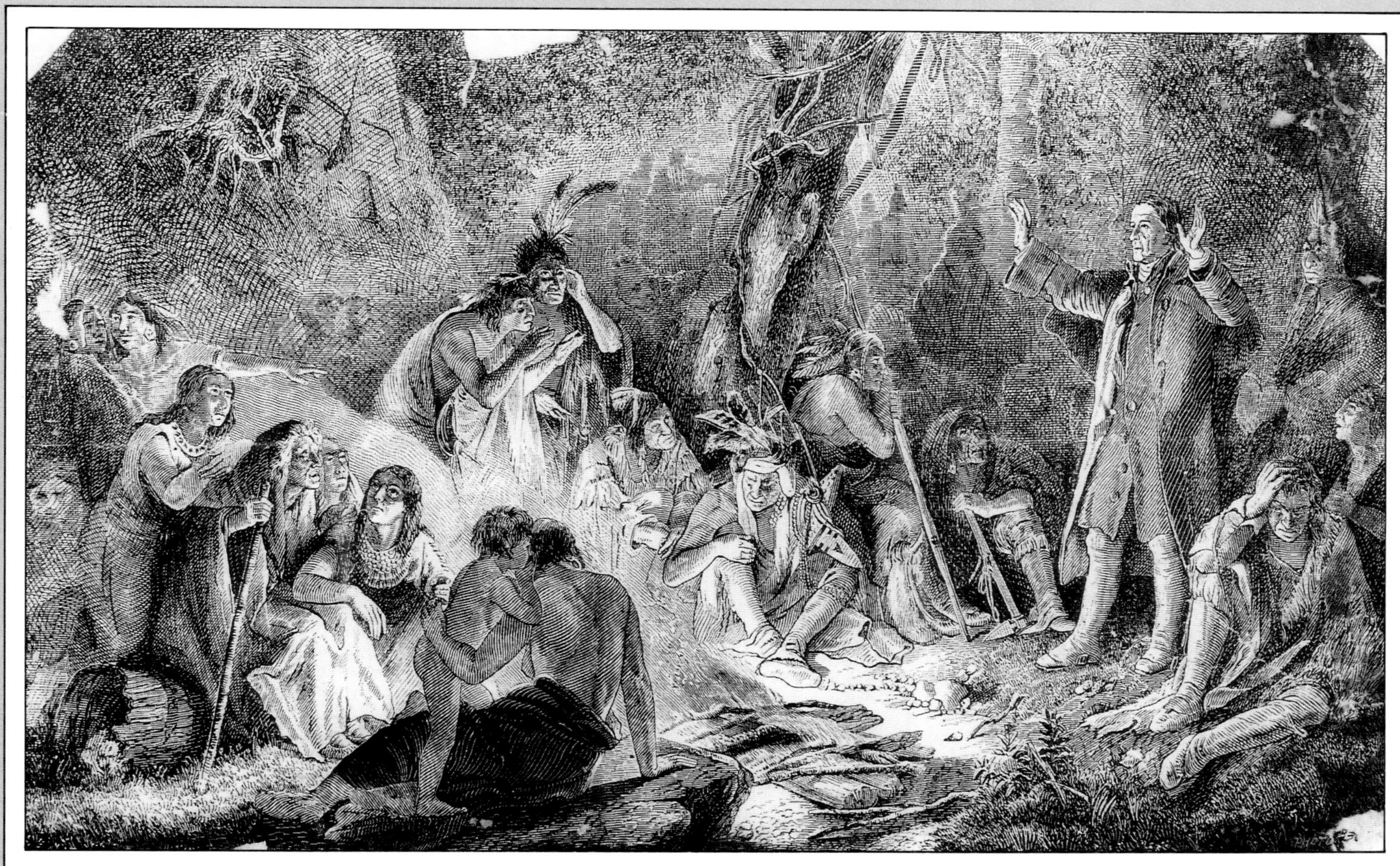

4.1 Indianer reagieren auf die Predigt eines Missionars. Zeichnung von James E. Taylor.

Es gibt nur wenige Fotos von Bosque Redondo. Als eine Sonderkommission die Zustände dort untersuchte, machte William A. Smith einige Aufnahmen, die aber verlorengingen.[10] Nach Angaben von Smith gab es noch einen weiteren Fotografen, J. G. Gaige.[11] Auch der schwedische Einwanderer Valentine Wolfenstein, Besitzer eines Studios in Fort Sumner, machte 1868 bei den Verhandlungen der Friedenskommission in Bosque Redondo Aufnahmen.[12] Das Foto, das bewachte Navahos zeigt, die darauf warten, gezählt zu werden. (Abb. 4.2 kann von jedem dieser Fotografen stammen.)

Das Leben in den Reservaten: Beginn einer Tragödie

Die Reformer nach dem Bürgerkrieg hielten ihre neue Reservatspolitik für eine aufgeklärte Version der alten. Anstatt auf brutale Gewalt zu setzen, vertrauten sie auf humanitäre und ökonomische Maßnahmen. Bis zu einem gewissen Grad sollte den Indianern im Reservat die traditionelle Jagd erlaubt bleiben. Doch gleichzeitig sollten sie mit einem bäuerlichen Lebensstil vertraut gemacht werden. Für die schwierige Übergangsphase wollte die Regierung die notwendige Unterstützung leisten. Sobald die Indianer sich selbst ernähren konnten, sollten die Zuteilungen aufhören, und das nicht benötigte Land an die weiße Bevölkerung verteilt werden. Daneben plante man, die jungen Indianer für ihr neues Leben handwerklich auszubilden. Kirchen und Wohltätigkeitsorganisationen sollten dabei helfen.[13] Harlan glaubte ernsthaft daran, daß die Übergangsphase in den Reservaten ungehindert und ohne Eingriffe von außen vor sich gehen könne. Sehr bald, so meinte man, würden die Indianer dann ihre alten Stammesgewohnheiten ablegen und den Lebensstil der weißen Gesellschaft übernehmen.[14]

Doch die Indianer, die sowohl an ihrem Land wie an ihren Lebensgewohnheiten hingen, wollten nicht im Reservat leben. Es dauerte ein Jahrzehnt bis man sie schließlich dort hatte.[15] Ausschlaggebend waren dabei nicht die Verträge mit der Regierung, sondern die Millionen weißer Siedler, die in indianisches Gebiet eindrangen, ohne sich um die Verträge zu kümmern.[16]

Mitte der 80er Jahre verwaltete das Büro für indianische Angelegenheiten 187 Reservate mit 243 000 Indianern. Die Zahl der Angestellten des Büros war von 300 im Jahre 1850 auf 2500 gewachsen.[17] Die Obhut über die Reservate hatten die Indianeragenten und Superintendenten. Sie vermittelten zwischen den Indianern und der Regierung. Erfolg und Mißerfolg der Indianerpolitik hing von ihnen ab.

Ein Hauptproblem der Agenten war die Versorgung der Indianer mit Lebensmitteln. Ursprünglich war den Indianern die Jagd außerhalb der Reservate erlaubt. Nachdem sie dabei von weißen Siedlern einfach erschossen worden waren, wurde diese Erlaubnis zurückgezogen.

Die von der Regierung gelieferten Waren waren zumeist von schlechter Qualität. Die Kleidung paßte nicht,[18] die Werkzeuge waren fast unbrauchbar, das Essen knapp und schlecht. Mit dem Verlust der Jagdrechte, der Verringerung der Büffelherden und dem schleppenden Verlauf des landwirtschaftlichen Umerziehungsprogramms wurden die Indianer schließlich in eine immer größere Abhängigkeit gezwungen:[19] statt von Büffeln lebten sie von der Regierung. Die Fotografin Katherina T. Dodge beschrieb ihr Foto von einem Warenausgabetag (Abb. 4.9):

»Die Indianer stehen an der Wand des Agenturgebäudes Schlange. Die vielen Schultern haben im Lauf der Zeit ihre Spuren in der Adobe-Wand hinterlassen. ›Wer zuerst kommt, mahlt zuerst‹ ist die Devise. Es wird gedrängelt, geschubst, gedrückt und geschoben. Die Scouts haben alle Hände voll zu tun, um die Schwachen gegen die Starken zu verteidigen. Ausgabetag ist nur einmal in der Woche. Es gibt Fleisch, Mehl, Mais, Salz, Kaffee und ein bißchen Zucker und Seife.«[20]

Ursprünglich wurden den Indianern die Ochsen direkt geliefert, um ihnen noch ein kleines Jagdvergnügen zu gönnen. Doch das Vieh erwies sich als zu schwach für die Jagd und wurde deshalb später gleich vom Agenturpersonal geschlachtet. Auch der Aufbau einer eigenen Rinderzucht schlug fehl. Die Tiere wurden direkt verspeist und nicht als zukünftige Einnahmequelle angesehen.

Der Kongreß konnte nicht begreifen, warum die Indianer einfach nicht zu Selbstversorgern wurden. Er verringerte die Zuteilungen oder bestimmte per Gesetz, daß sie nur noch an kräftige Männer, die einer Arbeit nachgingen, ausgegeben werden durften.[21] Die Agenten unterliefen diese Regelung allerdings, weil sie wußten, daß sie zu Unruhen geführt hätte.

Natürlich war es sehr viel leichter, das Leben im Reservat zu fotografieren, als das der umherziehenden Gruppen. Außerdem hatte sich die Fotografie weiterentwickelt. In fast allen mittelgroßen Städten gab es in den 80er Jahren bereits Fotostudios. Sowohl Amateure wie Profis waren von den Indianern als Fotoobjekt fasziniert. Überdies konnte man mit dem Verkauf solcher Fotos gute Geschäfte machen, denn solange die Indianerkriege andauerten, waren die Weißen an den »Wilden« interessiert.

Kontraste: Fotostudios und Indianerschicksal

Zu jedem Militärposten gehörte bald ein Fotostudio. Damit konnten sowohl Aufnahmen von den Truppen wie von den Indianern gemacht werden. Auch Fort Keogh, das nach der Schlacht am Little Big Horn[22] in Montana errichtet worden war, verfügte über ein solches Fotostudio. Sein erster Benutzer war John H. Fouch, der 1878 Custers Schlachtfeld fotografierte. (Siehe S. 47)[23] Später übernahm dann Stanley J. Morrow das Studio. Er besaß noch ein zweites Studio in Fort Custer und machte auch dort viele Aufnahmen von Indianern. Im Dezember 1879 verkaufte Morrow das Studio in Fort Keogh an Laton A. Huffman.[24]

Am 6. Juni 1888 kam Christian Barthelmess nach Fort Keogh und errichtete dort ein eigenes Studio. Barthelmess, der eigentlich in der Militärkapelle beschäftigt war, machte in seiner freien Zeit viele bemerkenswerte Fotos.[25] Seine militärische Karriere führte ihn auch nach Fort Apache in Arizona und in die Forts von Wingate und Bayard in New Mexico, sowie nach Fort Lewis in Colorado. 1903 kehrte er nach Fort Keogh zurück, wo er bis zu seinem Tode 1906 blieb. Er hat Aufnahmen von den Indianern in allen diesen Forts hinterlassen, insbesondere von den Navahos in New Mexico.[26]

Neben dem Hunger herrschte in den Reservaten auch Langeweile. Die Apachen-Frauen im St. Carlos Reservat sammelten Heu und verkauften es an die Armee, das Pfund für einen Cent. (Abb. 4.12)[27] Die Männer, die einmal Jäger und Krieger gewesen waren, wollten sich an ein bäuerliches Leben nicht gewöhnen. Im übrigen war das

Land meistens unfruchtbar, und die Ausbildung ließ zu wünschen übrig. Für jedes Reservat gab es nur einen Ausbilder.[28]

Eine Möglichkeit, die Männer sinnvoll zu beschäftigen, wurde mit der Einrichtung einer indianischen Polizei geschaffen. Diese Polizeikräfte ersetzten die alten Stammesorganisationen. Sie entwickelten sich aus den Indianerscouts, hatten aber mehr Befugnisse.[29] Bald hatten viele Reservate eine Polizei. Die indianische Polizei von Standing Rock war beteiligt, als Sitting Bull 1890 getötet wurde, nachdem er bei seiner Verhaftung Widerstand geleistet hatte[30] (siehe S. 47).

Auf den Bildern vom Leben im Reservat taucht die uniformierte Polizei wiederholt auf. So etwa auf dem Photo einer Parade der San Carlos Polizei des Agenten Clum. (Abb. 4.11) Die neuen Uniformen waren durch Spenden finanziert worden.

Mit der Reduzierung des Indianerlandes durch das weitere Vordringen der Siedler brach das Reservatssystem Stück für Stück auseinander. Der Dawes Act von 1887, der das Land im Reservat einzelnen Indianern zuteilte, versuchte, diesen Prozeß aufzuhalten.[31] Das große Sioux Reservat brach trotzdem auseinander. Nach vielen Versuchen, die Sioux zum Verkauf ihres Landes zu bringen, willigten sie 1889 schließlich ein. Sie bekamen 1,25 Dollar pro acre.[32] Aufnahmen von Fotografen wie David F. Barry zeigen diese Verhandlungen und die Beteiligten.

Missionare und Indianer

Die Agenten kontrollierten Leben und Besitz der Indianer. Manche arbeiteten dabei selbstlos für die Sache, andere nützten ihre Position für sich aus. 1870 versuchte Präsident Grant, die Lage mit seiner neuen Friedenspolitik zu verbessern. Eine Reihe von Reservaten wurde verschiedenen christlichen Kirchen anvertraut, wobei sie das Recht erhielten, die Agenten zu bestimmen.[33]

Die Arbeit mit Indianern war für die Missionare nichts Neues. Die meisten Kontakte zwischen den Indianern und den Weißen in den USA waren aus dem Bemühen der Missionare erwachsen, die Indianer zum Christentum zu bekehren.[34]

Seit der frühesten Kolonialzeit hatten Katholiken wie Protestanten Missionsstationen und Schulen eingerichtet. Die neue Friedenspolitik sollte die Indianer durch Unterweisung und gutes christliches Beispiel bekehren. Die friedlichen Quäker gehörten zu den ersten Vertretern des neuen Programms. Ihr Agent Laurie Tatum arbeitete im Kiowa- und Comanchen-Reservat. Obwohl er die Indianer zu friedlichem, bäuerlichem Leben anhielt und versuchte, sie von Überfällen abzubringen, benötigte er schließlich doch militärische Hilfe, um den Frieden zu sichern. Weil er damit die Quäkerprinzipien verletzt hatte, trat er schließlich zurück. Hagan hat dieses Dilemma gut beschrieben:

> »Es gab kaum ein absurderes Schauspiel als zuzusehen, wie ein Quäkeragent einem Krieger der Plains Frieden und Landwirtschaft predigte, wie er diesen Mann, der zu Recht stolz war auf sein großes Geschick als Reiter, Jäger und Krieger, als eine einfache verführte Seele behandelte, die mit Mitgefühl und verlockenden Argumenten auf den rechten Weg gebracht werden könne.«[35]

Ungeachtet solcher Schwierigkeiten bemühten sich viele religiöse Gruppen um die Indianer. (Abb. 4.1, 4.15–4.20) Die Katholiken waren dabei besonders aktiv. Jesuiten, Franziskaner und viele Nonnenorden widmeten sich der Evangelisation. Aber auch Methodisten, Presbyterianer, Baptisten, Episkopalier, Mennoniten, Moravianer und Mormonen sowie ausländische Missionare kümmerten sich um die Indianer.[36]

Einige dieser Missionare waren Amateurfotografen. Sie machten Aufnahmen von den Indianern, wie sie sie sahen. So etwa der italienische Jesuitenpater Pietro Paolo Prando, der in verschiedene Missionsstationen bei den Dakota, den Cheyenne, Blackfeet und Crow arbeitete,[37] und dessen enges Verhältnis zu den Indianern sich in seinen sensiblen Bildern widerspiegelt. Sein Porträt der Indianerin »She Likes To Move The Camp« (Abb. 4.19) kommentierte er:

»Ihr Name paßte als sie jung war, heute ist sie alt und sollte eher »She Likes To Sit Down« heißen. Sie hat ein hartes Leben hinter sich. Jetzt hackt sie Holz und ist glücklich, wenn ich sie meine Mutter nenne.«[38]

Pretty Eagle, ebenfalls ein Crow, zeigte mit seinem Verhalten, daß die Indianer etwas über die Macht der Fotografie gelernt hatten. Er bat Pater Prando ein Porträt von ihm zu machen, um es nach Washington zu schicken, »damit jeder weiß, daß er mit einem großen Kanal vom Big Horn River das ganze große Tal bewässern will. Das Geld dafür liegt in Washington herum. Es sind die über 200000 Dollar, die die Indianer für Landverkäufe im Reservat bekommen haben.«[39]

Zwischen 1890 und 1950 machten Pater Zimmermann und Pater Büchel in den Missionen von Rosebud Sioux und St. Francis Indianerfotos, die sie zu einer unvergleichlichen Sammlung zusammenstellten. (Sie befindet sich heute im Archiv von St. Francis).[40]

In Gallup, New Mexico, hatte der Franziskanermönch Simeon Schwemberger ein eigenes Fotostudio, in dem er Blackfeet, Hopi Navaho und viele andere Indianer aus seinem Missionsgebiet fotografierte.[41]

Die »Erziehung« der Indianer

Eckpfeiler der neuen Indianerpolitik der Regierung war die Erziehung. Ohne Ausbildungsprogramme war an eine dauerhafte Veränderung nicht zu denken. Ironischerweise aber wurde die erste Schule für Indianer nicht in einem Reservat, sondern in Carlisle, Pennsylvania errichtet.

Um die Feindseligkeiten mit den Plains-Indianern zu beenden, hatte die Regierung die Krieger der Kiowa, Comanchen und Cheyenne, die nicht unterworfen werden konnten, als Gefangene nach Fort Marion in St. Augustine, Florida, geschickt. Die Ankunft der ersten Gruppe am 21. Mai 1875 ist von einem unbekannten Fotografen festgehalten worden.[42] Zu diesen Gefangenen stießen später Apachen, die eine 24tägige Reise mit Pferde- und Planwagen, Dampfschiffen und Zügen hinter sich hatten. Vom Transport im Zug gibt es Fotos von A. J. McDonald aus New Orleans. (Abb. 4.24)

In Fort Marion wurden die Indianer in Verließe aus dem 17. Jahrhundert gesteckt. Einige starben an Malaria.[43] Der Offizier Richard Henry Pratt, der für die Gefangenen verantwortlich war, versuchte, die Haftbedingungen zu verbessern: Er lockerte die Disziplin, ließ Sonderregelungen zu, gab den Gefangenen Uniformen und beschäftigte sie schließlich beim Bau neuer wohnlicher Baracken.

Pratt nützte die vielen Fotos, die die Besucher in Fort Marion machten (Abb. 4.23), aus, um damit für seine Arbeit mit den Indianern zu werben. Manche Indianer stellten ihre Erlebnisse in Zeichnungen dar. (Abb. 4.22) Einer dieser Künstler war Making Medicine, ein Cheyenne, der alle Erwartungen übertraf und später Diakon der Episkopalkirche im Reservat seines Stammes im Indianerterritorium wurde.[44]

Pratt war auch an der Erziehung der Gefangenen interessiert. Er bildete sie zu Bäckern, Fischern und Landarbeitern aus. Als ihre Gefangenschaft zu Ende war, bat er die Armee darum, seine Arbeit mit den Indianern fortsetzen zu dürfen. Er wurde an das Hampton Normal and Agricultural Institute, eine Schule für Schwarze in Virginia versetzt. Im April 1878 traf er dort mit 22 seiner Schüler ein. Bald zog er weiter nach Westen, um noch mehr Indianer für sein Schulexperiment zusammenzubekommen. (Abb. 4.24, 4.25)[45] Er kehrte mit 43 weiteren Indianern zurück nach Hampton, war aber mit der Schule dort nicht zufrieden und schlug deshalb vor, für die Indianer eine eigene Schule zu bauen.

Die Armee stimmte zu. So entstand in den verlassenen Kasernen von Carlisle eine neue Schule. 1879 holte Pratt weitere 82 Schülern aus den Reservaten von Rosebud und Pine Ridge und 55 aus dem Indianerterritorium. Am 1. November 1879 wurde die Schule offiziell eröffnet.[46]

Pratt wollte eine indianische Modellschule aufbauen. Sein Motto zierte die Schulzeitung: »Zivilisiert wird der Indianer nur in der Zivilisation und nur dort bleibt er es auch.«[47] Auch äußerlich wurde der Wandel dokumentiert. Die Schüler erhielten einen neuen Haarschnitt und neue Kleidung. Unterrichtet wurde nur in Englisch.

Widerstand, Anpassung, Veränderung

Das reglementierte Leben in der Schule rief bei den Kindern, die recht frei aufgewachsen waren, ohne Zweifel Einsamkeit und Ablehnung hervor. Für die Eltern war es schwer einzusehen, welchen Nutzen das Bücherwissen beim Überlebenskampf in den Grenzgebieten haben sollte.

Die Schüler bekamen neue Namen. Manche wurden nach berühmten Weißen benannt, andere nach Weißen, die sie gekannt hatten. So trugen etwa die Zuni-Schüler auf John K. Hillers' Foto (Abb. 4.26) Namen wie den des Anthropologen Frank Cushing, oder die Namen ihrer Lehrer in der Missionsschule.

Pratt hielt viele Jahre lang Vorträge über die Erfahrungen seiner Schule und benutzte dabei häufig die Bilder seines Schulfotografen John N. Choate. Darunter waren »Vorher-Nachher-Fotos« wie das von den Ealy-Kindern (Abb. 4.27, 4.28) und Bilder von Indianerdelegationen, die die Schule besuchten. Pratt hatte viel über die Macht der Fotografie gelernt und benutzte die Fotos immer wieder geschickt, um seine Überzeugung darzulegen, daß man die Indianer ändern könne und er auch wisse wie.

Aufgrund seiner dezidierten politischen Ansichten wurde Pratt schließlich 1904 entlassen.[48] Die Schule bestand bis 1918 und wurde von anderen Offizieren geleitet. Auch die Fotografen wechselten. Einer war Frances B. Johnson,[49] die ihr Handwerk bei dem Fotografen des Smithsonian Instituts Thomas Smillie gelernt hatte.

Natürlich war mit Schulen außerhalb der Reservate die Umerziehung der Indianer nicht zu bewältigen. Bis 1884 entstanden 200 Schulen innerhalb der Reservate. Viele wurden im Regierungsauftrag von den Kirchen geführt, andere waren reine Missionsschulen. 1887 besuchten 10 000 indianische Kinder eine Schule.[51]

Die Lehrer bemerkten bald, daß Lesen, Schreiben und Rechnen als Unterrichtsstoff nicht ausreichten. Zu ihren Pflichten kam die Vermittlung von landwirtschaftlichen und technischen Fertigkeiten, oft mußten sie sich auch noch um die Versorgung der Schüler bis hin zur Ernährung kümmern. Wie die Missionare hatten sie dabei Gelegenheit, Fotos zu machen.

Arthur E. McFatridge, der ab 1898 im Rosebud Reservat Oglala-Schüler unterrichtete, stellte die Fotos, die er dabei gemacht hatte, später in einem unveröffentlichten Manuskript zusammen, das den Titel trug: »Bei den Indianern: Sitten, Gebräuche und Charakteristika der Oglala.«[52] Wenn die Bilder auch typische Amateurfotos waren, so zeigen die Kommentare doch, wie sehr sein Leben durch die Indianer bereichert wurde:

> »... Die Indianer haben mich manchmal dazu gebracht, Dinge zu tun und Orte zu sehen, auf die ich ohne sie nie gekommen wäre. Dadurch aber bin ich ihnen nahe gekommen und habe etwas von ihrem Wesen verstanden... ich kannte sie als Häuptlinge und als Almosenempfänger, wenn ihr Stolz vom Hunger aufgezehrt war. Vielleicht habe ich ihnen einige Sachen beigebracht, aber bestimmt habe ich viel von ihnen gelernt.«[53]

Ein weiterer Lehrer im Rosebud Reservat war Jesse Hastings Bratley, der ebenfalls Aufnahmen von der Schule und den Schülern machte und sogar Arthur McFatridge fotografierte. (Abb. 4.30–4.34)

Bratleys Fotos zeigen den Wandel der indianischen Lebensweise, an dem er mitwirkte. Seine erste Stelle als Lehrer hatte er 1893–95 an der Indianerschule in Puget Sound, Washington. (Abb. 4.29) Von 1895–99 arbeitete und fotografierte er an der Schule im Rosebud Reservat. Danach ging er an eine Schule der Cheyenne und Arapaho in Oklahoma, um dann mit den Havasupai im Cataract Canyon, Arizona, bis 1901 zu arbeiten. (Abb. 4.35) Schließlich ging er nach Polacca, ebenfalls in Arizona, wo er bis 1903 blieb.[54] Doch die meisten seiner Bilder entstanden im Rosebud Reservat.

Das indianische Schulsystem hing wie die Reservate selbst entscheidend von der Unterstützung der Regierung ab. Die Regierung hatte die Zukunftspläne für die Indianer gemacht. Als aber die Kriege vorbei waren, wurde die Verantwortung für diese Zukunft immer mehr den humanitären Organisationen übertragen. Der Kongreß verringerte seine Unterstützung für die Schulen Stück für Stück. Ab 1900 erhielten die von den Kirchen getragenen Schulen kein Geld mehr.[55]

Neue Lebensgewohnheiten, 1900–14

Eine neue Ära hatte in den Reservaten begonnen. Die feindlichen »Wilden« waren sicher verwahrt und mit der Zeit änderte sich auch die Haltung ihnen gegenüber. Sie wurden zum »edlen roten Mann«. Es gab Fotografen, die mit neuen künstlerischen Techniken eben diese neue Haltung zum Ausdruck brachten. Andere blieben bei den Techniken der guten Dokumentarfotografie und verfolgten das Leben in den Reservaten weiter.

Zwei der besten Dokumentaristen waren Fred E. Miller und Walter McClintock. Miller war Regierungsbeamter im Crow-Reservat in Montana. Als solcher führte er über die verschiedenen indianischen Aktivitäten Buch. Als Fotograf dokumentierte er die Unterschiede zwischen den traditionellen Lebensweisen und solchen, die von den Weißen beeinflußt waren. (Abb. 4.29, 4.40) Dabei versuchte er weder zu verurteilen noch zu romantisieren. Er zeichnete das indianische Leben so wie er es vorfand.

McClintock, der reich und unabhängig war, arbeitete etwa zur selben Zeit im Reservat der Blackfeet. Er führte eine Reihe von Studien durch, sprach mit den älteren Indianern, zeichnete ihre Geschichten und Erinnerungen auf und machte Fotos von ihren Zeremonien, die er manchmal zusammen mit seinen Untersuchungen veröffentlichte.

(Abb. 4.41) Diese Fotos bilden eine wichtige Quelle für das Studium des traditionellen Lebens der Blackfeet.[56]

Innerhalb von 60 Jahren, einem Lebensalter, hatte sich das Leben der Indianer radikal geändert. (Abb. 4.42) Zur Zeit des Ersten Weltkriegs waren die meisten Reservate zusammengeschrumpft oder völlig verschwunden. Viele Indianer hatten eine neue Heimat im Indianerterritorium, dem heutigen Oklahoma gefunden.

Den Fotografen ist es zu verdanken, daß wir uns über diese Epoche des Wandels, der aus dem Konflikt zweier Kulturen erwuchs, ein Bild machen können.

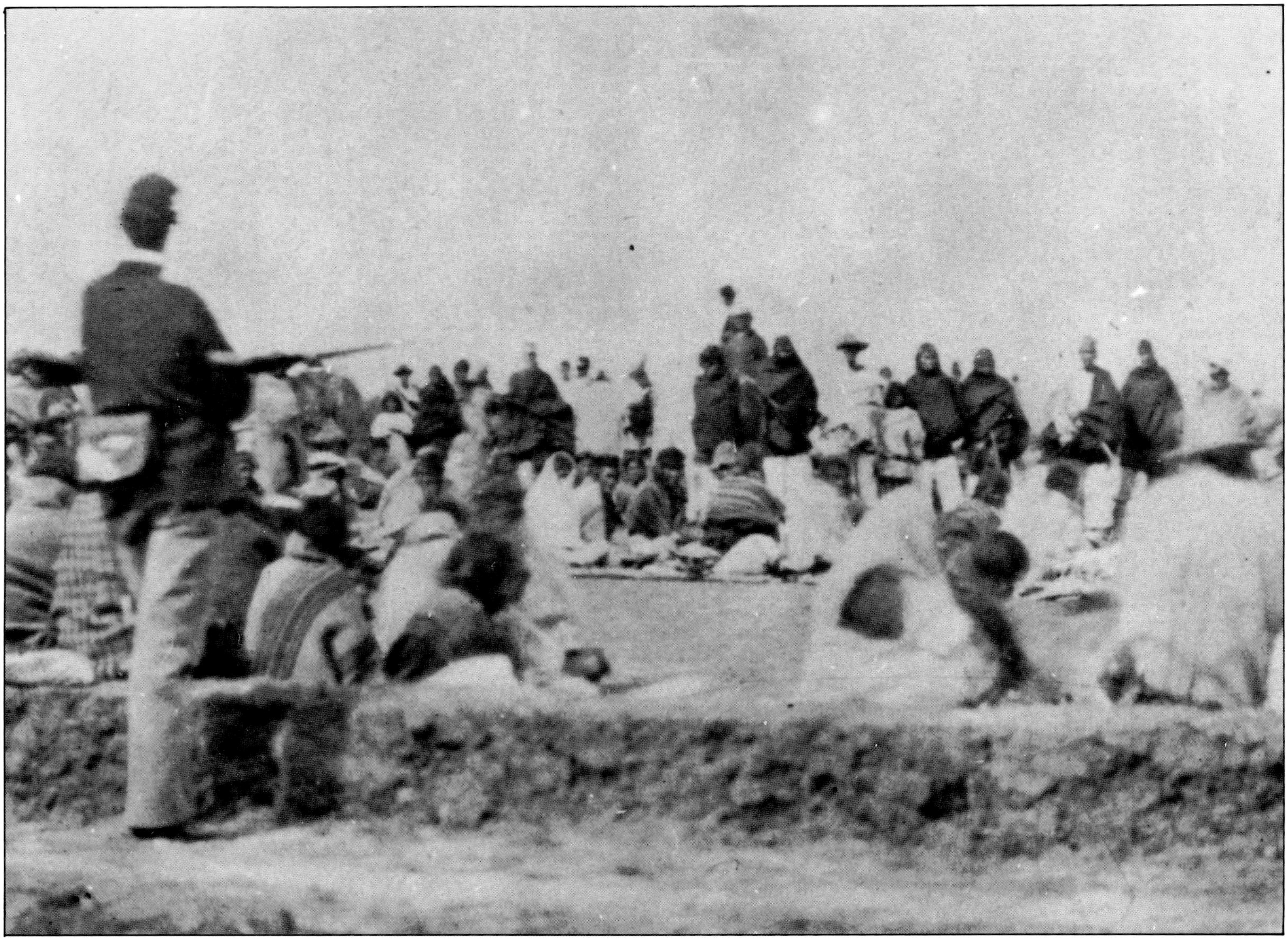

4.2 Navahos warten unter Bewachung auf die Kopfzählung in Bosque Redondo, New Mexico. Von einem unbekannten Fotografen.

4.3 Cherokees werden bezahlt. Vermutlich für Land. Von einem unbekannten Fotografen.

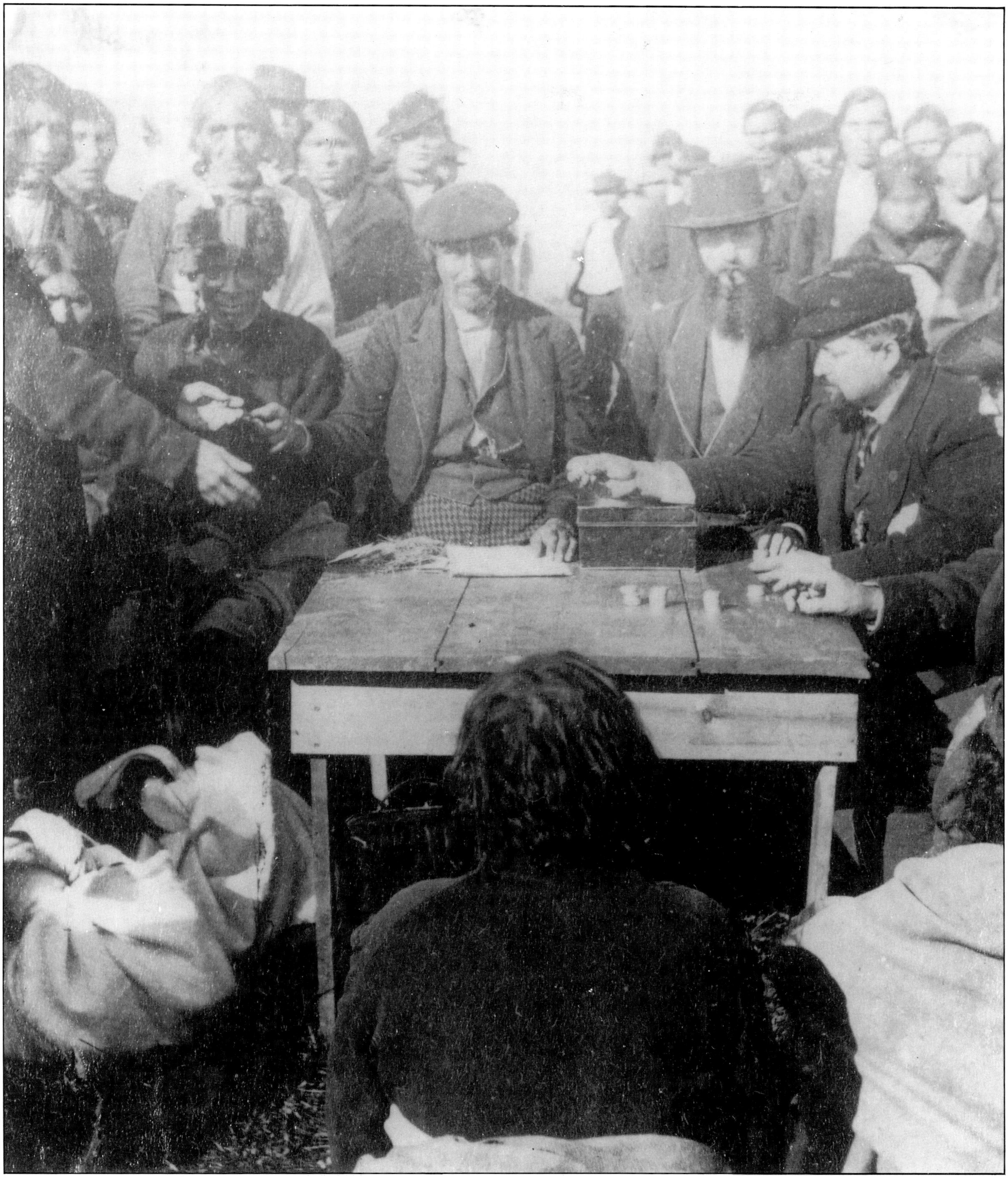

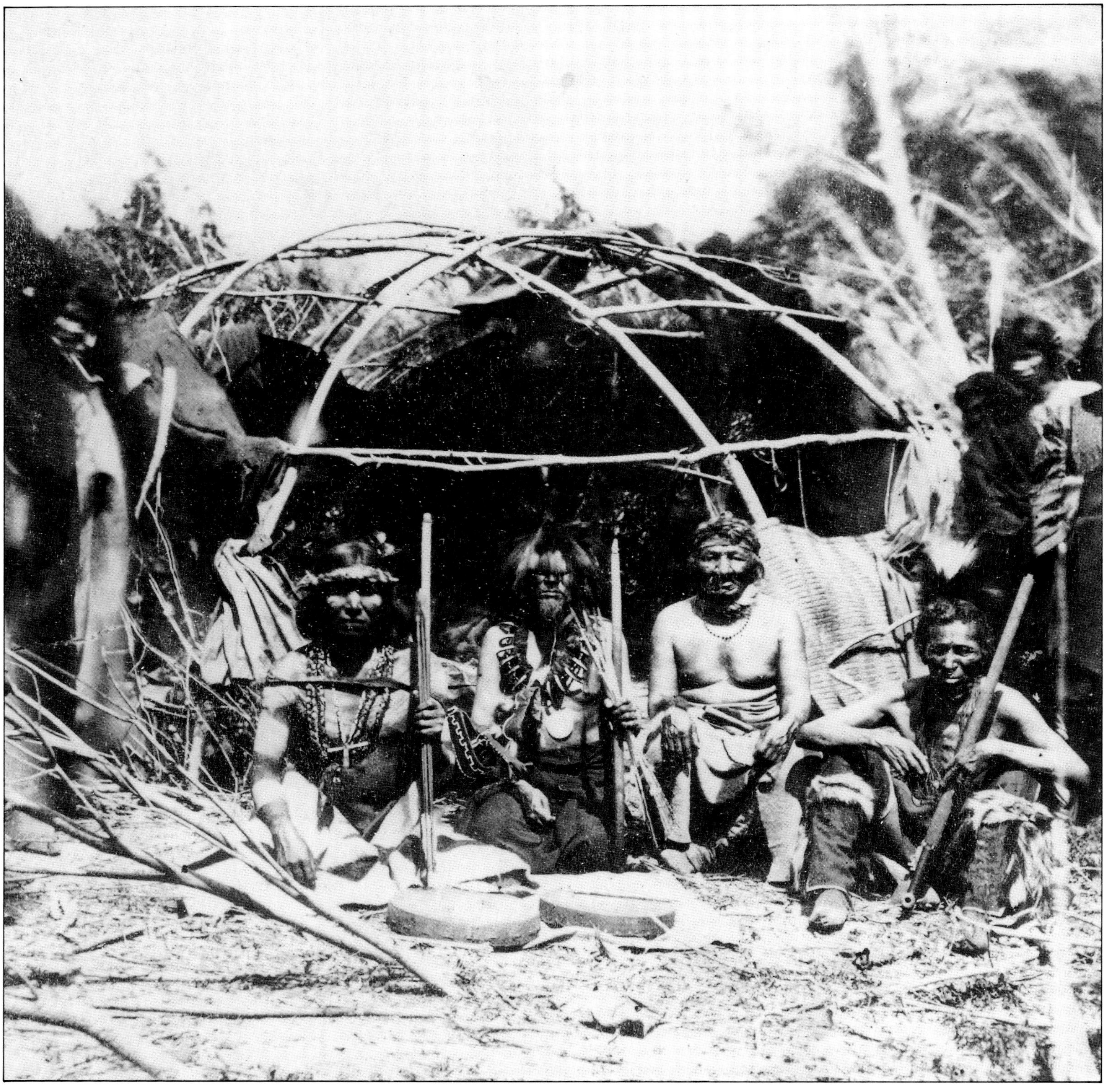

4.4 Eine Gruppe Winnebagos in Fort Snelling zur Zeit ihrer Umsiedelung 1863. Winnesheik (Mitte) weigerte sich mit seinen Anhängern in das neue Reservat zu ziehen, und man mußte Soldaten schicken. Von Benjamin Franklin Upton.

4.5 Rechts oben Schauplatz der Auszahlung der Cherokee 1894. Von einem unbekannten Fotografen.

4.6 Rechts unten Ein Regierungsagent verteilt Lebensmittelrationen an Dakota Indianer. Von einem unbekannten Fotografen.

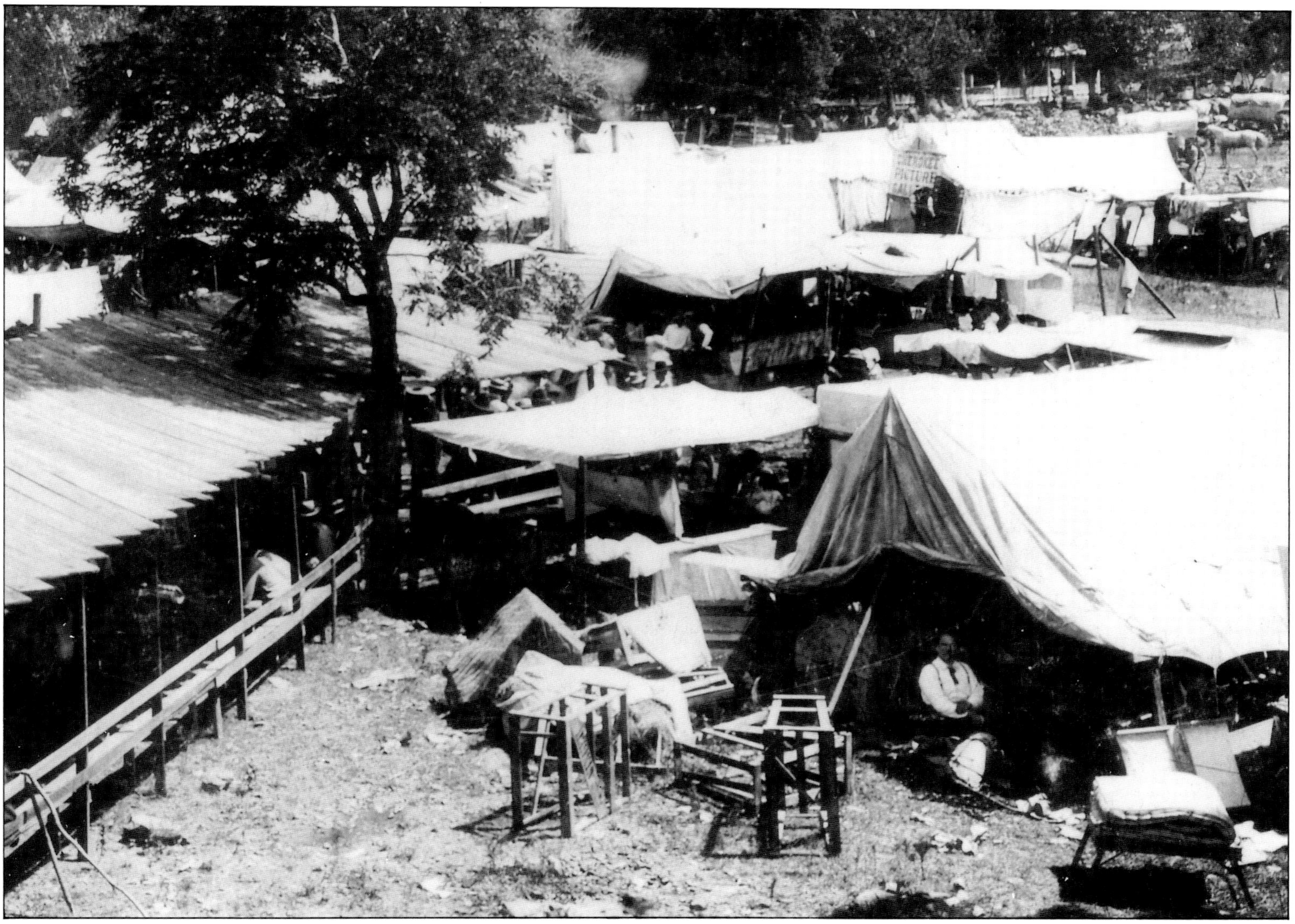

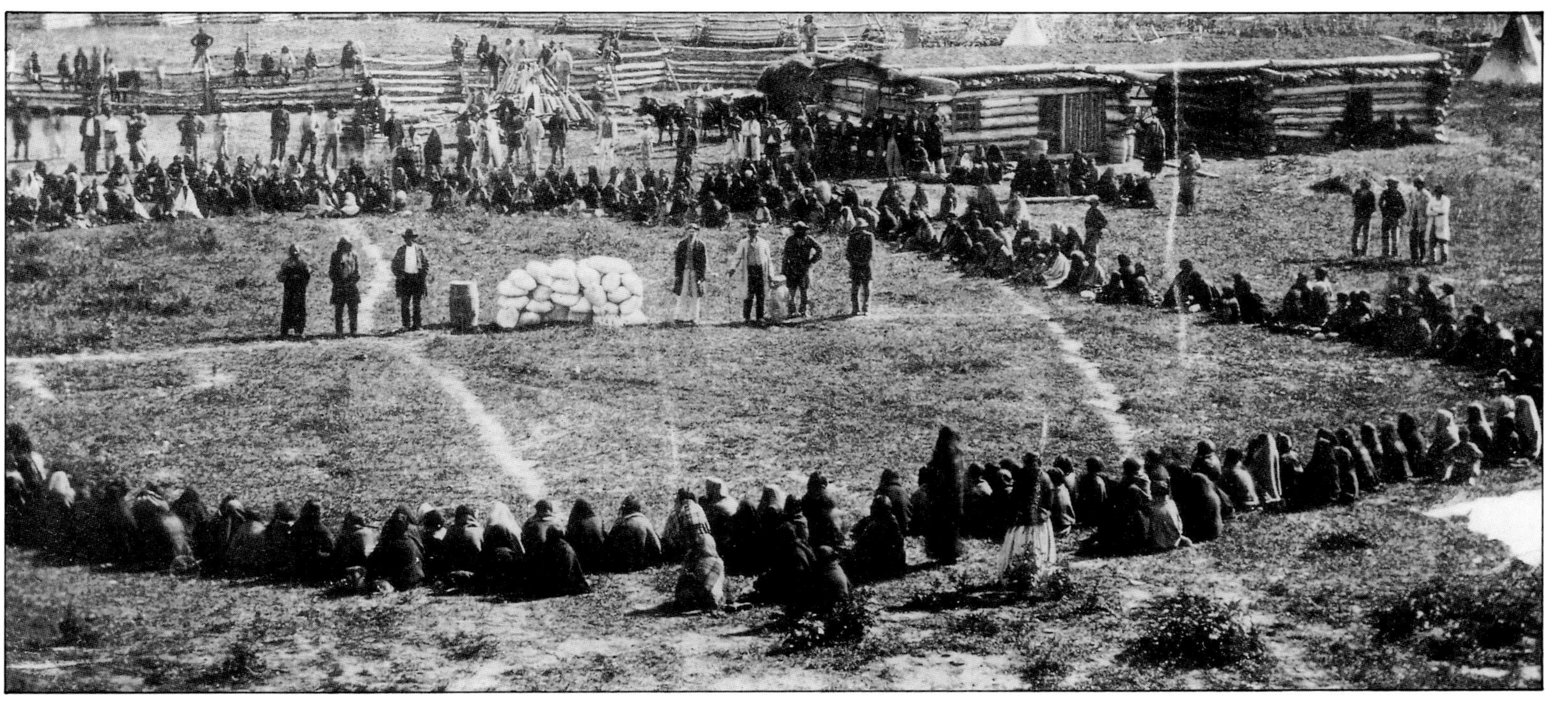

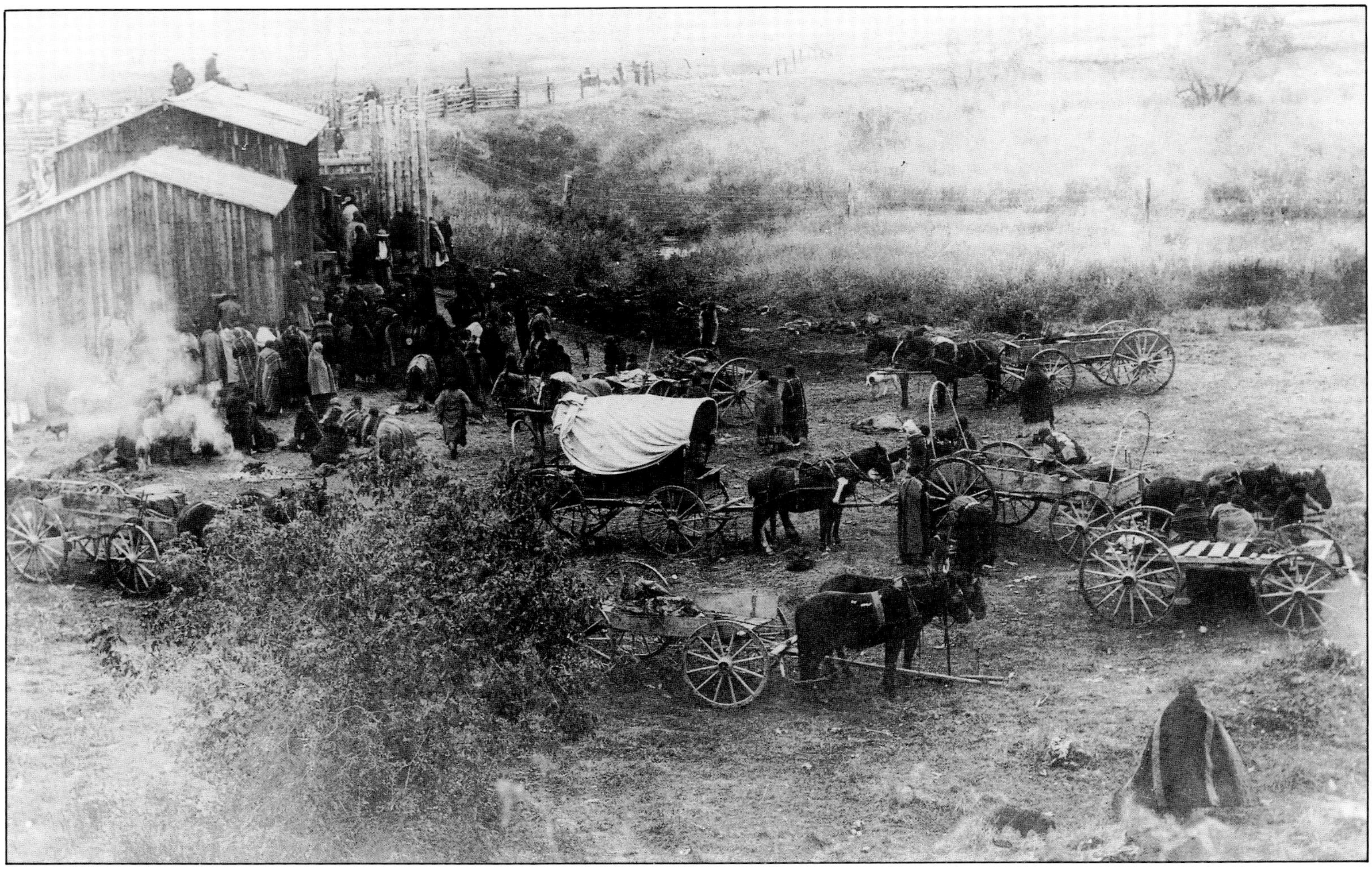

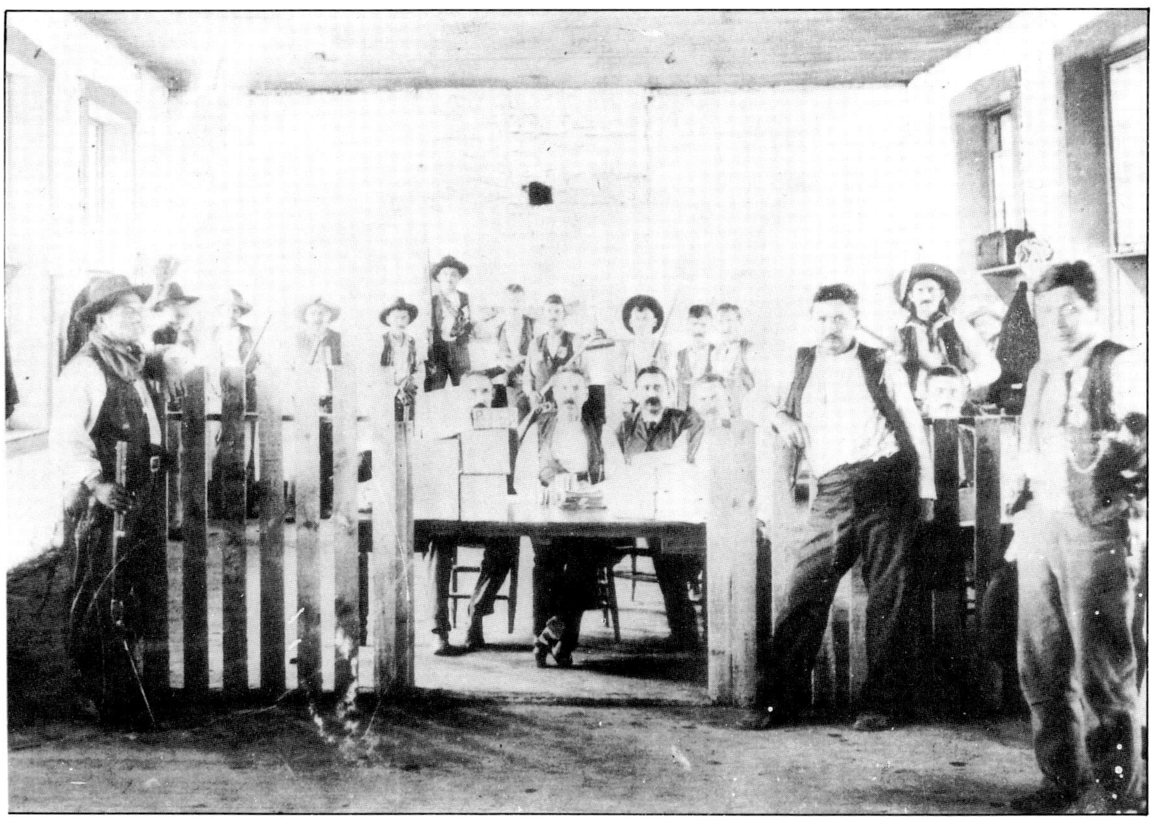

4.7 Fleischausgabe für Cheyenne-Indianer aus Lame Deer, Montana. Aufgenommen von Christian Barthelmess zwischen 1888 und 1897.

4.8 Schauplatz der Bezahlung der Cherokee in einer Baracke in Fort Gibson, Oklahoma. Obwohl dieses Foto einige Tage nach dem Beginn der Auszahlung entstand, sind immer noch Hunderttausende von Dollars übrig. Der Mann in Hemdsärmeln am Tisch ist Schatzmeister E. E. Starr; der große Mann neben ihm ist der Häuptling der Cherokee C. J. Harris. Jedem Cherokee Mann, Frau oder Kind wurde eine Summe von 267,70 $ ausbezahlt. Von einem unbekannten Fotografen.

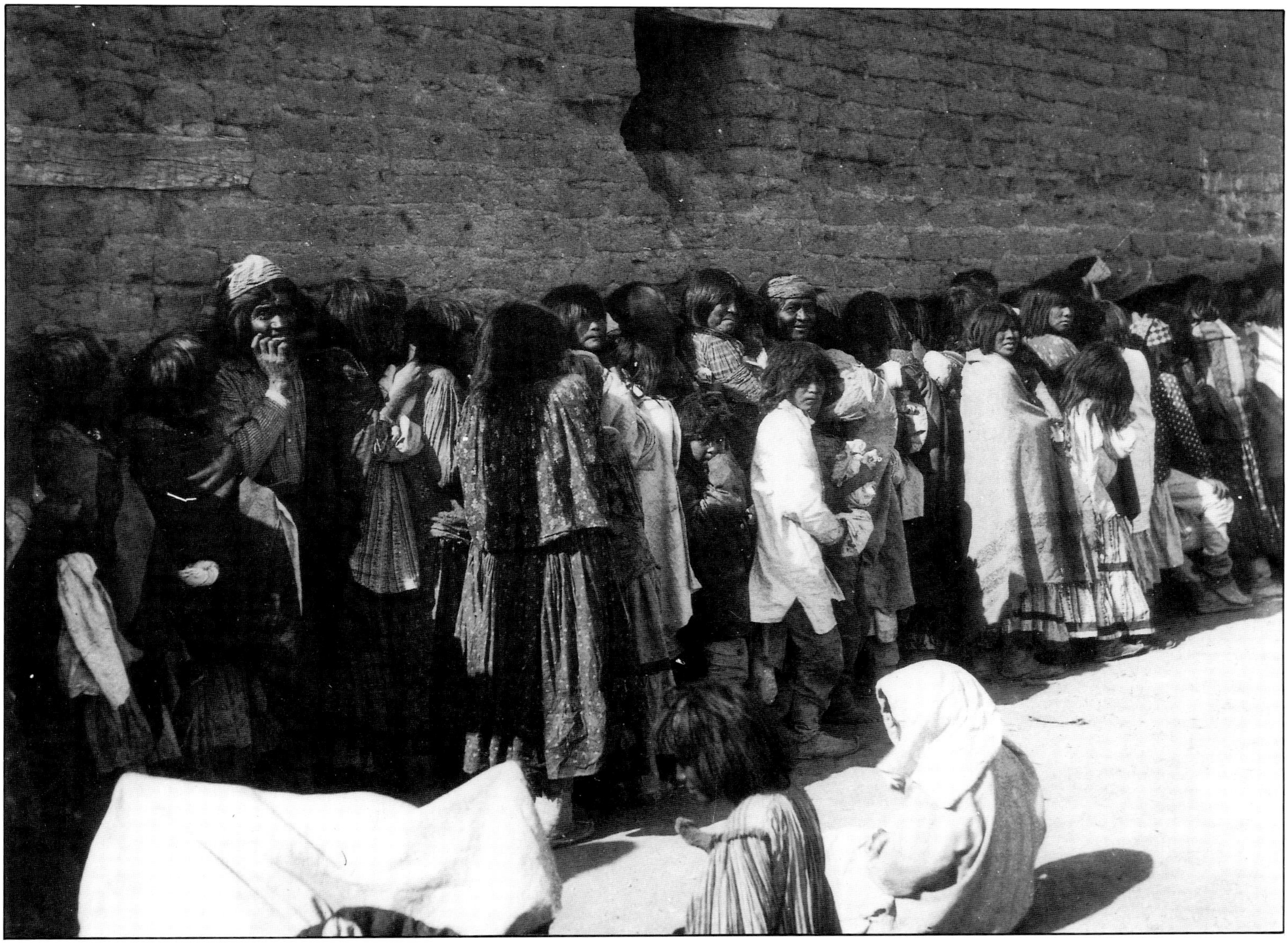

4.9 Apachen Männer, Frauen und Kinder in der Schlange bei der Warenausgabe in San Carlos, Arizona. Von Katherine T. Dodge. 1899.

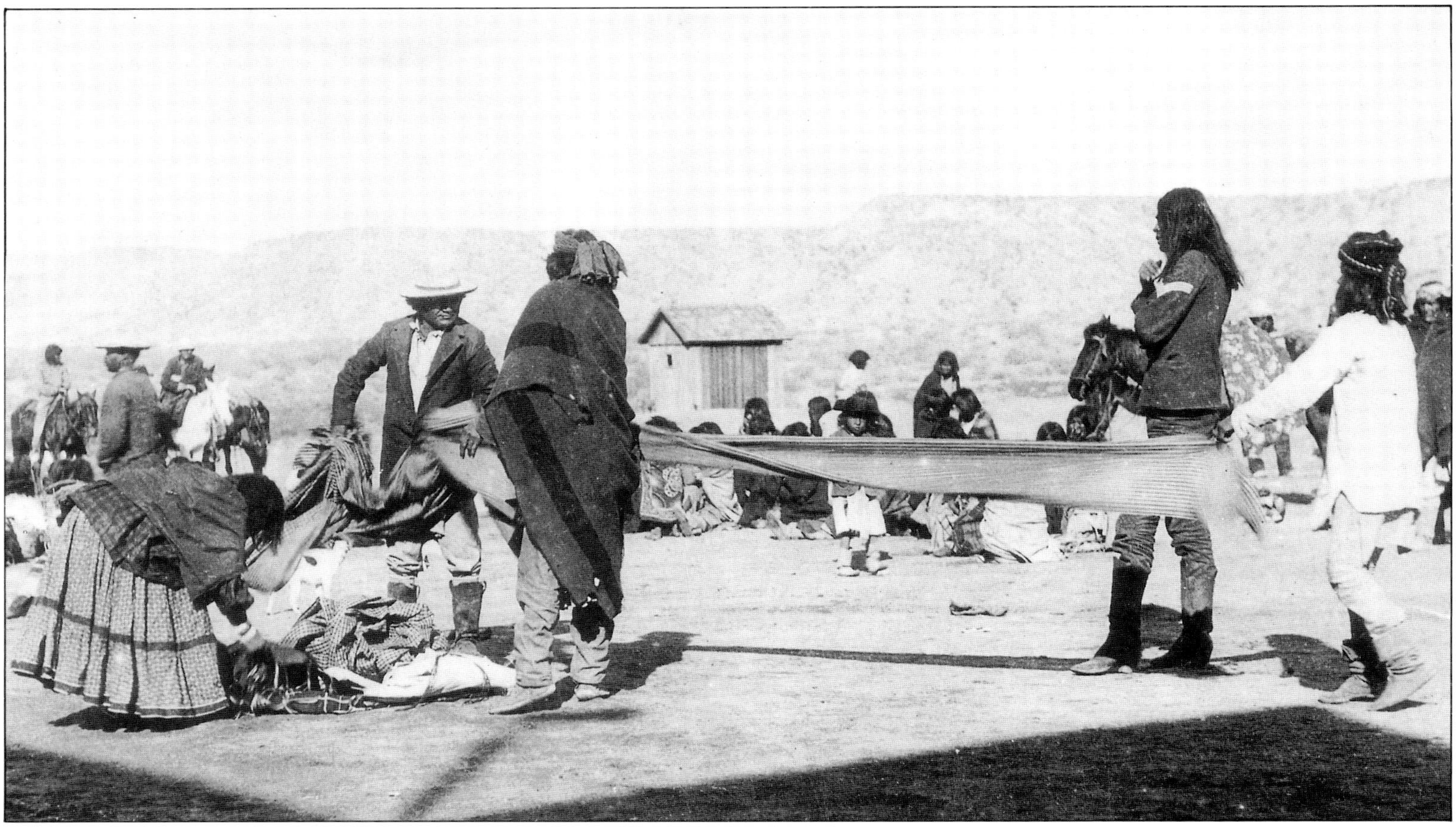

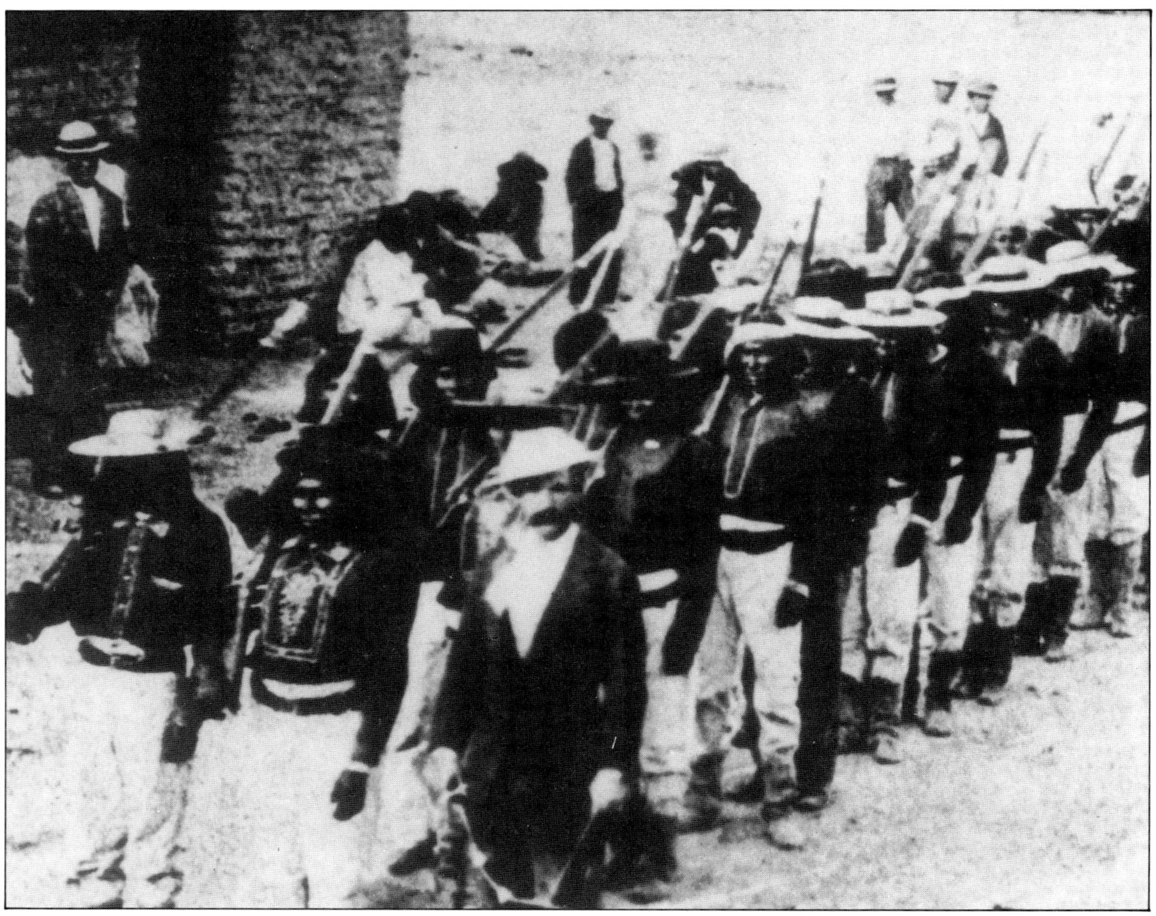

4.10 Das Abmessen von Stoff während der Warenausgabe durch die Regierung im Apachenreservat San Carlos, Arizona. Wahrscheinlich von C. A. oder D. A. Markey, 1887.

4.11 Der Agent John P. Clum und die Apachenpolizei von San Carlos bei der Parade in Tucson, Arizona im Mai 1876. Die Indianerpolizei ist mit neuen Uniformen ausgestattet, die durch Spenden finanziert wurden. Von einem unbekannten Fotografen.

4.12 Rechts oben Apachen bringen die Heuernte ein und verkaufen sie an das US-Militär für einen cent pro Pfund. Von C. A. oder D. A. Markey, San Carlos, Arizona, 1887.

4.13 Rechts unten Holzausgabe an Apachen in San Carlos, Arizona. Von Camillus S. Fly, vermutlich 1886.

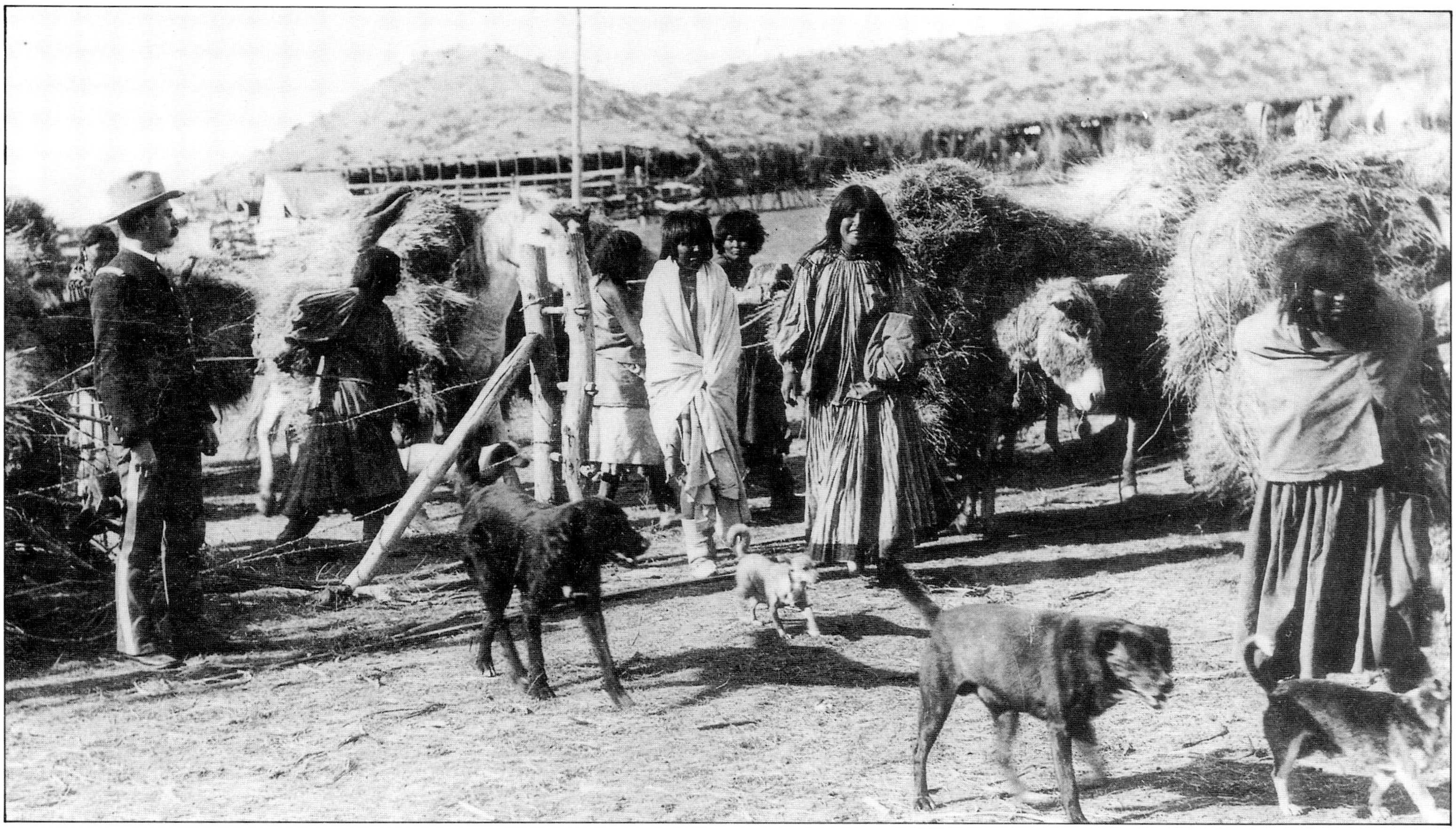

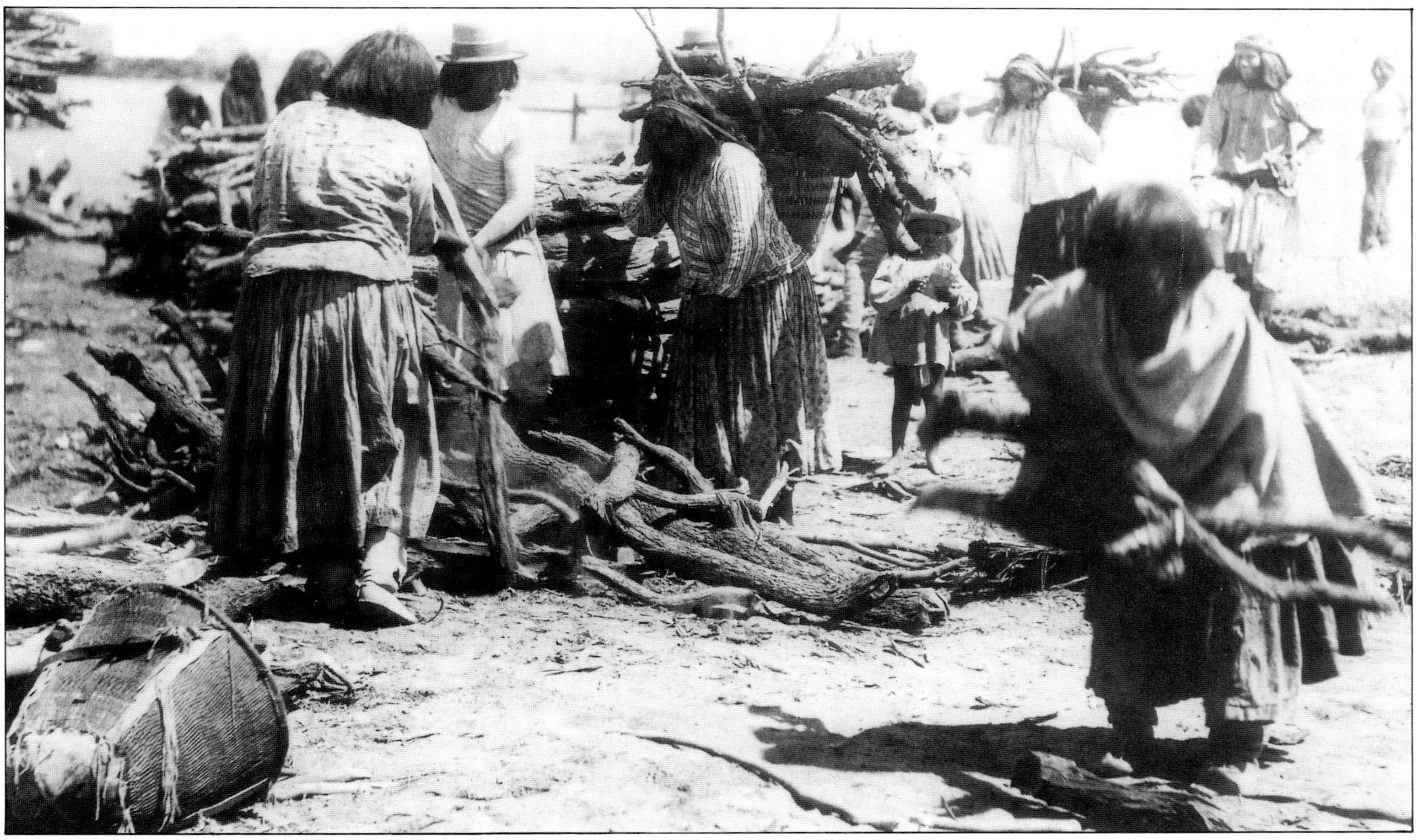

4.16 RECHTS OBEN Indianische »Ruten-Kirche« mit Kreuz und Glocken. Vom Elite Studio, San Diego, Kalifornien.

4.17 RECHTS UNTEN Die christliche Beerdigung des Haida Häuptlings Somihat im Januar 1912. Von einem unbekannten Fotografen.

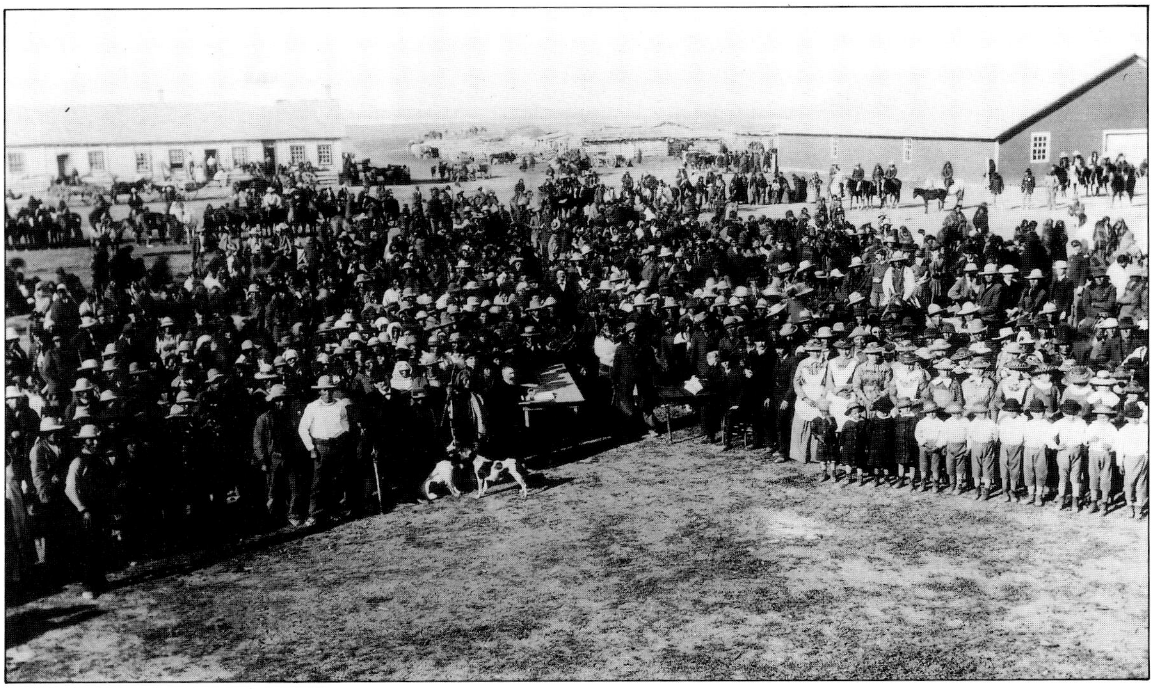

4.14 Volkszählung im Standing Rock Reservat, Dakota Territory. Von David F. Barry.

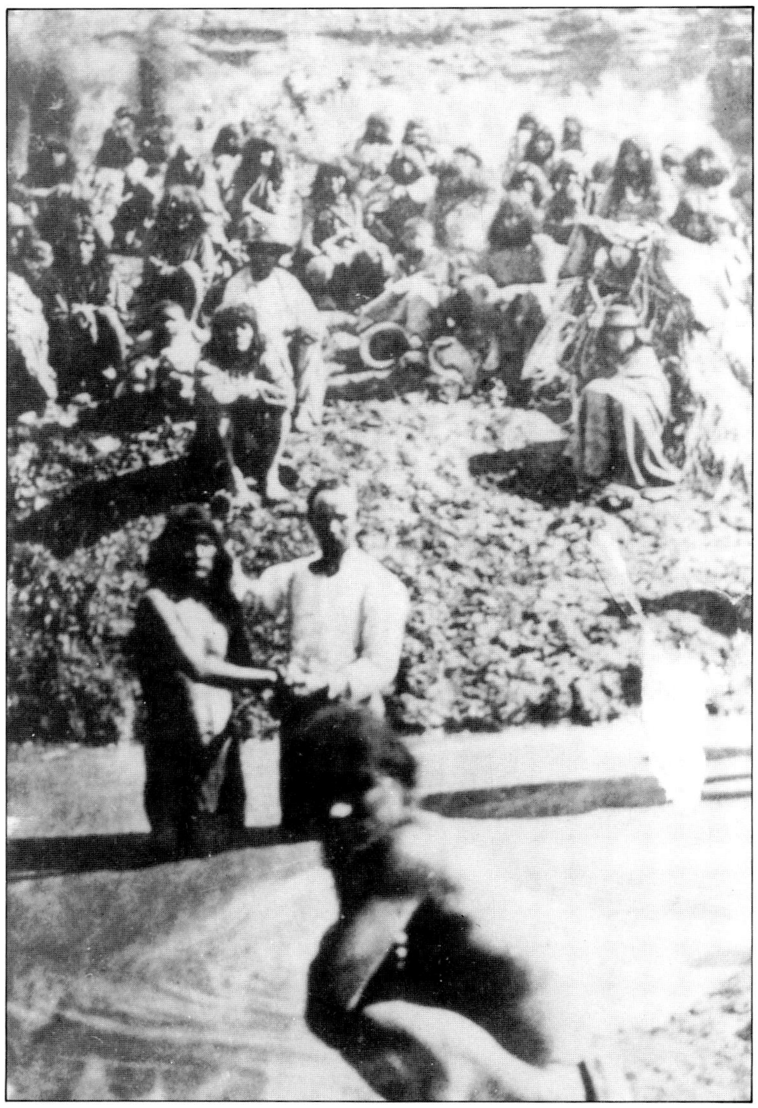

4.15 Taufe von Paiute-Indianern bei St. George, Utah. Von Charles R. Savage, 1875.

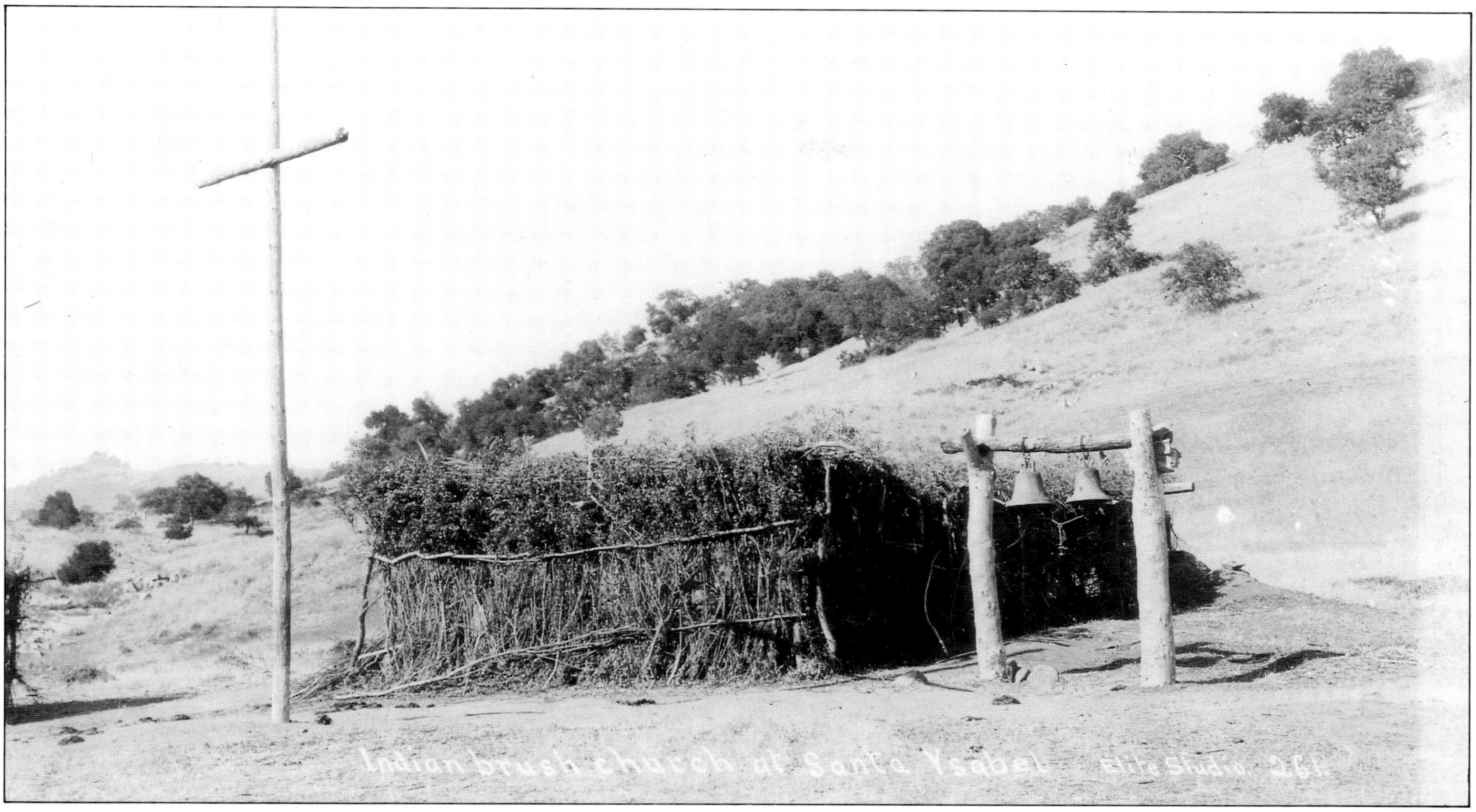
Indian brush church at Santa Ysabel
Elite Studio. 261.

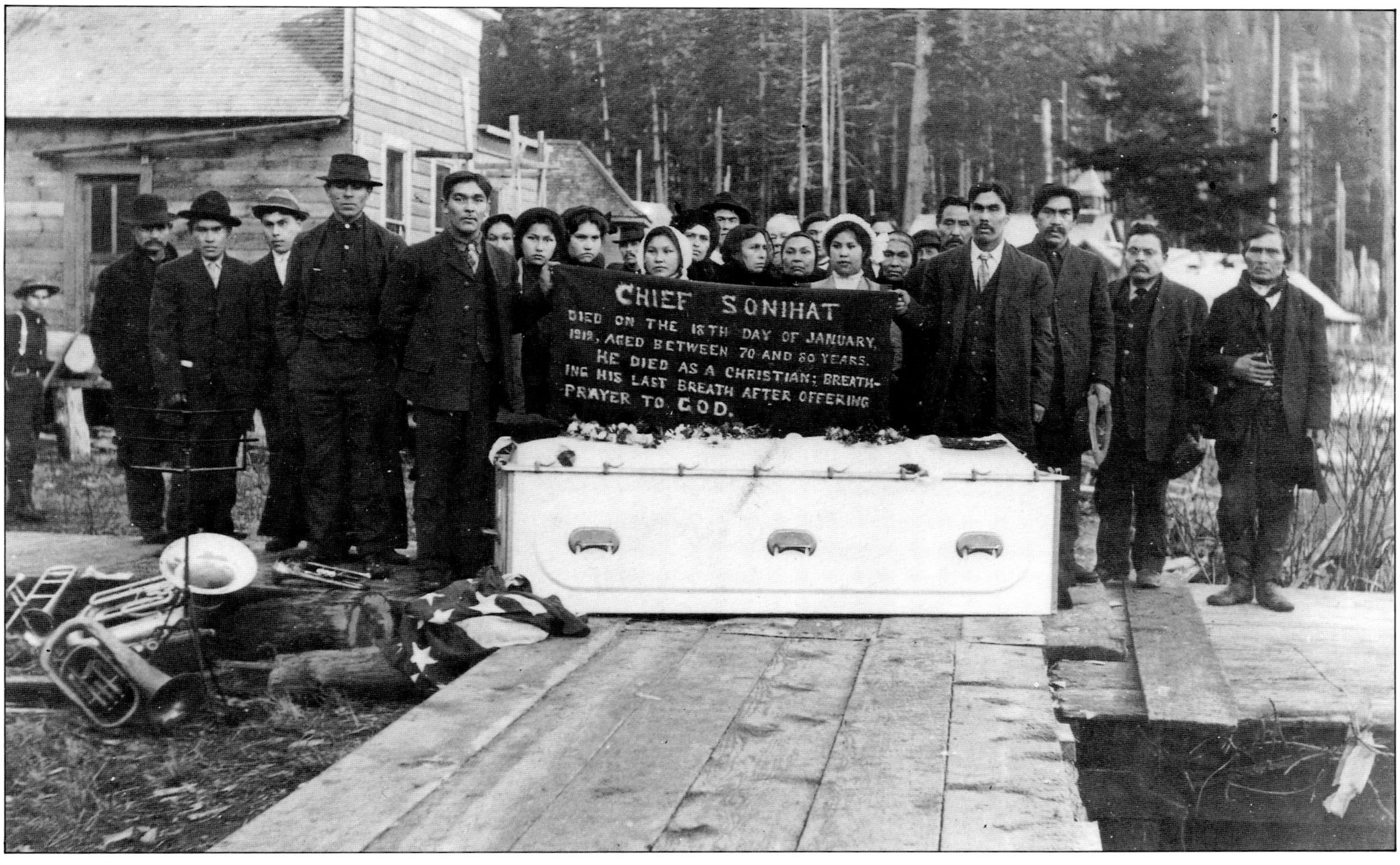
CHIEF SONIHAT
DIED ON THE 18TH DAY OF JANUARY,
1919, AGED BETWEEN 70 AND 80 YEARS.
HE DIED AS A CHRISTIAN; BREATH-
ING HIS LAST BREATH AFTER OFFERING
PRAYER TO GOD.

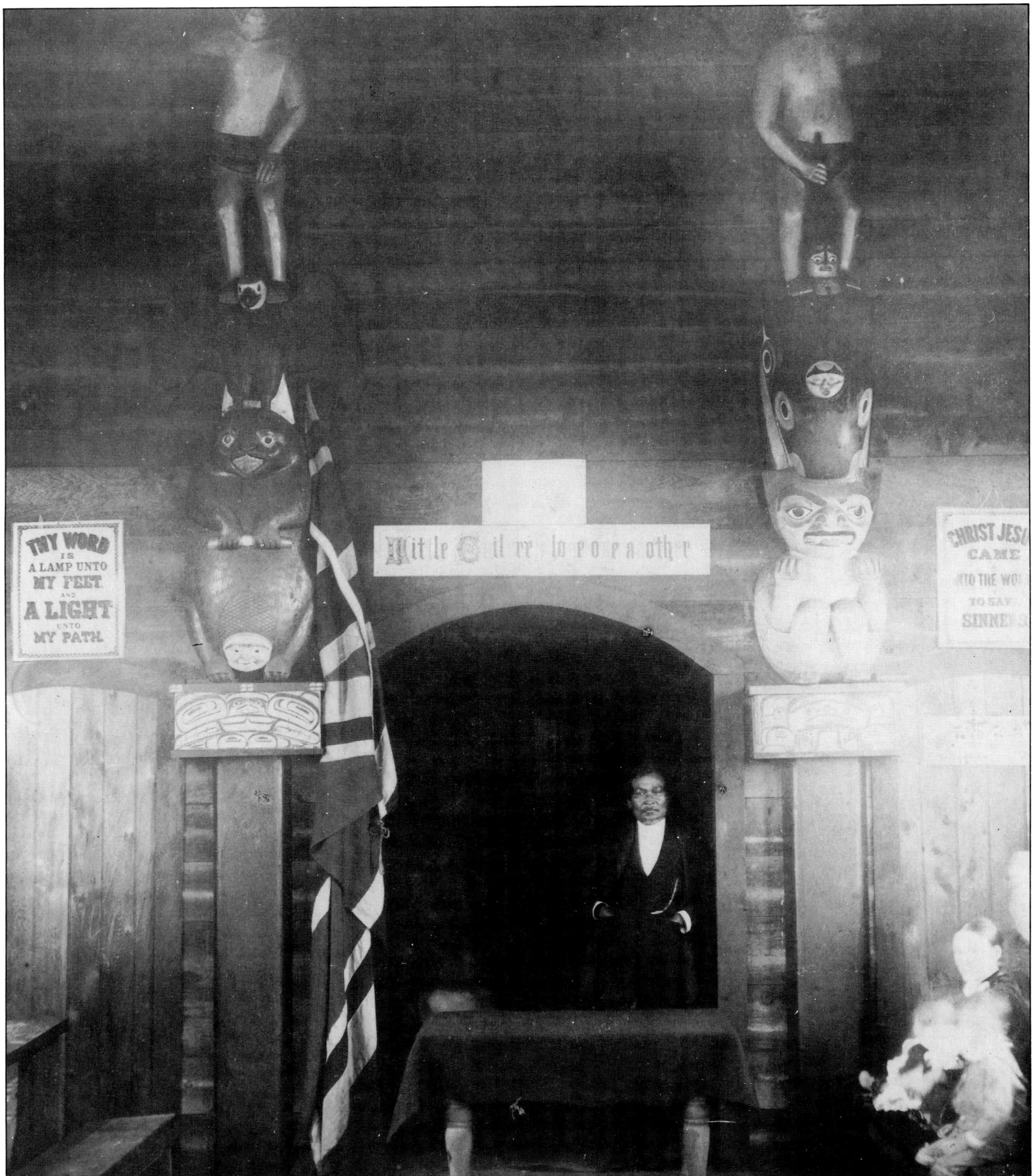
THY WORD
IS
A LAMP UNTO
MY FEET
AND
A LIGHT
UNTO
MY PATH.
CAME

4.18 LINKS Die Sonntagsschule der Mission von Rev. William Duncan, einem Tsimshian in Old Metlakatla, British Columbia, vor 1883. Von einem unbekannten Fotografen.

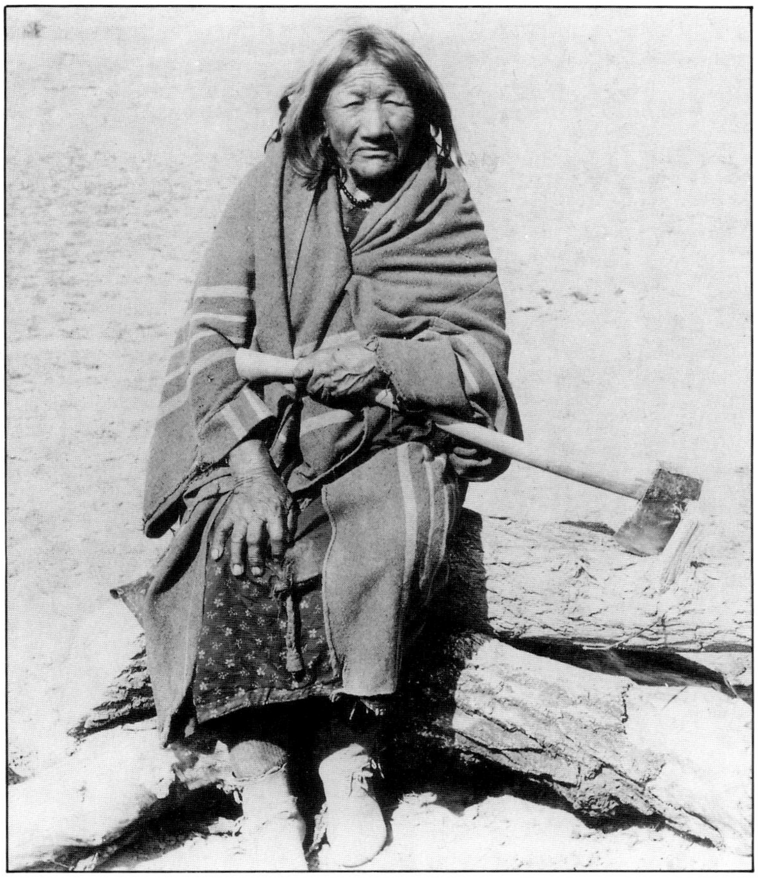

4.19 She Likes To Move The Camp, eine Crow Indianerin bei der St. Francis Xavier Mission, Montana. Von Pater Peter Paul Prando, ca. 1890.

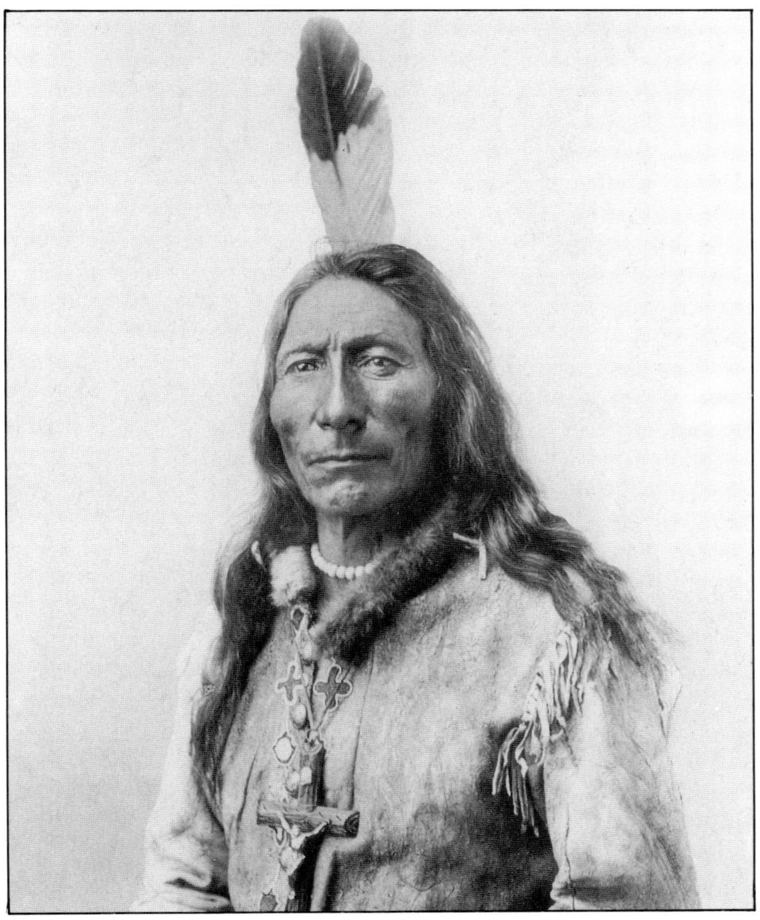

4.20 Long Feather, ein Dakota, der ein Kreuz trägt. Von David F. Barry.

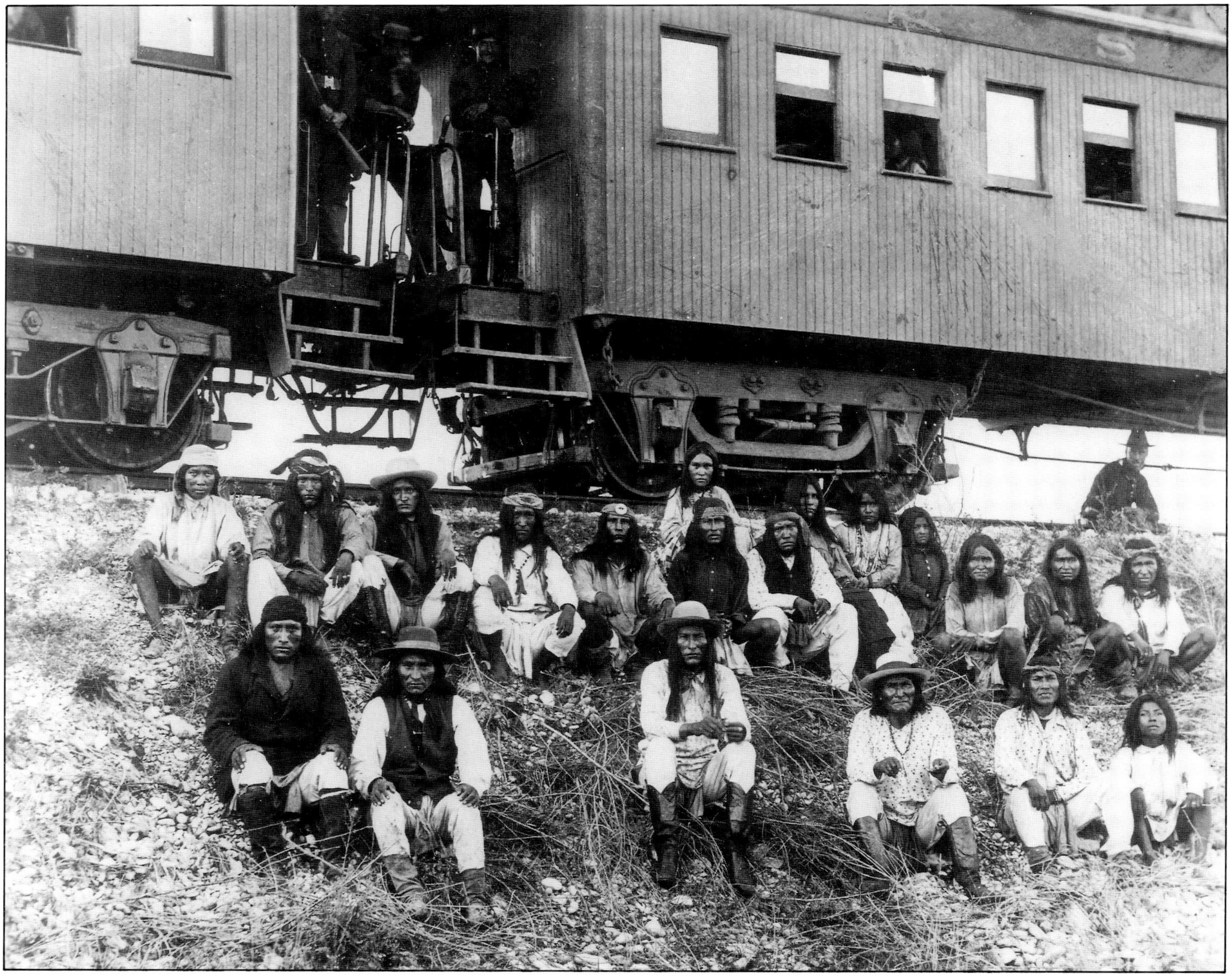

4.21 Gefangene Apachen mit Geronimo (erste Reihe, vierter von links) auf dem Weg nach Fort Sam Houston, Texas und Fort Marion, Florida. Vermutlich von A. J. McDonald, 1886. Siehe auch Abb. 3.25–3.27.

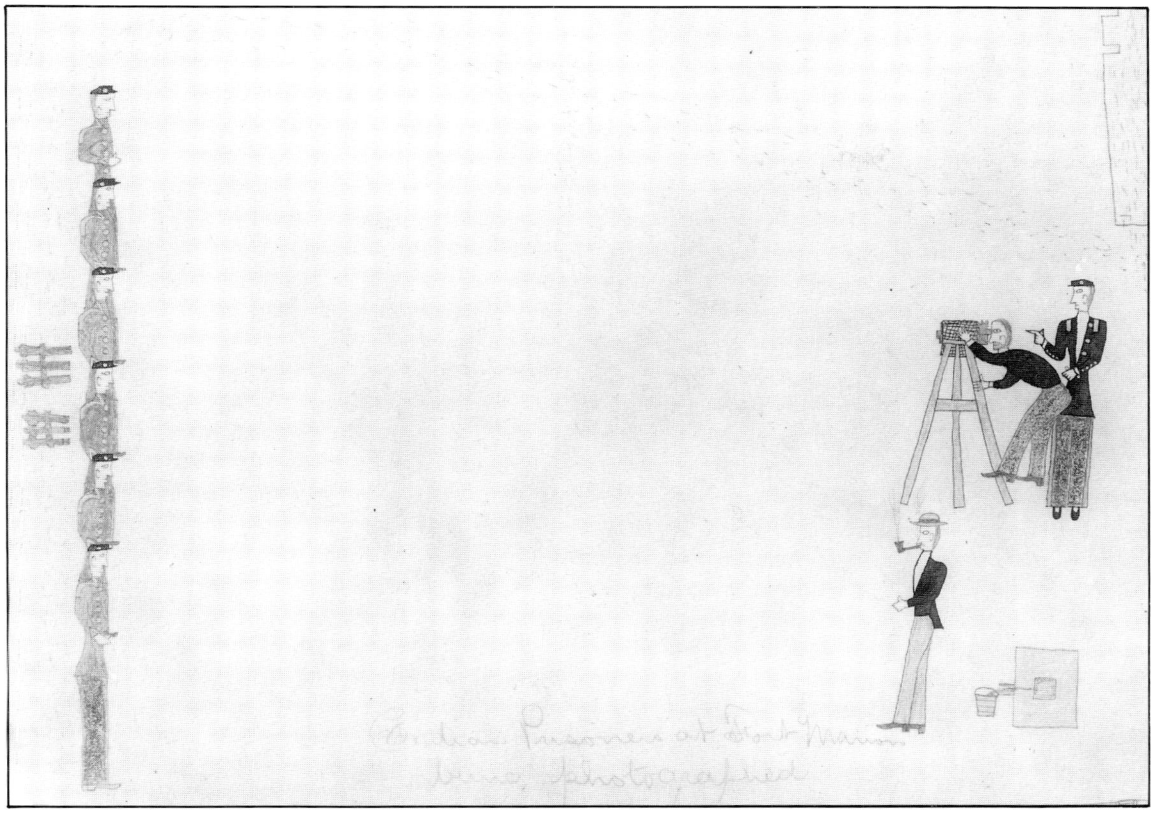

4.22 Indianische Gefangene, die fotografiert werden. Zeichnung von Making Medicine, einem gefangenen Cheyenne in Fort Marion, St. Augustine, Florida, im August 1875.

4.23 Arapaho, Caddo, Cheyenne, Comanchen und Kiowa Gefangene in Fort Marion, 1875–78. Von einem unbekannten Fotografen.

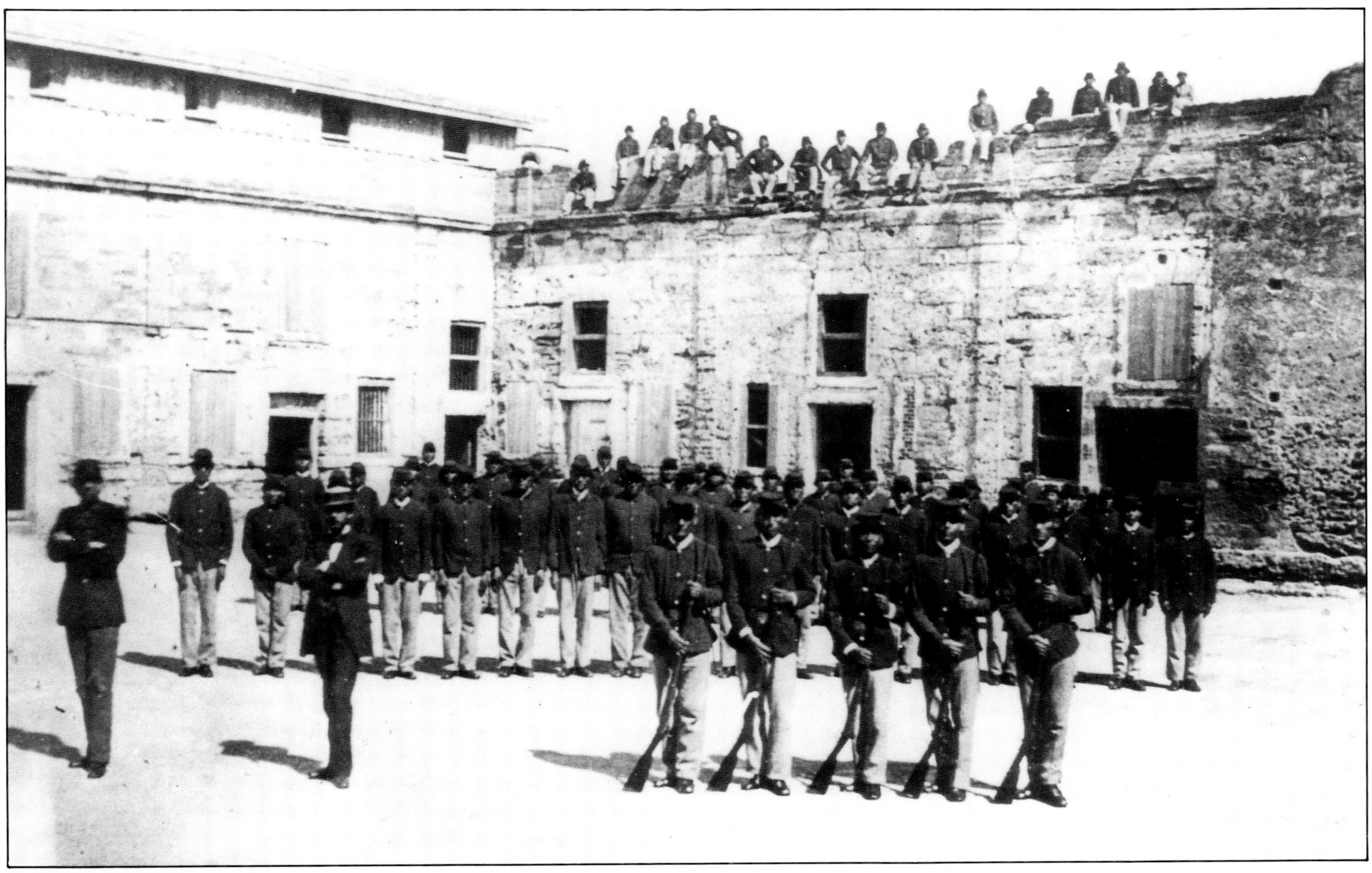

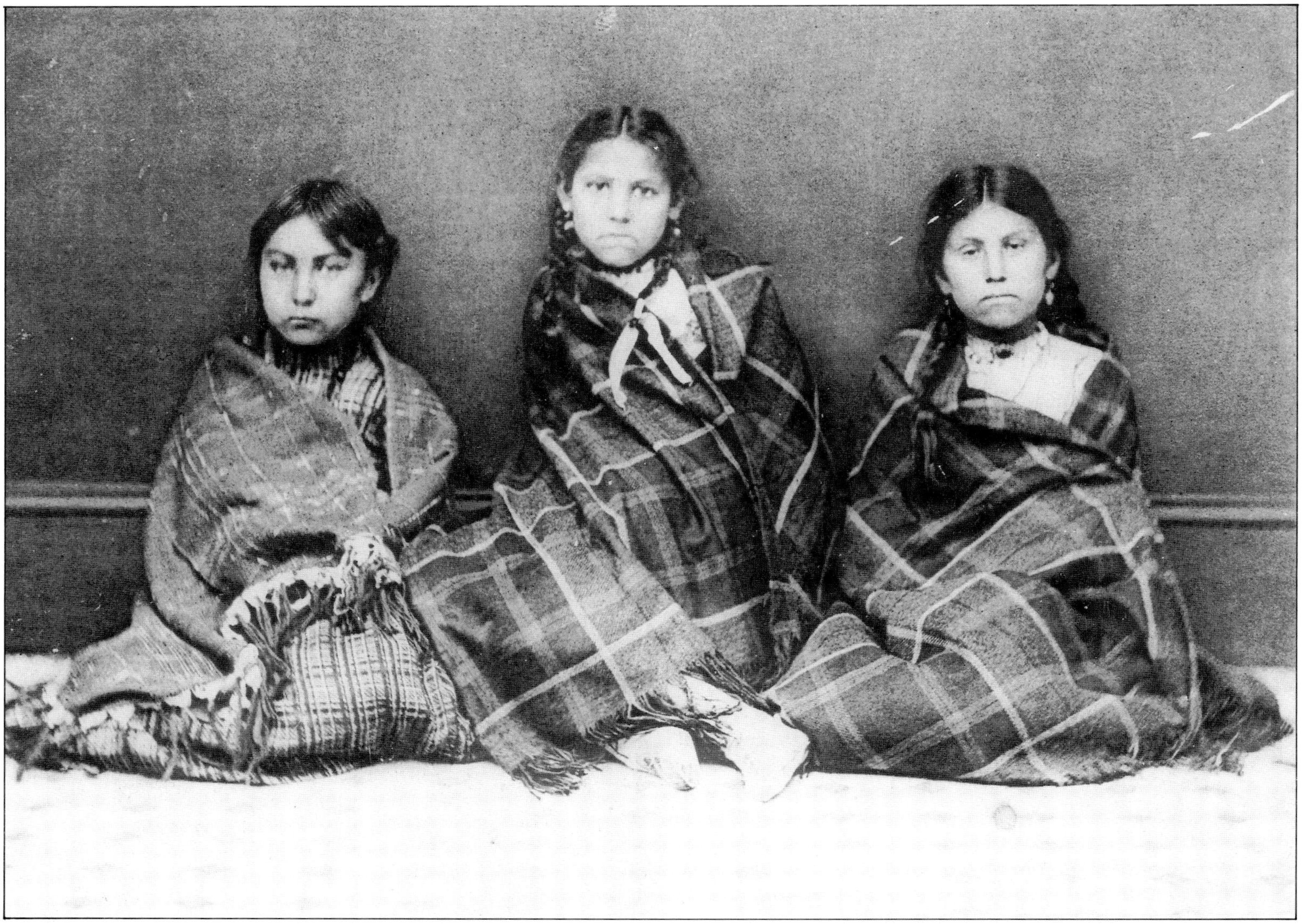

4.24 Carrie Anderson, Annie Dawson und Sarah Walker bei ihrer Ankunft im Hampton Normal and Agricultural Institute, Virginia, im November 1878. Von einem unbekannten Fotografen.

4.25 Annie Dawson, Carrie Anderson und Sarah Walker vierzehn Monate nach ihrer Ankunft im Hampton Normal and Agricultural Institute, Virginia, im Februar 1880. Von einem unbekannten Fotografen.

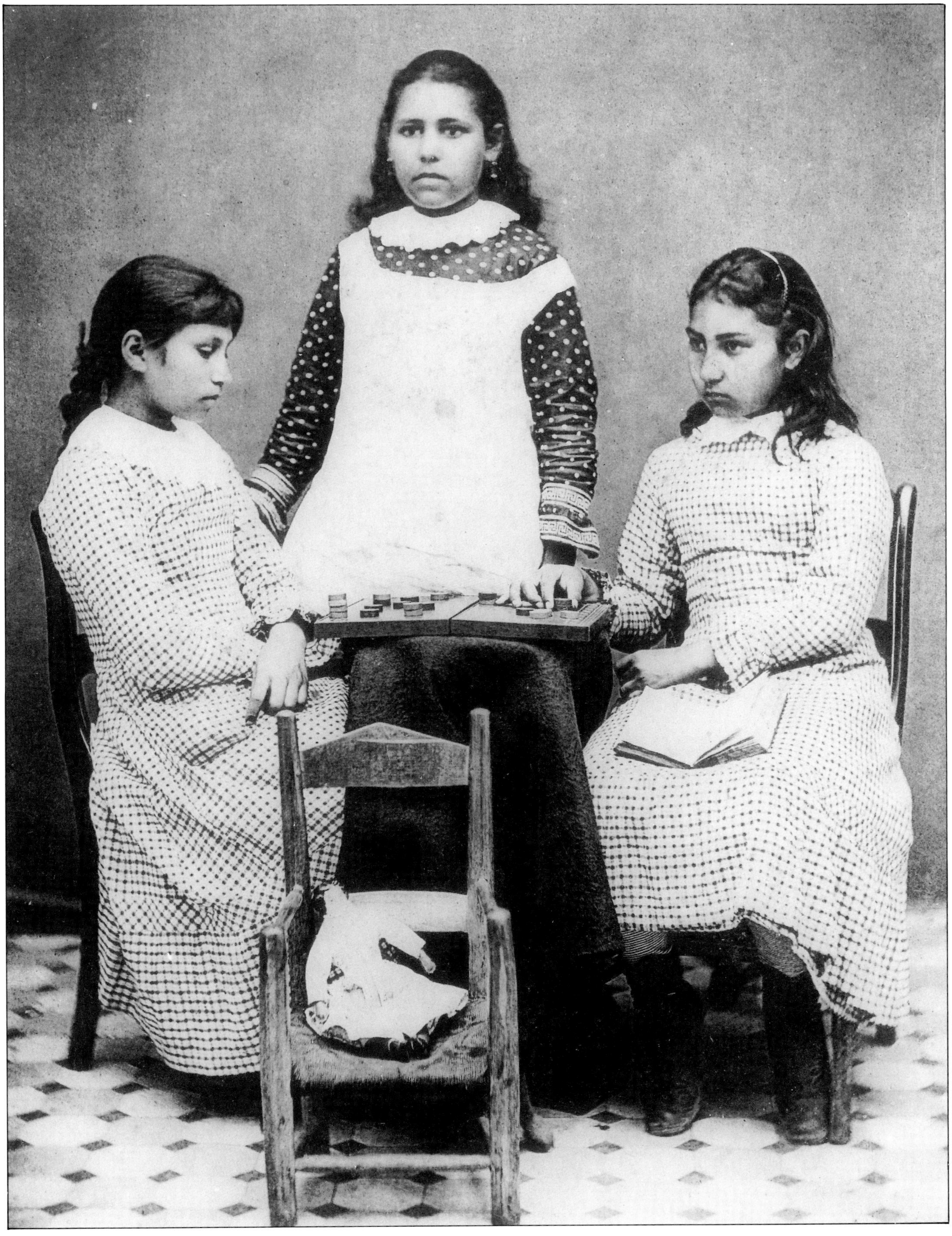

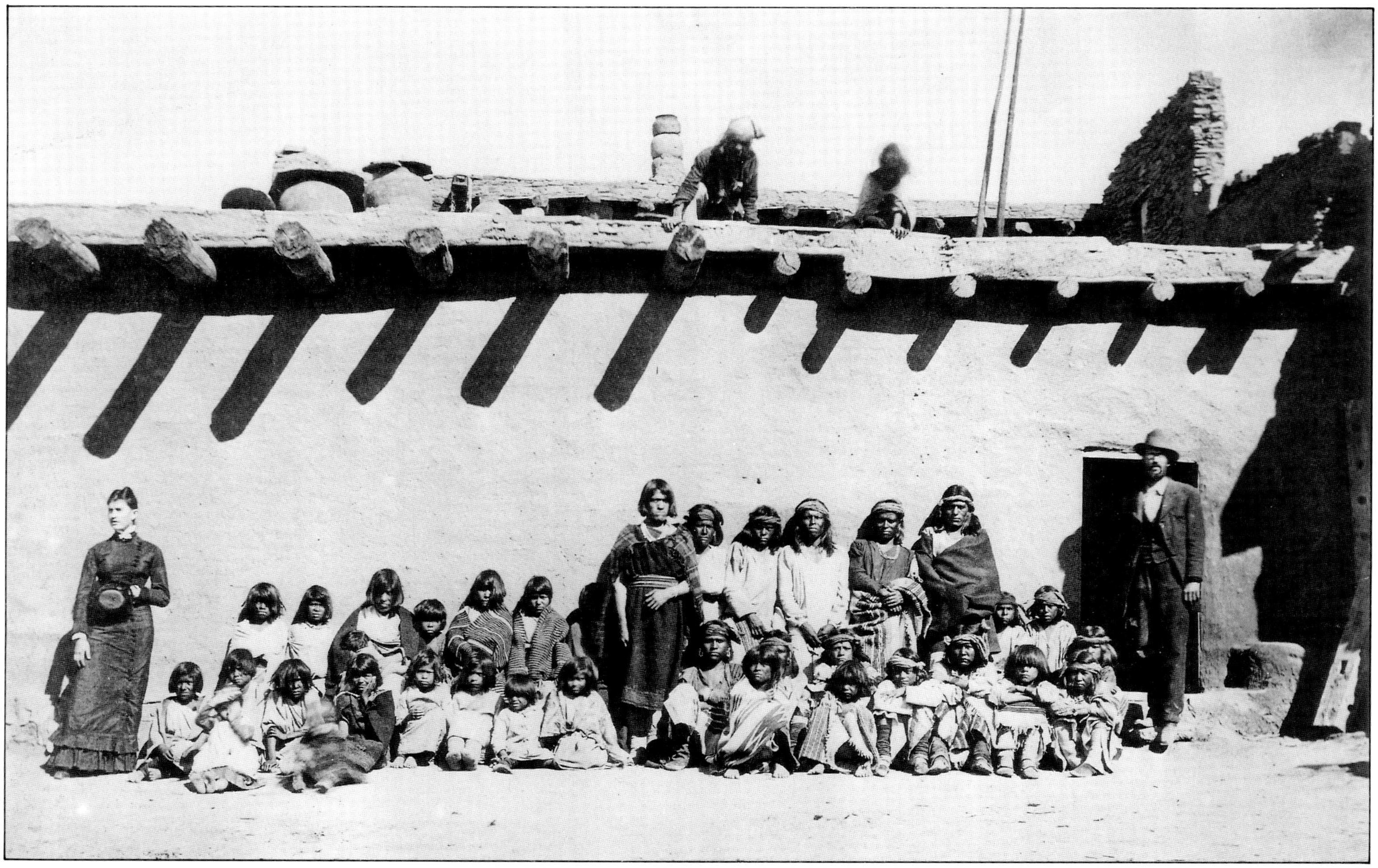

4.26 Kinder der Zuni Pueblo Schule, die von Taylor Ealy geleitet wurde (rechts, stehend). Miss Jenny Hammaker (links, stehend) war die Lehrerin. Von John K. Hillers, 1879.

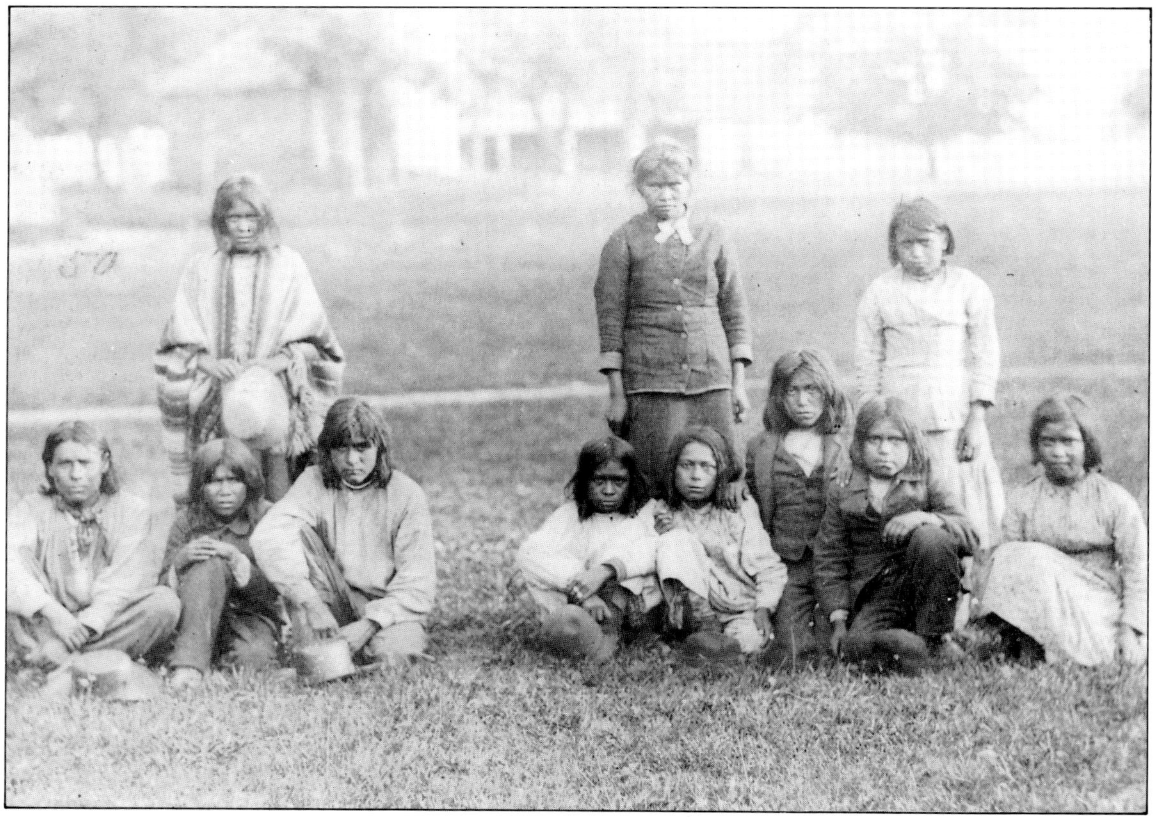

4.27 Pueblo und Apachen-Schüler bei ihrer Ankunft in der Indianerschule von Carlisle, Pennsylvania. Dieses »Vorher« Foto zeigt unter anderen auch vier Zuni-Schüler, die die Namen der Weißen im Pueblo annehmen mußten: Frank Cushing, Anthropologe, Taylor Ealy, Mary Ealy und Jennie Hammaker, Missionare und Lehrer. Vermutlich von John N. Choate.

4.28 Die Zuni-Schüler Frank Cushing, Taylor Ealy, Mary Ealy und Jennie Hammaker »nachher«. Wahrscheinlich von John N. Choate.

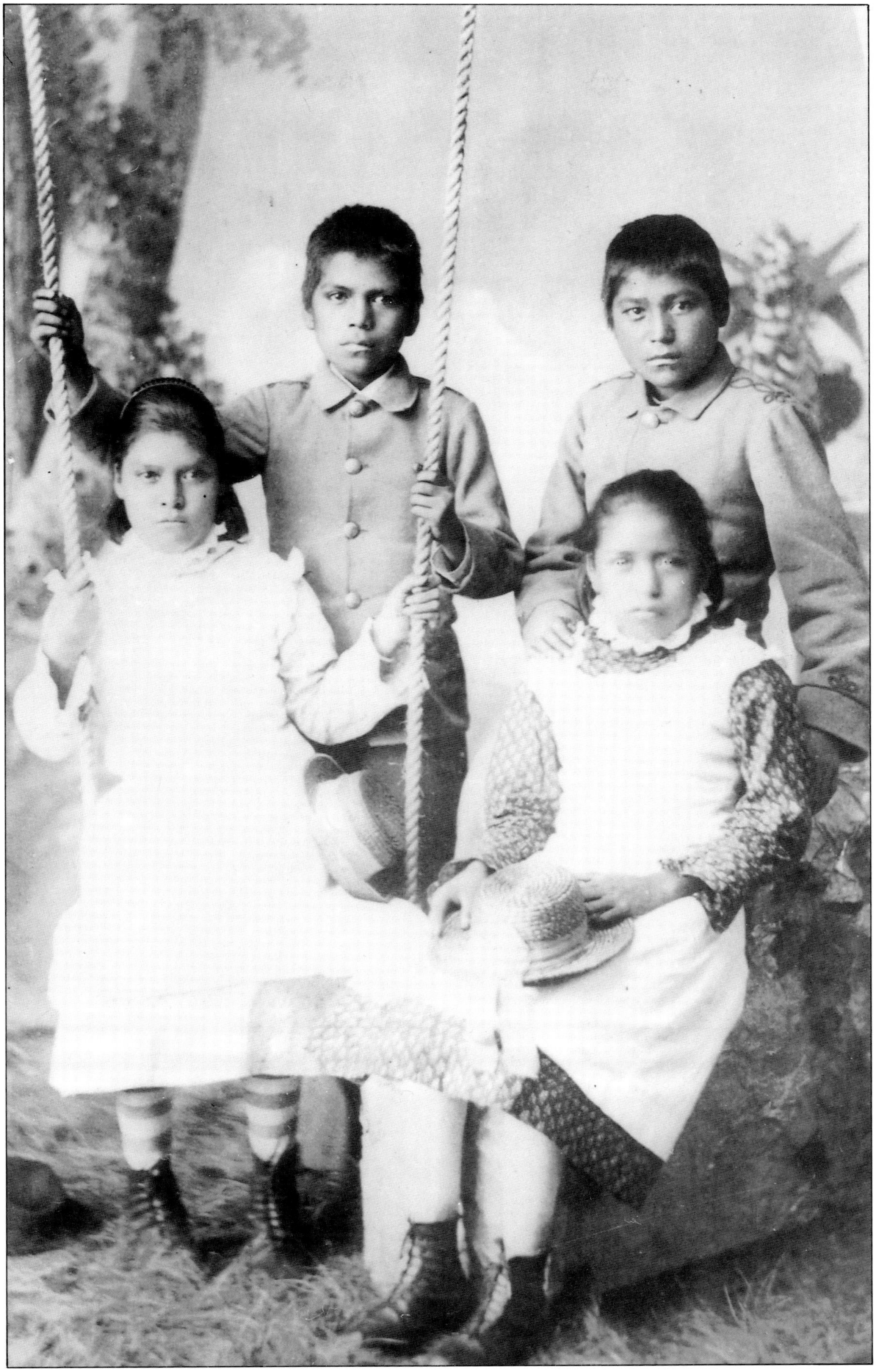

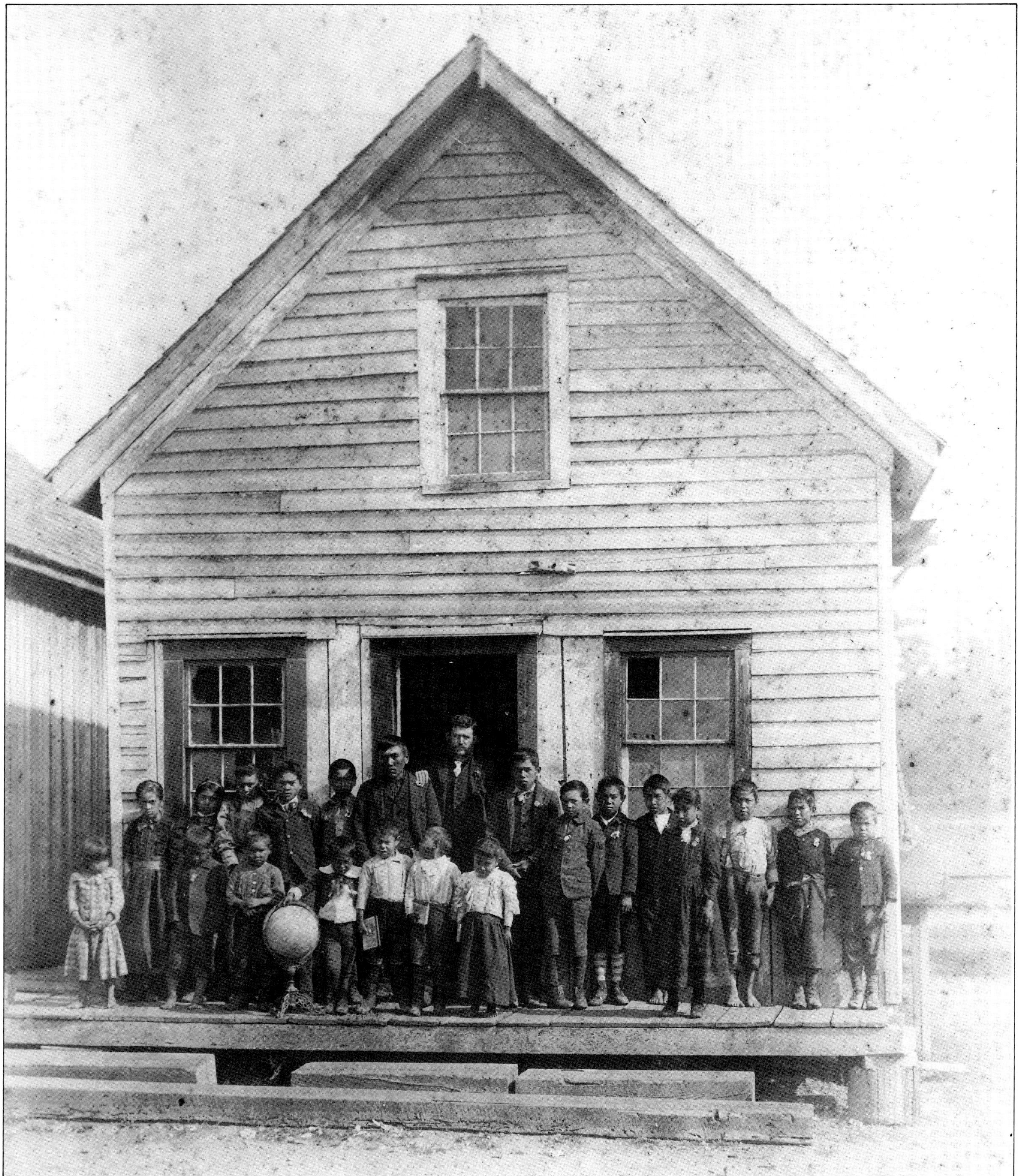

4.29 LINKS Port Gamble Indianerschule, Puget Sound, Washington. Aufgenommen von Jesse Hastings Bratley, einem Lehrer der Schule, zwischen 1893 und 95.

4.30 Dakota-Jungen mit einer Wagenladung Wassermelonen, die im Gelände der Lower Cut Meat Creek Camp Indianerschule gewachsen sind. Rosebud Reservat zwischen 1895 und 99 aufgenommen von Jesse Hastings Bratley.

4.31 Mr. und Mrs. McFatridge, zwei Lehrer mit ihren Schülern von der He Dog Creek Schule im Rosebud Reservat, Süd-Dakota. Augenommen von Jesse Hastings Bratley, während er an der Lower Cut Meat Creek Camp Tagesschule unterrichtete. Zwischen 1895 und 99.

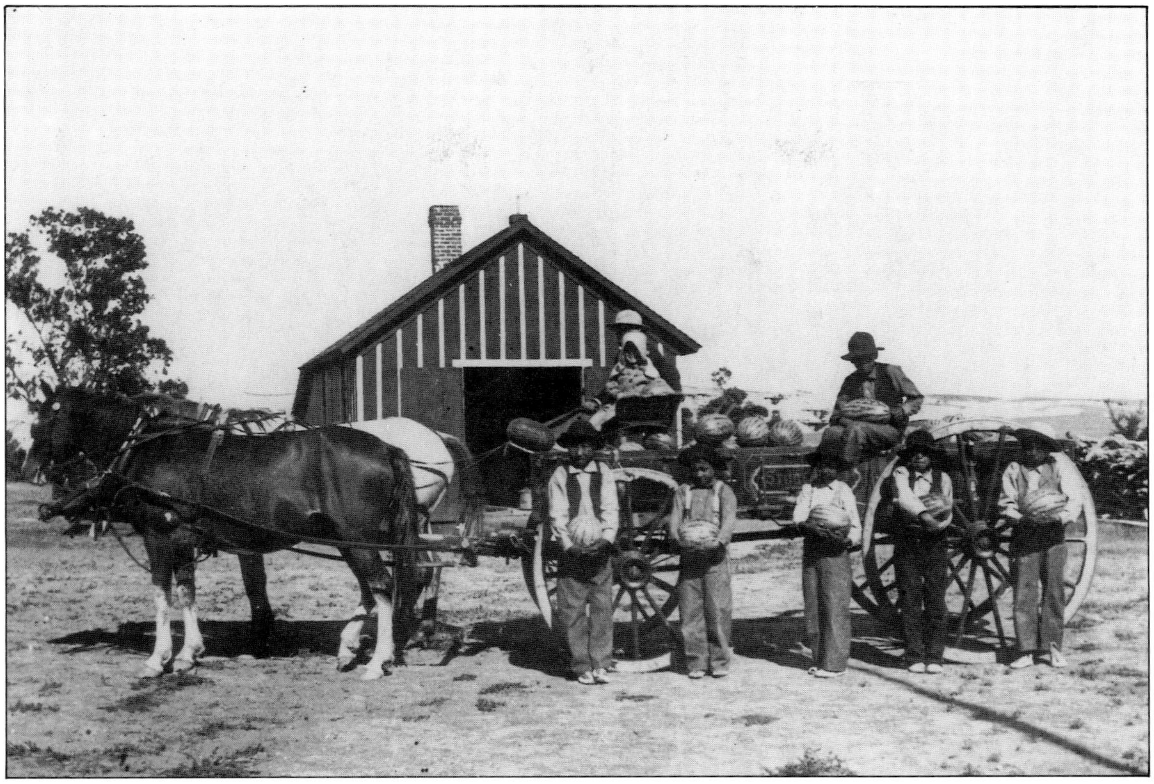

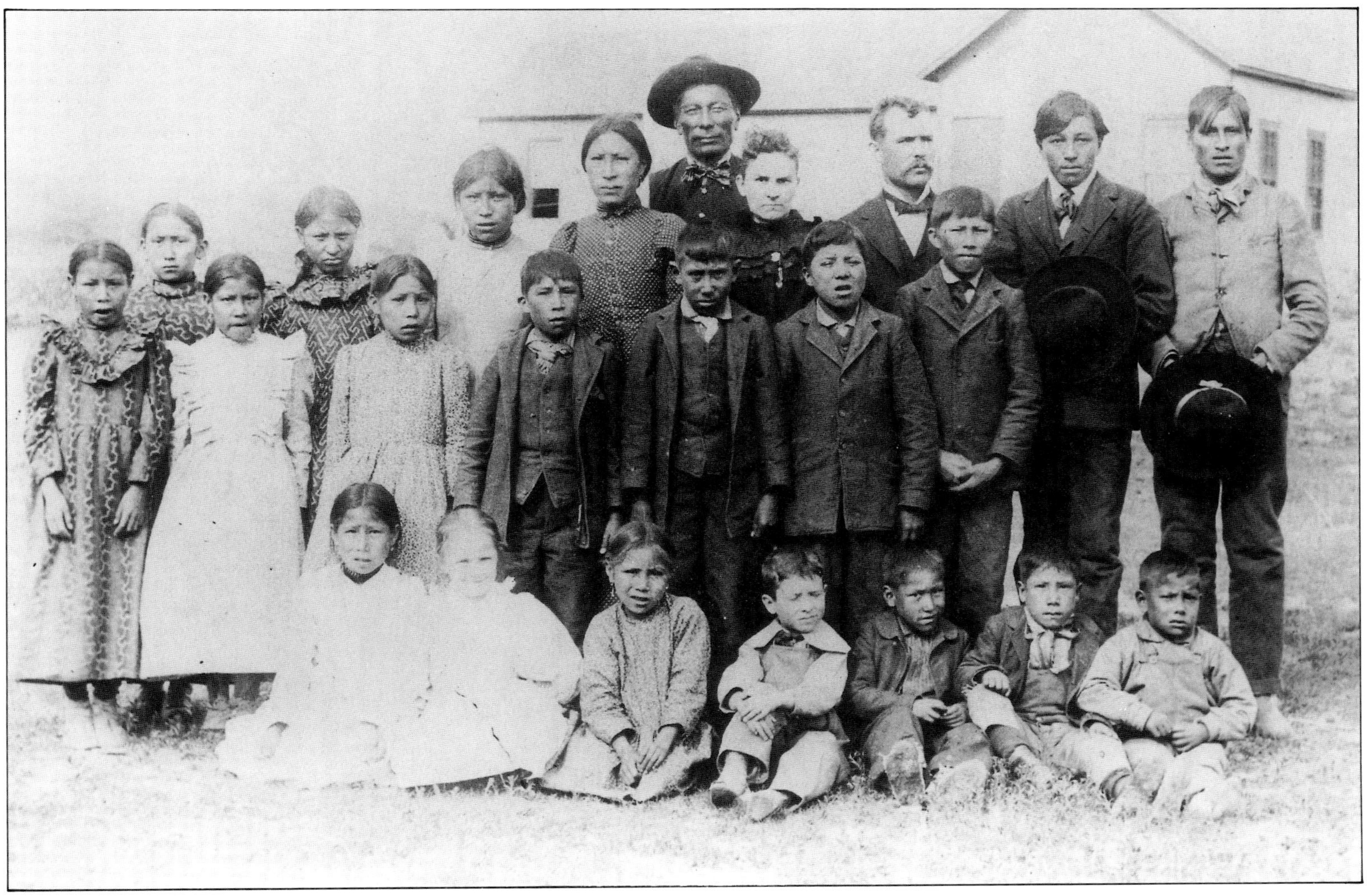

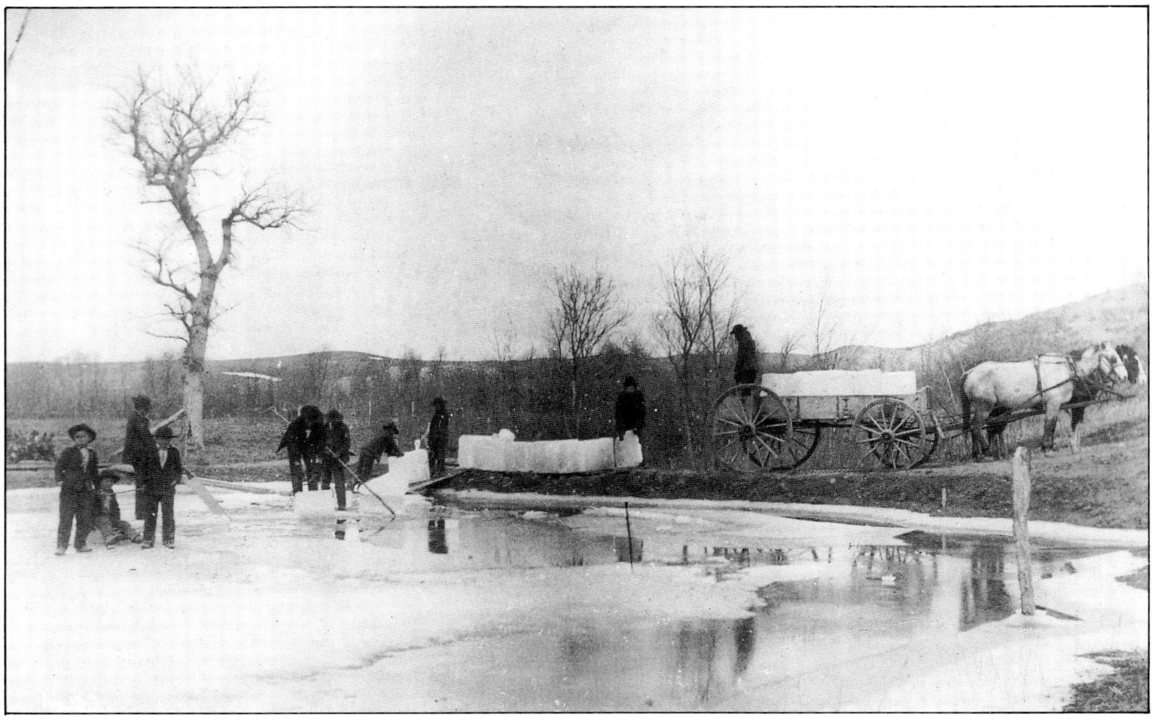

4.32 Das Schneiden von Eis an der Lower Cut Meat Creek Camp Indianer Tagesschule im Rosebud Reservat. Das Eis wurde in einem Kühlhaus, das die Schüler selbst gebaut hatten, aufbewahrt und zum Kühlen von Milch und Butter verwendet. Von Jesse Hastings Bratley, 1898.

4.33 Dakota-Mädchen im Nähzimmer der Lower Cut Meat Greek Camp Indianer Tagesschule, Rosebud Reservat, Süd-Dakota. Von Jesse Hastings Bratley, 1897.

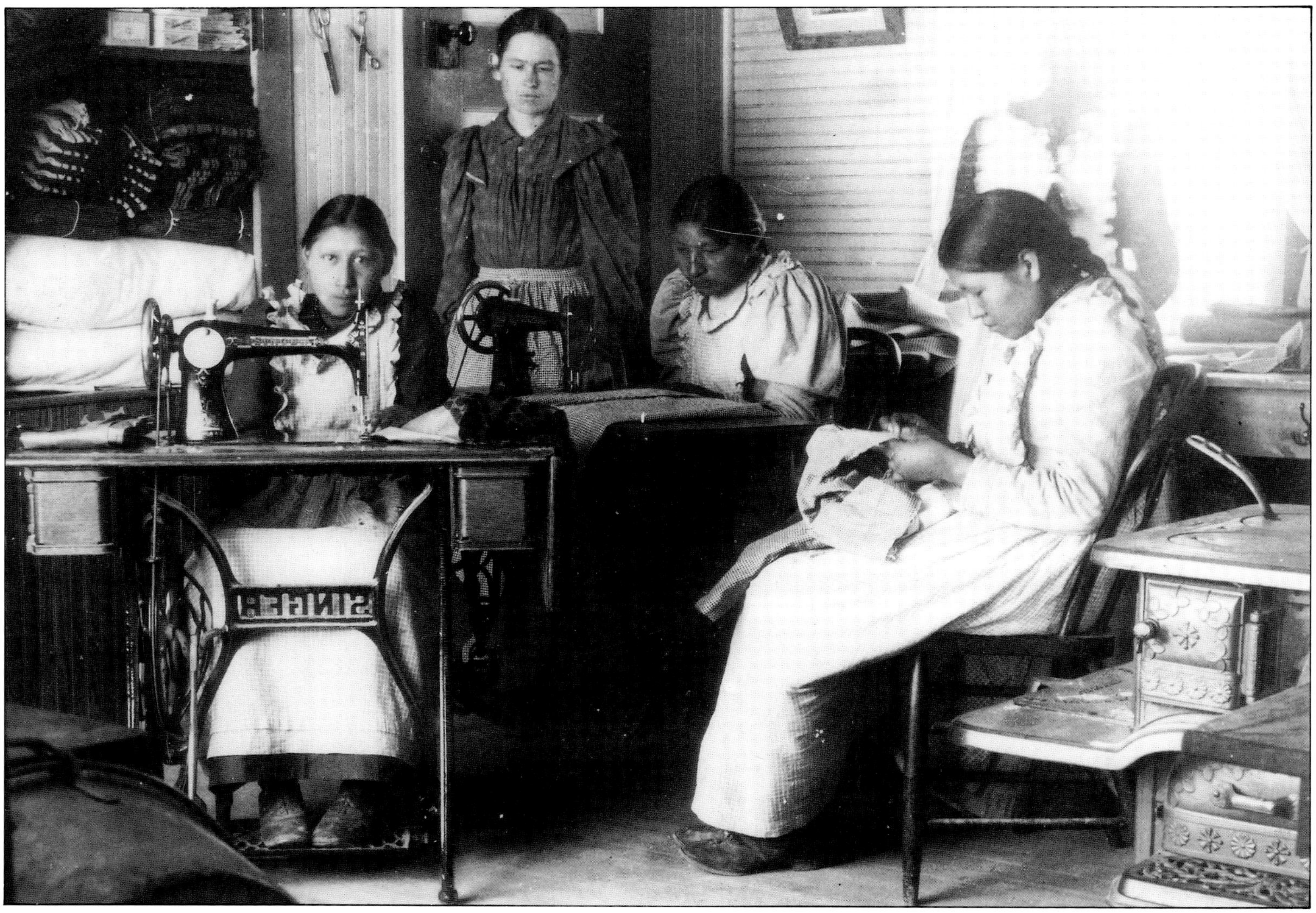

4.34 Harry With Horns, ein Dakota-Indianer, im Rosebud Reservat, Süd-Dakota. Von Jesse Hastings Bratley zwischen 1895und 99.

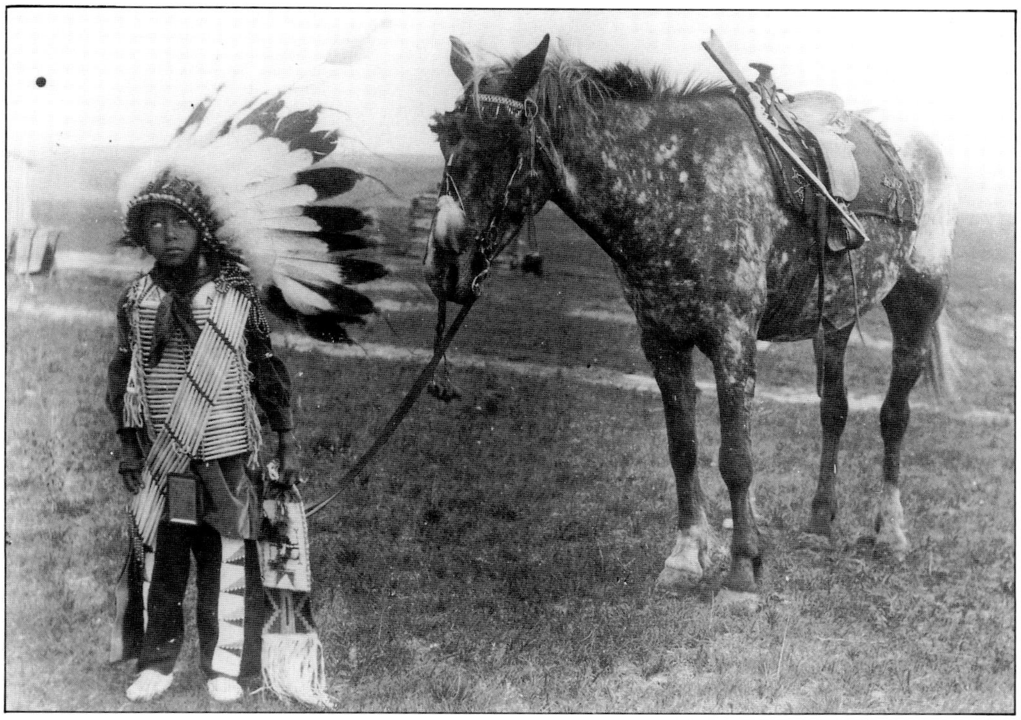

4.35 Eine Gruppe von Schülern im Havasupai Reservat, Arizona. Aufgenommen von Jesse Hastings Bratley, während seiner Zeit als Lehrer im Reservat, zwischen 1900 und 1901.

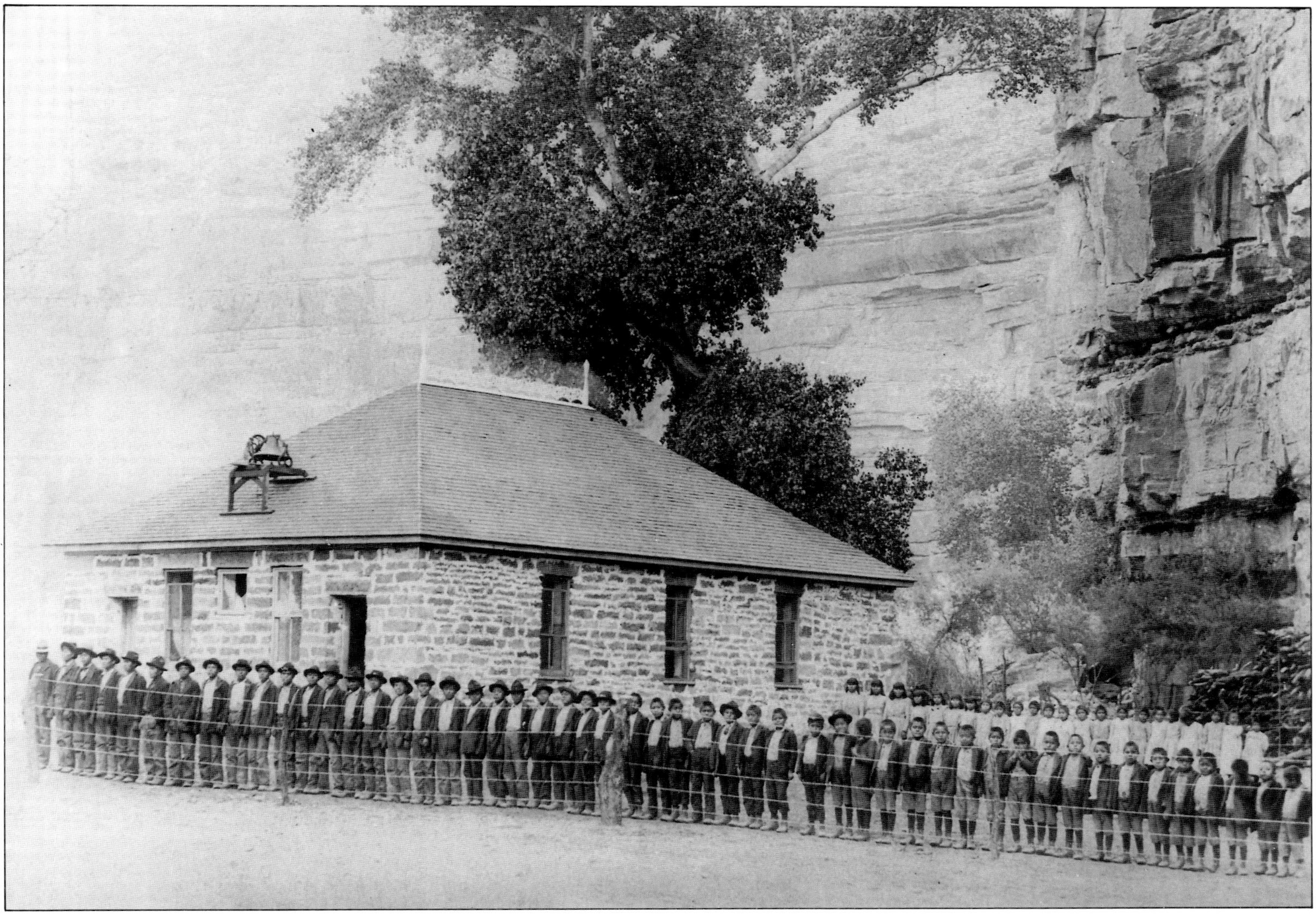

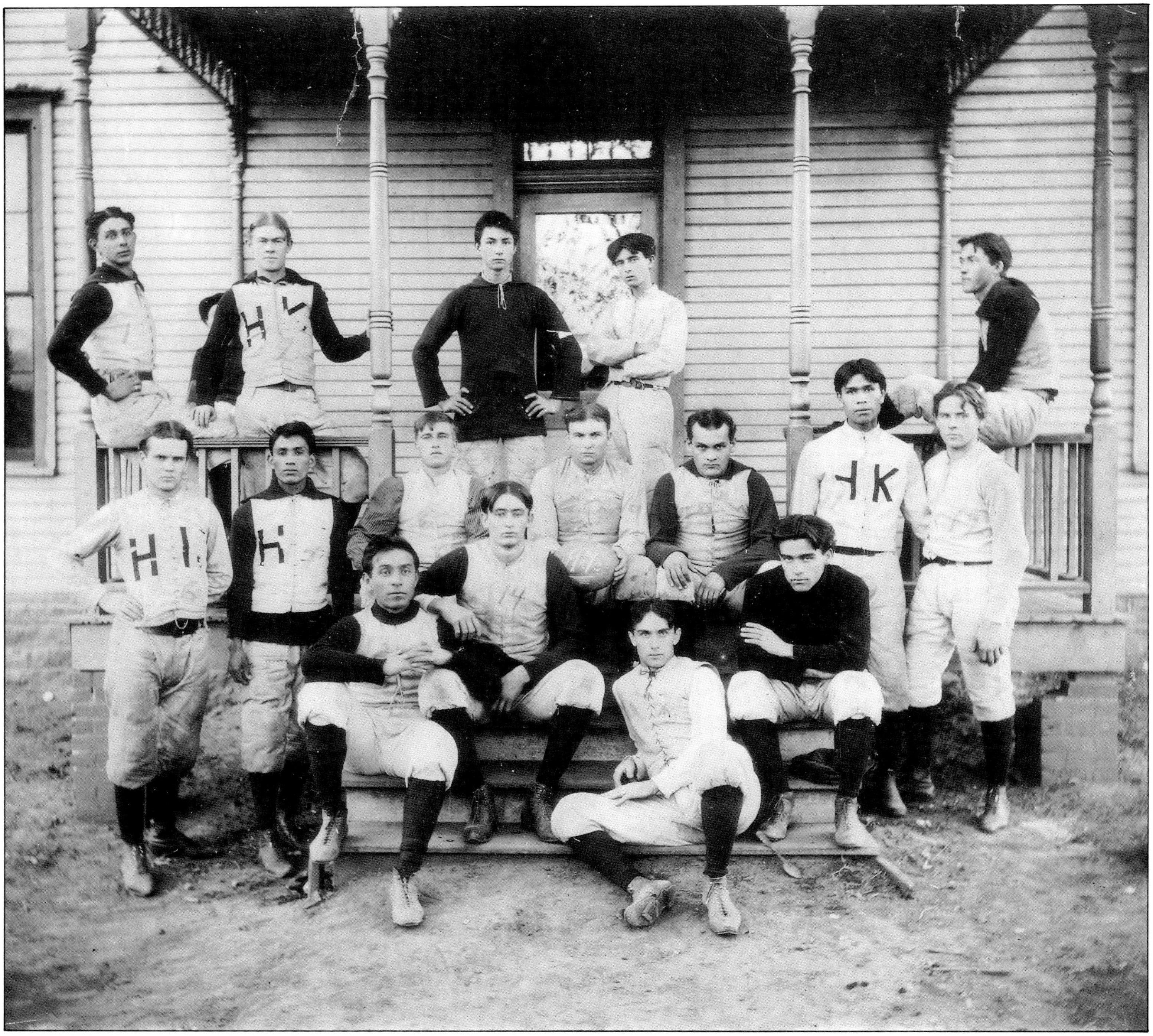

4.36 Ein Football-Team, hauptsächlich Choctaw-Indianer. Von einem unbekannten Fotografen.

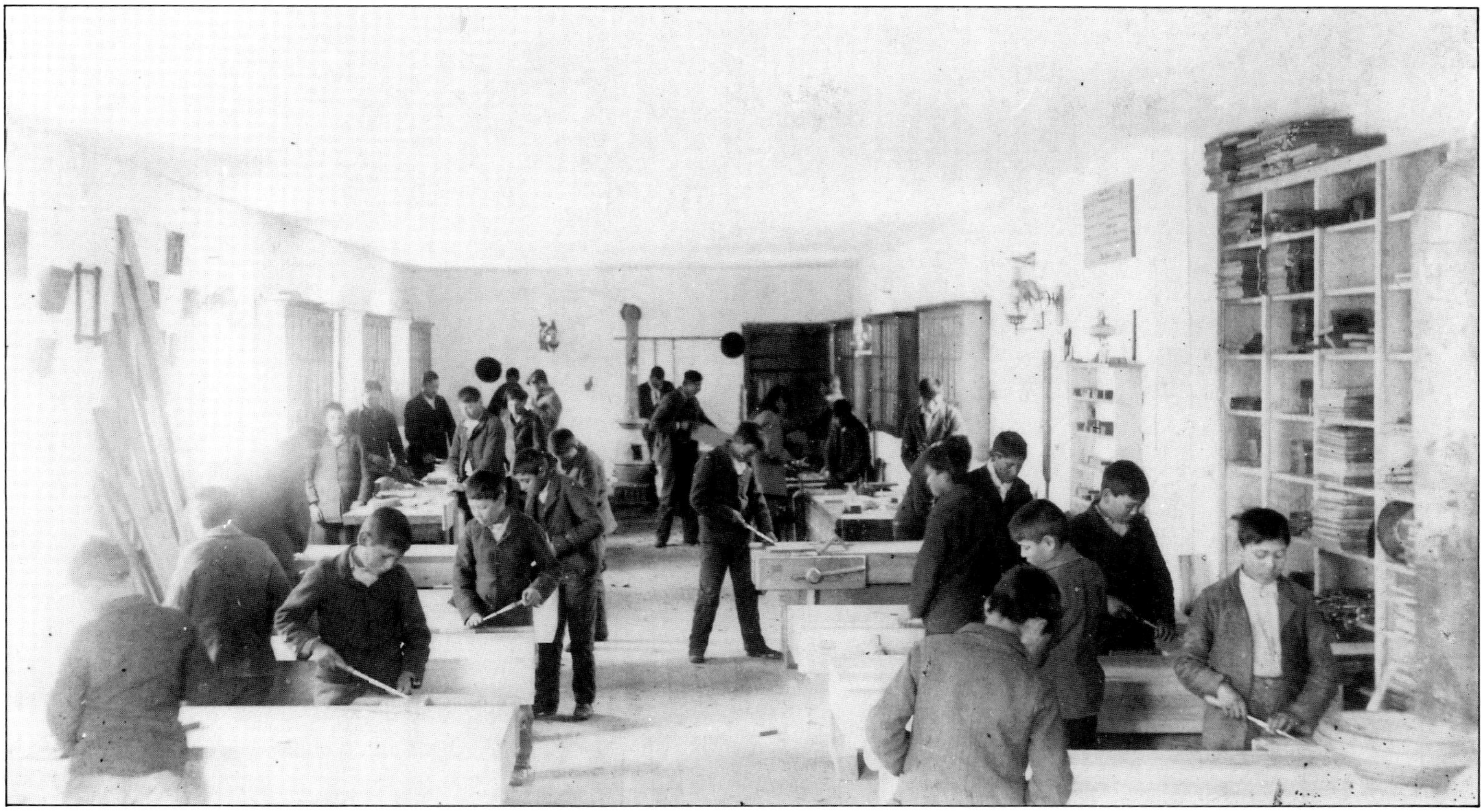

4.37 Indianerjungen in einer Schulwerkstatt für Schreinerei. Von einem unbekannten Fotografen.

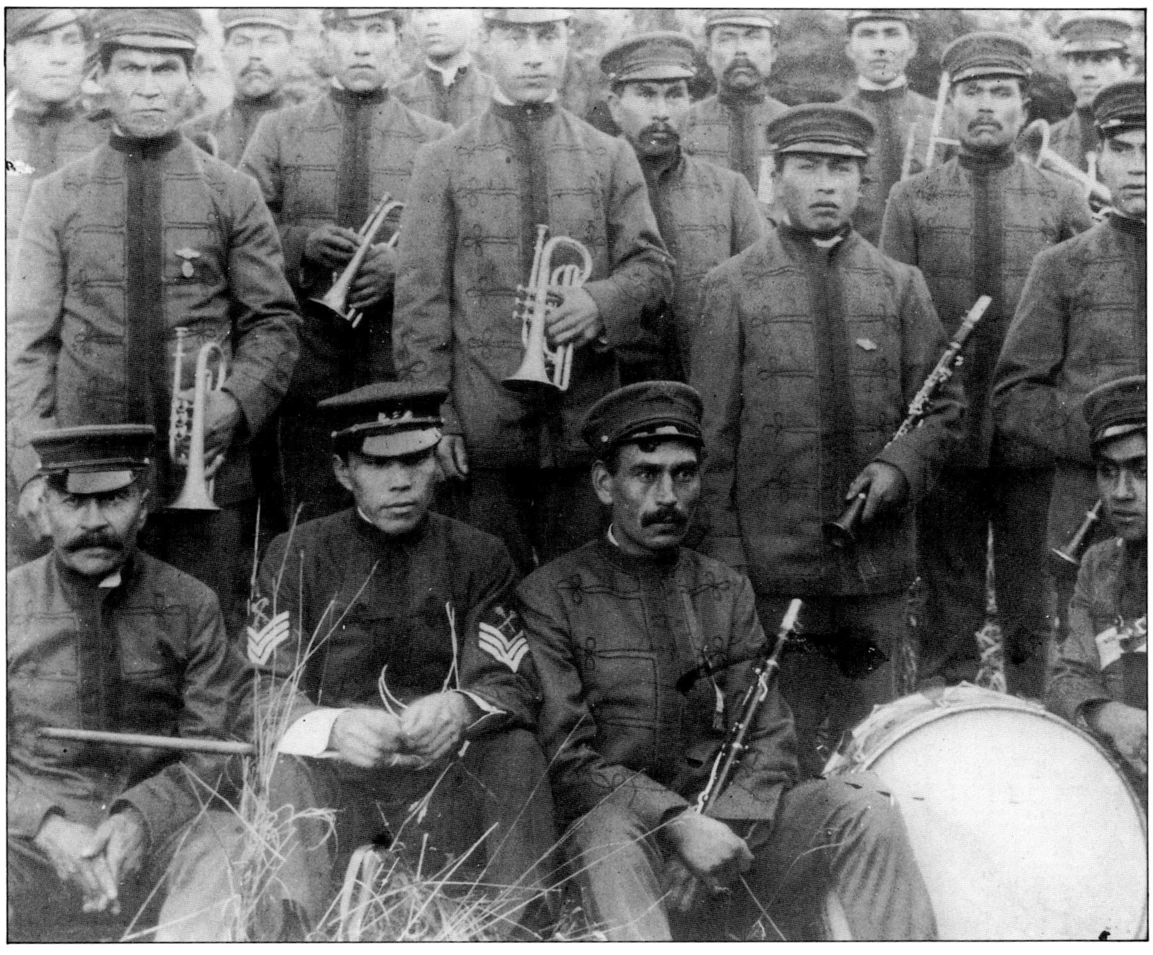

4.38 Ein Haida-Orchester aus Howkan, Alaska um 1905. Von einem unbekannten Fotografen.

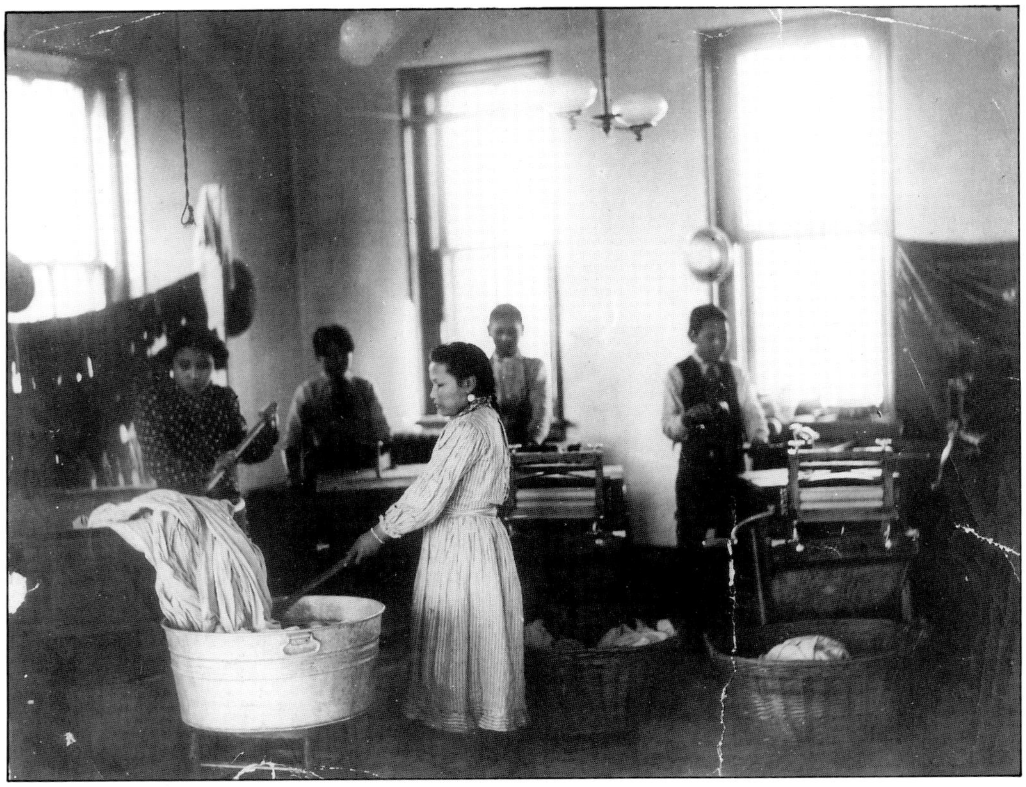

4.39 Jungen und Mädchen beim Wäschewaschen in der Internatsschule des Crow Reservats in Pryor, Montana. Von Fred E. Miller zwischen 1897 und 1910.

4.41 Rechts oben Ein Pferderennen von Schwarzfuß-Indianern. Aufgenommen von Walter McClintock 1906 und von ihm mit dem Titel »Geschwindigkeitstest im Schwarzfußlager« versehen.

4.42 Rechts unten Innenansicht eines Indianerhauses von Crow in Montana 1910. Von Richard Throssel.

4.40 Crow-Indianerinnen spielen ein Glücksspiel. Von Fred E. Miller zwischen 1897 und 1910.

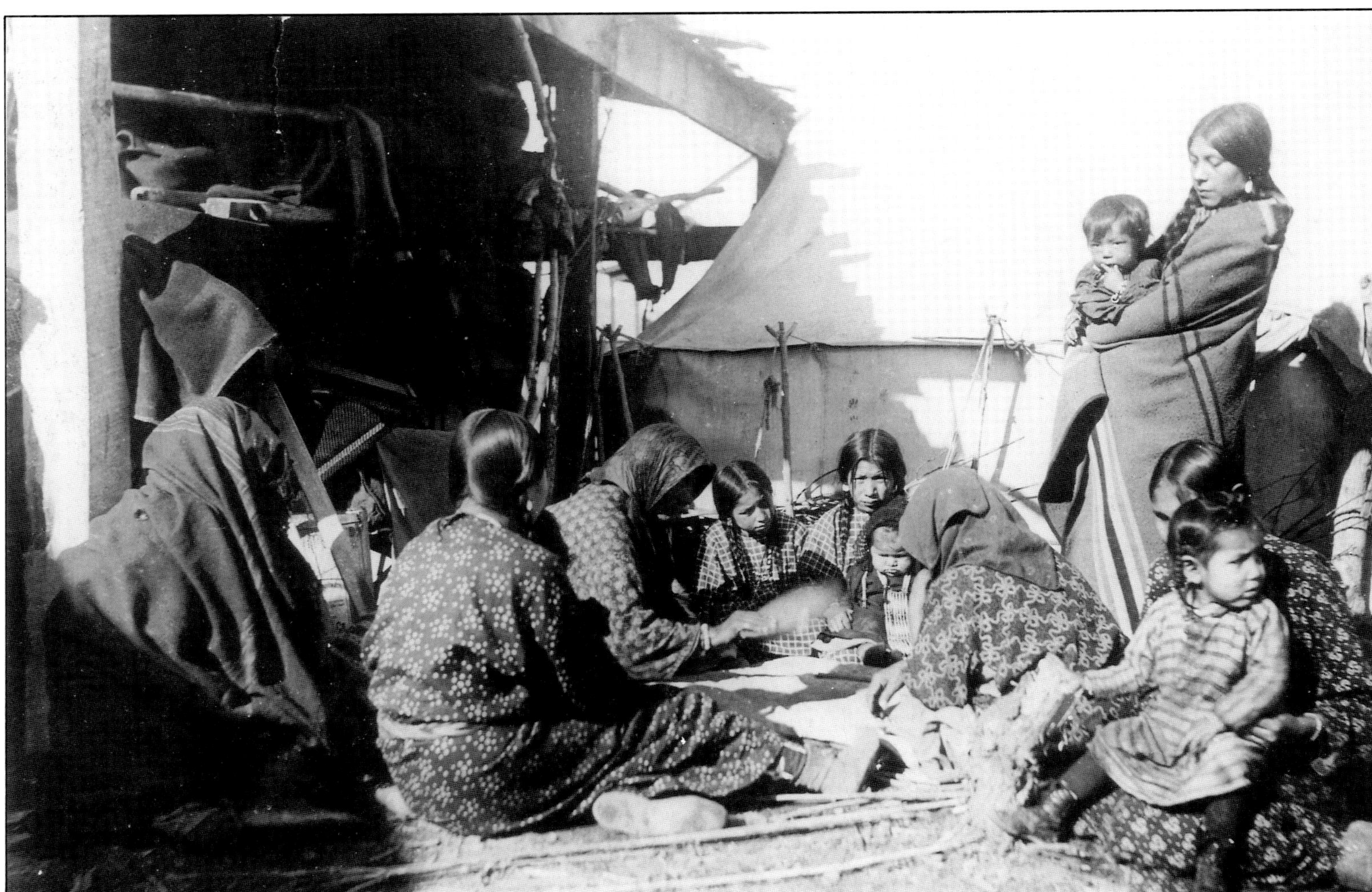

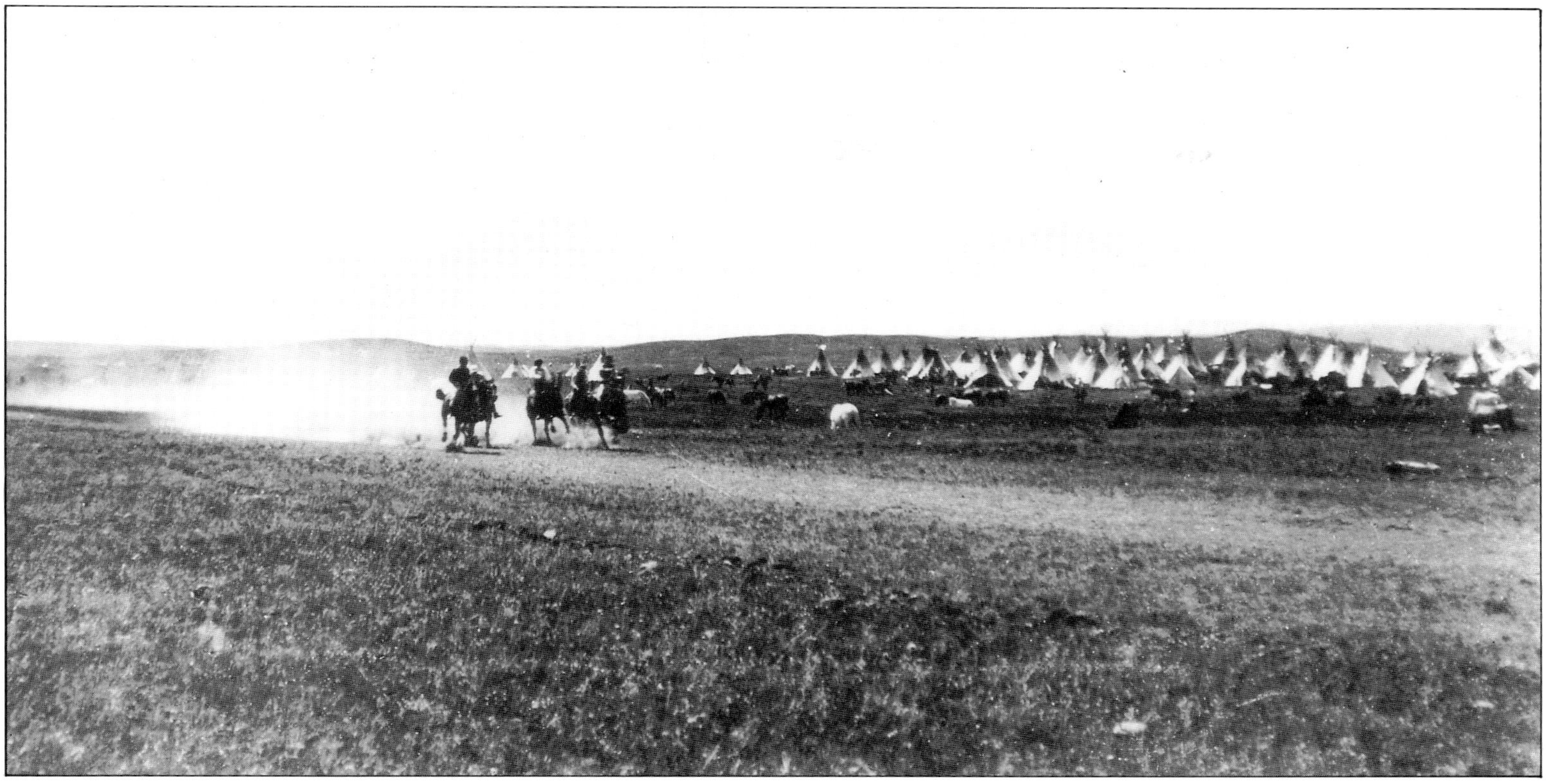

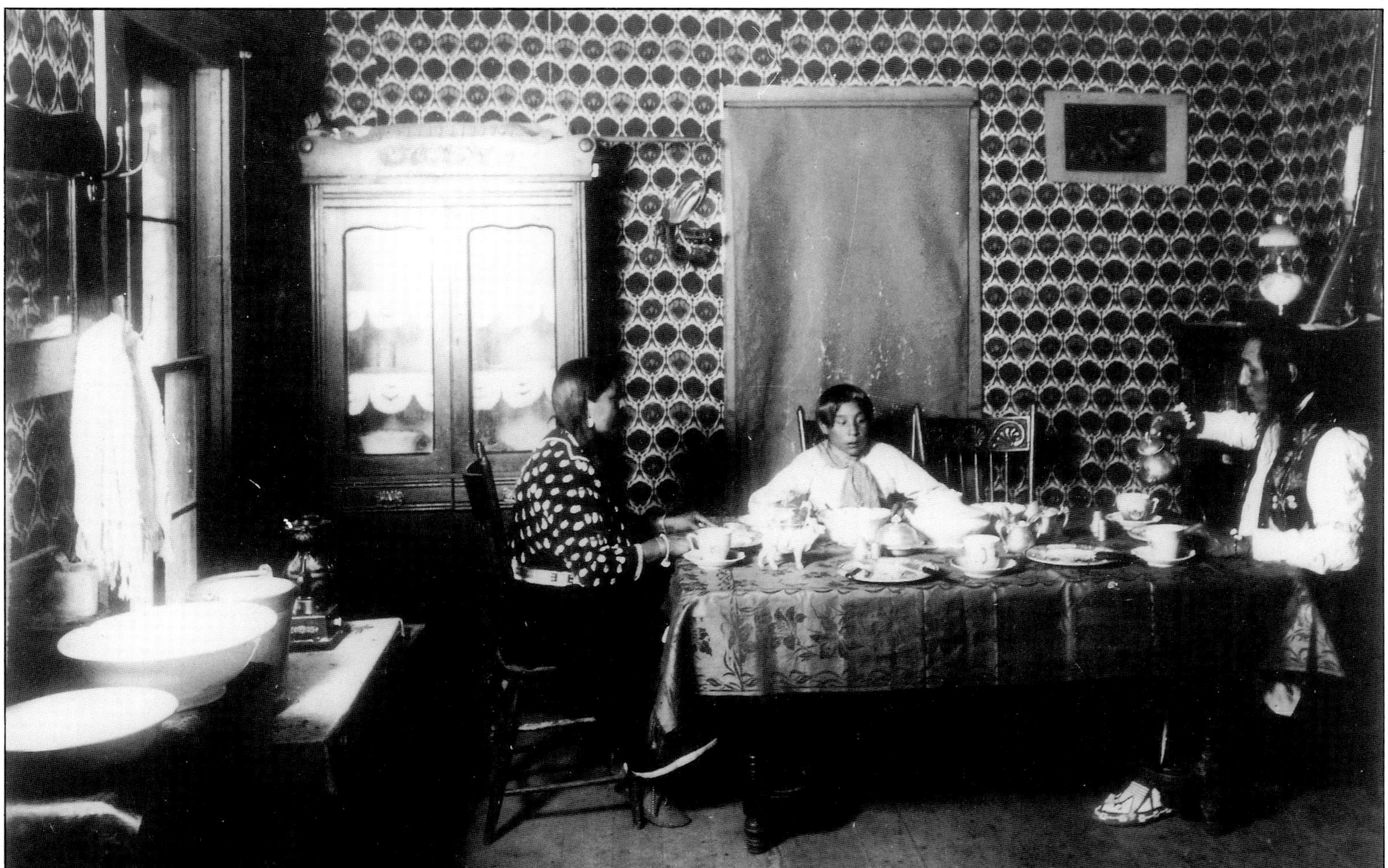

FÜNFTES KAPITEL

Das Festhalten der Einmaligkeit

Die frühen Regierungsexpeditionen

Die Entwicklung der Fotografie im 19. Jahrhundert eröffnete eine neue Ära der Beschäftigung mit dem amerikanischen Westen. Die Expeditionsfotografen konnten Orte besuchen und Dinge in einer Weise festhalten, die jenseits der Möglichkeiten von Malern lagen. Die dokumentarische Genauigkeit künstlerischer Arbeit war anzweifelbar, der augenscheinliche Realismus einer Fotografie hingegen erzeugte den Eindruck der Echtheit. Von allen Wundern eines riesigen Kontinents und seiner Bewohner konnte man sich nun ein genaues Bild machen.

Die erste Regierungsexpedition fand 1804–06 statt, lange vor der Erfindung der Fotografie. Thomas Jefferson beauftragte Meriwether Lewis und William Clark, die von Frankreich erworbenen Länder zu erforschen. Durch diese Entdeckungsreisen erfuhr die Welt erstmals von der Vielfalt der Indianerstämme, die auf den 7659 Meilen zwischen St. Lewis, Missouri, und dem Pazifischen Ozean anzutreffen waren.

Nach dem amerikanisch-britischen Krieg von 1812 wuchs die Besorgnis des Präsidenten James Monroe über die Siedlung der Hudson Bay Company Lord Selkirks am Red River, da er ein britisches Eindringen in amerikanisches Gebiet befürchtete, bevor die Grenzen festgelegt waren. Deshalb schickte er 1819 Major Stephen Long auf eine Expedition ins Yellowstone-Gebiet, um die Möglichkeit zu prüfen, dort einen militärischen Posten einzurichten. Der von der Regierung angestellte Künstler Samuel Seymour fertigte unterwegs Skizzen der Indianerdörfer an.[1]

Die Erforschung Amerikas änderte ihren Charakter, als 1813 per Gesetz eine Eliteexpeditionseinheit geschaffen wurde, das Korps der Topographie-Ingenieure. Das Korps wurde 1838 reorganisiert und als eigene Abteilung in das Kriegsministerium eingegliedert. Nach dem Bürgerkrieg wurde es Teil des Ingenieurkorps der Armee, das bis heute besteht.[2]

Das Korps war eine zentrale Einrichtung jener ›Manifest Destiny‹-Politik, die den Geist eines romantischen Nationalismus beschwor. Seine Mitglieder waren Offiziere, zumeist Absolventen der Militärakademie West Point. Die Gesamtstärke des Korps überschritt nie 36 Mitglieder. In erster Linie dienten sie als Bundestruppen. Sie eskortierten Siedlerzüge oder kämpften bei örtlichen Gefechten mit. Zu ihren zivilen Aufgaben gehörte die Erforschung und die Kartographie des Landes. In enger Zusammenarbeit mit Wissenschaftlern sammelten sie daneben Daten und Material für die Regierung. Als Repräsentanten der Regierung war ihnen die Dokumentation aller Fragen des Westens einschließlich der Indianer anvertraut. Viele dieser Ingenieure gehörten zu den ersten Fotografen Amerikas.[3]

1842, nur drei Jahre nach der Einführung der Fotografie in Amerika, begann die Epoche der »Großen Erkundung«.[4] Edward Anthony von der New York Photographic Supply Company reiste mit den Topographie-Ingenieuren zur Erkundung der Nordost-Gebiete. Seine Daguerreotypen sind offensichtlich verlorengegangen.[5]

In diesem Sommer führte Leutnant John Charles Frémont, ein 29-jähriger Topographie-Ingenieur, seine erste Expedition zu den Rocky Mountains. Er wurde von dem deutschen Maler Charles Preuss begleitet. Dem Ratschlag des preußischen Naturforschers Alexander von Humboldt folgend, der Fotografie für die wissenschaftliche Forschungsarbeit empfohlen hatte, nahm Frémont eine Daguerreotypie-Kamera mit. In seinem Tagebuch beschrieb Preuss die Ergebnisse:

> »2. August (Dienstag) ... Frémont baute seine Kamera auf, um die Felsen zu fotografieren. Dann ruinierte er fünf Platten. Es war absolut nichts auf ihnen zu erkennen. So ist es oft mit den Amerikanern. Sie wissen alles, sie können alles, und wenn es darauf ankommt, scheitern sie kläglich ... Frémont verschwendete den ganzen Morgen mit seinem Apparat. Jetzt sieht man in den Bergen Rauch aufsteigen. Das kann nur eines bedeuten: Indianer.«[6]

Präsident James K. Polk hielt die Expedition für nicht besonders erfolgreich, aber als »Symbol war sie hervorragend.«[7]

Frémonts Expedition von 1843–44 war weitaus erfolgreicher. Er beschrieb nicht nur die Stämme, auf die er traf, sondern auch ihre »Einstellung gegenüber der Besiedelungspolitik«. Seine Arbeit blieb das bedeutsamste Beispiel wissenschaftlicher Landerkundung vor dem Bürgerkrieg. Seine romantischen Erzählungen machten ihn zum Volkshelden und die Expeditionen zu einem Teil der nationalen Politik. Trotz seines Mißgeschicks mit der Kamera bleibt es Frémonts Verdienst, als erster die Expeditionsfotografie im amerikanischen Westen versucht zu haben.

Die Erkundungen anläßlich des mexikanischen Krieges 1845–48 waren die ersten großangelegten Projekte der Topographie-Ingenieure im Westen. Das Korps erkundete Nachschublinien und Schlachtfelder. Dabei gelang es ihm, die südöstlichen Stämme aus dem Konflikt herauszuhalten. Nach dem Krieg wurde das Gebiet von den Ingenieuren vermessen, um die Grenzen festzulegen. Für fotografische Experimente war dabei wenig Zeit.[8]

Während der 50er Jahre wuchs das Bedürfnis nach größeren Expeditionen. Die Eisenbahngesellschaften bedrängten den Kongreß, alle Möglichkeiten für kontinentale Verbindungen zu prüfen. Mit den Pacific Railroad Surveys bekam die Expeditionsfotografie eine neue Bedeutung.

Im Frühjahr 1853 verließ der Gouverneur Isaac I. Stevens St. Paul, Minnesota, um die nördliche Route durch das Washington Territorium zu erkunden. Der offiziell bei der Regierung angestellte Maler John Mix Stanley begleitete ihn. Stanley hatte seit zehn Jahren an Expeditionen in den Westen teilgenommen. Es ist ungeklärt, ob er auf

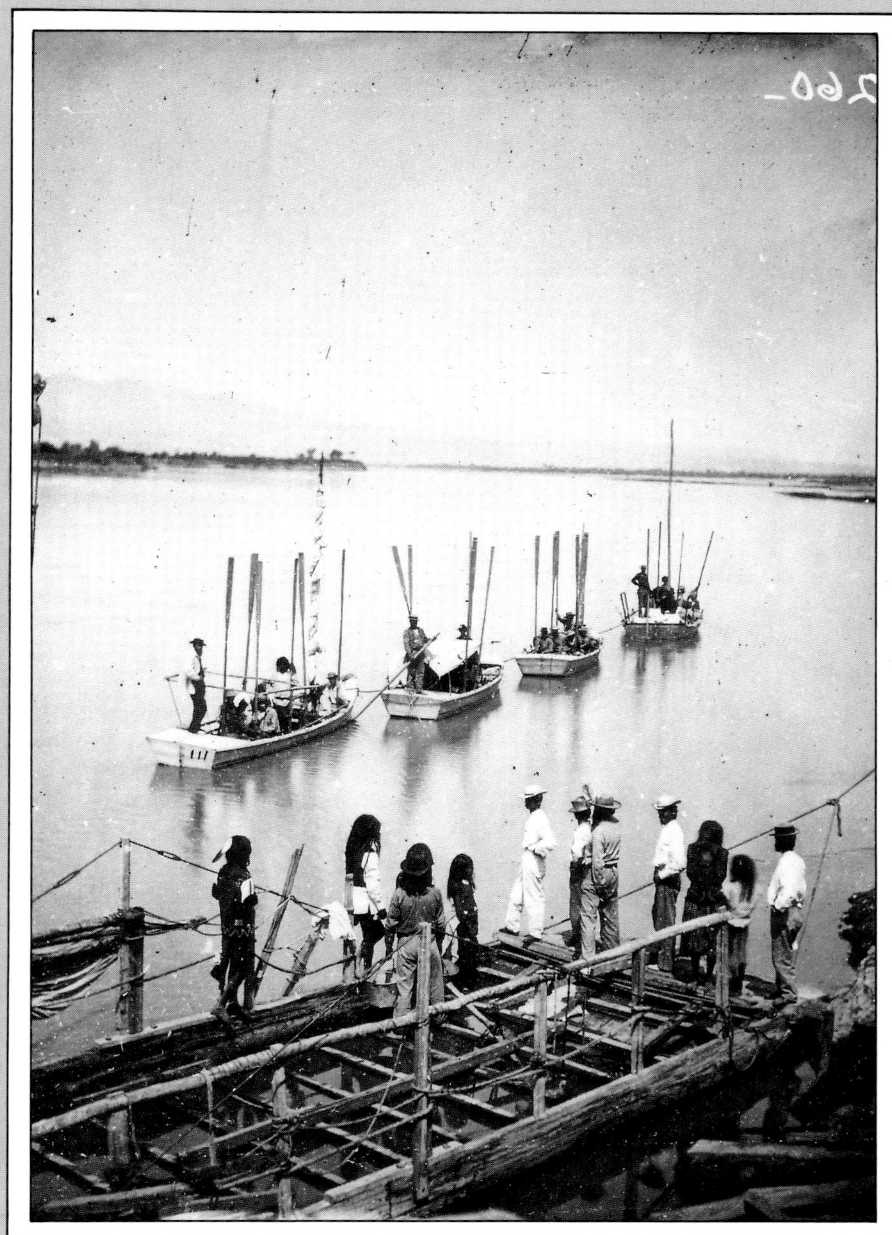

5.1 Die Abreise von Mitgliedern der Wheeler Expedition aus Camp Mohave, Arizona zum Grand Canyon. Die Expedition wird von Häuptling Asquit und Mohave Führern begleitet. Aufgenommen von Timothy O'Sullivan am 15. September 1871.

diesen früheren Reisen Fotos gemacht hat. Seine Daguerreotypie-Porträts der Assiniboin in Fort Union und von Blackfeet-Indianern in Fort Benton am oberen Missouri sind jedoch durch Stevens Tagebuch verbürgt: »7. August.. (die Blackfeet) waren ebenso erstaunt wie erfreut als sie sahen, daß ihr Ebenbild mit Hilfe der Sonne hergestellt wurde. Sie beten die Sonne an, und nach ihrer Meinung war es diese Gottheit, die Mr. Stanley erleuchtet hatte... So wurde er in ihren Augen zu einem großen Medizinmann.«[9]

Im selben Sommer führte Leutnant Amiel Weeks Wipple eine Expedition in den Südwesten, um die südliche Eisenbahnroute zu erkunden. Heinrich Baldwin Mollhausen, ein von Alexander von Humboldt nach Amerika geschickter Schweizer Maler, machte dabei Skizzen von Indianern. Ob er eine Kamera dabei hatte, ist nicht bekannt.[10]

Im Herbst leitete Frémont eine Expedition von Missouri nach Utah. Um kein Risiko mehr einzugehen, verpflichtete Frémont Salomon Nunes Carvalho aus Baltimore, um Fotos zu machen. Carvalho fertigte für die offiziellen Berichte Daguerreotypien von indianischen Siedlungen an. Frémont, der inzwischen Präsidentschaftskandidat geworden war, veröffentlichte die Berichte nie. Aber auch Carvalho verfaßte eine Beschreibung der Reise. Darin berichtete er, daß die Cheyenne ihn gebeten hätten, mit ihm zu leben. Sie hätten ihn als jemanden verehrt, der über außerordentliche Fähigkeiten der Geisterbeschwörung verfüge. Mit seiner Quecksilbertechnik hatte er sowohl beim Erstellen von »Sonnenbildern« wie bei der »Versilberung« ihres Blechschmuckes Erstaunen hervorgerufen.[11]

Frémont beauftragte Mathew B. Brady, einen der führenden zeitgenössischen Fotografen, Carvalhos Bilder mit Hilfe des nassen Kollodiumverfahrens zu kopieren. Alle Originale und Kopien sind angeblich bei einem Feuer zerstört worden. Die Kongreßbibliothek besitzt jedoch ein Bild von Tipis in den Plains, das vermutlich von Carvalho aufgenommen wurde. Es steht zu hoffen, daß noch mehrere erhalten geblieben sind. (Abb. 5.2)

1854 organisierte das Kriegsministerium unter Jefferson Davis die Armee um. Das Korps der Topographie-Ingenieure erhielt den Namen »Büro für Erkundung und Erforschung des Westens«. Aber zwischen 1854 und 1860 wurden nur wenige »Surveys« durchgeführt. Der große Sioux-Krieg, der bis 1890 dauern sollte, hatte begonnen. Die Ingenieure wurden Teil der Streitkräfte und führten Strafexpeditionen durch. Nur auf vier Expeditionen wurden in dieser Zeit überhaupt fotografische Aufnahmen gemacht, aber die Ausbeute war gering.

1857 wurde Joseph Christmas Ives beauftragt, den Colorado River zu erkunden. Ives wollte dabei anscheinend das neue Kollodiumverfahren ausprobieren, aber er verlor seine Ausrüstung im Sturm. Im offiziellen Bericht gibt es nur eine Fotografie. Damit hatte es Ives verpaßt, der erste Fotograf des Grand Canyon zu werden.[12]

Mehr Erfolg hatte die britische Regierung. Henry Youle Hind führte 1857–58 eine Expedition durch Rupert's Land im Gebiet der Großen Seen. Humphrey Lloyd Hime war der Fotograf. Er machte Aufnahmen von der Siedlung Lord Selkirks und von Objibwa (Chippewa)-Tipis aus Birkenstämmen nahe beim Red River. (Abb. 5.3)[13]

1859 brach Oberst Frederick West Lander in Salt Lake City zu einer Expedition auf. Sein Ziel war es, im Auftrag des Innenministeriums eine neue Wagenroute nach Osten zu finden und Material für das Smithsonian Institut zu sammeln. Lander wurde von Albert Bierstadt aus New York und dessen Assistenten S. F. Frost aus Boston begleitet. Bierstadt war Leiter einer Gruppe erfahrener Künstler und Fotografen, die die erste künstlerisch und technisch erfolgreiche Serie von Stereographien herstellte. Manche der insgesamt 80 Aufnahmen zeigen auch Indianer, u.a. einen Shoshonen, vermutlich in der Nähe von Laramie. (Abb. 5.4)[14]

Die von Captain William Franklin Raynolds geleitete Expedition von 1859–60 nach Yellowstone und zu den Wind-River-Bergen war die letzte Erkundung eines großen unerforschten Gebietes des fernen Westens, die vom Kriegsministerium durchgeführt wurde. Raynolds Auftrag bestand nicht nur darin, einen Überblick über die Bodenschätze zu bekommen, sondern er sollte auch etwas über die Anzahl sowie die Wohn- und Lebensbedingungen der Indianer in Erfahrung bringen. J. D. Hutton war der Leiter der Fotografie-Abteilung und machte Aufnahmen von den Plains-Indianern, darunter Arapaho-Häuptlingen in Büffelgewändern. (Abb. 5.5)[15]

1857–61 führten Leutnant John C. Parke von den Topographie-Ingenieuren und Oberst J. S. Hawkins von den Royal Engineers für die nordwestliche Grenzkommission eine britisch-amerikanische Gemeinschaftserkundung durch. Ziel des Unternehmens war die Festlegung einer internationalen Grenze von den Rocky Mountains bis zur Straße von San Juan de Fuca. Mit im Team waren der Aquarellmaler James Alden und eine kleine Gruppe britischer Fotografen. Es war die letzte Expedition der Topographie-Ingenieure vor dem Bürgerkrieg.[16]

Am 21. Juli 1861 tauchte bei der ersten Schlacht von Bull Run, Virginia, der halbblinde Mathew B. Brady auf, um Bilder vom Bürgerkrieg zu machen. Für die Fotos hatte er seinen Lehrling, den 21-jährigen Timothy H. O'Sullivan aus Irland dabei. So wäre es wohl zu Nahaufnahmen von dieser Schlacht gekommen, wenn nicht die Kamera von einer Mine aus dem Rebellenlager zerstört worden wäre.[17]

O'Sullivan war Mitglied von Bradys halboffizieller Fotografenabteilung. Als ziviler Fotograf ohne militärischen Rang war er dem Korps der Topographie-Ingenieure bei der Unionsarmee zugeteilt. Er diente unter sechs Generalen von der Schlacht der Second Manassas über Gettysburg bis zur endgültigen Kapitulation von Appomattox.

Ein anderer Fotograf, Alexander Gardner, organisierte Bradys Studio in Washington und diente als Captain im Stab von General Mc Clellans Potomac-Armee. Als Gardner Brady 1863 verließ, schloß O'Sullivan sich ihm an. Die beiden arbeiteten auch nach dem Krieg zusammen.

In Gardners »Fotografischem Skizzenbuch des Bürgerkriegs« sind 42 der 100 (mit Eiweiß hergestellten) Originaldrucke von O'Sullivan. Trotz wiederholter Angebote ging O'Sullivan nicht zurück zu Brady.[18] Der Krieg hatte ihn nachhaltig verändert. Er wollte weiterhin Menschen und Ereignisse fotografieren. Die Regierungsexpeditionen in den Westen gaben ihm dazu die Gelegenheit.

Zwei andere Fotografen, die ebenfalls im Bürgerkrieg gedient hatten, ließen sich auf dasselbe Abenteuer ein. Der 20jährige William Henry Jackson hatte bis 1863 am Krieg teilgenommen.[19] John K. Hillers, ebenfalls zwanzig, war bei der New Yorker Marinebrigade gewesen und später zur Armee gekommen. Ende des Krieges verpflichtete er sich neu und diente bis 1870 in westlichen Garnisonen.[20]

Nach den romantisierenden Studioporträts bedeutete die Fotografie des Bürgerkriegs einen dramatischen Wechsel. Die realistischen Schlachtenszenen hinterließen bei vielen einen unauslöschlichen Eindruck. Die Kriegserfahrungen haben die Art wie O'Sullivan, Jackson und Hillers den Westen fotografierten, deutlich beeinflußt.

Viele der leitenden Topographie-Ingenieure sind im Krieg gefallen. Andere verließen die Armee. Die Reste des alten Korps wurden schließlich in das Armeekorps der Ingenieure eingegliedert, das es dann mit einem anderen Feind zu tun hatte: den Stämmen der Plains-Indianer, die für die Bewahrung ihrer traditionellen Lebensweise kämpften, bis sie in die Reservate abgeschoben wurden.

Die Vier »Great Surveys«

Von allen Seiten verlangte man zu dieser Zeit nach mehr Informationen über den Westen. Die Union Pacific drängte nach Westen, die Central Pacific brach sich von der anderen Seite her einen Weg durchs Gebirge. Am 10. Mai 1869 trafen sich die beiden Routen am Promontory Point in Utah. Immer wieder traf man auf Dörfer, die den Schienen im Weg standen. Die Neugier der Regierung an den westlichen Stämmen machte allmählich einer nationalen Umsiedlungspolitik Platz.

Nie war das europäische und das amerikanische Interesse am Westen größer gewesen. Alles mußte zu dieser Zeit »wissenschaftlich« sein. Das Wissen über die verschwindende Grenze im Westen, die »Frontier«, sollte genau erfaßt und verbreitet werden. Die Zeit war gekommen, daß sich erfahrene Wissenschaftler um die Angelegenheit kümmerten.

Das Resultat dieses Wissensdurstes dem Westen gegenüber waren vier geografisch-geologische Erkundungen (Surveys) zwischen 1867 und 1879. Zwei davon wurden vom Kriegsministerium durchgeführt: Die geologische US-Expedition des 40. Breitengrades, die von dem Zivilisten Clarence King geleitet wurde und die geografischen US-Expeditionen westlich des 100. Längengrades, unter Leutnant George Montague Wheeler. Die beiden anderen Surveys unterstanden dem Innenministerium: Die geologische und geografische US-Erkundung der Territorien unter Ferdinand Vandiveer Hayden sowie die Erkundung der Rocky Mountains durch John Wesley Powell. Diese Expeditionen werden zumeist als die »Four Great Surveys« bezeichnet.[21]

Alle diese Expeditionen drangen in abgeschiedene Gebiete des Westens vor. Sie trafen auf Menschen, deren einziger Kontakt mit der Außenwelt bisher die Begegnung mit ein paar Trappern und Goldsuchern gewesen war. Die Indianer kämpften gegen jeden Eindringling, um ihr Land zu verteidigen. Die Armee-Eskorte, die die Expeditionen zu deren Schutz begleitete, muß für die Indianer ein bedrohlicher Anblick gewesen sein.

Die Art der Erkundung änderte sich zwischen 1867 und 1879 beträchtlich. Waren anfangs unter der Leitung des Kriegsministeriums militärische Aufklärung und Vermessung der Zweck gewesen, so wurden es beim Innenministerium die geologischen und ethnologischen Studien. Bei der Inventur der natürlichen Ressourcen wurde der gesamte Westen zu einer Art Laboratorium. Die Fotografie wurde dabei zu einem neuen wissenschaftlichen Hilfsmittel.

Die King-Expedition, 1867–79

Clarence King war Geologe und Zivilist. Durch gute politische Verbindungen kam er mit 25 Jahren zu einer eigenen Expedition für das Kriegsministerium. Er war der einzige Expeditionsleiter mit einem akademischen Grad. Er war in der ersten Abschlußklasse der Sheffield Scientific School in Yale gewesen. Während des Bürgerkriegs hatte er in Whitneys Yosemite-Expedition teilgenommen und dabei den Fotografen Carlton Watkins kennengelernt. Die Arbeit von Watkins, der mit einer »Mammut«-Kamera fotografierte, hatte King vom Wert der Fotografie bei der Feldforschung und zur Unterstützung seiner wissenschaftlichen Theorien überzeugt.

King wollte Watkins, »den besten Fotografen, den ich kenne«, für seine Expedition von 1867 verpflichten, doch Watkins lehnte wegen eigener Pläne ab. Das Armeekorps der Ingenieure, das die Expedition von Washington aus organisierte, empfahl King daraufhin Timothy H. O'Sullivan.[22]

O'Sullivan bekam für die Arbeit einen alten Armeewagen als Dunkelkammer und zwei Maultiere, um seine Ausrüstung zu transportieren, zu der eine 20×24inches Kamera der E. & H. T. Anthony Company in New York gehörte.

Am 1. Mai 1867 reiste die King-Expedition per Schiff von New York über den Isthmus von Panama nach Sacramento, Kalifornien. Im Juli machte sich King zum Great Basin auf, um eine östliche Route für die Central Pacific zu erkunden. Dabei ging es nicht nur um Sondierung und Kartographie: Der Geheimauftrag des Kriegsministeriums schloß auch eine Erkundung der Indianerstämme mit ein.

Den ganzen Sommer verbrachte die Expedition in einer rauhen, wundersamen Gegend von fremdartiger Schönheit. Das Gebiet war nur von wenigen Mohave- und Paiute-Indianern bewohnt. O'Sullivan fotografierte eine trostlose Wüste, die aus zwei vorzeitlichen Binnenseen entstanden war. Nachdem sie die Materialien und die Ausrüstung verloren hatten, knapp dem Ertrinken entgangen waren, sowie Malaria-Attacken und Desertion überstanden hatten, kehrte die Expedition im September nach Washington zurück.[23]

In den nächsten beiden Jahren teilte sich die Gruppe in drei Teile auf, um Nevada und Utah zu erkunden. O'Sullivan bezeichnete diese Jahre als die härtesten seiner Reisen in den Westen. Einmal brauchte er 13 Stunden, um einen Bergkamm zwischen den Ruby- und den Humboldt-Mountains zu überqueren, wobei seine Maultiere mit der Kamera-Ausrüstung ständig in Schneewehen verschwanden.

Monatelang wanderte O'Sullivan durch die Rocky Mountains. Gelegentlich traf er einige Paiutes, die Nüsse sammelten. Mehrmals hörte er Shoshonen auf dem Kriegspfad. Sie glaubten, daß die Armeebegleitung der Expedition alle Indianer Nevadas massakrieren wollte. In einem Treffen mit ihrem Häuptling »Captain« Frank aber wurde dann ein friedliches Abkommen ausgehandelt.

Einmal schickte King O'Sullivan allein los, um die Carson Sink zu fotografieren. »Es war eine hübsche Stelle um zu arbeiten und nichts hätte schöner sein können, als hier herumzugucken«, berichtete O'Sullivan.[24] Die Aufnahme seiner Krankenwagen-Dunkelkammer an einer Sanddüne mit Fußspuren, die ins Nichts führen, fängt die Verlassenheit des Ortes ein. (Abb. 5.6)

Im letzten Sommer wurde der Große Salzsee erkundet. Für die Mitglieder der King-Expedition war O'Sullivan ein geheimnisvoller Einzelgänger aber auch »ein guter Kerl«, der tüchtig mitarbeitete. Er hatte einen drolligen irischen Humor, doch es gab Leute, die seine Geschichten aus dem Bürgerkrieg nicht mehr hören konnten: »Man hätte denken können, er habe mit General Grant und allen anderen wichtigen Generalen geschlafen und sei ihr wichtigster Vertrauter gewesen.«[25]

Ende des Jahres kehrten King und O'Sullivan nach Washington zurück, um die offiziellen Berichte anzufertigen. Während der ersten beide Jahre hatte O'Sullivan die Abzüge selbst hergestellt. Später schickte er die meisten Negative an L. E. Walker, den Leiter des fotografischen Labors des Schatzamtes. 1869 stellte O'Sullivan eigene Handabzüge her. King übergab den Kongreßabgeordneten eine Mappe mit einzeln aufgezogenen Drucken (18×24). Für seine Berichte benutzte er Lithographien dieser Fotos. King war ein Kunstliebhaber und ein ausgezeichneter Schriftsteller und nutzte O'Sullivans Fotos auch, um seine Gedichtbändchen zu illustrieren. So wurde der Öffentlichkeit ein romantisches Bild des Westens präsentiert, der Bundesregierung ein realistisches.[26]

Die King-Expedition zeigte, welche Erfolge die Expeditionsfotografie erzielen konnte: Öffentliche Anerkennung, kommerziellen Gewinn und weitere Unterstützung der Regierung. Nun wollten plötzlich sehr viele so etwas machen.

1870 nahm O'Sullivan auf Empfehlung von King als offizieller Fotograf an der Darien-Expedition teil, die Korvettenkapitän Thomas O. Selfridge zum Isthmus von Panama durchführte.

Die Wheeler-Expedition, 1871–79

O'Sullivan kehrte 1871 wieder in den Westen zurück, erneut mit einer Expedition, die diesmal von Leutnant George Montague Wheeler geführt wurde. Seit den alten Tagen der Topographie-Ingenieure und des Bürgerkriegs hatte sich die Armee gewandelt. Ihre Stärke war von 1 Million Mann im Jahre 1865 auf 25 000 im Jahre 1871 zurückgegangen. Es war nicht mehr die Zeit, in der man es als Karriereoffizier zu etwas bringen konnte. Doch die Expeditionen in den Westen boten Möglichkeiten. Wheeler hatte nach seinem Abschluß in West Point 1867 an Erkundungen in Kalifornien, Nevada und Utah teilgenommen und damit im Kriegsministerium auf sich aufmerksam gemacht.

Nachdem auch andere Regierungsstellen mit Expeditionen begonnen hatten, und die Konkurrenz wuchs, entschloß man sich bei der Armee zu einer »wissenschaftlicheren« Methode. Der Rahmen der Wheeler-Expedition war weit gesteckt: Der Auftrag umfaßte astronomische, geografische und topographische Beobachtungen. Die Region sollte aber auch auf ihre wirtschaftlichen und menschlichen Ressourcen hin untersucht werden. In Geheimbefehlen wurde Wheeler beauftragt, militärische Aufklärungsarbeit für General Crooks Feldzug zur Vertreibung der Apachen und Paiute aus dem Gebiet durchzuführen.[27]

Wheeler drängte das Kriegsministerium, ein festes fotografisches Korps einzurichten, das den verschiedenen Expeditionen zur Verfügung stehen sollte. Damit würde der neue Feind, dem man nun gegenüberstand, fotografisch erfaßt werden. Um seine Entdeckungen ins rechte Licht zu setzen, verpflichtete Wheeler mit O'Sullivan den erfahrensten Armeefotografen für seine eigene Expedition.[28]

1871, nach einer kurzen Expedition mit King in Utah, schloß sich O'Sullivan der Wheeler-Expedition an. Zu den Mitgliedern gehörte Frederick H. Loring, ein Reporter aus Boston. Offiziell war Loring (wie alle Journalisten in dieser Zeit) als Naturforscher mit von der Partie. Seine inoffizielle Mission bestand sowohl darin, die Erlebnisse der Expedition zu veröffentlichen, um die weitere Unterstützung des Kongresses zu sichern, wie in der Sammlung von Informationen für die Strafaktionen gegen die Indianer.

Die Gruppe verließ Fort Halleck, Nevada, im Mai in Richtung Death Valley. Um militärische Disziplin durchzusetzen, legte Wheeler 80-Stunden-Gewaltmärsche ein. Zwei Zugführer kamen unter nie ganz geklärten Umständen in der Wüste um. Als die Expedition das Death Valley erreichte, lag dort die Temperatur bei 49° im Schatten und O'Sullivans Chemikalien kochten.

Am 15.September 1871 verließ die Gruppe Camp Mohave in Arizona. Mit dem Mohave-Häuptling Asquit und 13 seiner Männer als Führern wurde der Colorado River erstmals flußaufwärts bis Diamond Creek erkundet. (Abb. 5.1) O'Sullivan befehligte das zweite Boot, das er »The Picture« getauft hatte. Er machte die ersten Aufnahmen vom Grand Canyon.

Die Reise wurde zu einer Katastrophe. Flußaufwärts brauchte die Gruppe für 261 Meilen 31 Tage. Zurück dauerte es fünf Tage. Bei dem vergeblichen Versuch, Verpflegung und Material zu retten, sprang O'Sullivan einmal mutig über Bord. Am 20. Oktober mußte die gesamte Mannschaft auf Notrationen gesetzt werden. Dennoch schleppte O'Sullivan seine Ausrüstung die steilsten Klippen hoch. »Trotz größter Hindernisse machte er an allen nur möglichen Orten seine Negative. Einige wurden gerettet, die wichtigsten jedoch gingen beim Transport kaputt.«[29]

Am 5. November sollten O'Sullivan und Loring nach Washington zurückkehren, um dem Kriegsministerium Bericht zu erstatten. O'Sullivan wurde noch aufgehalten, Loring nahm eine Postkutsche nach Kalifornien. Sie wurde bei Wickenburg, Arizona, von Apachen überfallen, Loring und zwei weitere Männer der Expedition wurden getötet. Neben 25 000 Dollar wurden dabei wohl auch Lorings Aufzeichnungen gestohlen sowie einige Aufnahmen, die O'Sullivan von den Apachen gemacht hatte und die die Regierung gegen sie hätte verwenden können.

Wheelers Traum, den Kongreß mit Lorings Berichten und O'Sullivans Bildern von der Notwendigkeit zu überzeugen, daß die Armee weiterhin alle Regierungsexpeditionen in die Hand nehmen sollte, war mit dem Überfall ausgeträumt. Für die Apachen und die Paiute bedeutete der Überfall nur einen Aufschub.[30]

Trotz aller Mühen und Katastrophen machte O'Sullivan mehr Fotos als bei allen seinen anderen Regierungsaufträgen: Über 700 Stereographien mit Bildern vom Grand Canyon, Mohave- und Apachenführern, Häuptlingen der Paiute und Shoshonen, sowie einem Porträt von Loring vier Stunden vor seinem Tod. (Abb. 5.1, 5.7–5.12. 5.14, 5.15)[31]

Das ganze Jahr 1872 verbrachte O'Sullivan mit King in Utah und Montana. Dabei machte er einige Stereographien.[32] Für einen Teil der Reise verpflichtete King auch noch Watkins mit seiner Mammut-Kamera, was ihn die astronomische Summe von 3000 Dollar kostete.[33] Wheeler stellte für O'Sullivan William Bell, einen Fotografen aus Philadelphia ein. Bell benutzte im Gegensatz zu den meisten Fotografen die Trockentechnik. Er machte für Wheeler Bilder des Grand Canyon und des Kanab Canyon. (Abb. 5.13)[34]

Als O'Sullivan 1873 zur Wheeler-Expedition zurückkehrte, wurde er zu einem der Hauptverantwortlichen des Unternehmens. Er führte auch kleinere Spähtrupps an, die mit Apachenscouts von den Basislagern in Fort Wingate und Camp Apache aus weiter ins Land vorstießen. Vom 15. Juli bis zum 30. August fotografierte O'Sullivan im Auftrag Wheelers die Hopi und Zuni Pueblos sowie die Navahos bei Fort Defiance. (Abb. 5.16–5.18) Ende des Sommers verließ O'Sullivan die Hauptgruppe, um den Canyon de Chelly zu besuchen. Dort gelang ihm eines seiner Meisterwerke: Die »White House Ruins« der alten Anasazikultur umschlossen von sonnenbeschienenen gemaserten Felswänden. Es war eines seiner letzten Fotos. (Abb. 5.19)

Mit der Expedition in den Südwesten endete O'Sullivans Karriere als Expeditionsfotograf. Wheeler erkannte seine Führungsqualitäten und machte ihn zum Verbindsoffizier zwischen Militär- und Zivilbehörden. Wegen seiner einfühlsamen und verständnisvollen Art wurde

O'Sullivan auch zu einem Vermittler bei den Verhandlungen mit den Indianern in der Region. Für Fotografie hatte er kaum noch Zeit.

Im Winter desselben Jahres kehrte O'Sullivan in den Osten zurück. In Baltimore fertigte er mehr als 2500 Original-Handabzüge auf Eiweißbasis an und stellte Alben mit jeweils 50 Stereographien zusammen, die Wheelers siebenbändigen Bericht für den Kongreß ergänzten. Etwa 100 Aufnahmen wurden von der Anthony Company veröffentlicht. O'Sullivans Negative wurden zu dieser Zeit wohl vom Kriegsministerium an das Schatzamt übergeben.[35]

Die Hayden-Expedition, 1870–79

Sei den frühen 1850er Jahren hatte das Smithsonian Institut die Forschungsreisen von Dr. Ferdinand Vandiveer Hayden finanziert, die ihn vom Missouri bis zu den Rocky Mountains führten. Hayden war Geologieprofessor an der Universität von Pennsylvania. Im Sommer führte er seine Erkundungen für die Regierung durch und sammelte Versteinerungen für das Museum des Smithsonian Instituts. Die Plains-Indianer lernten ihn dabei gut kennen und nannten ihn »Man-Who-Picks-Up-Stones-Running« (Mann-der-beim-Rennen-die-Steine-aufhebt).[36]

1868 während seiner Forschungen in Wyoming nahm Hayden an der Friedenskonferenz in Fort Laramie teil. Dabei traf er William Blackmore, einen Unternehmer aus England. Blackmore war Mitglied einer vom Präsidenten eingesetzten Untersuchungskommission zu den Surveys der Eisenbahnen. Daneben spekulierte er mit beträchtlichem Landbesitz im amerikanischen Westen. Blackmore heuerte Hayden für Privaterkundungen an, so daß der in den nächsten Jahren neben den Geldern, die der Kongreß für die Regierungsexpeditionen bewilligt hatte, noch über weitere erhebliche Summen verfügte.[37]

Im Sommer 1869 traf Hayden in Wyoming William Henry Jackson, der auf der Eisenbahnroute Fotos machte. Im folgenden Jahr besuchte er Jacksons Studio in Omaha, weil er an Fotos der Felsformationen am Green River und an Jacksons Indianerporträts interessiert war. Bei den frühen Expeditionen der Topographie-Ingenieure hatte Hayden bereits mit Fotografen zusammengearbeitet. Er wußte, wie sehr Bilder bei der Vermittlung der Faszination des Westens halfen. Jacksons Arbeiten waren so beeindruckend, daß Hayden ihn auf seine nächste Expedition zum Great Basin einlud. Da das Budget keinen Fotografen vorsah, wurde verabredet, daß Jackson nur die Reisekosten ersetzt bekam und dafür das Recht behielt, seine Negative kommerziell zu verwerten. Jackson versprach, Abzüge für die offiziellen Berichte herzustellen und – als er später ständiges Expeditionsmitglied wurde – seine 10 000 Eisenbahn-Stereographien Hayden zu vermachen.

Die Expedition verließ Cheyenne am 7. August 1870 und folgte vier Monate lang der Route des Oregon-Trail. James Stevenson, der Hayden seit der Warren-Expedition nach Yellowstone 1856 immer wieder begleitet hatte, war der »executive officer«. Jackson wurde ihm zugeteilt. Jacksons Ausrüstung bestand aus einer 6½ × 8½-Kamera und 400 Negativ-Platten aus Glas. Sein Maultier namens »Hypo« (Sodahyposulphat) mußte 300 Pfund bergauf und bergab schleppen. Als Dunkelkammer und Materiallager dienten zwei Krankenwagen der Armee. Hayden wollte der erste Expeditionsleiter sein, der mit entwickelten Bildern zurück nach Washington kam. Darum überredete er Jackson, das gesamte Material für die Abzüge mitzunehmen. In den Studios vor Ort, etwa bei Charles R. Savage in Salt Lake City und bei J. Crissman in Montana stellte Jackson dann die Abzüge her.

Am 20. September erreichte Stevensons Abteilung Fort Stambaugh. Am Sweetwater River in der Nähe lagerte eine Gruppe von Shoshonen, die sich auf der Büffeljagd befand. Ihr Anführer hatte nichts dagegen, daß sie fotografiert wurden. So konnte Jackson mehrere Aufnahmen von Häuptling Washakie und seinem Dorf machen. (Abb. 5.21, 5.22) Sie sind häufig späteren Expeditionen zugeschrieben worden.[38] In Fort Laramie heuerte Hayden, mit der Unterstützung von Blackmore, Jackson als seinen offiziellen Fotografen an.

Am 11. Januar 1871 führte Hayden seine erste Expedition in das Yellowstonegebiet. In der Nähe der Quelle des Medicine Lodge Creeks traf Jackson per Zufall eine scheue Familie des Bannock-Stammes der Sheepeater. Sie lebte versteckt in einem Weidenwäldchen und war dem Verhungern nahe. Nachdem Jackson ihnen etwas Zucker und Kaffee geschenkt hatte, ließen sich die Mitglieder der Familie bereitwillig fotografieren. (Abb. 5.20)

Im Sommer fotografierte Jackson Mammoth Hot Springs und den Yellowstone Canyon. Der Landschaftsmaler Thomas Moran fertigte in der Nähe Skizzen an. Jackson und Moran blieben 55 Jahre lang befreundet und beeinflußten sich nachhaltig in ihrer Arbeit.

Auf dem Rückweg machte Jackson ein paar klassische Aufnahmen der Pawnee. (Abb. 5.23) (Auch diese Bilder werden oft falsch datiert.)[39] Vermutlich wurde Jackson dabei Zeuge der Verleihung eines Ehrennamens an einen verdienten Krieger. Die Erdhäuser der Pawnee befanden sich in Loup Fork, Nebraska, hundert Meilen westlich von Omaha. Hayden arrangierte eigens einen Besuch bei den Pawnees und in dem Omaha-Reservat, damit Jackson Fotos machen konnte. Mit diesen Negativen begannen Blackmore und Hayden die North American Photographic Collection des Smithsonian Instituts.

Die Pawnee waren 1871 die letzten traditionell lebenden Indianer am oberen Missouri. Fünf Jahre später fielen ihre Erdhäuser dem Pflug zum Opfer, und sie wurden endgültig aus ihrem angestammten Land vertrieben.

Die Saison von 1872 begann für Jackson tragisch. Im Februar starb seine Frau an Kindbettfieber und auch die neugeborene Tochter überlebte nicht. Um seinen Schmerz zu vergessen, zog Jackson mit Stevensons Gruppe der Hayden-Expedition auf eine zweite Erkundung nach Yellowstone und Grand Teton. Diesmal nahm er eine neue 11 × 14 Kamera mit, die er ausschließlich für seine atemberaubenden Landschaftsaufnahmen des Westens benutzte.

Im Sommer kam es zu mehreren Aufständen der Bannocks. Einige der Expeditionsmitglieder wären dabei fast ums Leben gekommen. Dennoch gelang es Jackson, Aufnahmen von einer Gruppe von Bannocks zu machen, die am Snake River bei Fort Hall, Idaho, kampierte. Es waren seine einzigen ethnographischen Fotos in diesem Jahr.

Die Indianer von Montana und Wyoming waren 1873 auf dem Kriegspfad. Deshalb kehrte Jackson nicht nach Yellowstone zurück. Statt dessen teilte sich die Hayden-Expedition in drei große Abteilungen und zog in die Rocky Mountains von Colorado. Erstmals arbeitete Jackson dabei ohne einen Zeichner. Er leitete sein eigenes Fotografen-Team und war für die gesamte Expedition zuständig, weshalb er Verbindung mit allen drei Gruppen halten mußte.

Am Ende dieser Unternehmung besuchte Jackson das Omaha-Reservat in Blair, Nebraska, um Aufnahmen zu machen. Er hatte die Tochter des dortigen Indianeragenten bereits vor der Expedition kennengelernt. Emilie Painter, eine Quäkerin, wurde seine Frau. Auch sie machte im Reservat zwischen 1870 und 1873 Fotos.[40]

Zu den Teilnehmern der Rocky Mountains-Expedition von 1874 gehörte auch der *New York Tribune*-Journalist Ernest Ingersoll, sowie Edward Anthony aus der Familie der Eigentümer der Photographic Supply Company. Anthony war Jacksons Assistent auf der Reise. Jackson hatte einen neuen faltbaren Dunkelkammerkasten und nahm sowohl eine 5×8 als auch eine Stereokamera mit.

Den ganzen August über traf Jackson große Gruppen von Utes, die von ihren alten Reservaten am Clear Creek bei Denver nach Sagauche umzogen. Im Los Pinos-Reservat fotografierte er den Ute-Häuptling Ouray und Chipeta, seine Frau. Der Häuptling, der bei verschiedenen Delegationen in Washington Dolmetscher gewesen war, bewohnte ein Lehmziegelhaus im Reservat. Er bezog eine Pension von 1000 Dollar jährlich. Haus und Pension hatte er von der Regierung als Gegenleistung für die Abtretung der meisten Ländereien seines Stammes bekommen. Jackson machte auch Aufnahmen von Tush-A-Qui-Not (Peah), einem Unterhäuptling der Ute. (Abb. 5.24) Dann fotografierte er Peahs Baby, das in einer Wiege auf der Veranda des Agenten lag. Peah warf ein Tuch über die Kamera und beschuldigte Jackson, »alle Indianer krank (zu) machen ... alle tot ... OK Gruppen und Männer, aber keine Frauen und Kinder ... nicht das ganze Dorf ...«. Zwei weitere Häuptlinge, Shavano und Guerro, beschimpften Jackson ebenfalls. Sie waren auch bei Delegationen in Washington dabeigewesen, wo man sie fotografiert hatte. Dabei hatten sie gelernt, Regierungsvertretern zu mißtrauen, da diese Fotos auch gegen sie verwendet hatten. Jacksons Freund, Häuptling Billy, riet ihm, zu verschwinden, um nicht zu einer Zielscheibe für Schießübungen zu werden.

Jackson wandte sich nach Südwesten und besuchte Ende des Monats den Canyon de Chelly. Dabei traf er Tom Cooper, einen alten Bekannten aus Omaha, der Nachschub ins Bergarbeiterlager von Captain John Moss brachte. Moss hatte mit den Utes eigene Verträge gemacht. Er sprach ihre Sprache und kannte ihr Land. Er erzählte Jackson von einigen Ruinen in der Gegend, die er bereits 1856 entdeckt hatte, und erbot sich, sie ihm zu zeigen. Die Utes nannten sie Moki(Hopi)-Städte. Jackson glaubte, daß es sich um aztekische Ruinen handeln müsse.

Als er sie fotografierte, war er sich nicht bewußt, daß er die ersten Aufnahmen der Ruinen der Anasazi (alte Pueblo-Kultur, 600–1300) in Mancos Canyon, Colorado, machte. (Abb. 5.25) Sie kehrten über das Montezuma-Tal zum Lager zurück. Dabei kamen sie ganz nahe an den (heute bekannteren) Anasaziruinen bei Mesa Verde vorbei, ohne sie zu entdecken.

Als die Feldforschung im Oktober 1874 beendet war, besuchte Jackson mit Stevenson und dessen Frau Matilda einen Ort sieben Meilen außerhalb von Denver. »Der Doktor [Hayden] wollte, daß ich die Indianer, die in der Nähe der Stadt kampierten, fotografierte.« Jackson machte vier Negative von den »old fellows», darunter auch von Häuptling Douglass. Stevenson zahlte ihnen acht Dollar. (Abb. 5.26)

Im folgenden Monat verließen Jackson und Ingersoll ihre Gruppe und machten erneut einen Abstecher in den Südwesten. John Moss kam als ihr Führer mit. Am 3. November entdeckten sie schließlich die Ruinen von Mesa Verde. Hayden erkannte die Bedeutung dieser Entdeckung sofort. »Er hatte kaum ein halbes Dutzend der Fotos gesehen, und schon war meine Arbeit für das nächste Jahr festgelegt«, schrieb Jackson, der 1875 und 1876 zurückkehrte, um die Ruinen erneut zu fotografieren. (Abb. 5.27) Seine Bilder beeindruckten den Kongreß derart, daß die 50000 acres von Mesa Verde 1906 zum Nationalpark erklärt wurden.

Vor der Saison 1875 besuchte Jackson das Indianerterritorium Okmulgee. Dort tagte das »Grand Council«, in dem alle Stämme des Territoriums ihre Vertreter hatten. Jackson und John K. Hillers, ein weiterer Expeditionsfotograf machten Aufnahmen von den verschiedenen Gruppen. Im Oktober 1876 besuchte Jackson mit seiner neuen 20×24-Kamera sieben Hopi-Städte: Shongopovi, Mishongovi, Shipaulovi, Sichomovi, Tewa(Hano) und Walpi Pueblos. (Abb. 5.27) In Tewa fotografierte er die berühmte Töpferin Nampeyo (Serpent That Has No Tooth), die damals 18 Jahre alt war. (Abb. 5.28) 51 Jahre später sollte er sie noch einmal wiedersehen.

1876 vertrat Jackson die geographische US-Expedition auf der Ausstellung zur Jahrhundertfeier in Philadelphia. Die Modelle der Felshäuser aus dem Südwesten und Jacksons Fotos davon erhielten die Bronzemedaille. Auf der Ausstellung wurde eine neue Panorama-Kamera gezeigt und ein neues Trockenplattenverfahren vorgeführt. Jackson hatte bereits im September 1869 mit trockenen Platten gearbeitet, diese Technik jedoch als »zu riskant« empfunden.

Im Sommer dieses Jahres kam es in Montana zur Schlacht vom Little Big Horn. (vergl. 3. Kapitel) Die ganze Region war unsicher. Jackson beschloß, über den Winter zu den Pueblos zu reisen. 1877 besuchte er sie erneut. Er hatte nur wenig Zeit und mußte, da es keine offizielle Mission war, ohne Träger auskommen. Deshalb nahm er nur seine 8×10 Kamera mit und die neuen empfindlichen Negativ-Filme, insgesamt für 400 Aufnahmen. Er wollte die neue Trockentechnik erproben. In Santa Fé mußte er lange auf das Filmmaterial warten. Wegen der Verzögerung konnte er nur ein einziges Negativ testen.

Jackson fotografierte Acoma, Laguna, Taos und Zuni Pueblos. Er machte Aufnahmen von den Navaho in Fort Defiance und Bilder vom Chaco Canyon. Dort entdeckte er den »Chaco-Schädel«. Es war die erste Ausgrabung menschlicher Überreste dieser längst verschwundenen Kulturen des Canyons. Jackson eilte nach Washington, um seine Abzüge zu machen. Kein einziges der 400 Negative war etwas geworden.

Die Expedition von 1878 nach Yellowstone war Jacksons letzte als Fotograf der Regierung. Ab Mammoth Springs wurde sie von einer Armee-Eskorte begleitet: Im Sommer zuvor hatte eine Gruppe Nez Perce unter Häuptling Joseph auf der Flucht vor General Howard zwei Touristen im Yellowstone-Gebiet getötet. Auf der Rückreise besuchte Jackson Häuptling Washakie, den er 1870 das erste Mal fotografiert hatte. Die Shoshonen waren in Camp Brown auf der Jagd. Jackson wollte bereits aufbrechen, als er eine Gruppe von gefangenen Bannocks entdeckte. Einen der Gefangenen erkannte er. Ein Foto von Beaver Dick Leigh, seinem alten Führer bei der ersten Yellowstone-Expedition, war die letzte Aufnahme, die Jackson auf der Reise machte.

Als sich die Expedition in Fort Steele, Wyoming, auflöste, nahm Jackson den Zug nach Washington. Seine fotografische Ausrüstung verkaufte er seinem Freund James Stevenson für 200 Dollar.[41]

Die Powell-Expedition, 1871–79

Während der Sommermonate 1867 und 1868 unternahm Professor John Wesley Powell von der Illinois Wesleyan University mit seinen Studenten Feldstudien in den Rocky Mountains von Colorado. Dabei wurde Powell bei den örtlichen Utes zu einem bekannten Mann. Sie nannten ihn »Karpurats« (einarmiger Mann): Powell hatte im Bürgerkrieg einen Arm verloren.

Powells Interesse für die nordamerikanischen Indianer war in den Winterlagern in Kanab Canyon geweckt worden und dauerte sein Leben lang. Er wurde von den Utes eingeladen, im Rat der Hundert neben Häuptling Tsu-Wi-Ats Frau zu sitzen. Er lernte die Sprache der Utes und wurde Zeuge ihrer geheimen Zeremonien. Er zeichnete ihre Mythologie auf, untersuchte ihren Wortschatz und sammelte ihr Kunsthandwerk für das Smithsonian Institut. Und er arbeitete ein Projekt zur Erforschung des Colorado River im Grand Canyon aus.[42]

Am 24. Mai 1869 verließ Powells erste Colorado-Expedition Green River Station, Wyoming: neun Männer in vier Booten. Ein Fotograf war nicht dabei. Drei Monate später, am Ende des Grand Canyon, waren es nur noch sechs Männer in zwei Booten: Drei Männer waren von den Paiutes getötet worden, als sie, um die gefährlichen Stromschnellen zu vermeiden, einen Weg am Ufer gesucht hatten. Die Nachrichten über das große Abenteuer gelangten schnell in den Osten. Powell kehrte als Volksheld nach Washington zurück. Der Kongreß bewilligte ihm prompt die Mittel für eine weitere Reise. Die letzte der »Four Great Surveys« begann.[43]

Powells zweite Erkundungsfahrt den Colorado hinunter fand 1871 statt. Es war die erste wissenschaftliche Untersuchung dieses Gebietes mit einem Fotografen. Im Jahr zuvor hatte Powell versucht, Charles Zimmermann, einen Fotografen aus St. Pauls, anzuheuern, aber Zimmermann hatte abgelehnt.[44]

Powell suchte weiter. Als er im folgenden Frühjahr seine fotografische Ausrüstung bei Anthony's in New York kaufte, empfahl man ihm den Fotografen Edward O. Beaman.[45] Powells einundzwanzigjähriger Vetter ›Clem‹ Powell wurde Beamans Assistent. Powell wußte um den kommerziellen Wert von Expeditionsfotos. Er riet Clem, das Handwerk zu lernen und ein festes Mitglied der Expedition zu werden. Die Negative im Wert von 500 Dollar würden ihm nach der Reise Ruhm und Geld einbringen.[46]

Vom 6. bis zum 12. Mai machten Beaman und Clem Aufnahmen einer Adobe-Stadt 50 Meilen entfernt von den Uinta Mountains. Am 15. Mai kam John K. Hillers aus New York, um als Bootsführer zu arbeiten. Hillers stammte aus Deutschland und hatte zuvor in Salt Lake City als Fuhrmann gearbeitet. Powell, der neue Leute brauchte, hatte ihn dort angeheuert. Die Expeditionsmitglieder nannten Hillers »Jolly Jack« oder »Bismarck«. Er unterhielt sie mit irischen Geschichten und Liedern. Sein Humor war derb und respektlos. Er war der einzige, der Powell auf den Arm nehmen konnte. Als er Powell dann einmal vor dem Ertrinken in den Stromschnellen rettete, wurde ihr Verhältnis noch enger. Ihre Freundschaft und ihre gemeinsame Arbeit sollten 31 Jahre dauern.[47]

Am 16. Mai begann die Expedition, wieder in Green River Station. Sechs Tage später fuhren die Boote den Green River hinunter: die »Nettie Powell« mit Thompson, Bishop, Steward und Richardson, die »Canolita« mit Beaman, Clem, Powell und Hatton, dem Koch, und die »Emma Dean« mit Powell, Jones, Hillers und Dellenbaugh. Powells Lehnstuhl war als Steuersitz auf dem Deck festgebunden worden.

Beaman fotografierte die Landschaft des Canyons und die alten »aztekischen« Bilderschriften an den Steilwänden. Dellenbaugh berichtete, daß »der schwarze Kasten« den Expeditionsteilnehmern viel Mühe bereitete, vor allem wenn er 100–200 Meter bergauf geschleppt werden mußte.[48] Clem, der den Kasten tragen mußte, nannte ihn eine »teuflische Haubitze«.[49] Er versuchte mehrmals, Aufnahmen des Canyons zu machen, aber er mischte die Chemikalien falsch.

Hillers war von Beamans Kamera sofort fasziniert. Dellenbaugh erklärte ihm die Funktionsweise der Chemikalien. Bereits nach zwei Wochen erbot sich Hillers, Beamans Assistent zu werden und übernahm den Posten von Clem.

Während sich die Boote den Fluß hinabschlängelten, las Powell der Mannschaft aus Sir Walter Scotts »Lady of the Lake« vor. Auch beim Lagerfeuer am Abend wurden Klassiker gelesen. Powell hatte allen empfohlen, Tagebuch zu führen. Am Zusammenfluß des Green und Uinta Rivers wurde Camp 31 aufgeschlagen. Was dann geschah, wird in allen Tagebüchern erwähnt:[50] »Donnerstag, 13. Juli... Vor dem Frühstück kam ein junger Ute-Krieger ins Camp. Er wollte Powells ›Wasserponies‹, um mit seiner Braut den Fluß zu überqueren.«[51]

Der Krieger kehrte am 27. Juli zurück und handelte Steward etwas Zucker ab. Vier Tage später gingen Powell, Hillers und Jones zum Uinta River, um Trinkwasser zu beschaffen. Dort trafen sie das frischverheiratete Paar. Es stellte sich heraus, daß der Mann der Sohn von Häuptling Douglass von den White River Utes war. Seine etwa 16jährige Frau war die Tochter eines Uinta Ute Häuptlings. Sie war Ton-E-Emp-Cho, einem anderen Krieger, versprochen worden, woraufhin der Sohn von Häuptling Douglass sie aus dem Kriegslager entführt hatte. Nun verfolgte der ausgebootete Liebhaber den neuen Bräutigam, um ihn zu töten.

Drei Wochen lang half die Expedition dem Paar dabei, sich vor ihren Verfolgern zu verstecken, damit sie gemeinsam zu ihrem Volk zurückkehren konnten. Die Mannschaft taufte die beiden »Lochinvar und Ellen«. Ihre wirklichen Namen waren Gray Eagle und Pi-Av (Honigtau der Berge).[52]

Am Sonntag, dem 1. August, holten einige Männer Wasser auf der anderen Seite des Green River und brachten dabei dem Krieger und seiner Braut Frühstück mit. Thompson heiterte sie auf und brachte sie mit ins Lager. Hillers berichtet, was dann geschah: »Beaman machte eine Aufnahme dieser beiden Naturkinder... (die) offenbar gar nichts dagegen hatten, fotografiert zu werden.«[53] »Beaman gab ihnen einen Abzug, der sie aber nicht interessierte.[54] Nach Beaman war dies »der erste Fall wirklicher Zuneigung, den wir erlebten... Wir machten sie mit der Kamera unsterblich. Am 5. August verabschiedeten wir uns und fuhren den Fluß weiter hinunter.«[55] Der Krieger und seine Frau machten sich auf den Weg nach Hause. Die klassische Aufnahme ist fälschlicherweise Hillers zugeschrieben worden.[56]

Ende des Monats besuchten Hillers und Clem die Hopidörfer Oraibi, Hotevilla und Moenkapi. Hillers fotografierte dabei u. a. Häuptling Patnish, der halb Navaho und halb Ute war. Patnish hatte Powell auf dessen Reise zu den Pueblos 1870 als Führer begleitet. Der Häuptling lud sie zu Essen und Gesang ein. Hillers mixte aus dem Alkohol seiner Fotochemikalien, Wasser und Zucker ein Gebräu, das sie alle mit großem Genuß tranken.

Auch Beaman sollte auf den Ausflug mitkommen, aber er hatte Streit mit Powell. Während der ganzen Reise hatte es zwischen den beiden Auseinandersetzungen über die Navigation gegeben. Am 25. November schmiß Powell Beaman schließlich aus dem Team. Vorher hatte er ihm 250 Negative abgekauft. Der Abschied war sehr unerfreulich.

Am 21. und 22. November besuchten Mitglieder der Wheeler-Expedition, darunter auch der Fotograf William Bell, Powells Winterlager bei Kanab. Hillers und Clem zeigten Bell ihre Negative und er revanchierte sich mit seinen. Clem notierte: »Bell zeigte uns, wie man trockene Platten entwickelt, gefällt mir nicht so gut wie das nasse

Verfahren... zu viel blankes Glas, um erstklassige Fotos zu machen... seine Zeltdunkelkammer und alle anderen Bequemlichkeiten, die er für seine Arbeit hat, sind beneidenswert.«[57]

Beamans Regierungsauftrag lief offiziell erst am 31. Januar aus. Powell zahlte ihm 800 Dollar für 10 Monate Arbeit. Beaman nahm am Ta-Vo-Koki, dem Kreistanz der Paiute, am 2. Januar teil und machte dabei einige der ersten Aufnahmen einer indianischen Zeremonie. (Abb. 5.35) Vermutlich inszenierte Powell die Aufnahmen, denn sie zeigen die Paiutes sowohl in Winter- wie in Sommerkostümen. Powell behielt diese Bilder.[58]

Nach einem Abstecher in die Südwestpueblos im Spätsommer kehrte Beaman in den Osten zurück. Dort veröffentlichte er diese Fotos zusammen mit anderen der Powell-Expedition in der Artikelserie »Der Canyon des Colorado« in *Appleton's Journal* und in Dellenbaughs romantischer Schilderung »Eine Canyon-Reise.«[59]

Powell brachte die Negative, die er Beaman abgekauft hatte, in das Studio von Charles R. Savage in Salt Lake City. Savages Assistent James Fennemore machte die Arbeit so gut, daß Powell ihn für die Expedition anheuerte.

Von März bis April 1872 machte Fennemore, der aus England stammte und Mormone war, Aufnahmen am Rand des Grand Canyon. Hillers war sein Assistent. Er fotografierte die alten Ruinen in Glen Canyon und Ute-Frauen, die Saatgut sammelten.[60] Behutsam und geduldig brachte Fennemore Hillers alles bei, was er über Fotografie wußte. Die Fahrt durch den Grand Canyon konnte er wegen Krankheit nicht mitmachen. Powell kaufte ihm 70 Negative ab. Fennemore eröffnete später sein eigenes Studio in Salt Lake City und entwickelte eine neue, leichte, tragbare Kamera. Die meisten seiner Negative fielen einem Feuer zum Opfer.[61]

Hillers wurde Powells Chef-Fotograf für die Grand-Canyon-Fahrt, die am 4. August 1872 begann. Clem war sein Assistent. Unter Powells Anleitung machte Hillers die Aufnahmen des Canyon in so dichter Folge, daß damit der Eindruck der Kontinuität entstand. Kein anderer Fotograf des 19. Jahrhunderts hat diese Methode bei Naturaufnahmen benutzt. Die ganze Reise über herrschte Krieg zwischen den Mohaves und den Paiutes. Am 8. September brach Powell die Fahrt an der Mündung des Kanab ab. Seine Mohave-Führer hatten ihn vor einem Hinterhalt der Paiutes weiter flußabwärts gewarnt. Powell wollte nicht noch einmal Menschenleben riskieren.

Im folgenden Monat machten Hillers und Clem Aufnahmen von den Wintertänzen in den Hopidörfern. Sie fotografierten die Tewa (Hano), Sichomovi, Mishingovi, Shongopovi, Shipaulovi, Walpi und Oraibri Pueblos. Hillers besuchte die Hopi 1875 und 1876 erneut.[62]

1873 wurde Powell vom Innenministerium zum Indianerbeauftragten ernannt. Er sollte Vor- und Nachteile des Reservatssystems für die Ute, Paiute und Shoshonen untersuchen. Seine offiziellen Berichte enthielten auch Fotos. Um die Expeditionen als eine fortlaufende Erkundung darzustellen, datierte Powell alle Bilder, die zwischen 1871 und 1873 gemacht worden waren, auf 1873. Als Fotografen erwähnte er nur Hillers. Beaman, Fennemore, und alle anderen Teilnehmer wurden nicht erwähnt.

Die Aufnahmen, die Hillers dann 1873 machte, wurden für die populären Artikel, die Powell in *Scribner's Magazine* veröffentlichte, »bearbeitet«. Zu diesem Zwecke nahm Powell den Maler Thomas Moran mit. Er sollte die Indianer in künstlerischen Posen arrangieren. »Myself-In-The-Water« (Ich selber im Wasser), wie die Paiutes und Utes Hillers nannten, fotografierte sie dann in romantischer Szenerie. (Abb. 5.36–5.41) Powell schmückte seine Bildunterschriften zwar mit echten indianischen Namen, aber dazu erfand er einfach Geschichten, um dem Kongreß und der Öffentlichkeit die traditionelle Lebensweise der Indianer zu vermitteln. Die wirkliche Lage, daß man hier hungernde, halbnackte Menschen von ihrem Land vertrieb, wurde nicht gezeigt. Das Wildledergewand der White River Ute, das eine Paiute-Frau auf einem der Fotos trägt, hatte Powell bereits 1868 erworben. 1873 nahm er es aus der Smithsonian-Sammlung wieder mit auf die Reise und bat die Frau es anzuziehen. Auf dem Oberteil ist die Ausstellungsnummer des Nationalmuseums zu erkennen. (Abb. 5.39)[63]

Nach den Surveys...

1874 veranlaßte der Kongreß die erste Veröffentlichung von Powells ethnographischen Studien mit Fotografien. Im selben Jahr publizierte Jackson auf Anraten von Hayden einen ersten Katalog seiner Negative. Er enthielt Fotos von Indianern bei Delegationen und in der Natur sowie Landschaftsaufnahmen. Eine zweite Ausgabe dieses Katalogs wurde im folgenden Jahr zusammengestellt. 1877 brachte Jackson seinen zweiten Katalog heraus, der später als »Jackson-Katalog« bekannt wurde. Fälschlicherweise wurden alle Bilder, die Hayden und Blackmore gesammelt hatten, Jackson zugeschrieben.[64]

Als Powell im selben Jahr seine *Beiträge über Nordamerikanische Indianer* publizierte, wurde er zum führenden Indianerexperten des Smithsonian Instituts. Das Innenministerium bat ihn, einen allgemeinen Zensus zur linguistischen Klassifizierung der Stämme durchzuführen, um damit das Reservatssystem zu verbessern. Alle ethnographischen Sammlungen der Regierung, einschließlich der Fotos kamen unter Powells Kontrolle. Beim Zusammenstellen der Negative schrieb er wiederum alle Bilder Hillers zu, ohne Beaman und Fennemore zu erwähnen. Hillers Aufnahmen vom Grand Council in Okmulgee im Indianerterritorium sind jedoch genau dokumentiert: »Ich fand sechs Cheyenne, die gerade vom Kriegspfad zurückgekehrt waren... Ich brachte sie zu den Felsen und baute sie dort als Futter für meine Kamera auf.« (Abb. 5.46)[65]

Entsprechend dem Abkommen, das Powell mit Hillers geschlossen hatte, erhielt Powell 40% des Gewinnes. Hillers und Thompson steckten je 30% ein.[66] In den letzten Jahren ihrer Expeditionen konkurrierten Powell und Hayden immer mehr miteinander. Mehrere Male kam es zum Streit über das Kopieren von Forschungsergebnissen und Fotografien. Schließlich teilte das Innenministerium am 19. Mai 1877 die Aufgaben auf: Beide sollten geologische Informationen sammeln, Hayden sich aber mehr auf die geografischen Studien und Powell mehr auf die ethnographischen konzentrieren.[67]

1879 faßte der Kongreß alle Surveys in einer Organisation, der United States Geological Survey (USGS) zusammen. Sie besteht noch heute. Clarence King wurde ihr erster Direktor. Er stellte O'Sullivan als seinen Fotografen an. O'Sullivan wurde später für kurze Zeit Leiter des Fotolabors des Schatzamtes. Am 14. Januar 1882 starb der »Schattenfänger« an Tuberkulose im Alter von 42 Jahren.[68]

Das neugeschaffene Büro für Ethnologie sollte die ethnographische Arbeit der Expeditionen fortsetzen. Mit John Wesley Powell als Direktor wurde es zum Archiv für die gesamten Fotos und Dokumente. Nach Kings Rücktritt wurde Powell 1880 dessen Nachfolger als Direktor der USGS. Hillers blieb Powells Fotograf, sowohl für die geografischen wie für die ethnologischen Aufnahmen. Ihm werden 3000 Negative von den Powell-Expeditionen und weitere 20 000 von

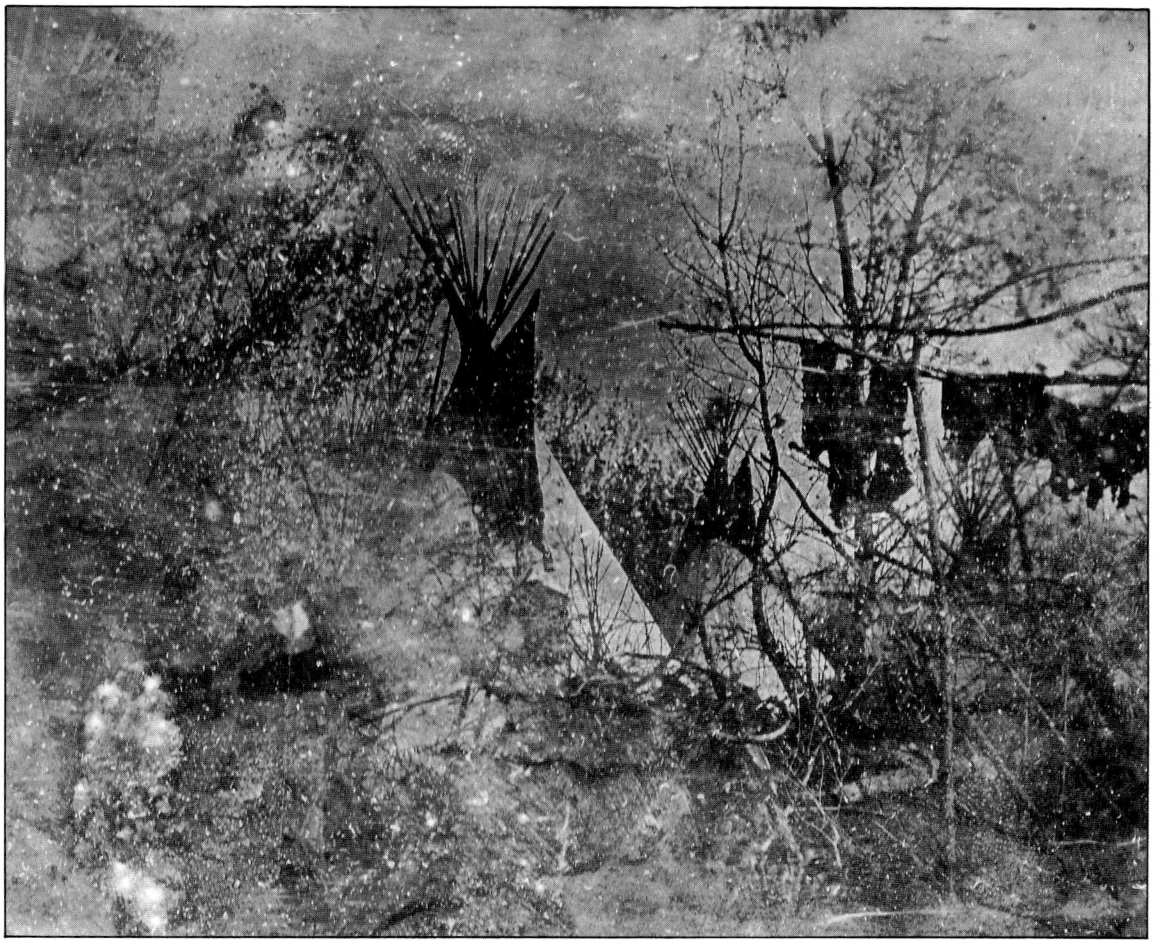

5.2 Ein Plains-Dorf in Kansas Territory. Von Salomon Nunes Carvalho bei der Frémont-Expedition 1853.

5.3 Ojibwa Birkenrinden Tipis am Red River in Rupert's Land, Lord Selkirks Siedlung (jetzt in Kanada). Von Humphrey Lloyd Hime bei der Hind-Expedition, ca. 1857–58.

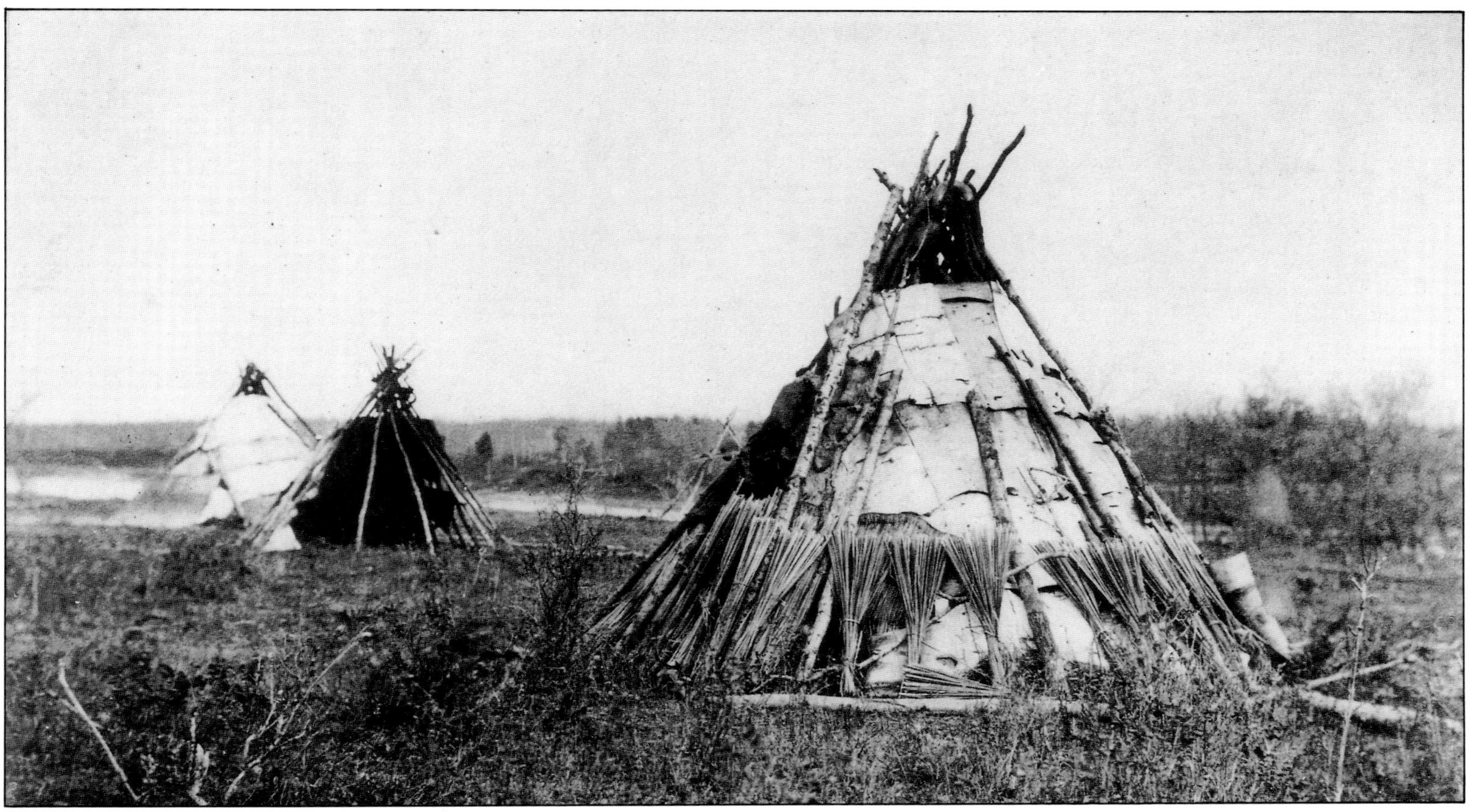

5.4 Ein Shoshone auf dem Pfad. Vermutlich bei Fort Laramie, Wyoming Territory. Von Albert Bierstadt bei der Lander-Expedition 1859.

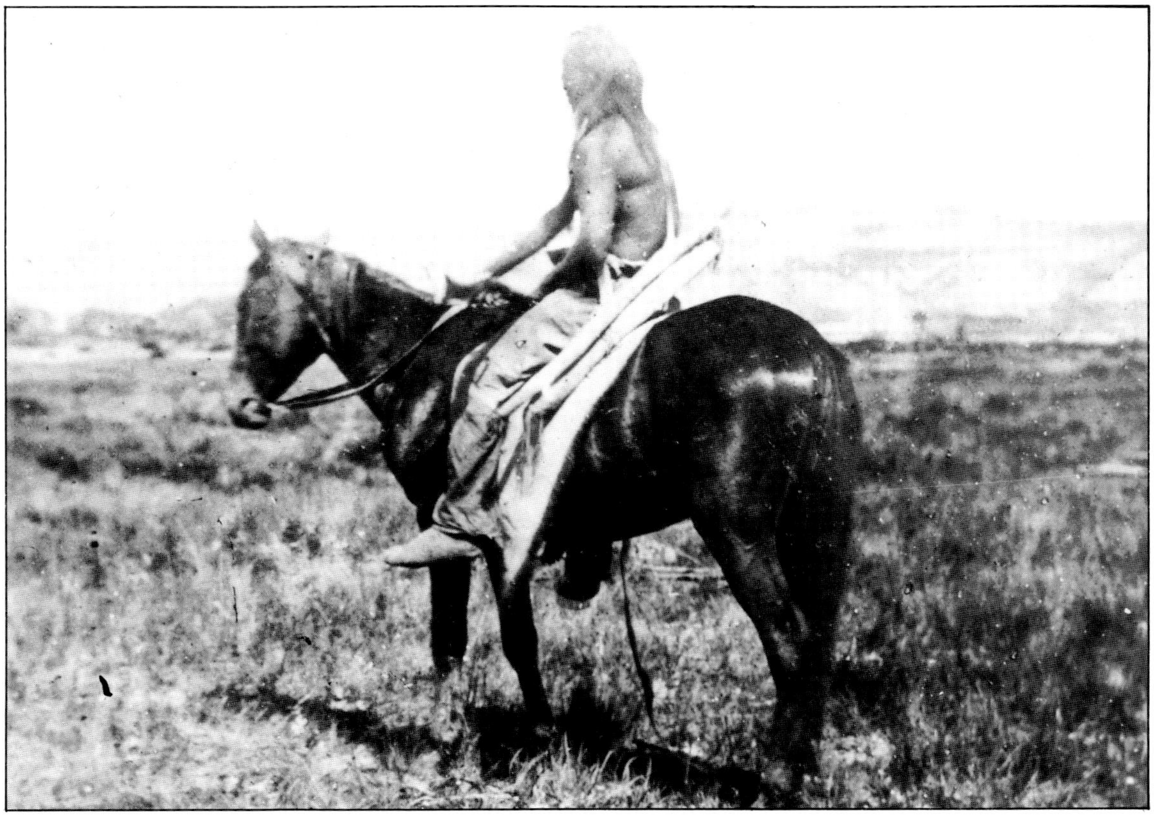

5.5 Arapaho-Häuptlinge in Gewändern aus Büffelhaut. Von J. D. Hutton bei der Raynolds-Expedition, ca. 1858–60.

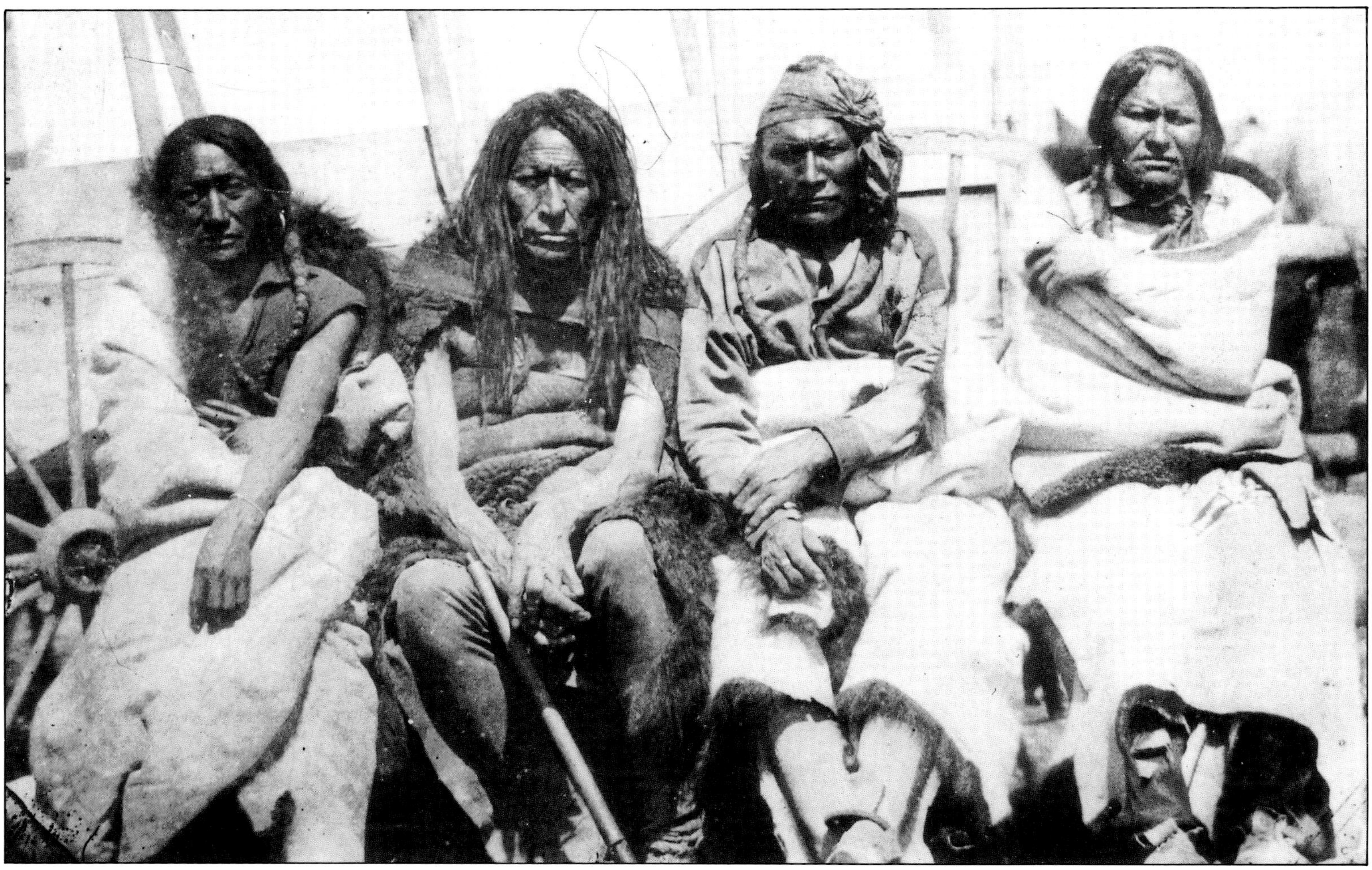

5.6 Timothy O'Sullivans von Mulis gezogene Dunkelkammer / Armee-Sanitätswagen in den Wüstendünen südwestlich von Carson Sink, Nevada. Aufgenommen während der King-Expedition von O'Sullivan 1868.

seiner Arbeit für das Büro zugeschrieben.[69] Die Armee-Ingenieure, deren Arbeit 1869–77 von Präsident Grant unterstützt worden war, wurden später an den Surveys nicht mehr beteiligt. George Wheeler schied 1888 aus der Armee aus und starb 1905 in New York.[70]

Dr. Ferdinand Vandiveer Hayden sammelte weiter Fossilien und schrieb wissenschaftliche Abhandlungen für die USGS und das Smithsonian Institut. Er starb 1887.[71]

Jackson gab seine Arbeit als Regierungsfotograf auf und eröffnete sein eigenes Studio in Denver in den Rocky Mountains, die er seit der Hayden-Expedition liebte. 1942 wurde er als 99jähriger vom Explorer Club für seine 80 000 Fotos des amerikanischen Westens ausgezeichnet. Er starb im selben Jahr als der letzte Überlebende der Surveys.[72]

Die »Four Great Surveys« waren die Erbschaft einer jahrhundertelangen Erforschung des Westens durch Händler, »mountainmen« und die Topographie-Ingenieure. Sie waren wirklich »groß«, wegen ihrer Dauer, wegen der Größe der untersuchten Gebiete und wegen der Vielfalt der Studien, die Natur- und Sozialwissenschaften ebenso einschlossen wie das Studium des Menschen. Ihr Beitrag zum Wissen über den amerikanischen Westen ist unschätzbar. Die King-Expedition brachte neben den kurzen Jahresberichten acht Veröffentlichungen heraus. Die Powell-Expedition kam auf 18 Veröffentlichungen, die Wheeler-Expedition brachtte es auf 40, die Hayden-Expedition gar auf 50 Publikationen. Dazu kamen die zahlreichen Artikel und Bücher, die einzelne Expeditionsteilnehmer verfaßten.[73]

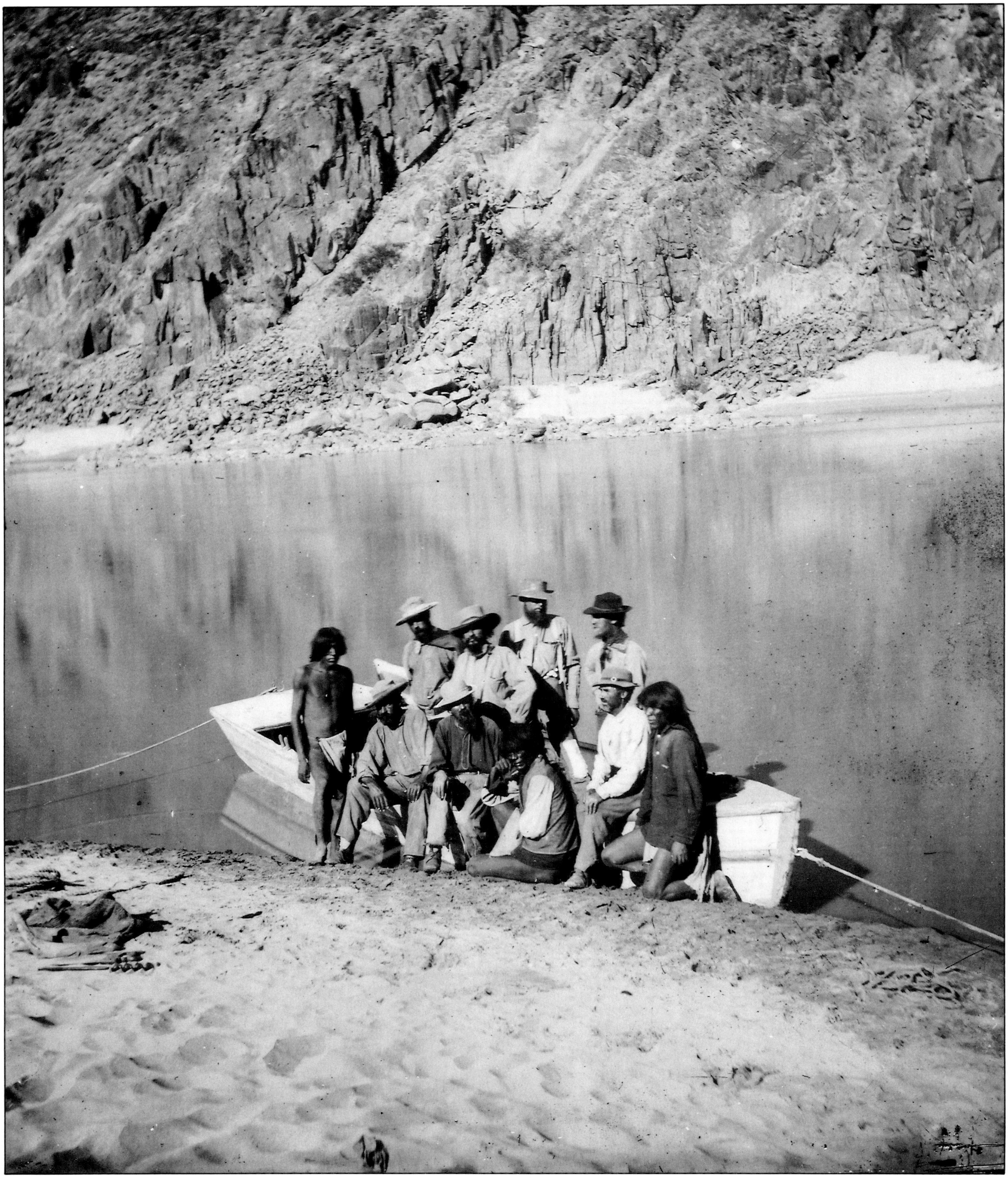

5.7 LINKS Mohave-Führer mit Teilnehmern der Wheeler-Expedition am Colorado-River im Grand Canyon, Arizona. (Der Fotograph ist wahrscheinlich der 2. von links). Von Timothy O'Sullivan, 1871.

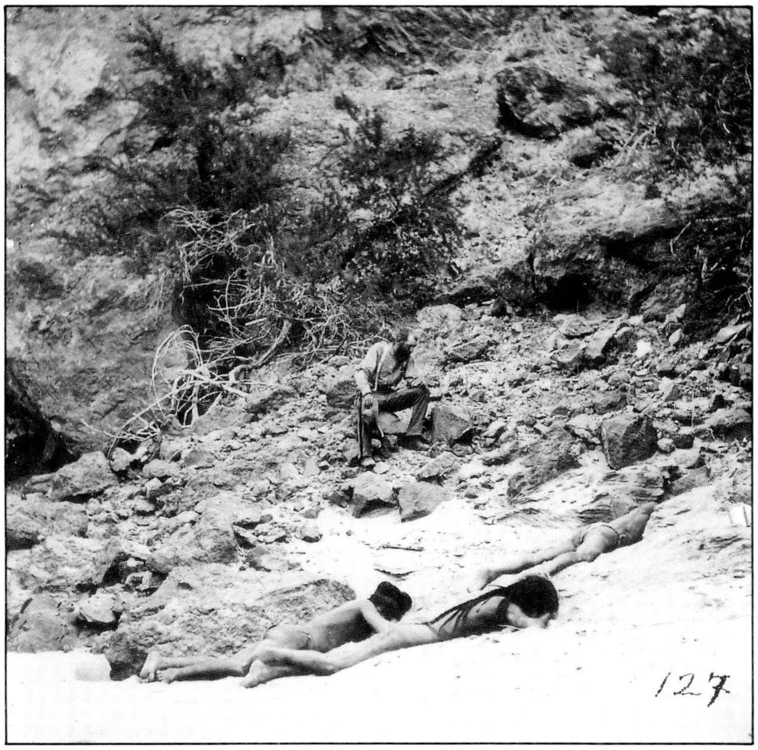

5.8 Mohave-Führer bei einem Schläfchen am Ufer des Colorado River. Da sie meistens Angst vor dem Fotografieren hatten, war dies die erste Gelegenheit für den Fotografen, eine Aufnahme von ihnen zu machen. Der Geologe G. K. Gilbert sitzt auf einem Felsen in der Nähe. Von Timothy O'Sullivan bei der Wheeler-Expedition 1871.

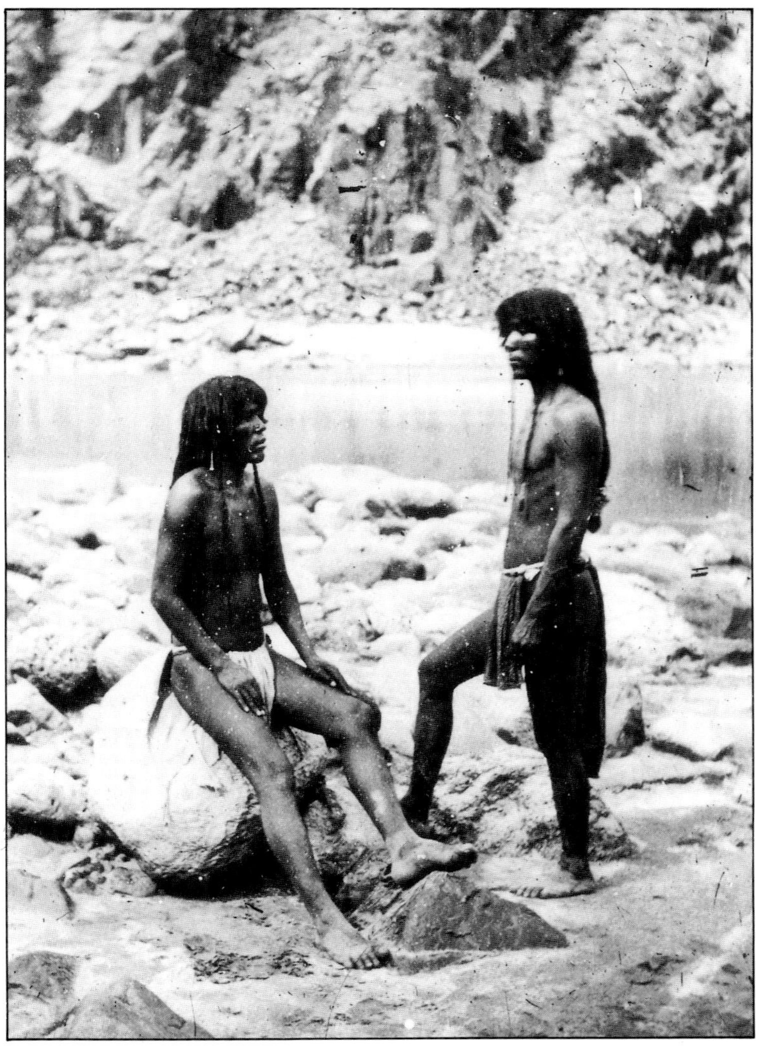

5.9 Panambono und Mitiwara, zwei der Mohave-Führer bei der Wheeler-Expedition, mit denen sich der Fotograf angefreundet hatte. Von Timothy O'Sullivan am Colorado River, Grand Canyon, Arizona, 1871.

5.10 Vermutlich Frederick H. Loring, der Reporter aus Boston und Teilnehmer der Wheeler-Expedition, mit seinem Maultier »Evil Merodach.« Vier Stunden nach der Aufnahme überfielen Apachen in der Nähe von Wickenburg seine Postkutsche und töteten ihn. Aufgenommen von Timothy O'Sullivan am 5. November 1871.

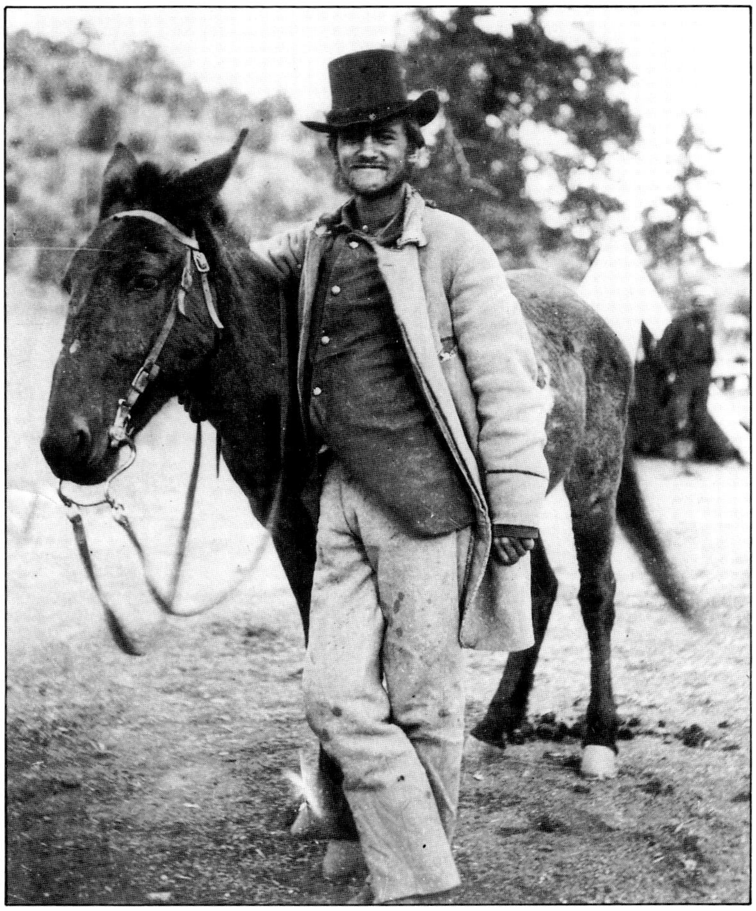

5.11 Maiman, ein Mohave-Führer bei der Wheeler-Expedition und Freund von Frederick Loring und dem Fotografen. Maiman verbrachte über ein Jahr damit, die Mörder von Loring zu jagen. Aufgenommen von Timothy O'Sullivan während der Wheeler-Expedition, Colorado River, Grand Canyon, Arizona 1871.

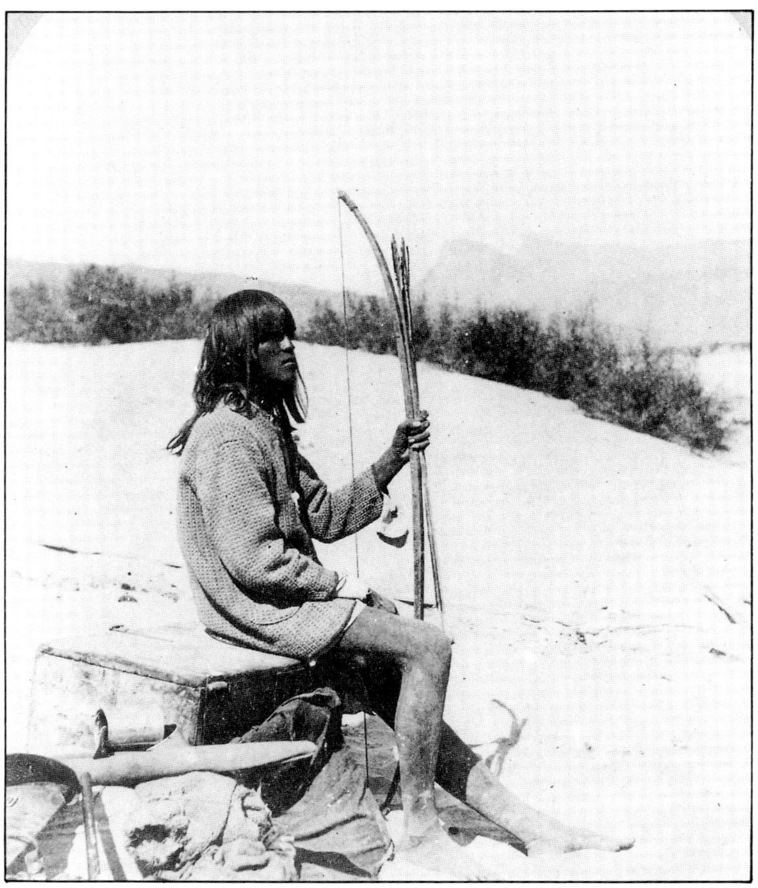

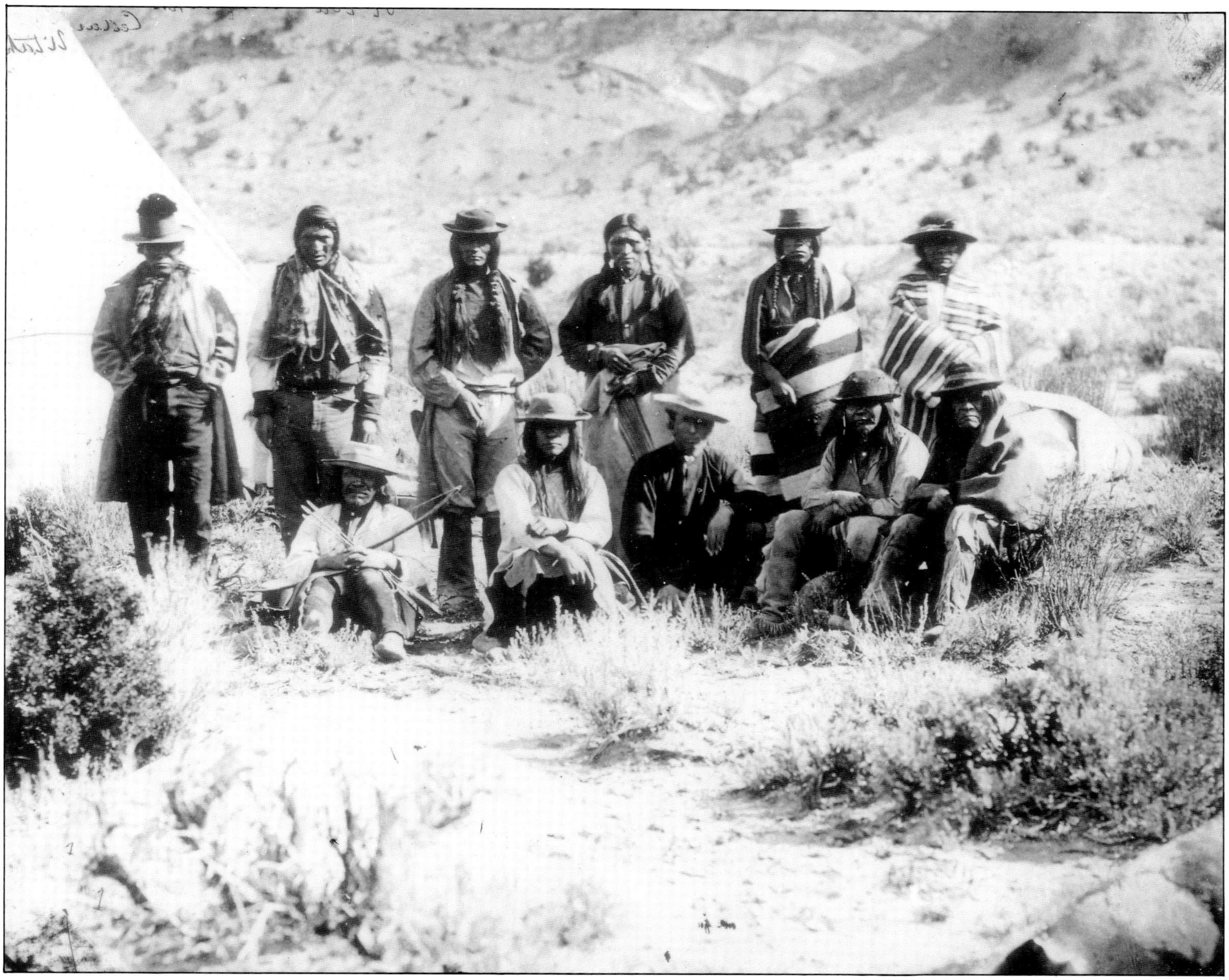

5.12 Friedenskonferenz der Paiute-Häuptlinge in der Nähe des Colorado River, Grand Canyon, Arizona. Der Fotograf nahm selber an solchen Gesprächen teil, was wegen der häufigen Aufstände der Paiute und Apachen gegen General Crook erforderlich war. Von Timothy O'Sullivan bei der Wheeler-Expedition 1871.

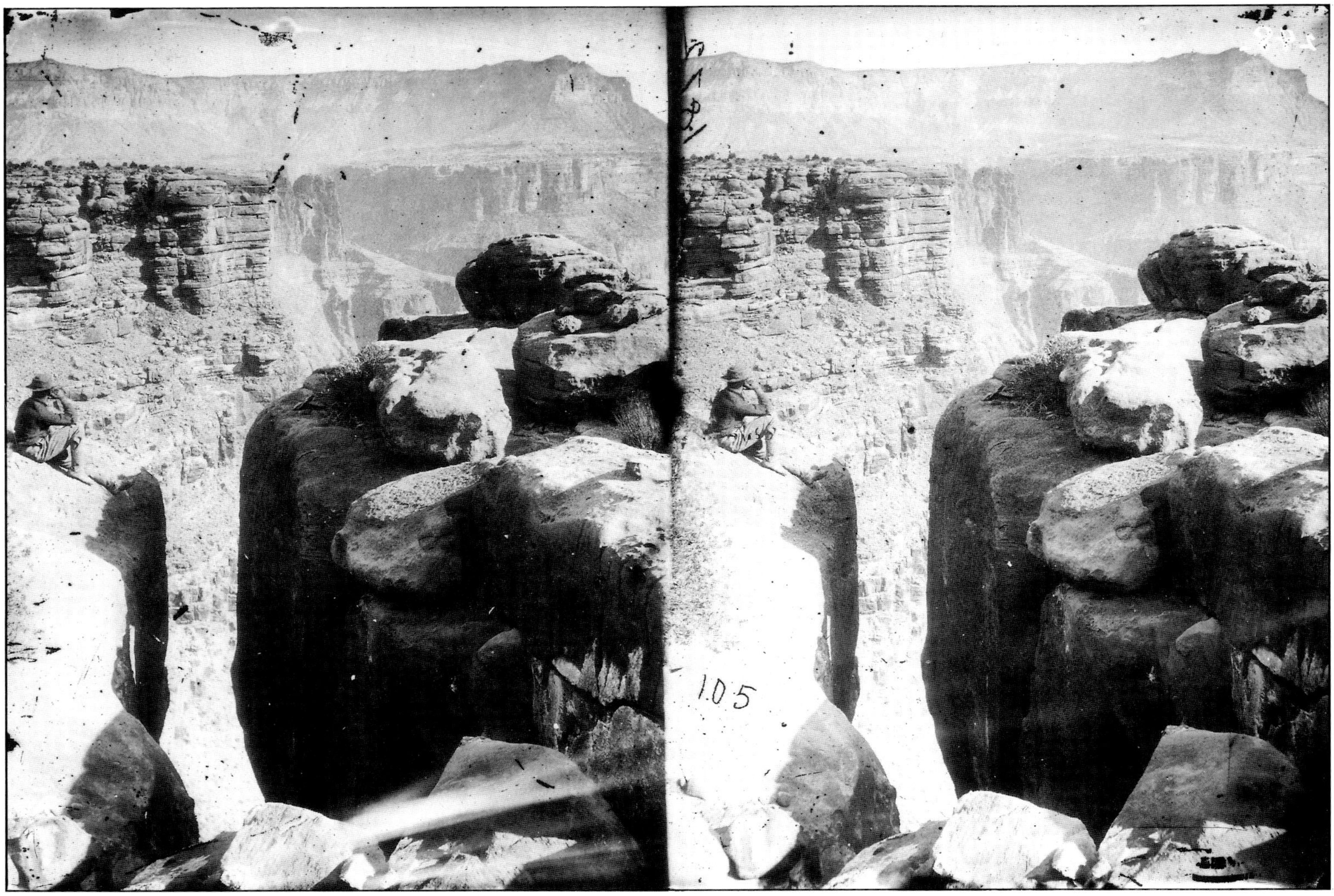
105

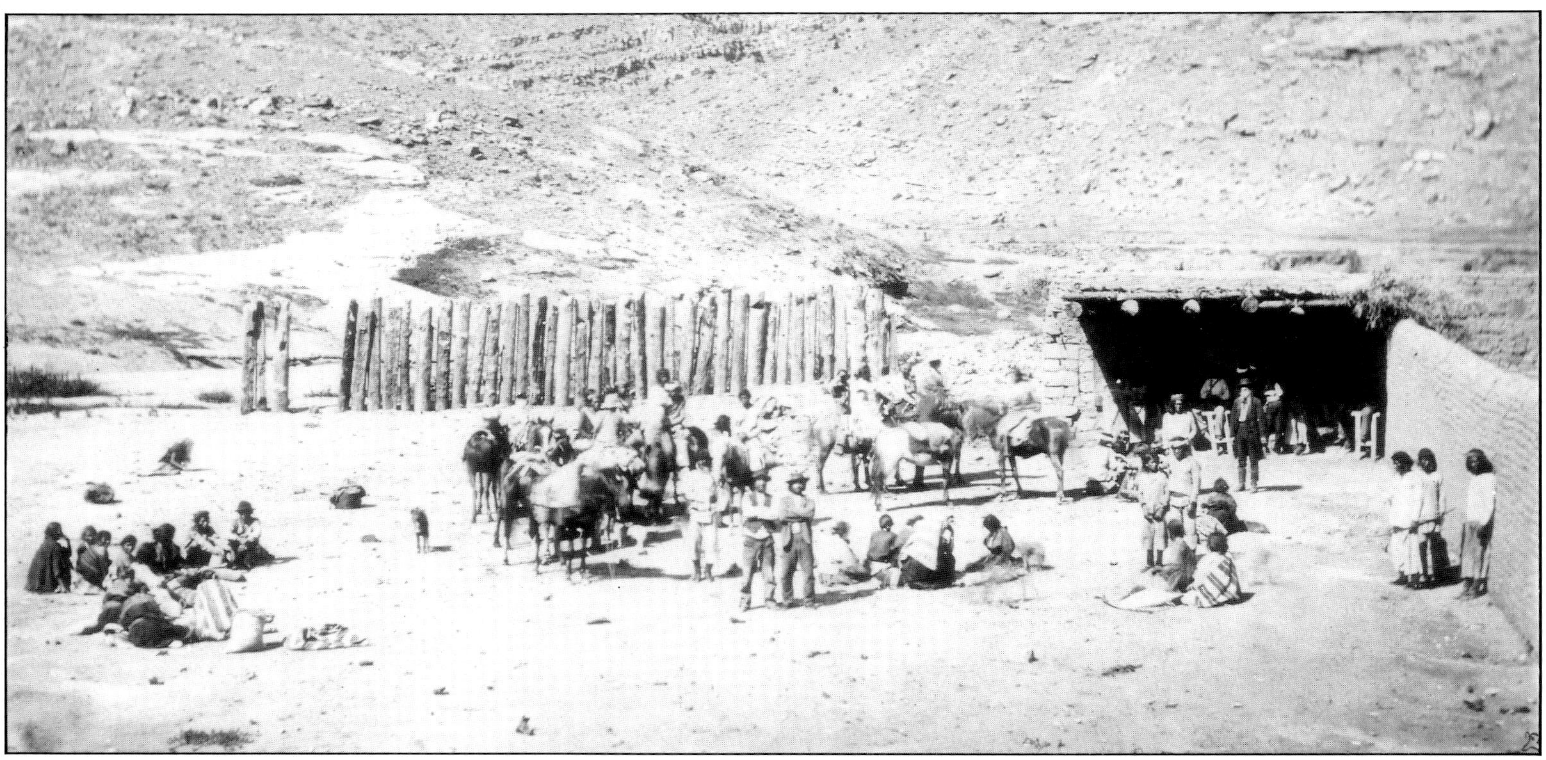

5.13 LINKS OBEN Eine Stereographie vom Kanab Canyon, der Nordwand am Fuße des To-Ro-Weap Valley, Grand Canyon. Arizona. Von William Bell bei der Wheeler-Expedition 1872.

5.14 LINKS UNTEN Ein Handelsposten der Apachen entweder in Fort Defiance, New Mexico oder in Camp Apache, Arizona am Tag der Rationenverteilung. Von O'Sullivan bei der Wheeler-Expedition 1873.

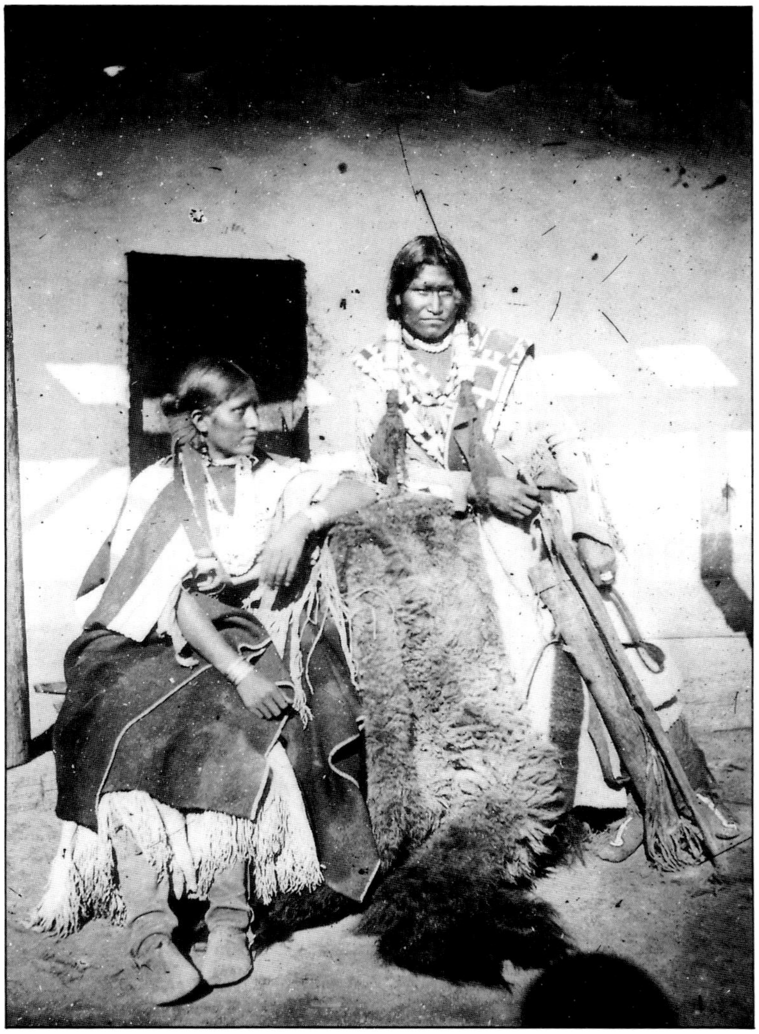

5.15 Ein frisch verheirateter Apache und seine Braut im Apiquiu Reservat in New Mexico. Von Timothy O'Sullivan bei der Wheeler- Expedition 1873.

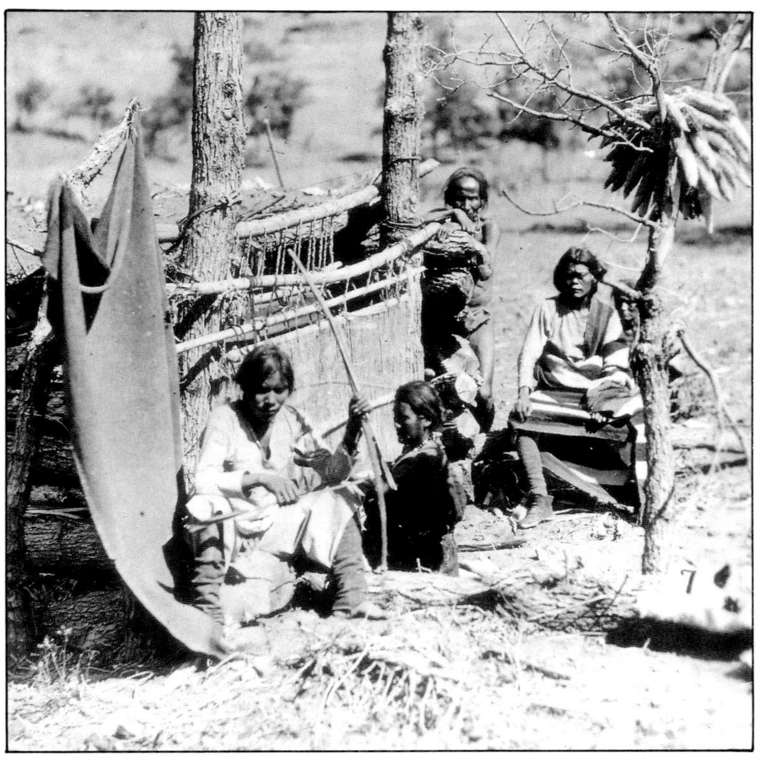

5.16 Eine Gruppe Navaho mit einer Frau, die an einem Webstuhl arbeitet. (Eines der ersten Fotos, das Navaho-Indianer beim Weben zeigt.) Aufgenommen im Canyon de Chelly, in der Nähe von Fort Defiance, New Mexico. Von O'Sullivan bei der Wheeler-Expedition 1873.

5.17 Innenansicht des Zuni Pueblo, New Mexico, die erste Aufnahme des Pueblo von einem Expeditionsfotografen. Von Timothy O'Sullivan bei der Wheeler-Expedition 1873.

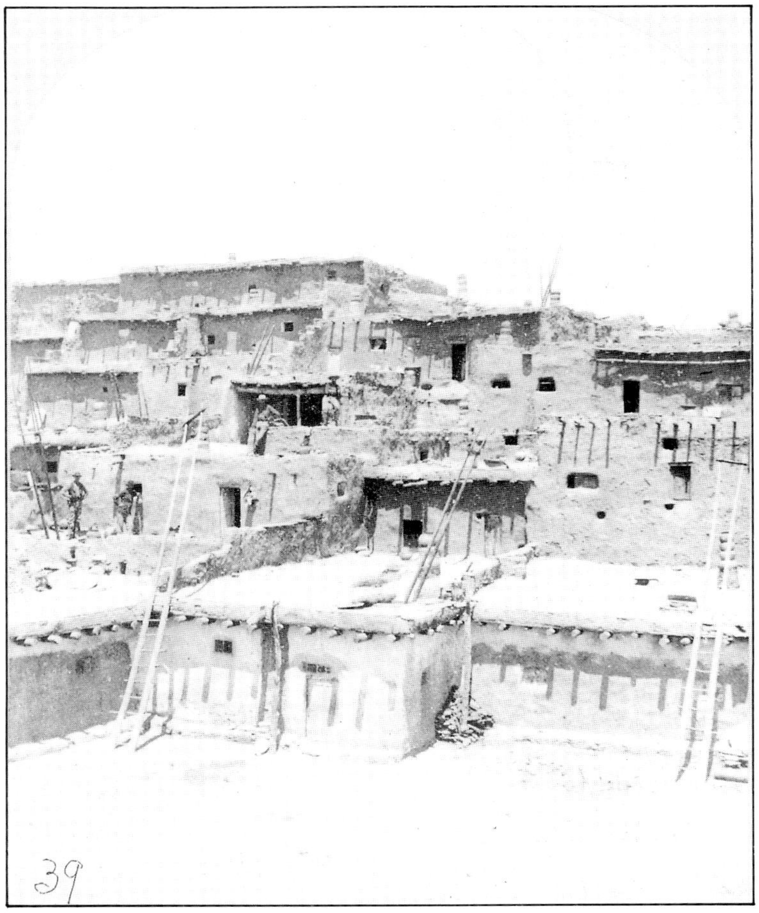

5.18 Der Kriegshäuptling der Zuni Match-Olth-Tone mit einem Lincoln-Stock in der einen, und mit einem spanischen Stab und einem Gewehr in der anderen Hand, den Symbolen für das Amt des Gouverneurs. Von O'Sullivan 1873 bei der Wheeler-Expedition in Zuni Pueblo, Neu-Mexiko.

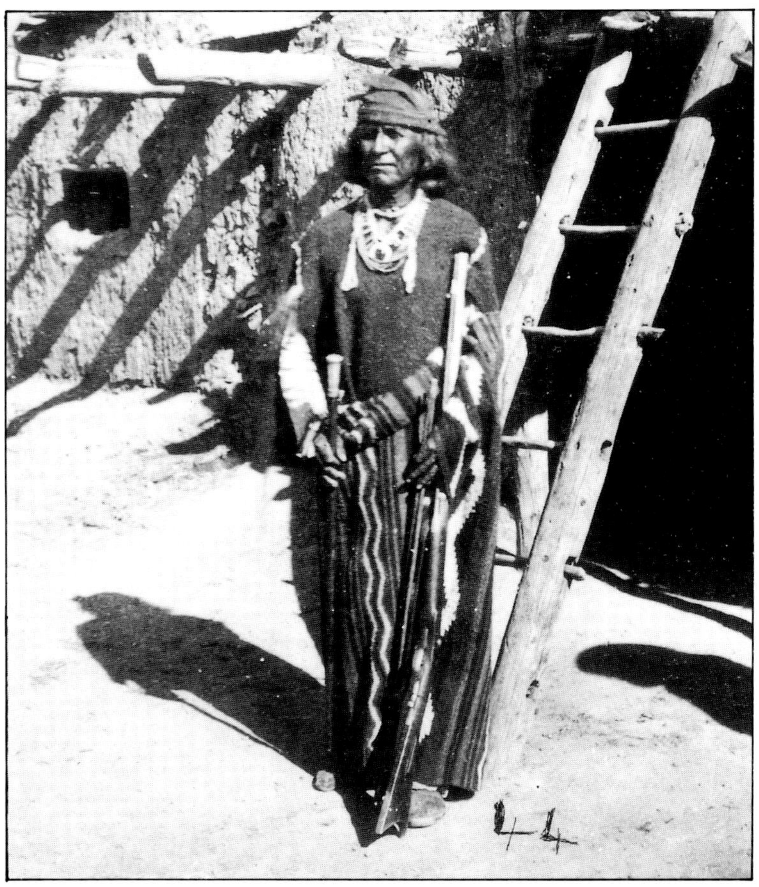

5.19 RECHTS Teilnehmer der Wheeler-Expedition in den Ruinen der alten Anasazi-Kultur (600–1300) im Canyon de Chelly, New Mexico. Von O'Sullivan 1875.

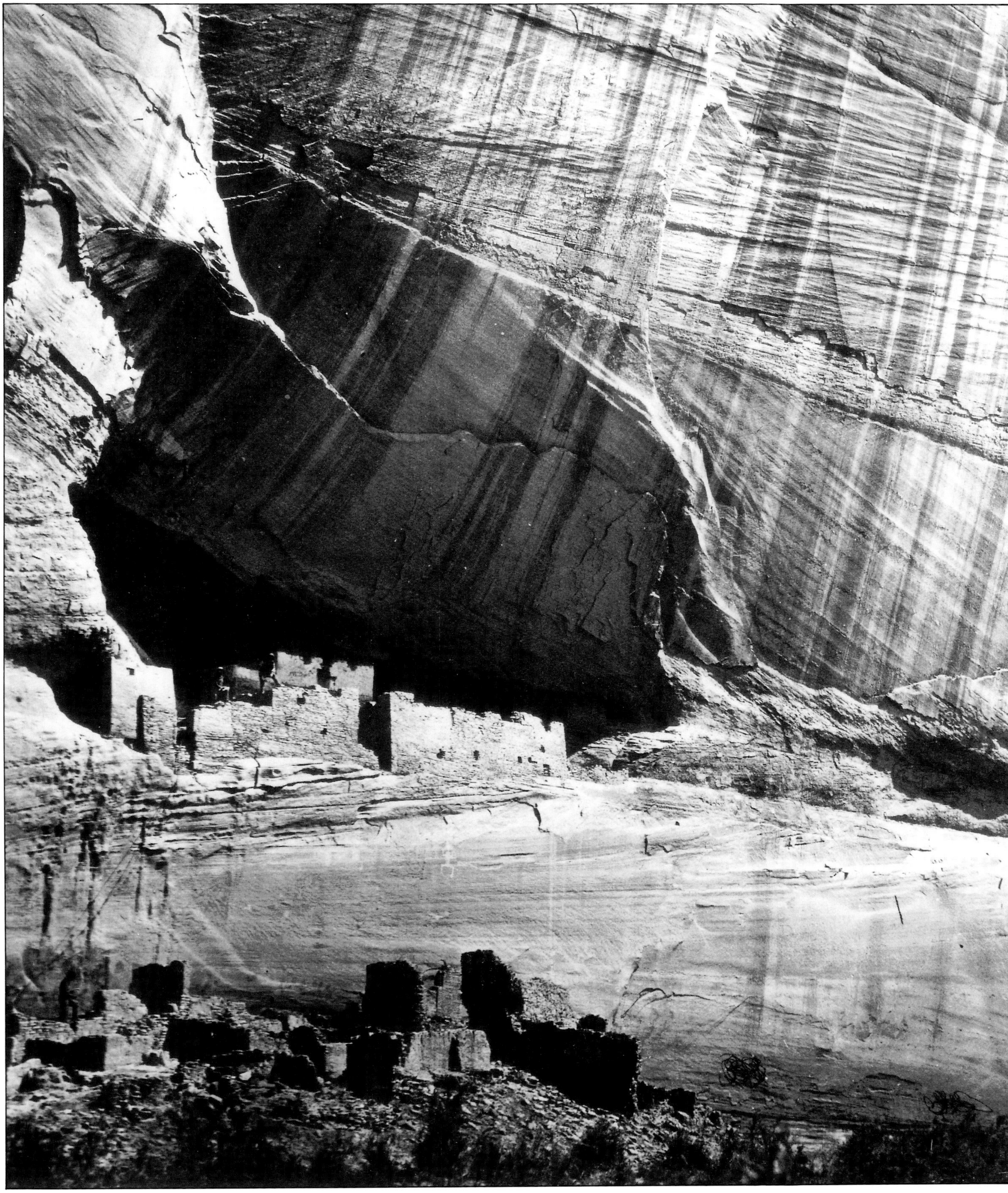

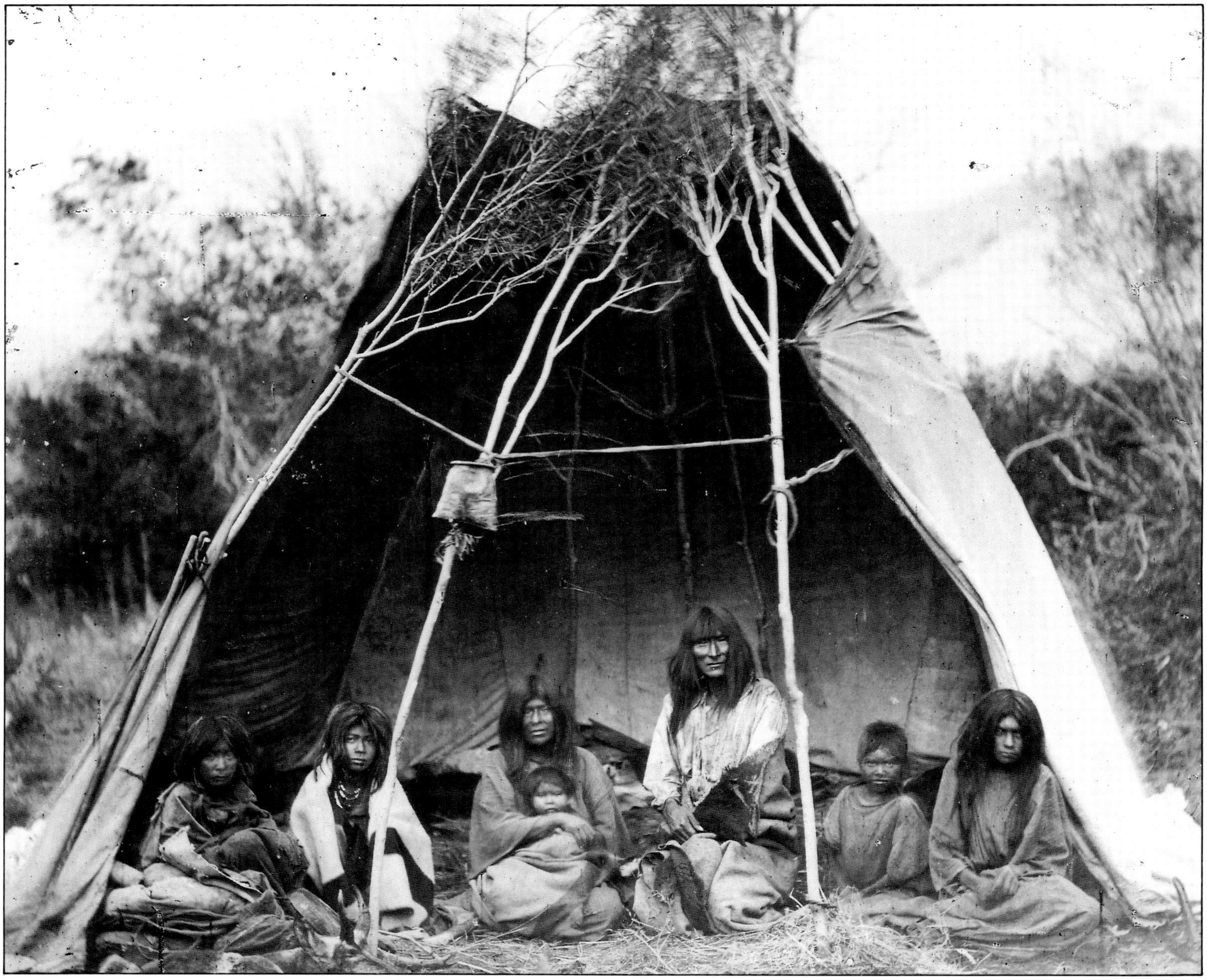

5.20 Eine Bannock-Familie der Sheepeater in einem Zelt an der Quelle des Medicine Lodge Creek in Idaho. Obwohl sie sehr scheu waren, »ließen sie sich mit einer Handvoll Zucker und etwas Kaffee zu einem Foto überreden.« Sieben Jahre später waren die meisten Bannocks Gefangene (Abb. 5.29). Von William Henry Jackson bei der Hayden-Expedition am 11. Juni 1871.

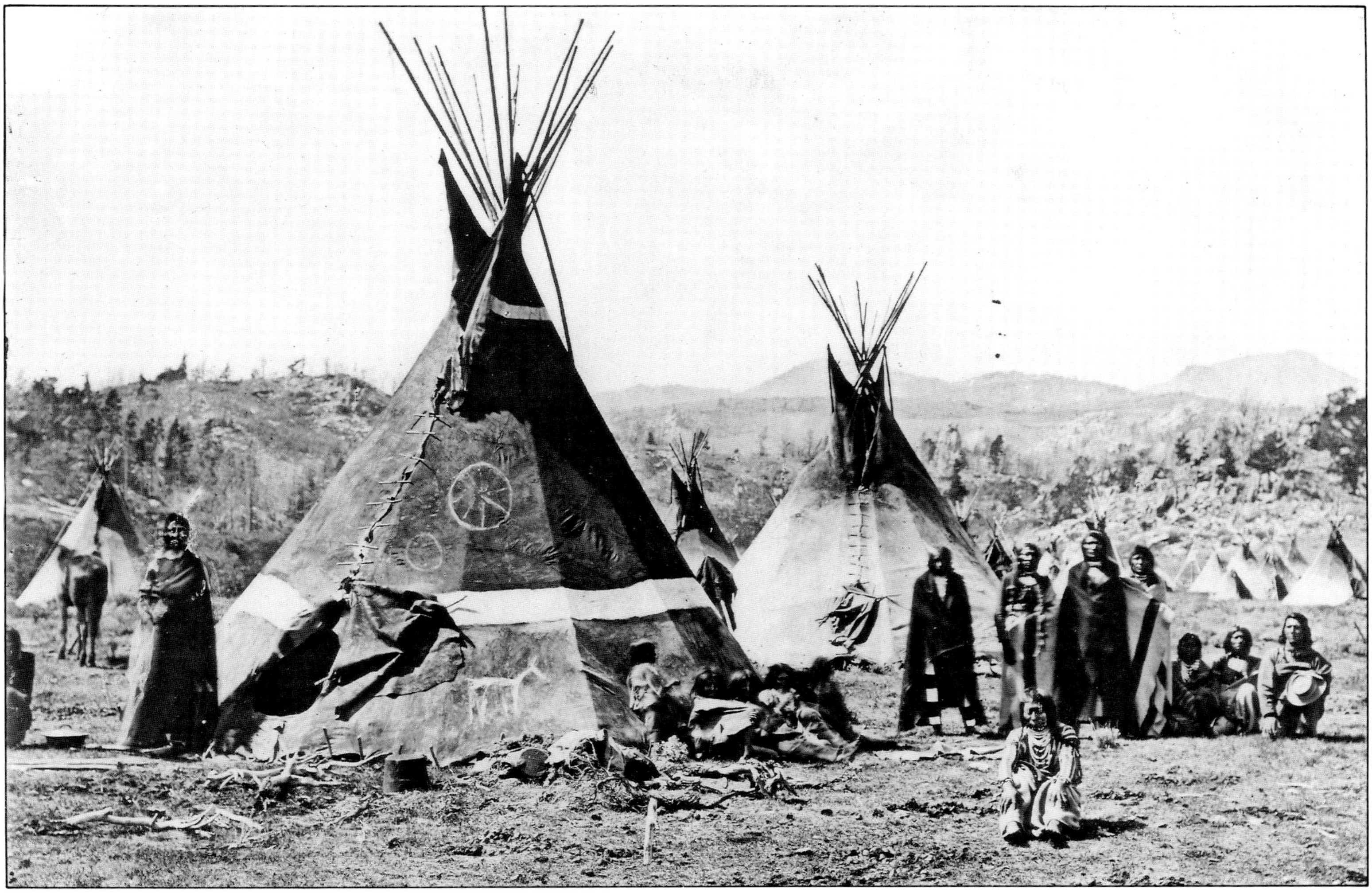

5.21 Das Dorf des Shoshonen-Häuptlings Washakie am Sweetwater River, Fort Stambaugh, Wyoming. Von William Henry Jackson bei der Hayden-Expedition 1870.

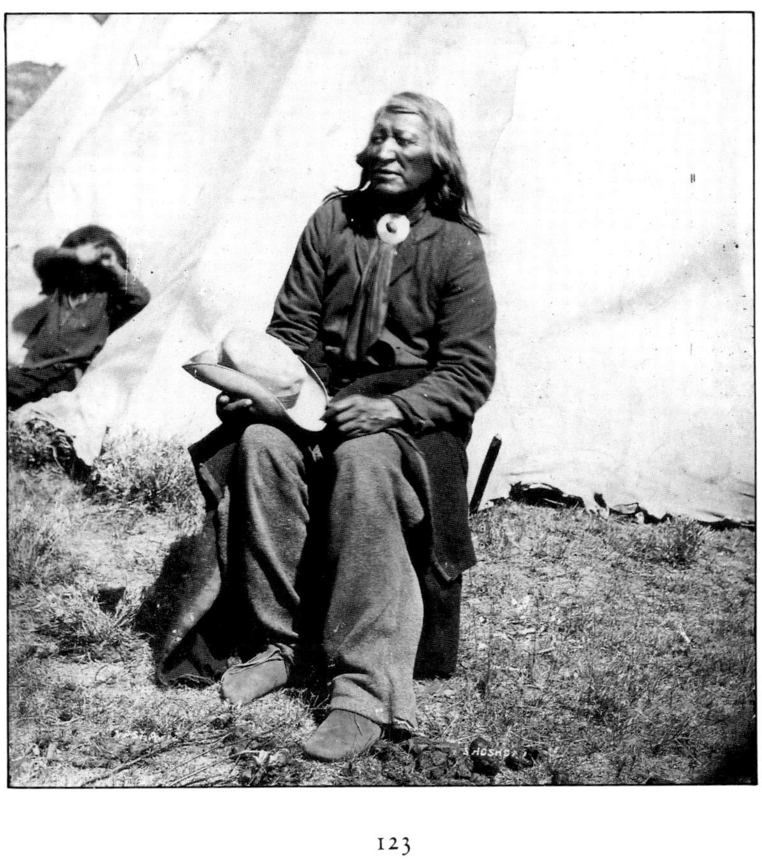

5.22 Häuptling Washakie in Fort Stambaugh, Wyoming. Von William Henry Jackson bei der Hayden-Expedition im September 1870.

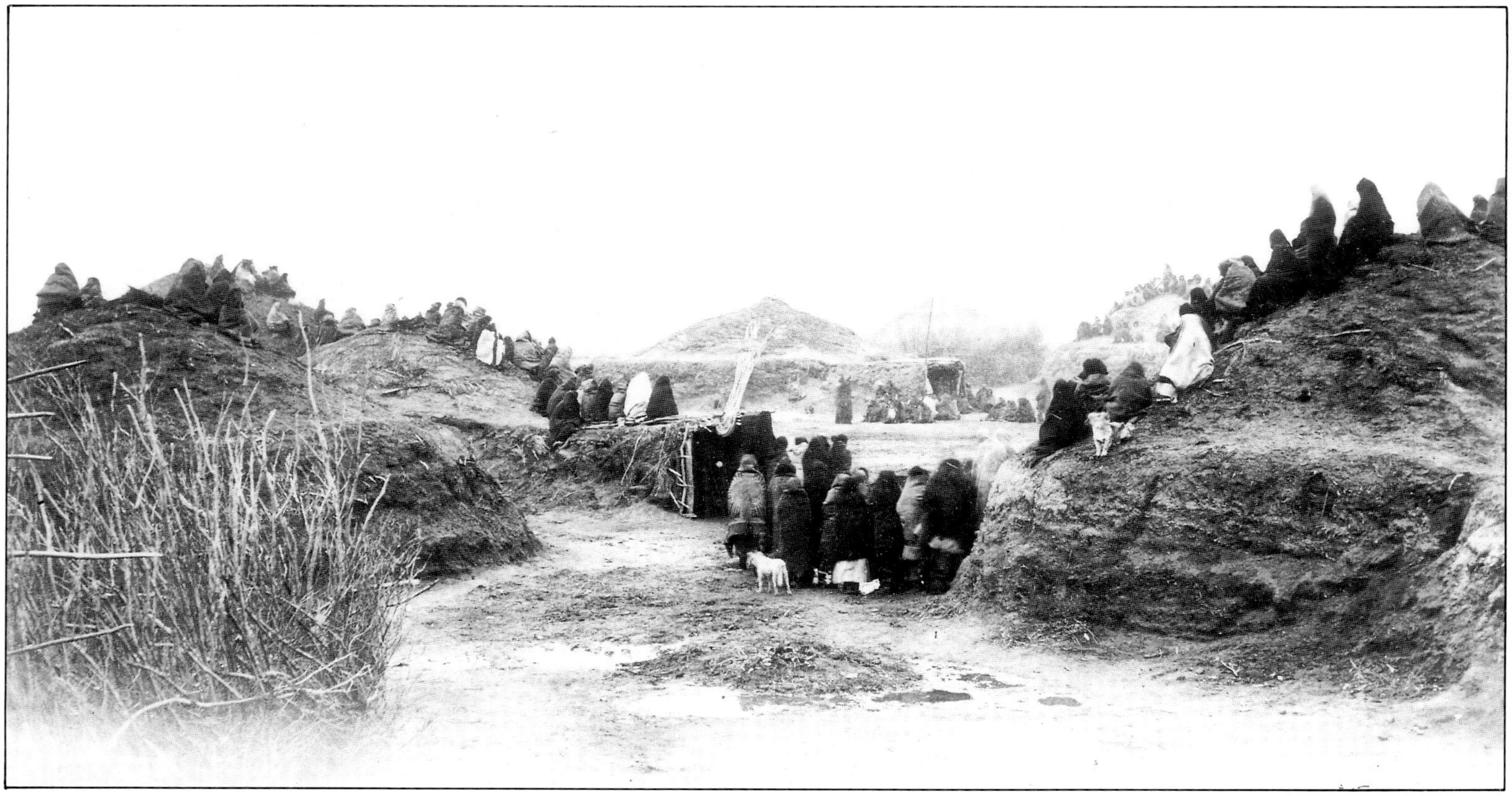

5.23 Ein Dorf aus Erdhäusern der Pawnee-Indianer in Loup Folk, Nebraska. Die Leute scheinen einer Zeremonie zuzusehen, bei der einem verdienten Krieger ein Ehrenname verliehen wird. Innerhalb weniger Jahre fielen die Erdhäuser dem Pflug zum Opfer und die Indianer zogen in die Reservate. Aufgenommen von William Henry Jackson bei der Hayden-Expedition 1871.

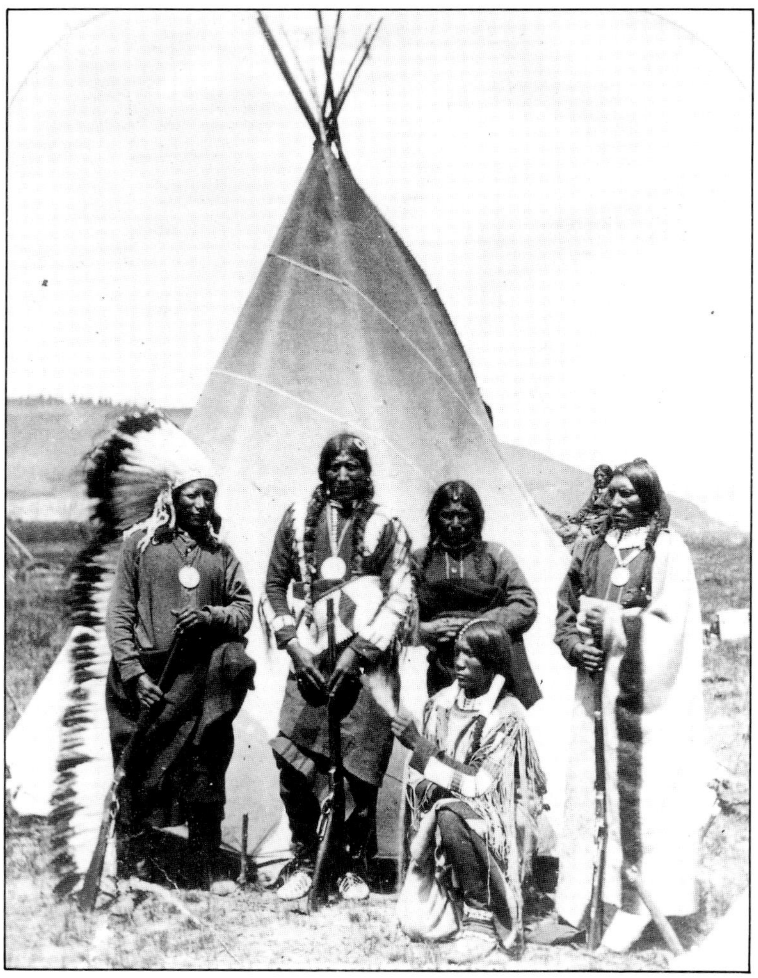

5.24 Der Unterhäuptling der Ute, Tush-A-Qui-Not, genannt Peah, und Krieger vor einem Tipi im Los Pinos Reservat, Colorado. Von William Henry Jackson bei der Hayden-Expedition im August 1874.

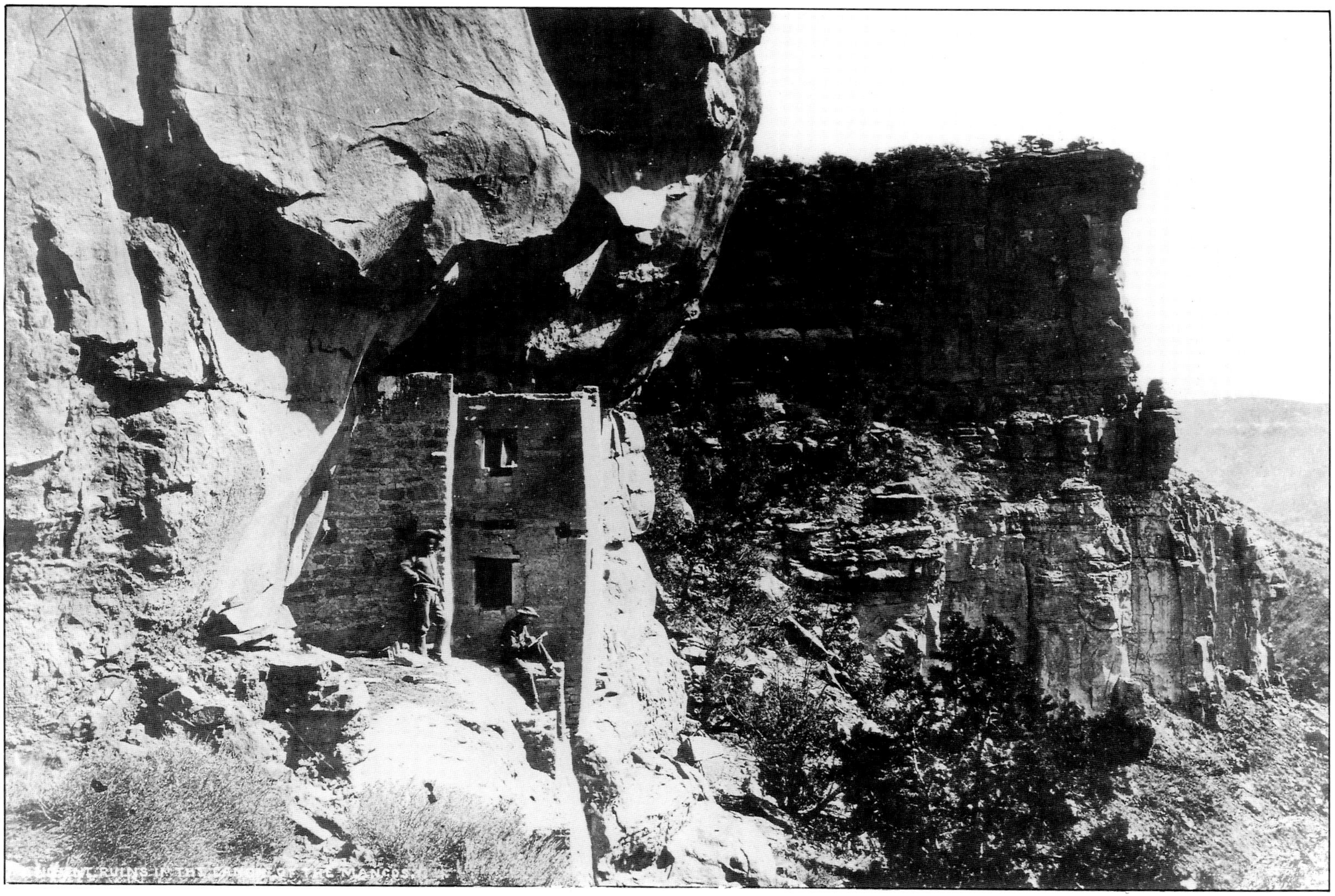

5.25 John Moss (stehend) und Tom Cooper (sitzend), zwei Führer für den Fotografen, in den alten Anasazi-Ruinen in Mancos Canyon, Colorado. Von William Henry Jackson bei der Hayden-Expedition im August 1874.

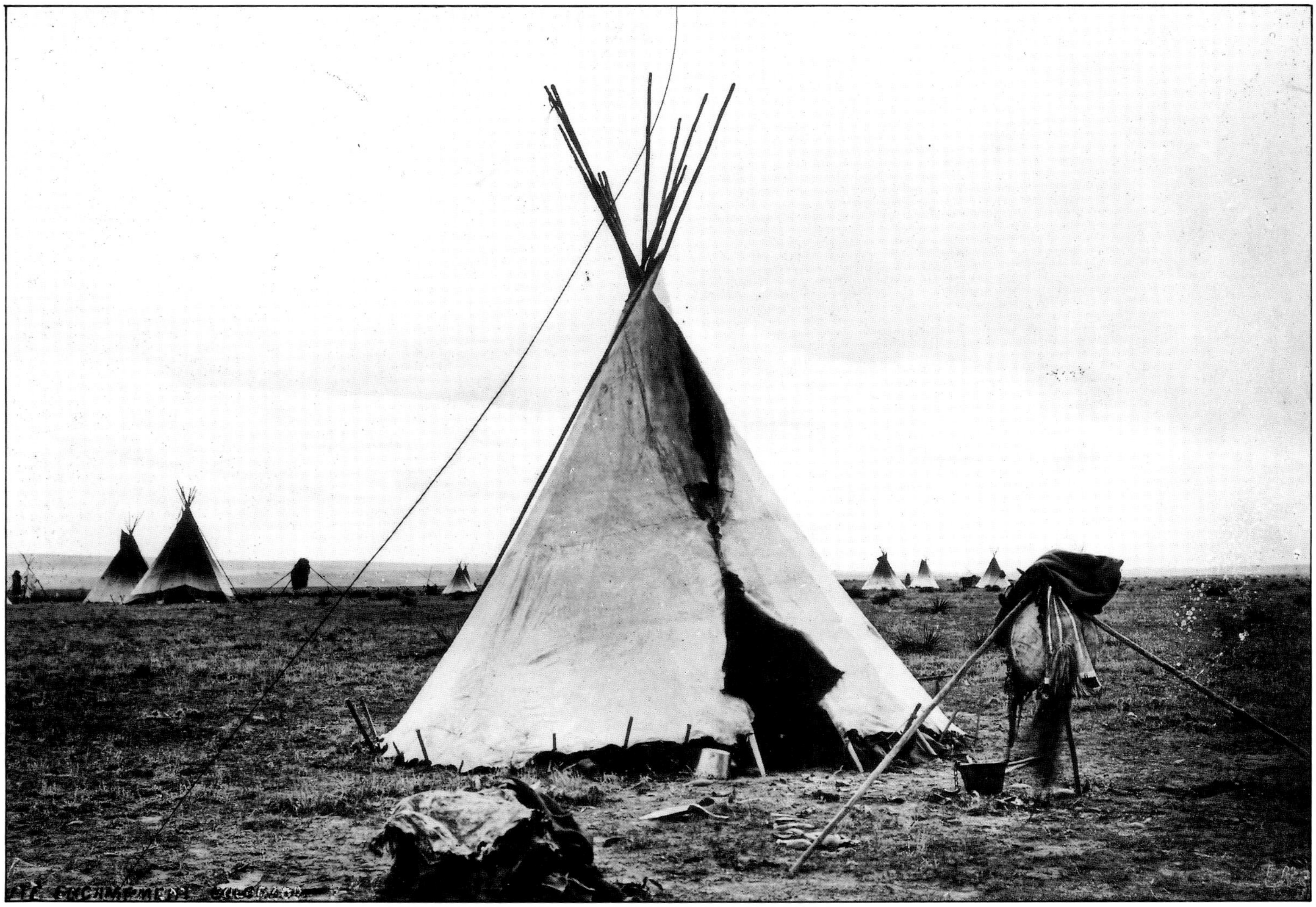

5.26 Ute-Lager bei Denver, Colorado. Aufgenommen von William Henry Jackson im Auftrag des Expeditionsleiters Ferdinand Vandiveer Hayden im Oktober 1874.

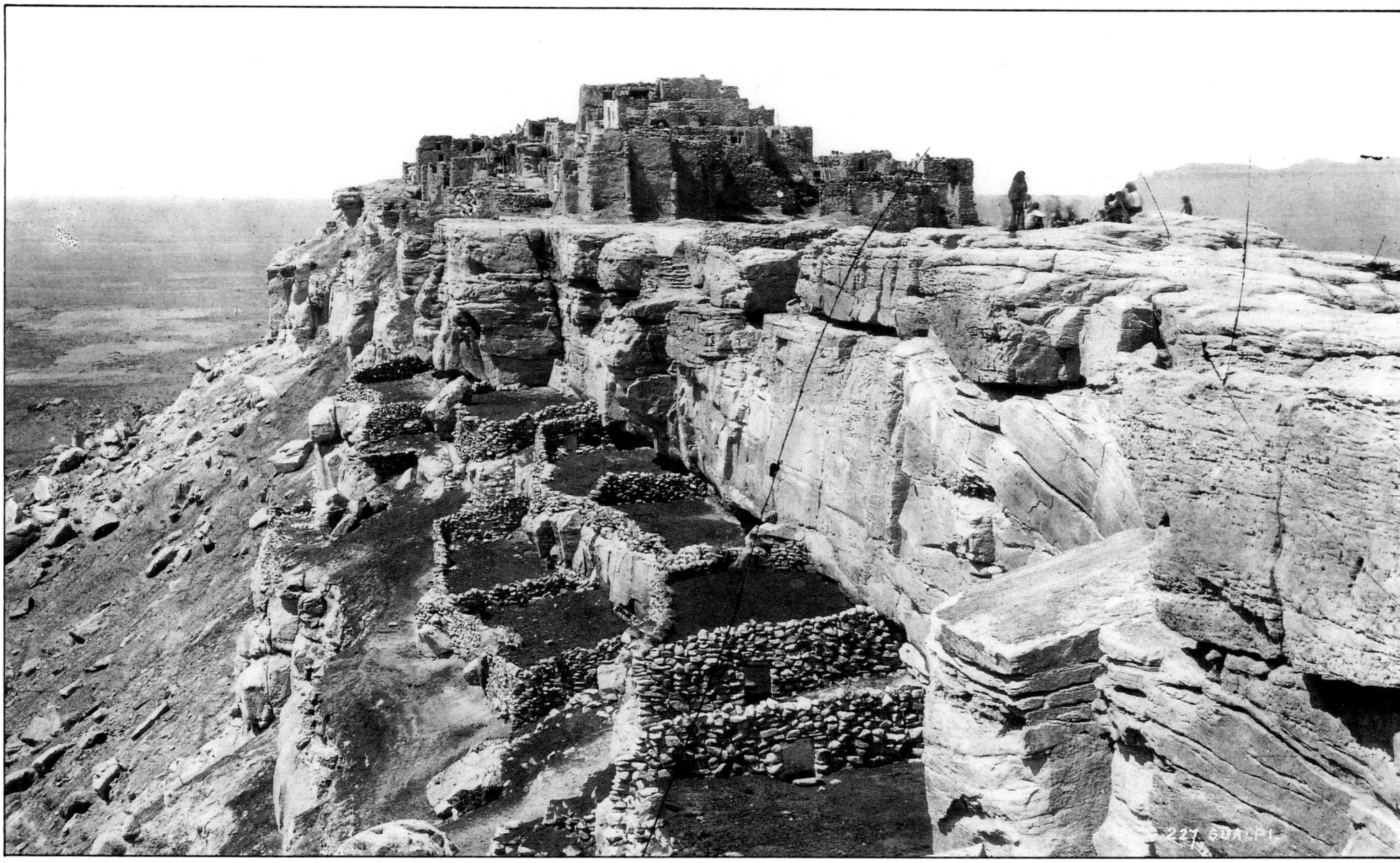

5.27 Walpi Pueblo, Arizona. Aufgenommen von William Henry Jackson bei der Hayden-Expedition im Oktober 1876.

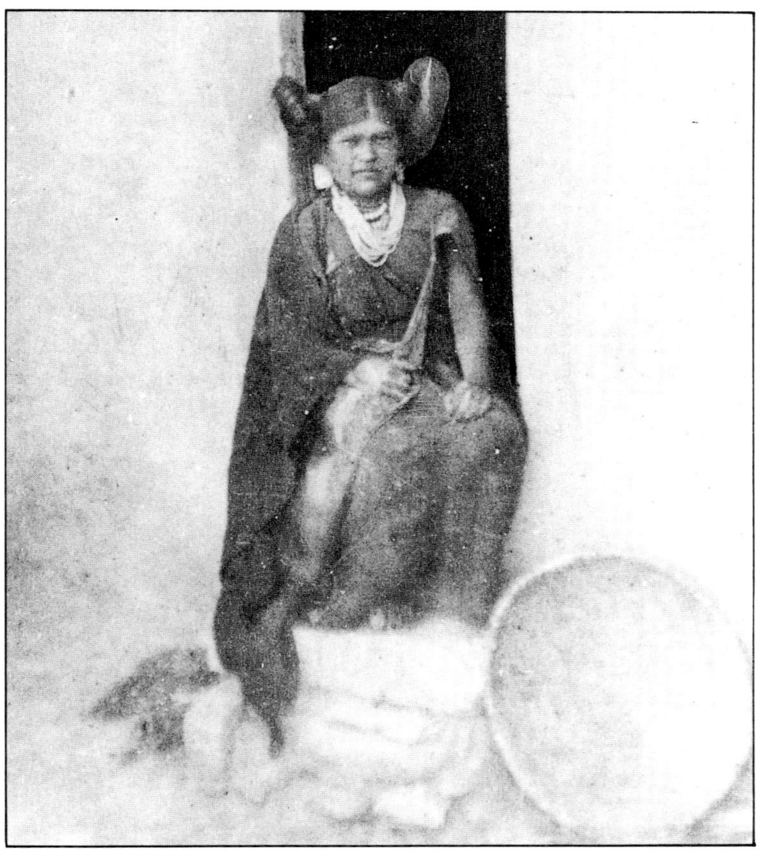

5.28 Die berühmte Töpferin Nampeyo (Serpent That Has No Tooth), die damals erst 18 Jahre alt war. Tewa Pueblo, Arizona. Von William Henry Jackson bei der Hayden-Expedition im Oktober 1876.

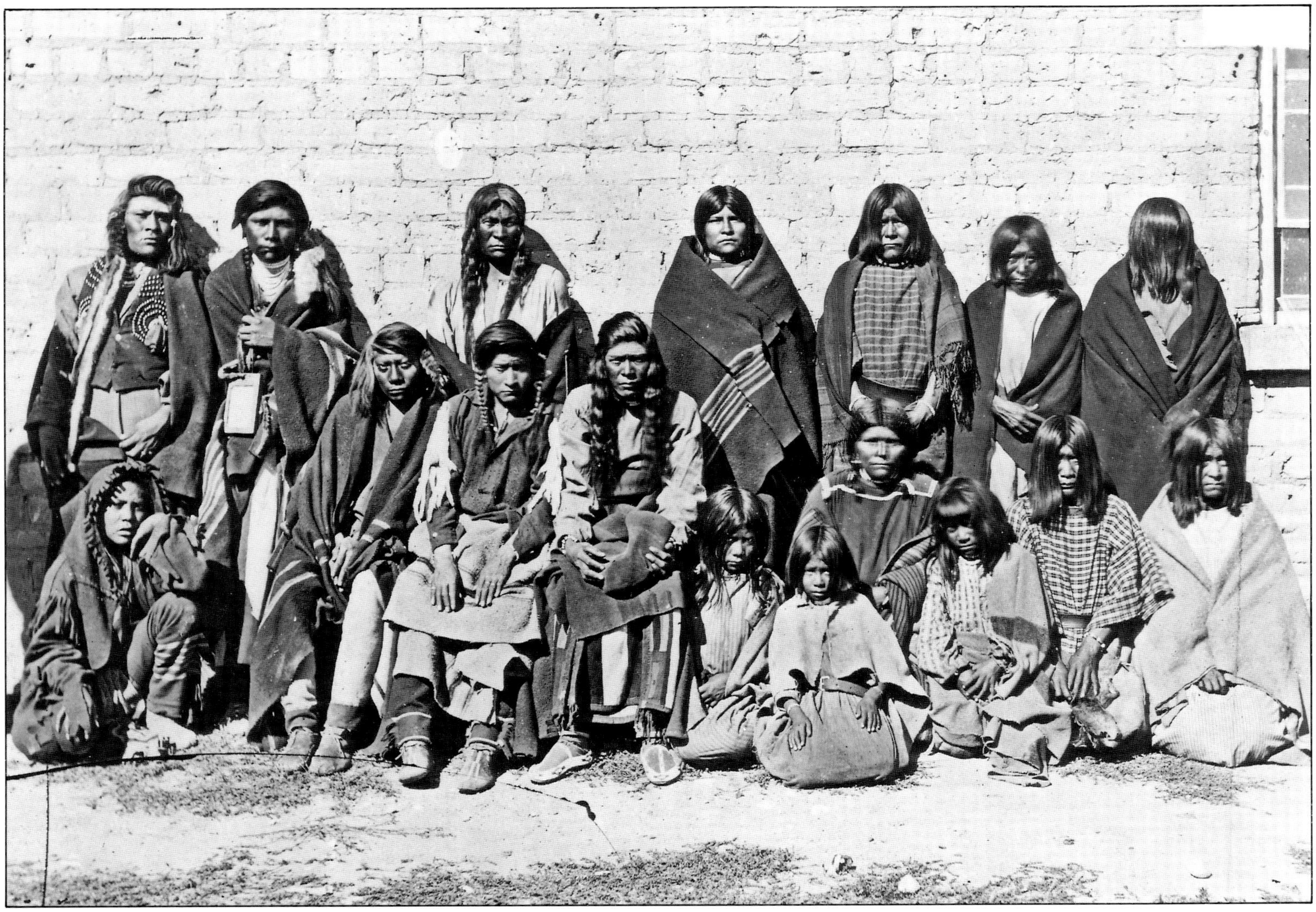

5.29 Gefangene Bannocks im Snake River Reservat, Fort Hall, Idaho. Von William Henry Jackson bei der Hayden-Expedition, September 1878. Siehe auch Abb. 5.20.

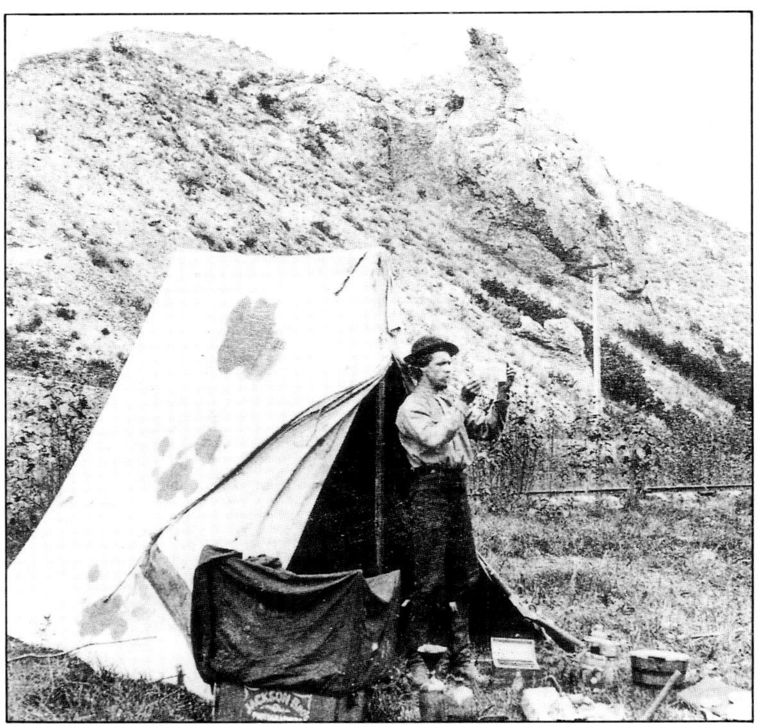

5.30 William Henry Jackson und seine fotografische Ausrüstung beim Lagern im Echo Canyon, Utah. Von William Henry Jackson bei der Hayden-Expedition 1869.

5.31 Ferdinand Vandiveer Hayden, der Leiter der Expedition, auf dem Pferd. Von William Henry Jackson.

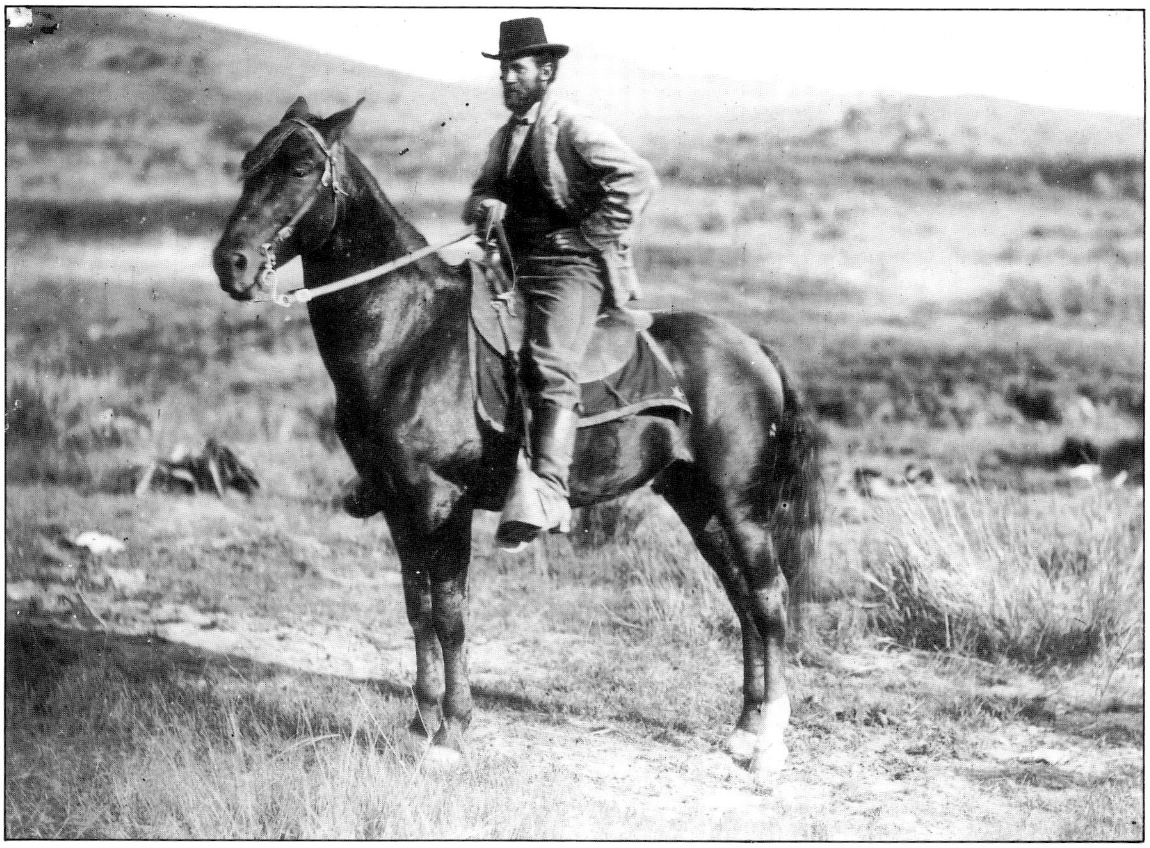

5.32 Die Mitglieder der Hayden-Expedition im Feldlager mit dem Fotografen (zweiter von rechts). Von William Henry Jackson 1872.

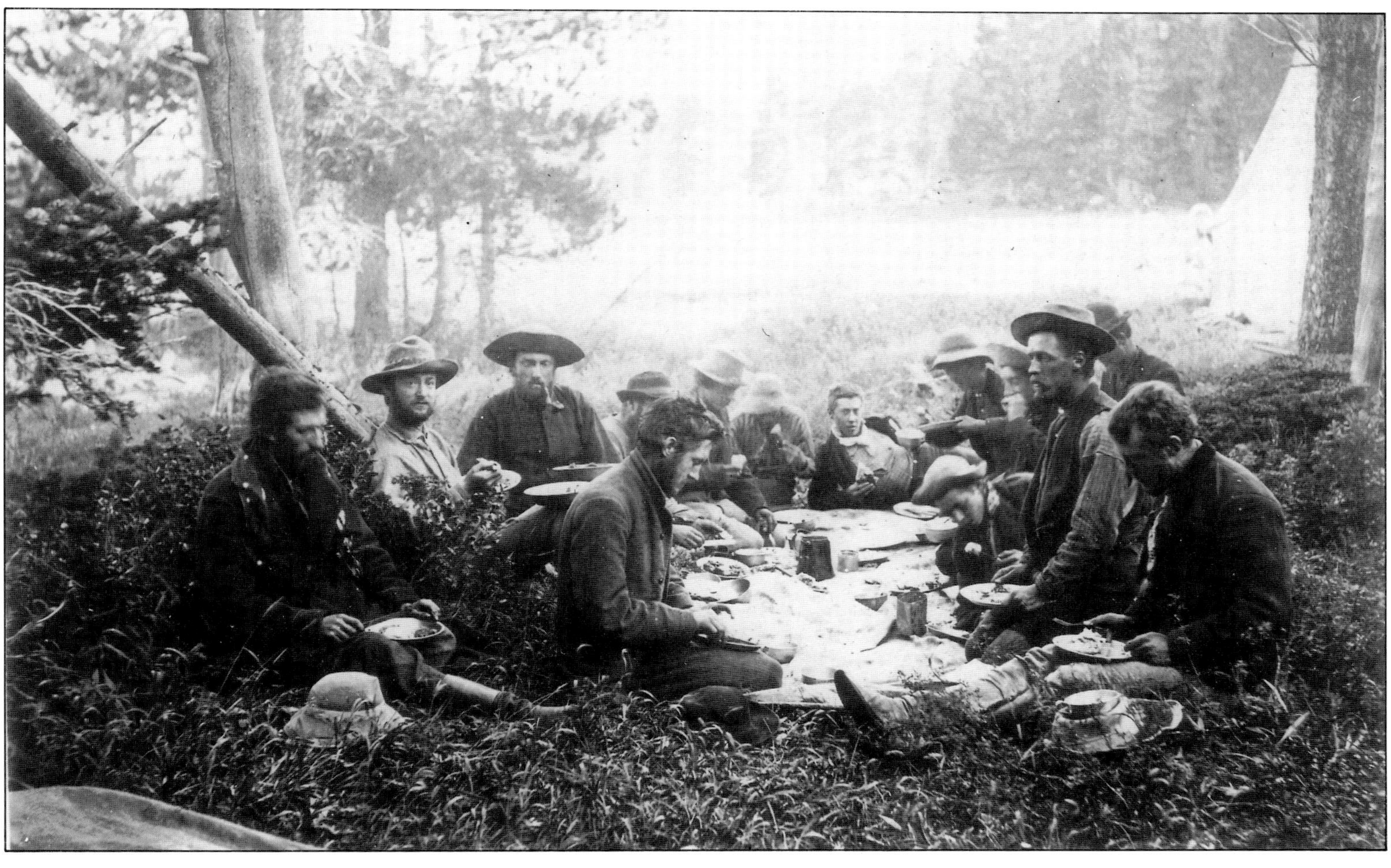

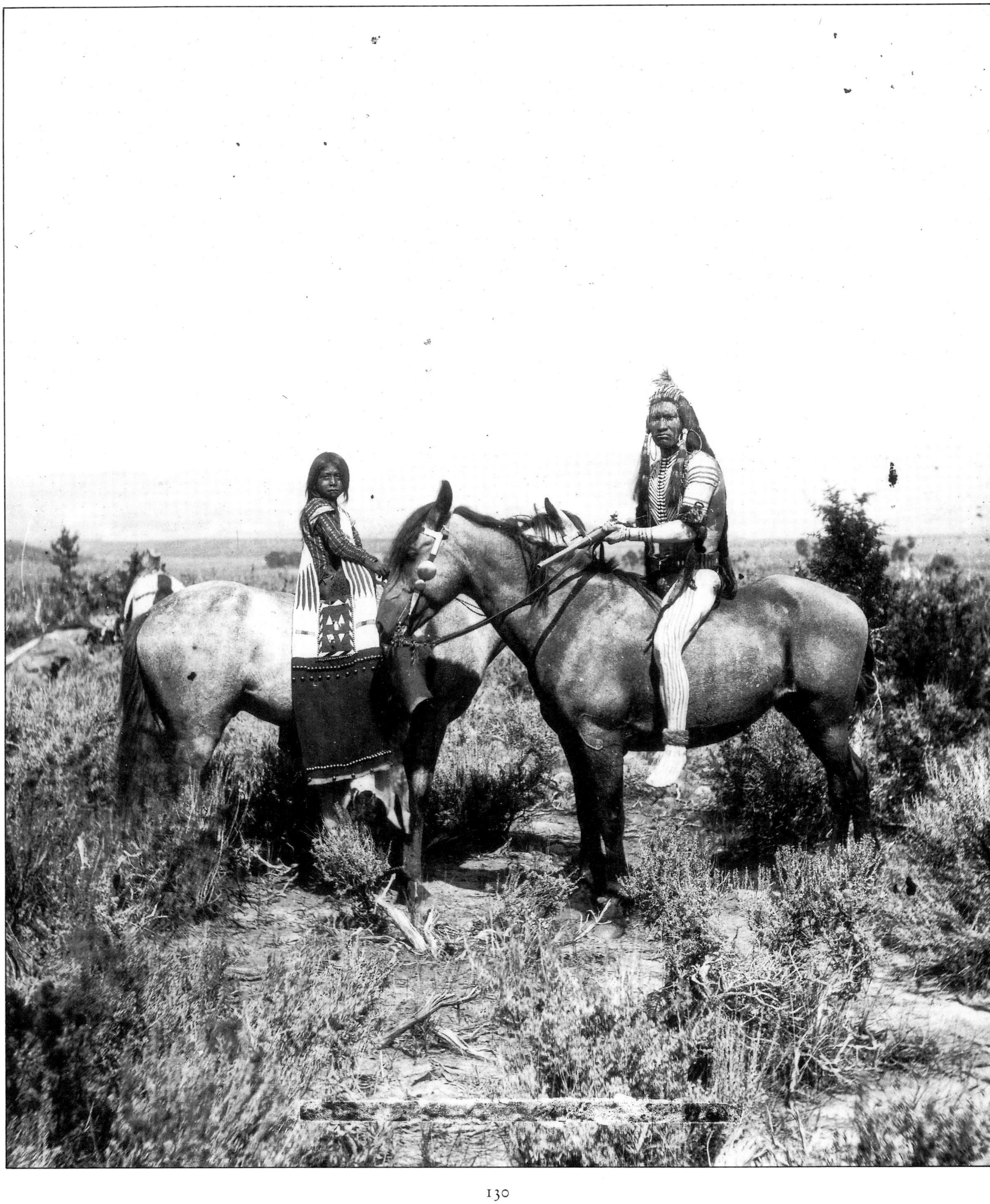

5.33 LINKS Uintah Ute Indianer mit einem Jungen zu Pferde. Das Bild wurde zwischen dem 20. und 26. Juli 1871 aufgenommen. Uintah Agency, Utah. Foto von E. O. Beaman.

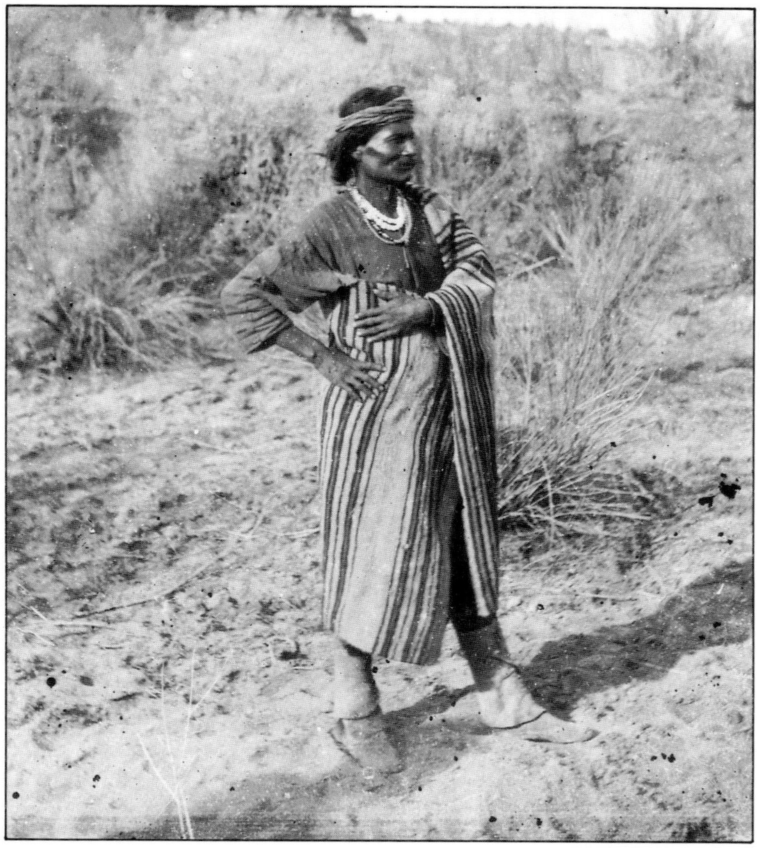

5.34 Navaho-Häuptling Ashtiahkel auf einer Handelsexpedition zu den Zuni und Hopi Pueblos. Von Edward O. Beaman bei der Powell-Expedition 1871.

5.35 Eine Gruppe Paiute in den traditionellen Winterkostümen aus Kaninchenfell tanzen den Ta-Vo-Koki (Kreistanz) bei Kanab, Utah. Eines der ersten Fotos einer Zeremonie. (Die Person ganz links ist wahrscheinlich John Wesley Powell.) Von Edward O. Beaman bei der Powell-Expedition am 2. Januar 1872.

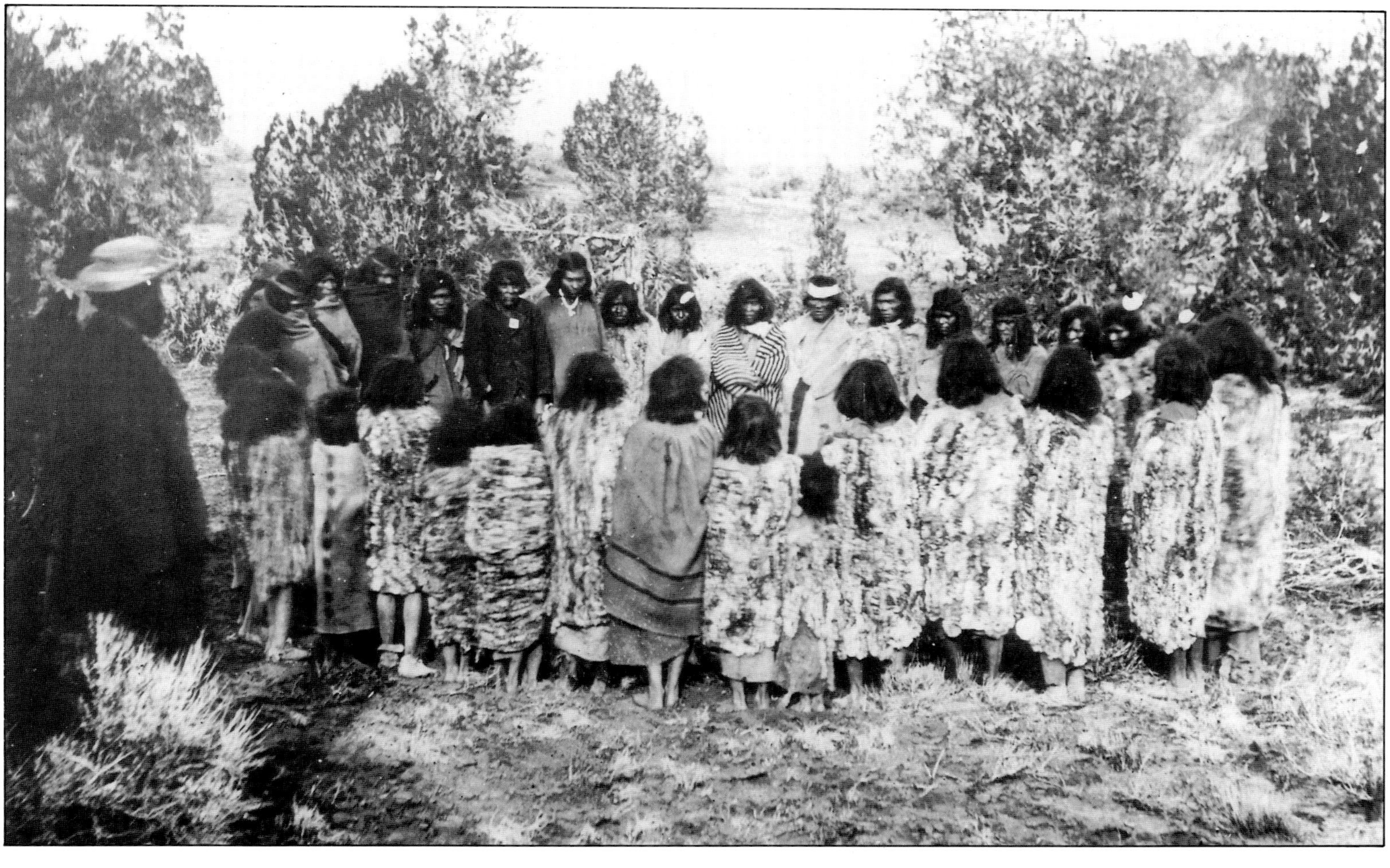

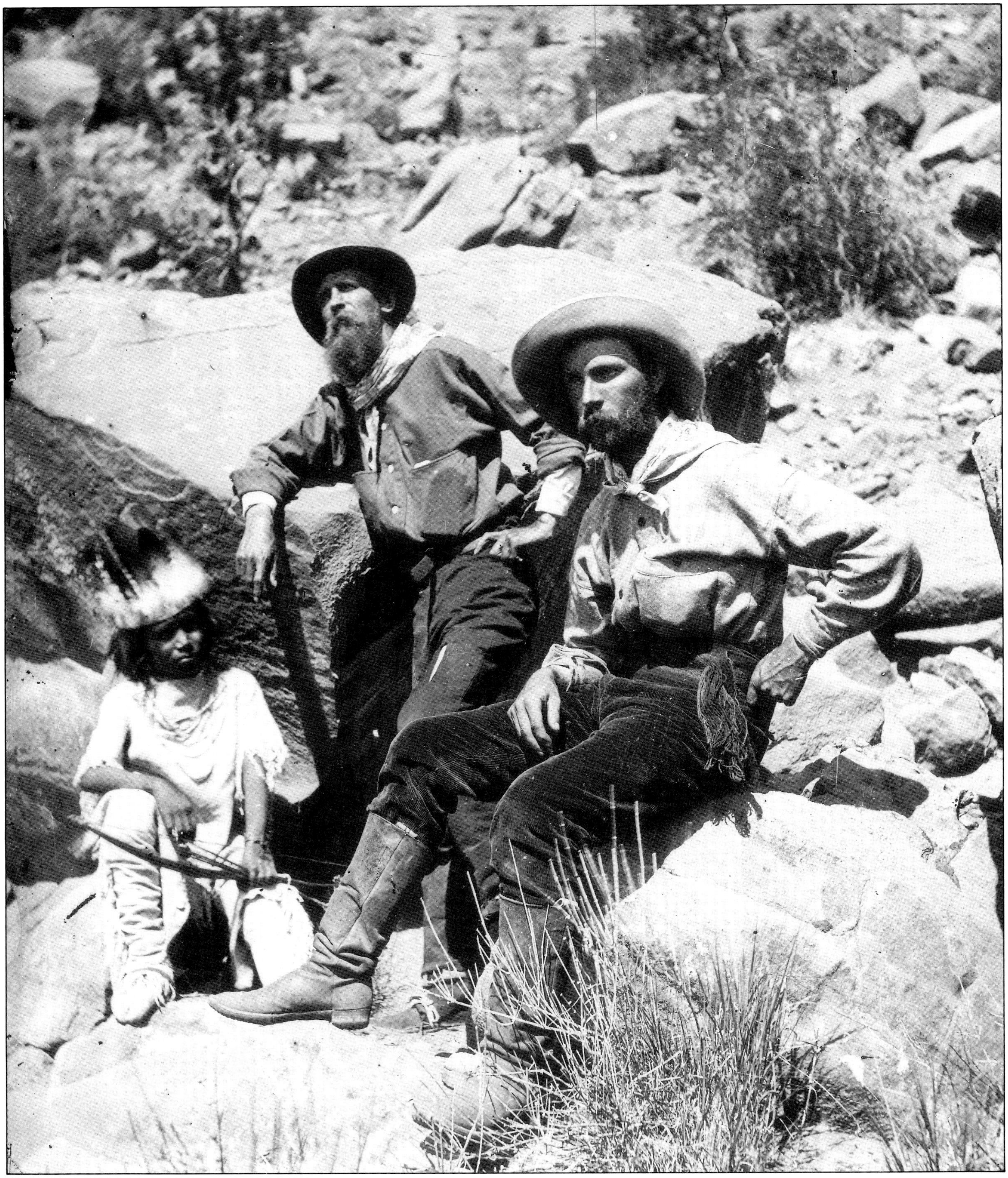

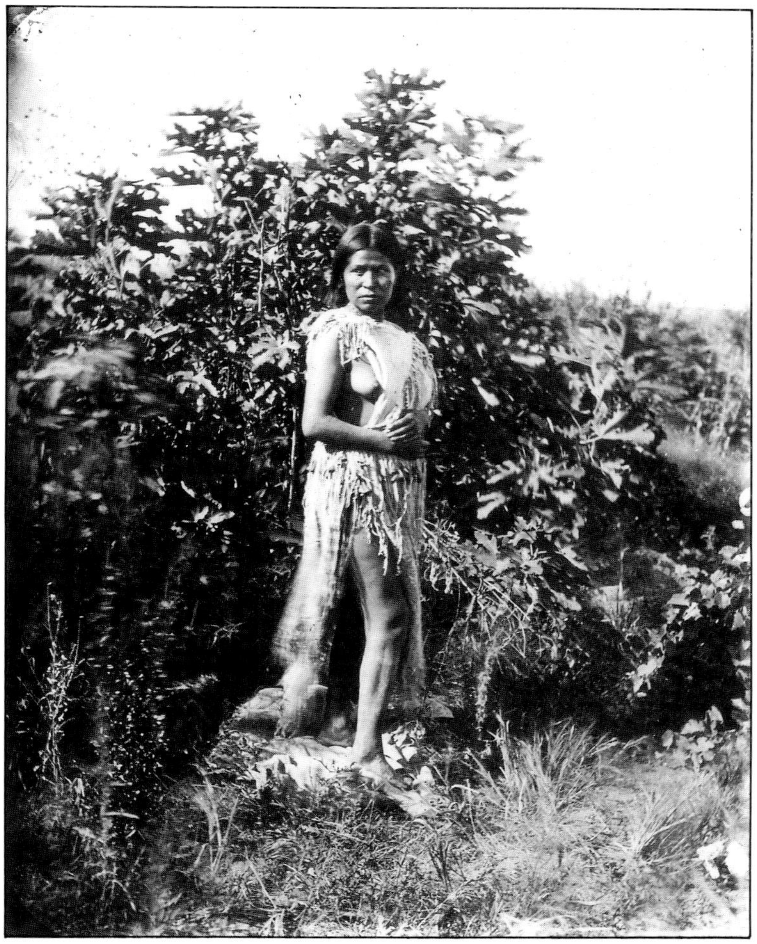

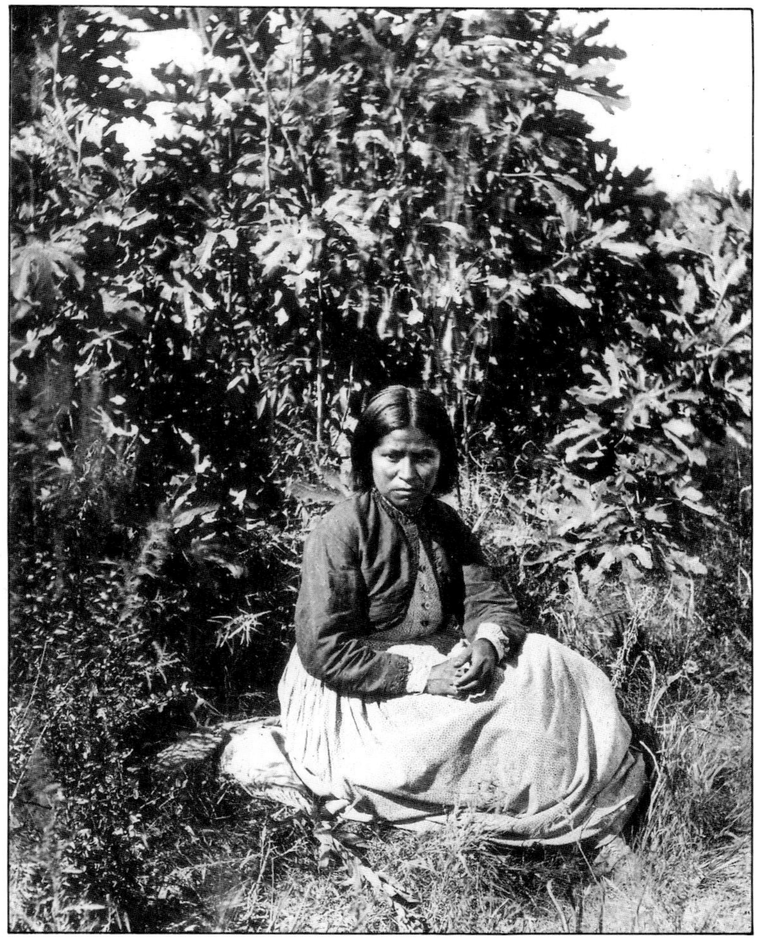

5.37 Kaiar, eine Paiute im Sommerkleid der Eingeborenen in Vegas oder Meadows, Nevada. Von John K. Hillers bei der Powell-Expedition 1873.

5.38 Kaiar, eine Paiute, im Baumwollkleid in Vegas oder Meadows, Nevada. Von John K. Hillers bei der Powell-Expedition.

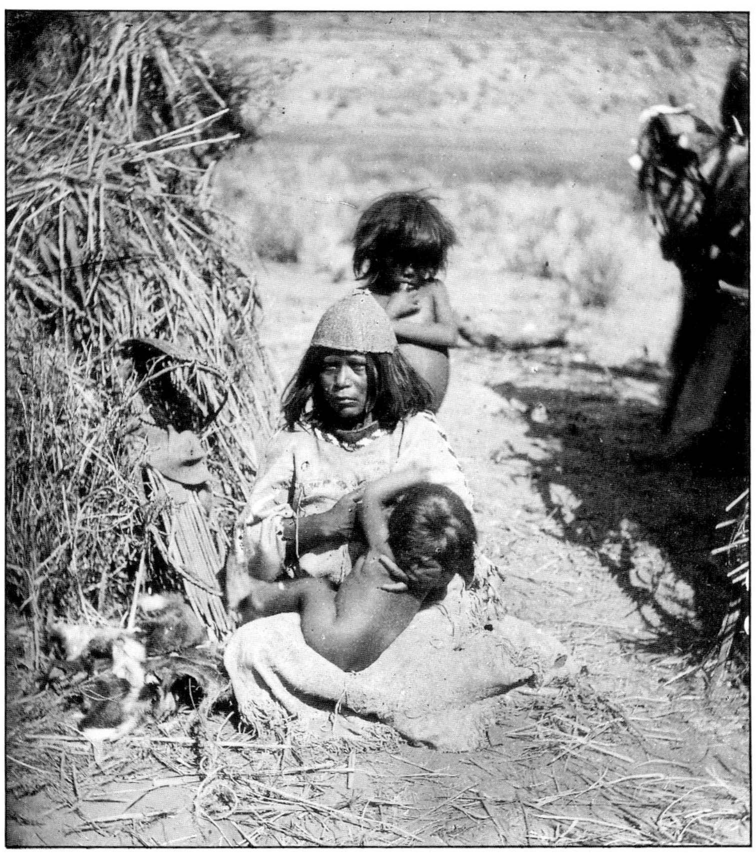

5.36 Links Paiute-Junge im traditionellen Wildlederkostüm. In der Mitte der Maler Thomas Moran und rechts Expeditionsteilnehmer L. Coburn. Morans Aufgabe war es, die Indianer in künstlerischen Posen zu arrangieren. Von John K. Hillers bei der Powell-Expedition 1873.

5.39 Eine Paiute-Frau im Wildlederkleid der White River Ute, Kaibab Plateau, in der Nähe des Grand Canyon, Arizona. John Wesley Powell brachte das Kleid aus der Smithsonian-Sammlung mit und bat die Frau, es anzuziehen: Auf dem Oberteil kann man die Ausstellungsnummer lesen: ›Colorado territory 10800‹. Von John K. Hillers bei der Powell-Expedition 1873.

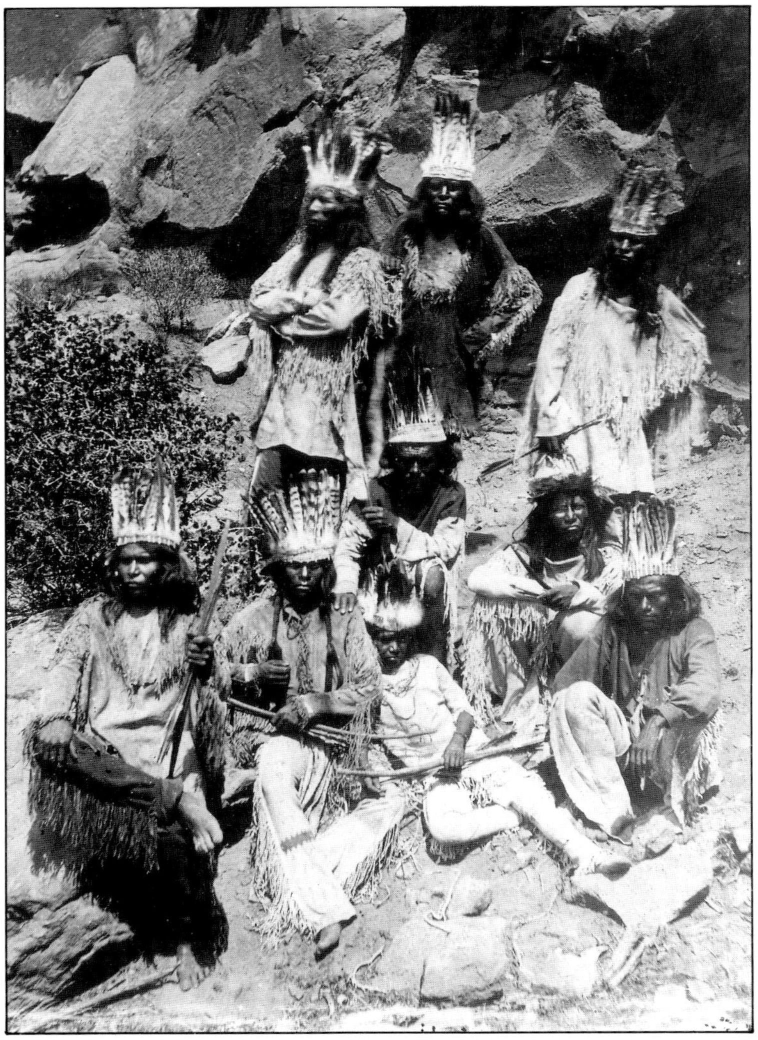

5.40 Paiute-Männer und Jungen in den traditionellen Wildledergewändern, postiert vom Künstler Thomas Moran. (Abb. 5.36) von John K. Hillers bei der Powell-Expedition 1873.

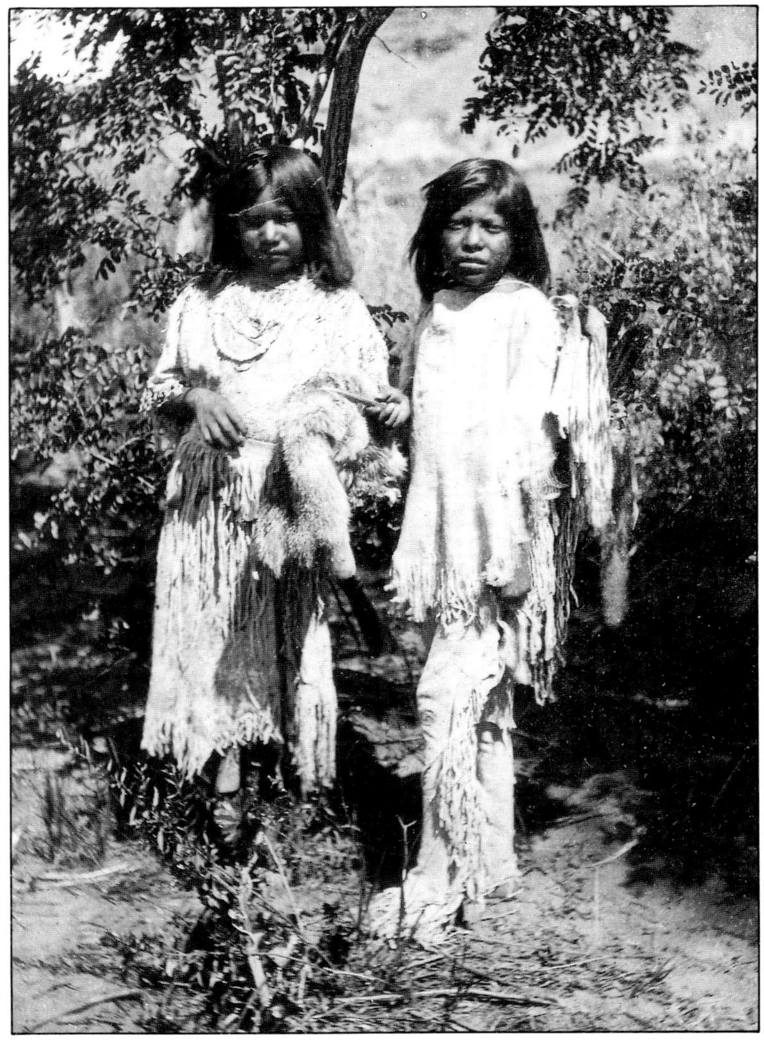

5.41 »Der kleine Jäger und seine Freundin.« Paiute-Kinder in den traditionellen Wildledergewändern bei St. George, Utah, postiert von dem Künstler Thomas Moran. Von John K. Hillers bei der Powell-Expedition 1873.

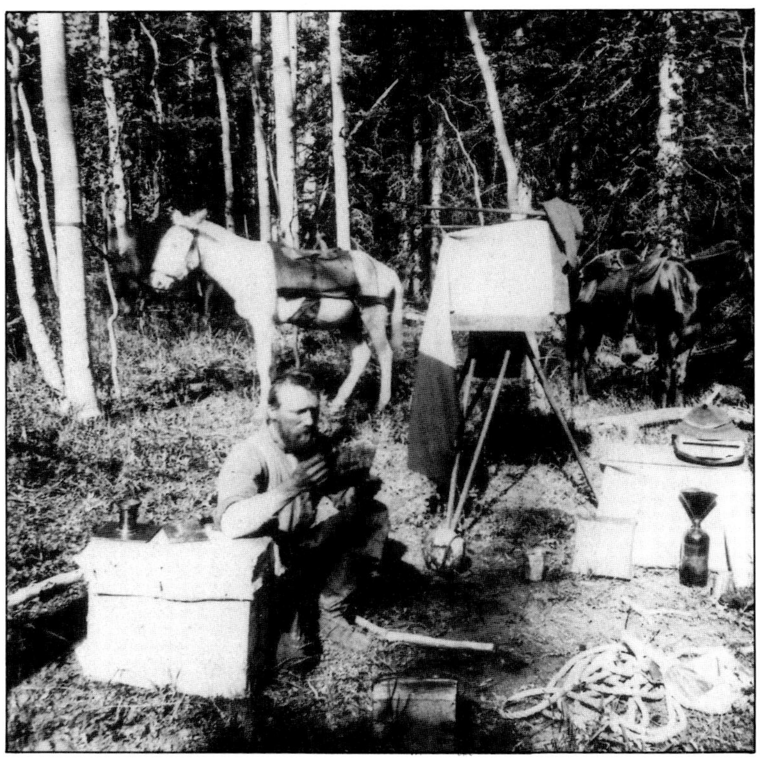

5.42 Der Fotograf John K. Hillers studiert seine Negative im Feldlager. Von einem unbekannten Fotografen bei der Powell-Expedition 1872.

5.43 Rechts »Wo ist das nächste Wasserloch?«: Tau-Gu, der Oberhäuptling der Paiute in Arizona und Utah, und John Wesley Powell, der Expeditionsleiter in Kaibab Plateau, beim Grand Canyon, Arizona. Von John K. Hillers, ca. 1872/73.

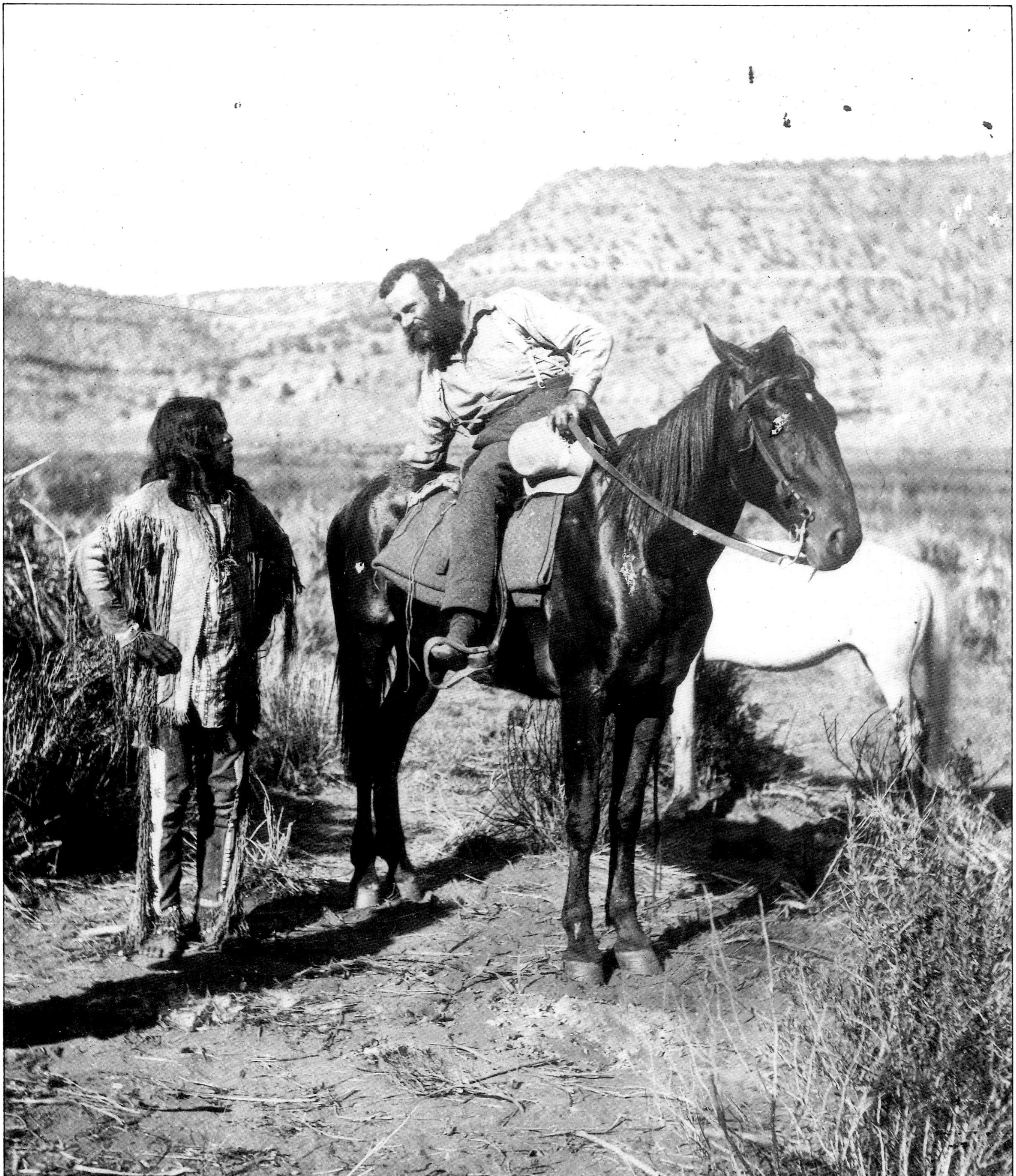

5.44 Paiute Häuptling Tau-Gu und John Wesley Powell im Kaibab Plateau, Grand Canyon, Arizona. Von John K. Hillers 1872/73.

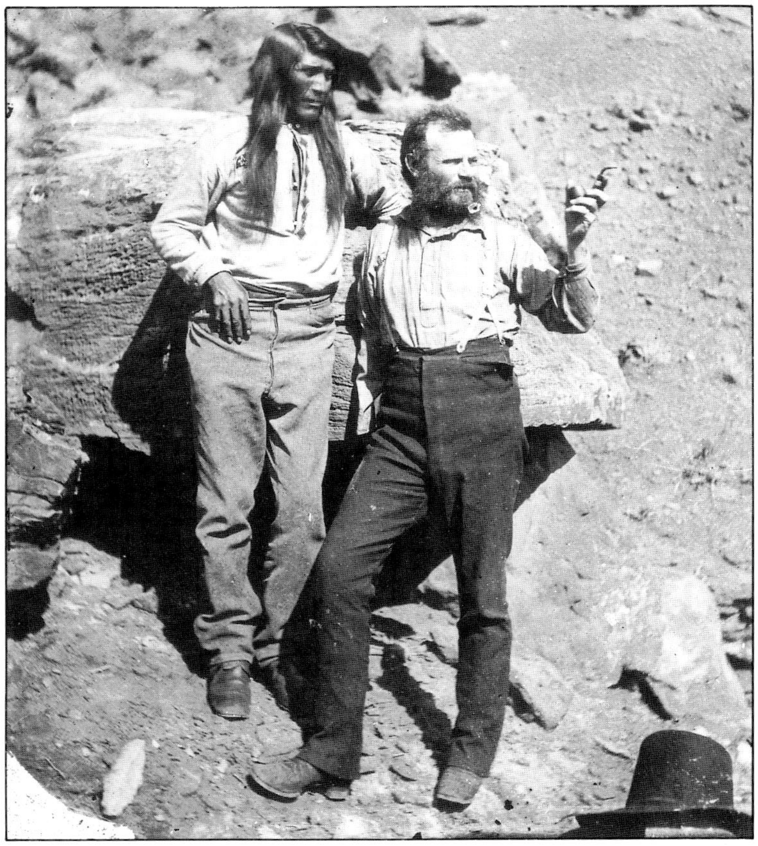

5.46 RECHTS Der Cheyenne Little Bear posiert vor Felsen während des Grand Council in Okmulgee, Indian Territory. Von John K. Hillers bei der Powell-Expedition am 10. Mai 1875.

5.45 Verschiedene Gruppen des Paiute-Stammes, Mormonensiedler und der Expeditionsleiter Powell, der kurz zuvor zum Beauftragten für Indianische Angelegenheiten beim Innenministerium ernannt worden war. Bei Rio Virgin, Utah. Von John K. Hillers bei der Powell-Expedition 1873.

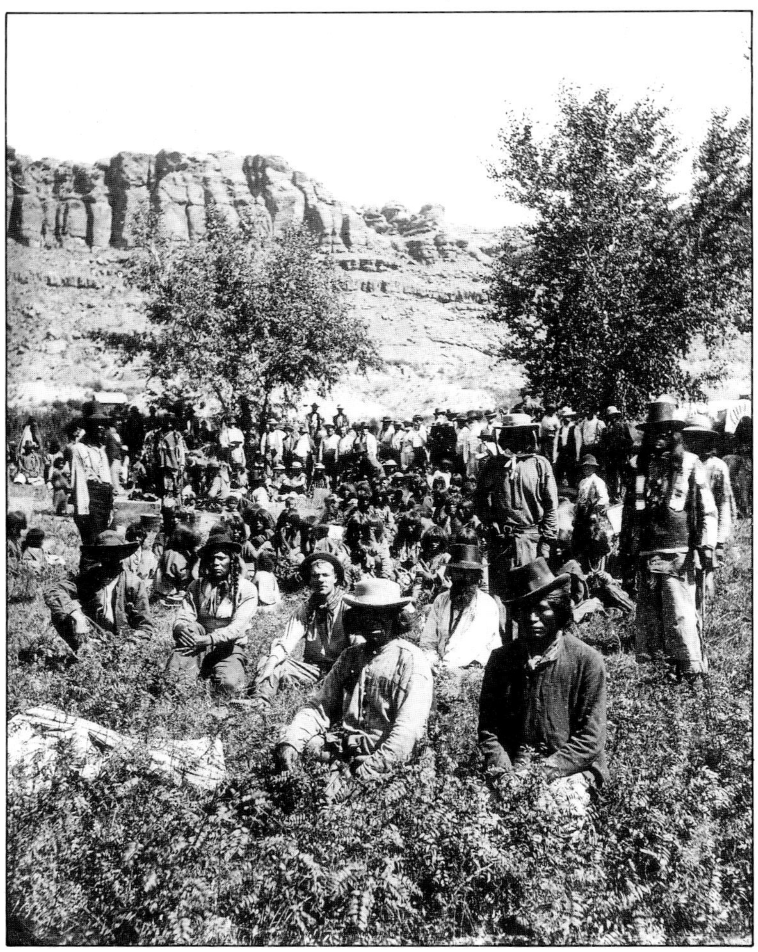

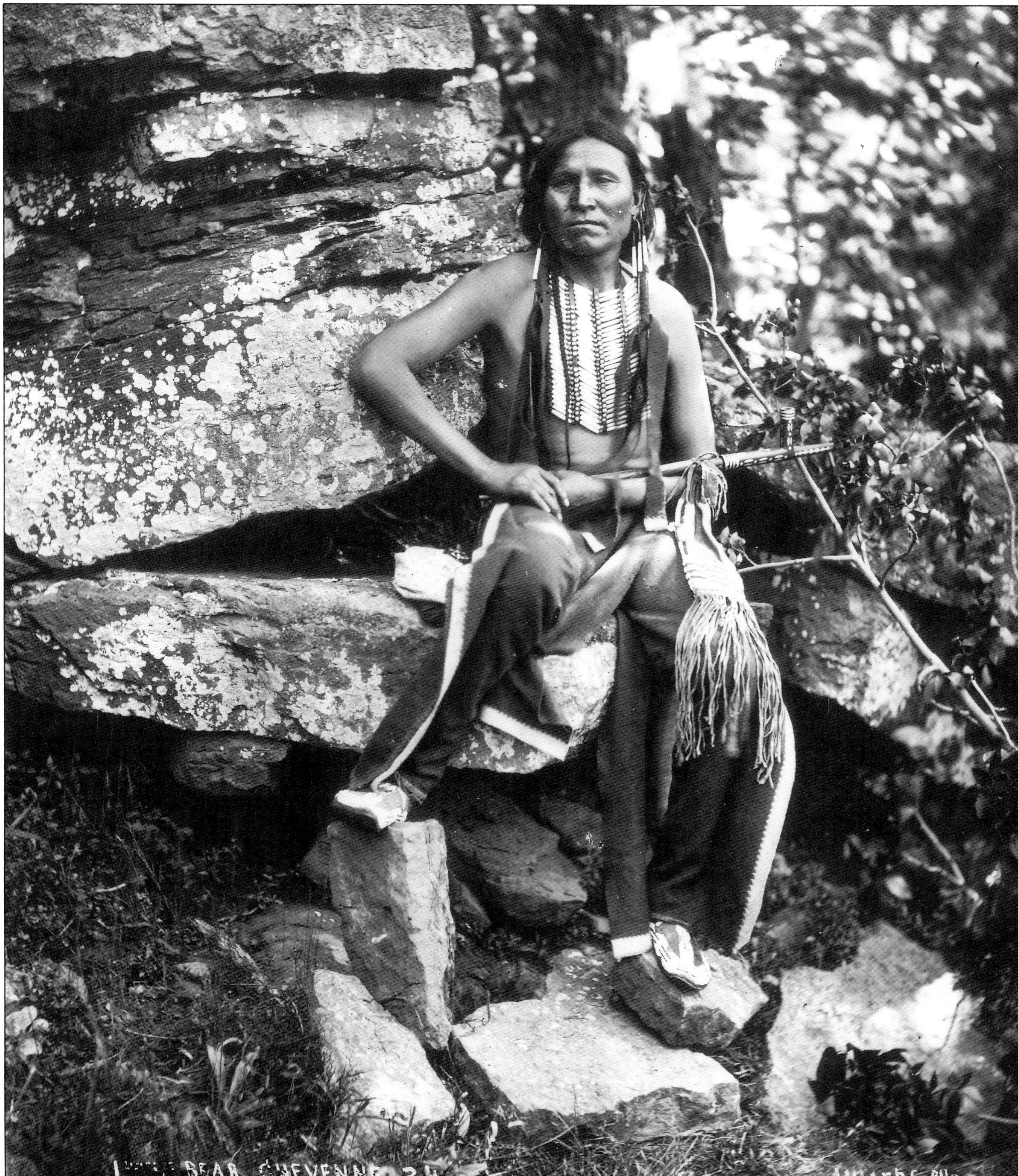
BEAR, CHEYENNE. 24.
ILLERS PHo

SECHSTES KAPITEL

Kulturbedingte Vorstellungen

Frühe Anthropologen als Fotografen

Anthropologie ist die Wissenschaft vom Menschen als sozialem Wesen.[1] Sie unterscheidet sich von anderen Sozialwissenschaften dadurch, daß sie sich nicht auf das Studium der eigenen Kultur beschränkt. Der amerikanische Anthropologe Leslie White definiert Kultur als »alles, was auf Symbolik beruht und an die nächste Generation weitergegeben wird.«[2] Was immer Kultur auch sein mag, in jedem Fall beeinflußt sie unsere Art zu leben und photographische Aufnahmen zu machen.

Selbst die abstrakteste Fotografie ist mehr als das Abbild eines Objektes. Hinter der Kamera steht immer ein Mensch.[3] In jedes Bild geht etwas ein, was man »kulturbedingte Vorstellungen« nennen könnte – die Überzeugungen und Verhaltensmuster, die beim Fotografieren eines Objektes miteingebracht werden –, Vorstellungen, die sich durchaus vom Inhalt des Bildes unterscheiden.[4] Die zeitgenössischen Anthropologen, die Fotos machen ließen oder selbst zu Fotografen wurden, brachten, ohne sich dessen bewußt zu sein, auch immer ihre eigene Kultur mit ein.

Die Bundesregierung behandelte die nordamerikanischen Indianerstämme anfangs als separate Nationen oder Kulturen. Zunächst als Student und später als Präsident verwirklichte Thomas Jefferson die frühen Theorien und Methoden der amerikanischen Anthropologie. Er entwickelte einen umfassenden Plan für die anthropologische Erforschung der indianischen Kulturen. Es wurden Fragebögen verschickt, die von Regierungsbeamten und Mitarbeitern vor Ort ausgefüllt werden sollten, um dann von Wissenschaftlern ausgewertet zu werden. Lewis und Clark wurden von Jefferson beauftragt, ethnographische Informationen über die Indianerstämme einzuholen, denen sie bei ihrer Pazifikexpedition 1804–06 begegnet waren.[5] Zu archäologischen Studienzwecken öffnete er 1784 in Virginia ein Grab. Vorrangig jedoch bewertete er die Linguistik, denn er war sich des Verlustes der indianischen Sprachen für die Literatur bewußt. Jeffersons wissenschaftliches Interesse an den Indianern wuchs durch seine Überzeugung, daß ihre Kultur als Bestandteil der Menschheitsgeschichte für zukünftige Generationen von Studenten bewahrt werden müsse. Das war sein Vermächtnis für die amerikanischen Anthropologen und die Indianer.

Der Ethnologe Henry Row Schoolcraft forderte im August 1846 beim Ratsfeuer der neuen Irokesenkonföderation eine Gruppe junger Studenten auf, sich dem Studium von Amerikas »freier, kühner, wilder, unabhängiger, eingeborener Rasse« zu widmen ... « Ihre Geschichte ist bis zu einem gewissen Ausmaß unsere Geschichte ... eine Vergangenheit voll tiefer, tragischer und poetischer Ereignisse.«[6] Acht Tage nach dieser Rede schickte er dem neuen Smithsonian Institut seinen »Plan zur Erforschung amerikanischer Ethnologie«, wobei er seine beabsichtigten Forschungsgebiete hervorhob: »Philologische Bibliothek, archäologische Untersuchungen und eine Materialsammlung über die lebenden Stämme für die Schaffung eines ›Museums der Menschheit‹.«[7]

Am 3. März 1879 wurde das ethnologische Büro gegründet, das dem Innenministerium unterstand. Es erfüllte die wissenschaftlichen Rahmenbedingungen, die Jefferson und Schoolcraft vorgeschlagen hatten und wurde vom Smithsonian Institut verwaltet. Später erhielt es die Bezeichnung »Büro für amerikanische Ethnologie« (BAE). Die Arbeit des Büros beruhte auf den Theorien der sozialen Evolution, die im 19. Jahrhundert vor allem von dem Ethnologen Lewis Henry Morgan verbreitet wurden. Morgans Karriere von 1851–81 überdauerte die Zeit, in der sich die amerikanische Anthropologie von bloßer wissenschaftlicher Neugier an anderen Kulturen zu einer systematischen Klassifizierung der Menschheit (unter Einbeziehung der Indianerstämme) entwickelte, aufgeteilt in Entwicklungstadien von der Barbarei bis zu Zivilisation. Morgans Veröffentlichungen am Smithsonian Institut: *Ancient Society* (1851), *Systems of Consanguinity and Affinity of the Human Family* (1871) und *Ancient Society* (1877) waren Meilensteine dieser Entwicklung. Er verhalf der amerikanischen Anthropologie zu ihrer Anerkennung als Wissenschaft unter Leitung des Smithsonian Instituts und der Bundesregierung. Danach war es John Wesley Powell, dem ersten Direktor des BAE, überlassen, die Anthropologie zu organisieren und einen Beruf daraus zu machen.

Um 1879 Anthropologe zu sein, mußte man bei der Regierung in Powells neu-etabliertem Büro angestellt sein. Sein Personal setzte sich anfangs aus der Mannschaft der vier großen Surveys zusammen. James Stevenson war als Manager dabei, und J. K. Hillers als Fotograf.[8]

Für die Anthropologie existierten keine offiziellen wissenschaftlichen Programme, alle Mitarbeiter waren Autodidakten. Sie kamen aus den verschiedensten Berufen, auch von anderen Wissenschaften, und die meisten hatten schon etwas Feldforschung betrieben. Ihre Arbeit verlangte, ein Gleichgewicht zu halten: zwischen der neuen Welt der Weißen und der alten Welt, die sie entdeckten. Ihr Zusammentreffen mit den Indianern veränderte nicht nur die Menschen, die sie studierten, sondern auch sie selbst.

Während der Expeditionen hatte Powell die Fotografie zu schätzen gelernt. Er hatte bei Regierungsveröffentlichungen Fotos zur Illustration verwendet, was seine Arbeit beim Kongreß und in der Öffentlichkeit bekannt machte. Unter seiner Leitung entwickelte sich das BAE zur Schaltstelle für anthropologische Veröffentlichungen, die in Jahresberichten und Bulletins erschienen. Im 3. Jahresbericht (1881–82) wurden erstmals Fotos abgedruckt. Von da an bis 1964 – als das BAE zum Department of Anthropologie wurde – sind über 100 000 Hefte erschienen, die jede Phase der indianischen Kultur beschreiben.[9]

Die Mittel für das neue Büro waren begrenzt, so daß Powell den praktischen Nutzen der Anthropologie nachweisen mußte, um zusätzliche Gelder vom Kongreß zu erhalten. Die Expeditionsfotos waren aufgenommen worden, um den Amerikanischen Westen bekannt zu machen, um traditionelle Lebensgewohnheiten aufzuzeigen und den

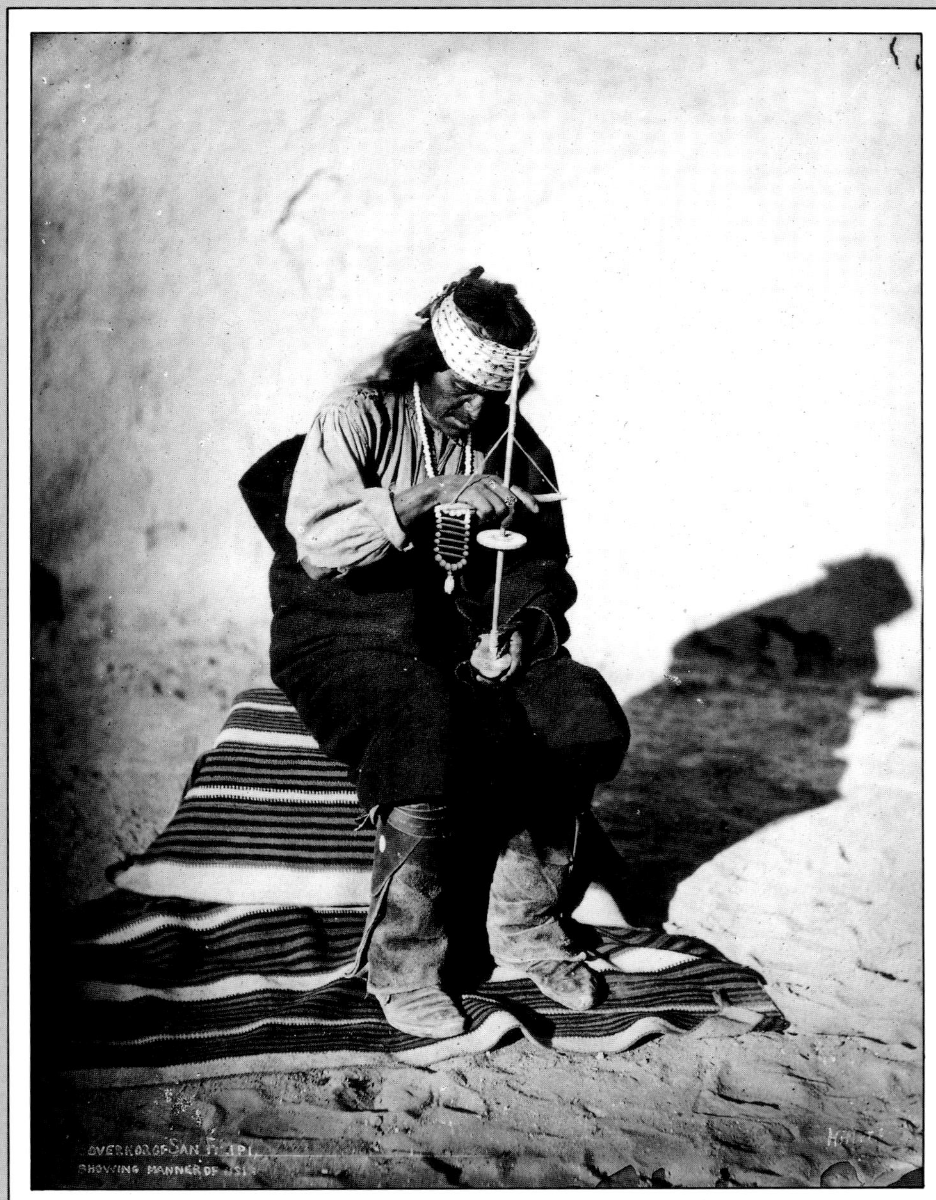

6.1 Häuptling Ahfitche, genannt Jose Quivera, vom San Felipe Pueblo, beim Vorführen einer Methode, mit der man Löcher in Türkise und Muscheln bohrt. Von John K. Hillers im San Felipe Pueblo, New Mexico, im Winter 1880.

Übergang in das Reservatssystem zu erleichtern. Nun wurden sie für die Politik der nationalen Assimilierung verwendet: eine Kultur sollte von der anderen, der dominanteren, absorbiert, verschiedene Völker zu einem werden.

Powells Leute arbeiteten weiterhin bei den Expeditionen, aber der Schwerpunkt verlagerte sich von Geographie und Geologie zu Archäologie und Ethnologie. Während sein Büro an der Klassifizierung der indianischen Sprachen arbeitete, veranlaßte Powell die Feldforscher, ethnographische Daten und Material zu sammeln.

Von 1879–87 wurden die Anthropologen vor Ort von professionellen Fotografen unterstützt. Man verwendete die Weitwinkel- und Stereokameras der früheren Expeditionen. 1888 erlebte die Welt der Fotografie eine Revolution: Die Kodak-Box-Kamera von Eastman wurde eingeführt. Die Kodak war ursprünglich für Schnappschüsse von Amateurfotografen gedacht, aber sie erwies sich als ebenso ideal für Anthropologen, die sich mit den technischen fotografischen Verfahren nicht auskannten. Die Qualität ihrer Bilder ließ sich mit den hochtechnisierten und künstlerischen Aufnahmen der Expeditionsfotografen nicht vergleichen. Aber ein impulsiver Schnappschuß, ohne den Versuch der Manipulation des Objekts und ohne Warterei auf ideale Bedingungen, entsprach dem Anspruch des Historikers oft mehr, als ein gestelltes Foto mit komplizierter fotografischer Ausrüstung. Schnappschüsse wurden als ein unkonventionelles »Rückfenster auf die Geschichte« bezeichnet.[10]

Studien der Pueblos im Südwesten

Mit der Einrichtung des neuen Büros durch den Kongreß stand auch Geld für die erste anthropologische Expedition zur Verfügung. Powell erhielt den Auftrag, die Pueblo Dörfer von New Mexico zu erforschen.

Die Erkundungen und Forschungsexpeditionen unterstanden auch weiterhin dem Kriegsministerium. Die Reisegruppe wurde von Bundestruppen begleitet und beschützt: der amerikanische Westen war immer noch feindliches Gebiet. Aber die Region der Pueblos war verlockend: Das Klima war mild und trocken, und die Einwohner waren seßhafte, isoliert lebende Menschen mit einer Vielzahl an Kulturen und daher ein intaktes wissenschaftliches Studienobjekt.

Am 1. August 1879 brach die Expedition in den Südwesten auf. Der Offizier James Stevenson leitete die Untersuchungen. Er wurde von seiner Frau Matilda Cox Stevenson und Frank Hamilton Cushing begleitet, einem 22jährigen Naturforscher vom Nationalmuseum. Cushing war vom Sekretär des Smithsonian Instituts, Joseph Henry, als dessen Repräsentant und als Ethnologe ausgewählt worden. Außerdem sollte er eine Volkszählung der Pueblos durchführen. J. K. Hillers, ein Angestellter von Powell, war offizieller Fotograf. Er nahm William Henry Jacksons alte 11×14 Kamera mit, die bei der Hayden-Expedition benutzt worden war.

Hillers sollte die Hopi und Zuni Pueblos fotografieren, damit man sie bei späteren Expeditionen wiedererkennen konnte. Im September berichtete Hillers »jede Ecke und jeden Winkel« fotografiert zu haben.[11] Er verbrachte den ganzen Oktober bei den Hopi und fotografierte dörfliche Szenen und Wintertänze. Einen Monat später ging er zu den Zuni Pueblo, um die Shalako-Zeremonie und den Korb-Tanz aufzunehmen. (Abb. 6.2)

Ende Dezember kehrte die Stevenson-Expedition nach Washington zurück. Nur Cushing, »das altkluge, junge Genie vom Smithsonian« blieb. Während der nächsten fünf Jahre betrat Cushing eine andere Welt, die der Zuni. Zuerst hatte die Expedition gezögert, ihn zurückzulassen. Regierungsoffizielle in Washington fürchteten um seine Sicherheit: Es war eine Sache, ein Außenseiter zu sein – Händler, Missionar oder Soldat –, und eine andere, zu versuchen, ein Zuni zu sein. Am Anfang war Cushing nicht sehr begeistert. Er wollte lediglich seinen Auftrag erfüllen und »wissenschaftlich arbeiten«.

Der Führer der Zuni, Palowahtiwa (Patricio Pino), war keineswegs erfreut darüber, daß Cushing blieb. Er hieß ihn, die Kleidung der Weißen abzulegen, das bunte Kostüm eines spanischen Navaho anzuziehen und zu versuchen, sich so stark wie möglich anzupassen. (Abb. 6.6) Cushing tat das und er tat noch mehr. Nach und nach verstand er die tiefe Komplexität des Zuni-Lebens. Er war einer der ersten amerikanischen Ethnologen, die sich ganz und gar in eine andere Kultur vertieften. Er lernte ihre Sprache, ihre Gebräuche und wurde für die meisten Menschen, auch für die Zuni und vielleicht sogar für sich selbst, ein Zuni.

Im Herbst 1880 kehrten Hillers und die Stevensons in den Südwesten zurück. Cushing war den Führern anderer Pueblo-Völker vorgestellt worden und hatte Zutritt zu ihren Pueblos, so daß Hillers Fotos machen konnte. Mit sicherem Gespür hatte er auch mehrere archäologische Fundorte in der Nähe entdeckt. Von September bis November fotografierte Hillers Fundstellen, Wintertänze und Aktivitäten in Taos, San Juan, San Ildefonso, Nambe, Cochiti, Jemez, Sia, Santa Ana, Sandia und San Felipe. (Abb. 6.1) Ende des Monats nahm die Gruppe die Eisenbahn zum entfernten Isleta Pueblo, bevor sie nach Washington heimreiste.[12]

Am 11. März wurde Powell der Leiter der US Geological Survey. Mit neuen Geldern ausgestattet konnte er die Brüder Victor und Cosmos Mindeleff engagieren, um mit dem Büro bei der Leitung der Expeditionen zusammenzuarbeiten.[13] Die Mindeleffs fotografierten bereits seit 14 Jahren Pueblos und archäologische Stätten. Victor arbeitete als Aufseher und Cosmos fungierte als sein Assistent, später übernahm er die Leitung. Cosmos beschäftigte sich mehr mit dem Fotografieren und blieb auch länger bei den Pueblos als sein Bruder. Außerdem leitete er die Modellbauten in Washington. Die Fotos der Brüder wurden als Vorlage für Modell-Rekonstruktionen zerstörter Indianerorte verwendet und von der Regierung ausgestellt. Die Veröffentlichungen von Victor und Cosmos über die Architektur der Pueblos und Navaho sind Klassiker. 1891 halfen die Mindeleffs mit ihren Fotos von Casa Grande bei der Restaurierung der Ruinen. (Abb. 6.14) Noch 1981 benutzten Architekten ihre Fotos bei der Restaurierung von Zuni Pueblos.

1881 erhielt Cushing den Skalp eines Apachen, einem Feind der Zuni, und überreichte ihn dem Anführer der Zuni. Mit dieser Geste erlangte er die Einweihung in das Bogen-Priestertum, eine Vereinigung der Krieger. (Abb. 6.7) Cushing wurde vom Anführer als Sohn angenommen. Er wurde schließlich zweiter Häuptling und änderte damit in dramatischer Weise die soziale und politische Organisation der Pueblo.[14]

Ein Jahr später lud Cushing seinen neuen Zuni-Vater und fünf Priesterkollegen zu einer besonderen Expedition nach Osten ein, um ihre Brüder, die Seneca, in Tonawanda, dem Reservat der Irokesen, zu besuchen. Die Eisenbahn bot kostenlosen Transport über Omaha und Chicago nach Washington, New York und Boston an. Cushing sollte auf der Reise in die Ka-Ka-Ka-Thia-Na-Ken eingeweiht werden, die große Medizingesellschaft. In Washington wurde die Gruppe in der

Nationalakademie der Wissenschaften empfangen und traf mit Präsident Chester Arthur zusammen. Dabei wurden sie für das BAE von Hillers fotografiert (Abb. 6.9) Eine kürzlich entdeckte Stereographie zeigt, daß auch die Kilburn-Brüder aus New Hampshire Fotos von ihnen machten. (Abb. 6.8)

Cushing kehrte zu den Zuni Pueblo zurück und traf im November den Gouverneur von Oraibi. Zuerst ging er allein auf Entdeckungsreise. Dann, am 19. Dezember, nahm er die Mindeleffs und Hillers mit, und sie fotografierten die Oraibi Pueblo das erste Mal. (Abb. 6.15) Dabei gab es wegen der Unfreundlichkeit der Eingeborenen große Schwierigkeiten.[15]

Auf seiner Reise in den Osten mit den Zunis hatte Cushing die wohlhabende Mrs. Mary Hemenway aus Boston kennengelernt. Sie war so von ihm und den Zunis beeindruckt, daß sie sich erbot, Cushings anthropologische Studien im Südwesten zu finanzieren. Im Dezember 1886 wurde Cushing auf unbestimmte Zeit vom Smithsonian Institut beurlaubt, um die archäologische Hemenway-Expedition zu organisieren.[16]

1888 starb John Stevenson am Rocky-Mountain-Fieber, das er sich 1870 bei der Feldforschung zugezogen hatte. Er war ein sehr geachteter Mann und hatte viele mächtige Freunde im Kongreß. Matilda Cox Stevenson (Tilly) hatte ihren Mann seit den Hayden-Expeditionen begleitet. Bei den Expeditionen des Büros, 1879–88, hatte Tilly ethnographische Informationen über die Zuni gesammelt, während die Männer das Land erkundeten und Fotos machten (sie hatte Jackson und Hillers bei der Arbeit beobachtet). Allen Berichten zufolge war Tilly eine starke Persönlichkeit. Die Pueblos tolerierten sie aus Respekt für ihren Mann und Cushing. Sie erlernte die Zunisprache und gewann dadurch Zutritt zum häuslichen Leben der Frauen, das den Männern verborgen war. Aber auch die Männer akzeptierten sie.

1889 nützte sie James' Beziehungen im Kongreß, um Powell dazu zu bringen, ihre ethnographische Arbeit für das Büro festzusetzen. Ein Jahr später kehrte sie in den Südwesten zurück. Sie wurde von May Clark, einer Stenografin des Büros, begleitet und nahm eine neue Kodak Box Kamera mit. Sie besuchten die Zuni Pueblos und auch die Jemez und Sia Pueblos. In den Sommern davor hatte man den Stevensons erlaubt, einen Maskenraum in einer Zeremonienkammer oder KIVA bei den Sia zu betreten. Sie hatten davon Aquarellskizzen gezeichnet.[17] 1890 fotografierte May Clark die Altare in dieser KIVA. Sie machte außerdem aufwendige Innenaufnahmen von einer Heilszeremonie eines Priesters der Giant Society. (Abb. 6.18)[18]

May Clark war vermutlich mehrere Jahre lang im Südwesten, und wahrscheinlich stammen einige der frühen Fotos, die Stevenson zugeschrieben wurden, von ihr. Aber Tillys intensive Beziehung zu den Pueblos und ihre Kenntnis der religiösen Bräuche machten es ihr möglich, May Clark genau zu sagen, was sie fotografieren sollte. Spätere Fotos, wie z. B. das von den Giant Courier Gods der Shalako Zeremonie in Sia, stammen von Tilly selbst. (Abb. 6.19)

Tilly hatte als Sozialreformerin angefangen. Sie war der Überzeugung, daß es ihre Aufgabe bei den Pueblos sei, die Indianer in die Zivilisation zu »heben.« Sie brachte die ›Weiße Welt‹ mit: Seife, Lampen, Glastüren, Regenschirme und sogar Likör, um ihre Informanten zu verleiten. Aber als sie bei den Indianern lebte, begriff Tilly nach und nach immer mehr von der Kultur, die sie studierte und fotografisch festhielt. Sie war eine der ersten Regierungsanthropologen, die sich für die Bewahrung der einheimischen Religion einsetzte. Als der Zauberglaube der Zuni vom Büro für indianische Angelegenheiten (BIA) untersucht wurde, sagte Tilly, daß sich die Zauberrituale der Zunis nicht wesentlich von denen »zivilisierter« Christen in Salem unterscheiden würden.[19]

Studien an der Nordwestküste

Während die Anthropologen des BAE Bilder von den Puebloindianern im Südwesten machten, begann das Smithsonian Institut mit seiner Fotosammlung über die Völker an der Nordwestküste. Der Richter James Gilhirst Swan aus Port Townsend im Washington Territorium hatte seit den 50er Jahren bei den Haida- und Tlingit-Indianern gearbeitet. 1879 wurde er Mitarbeiter des Büros: Er begann Fotos der Haida-Indianer bei den örtlichen Studios zu sammeln, um ethnographische Studien über ihre Tätowierungen anzustellen. Als Swan einen jungen Häuptling der Cyokwat (Makah) in der Nähe von Nootka rasierte, bemerkte er die auffallende Ähnlichkeit des Clansymbols Thaklotts oder Thunderbird mit den Zeichnungen, die Habel bei seinen Forschungen für das Smithsonian Institut über zentralamerikanische Indianer gemacht hatte.[20]

In den frühen 80er Jahren war die Regierung zunehmend besorgt über ausländische Interessen im Nordwesten. Der Kongreß bat das Büro, bei den geologischen Erkundungen mitzuhelfen. Der Sekretär beim Smithsonian Institut, Spencer Baird, veranlaßte Powell, fünf Geologen und einen Ethnologen vom Nationalmuseum zu engagieren, um in dem Gebiet zu arbeiten. Powell wollte die Mittel seines ethnologischen Büros nicht für geologische Zwecke verwenden, eine ironische Wendung seiner Prioritäten. Er war zu der Einsicht gelangt, daß geologische Formationen Äonen brauchen, um sich zu verändern, die Indianer aber nicht. Jedenfalls wurde Swan als Ethnologe angestellt, um Fotos und Objekte für die Internationale Fischerei-Ausstellung in London 1882 zu sammeln.[21]

Ein Jahr danach reiste der Deutsche Franz Boas, der Begründer der modernen Anthropologie, in die Neue Welt und arbeitete mit dem Büro zusammen. Boas hatte sich intensiv auf seine einjährige Reise vorbereitet und Unterricht im Zeichnen und Fotografieren genommen. Er schrieb seinen Eltern: »Fotografie ist so wichtig, daß ich unbedingt soviel wie möglich davon profitieren will.«[22] Er hatte Fotografie in Berlin bei Herrmann Vogel studiert, einem Fotochemiker und Erfinder, der sich mit der Lichtempfindlichkeit des Filmmaterials für Spektralfarben befaßte.[23]

In seinem ersten Forschungsjahr fotografierte Boas die Cowichan von Vancouver Island in British Columbia. Die Abzüge gingen entweder bei der Reise verloren oder sind in Deutschland. Die übriggebliebenen zeigen hauptsächlich Landschaften, da Boas' Interesse mehr der kulturellen Geographie als der Ethnographie galt.

1885 wurde eine Gruppe Bella Coola Indianer von Johan und Fillip Jacobson nach Deutschland gebracht. Carl Gunter hatte diese Gruppe fotografiert. Im Herbst darauf machte Boas auf eigene Kosten eine Reise an die Nordwestküste, um Sprachen zu studieren, Kunstgegenstände zu sammeln und Fotos zu machen. Als er am 18. September in Vancouver ankam, sah er Gunters Fotos in den Händen eines Bella Coola auf der Straße. Die Fotos hatten ihren Weg nach Hause gefunden.

Boas hatte keine Kamera mitgenommen und lieh sich deshalb eine im Studio von Oregon Columbus Hastings am Ort. Er nahm Comox- und Cowichan-Dörfer auf, hatte aber Probleme dabei. Er berichtete, daß die Leute »mißtrauisch und unnahbar« seien. Als er einen Totempfahl knipste, traf er den Besitzer, der dafür Geld wollte. Boas wollte nicht bezahlen – »natürlich weigerte ich mich, schon um mich nicht der Möglichkeit zu berauben, alles zu fotografieren, was ich wollte« – und fotografierte weiter. Der Totempfahlbesitzer folgte ihm und machte ein neues Angebot: Er wurde Boas' Übersetzer.[24]

The British Association for the Advancement of Science (BAAS) finanzierte Boas' nächste Reise in den Nordwesten. Dort konzentrierte er sich auf das Sammeln linguistischer und physischer Daten. In Victoria engagierte er E. C. Brooks, um ethnographische Fotos zu machen. Boas gab Bilder von fünf gefangenen Haida-Indianern mit schöner Tätowierung in Auftrag. Er erhielt Porträts von ihnen, stehend, von vorn und von der Seite. Diese Aufnahmen verwendete er in seinem Bericht als Grundlagen für die typische Physiognomie der Haida-Indianer. Ihre Körpermaße benutzte er als Vergleichsdaten und Klassifizierungen. All das notierte er auf der Rückseite der Fotos, um sie für die Wissenschaft »wertvoller« zu machen. Der neue wissenschaftliche Zweig der physischen Anthropologie hatte mit der Förderung des BAE begonnen.[25]

1893 wurde in Chicago die World's Columbian Exposition abgehalten. Frederick Ward Putnam, der Direktor des Peabody Museums an der Harvard Universität, war für den anthropologischen Teil der Ausstellung zuständig, und Boas war sein Assistent. George Hunt, ein Kwakiutl-Indianer und einer der wichtigsten Informanten Boas', hatte ein ganzes Haus aus Fort Rupert, British Columbia, aufgebaut und eine Gruppe von 14 Indianern mitgebracht. Der Chicagoer Fotograf John H. Gabrill machte eine Reihe von Fotos vom Dorf mit Tänzern und Sängern.

Als die Ausstellung zu Ende war, wurden sämtliche Exponate dem neuen Field Columbian Museum gestiftet, dessen Kurator Boas wurde. Nach nur 18 Monaten wurde er wegen politischer Intrigen gezwungen zu gehen. Er kehrte an die Nordwestküste zurück und setzte seine Feldforschung fort. Hastings war sein Fotograf und sein Kwakiutl-Informant George Hunt (übrigens Hastings' Schwager) fungierte als Assistent.

Sie hatten wenig Geld und wenig Zeit. Es blieben ihnen nur drei Wochen, um Teile der Winterzeremonien der Kwakiutl aufzunehmen. In den ersten Tagen weihte Boas Hastings in die Geheimnisse der Zeremonien ein und sagte ihm, was er zu fotografieren hatte. (Abb. 6.48, 6.49)[26] Es wird oft vermutet, daß Boas die ganze Zeremonie fotografierte. Tatsächlich aber war er gezwungen, eine Auswahl zu treffen, da die Zeit und die technischen Möglichkeiten begrenzt waren.

Die Negative teilten sich die beiden Museen, die die Reise finanziert hatten. 71 gingen an das Smithsonian Institut und 97 für Ausstellungen an das Amerikanische Museum. Boas arbeitete später zusammen mit dem britischen Anthropologen und Fotografen Charles Frederick Newcombe für das Amerikanische Museum. Sie fotografierten von 1897–1900 Indianer an der Nordwestküste.[27]

Anthropologen und Assimilierung

Während im Süd- und Nordwesten die Anthropologen ziemlich isoliert arbeiteten, beschleunigte die Regierung im Zuge der Ausdehnung nach Westen ihr Programm zur Assimilierung der Plains, Basin und Plateau Indianer.

1887 wurde der sogenannte »Dawes Act« vom Kongreß verabschiedet. Sein Ziel war die Aufteilung der Indianerreservate in einzelne Besitztümer. Jeder Indianer sollte eine Parzelle Land in bestimmter Größe zugeteilt bekommen. Das Land, das übrigblieb, sollte an weiße Siedler verkauft werden. Zwischen 1887 und 1930 verloren die Indianer auf diese Weise 90 Millionen acres Land (360 000 km^2), das von neuen Siedlern erworben wurde.[28]

Die Anthropologen betätigten sich als Vermittler zwischen den Kulturen und halfen damit der Regierung bei der Durchführung dieses Programms und der Politik der nationalen Assimilierung. Die meisten waren der Ansicht, daß die Assimilierung zwar unvermeidlich sei, aber schrittweise vollzogen werden sollte, ohne daß die traditionellen Werte zerstört würden. Die Anthropologin Alice Fletcher war eine »gütige Dame mit sanfter Stimme«, die eine besonders tiefe Bindung zu den Menschen zu haben schien, mit denen sie arbeitete.

Sie lebte mit der LaFlesche-Familie im Omaha-Reservat, um deren Musik zu studieren. 1881 adoptierte sie eines der Kinder, den 24jährigen Francis, um bei seiner Ausbildung und Arbeitssuche mithelfen zu können. Alice Fletcher arbeitete 1882 im BAE und Francis LaFlesche folgte ihr 1910. Er und der Irokese J. N. B. Hewitt waren die ersten Indianer, die vom BAE als Anthropologen angestellt wurden. Fletcher und LaFlesche verfaßten zusammen »Der Omaha Stamm«, eine der umfassendsten anthropologischen Studien, die das BAE produzierte.

1889–93 arbeitete Alice Fletcher als offizielle Repräsentantin des Büros für indianische Angelegenheiten (BIA) bei den Nez Perce in Idaho. Die Aufteilung des Landes nach dem Dawes Act dauerte vier Jahre. In dieser Zeit arbeitete sie mit ihrer Freundin, der Fotografin E. Jane Gay zusammen. Obwohl sie stark mit den administrativen Dingen befaßt war, sammelte sie Lieder und Geschichten der Stämme, während Gay Fotos machte. (Abb. 6.25, 6.26)[29] Später machte sie auch eigene Fotos. Die Pawnee luden sie zu ihrer heiligen Hako Zeremonie ein, einem Feuerritual, das sie auch fotografierte. Sie war eine der wenigen Frauen und Anthropologen, der man so vertraute.

James Mooney und der Kult des Geistertanzes

Als die Auswirkungen des Dawes Acts und die Veränderungen des indianischen Lebens das Land immer mehr beherrschten, tauchte ein Anthropologe auf, der das besondere Talent besaß, die gesamte Geschichte mehrerer Indianerstämme aufzuschreiben, mit Fotos zu illustrieren und zu bewahren. Für die Menschen wurde er zur Legende, noch heute erinnert man sich an James Mooney.

Als Kind hatte Mooney ein unersättliches Interesse an der Welt, die ihn umgab. Mit zehn Jahren fing er an Listen zu machen, mit allen Informationen, die er über Indianer bekommen konnte: Ursprung, Stämme, Namen, Sprachen, Grenzen, Verträge, wer sie waren, wo sie lebten, was mit ihnen geschehen war. Die gesamte Geschichte der nordamerikanischen Indianer interessierte ihn brennend. Im Alter von 16 hatte er seine Klassifikationen fertig. Ironischerweise waren sie denen von Powell äußerst ähnlich, der mit seinem wissenschaftlichen Stab seit Jahren daran gearbeitet hatte.

1879, als das ethnologische Büro eingerichtet wurde, begann Mooney bei der Zeitschrift *Palladium* in Richmond, Indiana, seine Karriere als Reporter. An den örtlichen Schulen und Colleges traf er mit Indianern zusammen, die dort studierten. Sie machten ihn neugierig, und er begann von einer Reise nach Süden zu träumen, um die Indianer Brasiliens zu studieren und seine Listen der Stämme zu ergänzen. Da es ihm an Quellen fehlte, wandte er sich an das Smithsonian Institut.

Von 1882–84 bombardierte Mooney Washington mit Briefen, bis er schließlich Powells Aufmerksamkeit gewann. Powell war zwar von

Mooneys unabhängiger Forschung und seiner Liste von 3000 Indianerstämmen beeindruckt, verfügte jedoch nicht über die genügenden Gelder, um Mooney auf Expeditionen zu schicken oder gar bei sich einzustellen. Mooney schloß sich daher dem Büro als Freiwilliger an und brachte es irgendwie fertig, sich ein Jahr lang durchzubringen. Dann wurde durch Zufall ein Posten frei.

1886 wurde Mooney offizieller Angestellter des Büros. Er begann, die Geschichte einer indianischen Nation zu rekonstruieren, so wie sie sich ihm darstellte.

1888 nahm er erstmals eine Kamera auf seine Forschungsreisen mit und fotografierte den Corn Dance der Cherokee, das jährliche Erntedankfest. Er fotografierte auch ihr Ball-Game, sowie den Going-to-water-Ritus. (Abb. 6.28, 6.29)

1889 fing er an, Pflanzen und Gesänge zu sammeln, die die Schamanen der Cherokee bei ihren Heilszeremonien anwendeten. Während seiner Untersuchungen stellte er fest, daß die Rituale, die die Schamanen einander heimlich weitergaben, auf einem sorgfältig ausgearbeiteten System beruhten. Dank seiner Freundschaft zu einem Medizinmann, Ayyuini (Swimmer), erhielt er als erster Weißer eine Zusammenstellung der heiligen Heilsanweisungen, die in der Sprache der Cherokee geschrieben war. Swimmer wurde Mooneys Hauptvertrauter und eröffnete dem jungen Anthropologen den Reichtum der Geschichte seines Stammes. (Abb. 6.27)[30]

Im Sommer 1890 arbeitete Mooney in North Carolina und in den Bergen von Tennessee mit dem östlichen Zweig der Cherokee. Er hatte vor, im Winter die westlichen Cherokee im Indianergebiet zu besuchen, um Vergleiche anzustellen. In der Zwischenzeit war jedoch bei den Stämmen eine messianische Religion entstanden, die sich immer mehr ausbreitete. Mooney wurde von der Regierung beauftragt, sie zu untersuchen und Bericht zu erstatten. Mit offiziellen Fotos sollte den aufkommenden Gerüchten entgegengewirkt werden. Was als vorläufige Studien für einige Wochen gedacht war, wurde für Mooney zur lebenslangen Beschäftigung mit den Plains-Indianern.

Die indianische Kultur drohte durch die weiße Zivilisation vernichtet zu werden. In dieser Endphase ihres Überlebenskampfes taucht ein Phänomen auf, das sich stets in ähnlicher Weise äußert. Ein »Prophet« erschien und schürte irreale Hoffnungen bei den Indianern. Dieser Schamane hatte eine Vision, in der sich ihm eine höhere Gottheit offenbarte, die ihm eine Botschaft zur Rettung seines Volkes verkündete: Die Verzweiflung der Menschen werde enden, sie könnten eine Wandlung erreichen, indem sie bestimmte Rituale befolgten und zum Teil in Trance verfielen, wenn sie einen besonderen Tanz im Kreis aufführten.[31]

Die Enteignung des Indianerlandes, gebrochene Verträge und die Durchsetzung des Assimilierungsprogrammes durch die Bundesregierung löste 1890 eine der größten Erneuerungsbewegungen nordamerikanischer Indianer aus. Die Indianer, besonders die Stämme in den Plains, waren zu diesem Zeitpunkt vollkommen demoralisiert. Die Bewegung wurde nach einem traditionellen Tanz, der lebende wie tote Indianer vereinigen sollte, Geistertanz genannt. Die neue Religion versprach eine Rückkehr zu den idealisierten früheren Zeiten vor dem Eintreffen der weißen Zivilisation. Alle Indianer sollten sich in Brüderlichkeit vereinen.

1870 tauchte der Geistertanz-Kult bei den Paviotso, einem Unterstamm der Ute, in Walker Lake, Nevada, das erste Mal auf. Wodziwob war der erste Prophet. Der Kult griff von Nevada nach Kalifornien über und dann nach Oregon, wo schon um 1850 ähnliche Erscheinungen aufgetreten waren. Der erste Geistertanz dauerte nur fünf Jahre, weil Wodziwob zwei verhängnisvolle Fehler machte, die oft den Niedergang eines Eingeborenenkultes einleiten: Erstens nannte er ein festes Datum für das Eintreffen des Milleniums und zweitens versäumte er, für seine eigene Auferstehung zu sorgen.

Im Januar 1889 ließ ein junger Paiute den Kult des Geistertanzes wiederaufleben und wurde als der zurückgekehrte Messias empfangen. Er war der Sohn von Tavivo, einem Apostel Wodziwobs. Nach dem Tod seines Vaters wurde er von dem weißen Farmer David Wilson adoptiert und Jack Wilson genannt. Sein indianischer Name war Wovoka. Als Wovoka sich von seinem Scharlachfieber erholte, hatte er eine Reihe von Visionen, die die messianische Botschaft der Brüderlichkeit zum Inhalt hatten.[32]

Die Ethnologin Ruth Underhill beschrieb das so: »Ein Funke zündete in Nevada, der religiöse Flammen schlug.«[33] Die Botschaft Wovokas breitete sich wie ein Strohfeuer in den Plains aus. Es legte große Entfernungen zurück über Sprach- und Kulturbarrieren hinweg. Sogenannte Apostel trugen die Botschaft zu anderen Stämmen und bereiteten den Auftritt des Propheten vor. Wovokas Lehre war dehnbar genug, um viele Interpretationen zuzulassen. Die Indianer, die sie übernahmen, ließen ihre eigenen Glaubensbekenntnisse miteinfließen.[34] Im Herbst 1890 waren ca. 20000 Indianer praktizierende Anhänger der Geistertanz-Religion.[35]

Die bemerkenswerteste Interpretation von Wovokas Prophezeiungen war die der Sioux aus den Pine Ridge, Rosebud und Standing Rock Reservaten in Dakota. Die Sioux fügten der Lehre neue und kriegerische Gedanken hinzu: Ihre Ahnen würden zurückkehren und mithelfen, die Welt von den Weißen zu befreien. Sollte es zum Kampf kommen, würden Geistertanzhemden die Träger beschützen. All das sollte sich im Frühling 1891 ereignen.

Als der Geistertanz von den kriegerischen Sioux aufgegriffen wurde, reagierte die Bundesregierung mit dem Massaker von Wounded Knee (siehe S. 48). Die Sioux kapitulierten am 15. Januar 1891, dem Jahr der Prophezeiung Wovokas. Black Elk, ein Medizinmann der Oglala Sioux, bezeichnete das als das Ende seiner Nation. Es war ebenso das Ende des Geistertanz-Kultes.

Aber die Bewegung fuhr fort, bei den anderen Plains-Stämmen Fuß zu fassen. Diesmal hatte die Regierung mit James Mooney einen eigenen Anthropologen, der die Entwicklung dieser Religion beobachtete und darüber genau Buch führte. Mooney hatte Anweisungen, fotografisch festzuhalten, wo Geistertänze aufgeführt wurden und wer daran teilnahm. Vier Tage nach der Niederlage der Sioux schrieb Mooney an das Büro:

> »Bitte schickt sofort ein paar Dutzend 5×8 Platten. Die Indianer tanzen den Geistertanz Tag und Nacht und es gehört zu ihrer Lehre, alles abzulegen, was mit dem weißen Mann zu tun hat. Sie tragen Kostüme, die sie seit Jahren nicht getragen haben ...«[36]

Bevor er den Geistertanz studierte, hatte Mooney bei der Feldforschung eine Stativkamera mit Glasplatten benutzt. Sollte er mit dieser Kamera Fotos gemacht haben, so sind sie bis jetzt noch nicht entdeckt worden. Er berichtete, daß er für diese Reise auch eine Kodak dabei hatte, die von Matilda Cox Stevenson benutzt wurde. Nach einer Woche forderte er die Gebrauchsanweisung an, um die richtige Belichtung zu bestimmen. Er wollte den Tanz innerhalb und außerhalb des Kreises fotografieren. Angesichts der Wildheit des Tanzes war die Kodak sicher die beste Wahl: Sie machte schnelle, einfache und relativ sichere Bilder. Mooney verzichtete gleich auf seine beschwerliche Blitzausrüstung, da das Ritual am Tag und in der Nacht in gleicher Weise verlief. Aber der Rauch des Lagerfeuers und das fahle Winterlicht, das auf dem verschneiten Tanzboden reflektierte, machten Fotografieren schwierig.[37]

Zweifellos hielt Mooney Fotos bei der Feldforschung als historisches Dokument für sehr wichtig, aber er hatte keine Zeit, die Techniken zu lernen. Sein Medium war vor allem das geschriebene Wort. Dennoch sind seine leicht unscharfen Bilder mit seinem eigenen Schatten faszinierend. (Abb. 6.31)

Ein Jahr danach untersuchte Mooney den Geistertanz auf eigene Faust. Mitte 1891 machte er sich in den Pine Ridge Reservat in Süd-Dakota auf. Eines Morgens besuchte er den Schauplatz der Tragödie von Wounded Knee (siehe Kapitel 3). Er kam zum Massengrab der Big Foot Gruppe, das farbig mit heiliger Erde beschmiert war, die Wovoka den Sioux gegeben hatte. Die Gräber waren markiert, damit sich die Toten nach der Auferstehung zurechtfanden. Mooney beschloß, mehr über die tragischen Verwicklungen des Kultes beim Propheten persönlich zu erfahren. Er ging nach Nevada.

Er kam Ende Dezember an und verbrachte ein einsames Weihnachten in Reno. Am nächsten Morgen brach er in das Walker River Reservat auf, um Charly Steep, einen Onkel Wovokas zu treffen. Eine Woche lang sprachen sie über die Kultur der Paiute, und Mooney zeigte Charly Fotos von seinen Freunden, den Geistertänzern der Cheyenne und Arapaho. Auf diese Weise gewann er schließlich Charlys Vertrauen und wurde zu Wovoka geführt.

Am Neujahrstag 1892 wurde Mooney von Charly zum Paiute-Lager begleitet. Hinter einem Bergkamm traf er mit Wovoka zusammen. Er wurde eingeladen, die Nacht im Lager zu verbringen. Wovoka wollte dem Anthropologen aus Washington vor allem über seine heilige Mission erzählen. Zunächst gab er sehr wenig Informationen über seine Lehre preis. Dann zeigte Mooney auch ihm die Fotos der Cheyenne- und Arapaho-Tänzer, von denen viele Wovoka ein Jahr zuvor besucht hatten. Daraufhin wandeltet sich Wovokas Zurückhaltung in Neugier, er erkannte Mooneys Ehrlichkeit und Sympathie. Vor allem die Geistertanzfotos überzeugten ihn davon, daß Mooney vertrauenswürdig war.

Bei ihrem letzten Treffen schrieb Mooney: »Ich hatte meine Kamera dabei und wollte Wovoka fotografieren. Als das Thema aufkam, erwiderte er, er sei noch nie fotografiert worden.« Mooney bezahlte Wovoka den üblichen Lohn für Informationsdienste und versprach, ihm einen Abzug zu schicken. Der Prophet posierte vor der Linse und der Fotograf drückte auf den Auslöser. Mooney besaß nun das erste Foto von Wovoka. (Abb. 6.33)

1894 erschien der Messias Wovoka als Nebenattraktion auf der Wintermesse von San Francisco.[38] 1926 wurde er noch einmal mit dem berühmten Cowboy-Darsteller Tim McCoy fotografiert, der zu dieser Zeit Gouverneur von Wyoming war. (Abb. 6.35)

Wovokas Traum starb in Wounded Knee. Aber auf einem einsamen Friedhof in Shurz, Nevada, schmücken noch immer Gaben seiner Verehrer sein Grab.[39] Mooney schrieb: »Ich hatte immer Sympathie für ihre Ideen und Gefühle und hatte nun eine lange Reise zum Messias selbst unternommen ... Die Indianer waren schließlich davon überzeugt, daß ich wirklich die Wahrheit über ihre Religion erfahren wollte.«[40]

Trotz der Ängste, die der Kult hervorrief, war niemals ein anderer Regierungsrepräsentant außer Mooney zu dem Propheten geschickt worden, um Informationen aus erster Hand einzuholen. Seine klassische Veröffentlichung »The Ghost Dance Religion and the Sioux Outbreak of 1890« ist noch heute beispielhaft für anthropologische Forschung.

1892 besuchte Mooney die Caddo, Kiowas und Comanchen. Dabei nahm er an Geistertänzen teil und wurde zum ersten Mal Zeuge einer Peyote-Zeremonie. (Abb. 6.36) In den nächsten 30 Jahren beschäftigte er sich immer wieder mit dieser Zeremonie. Er nahm an Delegationen zum Kongreß teil, um zu erreichen, daß man den Gebrauch dieser Halluzinationsdroge als Teil der Religion bestimmter Indianerstämme ansah. Mooney zeigte eine Reihe von Fotos, die in diesen 30 Jahren entstanden, um seine Auffassung zu belegen – und er gewann. Die Native American Church wurde rechtmäßig als offizielle Religion anerkannt und existiert noch heute.

Später wurde Mooney öfter in Kontroversen verwickelt. Er fotografierte die Sonnentanz-Zeremonie der Cheyenne und Arapaho in Darlington, Oklahoma. Ein Teil der Zeremonie bestand darin, daß junge Männer ihren Mut durch angeblich sinnlose Selbstquälerei bewiesen. Nach vielen Jahren des Studiums der Indianer wußte Mooney, daß dies zu ihrer Religion gehörte. Der amtierende Indianeragent beschuldigte Mooney und einen anderen BAE-Ethnologen, die Zeremonie inszeniert und die Beteiligten für die Fotos bezahlt zu haben. Erst nach vielen Anhörungen wurden Mooney und das BAE freigesprochen.

Als Regierungsethnologe sagte Mooney während seiner ganzen Karriere gegen viele andere Regierungsbeamte aus. Er war für den Kongreß immer unbequem. Für die Regierung war es schwierig, einen Angestellten zu akzeptieren, der in einer Zeit der nationalen Assimilierungspolitik althergebrachte Glaubensrituale befürwortete und förderte. Es verlangte viel Mut von Mooney, religiöse Freiheit für alle zu verfechten.

Im Winter 1892 reiste Mooney mit Tilly Stevenson in den Südwesten, um Material für die bevorstehende World's Columbian Exposition in Chicago zu sammeln. Beide waren Zeugen und Fotografen der Zeremonien und Aktivitäten bei den Zuni und Hopi Pueblos. (Abb. 6.42) Mooney nahm auch Navaho in der Nähe von Keams Canyon auf. (Abb. 6.37, 6.38, 6.40, 6.41) Die 1893er-Ausstellung umfaßte die größte Fotosammlung aller Zeiten.

Weitere Studien im Südwesten

1894 organisierte W. J. McGee eine Expedition in den Südwesten und nach Mexiko, um den letzten überlebenden Indianerstamm zu finden, dessen Mitglieder noch nie zuvor Kontakt mit den Weißen hatten. Der Fotograf William Dinwiddie begleitete ihn, um zu beweisen, daß diese Indianer existierten. Dinwiddie und McGee gingen nach Arizona, sammelten Material und fotografierten Papago-Indianer. Dann reisten sie die kalifornische Küste entlang in die Sonorawüste Mexikos zu den Seri-Indianern, die auf Tiburon Island wohnten, und als der »primitivste Stamm des amerikanischen Kontinents und der westlichen Hemisphäre« betrachtet wurden. Es wurden Porträts von 60 Seris gemacht. Insgesamt entstanden in dieser Zeit 500 Fotos von Papagos und Seris. (Abb. 6.50)[41]

Ein Jahr später kam McGee mit dem Fotografen J. W. Mitchell zurück, um sein Studium der Seri zu vertiefen. Unglücklicherweise befanden sich die Seri im Krieg mit ihren mexikanischen Nachbarn. Es wurden kaum Fotos gemacht, nur ein paar Aufnahmen von verlassenen Dörfern. Der Expedition gelang es, Material zu sammeln und »Seriland« zu erkunden, und eine Karte von 10 000 Quadratmeilen Land anzulegen, das noch nie von Weißen betreten worden war. (Abb. 6.52)[42]

An seinem letzten Tag in Mexiko, dem 3. Januar 1896, machte McGee einen letzten Versuch, zu ethnographischen Zwecken einen Ausgestoßenen der Seri, Fernando Kolusio, zu interviewen. Mitchell fotografierte. McGee berichtet: »Er war noch sehr klein als er den Stamm verließ, jetzt ist er alt, etwas taub und hat die Sprache vergessen ... seine Informationen müssen immer überprüft werden.«[43]

1895, 1897 und 1899 leitete Frederick Webb Hodge Expeditionen für das BAE in den Südwesten. Offizieller Regierungsfotograf war Adam Clark Vroman aus Kalifornien. Eines der letzten großen Westernabenteuer des 19. Jahrhunderts wurde von Vroman festgehalten – die Besteigung des Katzimo, auch bekannt als Mesa Encantada, in New Mexico. Der Überlieferung nach war die Spitze dieser gewaltigen Felsformation einst von dem Volk der Acoma Pueblo besetzt worden. Zur Erntezeit kletterten sie eine Felsenleiter hinunter, um die Ernte von den Feldern im Tal einzuholen. Ein starker Sturm zerstörte die Leiter und verhinderte ihre Rückkehr nach oben, um einen Jungen und seine Mutter zu retten, die dageblieben waren, um das Dorf zu bewachen. Die Menschen erbauten ein neues Acoma-Pueblo, das von dem spanischen Forscher Cornade 1540 entdeckt wurde. Die Legende war an östlichen Hochschulen sehr umstritten. Vromans Fotos der alten Pueblo-Ruinen für das BAE zeigten, daß die Geschichte auf Wahrheit beruhte. (Abb. 6.20)[44]

1898 fand in Omaha die »Trans-Mississippian-and International Exposition« statt. Es war die erfolgreichste Ausstellung, die bis dahin in Amerika veranstaltet worden war. Mitten in einer wirtschaftlichen Depression, kurz vor Ausbruch des spanisch-amerikanischen Krieges, zog sie über zweieinhalb Millionen Besucher an und brachte mehrere 100 000 Dollar in die Schatzkammern der Regierung. Das Neueste auf den Gebieten der Kunst und der Erfindung, sowie alle Vorteile der weißen Zivilisation wurden als Zeugnis der »Schicksalsbestimmung« zur Schau gestellt. Im Gegensatz dazu stand eine Gruppe von Indianern, die die Stämme vertraten, die die Auswirkungen dieser Schicksalsbestimmung auf einschneidende Weise erfahren hatten, etwas, das für niemanden nachvollziehbar war, der es nicht selbst erlebt hatte.

Die meisten Ausstellungen im 19. Jahrhundert hatten ein paar Indianer gezeigt, sozusagen als Kuriositäten der Vergangenheit. Bei dieser hier war ursprünglich geplant gewesen, alle Indianerstämme vorzuführen, die unter der Assimilierungspolitik der Regierung Fortschritte gemacht hatten. Alice Fletcher vertrat die Regierung bei der »Indian Education Exhibit«. Als zusätzliche Attraktion der Ausstellung sollten sämtliche Stämme als Einheit gezeigt werden, unter dem Titel: Indianerkongreß.

Diese Idee stammte von Edward Rosewalter, dem Herausgeber der *Omaha Bee*. Das Innenministerium übernahm die Verantwortung für die Durchführung und setzte Captain William A. Mercer als offiziellen Agenten für die Omaha- und Winnebago-Stämme ein. Mooney, der führende Indianerethnologe der Regierung, sollte als Berater fungieren. Frank A. Rinehart aus Omaha wurde als Fotograf engagiert.

Mooney betrachtete den Indianerkongreß als einzigartige Möglichkeit, die Öffentlichkeit in einem bisher nie gekannten Ausmaß über das traditionelle Leben der Indianer zu informieren. Da das Projekt so umfassend war, schlug er vor, die Stämme nach der Verschiedenheit ihrer Häuserformen zu begrenzen. Es wurden über 500 indianische Delegierte erwartet.

Im Verlauf der Ausstellung lenkte Mercer Schritt für Schritt den Tenor der Veranstaltungen von Information in Richtung Unterhaltung. Zweimal pro Woche wurden Scheingefechte vorgeführt. Am 27. September berichtete Mooney dem Büro, daß das einzige ethnologische Ausstellungsstück auf dem Gelände ein Grashaus aus Wichita sei. Der Indianerkongreß sei »sehr schnell zu einer Wildwest-Show degeneriert, mit dem einzigen Zweck, mehr Eintrittsgelder einzunehmen«.[45] Am 12. Oktober war Präsident William McKinley Gast bei einem Scheinkampf und sah begeistert der Parade zu.

Anders als Mooney war sich Mercer klar darüber, daß sein Publikum noch nicht reif dafür war, die Verschiedenheit der Kulturen zu würdigen, Kulturen eines Volkes, das sie gerade erst unterjocht hatten. Schlachtenfotos von Rinehart vervollständigten das Klischee von den feindlichen Plains Indianern. Obwohl die meisten Teilnehmer an den Wildwest-Shows Mitglieder der Südwest-Stämme waren, (Abb. 6.43) waren die Delegierten der Comanchen, Kiowa, Wichita und Sioux erst ganz am Ende bereit, an dem Kriegsspiel teilzunehmen.

Trotz der Zirkusatmosphäre war es für die Veteranen der Indianerkriege beider Seiten eine nostalgische Wiedervereinigung. General Nelson Miles traf seinen alten Freund und Gegner, den Apachenhäuptling Geronimo, der immer noch Gefangener des Kriegsministeriums war. Wahrscheinlich aber profitierten am meisten die Indianer von der Möglichkeit, andere Indianer zu treffen und Kontakte zwischen den Stämmen herzustellen. Zu den Festivitäten gehörten auch ein Hundefest, ein Geistertanz und ein Feuertanz: nicht alle alten Traditionen waren verschwunden.

In der letzten Ausstellungswoche half Mooney beim Fotografieren der Delegierten des Indianerkongresses. Fotograf war Adolph F. Muhr, der Assistent von Rinehart (der anderweitig beschäftigt war). Mooney arrangierte die Aufnahmen für Muhr. Unter seiner Regie entstanden 200 Fotos von 70 Stämmen. (Abb. 6.45)[46] Das Büro, das die Hälfte der Fotografenhonorare bezahlt hatte, behielt die Negative, besaß jedoch kein Copyright für Regierungseigentum. Das Management der Ausstellung kaufte 100 Stück und das Copyright.[47]

Die Jahrhundertwende markierte mehr als das Ende einer Dekade. In diesem Jahr zog sich Hillers zurück und Cushing starb. Der Film erreichte die Pueblos. O.-P. Phillips von der Armat Motion Picture Company aus Washington traf mit dem Büro eine Vereinbarung, New Mexico und Arizona zu besuchen, um Dokumentarfilme über Arbeit, Vergnügungen und Zeremonien der Pueblos und anderer Stämme zu drehen. Gegenstand der Arbeit war, »absolut vertrauenswürdiges Material über die ursprünglichen Aktivitäten der Indianer für zukünftige Studenten zu erhalten«. Es wurde berichtet, daß trotz »Mißgeschicken mit der Apparatur, die Arbeit recht erfolgreich verlief ... sie ergab etwa 12 Filmrollen und 100 ausgezeichnete Fotos, die von Mr. Phillips gemacht worden waren«.[48] Ein Jahr später gab die Edison Company sechs Filme mit dem Titel »Indianische Schlangentanzserie in Moki (Hopi) Land« heraus.

Adam Clark Vroman hatte von 1895–1904, sowohl als Regierungs- wie auch als unabhängiger Fotograf, Aufnahmen der Pueblo-Indianer gemacht. Jetzt war er mit einem Problem konfrontiert, das seine Vorgänger nicht gekannt hatten: dem amerikanischen Tourismus. Die Eisenbahn transportierte Touristen mit ihren Kodak-Kameras zu den entlegensten Plätzen, was nicht nur den Profifotografen, sondern noch mehr den Indianern das Leben schwer machte. Ab 1902 durften

Fotografen bei den Hopi den Schlangentanz nur noch von bestimmten Stellen aus fotografieren. Vroman schrieb:

»Das war etwas Neues. Bis jetzt hatte jeder seinen eigenen Standort aussuchen können und überall fotografieren dürfen. Man stellte sich vor seinen Nachbarn, stieß den Dreifuß eines anderen um und bohrte dem nächsten seinen Ellbogen in die Lende. Ein halbes Dutzend oder noch mehr Indianerpolizisten hielten uns nun zurück, und wir mußten zusehen, daß wir das Beste daraus machten.«[49]

Bei den Zuni Pueblos 1902 schrieb Tilly Stevenson: »Einer der Regenpriester sang seine Gebete in der Sprache der Sia, ein anderer in Pima, alle dreizehn redeten verschiedene Sprachen.«[50] Sie beklagte, daß sich die freundliche Art der Indianer durch schmutzige Geschäfte sehr verändert hatte. Es war nicht mehr möglich, Bilder des spontanen, traditionellen Indianerlebens zu machen: Die Indianer wurden für das Posieren bezahlt, wurden befangen und mißtrauisch. Alte Zeremonien wurden verändert, einerseits um zu unterhalten, andererseits um die alten Traditionen zu schützen. Am 1. Dezember 1911 fotografierte Stevenson den Tablita Corn Tanz in Santa Clara. Ende des Jahres durfte bei den Pueblos überhaupt nicht mehr fotografiert werden.

Auch das Büro veränderte sich. J. W. Powell starb 1902 und die Ära der Forschung mit ihm. Dazu im Jahresbericht des Büros:

»Er versammelte die besten Männer der verschiedenen wissenschaftlichen Abteilungen um sich und gab ihnen Aufgaben, die ihren Fähigkeiten am meisten entsprachen, aber er blieb immer der Kopf des ganzen ... Das Büro für amerikanische Ethnologie ist in besonderer Weise sein Büro. Der Forschungsweg, den er eingeschlagen hat, muß, so lange das Büro besteht, verfolgt werden, d. h. eigentlich sogar so lange die menschliche Rasse Forschungsobjekt sein wird ... Zukünftige Generationen werden im Gedenken an seine Laufbahn dankbar sein für einen Führungsstern, der einen Farmerjungen zum Lehrer machte, den Lehrer zum Soldaten, den Soldaten zum Forscher, den Forscher zum Geologen und den Geologen zum Historiker einer verschwindenden Rasse«.[51]

In den folgenden Jahren, 1902–17, hatte das Büro drei Direktoren: William Holmes, einen brillanten Künstler, Geologen und Anthropologen, Frederick Hodge, einen Sekretär, Bibliothekar und Verleger, und J. W. Fewkes, der alle Talente der neuen Büroleiter in sich vereinigte. Fewkes hatte als erster einen akademischen Grad: Doktor der Meeresbiologie von Harvard.

Er hatte seit 1880 bei den Pueblos gearbeitet und war in das Priestertum der Hopi Flute und der Antelope eingeweiht worden. Er war sicher der erste Anthropologe, der ihre Lieder aufnahm[52] und er war auch der erste Direktor, der selbst fotografierte.

W. J. McGee war amtierender Direktor während der letzten Jahre von Powells Krankheit. Er wurde in die politischen Streitereien über die Vorherrschaft der Anthropologie verwickelt. Später übernahmen Universitäten und Museen die Führung auf dem Gebiet der Anthropologie.[53] Die frühen Regierungsanthropologen hatten dennoch einen wichtigen Beitrag zur Erforschung der Indianer geleistet. Indem sie die Geschichte einer anderen Kultur aufzeichneten, wurde auch ihre eigene erzählt. Ihre Fotografen hielten den Niedergang einheimischer Traditionen fest, bevor eine neue Generation in eine Welt trat, die vom Krieg für immer verändert wurde.

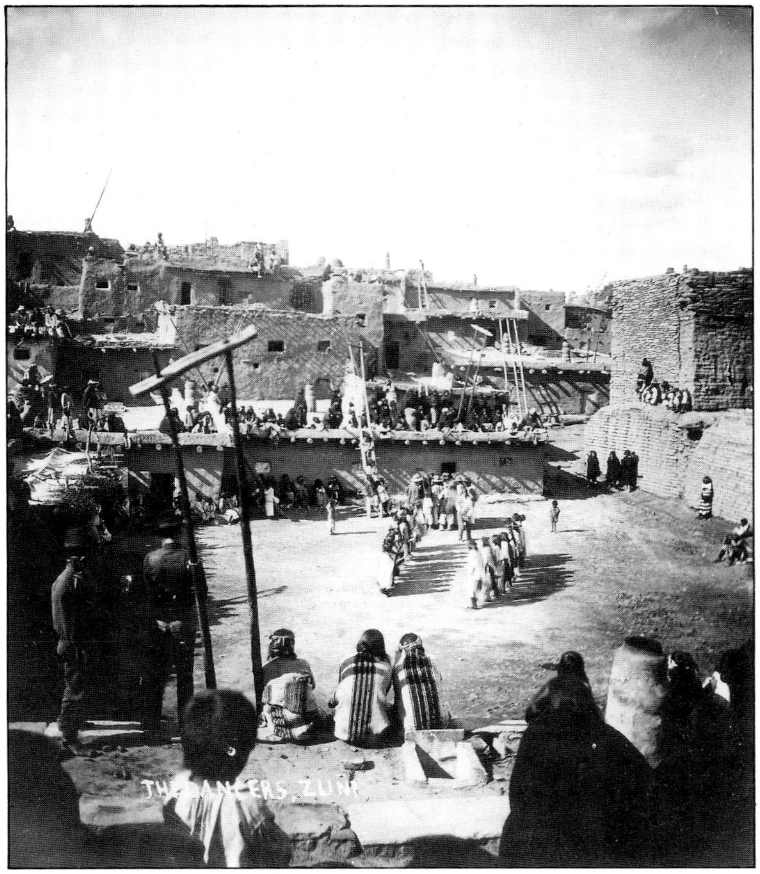

6.2 Zunis bei einer Zeremonie – vermutlich dem Korbtanz –, wobei der Erde für die Ernte gedankt wird. Aufgenommen von John K. Hillers, Zuni Pueblo, New Mexico, Winter 1879.

6.3 Zuni Pueblo, New Mexico. Blick nach Südosten zum Mesa von Taaiyalone (Corn Mountain). Von John K. Hillers im September 1879.

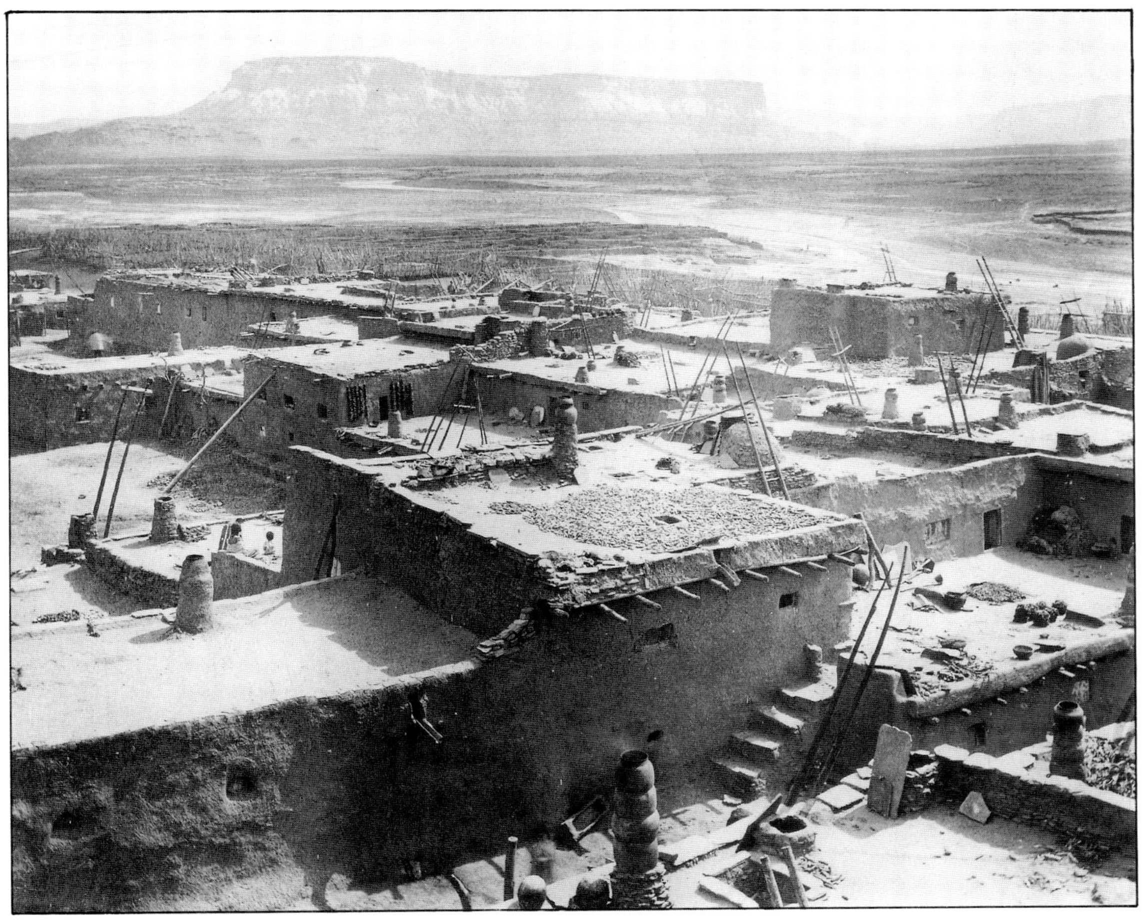

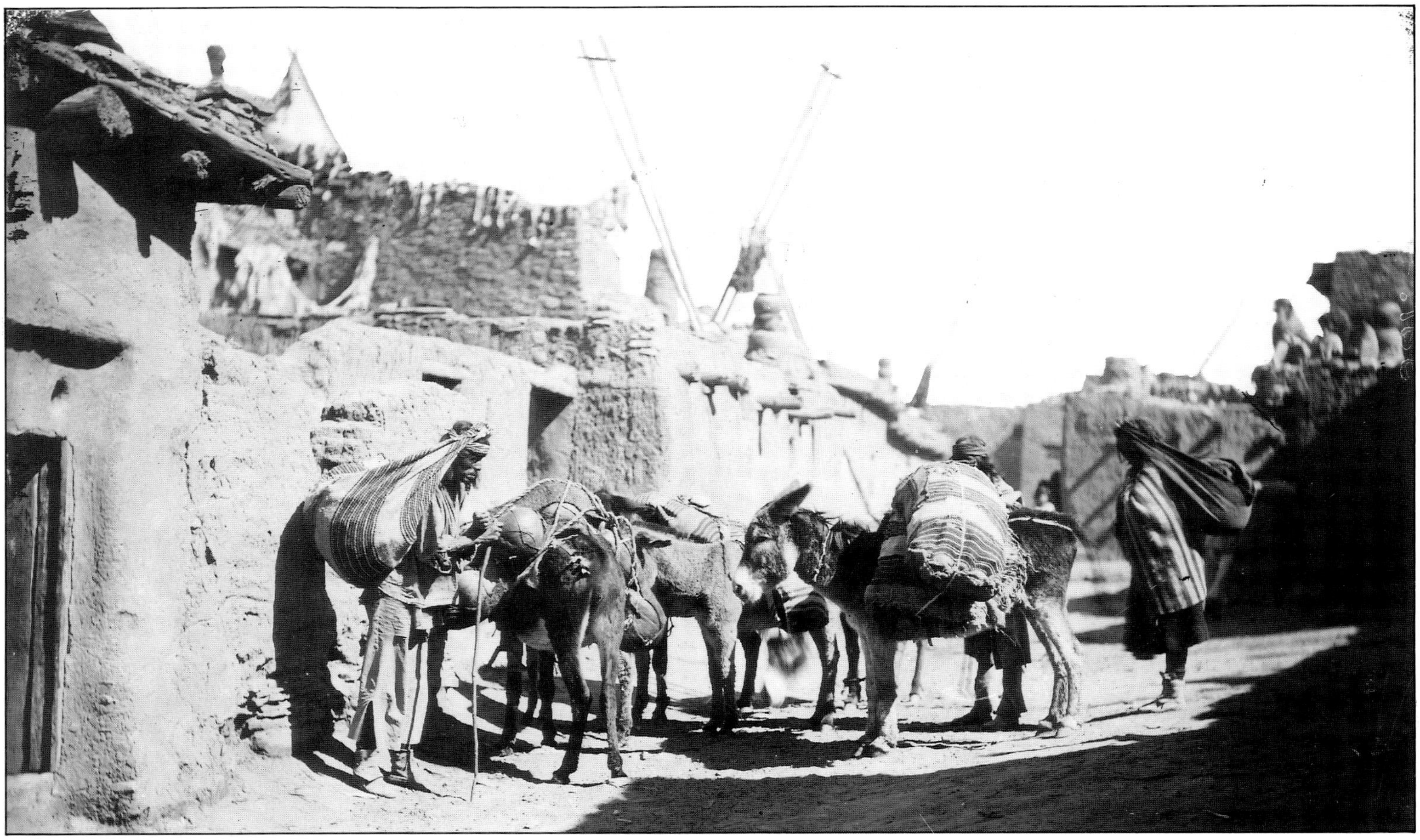

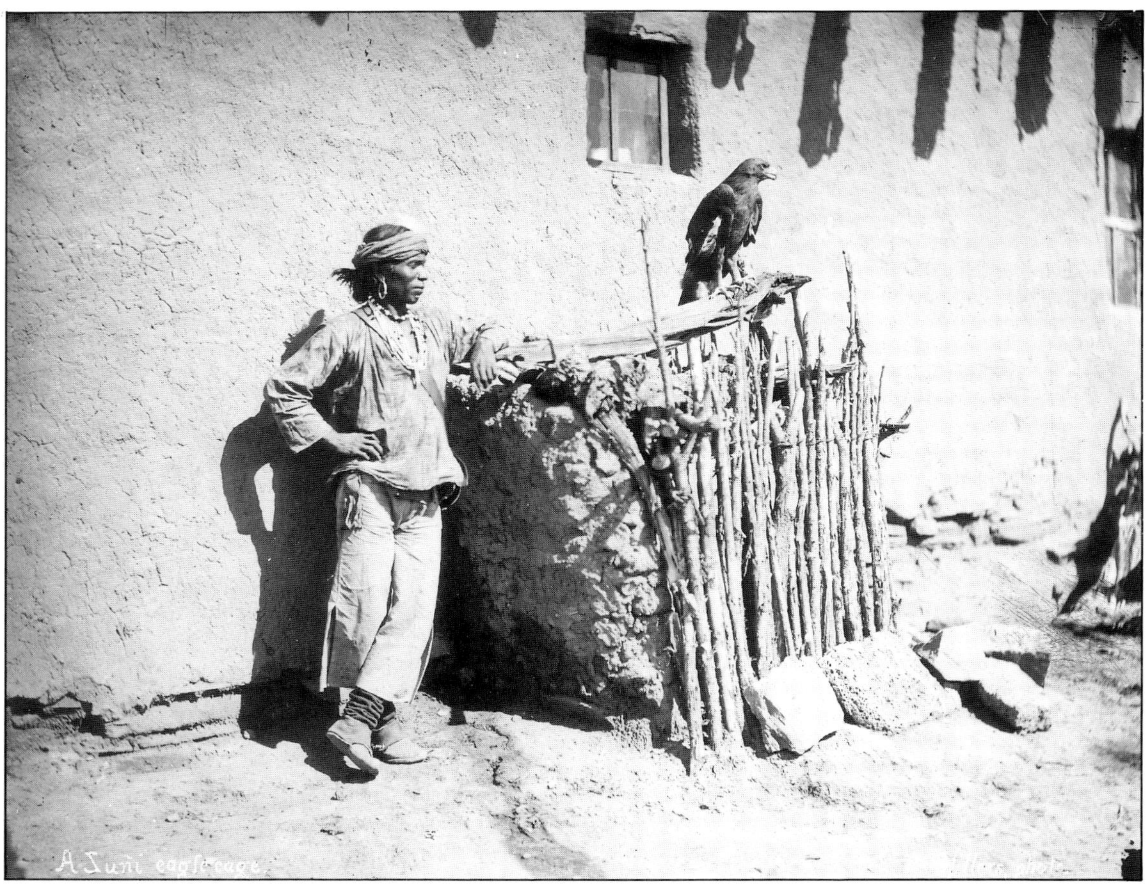

6.4 Zwei Zuni, Inihti (links) und Hota (ganz rechts), vermutlich beim Aufbruch zu einer Handelsexpedition. Von John K. Hillers, Zuni Pueblo, New Mexico, Winter 1879.

6.6 Rechts Frank Hamilton Cushing, Ethnologe vom Smithsonian Institut. Der Anführer der Zuni war zuerst ungehalten, daß Cushing noch in seinem Pueblo bleiben wollte, nachdem die Stevenson-Expedition abgereist war. Er wies ihn an, die Kleidung der Weißen abzulegen und sich so weit wie möglich anzupassen. Nach und nach wurde Cushing von den Zuni akzeptiert und schließlich einer der ihren. Von John K. Hillers, Zuni Pueblo, New Mexico, zwischen 1881 und 1882.

6.5 Zuni-Junge mit Adlerkäfig. Adler wurden wegen ihrer Federn gezüchtet, die man für die Zeremonien brauchte. Von John K. Hillers, Zuni Pueblo, New Mexico, Winter 1879.

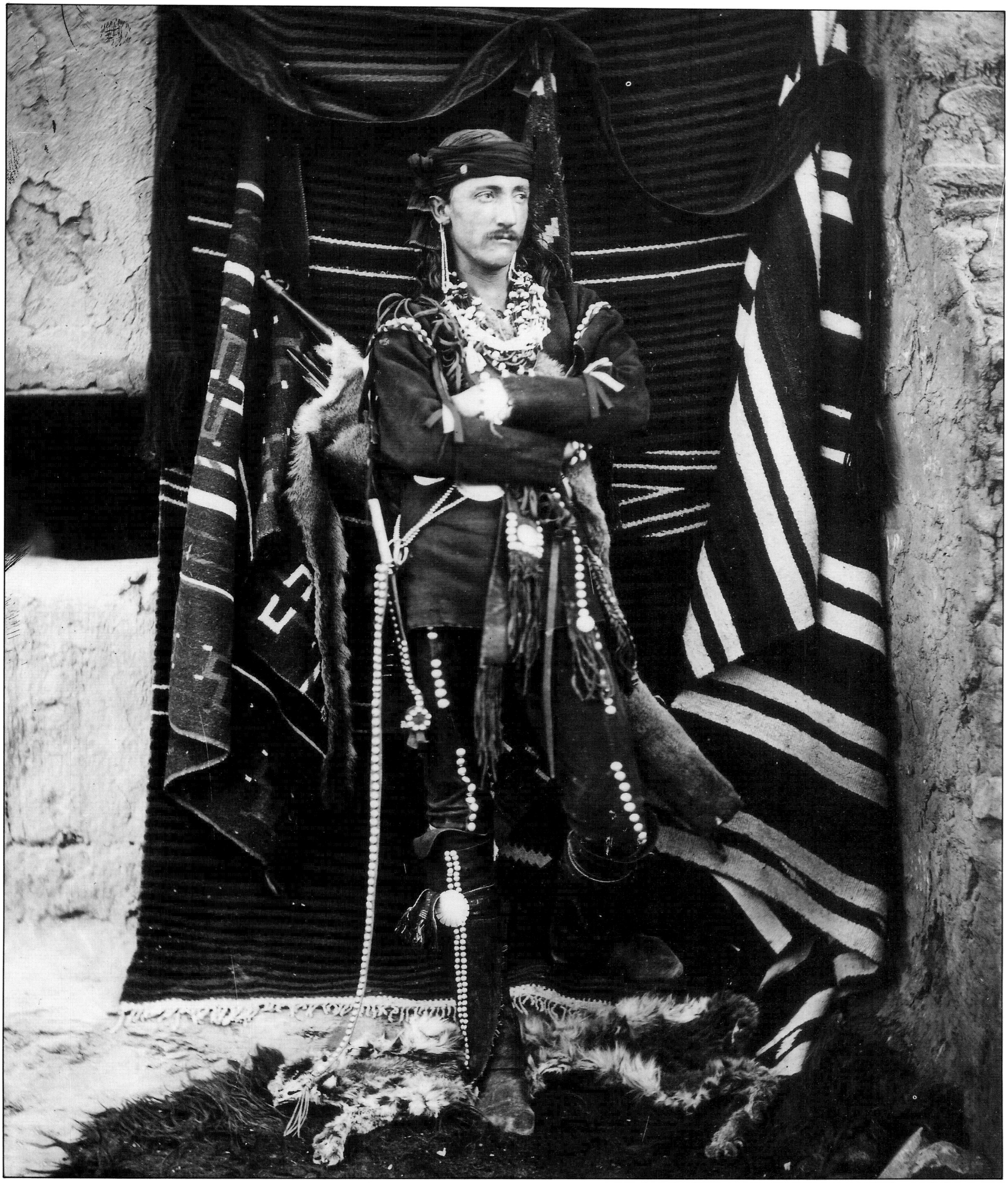

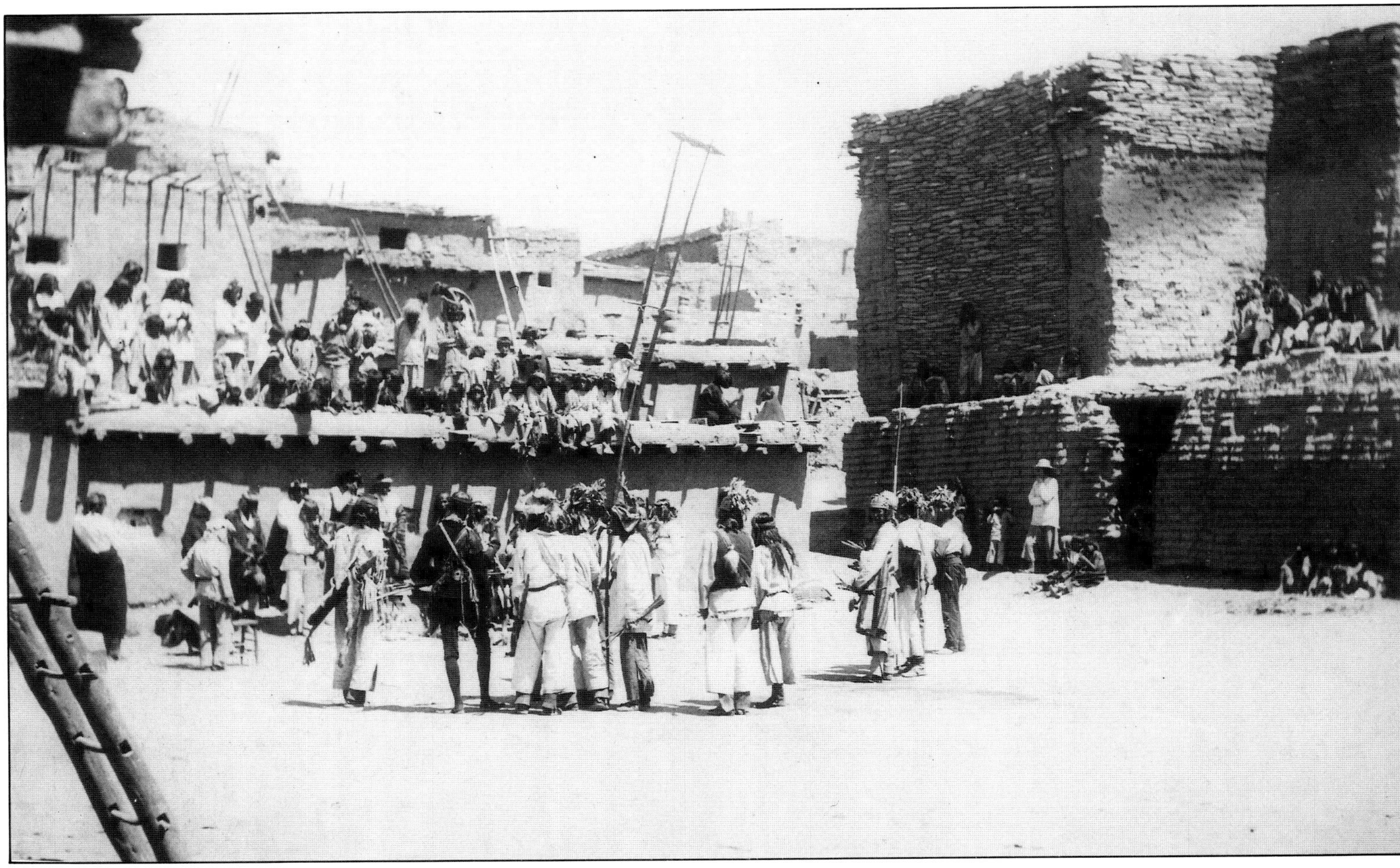

6.7 Frank Hamilton Cushing, Ethnologe vom Smithsonian Institut, mit Zuni-Bogenpriestern bei der Kriegsgottzeremonie. Cushing durfte die Priesterweihe empfangen, weil er dem Anführer der Zuni einen Apachenskalp überreicht hatte. (Die Apachen waren Feinde der Zuni.) Von John K. Hillers, Zuni Pueblo, New Mexico, Winter 1881/82.

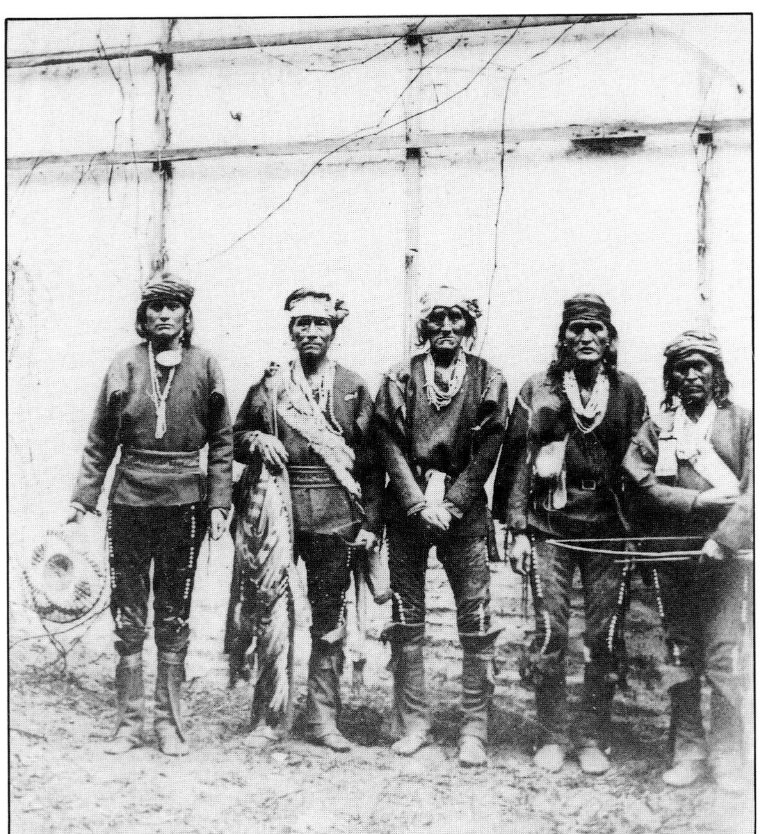

6.8 Zuni-Bogenpriester, die Cushing 1882 bei einer Expedition in den Osten begleiteten, um ihre Brüder, die Seneca, zu besuchen. Auf der Reise wurde Cushing in die Ka-Ka-Ka-Thia-Na-Ken (Große Medizingesellschaft) eingeweiht. Von den Brüdern Kilburn, vermutlich in Boston.

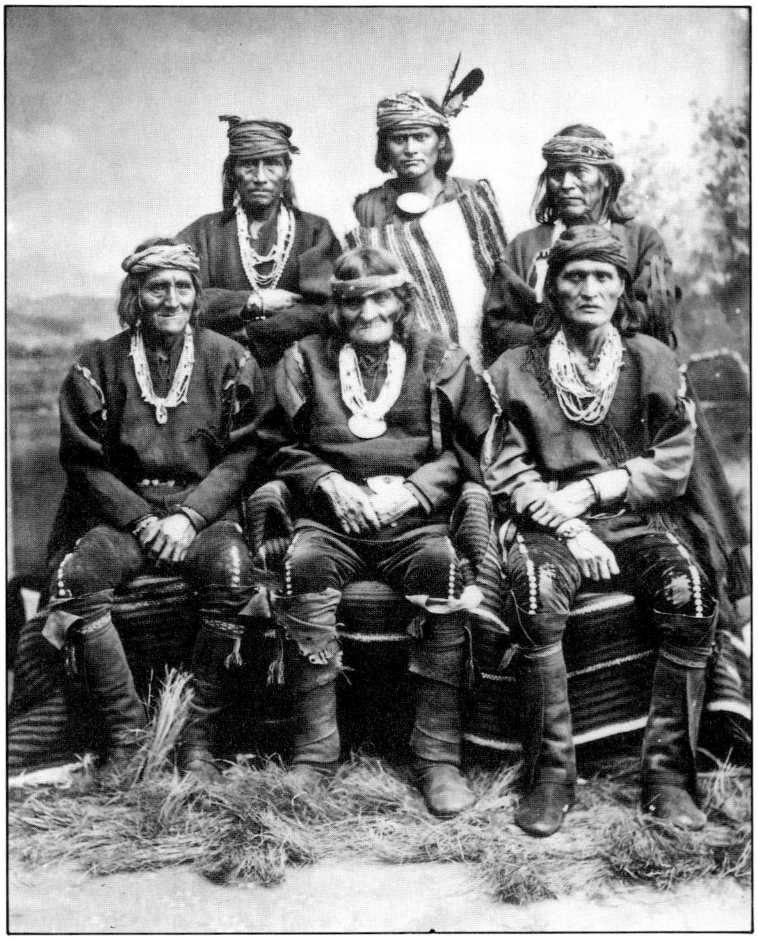

6.9 Zuni-Bogenpriester, die Cushing nach Osten begleiteten, um ihre Brüder, die Seneca, zu besuchen. Unten von links nach rechts: Laiyuahtsailunkya; Laiyuaitsailus, genannt Pedro Pino, ein früherer Zuni-Häuptling, und Palowahtiwa, genannt Patricio Pino, Häuptling und Cushings Adoptivvater. Oben von Links nach rechts: Naiyutchi, ein älterer Reiseteilnehmer; Nanahe, ein Hopi, der von den Zuni adoptiert wurde, und Kiasiwa, ein junger Teilnehmer. Von John K. Hillers für das BAE 1882.

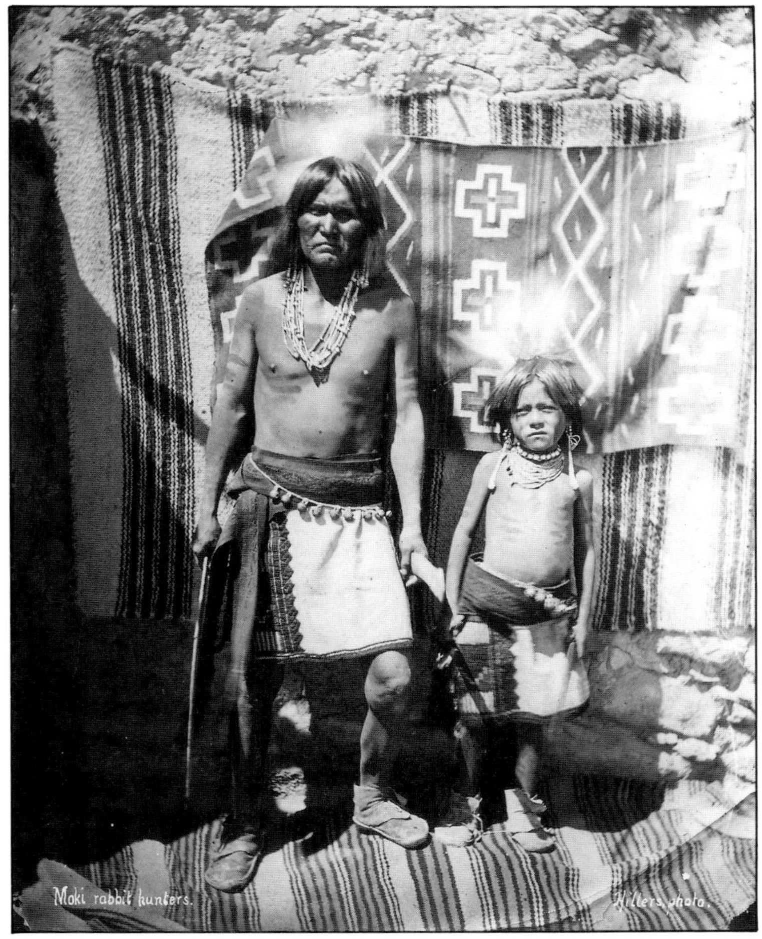

6.10 Hopi-Kaninchenjäger vor Navaho-Decken im Walpi Pueblo, Arizona. Aufgenommen von John K. Hillers, Oktober 1879.

6.11 Hopi-Frau beim Bürsten der Haare ihres Mannes mit einer Strohbürste. Von John K. Hillers, Walpi Pueblo, Arizona, Winter 1879.

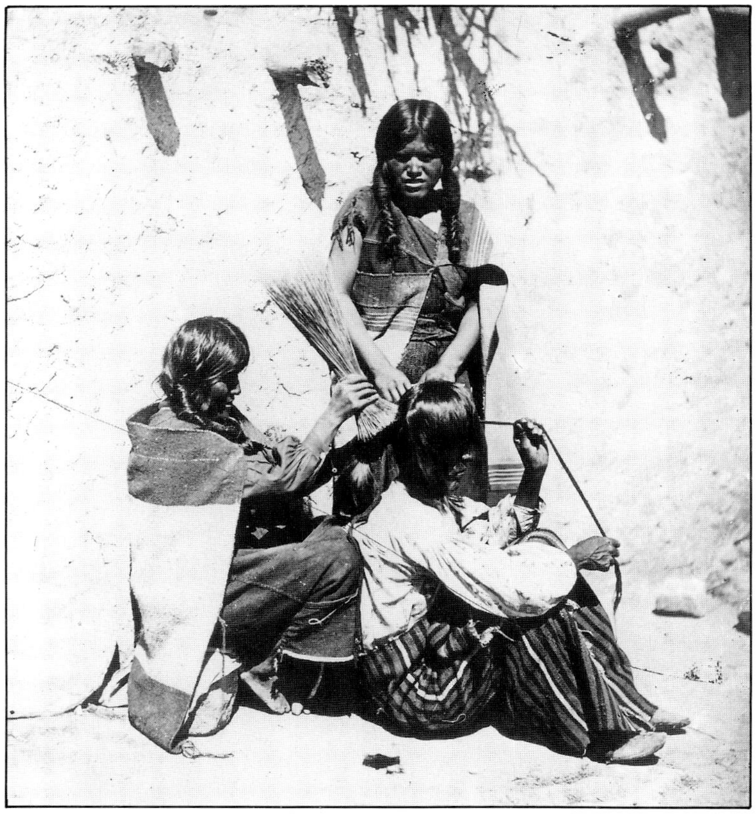

6.13 RECHTS Zwei Mitglieder des Tesuque Pueblos. Dio-Nisia Vijil (stehend) und Katinita Susa. Tesuque Pueblo, New Mexico. Von John K. Hillers zwischen 1880 und 1883.

6.12 Dance Rock und »Kiva«, eine Zeremonienkammer, in der die Zeremonien der Hopi im Walpi Pueblo abgehalten wurden. Von John K. Hillers, Oktober 1879.

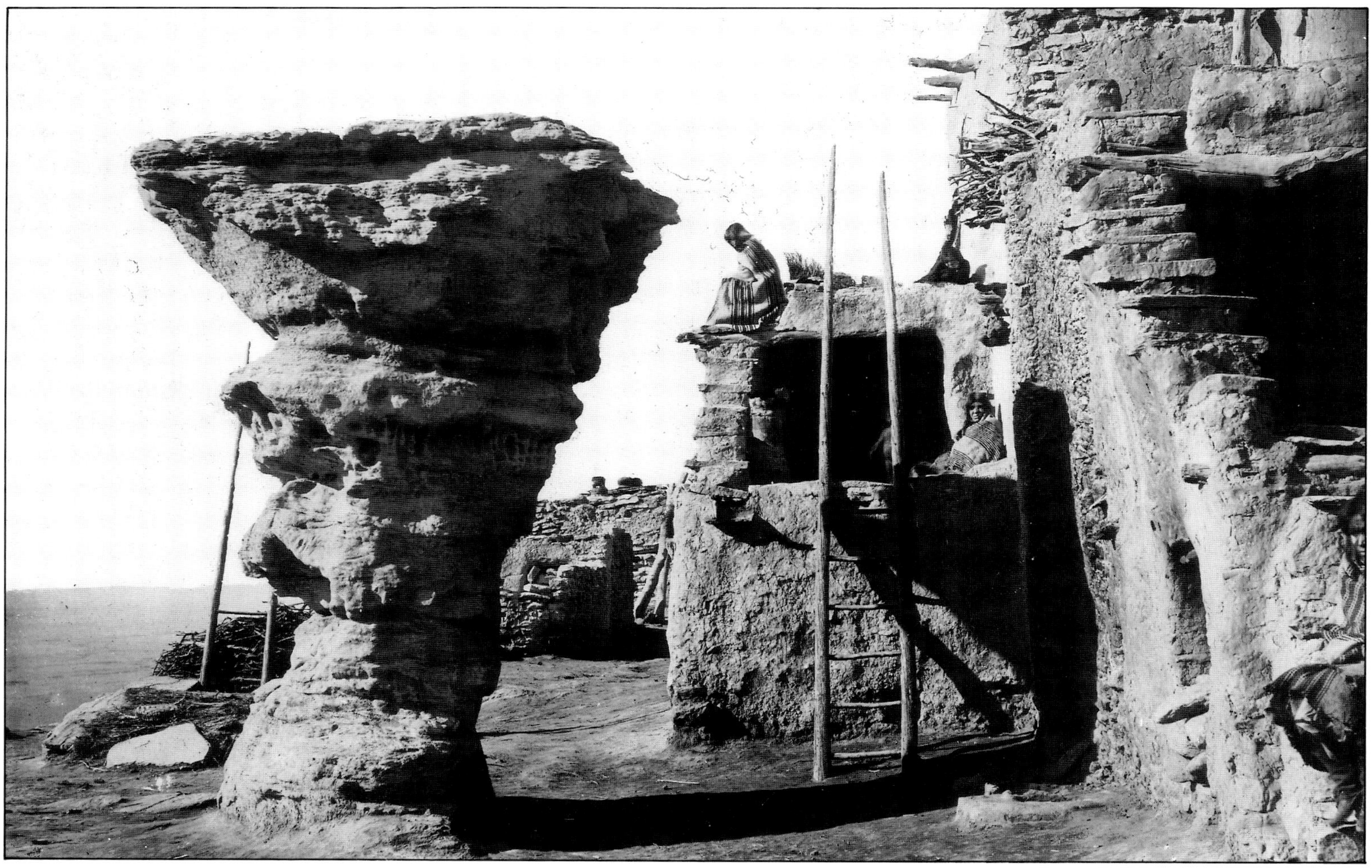

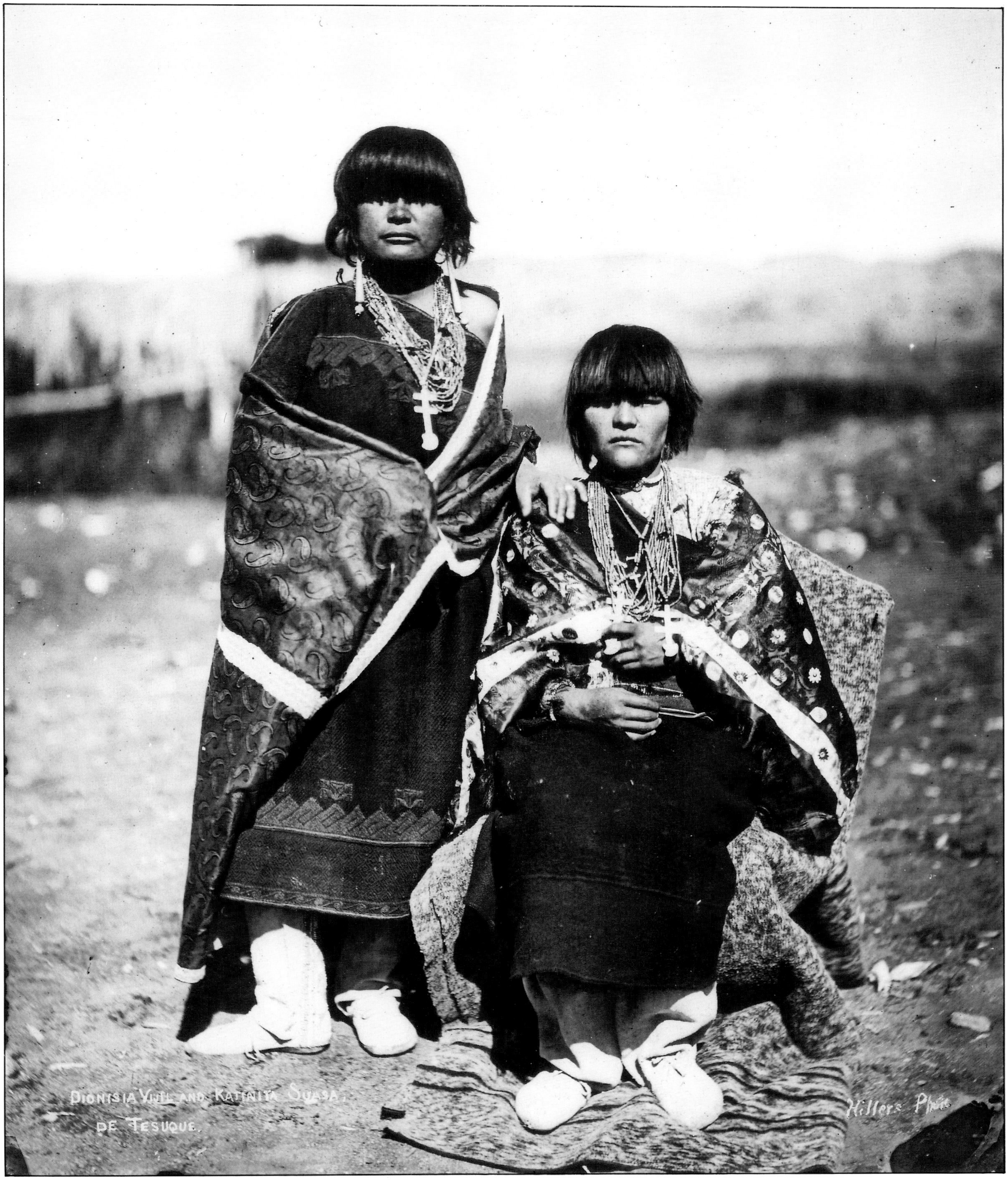
DIONISIA VIJIL AND KATINITA SUASA,
DE TESUQUE.
Hillers Photo

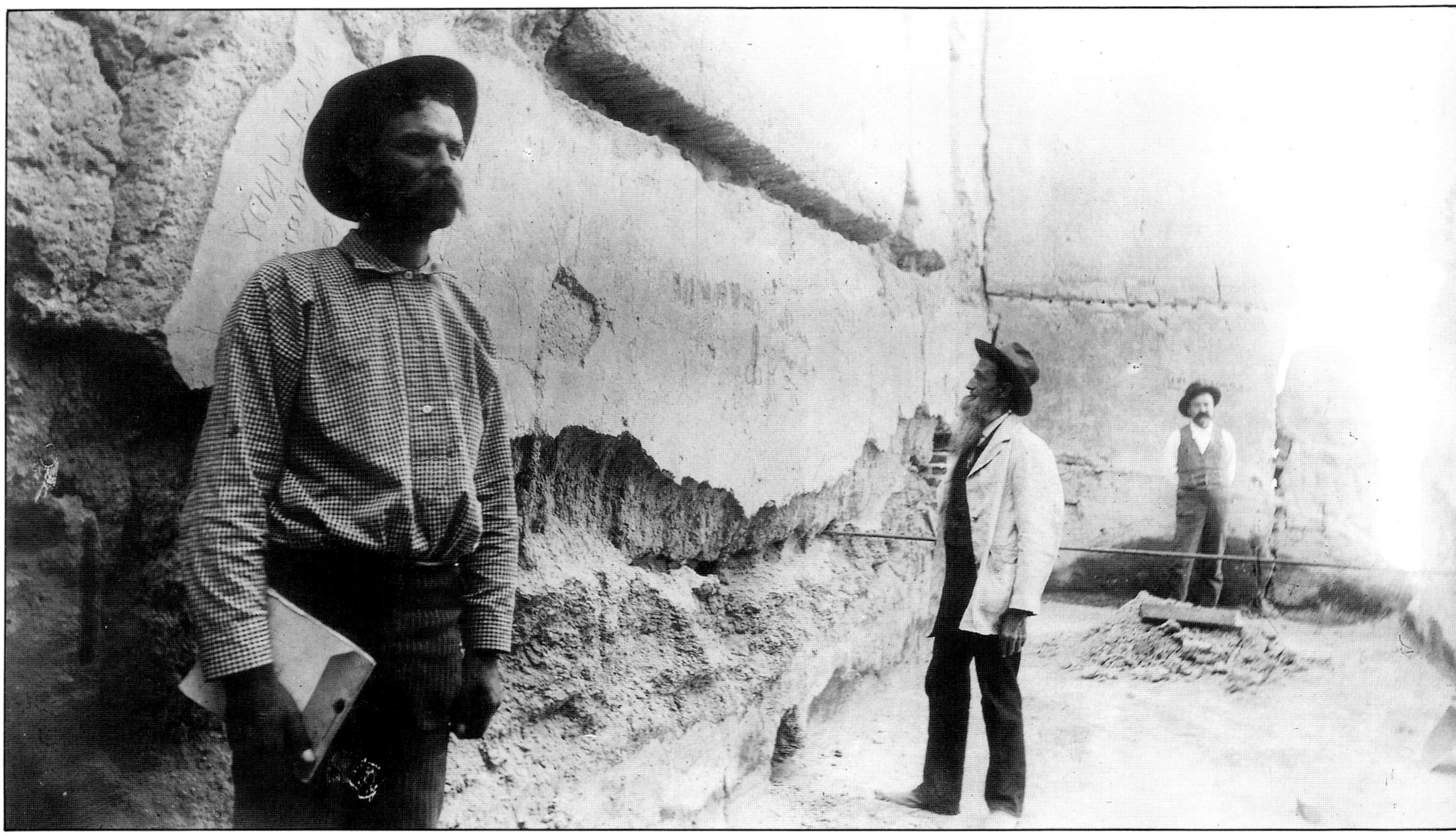

6.14 Archäologen bei der Inspektion der Ruinen vom Hohokam Pueblo, Casa Grande, Arizona, in der Absicht, den Südraum zu restaurieren. Die Ruinen stammen aus der Zeit zwischen dem 10. und dem 13. Jahrhundert. Von Cosmos Mindeleff, 1891.

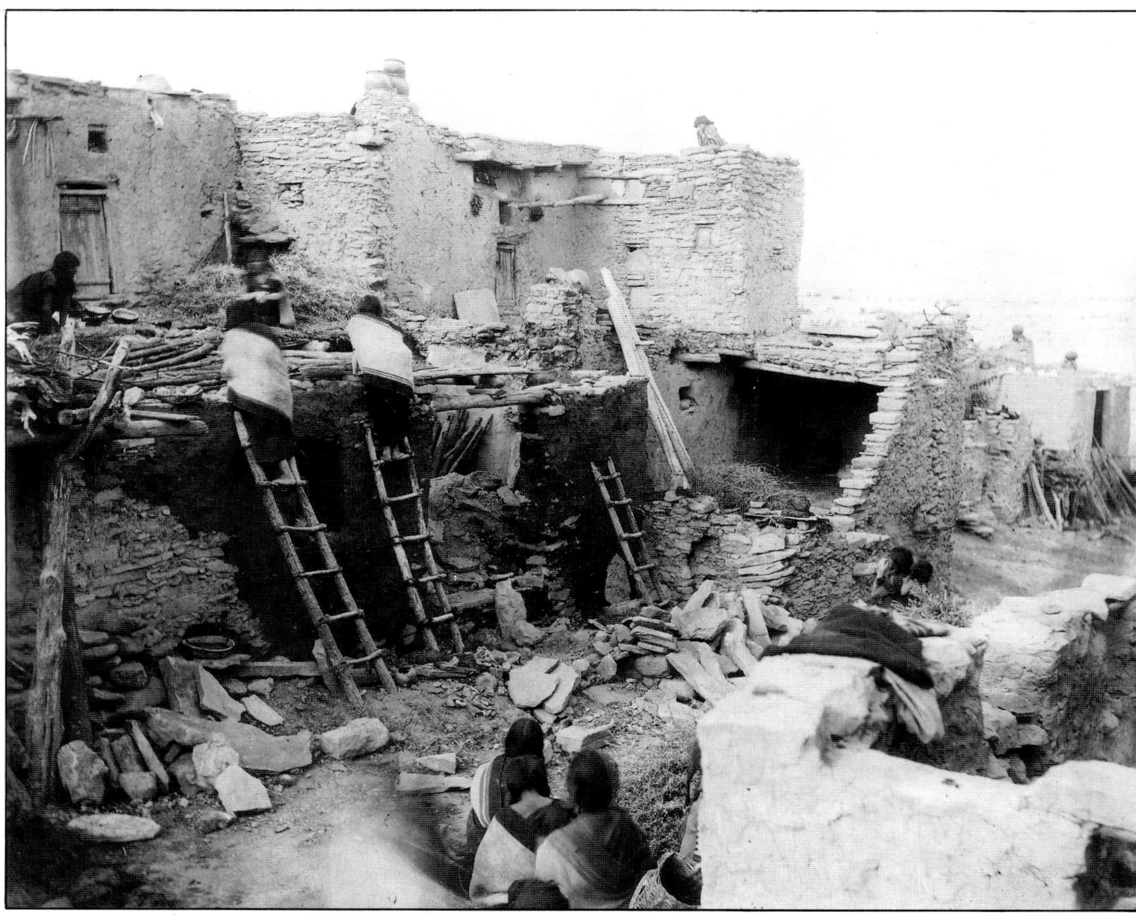

6.15 Hopi-Frauen beim Bau von Lehmziegelhäusern. Eines der ersten Fotos, das je vom Oraibi Pueblo in Arizona aufgenommen wurde. Trotz der »unfreundlichen Haltung der Eingeborenen« aufgenommen von John K. Hillers oder den Brüdern Mindeleff am 19. Dezember 1882.

6.16 Hopi-Priester beim Antilopen-Schlangentanz auf dem Marktplatz des Mishongnovi Pueblo, Arizona. Von Victor Mindeleff, August 1885.

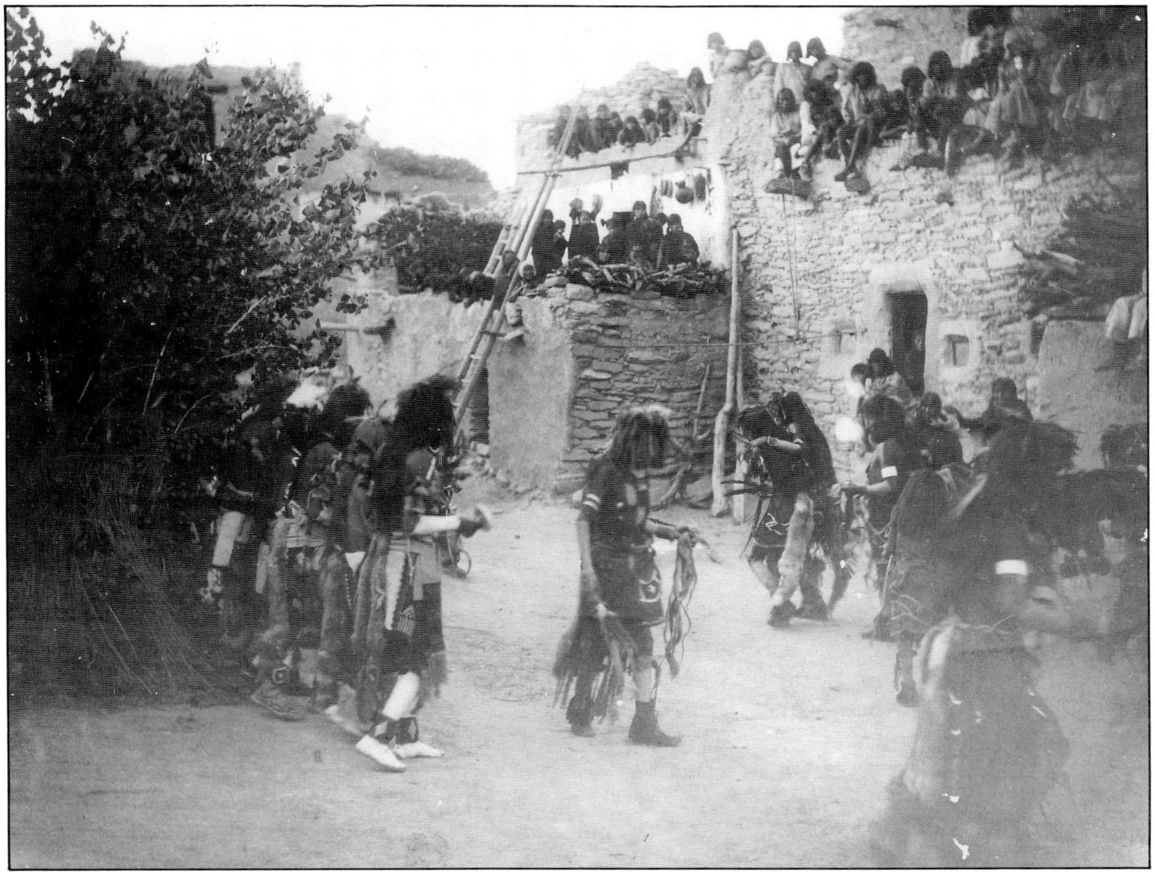

6.17 Navaho-Frau an einem Webstuhl. Der Mann ist wahrscheinlich ein Teilnehmer der Stevenson-Expedition. Aufgenommen von Cosmos Mindeleff um 1893/94.

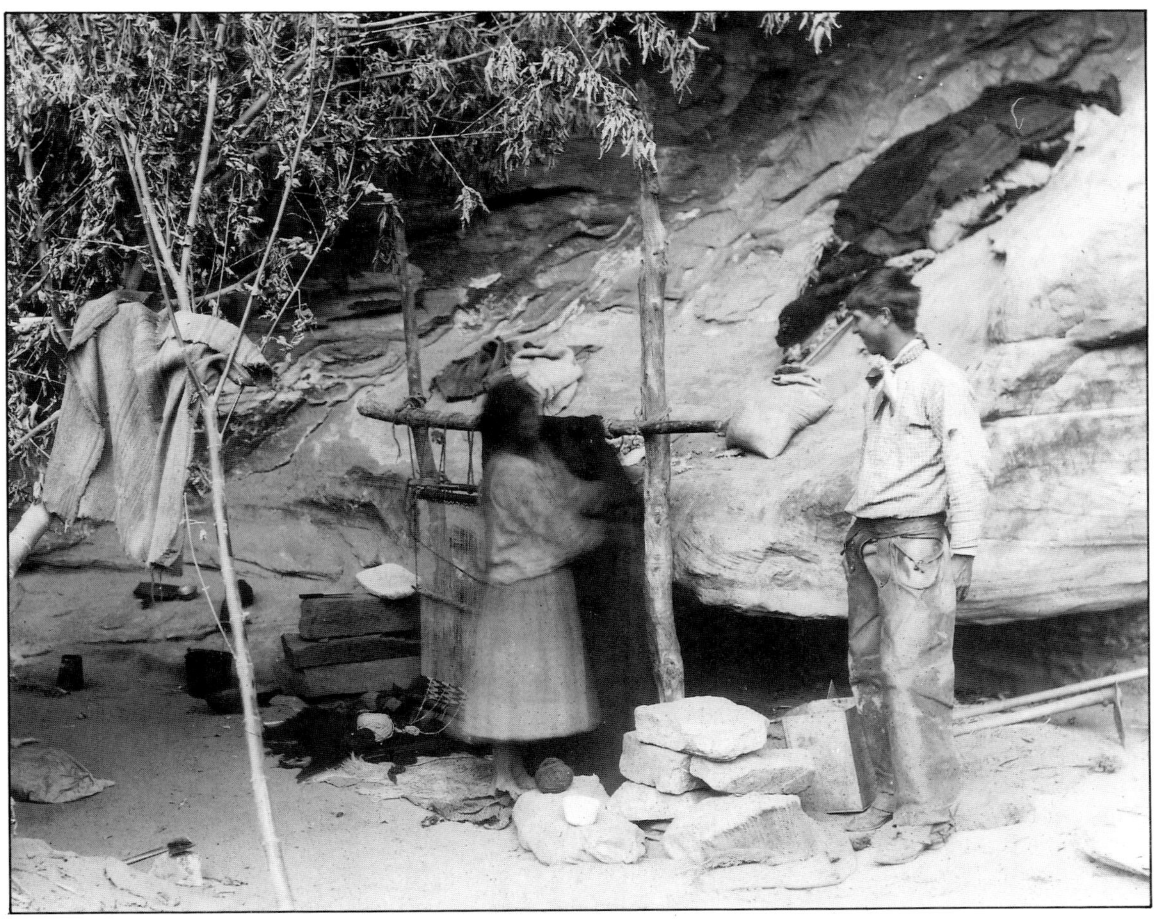

6.18 Sia-Priester der medizinischen Abteilung der Giant Society, in der Zeremonienkammer beim Erwecken der Kräfte des Bären, um damit die Halsschmerzen eines kranken Jungen zu heilen. Aufgenommen von May Clark, einer Stenographin des BAE, unter der Anleitung von Matilda Coxe Stevenson in Sia Pueblo, New Mexico, 1890.

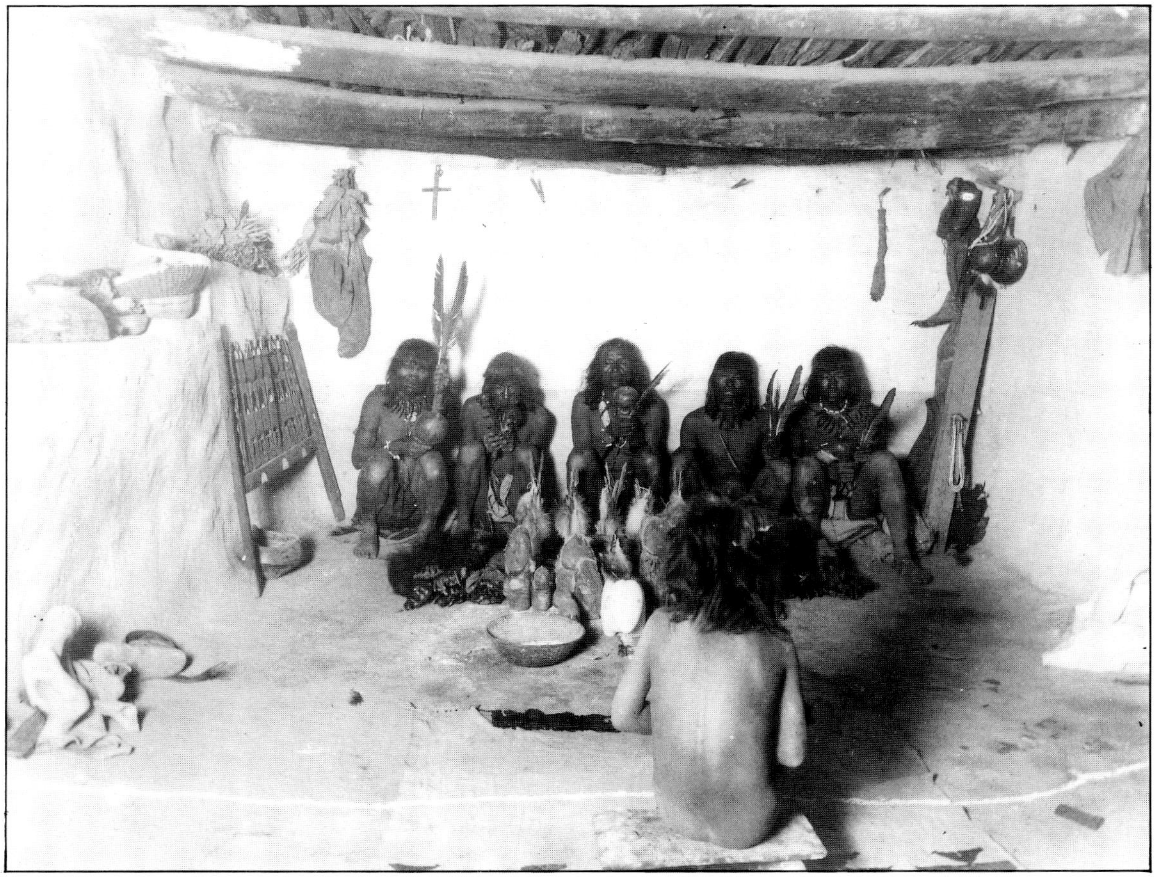

6.19 Haus-Segnungs-Zeremonie der Shalako. Riesige Kurier-Götter für die Regenmacher-Priester überqueren ein Feld zu den Zeremonienplätzen im Zuni Pueblo. Von Matilda Coxe Stevenson im Dezember 1897.

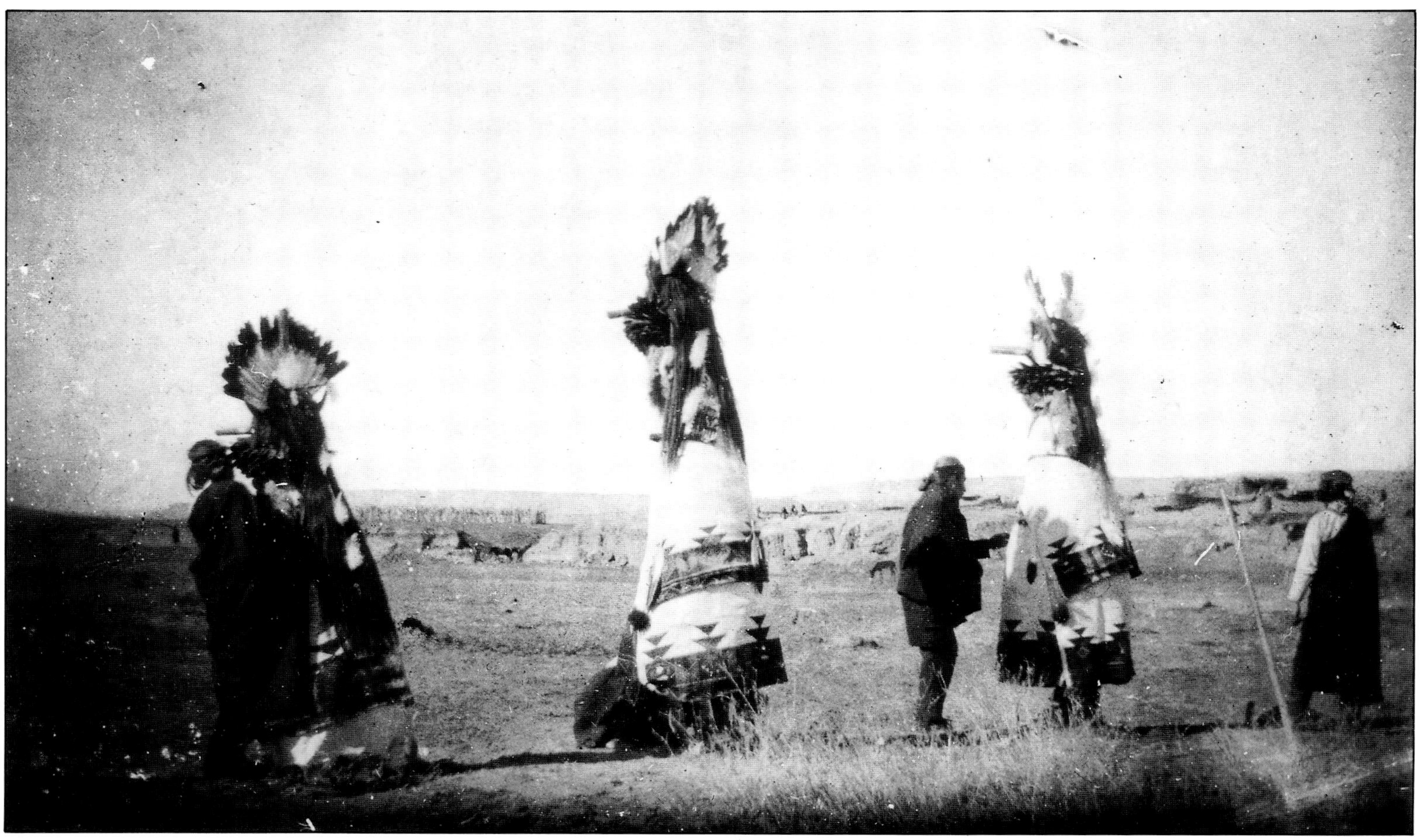

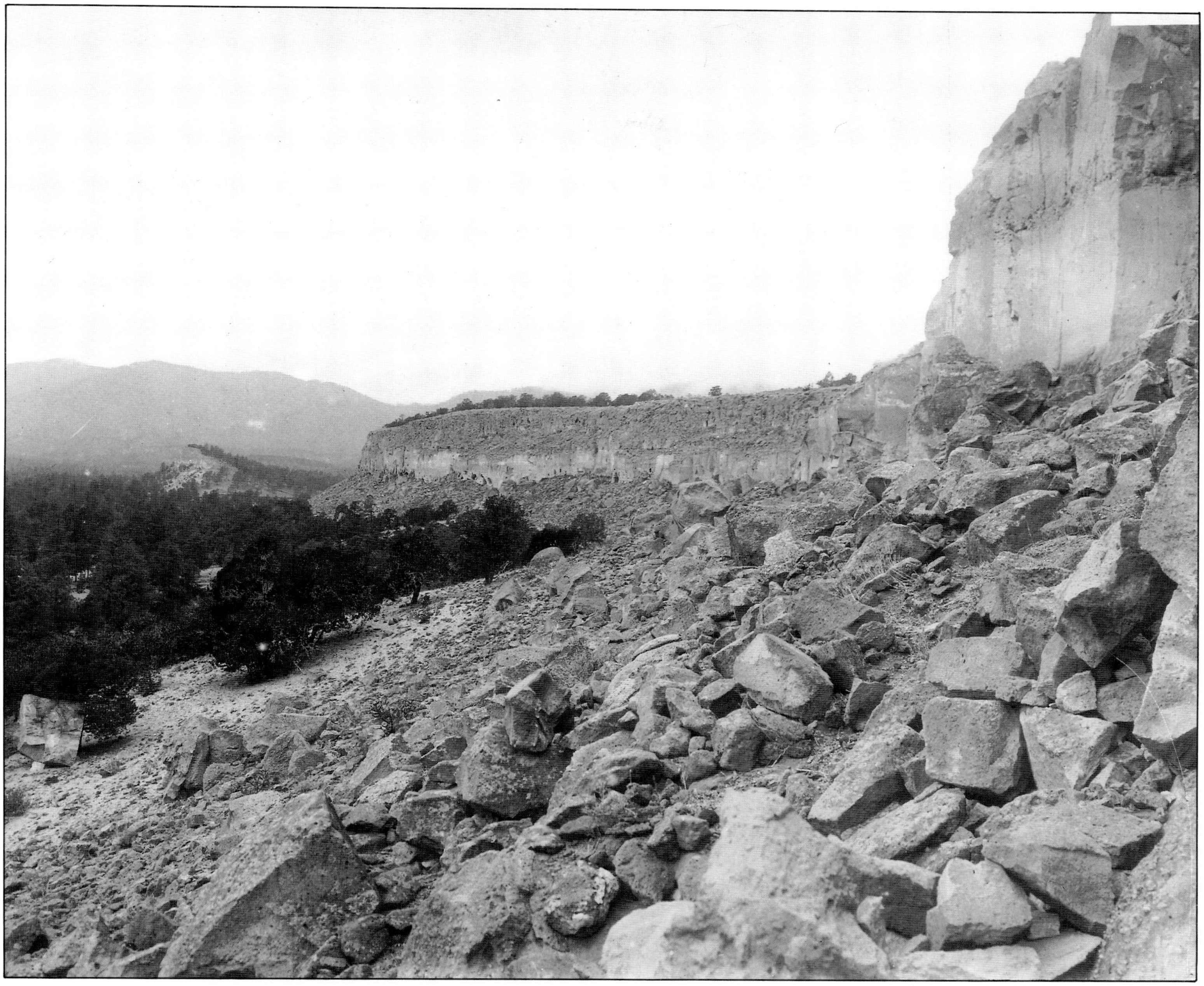

6.20 Der Aufstieg zum Alten Acoma Pueblo oder »Der Felsen«, New Mexico. Die Entdeckung dieser Stelle durch den Fotografen bewies die Wahrheit der Legende, nach der die Acoma vor ihrer jetzigen Heimat auf diesem hohen Felsen gelebt hatten, der nur durch eine Felsenleiter vom Feld aus erreichbar war. Als der Abstieg durch einen Sturm zerstört wurde, konnten sie nicht mehr in ihr Pueblo zurückkehren, nicht einmal um eine Mutter und ihren Sohn zu retten, die sie zur Bewachung des Dorfes zurückgelassen hatten. Aufgenommen von Adam Clark Vroman im Sommer 1899.

6.21 Frauen bereiten Mehl in Mahlkisten im Inneren eines Adobehauses im Tewa (Hano) Pueblo, New Mexico. An den Wänden hängen Kachina Puppen, die die Götter darstellen. Von Adam Clark Vroman im Sommer 1895.

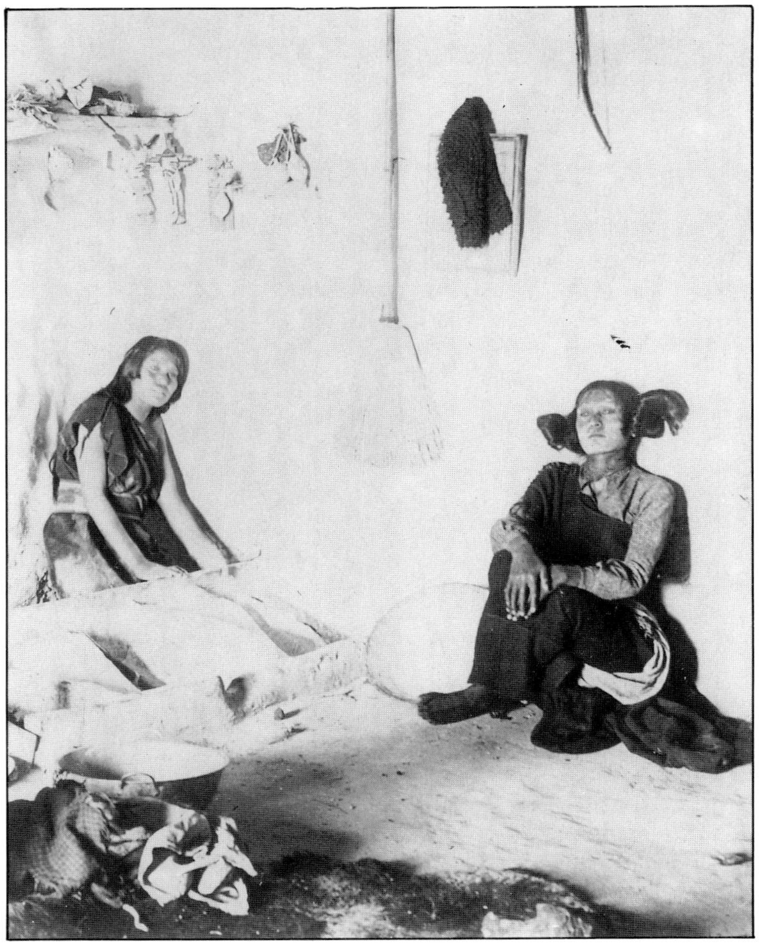

6.22 Blick vom Dach einer zerstörten Kirche auf Katzimo (Enchanted Mesa), New Mexico. Aufgenommen von Adam Clark Vroman im Sommer 1899. Siehe auch Abb. 6.20.

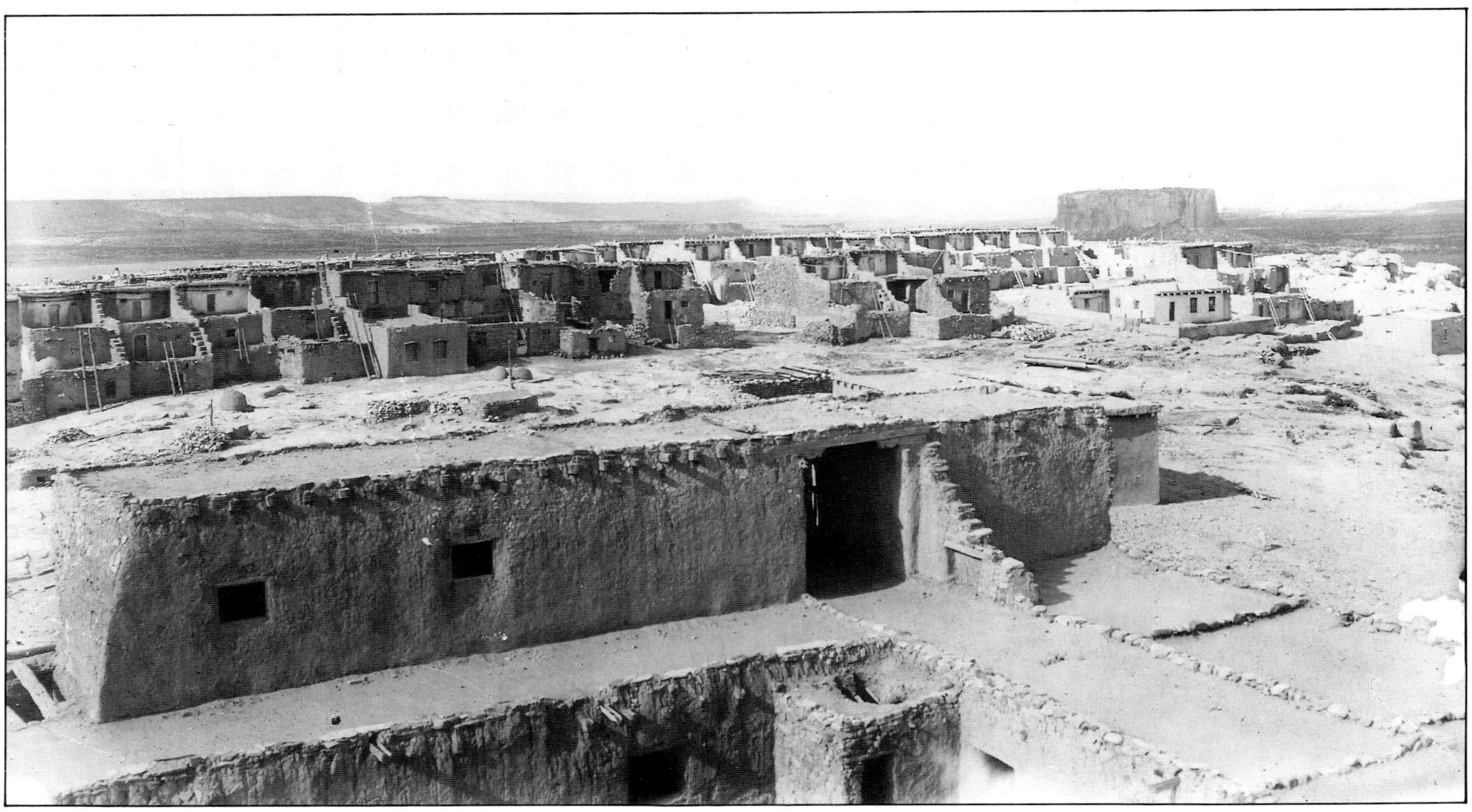

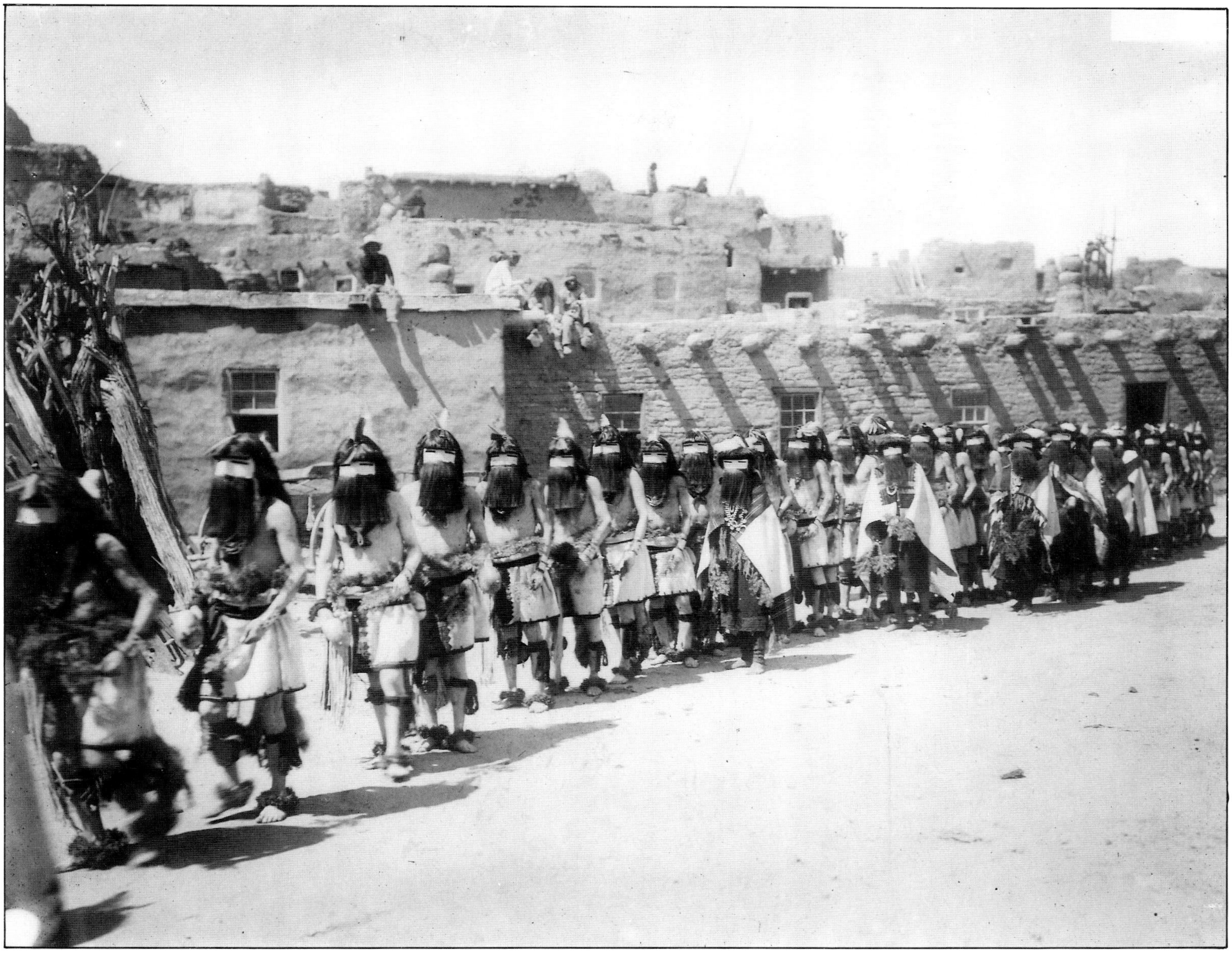

6.23 Korkokshi Kachinas (Regentänzer für Gott) tanzen auf dem Marktplatz im Zuni Pueblo, New Mexico. Von Adam Clark Vroman im Sommer 1899.

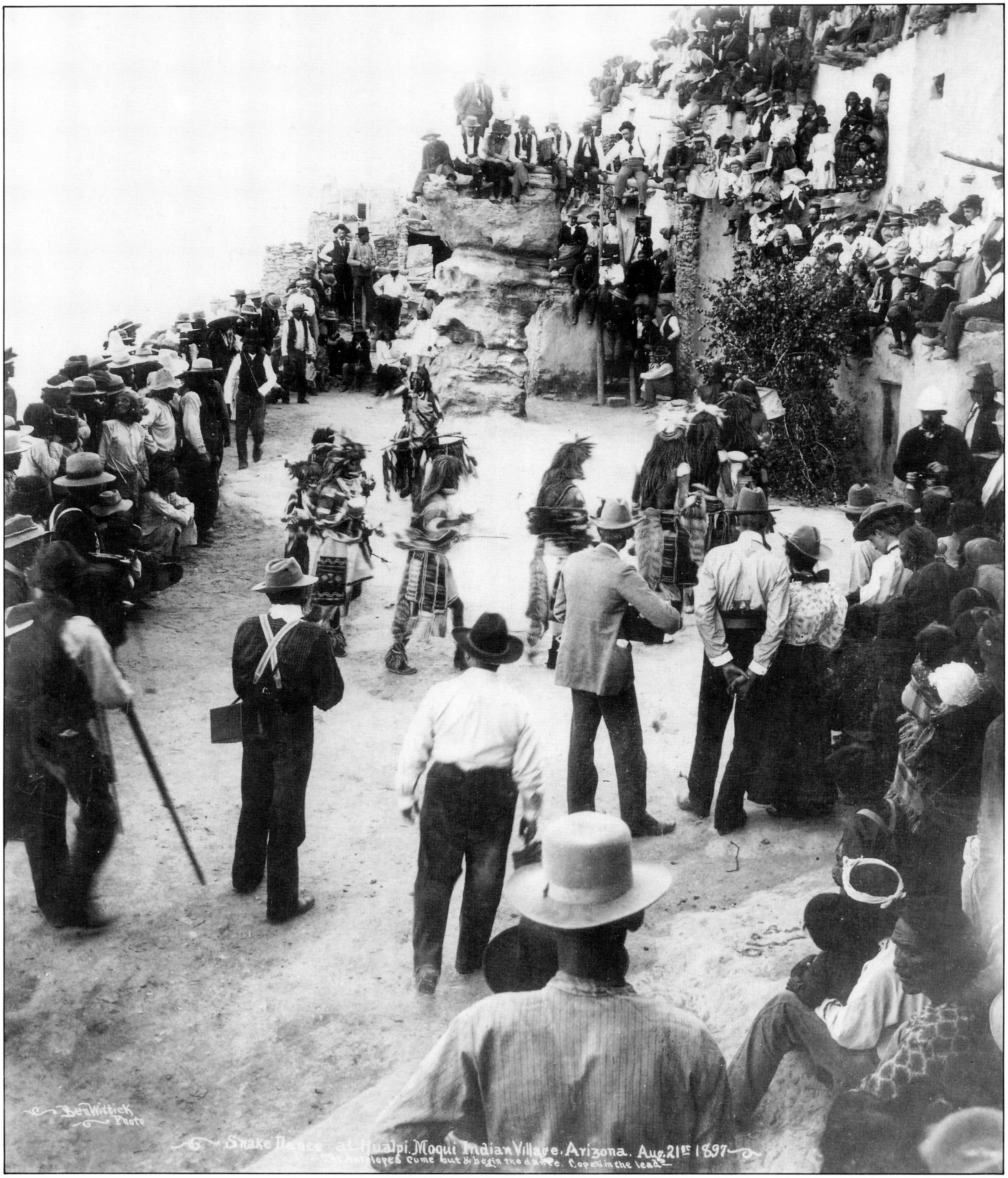
Ben Wittick Photo
Snake Dance at Hualpi. Moqui Indian Village. Arizona. Aug. 21st 1897
lopes come out & begin the dance. Copeli in the lead

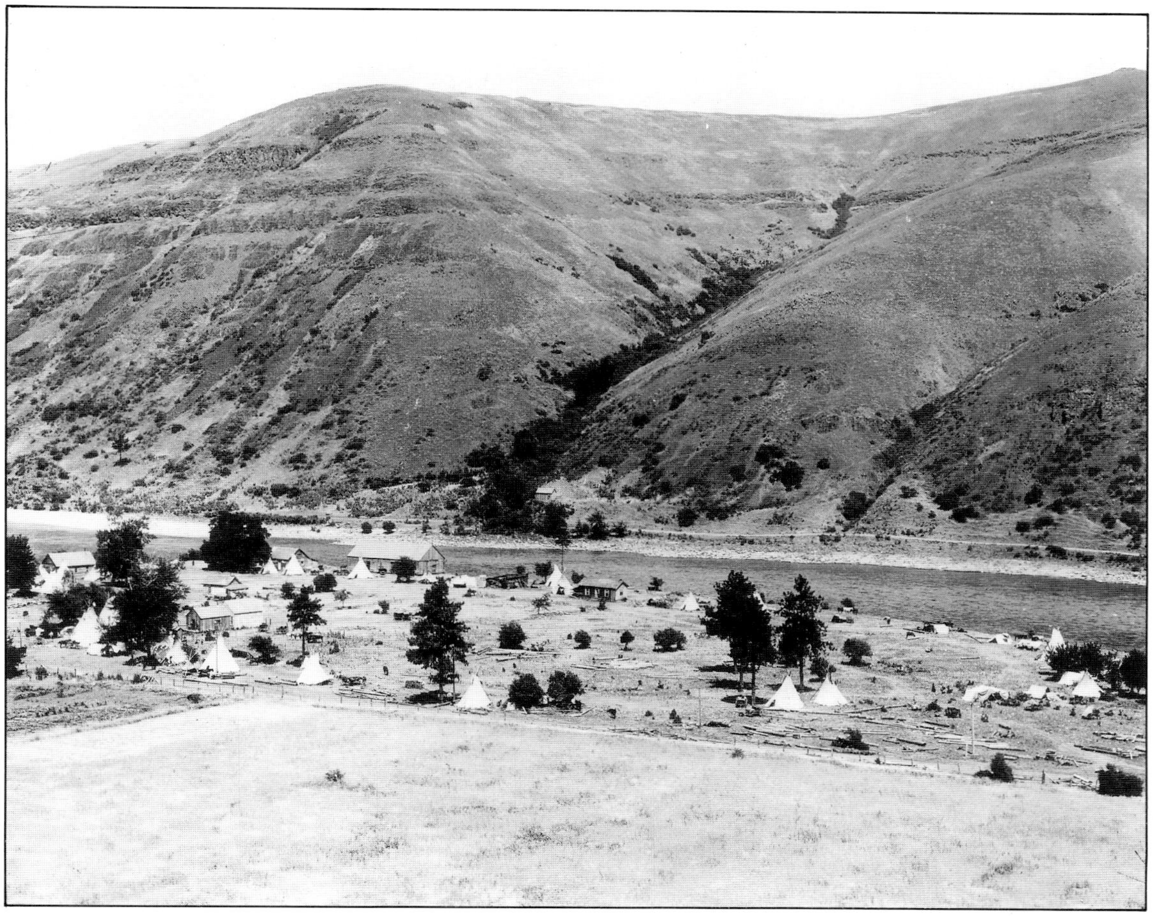

6.25 Nordansicht des Yellow Dog Boom Ground Lagers des Nez Perce Stammes am Clearwater River, Old Lapwai (Spalding) Idaho. Von E. Jane Gay, einer Freundin der BAE Ethnologin Alice Cunningham Fletcher 1892.

6.24 LINKE SEITE Hopi-Priester beim Antilopen-Schlangentanz in der Nähe von Dance Rock im Walpi Pueblo, Arizona. Unter den zahlreichen Touristen befinden sich mehrere Fotografen mit ihrem Dreifuß und ihrer Kamera. Von Ben Wittick am 21. August 1897.

6.26 Alice Cunningham Fletcher, BAE Ethnologin und Regierungsrepräsentantin der Dawes-Kommission für die Nez Perce, mit ihren Assistenten im Feldlager in Idaho. Aufgenommen von ihrer Freundin E. Jane Gay zwischen 1890 und 1893.

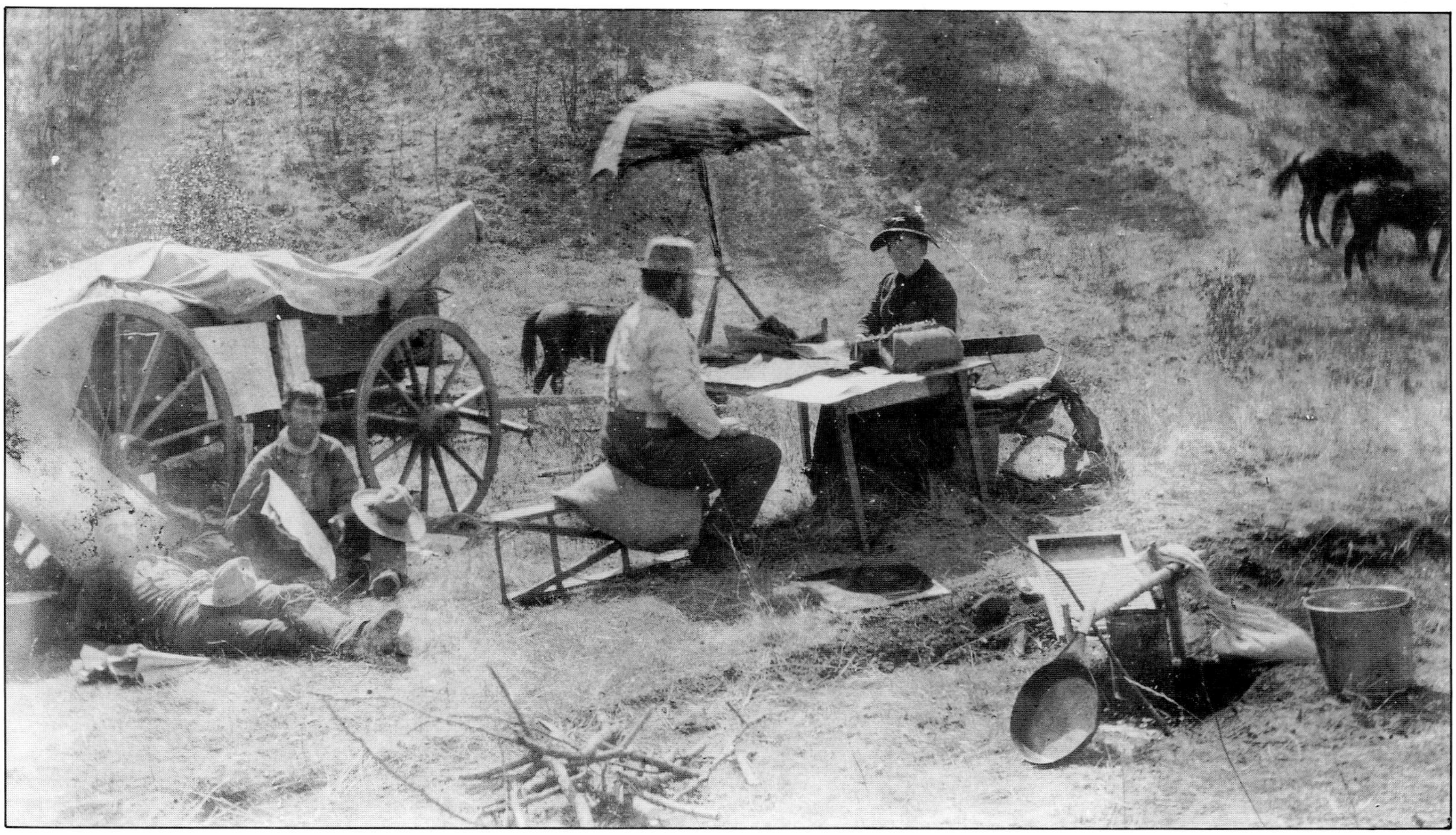

6.27 Der Medizinmann der Cherokee Ayyuini (Swimmer), der dem Fotografen als erstem Weißen ein Notizbuch mit heiligen Heilsanweisungen gab, das in der Cherokee-Sprache abgefaßt war. Von James Mooney im Qualla Reservat, North Carolina, 1888.

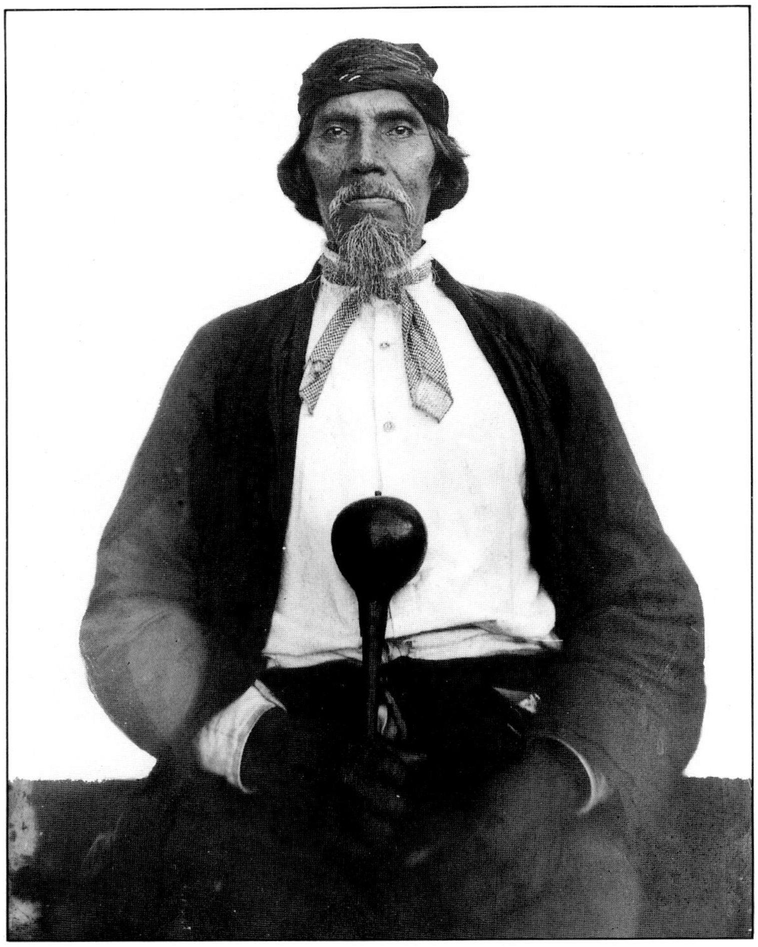

6.28 Ballspielertanz der Cherokee im Qualla Reservat. Bei der Zeremonie schlägt der Tanzmeister der Frauen (links) die Trommel, der Tanzmeister der Männer (rechts) eine Kürbisrassel. Die Spieler umkreisen gegen den Uhrzeigersinn mit ihren Schlägern ein Feuer. Von James Mooney, 1888.

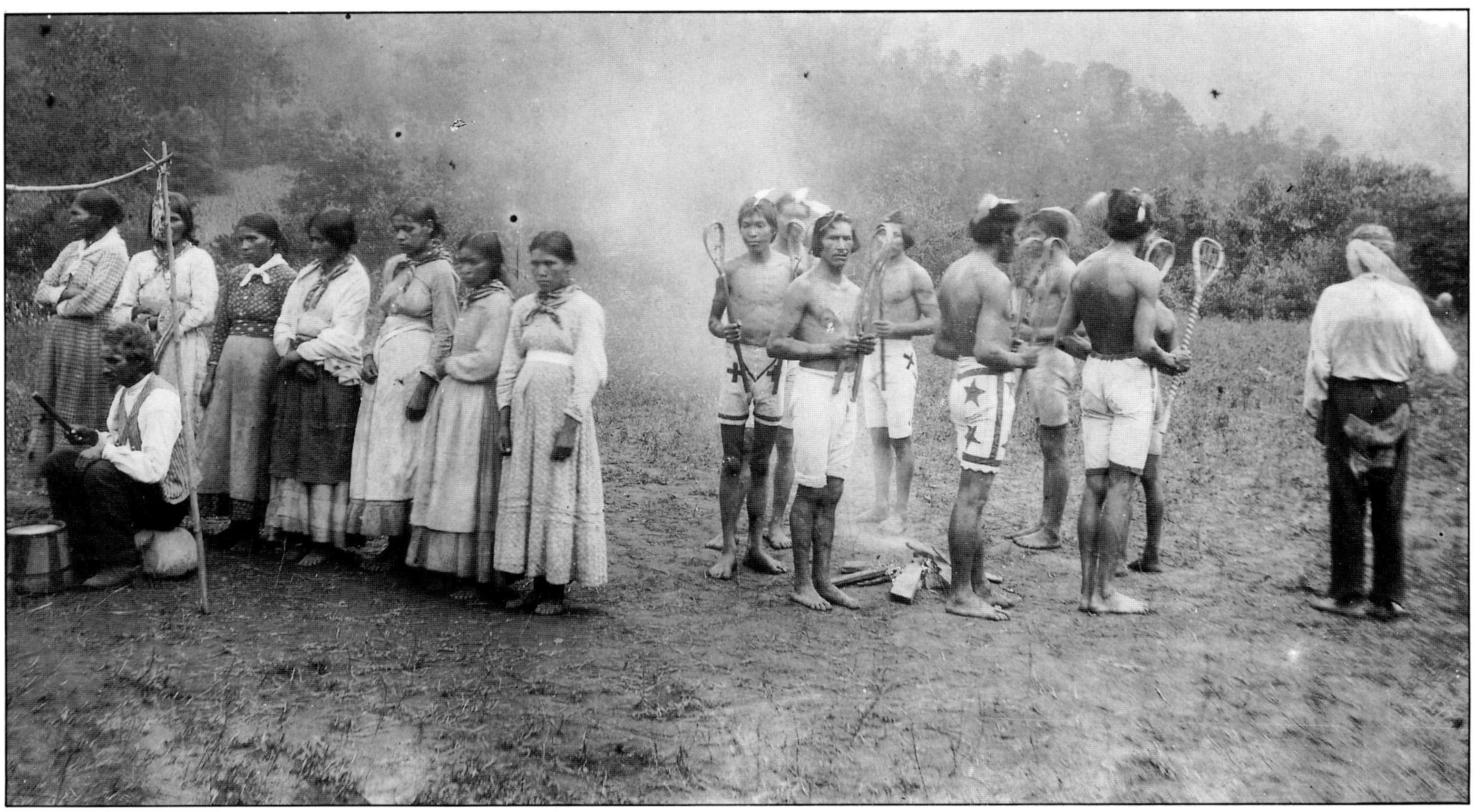

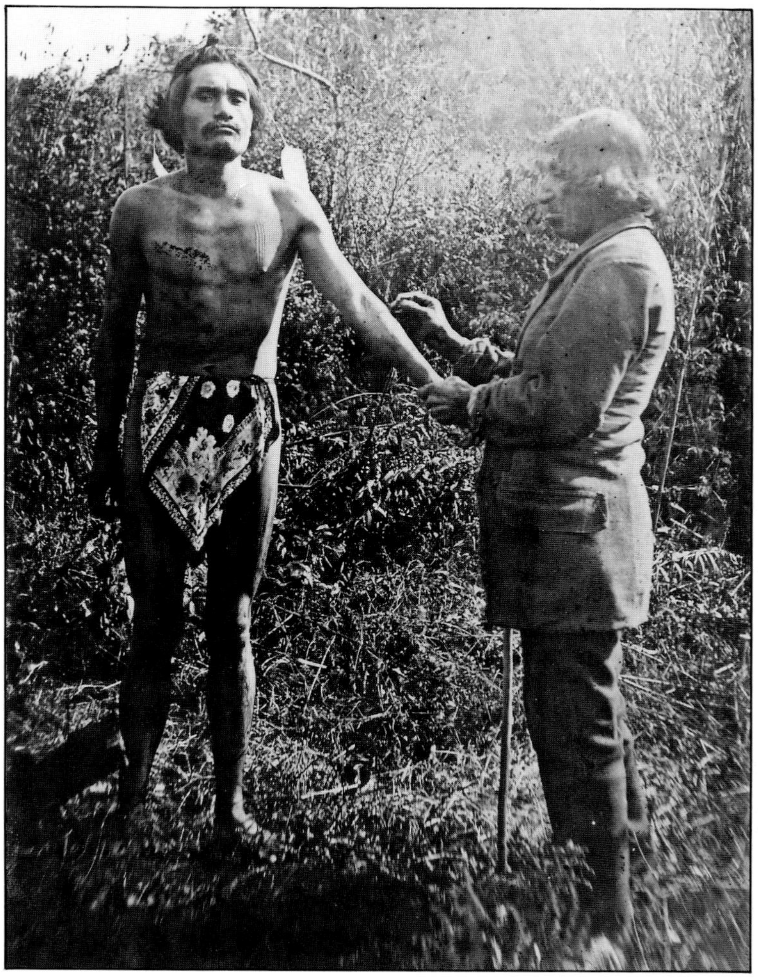

6.29 Cherokee Ballspiel Zeremonie im Qualla Reservat, North Carolina. Zwei oder drei Tage vor dem Spiel werden die Spieler mit einem siebenzähnigen Kamm aus Truthahnknochen gekratzt. Von James Mooney, 1888.

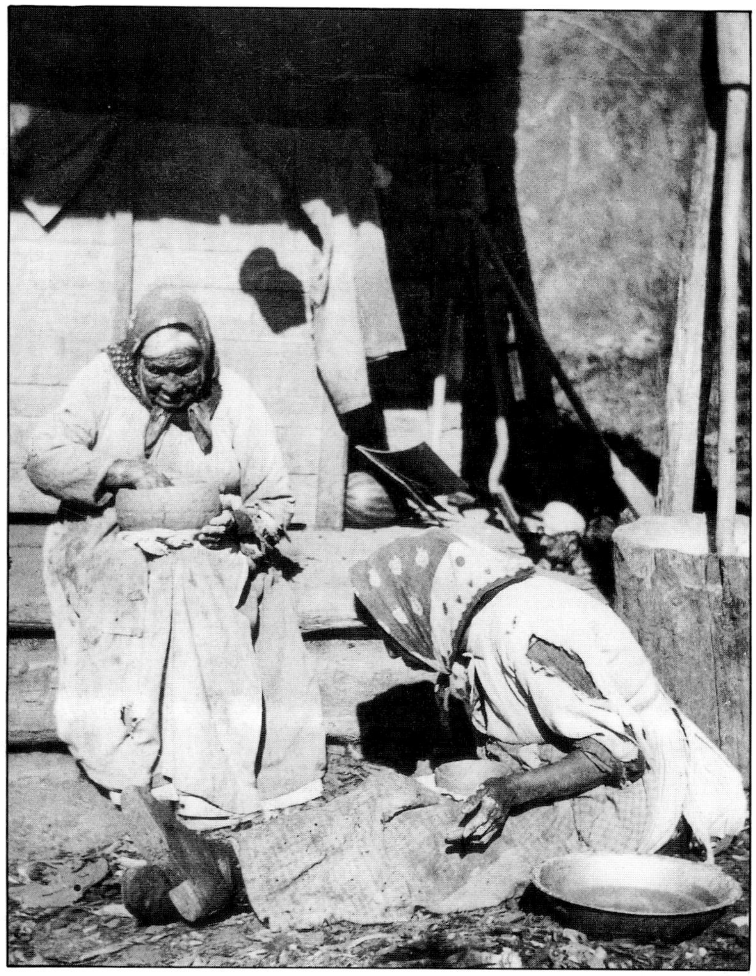

6.30 Katalsta (links), eine Cherokee, und ihre Tochter Ewi-Katalsta bei der Herstellung der traditionellen Töpferarbeiten im Qualla Reservat, North Carolina. Von James Mooney, 1888.

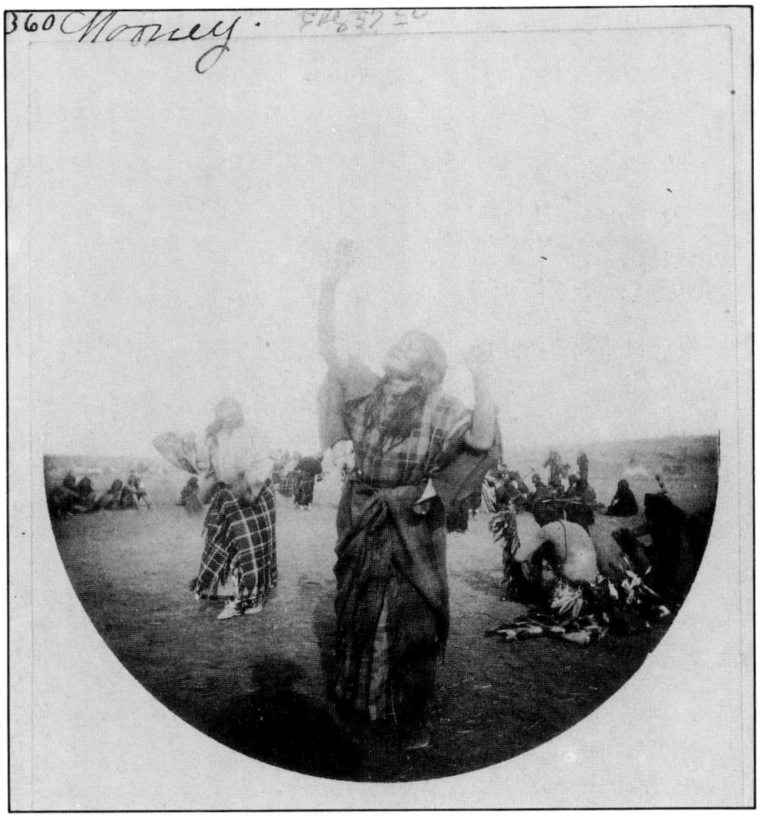

6.31 Arapaho-Anhänger der Geistertanzreligion tanzen – zum Teil in Trance – den Kreistanz im Cheyenne/Arapaho-Reservat in Darlington, Oklahoma. Im Vordergrund ist der Schatten des Fotografen zu sehen. Von James Mooney, 1891.

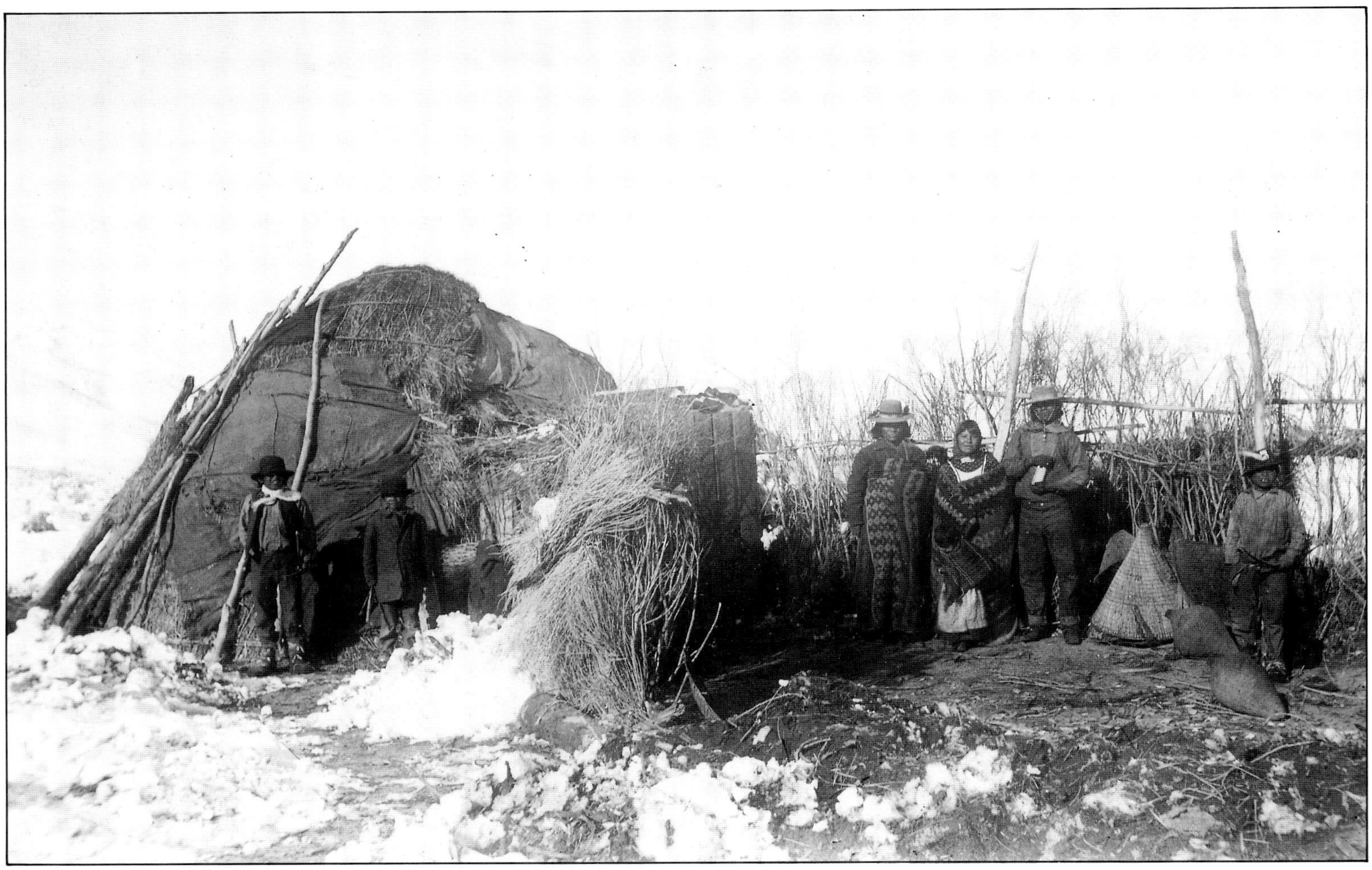

6.32 Paiute-Lager mit schneebedeckten »wikiup« Häusern, die vom Fotografen in der Nähe des Walker Lake Reservats in Nevada entdeckt wurden, als er auf der Suche nach Wovoka, dem Propheten der Geistertanzreligion, war. Von James Mooney im Januar 1892.

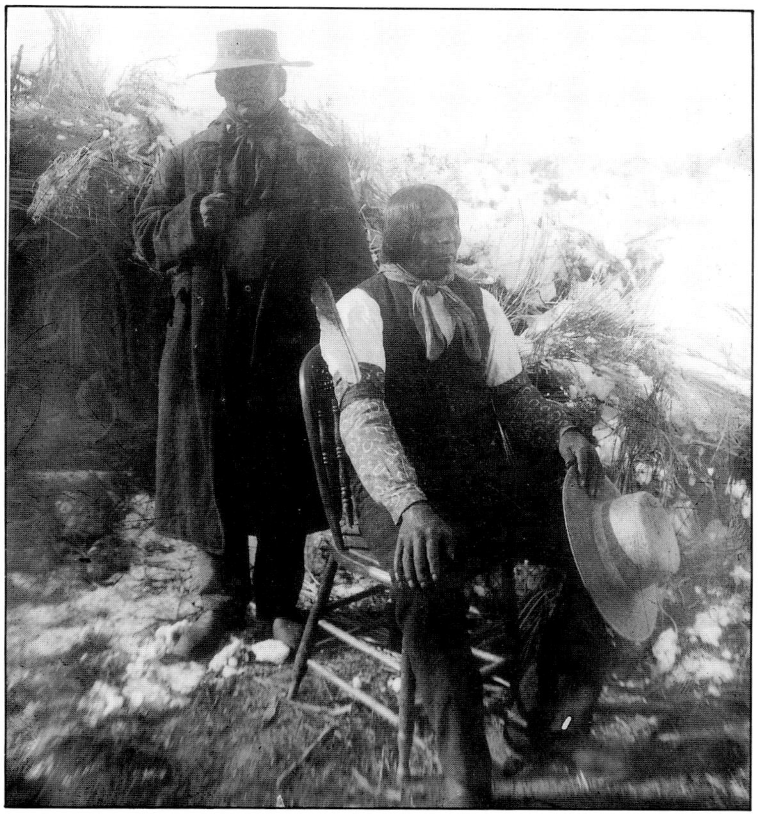

6.33 Das erste Foto von Wovoka (sitzend), dem Paiute-Propheten der Geistertanzreligion. Hinter ihm steht sein Onkel Charly Steep, der Mooney bei der Suche nach Wovoka geholfen hatte. Aufgenommen von James Mooney im Walker Lake Reservat, Nevada, im Januar 1892.

6.34 Wovoka, der Prophet der Geistertanzreligion. Von einem unbekannten Fotografen um 1914.

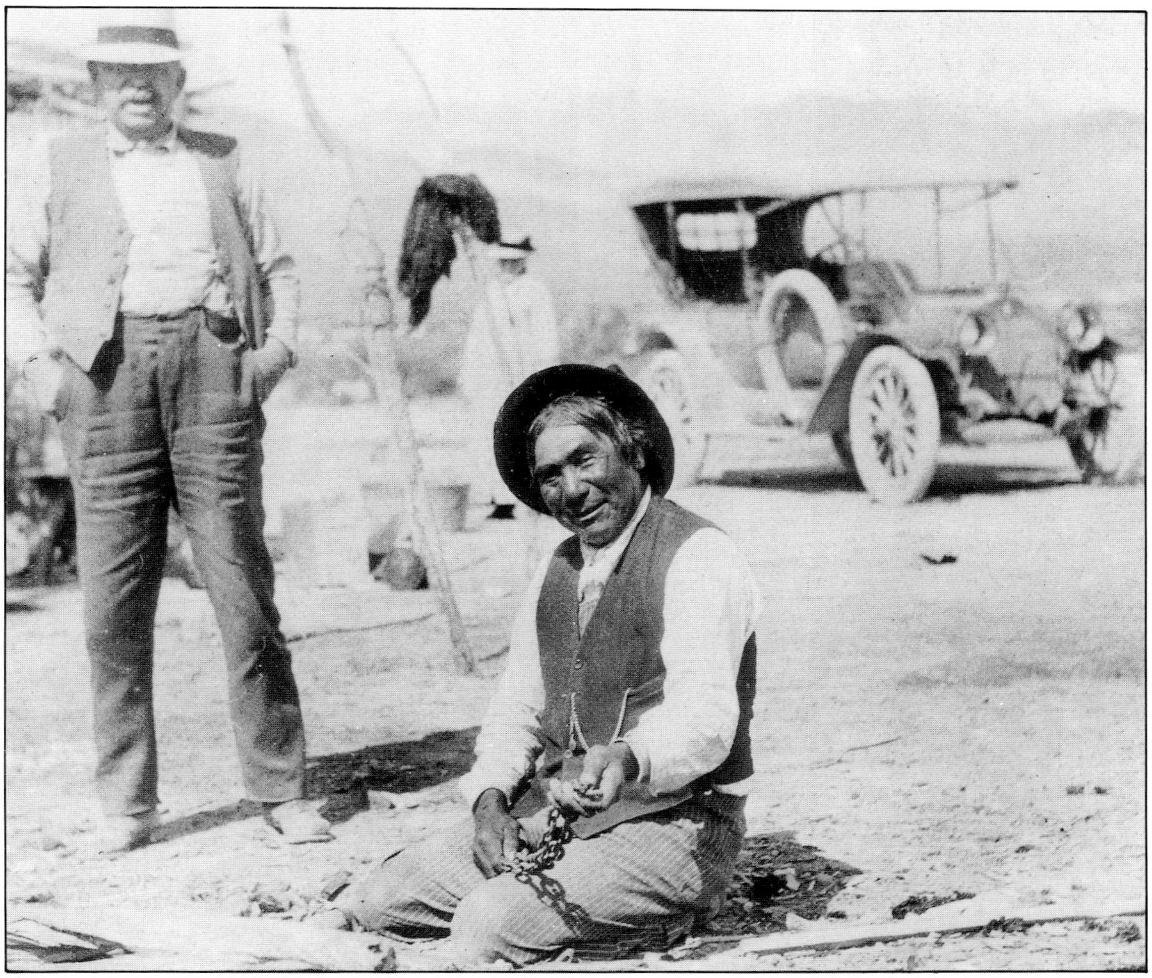

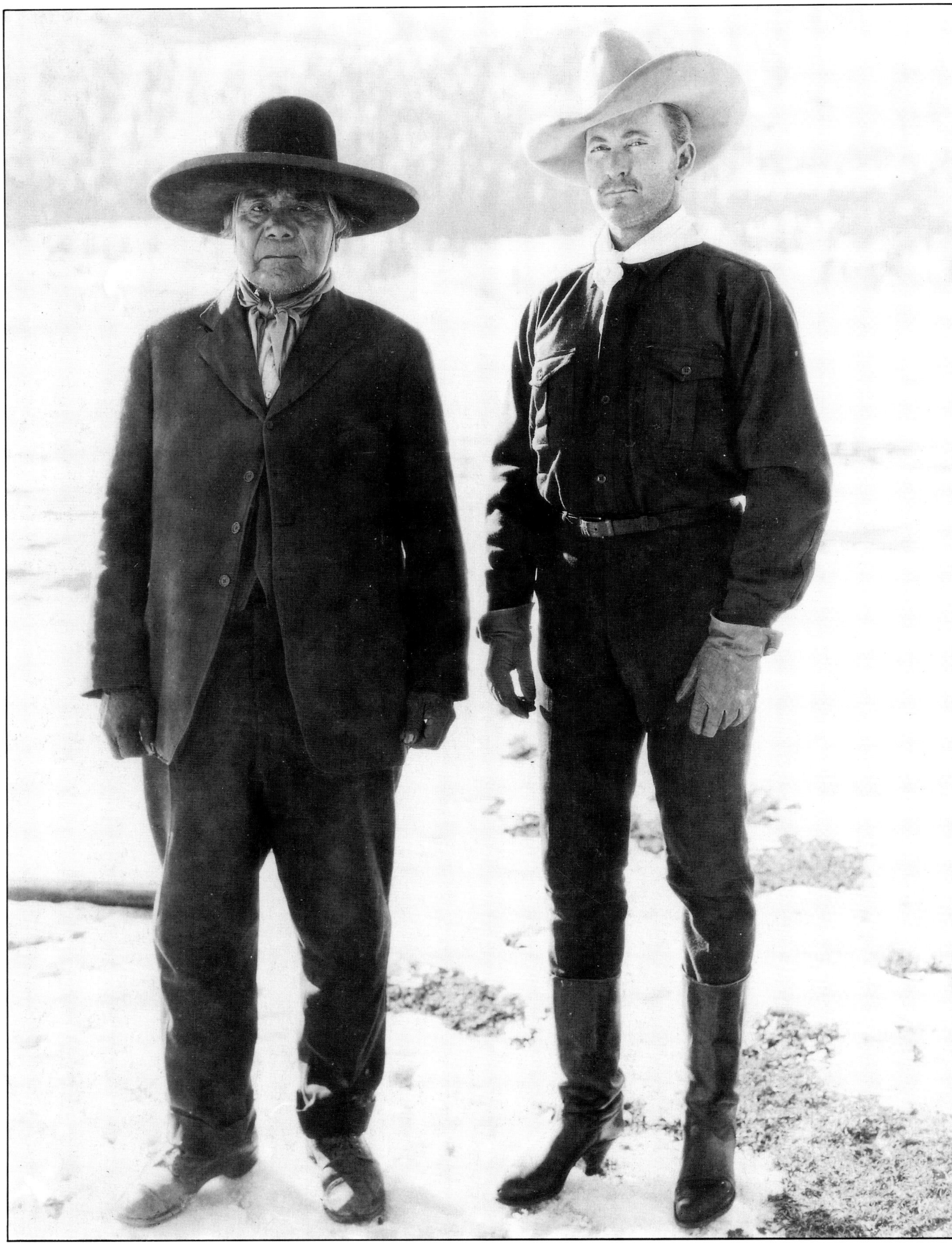

6.36 Kiowa bei einer Peyote-Zeremonie. Von James Mooney im Februar 1892. Ein Mann hält eine zeremonielle Rassel sowie einen Stab.

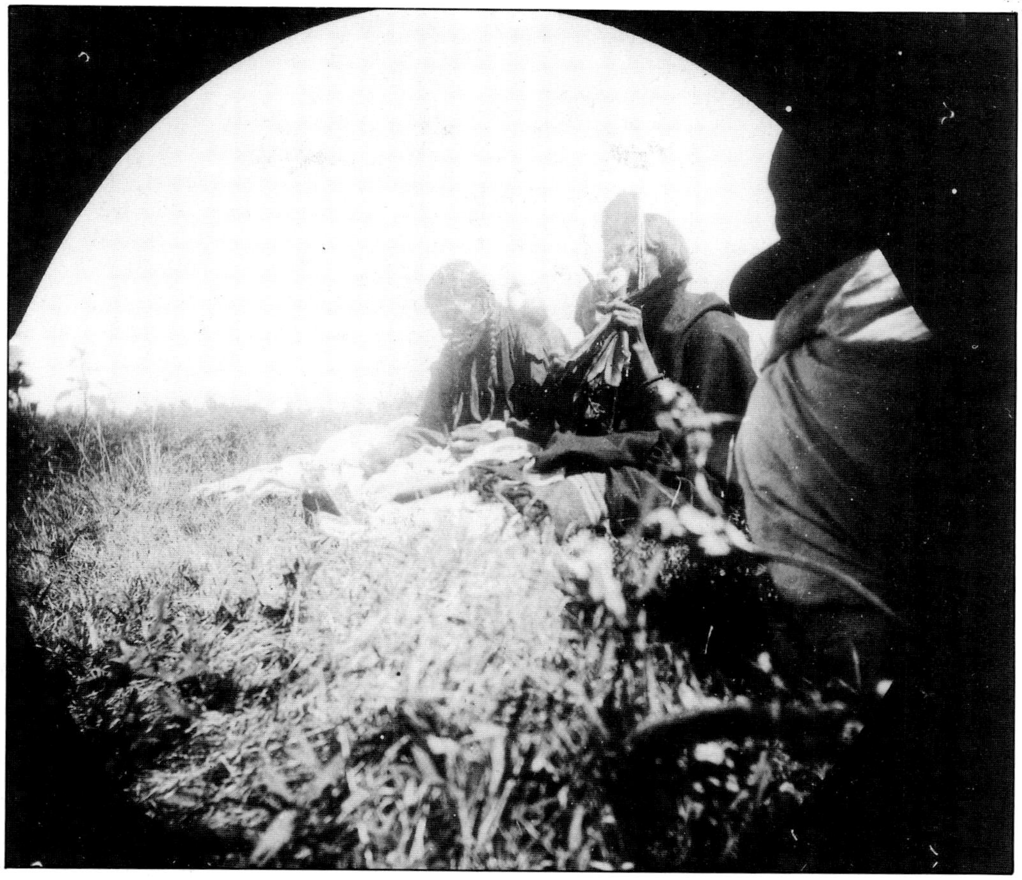

6.35 Links Wovoka, der Paiute-Prophet der Geistertanzreligion, mit General Tim McCoy, einem Cowboydarsteller aus Hollywood und Gouverneur von Wyoming Territory. Von einem unbekannten Fotografen in der Nähe des Walker Lake Reservats, Nevada, am Drehort für einen Western, 1926.

6.37 James Mooney, der Ethnologe vom BAE, und ein Navaho beim Handelsposten in Keams Canyon, Arizona. Von einem unbekannten Fotografen im Winter 1892/93.

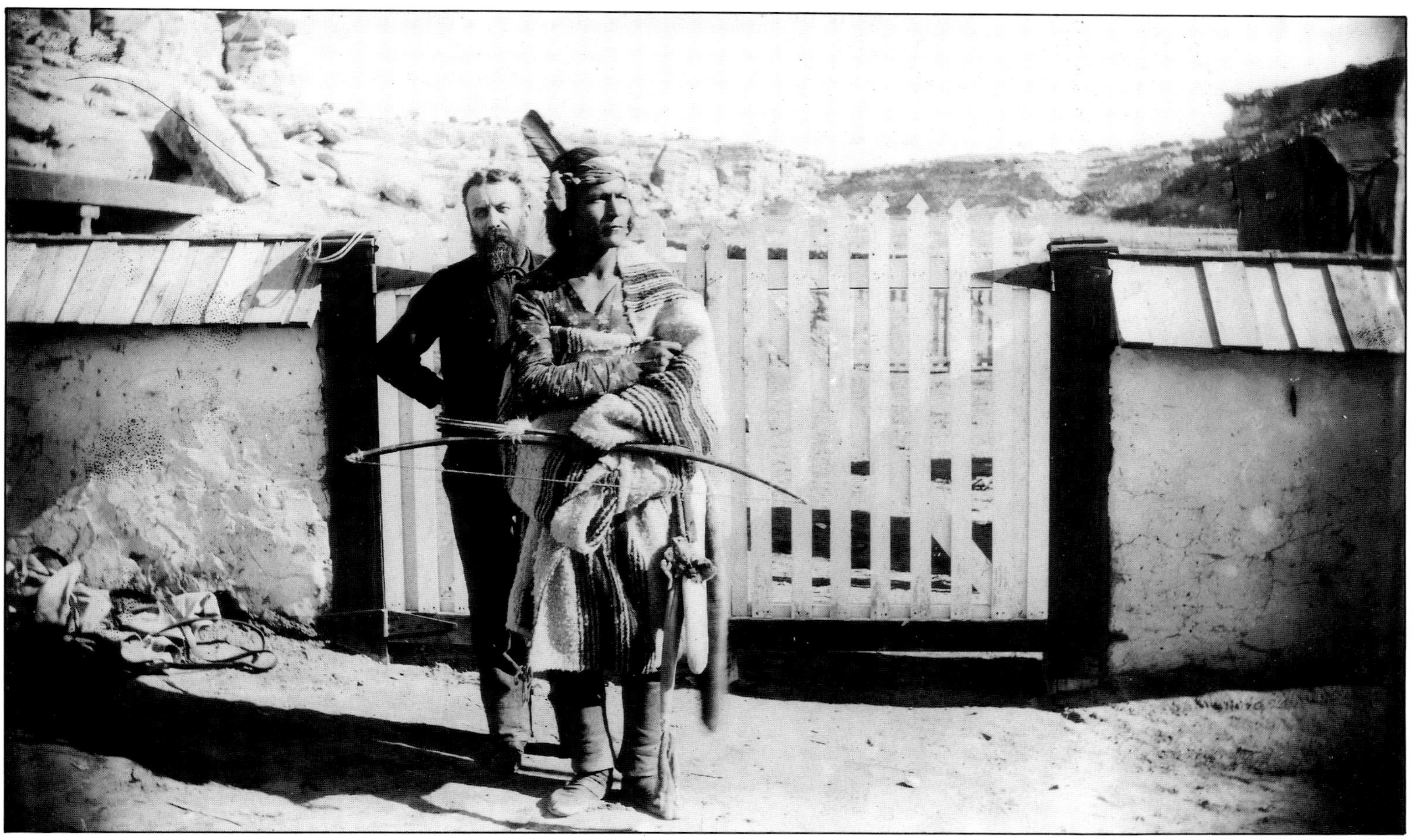

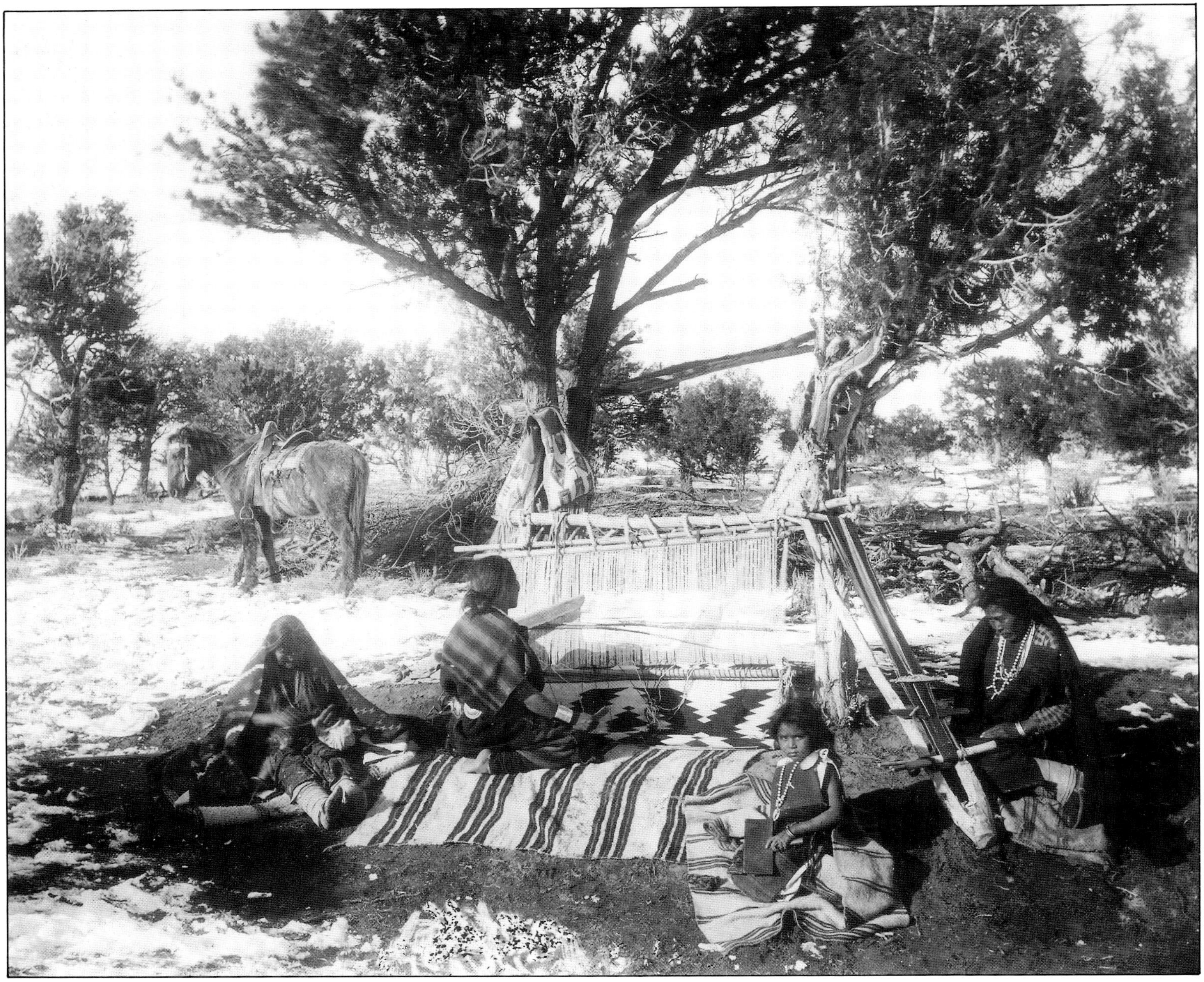

6.38 Webende Navaho in Keams Canyon: Eine Frau in Charly Camp webt am Webstuhl eine Decke, das Kind Nedespa kämmt Wolle und zwei unbekannte Frauen spinnen Wolle (links) und weben an einem Gürtel (rechts). Von James Mooney im Winter 1892/93.

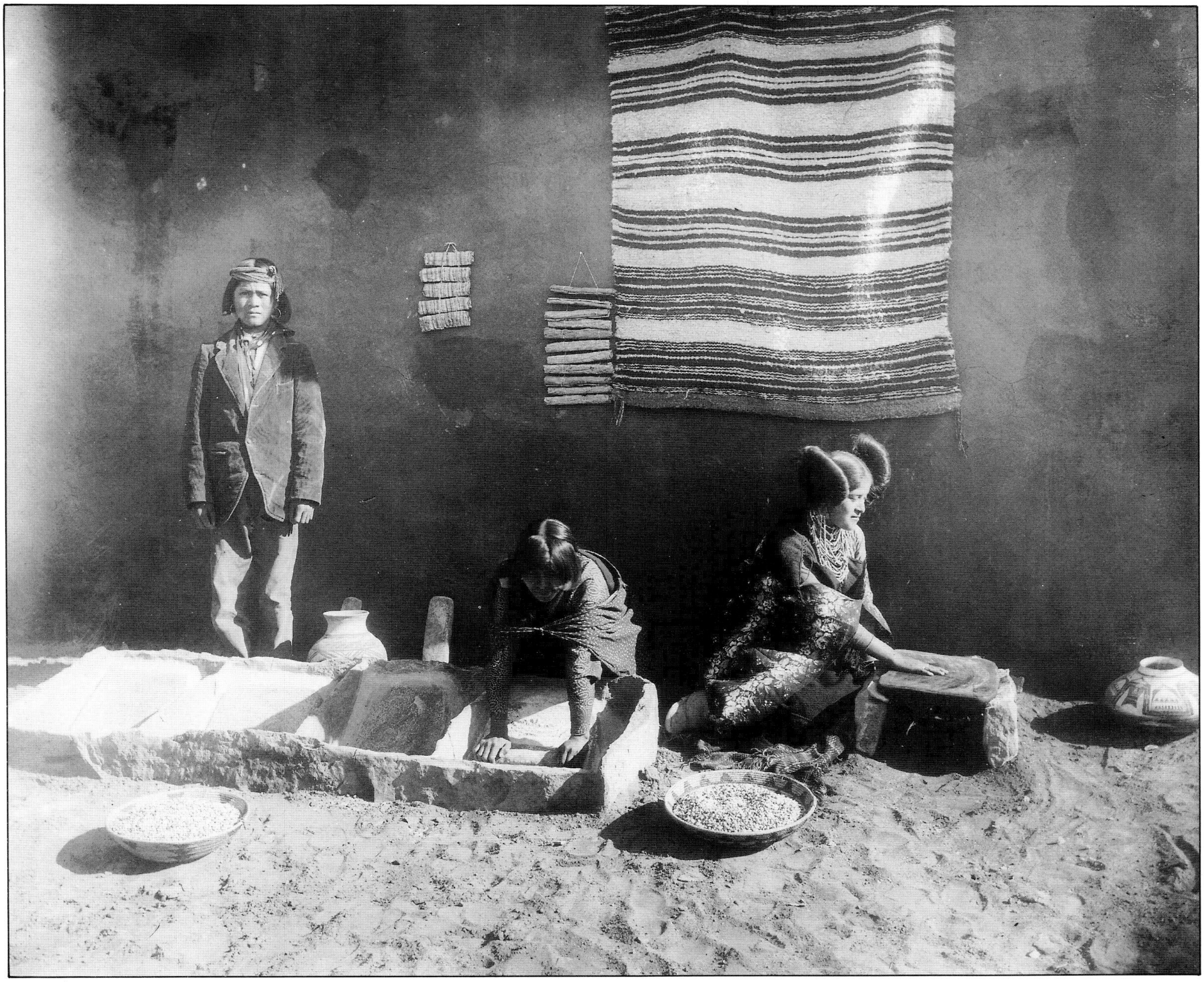

6.39 Eine verheiratete Frau mahlt Korn in einer Mahlkiste, und eine alleinstehende Frau namens Betty backt Brot. Der dabeistehende Junge ist unbekannt. Tewa (Hano) Pueblo, New Mexico. Von James Mooney im Winter 1892/93.

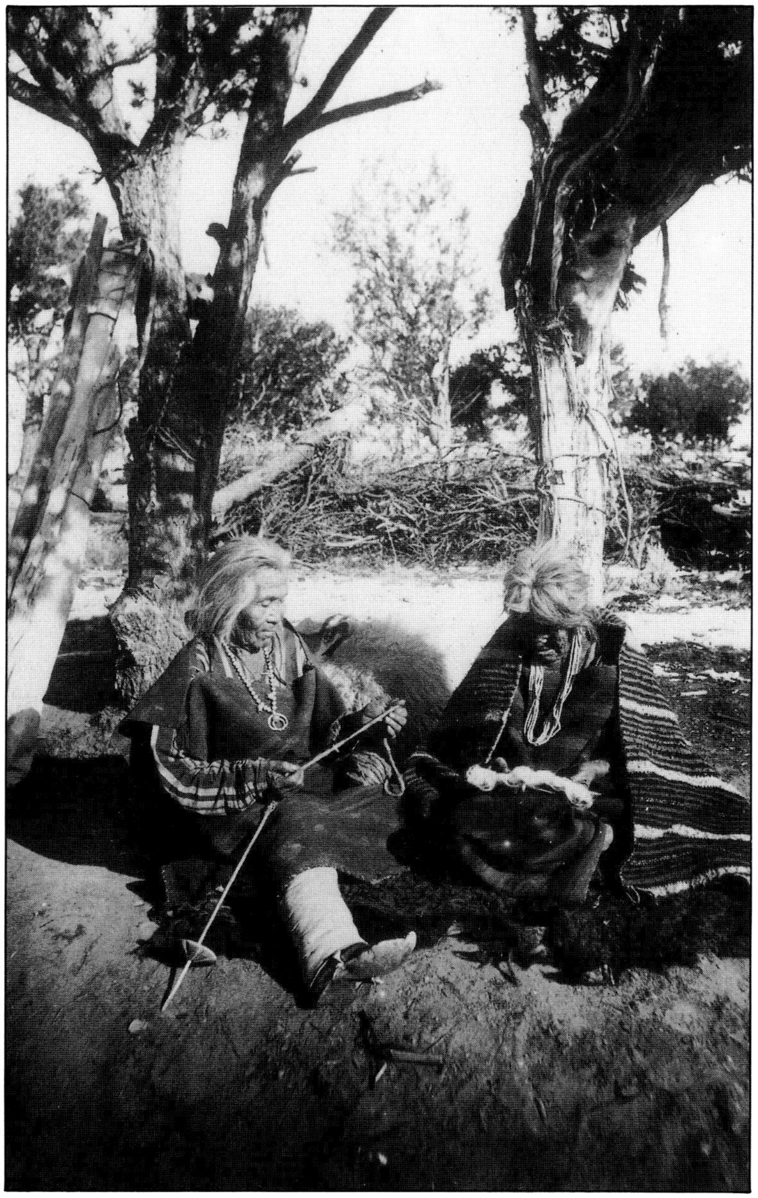

6.40 Navaho beim Spinnen im Lager von Keams Canyon, Arizona. Die Frau links spinnt mit der Spindel, während die andere die Wolle hält. Von James Mooney im Winter 1892/93.

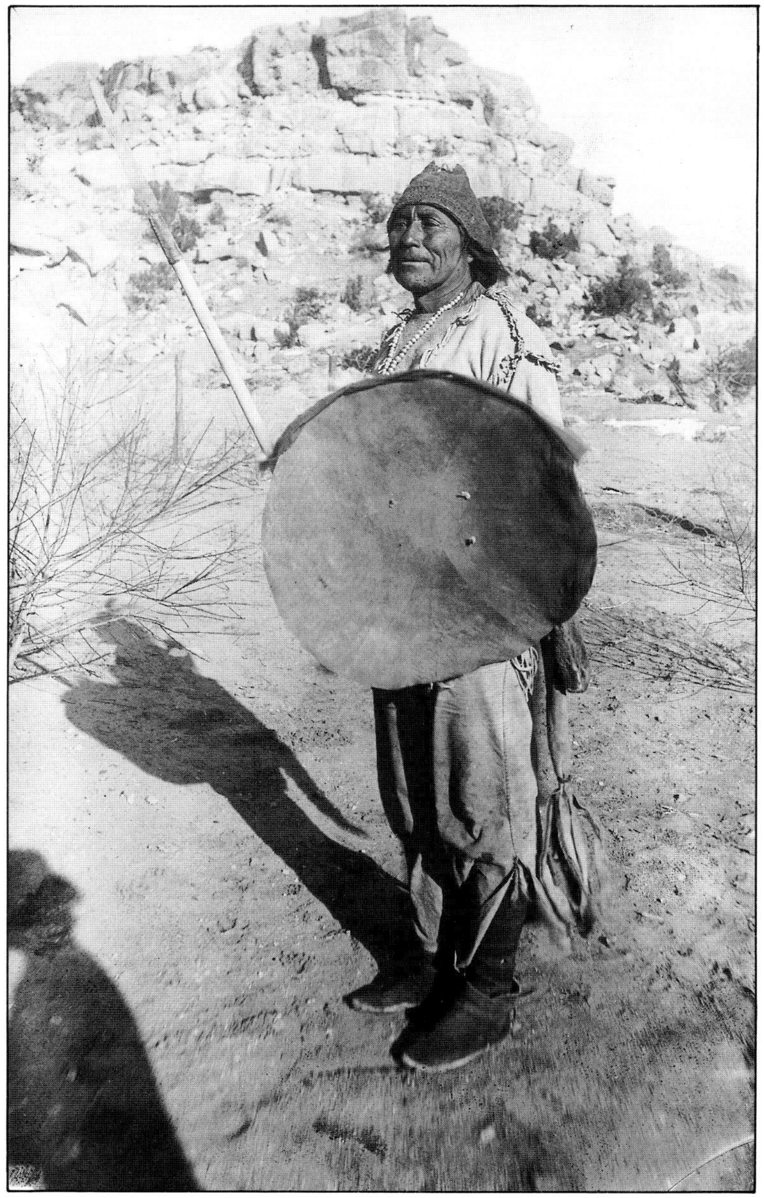

6.41 Navaho-Kriegshauptmann mit Lanze und Schild. Von James Mooney in Keams Canyon, Arizona, im Winter 1892/93

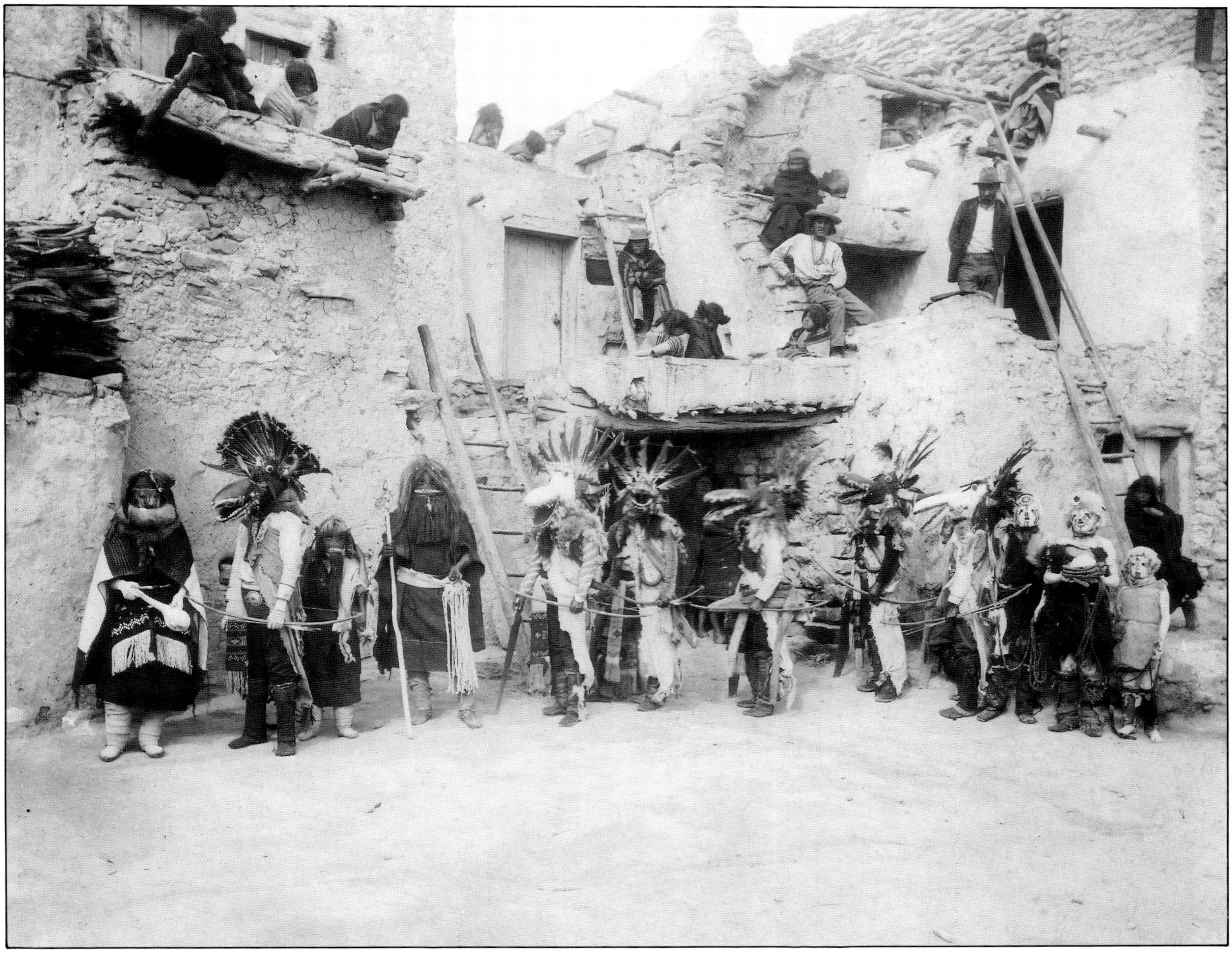

6.42 Hopi Powamu oder Bohnenpflanz- Zeremonie im Walpi Pueblo, Arizona. Ogre Kachinas (die die Götter repräsentieren und sich um die Kinder kümmern) stehen auf dem Marktplatz. Von links nach rechts: Hahaiwuhti (Mutter der Kachinas), Black Natashka, Soyokmana (Natashka Kachina Kind), Soyokwihti (Natashka Kachina Großmutter), White Natashka, drei Black Natashkas und drei Heheya Kachinas (Clowns). Von James Mooney im Februar 1893.

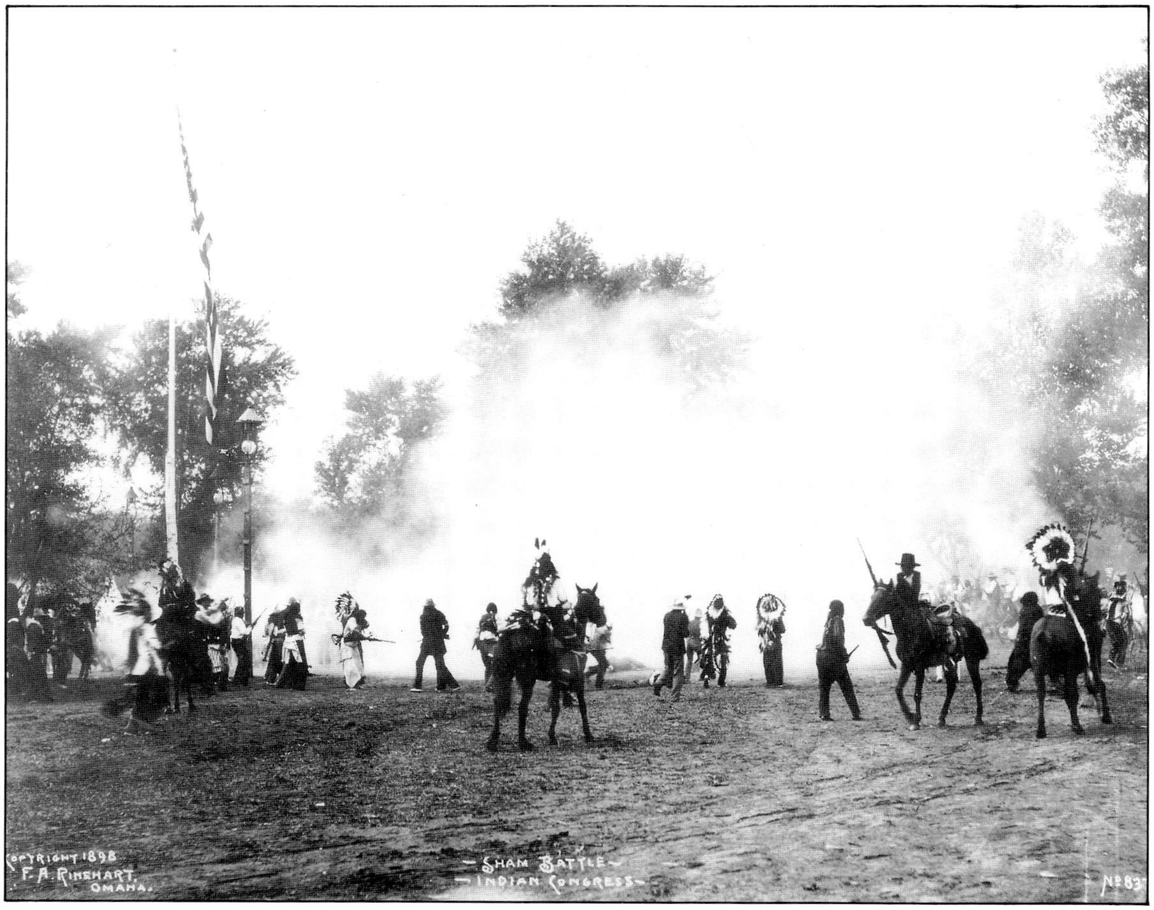

6.43 Südwestindianer in den Kostümen von Plainsindianern führen bei der Trans-Mississippian and International Exposition Scheingefechte vor. Omaha, Nebraska. Von Frank A. Rinehart im September 1898.

6.45 Rechts Two Hatchet, ein Mitglied des Kiowa-Stammes, mit Rassel und Federfächer, wie sie bei der Peyote-Zeremonie verwendet werden. Von Adolph F. Muhr bei der Trans-Mississippian and International Exposition in Omaha im Oktober 1898.

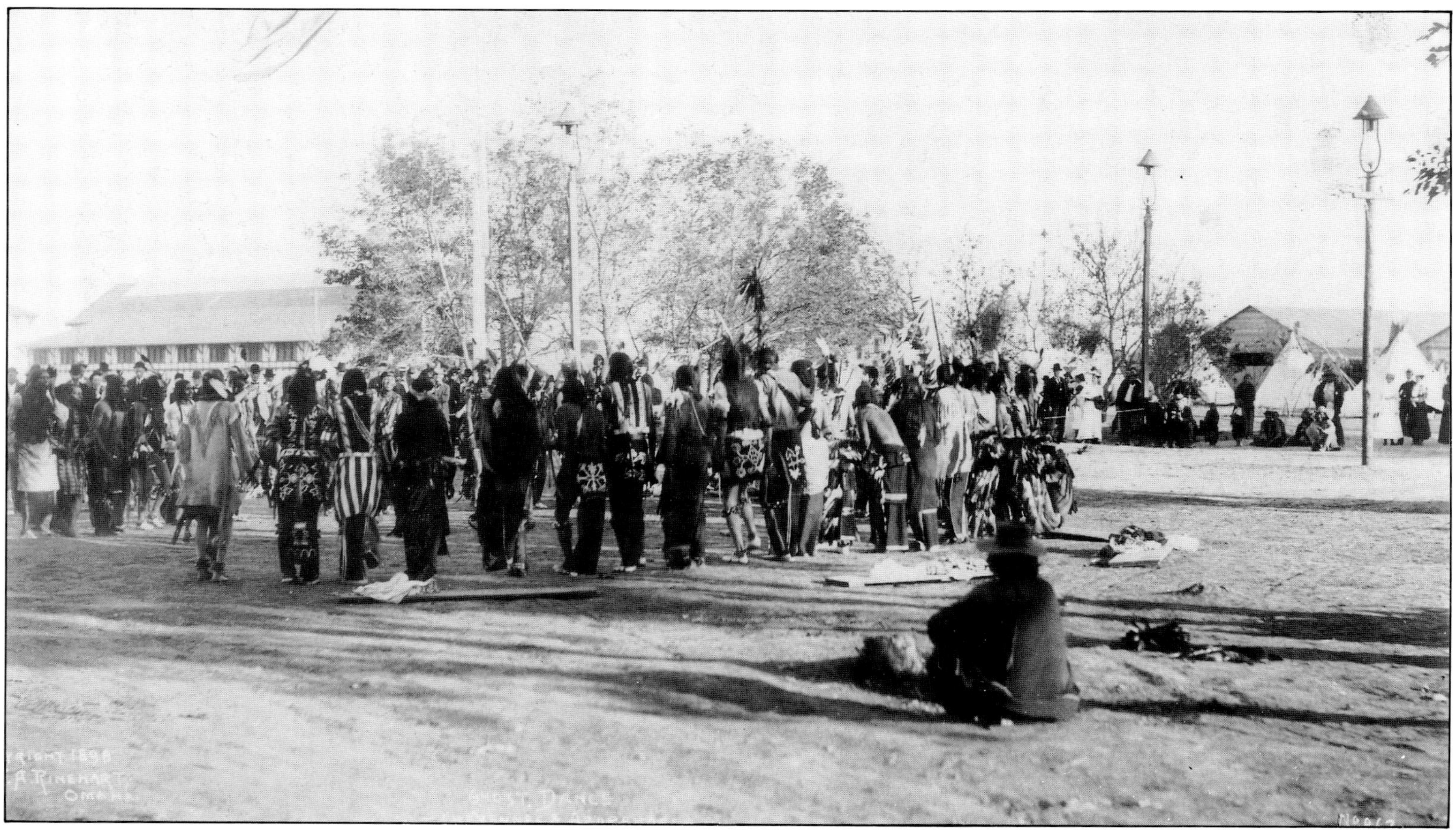

6.44 Geistertänzer führen unter Mooneys Anleitung ihren Tanz vor, um die Öffentlichkeit über ihre Religion zu informieren. Von Frank A. Rinehart bei der Trans-Mississippian and International Exposition in Omaha, Nebraska am 19. September 1898.

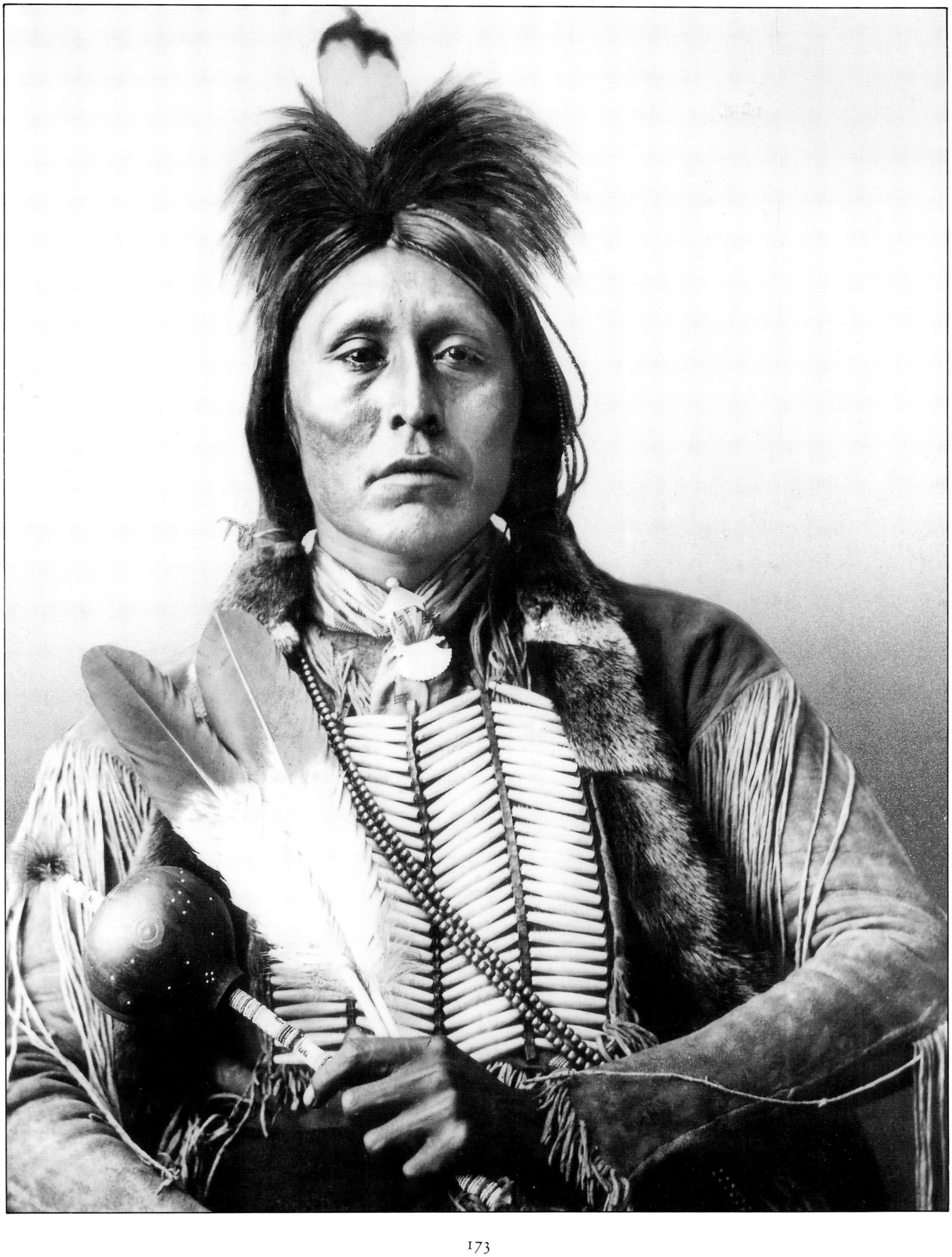

6.46 Johnny Kit Elswa, ein Haida aus Skidgate Village, Queen Charlotte Islands, in British Columbia, Informant und Kollaborateur von Richter James G. Swan, dem BAE-Ethnologen. Er ist tätowiert mit den Symbolen seines Clans: dem braunen Bär auf seiner Brust und einem Hundshai auf seinen Armen. Aufgenommen von Ensign E. P. Niblack im Haus von James Swan in Port Townsend, Washington Territory am 4. Dezember 1886.

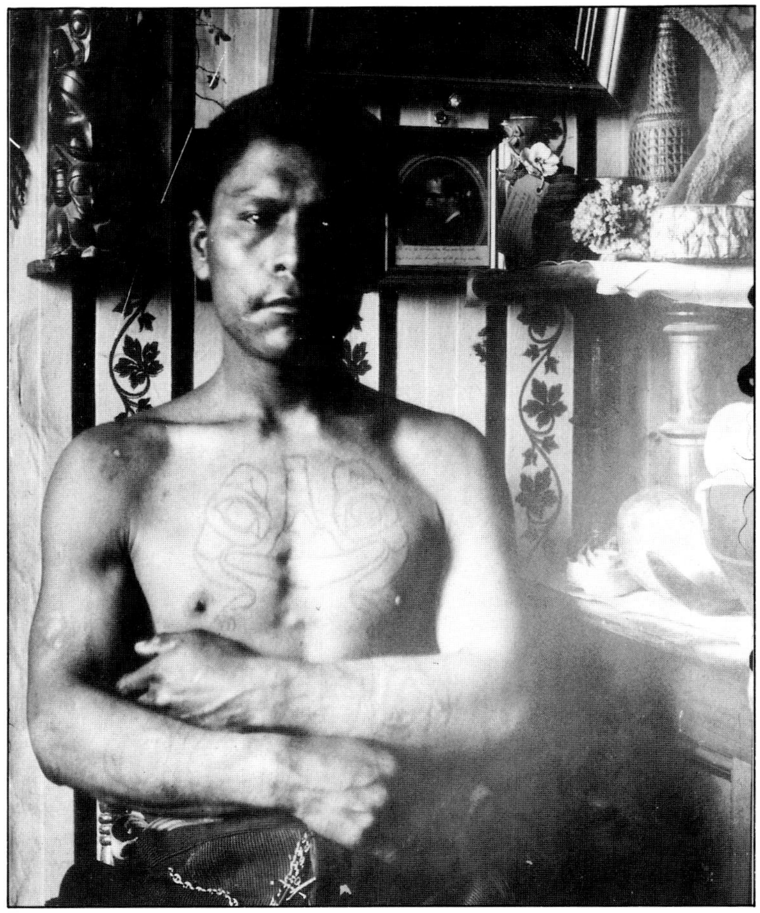

6.47 Kwakiutl-Dorf in Alert Bay. Links der Ausguckkäfig, von dem aus der Häuptling bei der Potlatch-Zeremonie laut die Namen der Empfänger ruft. Auf der Vorderseite der Bretterhäuser sind Zeichen, die Auskunft über die Anzahl der Kupfermünzen, Boote und Decken geben, die bereits weggegeben wurden. Von James Swan zwischen 1879 und 1880.

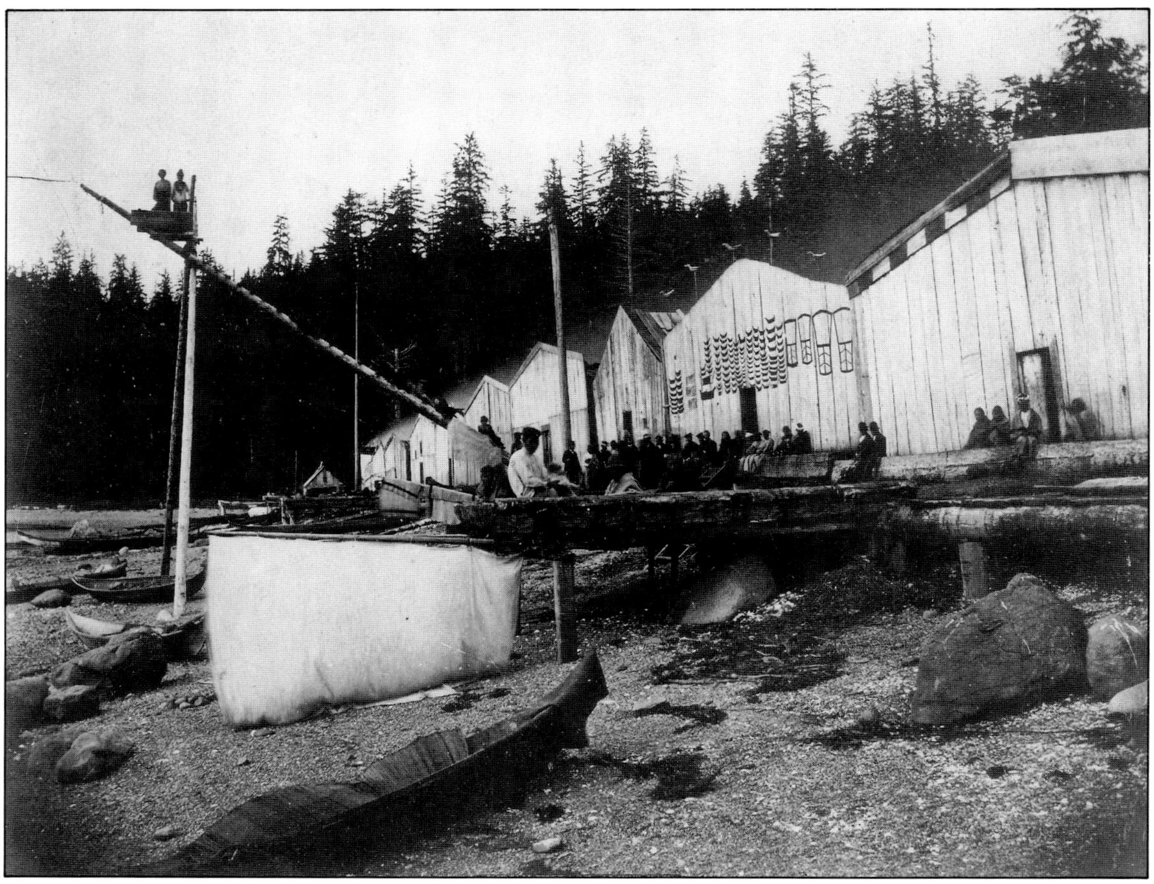

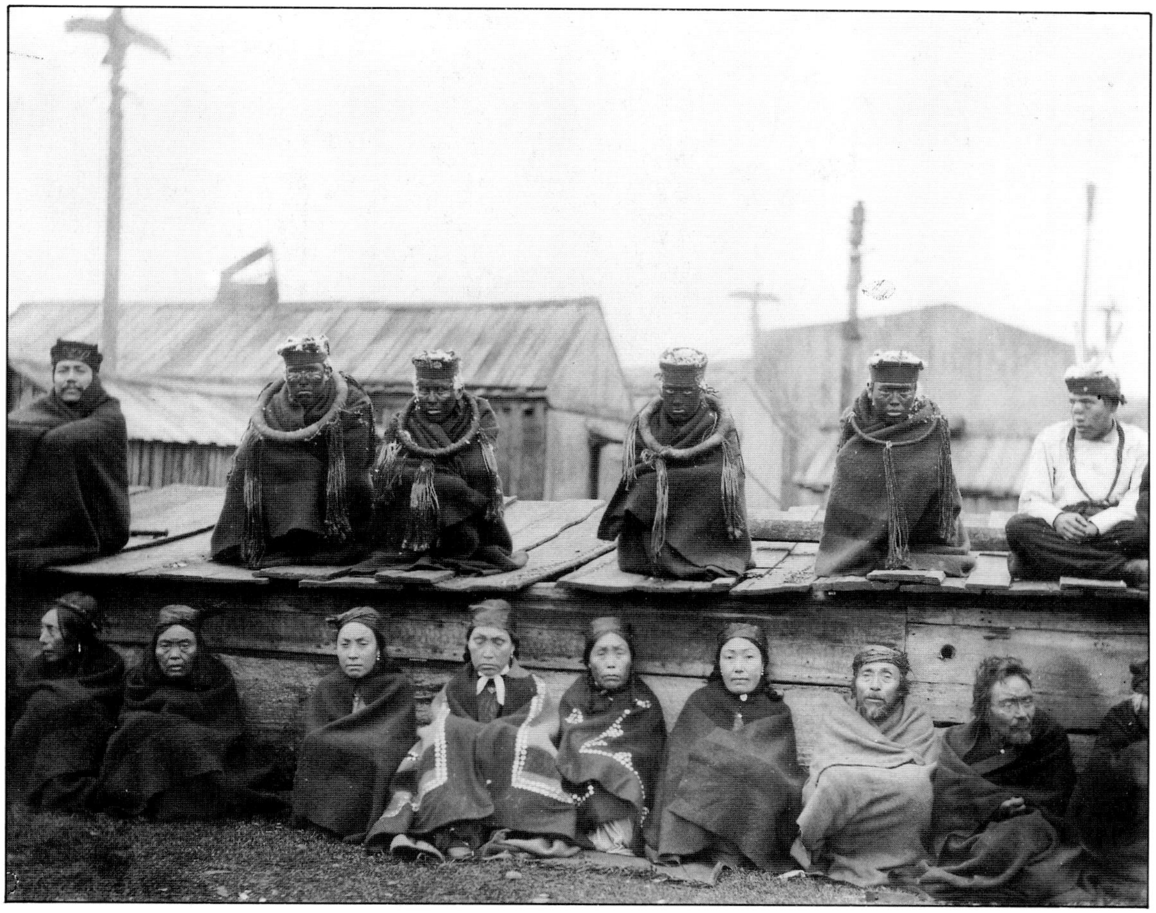

6.48 Winterfest der Koskimo Hamatsa am Strand im östlichen Teil von Fort Rupert, Vancouver Island, British Columbia. Einige tragen Halsringe aus Zedernrinde, weiße Pelzhüte und Knopfdecken. Von Oregon Columbus Hastings am 25. November 1894.

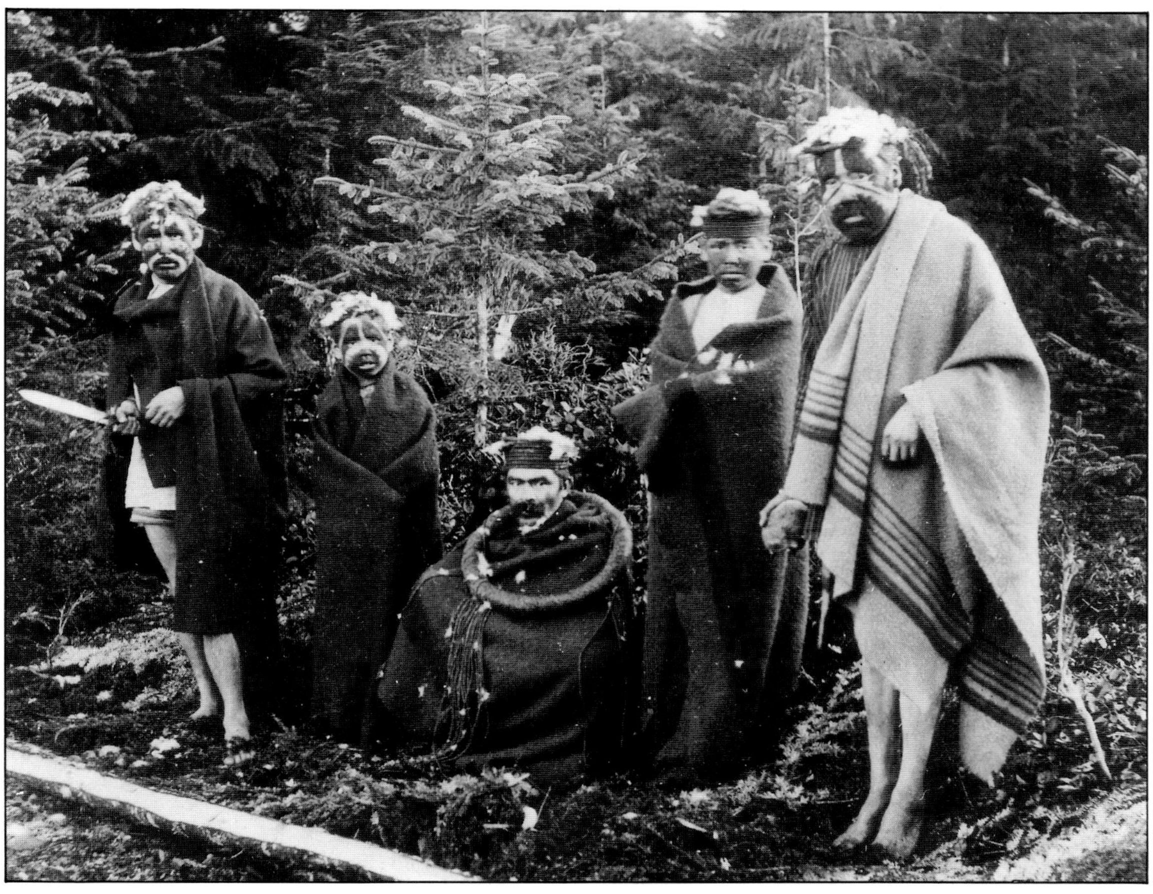

6.49 Noo-Nlemala (Narren-Tänzer) des Kwakiutl-Stammes bei einer Winterinitiationszeremonie im Wald bei Fort Rupert. Mit dabei ist Charlie Wilson (links) und der Kwakiutl-Indianer Mungo Martin (rechts). Von Oregon Columbus Hastings im November 1894.

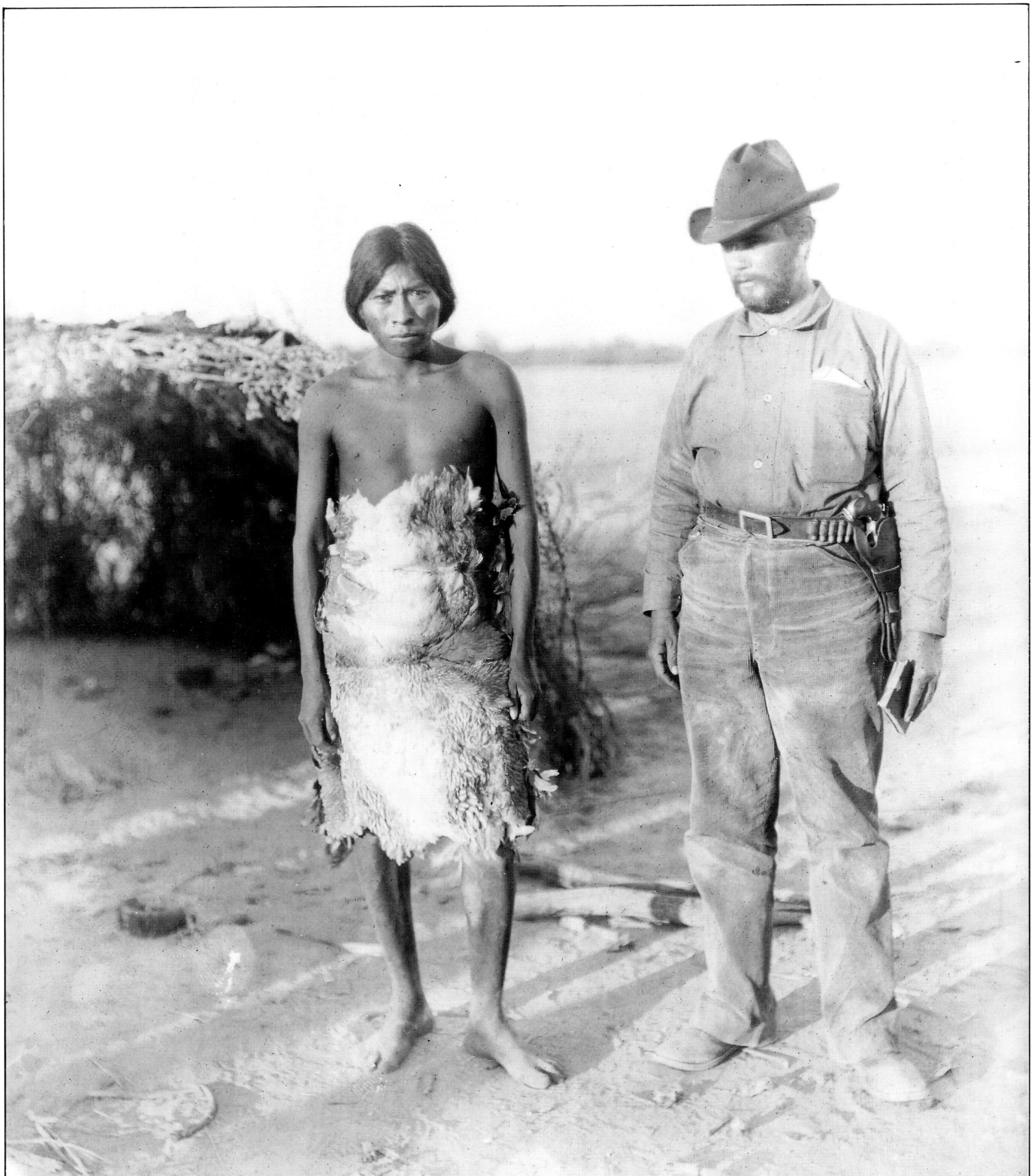

6.51 Rechts W. J. McGee (links) sichert zusammen mit Mashem, einem spanisch sprechenden Unterhäuptling, den Wortschatz der Seri. Don Pascual Encinas, ein Rancher (Mitte), sein Sohn und sein Enkel sehen zu. Von William Dinwiddie im Rancho San Francisco de Costa Rica, Sonora, Mexico im Sommer 1894.

6.50 Links Juan Chavez, ein Seri-Indianer, und der Ethnologe des BAE W. J. McGee im Lager von Encinas Rancheria Sonora, Mexiko. Zu dieser Zeit wurden die Seri als der primitivste Indianerstamm des nordamerikanischen Kontinents betrachtet, und als die einzigen Indianer, die bisher keinerlei Kontakt zu Weißen hatten. Von William Dinwiddie im November 1894.

6.52 Expeditionsmitglieder im Feldlager in Seriland, das bis dahin noch nie von einem Weißen betreten worden war. Aufgenommen von J. W. Mitchell in Tirburon Island bei Sonora, Mexico im Sommer 1895.

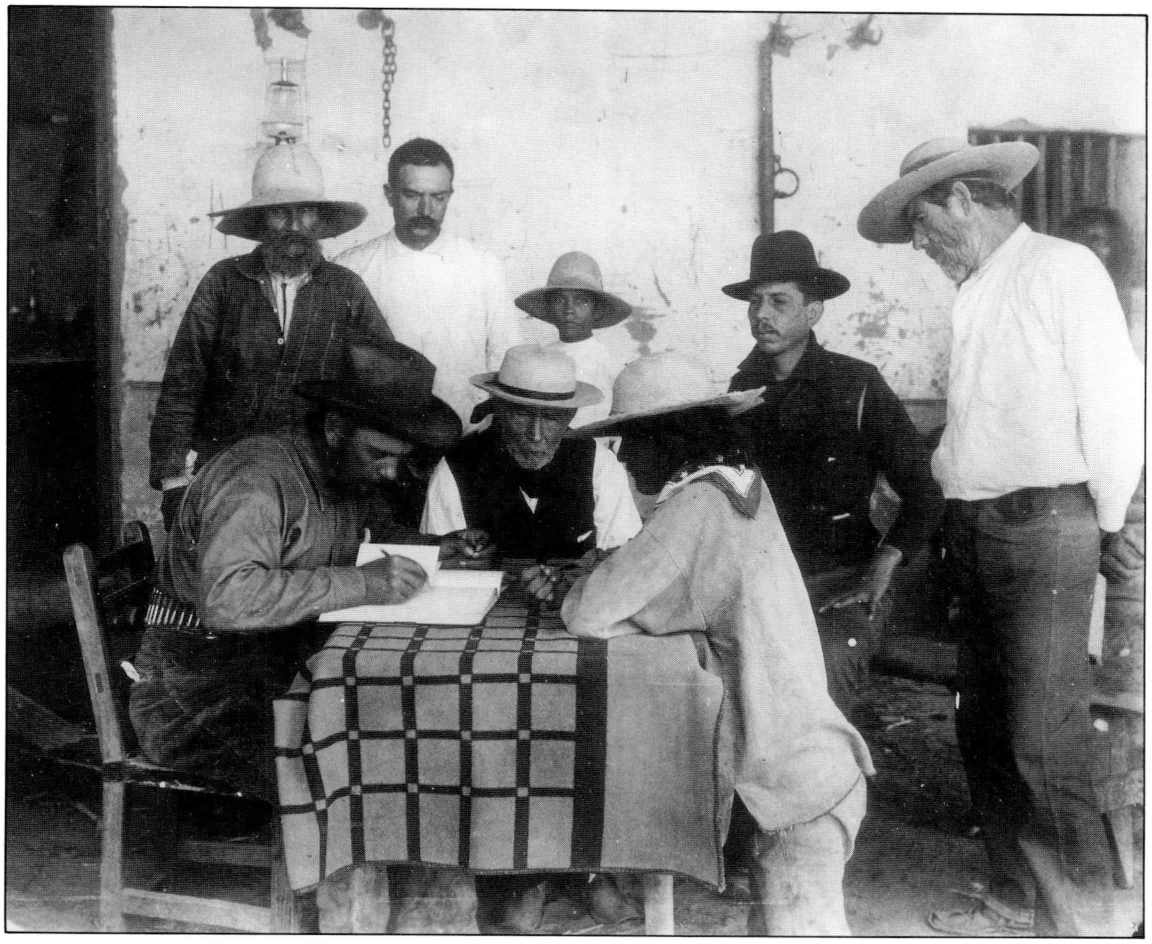

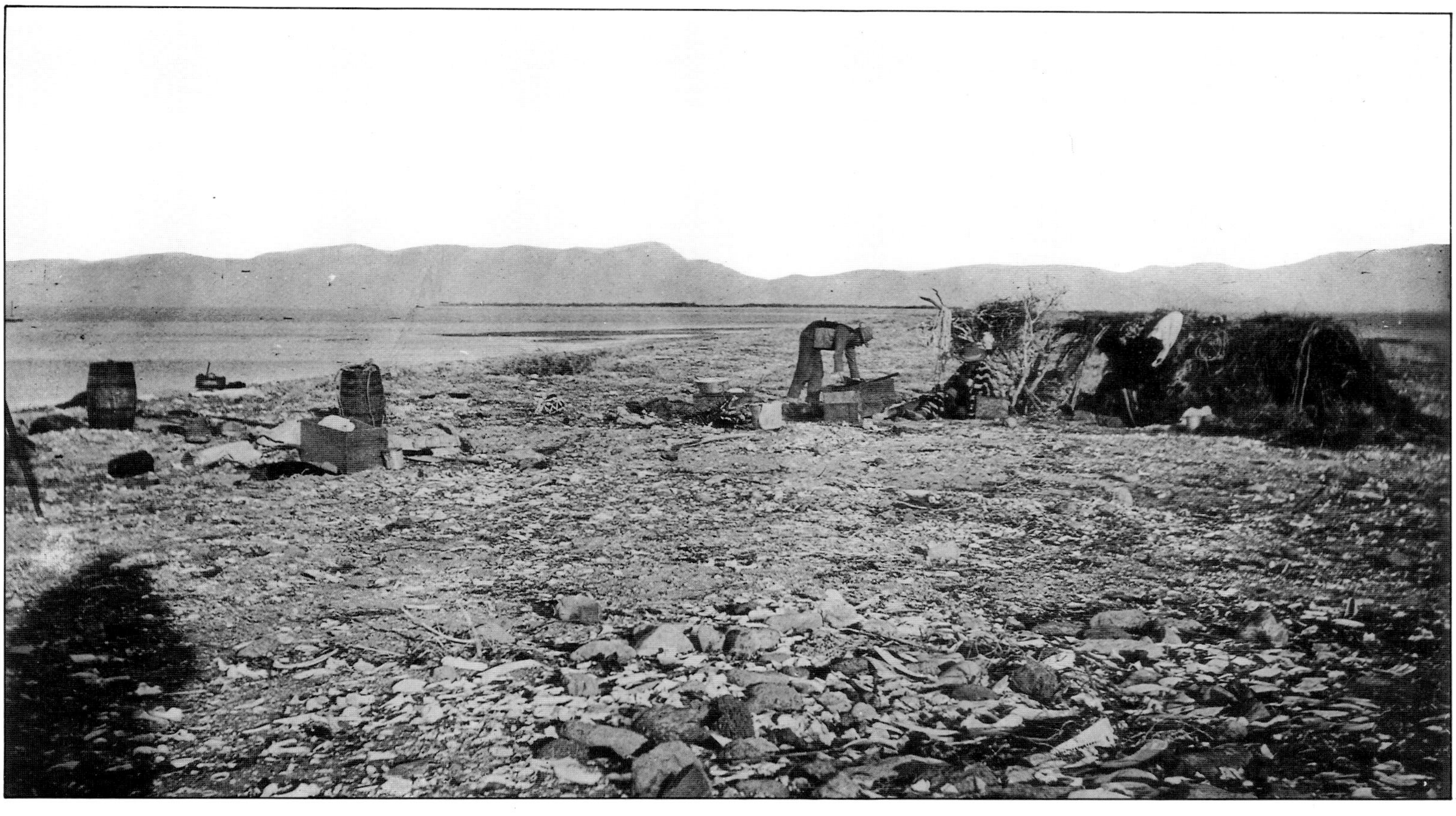

SIEBTES KAPITEL

Fotostudios der Regierung

1870 richtete das Smithsonian Institut sein erstes fotografisches »Apartment« ein und betraute Thomas William Smillie mit der Leitung. Das neue Labor wurde für Aufnahmen von archäologischen und naturgeschichtlichen Funden benutzt. Daneben entstanden dort auch die Illustrationen für die Veröffentlichungen des Instituts.[1]

Solange es keinen regierungseigenen technischen Apparat gab, war die Delegationsfotografie von privaten Studios durchgeführt worden. Als schließlich im Nationalmuseum ein Labor eingerichtet wurde, war man auf diese private Hilfe nicht mehr angewiesen. Die Konkurrenz zwischen den Studios und der Regierung in diesem Geschäft dauerte bis zur Jahrhundertwende. Als dann die Privatunternehmen verschwanden, wurde die Regierung zum wichtigsten Träger der Delegationsfotografie.

1875 zog das Regierungsstudio in ein neues Gebäude um, das zur Ausstellung anläßlich der 100-Jahrfeier errichtet worden war. Zu den Aufgaben dieses Labors, das immer noch unter der Leitung von Smillie stand, gehörten die Ausstellungsfotos für das Nationalmuseum ebenso wie die Arbeit für die verschiedenen Regierungsexpeditionen.[2] Das älteste bekannte Delegationsporträt zeigt einen Cheyenne und wurde von Smillie 1878 oder 1879 aufgenommen. (Abb. 7.2) Als 1879 das Büro für Ethnologie (das spätere BAE) gegründet wurde, brachte der neue Direktor, John Wesley Powell, John K. Hillers mit und ernannte ihn zum ersten Fotografen des Büros.[3] 1881, als das Nationalmuseum ein neues modernes Labor einrichtete, erhielt das Büro darin eigene Räume für Fotoarbeiten.[4] Daraus entstanden zwei Studios, die sich gegenseitig ergänzten.

Wie das Smithsonian Institut hatten auch das Büro und die US-Geological Survey eigene Abteilungen, die sich um die Illustrationen für die Veröffentlichungen kümmerten. Der Leiter dieser Abteilung beim Büro war William Dinwiddie, der den Titel eines »Ethno-Fotografen« trug. Dinwiddie nahm an Expeditionen teil, machte aber auch Delegationsfotos.[5]

1894 mietete das Büro Räume in der Nähe des Smithsonian Instituts an. Dort entstand ein weiteres kleines Labor.[6] Bei den Delegationsfotografien wurde Henry Walther Dinwiddies Assistent.[7] Linconia Russel stellte die Kataloge zusammen,[8] wobei sie dieselben Seriennummern benutzte, die Jackson eingeführt hatte, als er die Negative der US-Geological Survey of the Territories geordnet hatte.

Dinwiddie trat 1897 zurück. Er wurde durch Wells M. Sawyer ersetzt,[9] auf den 1898 De Lancey W. Gill folgte.[10] De Lancey Gill war früher bei der US-Geological Survey angestellt. Der Chef der Illustratoren, William Henry Holmes, hatte ihn als Entwurfzeichner angeworben.[11] Als Holmes 1889 auf eine archäologische Expedition ging, wurde Gill sein Nachfolger.[12] Einige Indianerporträts aus den 90er Jahren werden ihm zugeschrieben. Möglicherweise stammen sie aber auch von John K. Hillers, der sehr häufig Delegationsaufnahmen machte.

Als Gill seine Arbeit für das Büro begann, erlebten die Delegationen gerade einen Aufschwung, insbesondere während der Wintermonate, wenn der Kongreß tagte.[13] Durch die Einführung der Kodak Box Kamera war auch der Umfang der fotografischen Feldforschung stark gestiegen. Gill mußte seine eigenen fotografischen Kenntnisse erweitern, um mit den Delegationsfotos und beim Entwickeln der Expeditionsfotos Schritt halten zu können. Darüber hinaus mußten die Negative katalogisiert und klassifiziert werden.

Nach Ansicht des Büros waren die Aufnahmen von indianischen Delegierten sowohl aus historischen wie aus anthropometrischen Gründen wichtig. Die Anthropologie war eine sich erweiternde Wissenschaft und das Büro trug mit seinen Fotos zu dieser Ausweitung mit bei. So war etwa die Fotografie sehr geeignet, »um wilde Stämme zu untersuchen, die aus verschiedenen Gründen eine Vermessung ihrer körperlichen Merkmale ablehnten.«[14] Die Mitarbeiter in der Feldforschung achteten darauf, »bei den Gruppenfotos die Personen so zu postieren, daß ein Vermessen ihrer Statur und anderer körperlicher Merkmale möglich war. Zu diesem Zweck wurde oft eine bereits bekannte und vermessene Person mit auf das Foto gebracht.«[15]

Wenn die Indianer im Studio fotografiert wurden, so erlaubten der bewußt ausgesuchte Hintergrund oder sonstige Objekte, die mit auf das Foto kamen, ein genaues Vergleichen und Vermessen der körperlichen Merkmale.[16] Darüber hinaus wurde besonderer Wert auf exakte Porträts im Profil und en face gelegt, »damit auch Gesichtszüge, Schädelformen und andere anthropologische Merkmale genau vermessen werden konnten«. (Abb. 7.6. 7.7) Nur sehr wenige Indianer waren bereit, Gipsabdrücke ihres Gesichts abnehmen zu lassen.[18]

1903 und 1904 beschäftigte das Büro Andrew John, einen Irokesen, der in Washington lebte. Er empfing die Delegierten, führte Gespräche mit ihnen und ließ Porträts von ihnen machen. (Abb. 7.9)[19] Da das Fotostudio des Büros sich eher auf die technische Arbeit konzentrierte, wurden die Delegierten oft in das Porträtstudio des Nationalmuseums geführt, um dort von Smillie aufgenommen zu werden.[20] Gill machte jedoch auch Delegationsaufnahmen und hat insgesamt mehr Porträts hinterlassen als jeder andere Fotograf des Instituts. Manchmal fotografierte er auch im Freien, so etwa auf seiner Reise nach Jamestown, Virginia 1900 (Abb. 7.5)

Wenn die Indianer Gills Studio besuchten, waren sie natürlich neugierig. Sie guckten in alle Schubladen und Schränke und entzündeten alle Streichhölzer, die sie finden konnten. Auch bei der langen Vorbereitung für die Aufnahmen wurde Gills Geduld oft auf die Probe gestellt. Die Indianer ließen zwar Profilaufnahmen von sich machen, bevorzugten aber Fotos, die sie in ihrer ganzen Größe und mit beiden Augen und beiden Ohren zeigten.[21]

Durch die Delegationsfotografie hatte Gill die Möglichkeit, viele berühmte Persönlichkeiten aufzunehmen. 1900 und 1903 fotografierte er den großen Führer der Nez Perce, Häuptling Joseph. (Abb. 7.18) Als er 1903 das Porträt gemacht hatte, bat er Joseph, einen Abzug zu

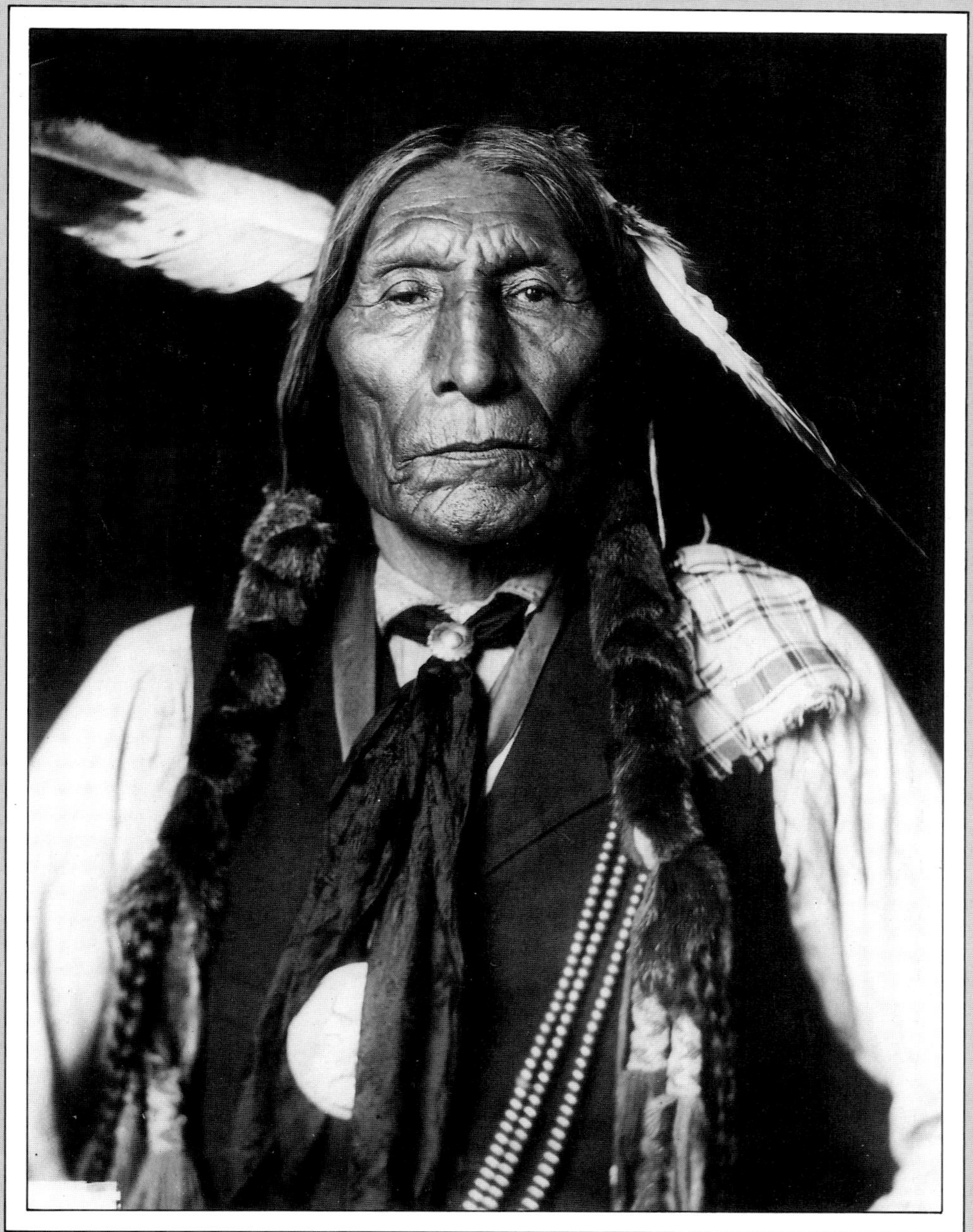

7.1 Wolf Robe, ein Süd-Cheyenne. Aufgenommen von De Lancey Gill im Juni 1909.

signieren. Als dieser mit »Chf. Joseef, 1900« unterschrieb, wollte Gill das Datum korrigieren. Joseph wollte aber keine Veränderung mit der Begründung, daß er seine Unterschrift so und nicht anders gelernt habe.[22]

1905 nahm Gill ein Porträt von Hollow Horn Bear auf, das später für die 14-cents-Briefmarke von 1922 verwendet wurde. (Abb. 7.16, 7.17) Dies war nicht das einzige Mal, daß das Porträt eines Indianers für offizielle Zwecke genutzt wurde. 1899 hatte Smillie einen indianischen Kopfschmuck fotografiert, der auf das Porträt von Running Antelope, das Alexander Gardner 1872 aufgenommen hatte, retouchiert wurde. (Abb. 7.3) Das dadurch entstandene Bild wurde für ein Fünf-Dollar-Silber-Zertifikat verwendet. (Abb. 7.4)[23]

1905 traf Gill den großen Apachenhäuptling Geronimo (Abb. 7.19), der zur Amtseinführung von Präsident Theodore Roosevelt nach Washington gekommen war. Gill hatte bis dahin nie für das Recht, einen Indianer zu fotografieren, bezahlt. Aufgrund seines Ruhmes konnte Geronimo jedoch einen Preis verlangen, wenn ihn jemand fotografieren wollte. Geronimo hatte dabei sogar eine eigene Preisliste. Eine Aufnahme mit einer Handkamera kostete 10 cents. Wurde ein Stativ benutzt, stieg der Preis auf 25 cents und für ein Studioporträt »war der Himmel die Grenze«. Von Gill verlangte Geronimo zwei Dollar, genau so viel, wie Gill gerade bei sich hatte. Als er das Geld erhalten hatte, verlangte Geronimo weitere 25 cents. Gill war gezwungen, sich das Geld zu leihen, machte aber dafür heimlich eine zweite Aufnahme.[24]

Sowohl Smillie wie Gill arbeiteten fast ihr ganzes Berufsleben lang für ihre jeweiligen Organisationen. Smillie starb am 7. März 1917. Sein Nachfolger wurde Loring Beeson,[25] der 1920 zurücktrat und durch Arthur Olmstedt ersetzt wurde.[26] Bis zum Ersten Weltkrieg wuchs der Zustrom indianischer Delegierter nach Washington ständig. Danach sank ihre Zahl. De Lancey Gill machte weiterhin Aufnahmen von ihnen, bis eine zunehmende Sehschwäche ihn zwang, die Arbeit an Olmstedt abzugeben.[27] Eines der letzten Indianerporträts von Gill ist das des Enkels von Sitting Bull (Abb. 7.20)

1932 mußte Gill wegen Sparmaßnahmen des Kongresses in Pension gehen. Damit fand die fruchtbarste Zeit der offiziellen Studiofotografie von Indianern ein abruptes Ende. In seiner Karriere hatte Gill ein riesiges Archiv von Hunderten, wenn nicht Tausenden von Porträts geschaffen. Nicht nur die Tatsache, daß diese Bilder die physischen Merkmale der Indianer zeigen, macht sie so bedeutsam. Sie sind auch eine Galerie der führenden Häuptlinge jener Zeit, als das Leben im Reservat die Indianerkriege abgelöst hatte.

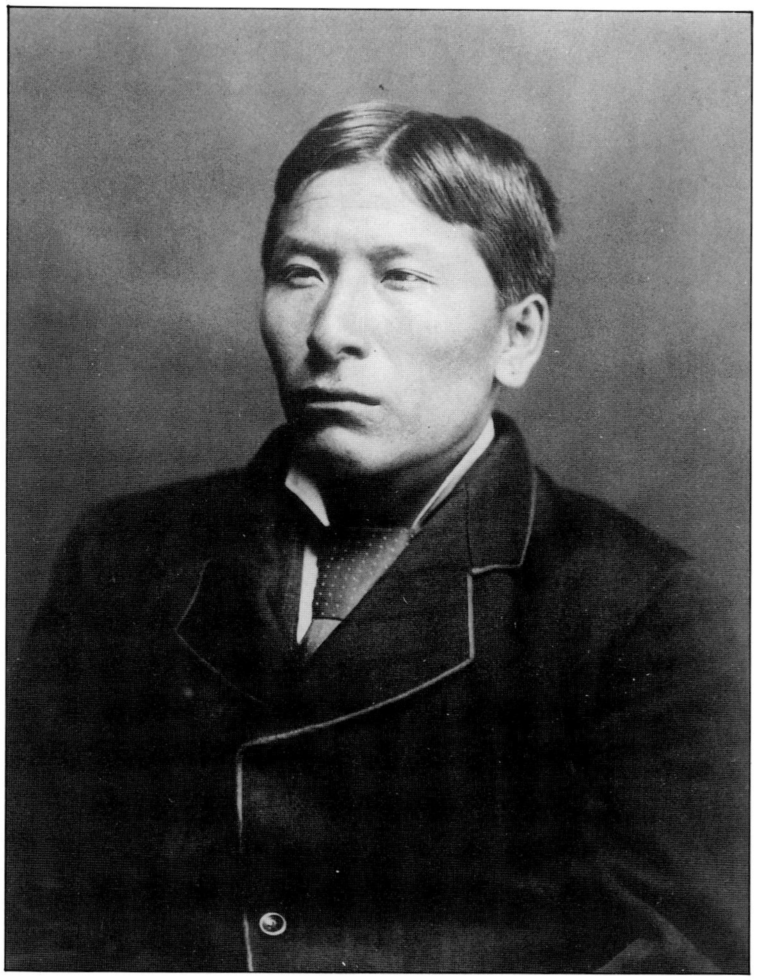

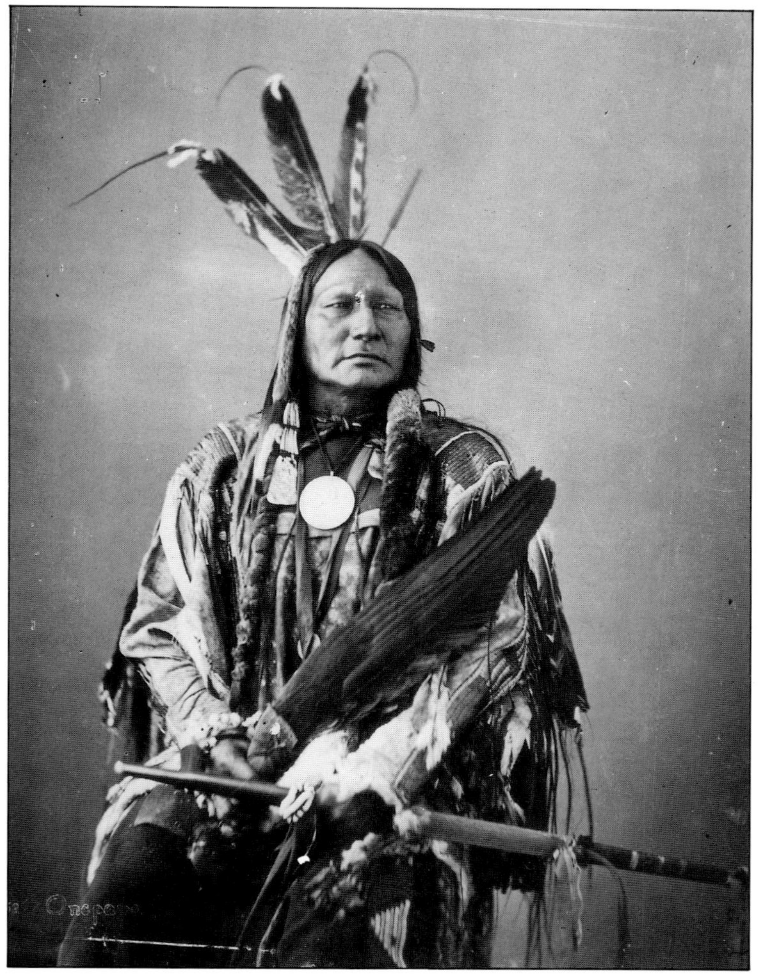

7.2 Der Cheyenne Squint Eye, früher ein Gefangener in Fort Marion. Eines der ersten Indianerporträts im neuen Studio des Smithsonian Instituts. (1875 eröffnet). Von Thomas Smillie zwischen 1878 und 79.

7.3 Rechts oben Running Antelope, ein Hunkpapa Dakota. Dieses Bild wurde leicht verändert für ein US-Fünf-Dollar-Silberzertifikat von 1899 verwendet. (Abb. 7.4). Von Alexander Gardner 1872.

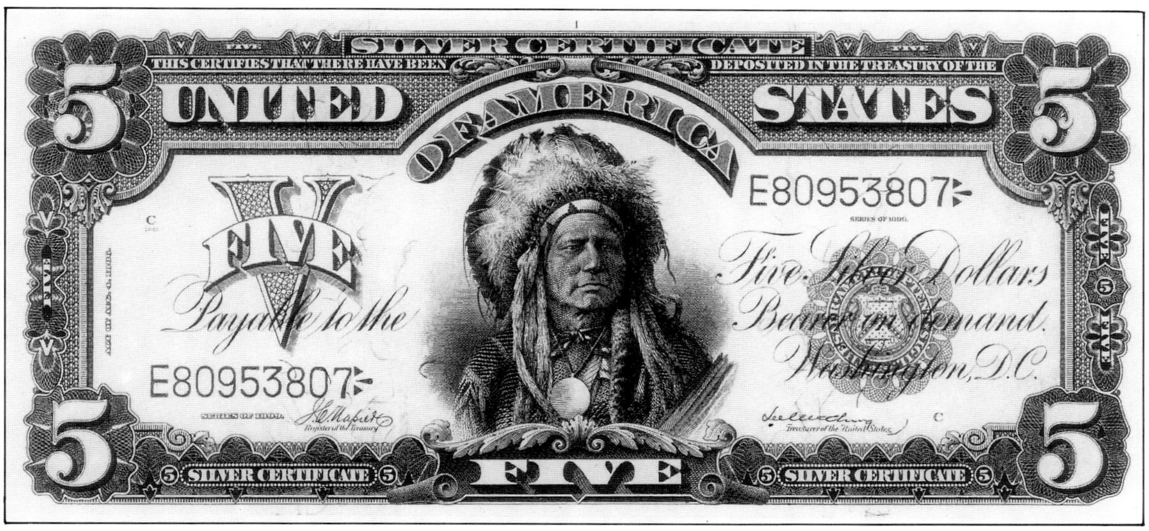

7.4 Das US-Fünf-Dollar-Silberzertifikat von 1899, bei dem das Foto von Abb. 7.3 mit der Aufnahme eines Indianerfederschmukkes von Thomas Smillie 1899 kombiniert wurde.

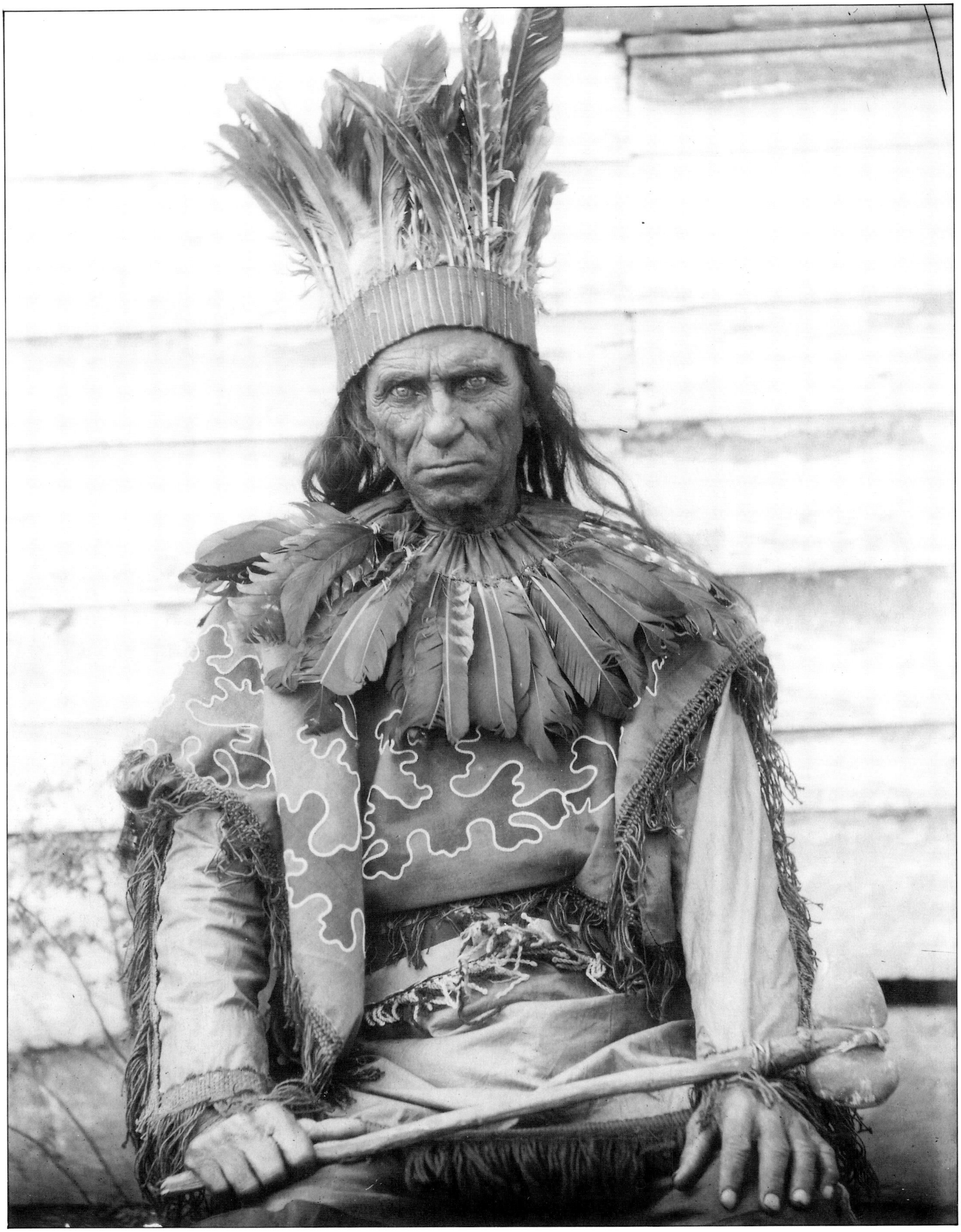

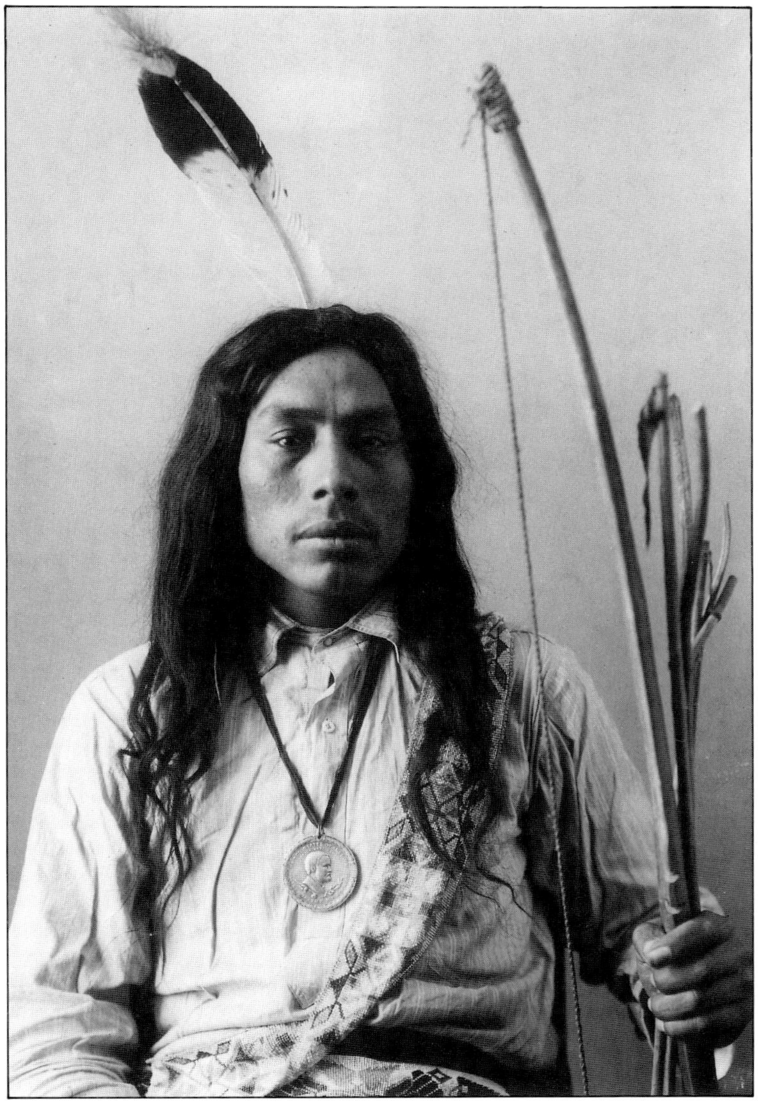

7.6 und 7.7 No Liver, auch bekannt als James Arketah jr., ein Oto. Derlei Frontansicht- und Profilporträts von Delegierten wurden gemacht, damit später Messungen von anthropometrischen Elementen möglich waren. Aufgenommen von De Lancey Gill im Dezember 1899.

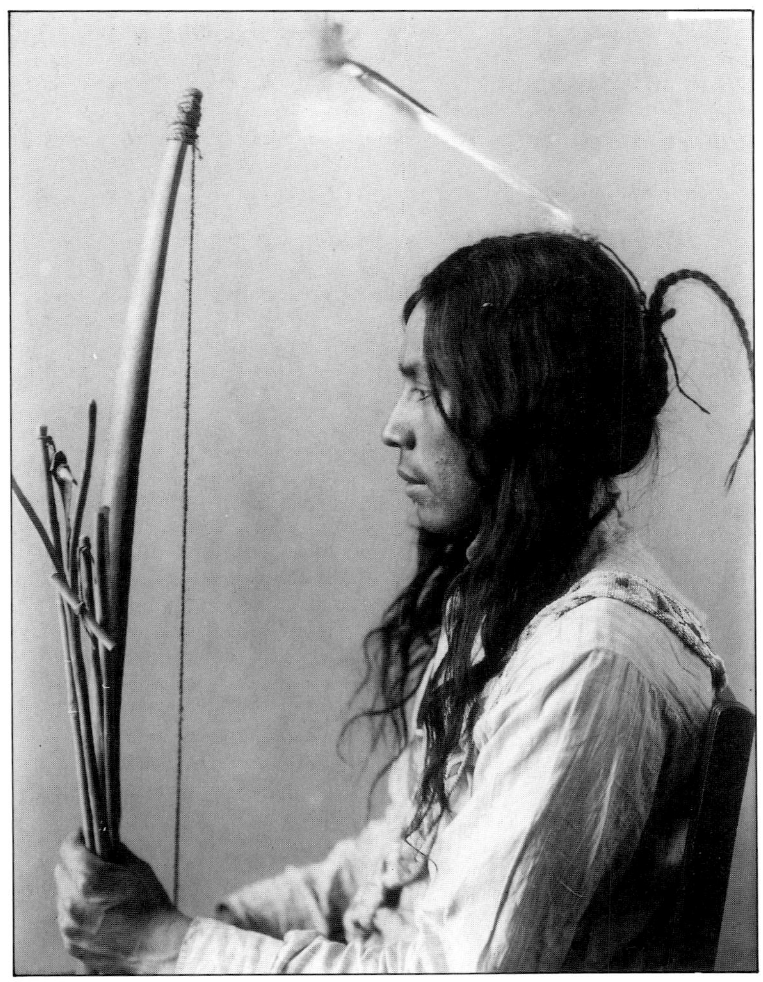

7.5 LINKS William Terill Bradby, ein Pamunkey-Indianer. Von De Lancey Gill im Oktober 1899 im Pamunkey Reservat bei einer Reise nach Jamestown, Virginia, wo, im Zusammenhang mit der Arbeit des Anthropologen James Mooney, Indianer fotografiert werden sollten.

7.8 Rev. John Eastman, ein Santee-Dakota. Von Thomas W. Smillie am 4. Januar 1904.

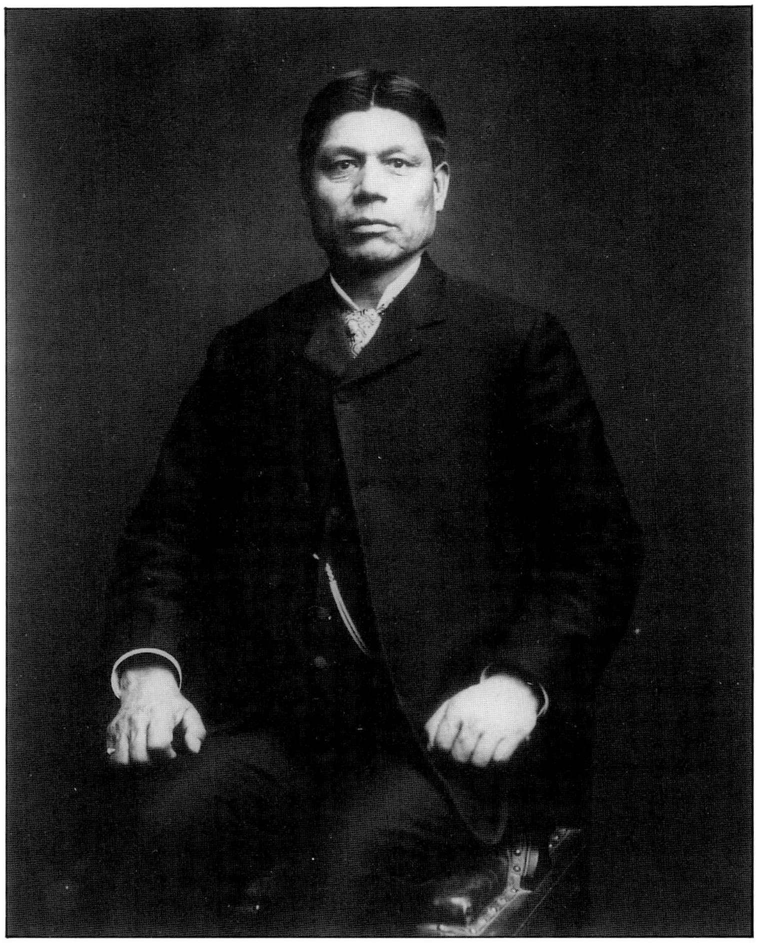

7.9. Yankton-Dakota-Delegation auf dem Dach des Kunst- und Industrie-Gebäudes des Smithsonian Instituts. Der Irokese Andrew John war vom BAE engagiert worden, um sie herumzuführen. Von Thomas W. Smillie, 24. März 1904.

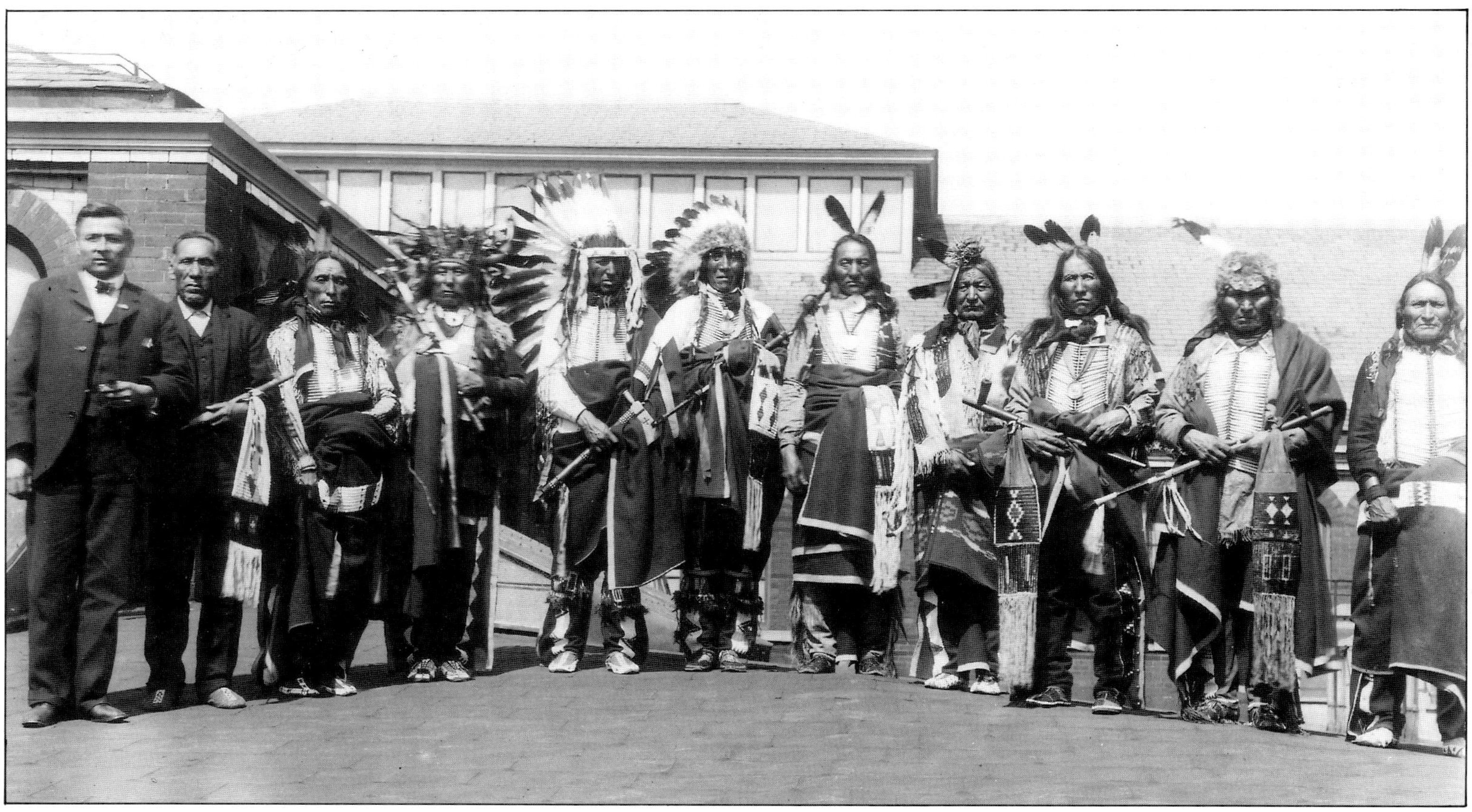

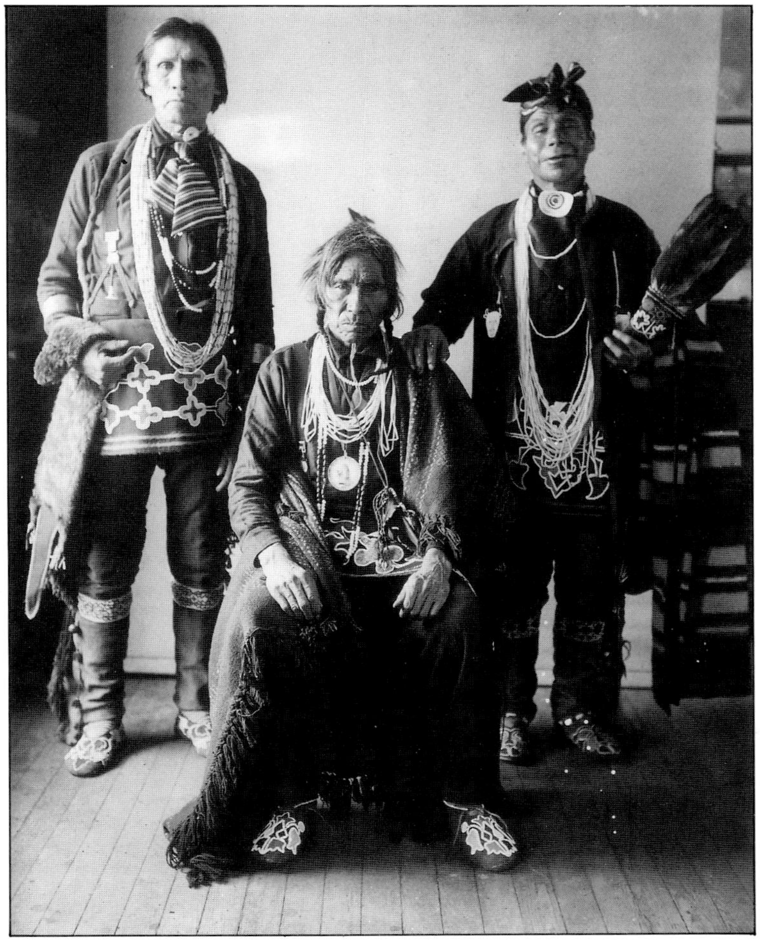

7.10 Chippewa-Delegationsgruppe. Von links nach rechts: Someone Traveling, Sound Of Eating mit der Friedensmedaille von Präsident James Buchanan, die 1857 herausgegeben worden war, sowie High Up In The Sky oder Charles Sucker. Von De Lancy Gill, Washington DC, Februar 1901.

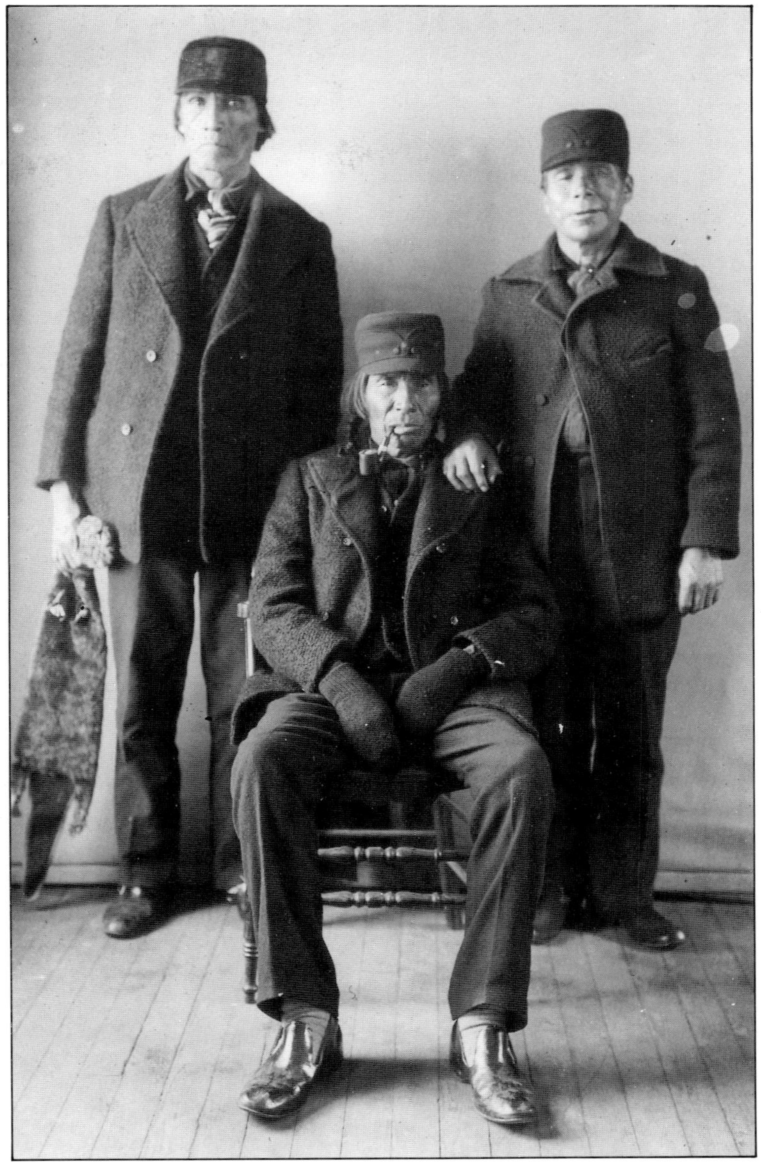

7.11 Dieselbe Chippewa-Gruppe wie auf Tafel 7.10. Von links nach rechts: Someone Traveling, Sound Of Eating und High Up In The Sky oder Charles Sucker. Von De Lancey Gill, Washington, Februar 1901.

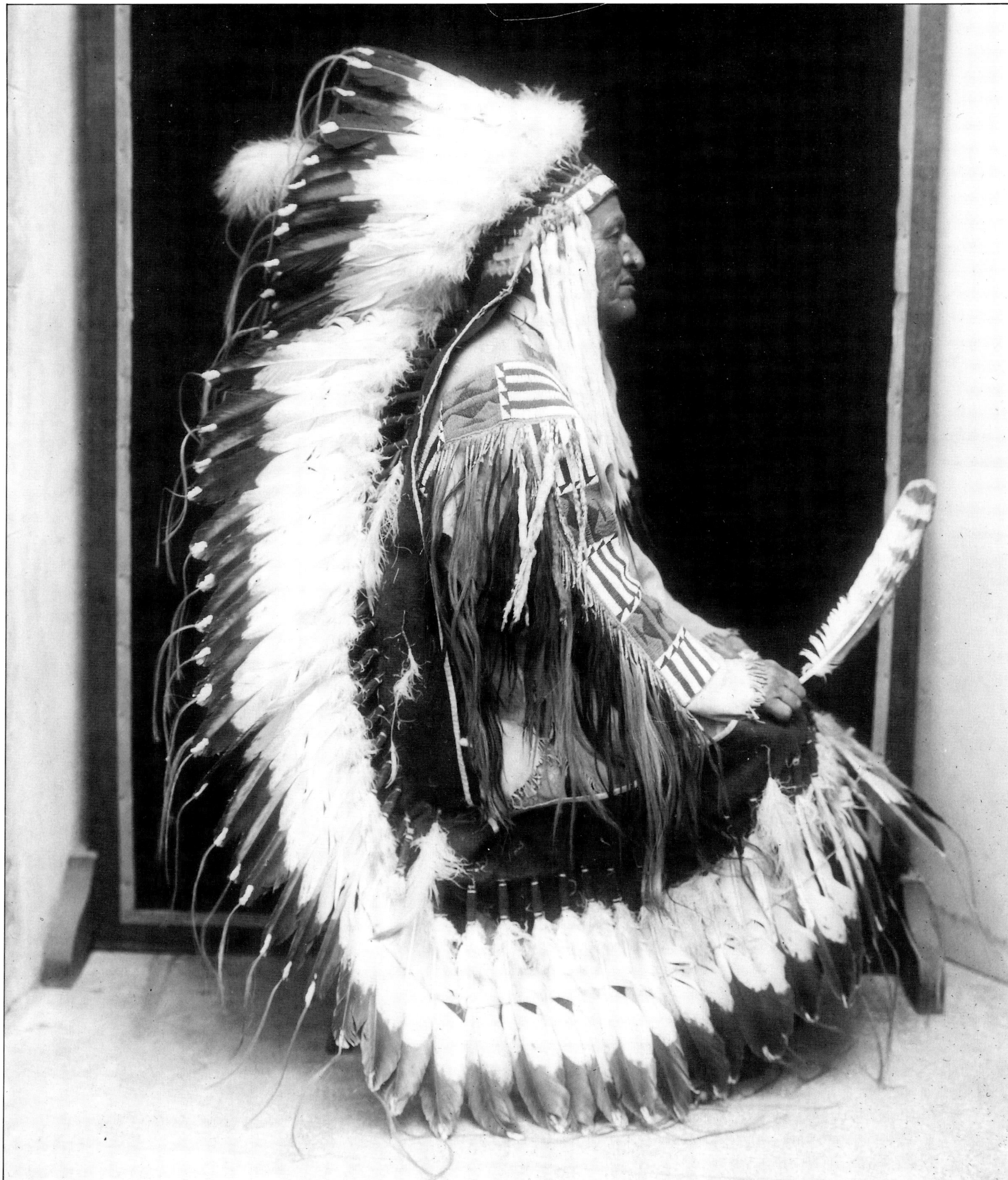

7.12 LINKS Häuptling John Grass, auch Charging Bear genannt, ein Schwarzfuß-Dakota. Von De Lancey Gill 1912.

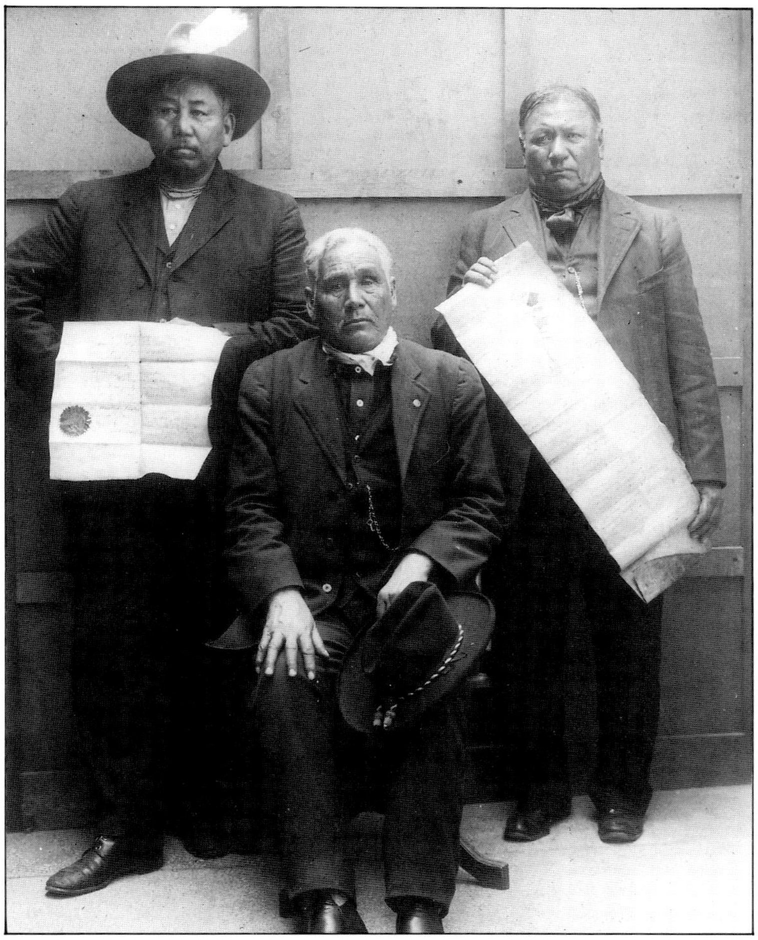

7.13 Mitglieder einer Winnebago-Delegation, die anscheinend Verträge in der Hand halten. Von links nach rechts: Jacob Russel, Etchica, Cat oder Jim Burt und Red Eagle oder Henry French. Von De Lancey Gill, Washington DC, März 1912.

7.14 Nez Perce Delegierte. Von links nach rechts: Pile Of Clouds, Yellow Bull, Aleck Morse und Tom Hill. Aufgenommen von de Lancey Gill im Studio des BAE am 2. Januar 1912.

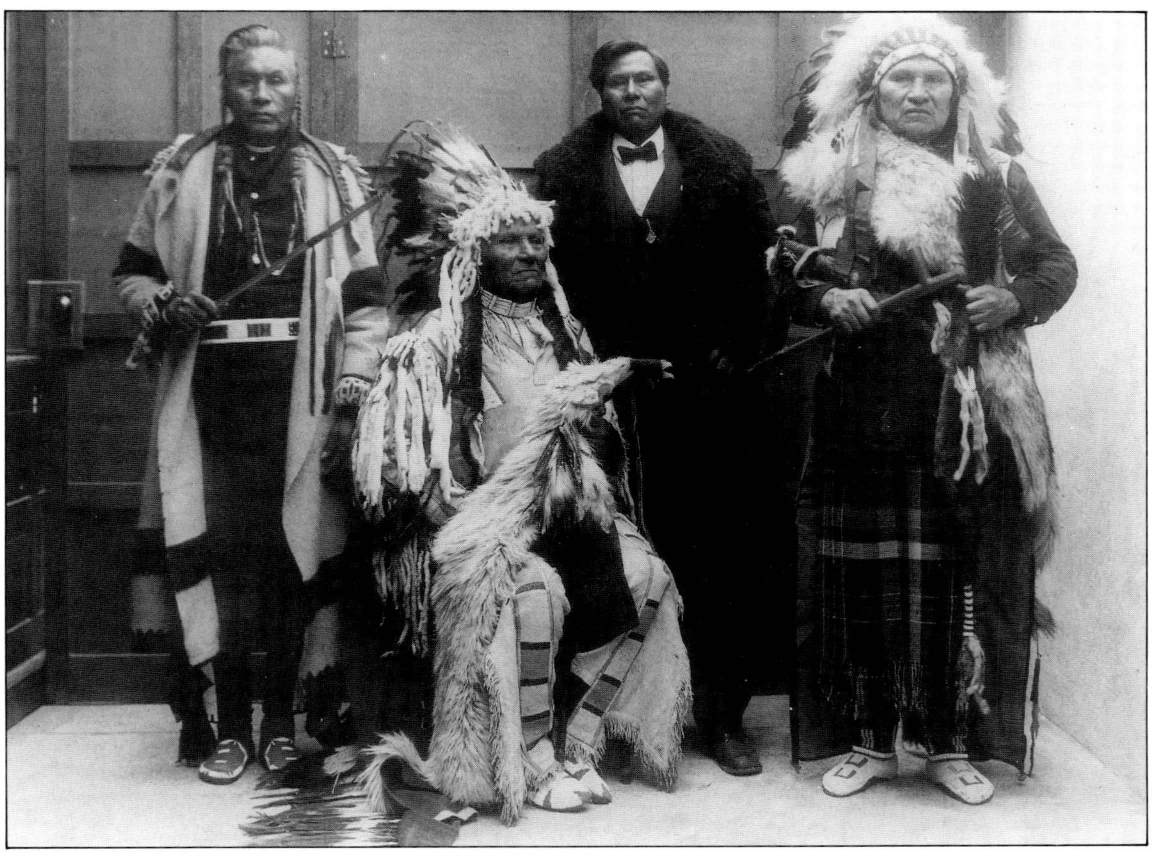

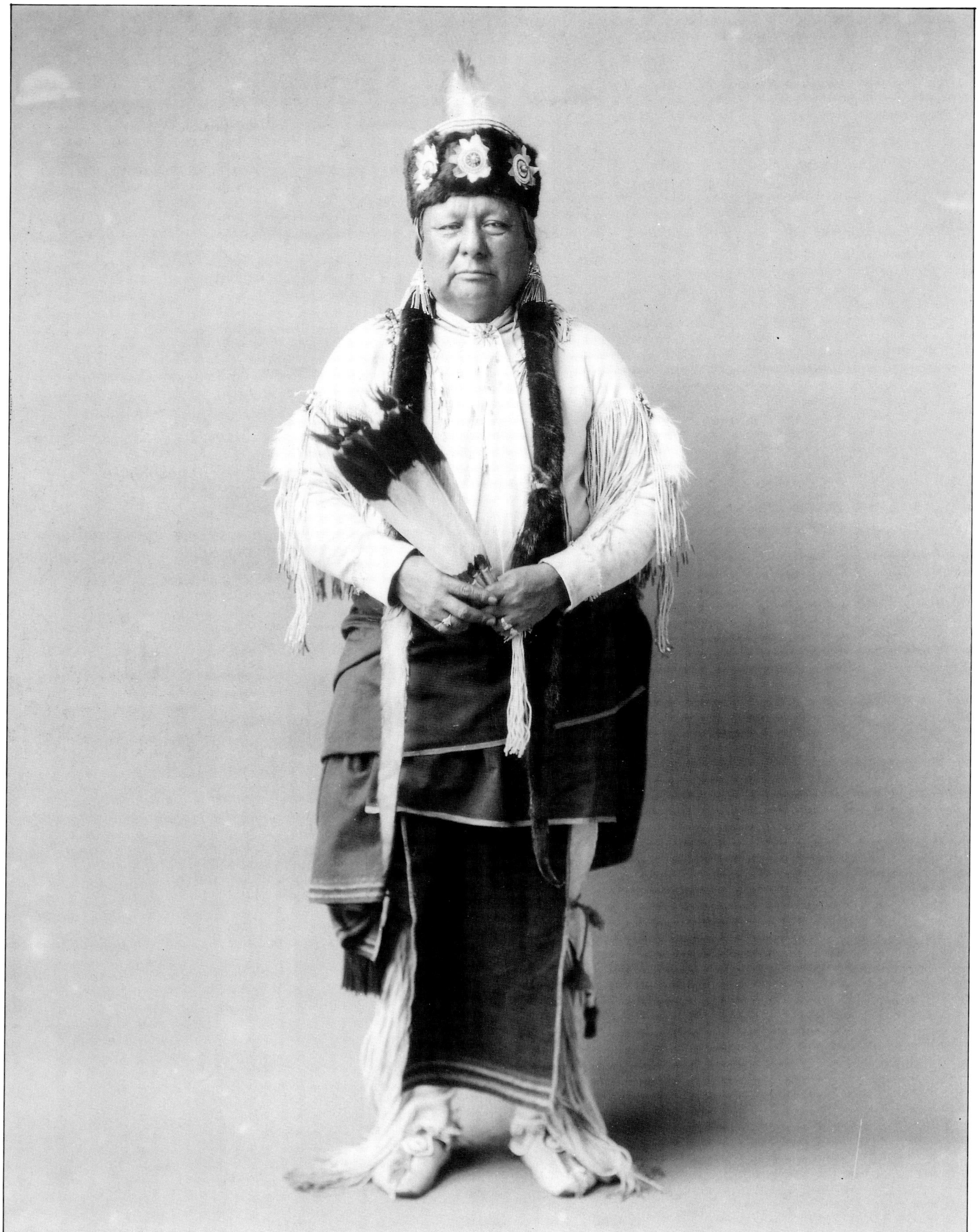

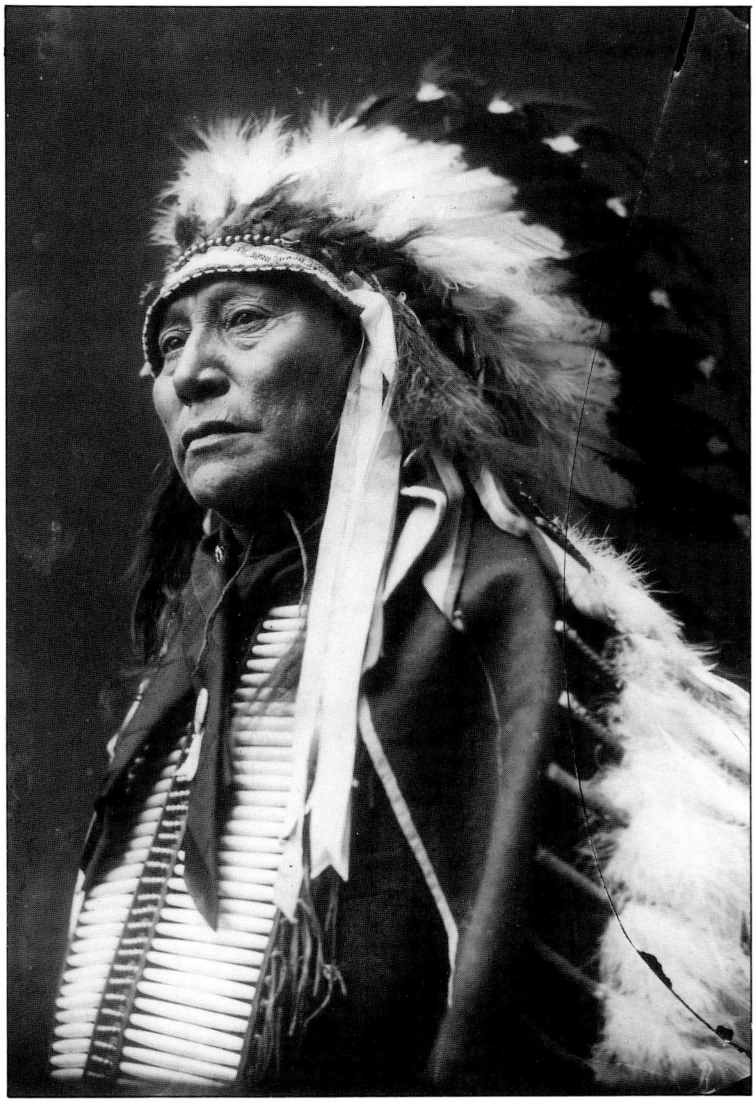

7.16 Hollow Horn Bear, ein Brule-Dakota. Dieses Bild wurde 1922 für eine 14-Cent-Briefmarke der USA verwendet. (Abb. 7.17). Von De Lancey Gill am 8. März 1905.

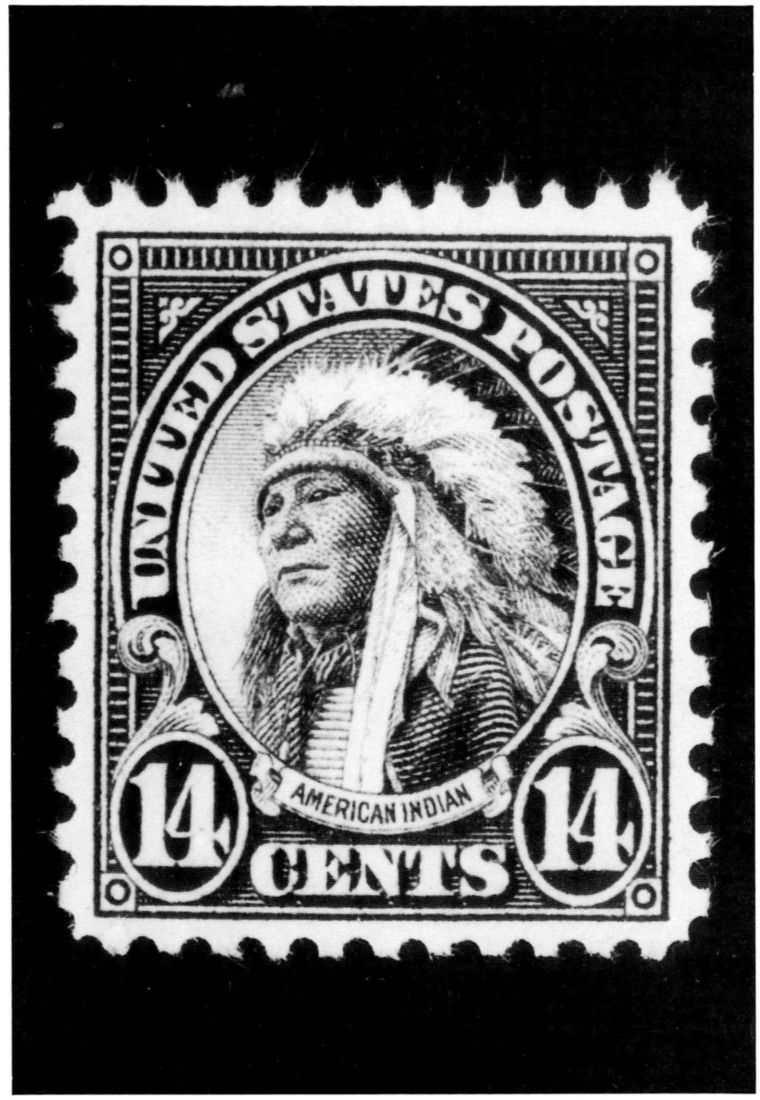

7.17 Die 14-Cent-Briefmarke von 1922 nach Gills Porträt von 1905. (Abb. 7.16).

7.15 LINKS Hair Hanging Down, ein Comanche, vor einem einfarbigen, einfachen Hintergrund, der sich sehr von den dekorativen Hintergründen der früheren Porträtaufnahmen des Fotografen unterscheidet. Von De Lancey Gill 1930.

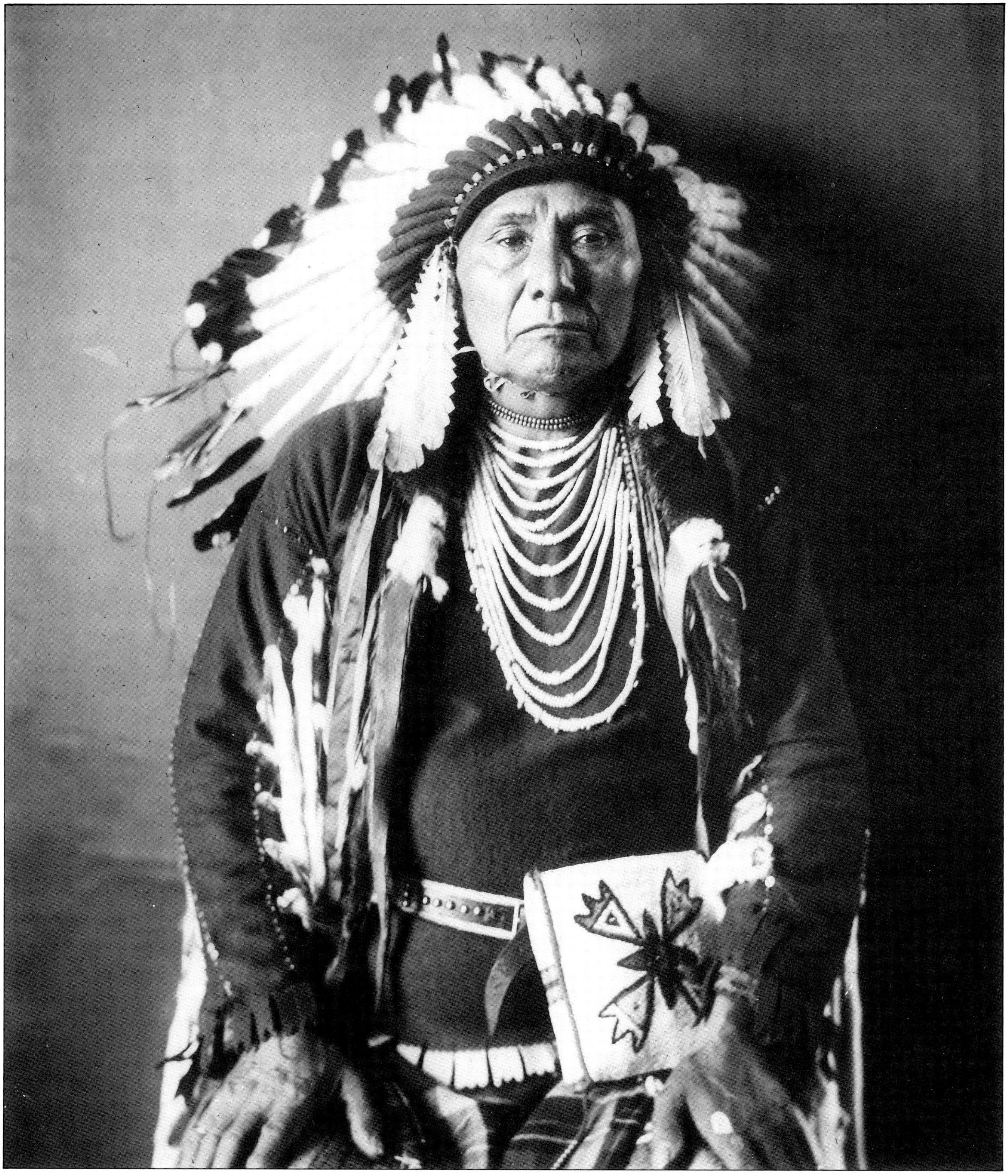

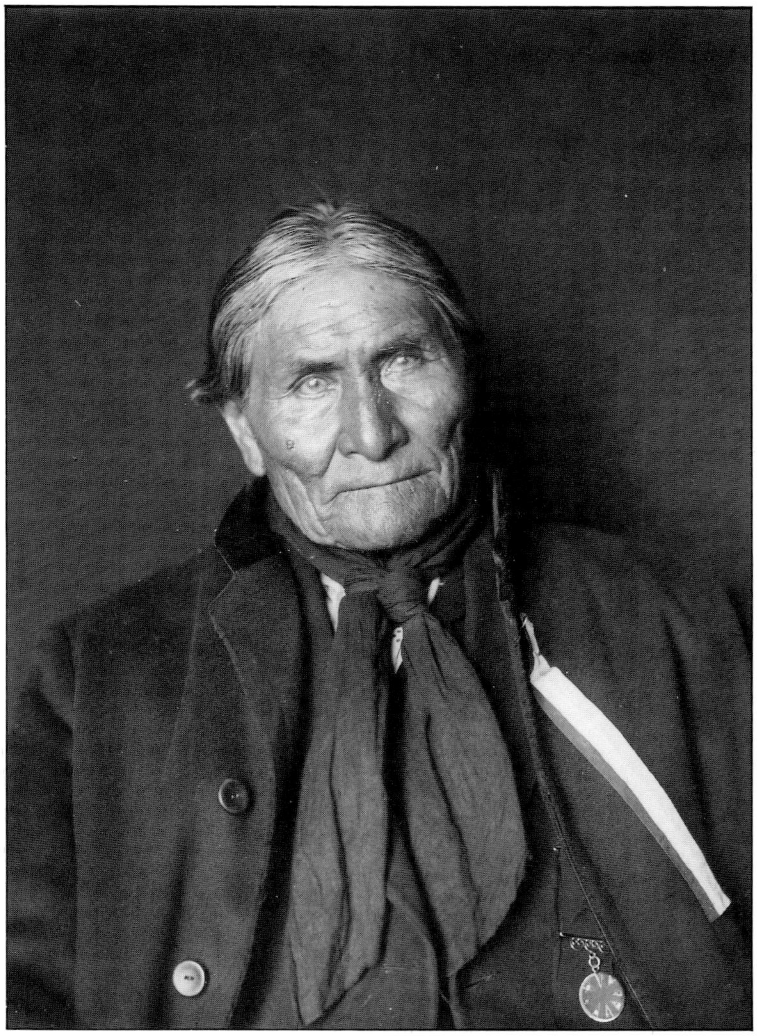

7.19 Der berühmte Chiricahua-Apachenhäuptling Geronimo. Für die Erlaubnis, ihn zu fotografieren, verlangte er zwei Dollar vom Fotografen, genausoviel, wie Gill gerade bei sich hatte. Als er das Geld erhalten hatte, wollte Geronimo weitere 25 cents, die sich Gill leihen mußte. Dafür machte Gill heimlich ein zweites Foto. Von De Lancey Gill im Studio des BAE, März 1905.

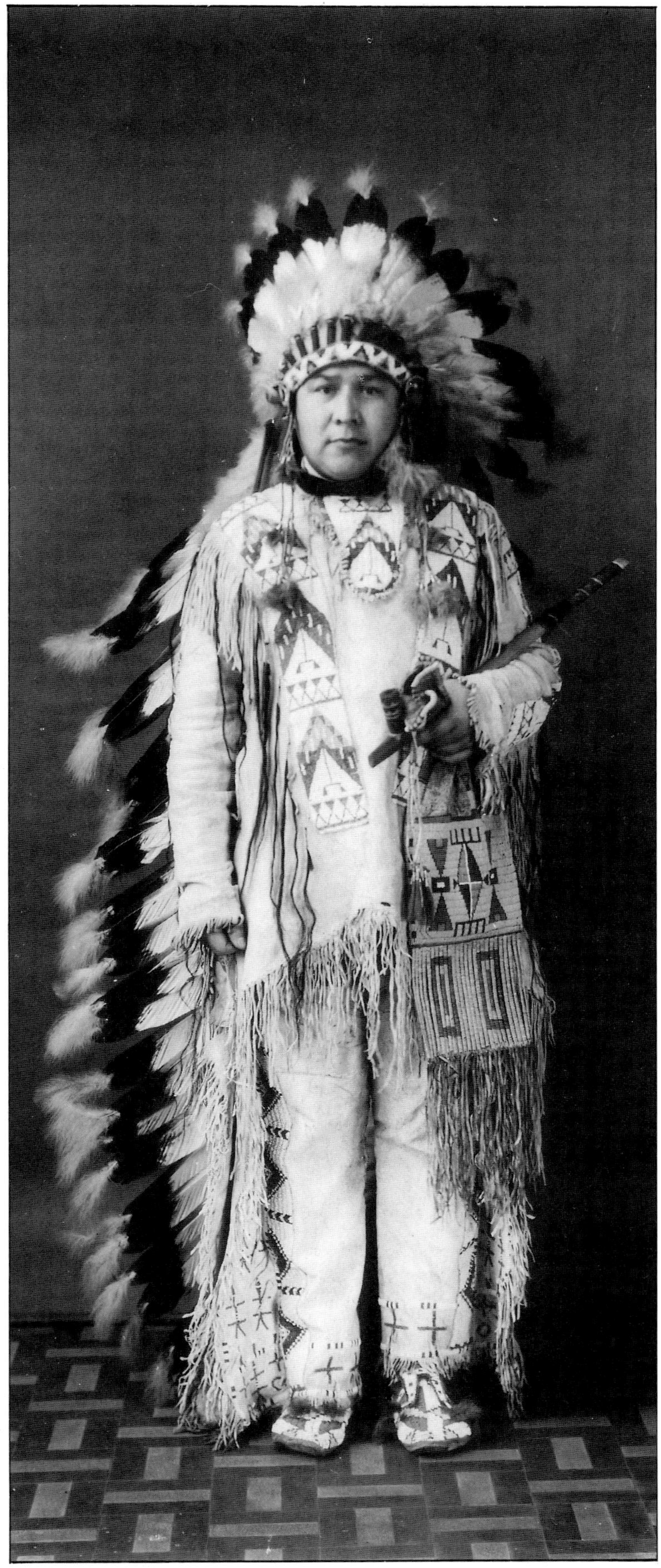

7.18 Linke Seite Häuptling Joseph, Anführer der Nez Perce. Als ihn der Fotograf bat, sein Autogramm auf das Foto zu schreiben, schrieb er: »Chf. Joseph, 1900«. Gill wollte das Datum korrigieren, wurde aber mit der Begründung daran gehindert, daß Joseph auf diese Weise gelernt hatte, seinen Namen zu schreiben, und nicht anders. Aufgenommen von De Lancey Gill im Februar 1903.

7.20 Crazy Bull, ein Hunkpapa Dakota und Sitting Bulls Enkel. Eines der letzten Delegationsfotos des Fotografen. Von De Lancey Gill im Oktober 1931.

ACHTES KAPITEL

Unabhängige Indianerfotografen

Das gefährliche Leben

In den ersten Jahren des 19. Jahrhunderts bestand der amerikanische Westen aus einem Kern indianischen Landes, das an seinen Rändern im Südwesten, in Kalifornien, Oregon und im Great Basin, von weißen Siedlungen umgeben war. 1829 war der Mississippi noch die Ostgrenze. Doch bereits 1859 hatte die Besiedelung diese Grenze bis zum östlichen Rand von Oklahoma, Kansas und Nebraska verschoben.

Das öffentliche Bedürfnis nach Bildern vom Westen und von Indianern war nahezu unersättlich. Doch um dieses Bedürfnis zu befriedigen, mußten die Fotografen ihr bequemes Studio verlassen, sich in gefährliches Grenzgebiet begeben und dort von einem vorgeschobenen Posten zum andern reisen. Dabei mußten sie eine komplizierte und beschwerliche Ausrüstung mit sich herumschleppen. Dafür ist die Ausrüstung von Henry Jackson im Jahr 1875 ein anschauliches Beispiel: 1 stereoskopische Kamera mit mehreren Linsen; 1 5 × 8 inch Kamera mit Linsen; 1 11 × 14 inch Kamera mit Linsen; Dunkelzelt; 2 Stative; 10 Pfund Kollodium; 30 Unzen Silbernitrat; 2 Quart Alkohol; 10 Pfund Eisensulfat; ein Paket Filterlinsen; 1½ Pfund Zyankalium; 3 Meter Molton; 1 Schachtel Bimssteine; 3 Schachteln für die Negative; 6 Unzen Salpetersäure; 1 Quart Lack; Entwickler- und Fixierschalen; Flaschen in verschiedenen Größen; Waage und Gewichte; 400 Glasnegative.[1]

Dazu kamen die Sachen für den persönlichen Bedarf: Bettzeug, Kleidung, Waffen und Munition, Schaufel und Axt, Kochgeräte und Lebensmittel. Das gesamte Gepäck wog mehrere hundert Pfund und wurde mit Maultieren oder Wagen befördert, in unwegsamen Gebieten sogar eigenhändig. Immer wenn der Fotograf eine Aufnahme machen wollte, mußte das Material ein- und ausgepackt werden, und das mehrmals am Tag und oft nach einem ohnehin anstrengenden Marsch.

War das Motiv ausgewählt, wurde nun für das nasse Kollodiumverfahren zunächst ein Negativ beschichtet, was allein schon äußerst kompliziert war. Clarence Jackson, der Sohn von William Henry, beschrieb diese Arbeit seines Vaters:

> »Es verlangte große Geschicklichkeit und Kunstfertigkeit eine Glasplatte mit Kollodium zu beschichten und sie dann zu entwickeln. Ich erinnere mich, wie ich als kleiner Junge meinem Vater bei der Beschichtung einer 18×22 inch Platte zusah. Er balancierte sie vorsichtig auf den Fingern der linken Hand und goß etwas Kollodium auf die linke hintere Ecke. Dann verstrich er die dickflüssige Masse langsam über die ganze Platte bis er rechts vorne angekommen war. Seine Hand war dabei so sicher und vorsichtig, daß er nie einen Tropfen vergoß. Er mußte auch nie wieder etwas in die Flasche zurückgießen. Diese Arbeit war schon im Studio keine leichte Angelegenheit. Man kann sich vorstellen, um wieviel schwerer sie auf einem Berggipfel im Sturm war, nachdem die gesamte Ausrüstung gerade mühsam über glatte, eisige Felsvorsprünge und gefährliche Schneefelder nach oben geschleppt worden war.«[2]

War das Foto gemacht, mußte alles wieder auf das Maultier gepackt werden. Der ganze Vorgang dauerte normalerweise eine halbe Stunde. Jackson konnte jedoch, »wenn die Zeit drängte«, ein Negativ in fünfzehn Minuten machen, »vom Aufschnüren bis zum endgültigen Verstauen«.[3] Angesichts der Unwegsamkeit des Geländes und der großen Risiken des Transportes ist es ein Wunder, daß so viele Negative überhaupt ihren Weg zurück ins Studio fanden, um dort abgezogen zu werden.

Zu den technischen Problemen kam der Kampf mit der Natur. Der Fotograf Wilson B. Harlan hat darüber berichtet, wie Dürre, Hitze, Moskitos, Stürme und Regen den Teilnehmern der Fiske-Expedition durch Minnesota das Leben schwer machten. Einmal entkamen sie nur knapp einer Stampede von mehreren tausend Büffeln.[4].

Auch Wasser stellte ein Problem dar. Die Fotografen benötigten damals große Mengen davon, aber im Wüstengebiet oder im ewigen Schnee war das nicht so einfach zu haben. Dreckiges oder alkalihaltiges Wasser konnte zudem die Negative zerstören.[5]

In kalten Wintern wurde das Kollodium zu dickflüssig, und Wasser mußte durch Erhitzen von Schnee gewonnen werden. Solomon Carvalho, ein begeisterter Fotograf, beschreibt in seiner Biografie, wie er solche Hindernisse während der Frémont-Expedition überwand:

> »Es ist ein großer Unterschied, ob man Daguerreotypien in einem geheizten Raum macht oder im Freien, bei Temperaturen weit unter dem Gefrierpunkt. Meine Kollegen glaubten alle, daß unter solchen Bedingungen kaum Bilder gemacht werden könnten. Schon die Behandlung und Vorbereitung der Platten auf dem Gipfel der Rocky Mountains mitten im Schnee erschien unseren Freunden aus der Stadt als ein Ding der Unmöglichkeit... Ohne aufzuschneiden kann ich sagen, daß ich zwar auf viele Schwierigkeiten stieß, aber daß ich gut auf sie vorbereitet war.
> Aber selbst wenn mir fast die Hände und die Füße abfroren, auch wenn ich manchmal 24 Stunden nichts gegessen hatte und zu Fuß durch riesige Schneegebiete stapfen mußte, bin ich stehengeblieben und habe die Landschaft fotografiert. Dann habe ich wieder zusammengepackt und war dann oft noch fünf oder sechs Meilen von unserem Lager entfernt. Es zu erreichen, bedeutete weitere allergrößte Anstrengungen.«[6]

Die Schwierigkeiten auf den Expeditionen hörten nicht auf. 50 Packtiere stürzten in eine Schlucht, zwei verendeten, viele Zeltstangen gingen zu Bruch, so daß die Männer draußen im Schnee übernachten

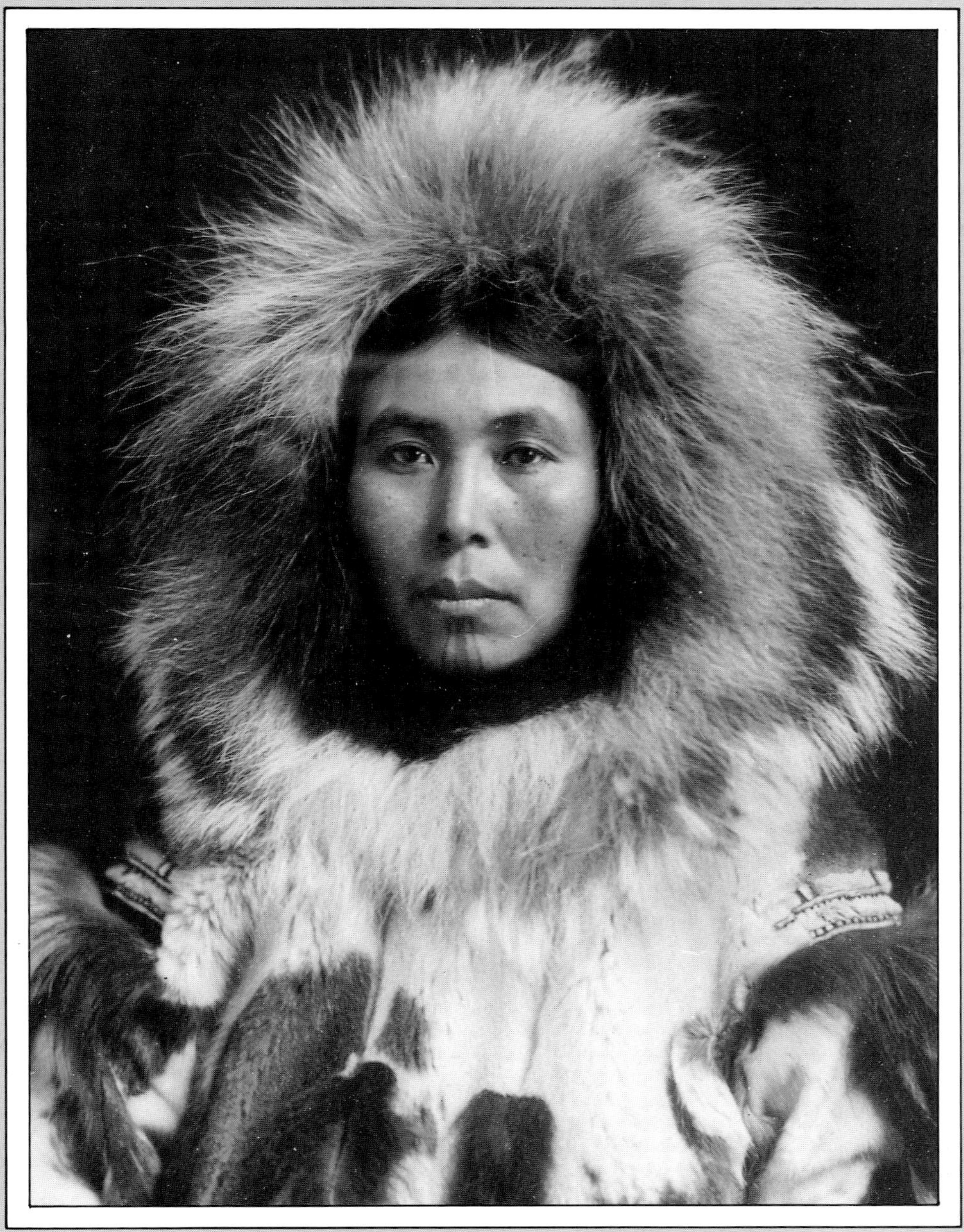

8.1 Eskimo-Frau mit tätowiertem Kinn. Aufgenommen von F. H. Nowell in Nome, Alaska, am 22. Dezember 1908.

mußten. Als der Proviant zur Neige ging, wurden 27 Pferde geschlachtet. Schließlich ordnete Frémont an, alles nicht lebenswichtige Gepäck zurückzulassen. Auch Carvalhos Ausrüstung für Daguerreotypien gehörte dazu.[7]

Die Fotografen in der sengenden Hitze der Wüste hatten andere Probleme. Die Schutzrahmen der Negative schrumpften in der trockenen Luft und fielen auseinander.[8] In den als Dunkelkammern benutzten Zelten herrschte eine infernalische Hitze. Sie mußten wegen des Treibsandes dicht verschlossen sein, und die Fotografen wurden von den chemischen Dämpfen fast bewußtlos.[9] »Manchmal lief der Schweiß in solchen Strömen von meinem Gesicht, daß ich aufpassen mußte, daß er mir nicht meine Platten zerstörte«, berichtet Jackson.[10]

O'Sullivan notierte, daß seine Gruppe trotz der herrlichen Bergwelt, schließlich das Land verließ, »vertrieben von einer Unzahl gefräßiger und besonders giftiger Moskitos« und »durch jenes Fieber mit dem Namen ›mountain ail‹, dem man nicht entkam, und das uns immer wieder völlig entkräftete«.[11]

Die Probleme, die Ridgway Glover im *Philadelphia Photographer* beschrieb, hatten mit größeren Tieren zu tun:

»(Mein Kollege)... war noch nicht lange weg, als ich auf einen großen Grizzly Bär traf. Ich wollte ihm schon eine Kugel in den Leib jagen, besann mich aber dann glücklicherweise doch eines besseren. Hätte ich gefeuert, wären wohl keine weiteren Berichte mehr von mir erschienen. Er wollte zuerst kämpfen, dann aber entschloß er sich, mich in Ruhe zu lassen, und auch ich verzichtete darauf, ihn zu belästigen. Er war so groß wie ein Elch und wog mindestens 1500 Pfund.«[12]

Neben solchen Gefahren stellten aber auch die Indianer selbst eine Bedrohung dar. Zwar waren sie anfangs gerade den Fotografen durchaus freundlich gesonnen, doch nach den vielen Übergriffen der Siedler wuchs ihre Feindseligkeit.

Auch über diese Gefahren berichtet Ridgway Glover in seiner erwähnten Artikelserie: ›Fotografie bei den Indianern‹. Schon in seinem ersten Brief vom 30. Juni 1866 schreibt er, daß ein Ambrotypist namens Laramie von den Indianern getötet und seine Frau gefangengenommen worden war.[13] Auch Glover selbst hatte zunächst Schwierigkeiten, Aufnahmen von den Indianern zu machen. »Jetzt aber kann ich mit ihnen reden und sie machen fast alles, worum ich sie bitte.«

Glover fotografierte die Brules und Oglala Sioux in Fort Laramie und schloß sich dann einer Abteilung unter Oberst Carrington an. Wenige Tage später wurde die Gruppe von Indianern eingeholt, »die sehr wild aussahen und um uns herumgaloppierten. Ich wollte sofort ein paar Aufnahmen machen, aber unser Kommandeur verbot es mir, weil er jeden Augenblick mit einem Angriff rechnete.«[14] Eine zweite Gelegenheit für ein solches Foto versäumte Glover, als einige Cheyenne ins Lager kamen, »weil das Kollodium zu heiß war... Sie griffen uns an, töteten zwei unserer Leute und verloren selber zwei Mann.«[15]

Sein letzter Bericht stammt vom 29. August 1866, als er auf Nachschub wartete. Einige Zeit später erschien im *Philadelphia Photographer* eine Notiz des Herausgebers: »Mr. Ridgway Glover wurde am 14. September in der Nähe von Fort Phil Kearney von Sioux-Indianern getötet. Er hatte mit einem Kollegen das Fort verlassen, um ein paar Aufnahmen zu machen. Beide wurden skalpiert und schrecklich verstümmelt aufgefunden.«[16] Glover bezahlte seinen Versuch, die Indianer zu fotografieren, mit dem Leben. Kein einziges seiner Bilder ist überliefert.

1871 reiste George Kirkland mit William Chamberlain und einigen anderen Fotografen durch Colorado.[17] Trotz aller Gefahren[18] fotografierten sie viele Indianer. Von Kirkland gibt es nur wenige Aufnahmen. (Abb. 8.2) Die Fähigkeit der Fotografen, Bilder einzufangen, beeindruckte die Indianer. Aber sie erschraken auch über diese Menschen, die die Macht der Sonne für ihre eigenen Zwecke zu nutzen schienen. Die Dakota-Indianer nannten die Fotografen (wie bereits erwähnt) »Schattenfänger«. Den Schatten einer Person zu fangen, bedeutete, sie kontrollieren zu können, und deshalb hatten die Indianer manchmal Angst davor, fotografiert zu werden. (Abb. 8.3) Viele Fotografen verstanden diese Angst oft nicht[19] – für sie war ein Foto nur ein belichtetes Stück Papier.

Die Reaktion der Indianer auf die Fotografen hatte häufig mit ihren früheren Erfahrungen mit Weißen zu tun. Carl Wimar versuchte 1858 mehrmals die Mandan zu fotografieren, obwohl er von ihrer Angst wußte. »... Sobald ich aber die Kamera aufgestellt hatte, wurden sie so erzürnt, daß sie mit ihren Bogen auf mich anlegten, so daß ich sehr schnell von meinem Vorhaben abließ.«[20] Er erfuhr später, daß die Indianer befürchteten, an Pocken zu sterben, sobald man sie fotografierte – ihr Dorf war von dieser Epidemie einmal heimgesucht worden. Schließlich gelangen ihm doch ein paar Aufnahmen, aber nur, indem er sich hinter einem Vorhang versteckte und durch einen Spalt hindurchknipste.[21]

Auch die unterschiedlichen sozialen Gebräuche der einzelnen Stämme verwirrten Wimar. Im Siouxgebiet notierte er:

»Wir hatten kaum das Ufer erreicht, als etwa 300 Wilde bedrohlich auf uns zu galoppierten und erst 100 Schritt vor uns plötzlich anhielten. Dann schossen sie über unsere Köpfe hinweg. Man kann sich unseren Schrecken vorstellen, als die Kugeln an uns vorbeipfiffen, aber man erzählte uns später, daß ein solcher Empfang ein Zeichen der Freundschaft sei.«[22]

Ein anderes Erlebnis hatte Dr. William Abraham Bell, als er Indianer fotografieren wollte. Als er 1867 eine Gruppe von Frauen aufnahm, wollte eine von ihnen ihre Freundinnen gerne durch die Kamera betrachten. Bells Kamera zeigte, wie damals üblich, das Bild auf dem Kopf stehend. Als die Frau ihre Freundinnen mit den Beinen in der Luft sah, war sie sehr erzürnt: Bell durfte das Foto nicht machen.[23]

Als Lloyd Winter und Percy Pond in Alaska Fotos machten, waren die Umstände günstiger. Bei der Rast auf einem Hügel wurden sie, ohne es zu wollen, Zeugen einer geheimen Zeremonie von Chilkat-Indianern, an der nur initiierte Stammesmitglieder teilnehmen dürfen. Als die Indianer sie bemerkten, brachen sie den Tanz verwirrt und erschrocken ab. Winter, der ihre Sprache beherrschte, fand eine Lösung für den unglücklichen Vorfall: Die Indianer waren bereit, Winter und Pond als Mitglieder des Stammes aufzunehmen und zu initiieren. Pond wurde auf den Namen »Crow Man« getauft, Winters Name einfach in die Indianersprache übersetzt.[24]

Beide hatten großes Interesse an den Indianern der Nordwestküste und unternahmen häufig Reisen zu deren Dörfern. Eine ihrer faszinierenden Aufnahmen ist die Innenansicht eines Tlingit-Hauses. (Abb. 8.4)

Die individuelle Persönlichkeit der Indianer wie der Fotografen spielte bei den Begegnungen immer eine wichtige Rolle. Ein gutes Beispiel dafür ist William Prettyman, der für seinen Beruf offensichtlich wie geschaffen war. Prettyman wurde 1891 von den Sauk und Fox herzlich begrüßt, obwohl zur selben Zeit Siedler in ihrem Gebiet Land besetzten. Diese Landnahme hielt die Indianer nicht einmal davon ab, für ihn ein Fest zu geben, und sie suchten ihn sogar in seinem Studio in Arkansas City auf, als er sie nicht besuchen konnte.[25]

Prettymans Beispiel zeigt, daß ein Fotograf, der das Vertrauen der Indianer gewonnen hatte, normalerweise die gewünschten Bilder machen konnte. (Abb. 8.28) Major Lee Moorhouse berichtet, daß es jedoch manchmal jahrelanger Freundschaft und Beziehung bedurfte, um das Mißtrauen zu überwinden.[26]

Manchmal nützten die Begegnungen mit den Fotografen auch den Indianern, wie etwa im Fall Wassajah, einen Yavapai-Indianer. Er wurde 1871 noch als Kind von Pima-Indianern gefangen. Kurz darauf verkauften sie ihn für 30 $ an Carlos Gentile, einen italienischen Fotografen, der den Jungen mit nach Osten nahm und ihn Carlos Montezuma taufte.[27] Gentile gab ihn später in die Obhut eines Baptistenpfarrers in Illinois. Montezuma erhielt eine gute Ausbildung und besuchte die Chicago Medical School. Er arbeitete später im Indian Service und schrieb über sein Volk.[28]

Ohne geschäftliches Denken kamen die Fotografen nicht aus. Ihre Karriere hing von ihrem Gewinn ab. Obwohl Bilder von den Grenzgebieten und den Indianern durchaus populär waren, blieb die Haupteinnahmequelle doch die tägliche Porträtfotografie im Studio. Wenn die Fotografen auf Tour gingen, kümmerten sich ihre Frauen oder Partner um die Studios. So wurden viele Frauen zu talentierten Fotografinnen, blieben jedoch in der Anonymität.

Auch die jeweilige Mode war für die Fotografen von großer Bedeutung. Während des Bürgerkrieges etwa wurden kleine Visitenkarten mit Fotos populär. Alle Welt ließ sich dafür fotografieren. Die Karten wurden getauscht, und man sammelte die Bilder von bekannten Persönlichkeiten, auch von Indianern, in eigens dafür hergestellten Fotoalben. Dann änderte sich die Mode, und die mit einem großen Foto geschmückte »Kabinett-Karte« kam auf. Die Stereographie hatte Ende der 70er Jahre den Höhepunkt ihrer Popularität überschritten. Größere Firmen mit rationelleren Produktionsmethoden und einer besseren Vermarktung verdrängten viele der unabhängigen Fotografen.[29]

Die allgemeine wirtschaftliche Lage wirkte sich auch auf die Studios auf. Die Krise von 1873 zwang viele Fotografen, sich nach einer Nebenbeschäftigung umzusehen.[30] Seit dem Bürgerkrieg mußten sie besondere Steuern zahlen, wurden Genehmigungsgebühren erhoben, und schließlich mußte jedes einzelne Bild versteuert werden.

Der Kreis der professionellen »Frontier«-Fotografen war relativ klein. Die meisten kannten einander. Mit der zunehmenden Konkurrenz wuchs die Piraterie. Das Kopieren der Arbeiten von Kollegen wurde eine solche Alltäglichkeit, daß bis heute die Zuordnung von Bildern oft nicht möglich ist.

Zwar konnte jeder Fotograf seine Aufnahmen durch ein Copyright schützen lassen, indem er sie beim Districtgericht in Washington DC registrieren ließ.[31] A. Zeno Shindler z. B. ließ allerdings Indianerfotos, von denen er wußte, daß sie von W. H. Jackson und Joel Whitney stammten, auf seinen Namen eintragen.[32]

David F. Barry ärgerte sich derart über den »Diebstahl« von Bildern, daß er zu einer Veröffentlichung seiner Fotos folgende Bemerkung schrieb: »Dieser Katalog enthält viele Bilder von bekannten Indianern. Es sind Originale und keine Kopien. Die Indianerfotos von Haynes aus Fargo hingegen sind Kopien meiner Aufnahmen.«[33] (Frank Haynes machte jedoch auch eigene Indianerfotos und unterhielt ein wichtiges Studio im Yellowstone National Park.) Selbst die Belohnungen, die manche Fotografen für das Auffinden illegaler Kopien aussetzten, halfen nichts. Die Piraterie grassierte weiter.

Fotografen der Grenzstädte

Die Fotografie im Grenzgebiet blieb nicht auf die Expeditions- und Reisebilder beschränkt. Mit dem Zug nach Westen entstanden laufend neue Grenzstädte. Wenn einmal der erste Saloon eingerichtet war, leisteten sich diese Städte auch einen Fotografen, der oft im Nebenberuf noch Zahnarzt, Juwelier oder Uhrmacher war. Um Indianer zu fotografieren, unternahmen manche dieser Fotografen Ausflüge in die Wildnis, andere holten sich die Indianer ins Studio.

Thomas A. Easterly machte einige der ersten Porträts von Iowa-, Sauk- und Fox-Indianern, als er 1846–47 als Daguerreotypist in Missouri auf Reisen war. Die Ausleuchtung der Bilder zeigt, daß sie im Studio aufgenommen wurden. (Abb. 8.7, 8.8) Der genaue Ort ist unbekannt. Möglicherweise verfügte Easterly über ein tragbares Studiozelt, vielleicht stammen die Fotos aber auch aus dem Studio, das er Ende 1847 in St. Louis, Missouri, eröffnete.

Salt Lake City hatte besonders viele Fotografen. Charles R. Savage und George M. Ottinger eröffneten in den 60er Jahren ein Studio und fotografierten die Indianer aus der Umgebung. Charles W. Carter, einer ihrer Angestellten, richtete später sein eigenes Studio ein, das mit Indianerfotos noch bessere Geschäfte machte.

Über die Aufnahme, die er von Paiute Jim und dessen Frau machte, (Abb. 8.9) berichtet Carter in seinen Studioaufzeichnungen, die erhalten geblieben sind:

> »Ich nehme an, daß dies das erste Mal war, daß der liebe Jim den Arm um die Dame seines Herzens gelegt hat. Im allgemeinen sind die Indianer nicht besonders liebevoll... Aber als ich Jim dazu gebracht hatte, sich fotografieren zu lassen, sah er so liebenswert aus, wie er da neben seiner Frau saß, daß ich der Versuchung nicht widerstehen konnte, seinen Arm um ihren Hals zu legen. Das Foto war im Kasten, bevor er merkte, wie liebevoll er aussah.«[34]

Obwohl Carter einige Bilder für die Indianer machte, waren seine Hauptabnehmer doch Weiße. Die Titel, die manche dieser Porträts tragen, zeigen die Überheblichkeit, mit der die Weißen damals die Indianer betrachtet haben: »Venus und Adonis« für das Porträt eines Paares oder »Die drei Grazien« für ein Bild von drei indianischen Frauen mögen vielleicht humoristisch gemeint sein, haben aber in Wirklichkeit etwas Gönnerhaftes und Entwürdigendes.

Auch in Omaha, Nebraska, gab es Studios, die sich auf Indianerfotos spezialisiert hatten. Alle Indianerfotografen aufzuzählen, würde eine endlose Liste ergeben. Ihre Arbeit lebt in den unzähligen erhalten gebliebenen Fotos fort.

Um die Jahrhundertwende war die Fotografie technisch so einfach geworden, daß sie nicht mehr auf Berufsfotografen beschränkt blieb. Sowohl Amateure wie Profis gründeten Kamera-Clubs. Man organisierte Fotoreisen, wie etwa zu den Pueblos im Südwesten. Die Gefahr von Angriffen feindlicher Indianer war vorbei, manchmal wurden die Clubs sogar zu Zeremonien zugelassen. In Pasadena leitete Adam Clark Vroman, ein bedeutender Indianerfotograf, einen solchen Club. (Abb. 8.10).

Bei den Aufnahmen wurde häufig ein Stativ aufgestellt, und dann machte jedes Clubmitglied seine eigene Aufnahme derselben Szene. Wenn es sich um das Porträt einer Person handelte, erkennt man manchmal nur an der veränderten Position der Hände, daß es verschiedene Aufnahmen sind. (Abb. 8.11)

Obwohl diese Fotoausflüge in erster Linie als Vergnügungsreisen gedacht waren, gab es manchmal Probleme; vor allem, wenn es um Aufnahmen von Zeremonien ging, wie etwa den Schlangentanz der Hopi. Die Indianer befürchteten, daß solche Bilder als Beweis dafür benutzt werden könnten, daß sie an ihren religiösen Gebräuchen festhielten – Gebräuche, die das Büro für indianische Angelegenheiten mit seiner Assimilierungspolitik ausrotten wollte. Schließlich verboten die Indianer allen Weißen, beim Schlangentanz zuzusehen.

Einige der Fotografen in dieser Zeit aber hatten Verständnis für die schlimme Lage der Indianer und setzten sich für sie ein. Charles Lummis, der 1884–85 von Cincinnati, Ohio, zu Fuß bis Los Angeles wanderte, entdeckte dabei sein Herz für den Südwesten und die Indianer. Von 1888–92 lebte er im Isleta Pueblo und machte dabei Fotos. Nachdem er nach Los Angeles zurückgekommen war, veröffentlichte er mehrere Bücher, in denen er die Schönheit des Landes und seiner Menschen zeigte.

Lummis war der typische Vertreter einer neuen Generation von Fotografen, die nicht nur Anteil am schweren Los der Indianer nahmen, sondern sich auch um Hilfe bemühten, indem sie öffentlich auf das Unrecht hinwiesen, das man den Indianern angetan hatte.

Die Fotografie hatte sich entwickelt: Auch ein interessierter Amateur konnte nun alles problemlos fotografieren. Die ernsthaften Berufsfotografen verfeinerten ihre Techniken. Das wachsende Bewußtsein über die Lage der Indianer und die Entstehung einer künstlerischen Fotografie verbanden sich schließlich und führten zu neuen Ansätzen der Fotografie im frühen 20. Jahrhundert.

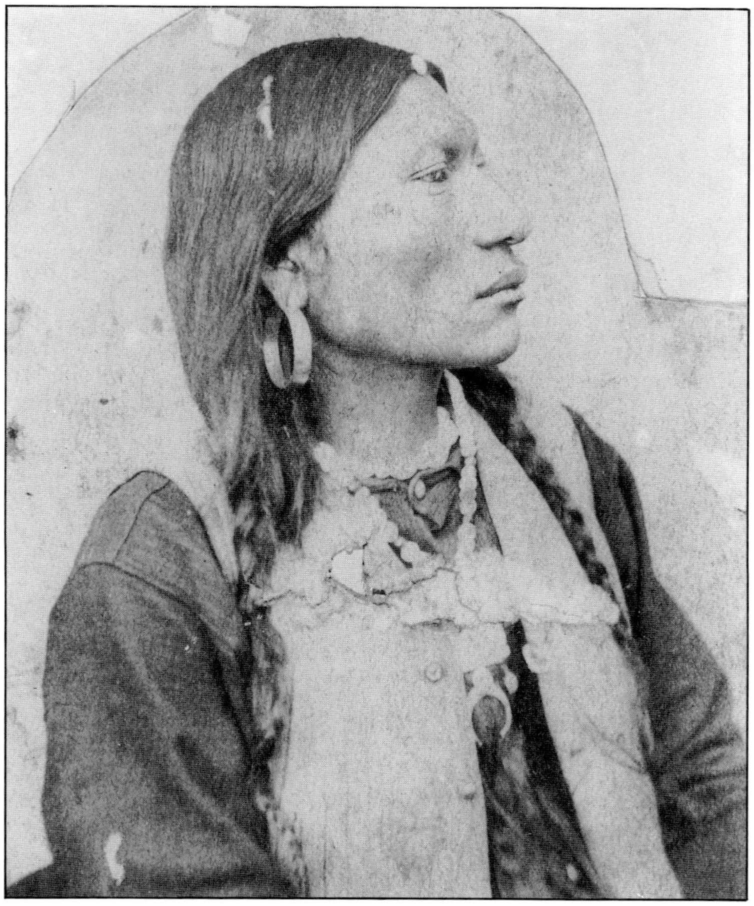

8.2 Ute Jack, auch bekannt als Green Leaf. Aus Mangel an Gelegenheit und wegen seiner Furcht vor Indianern machte der Fotograf George Kirkland nur wenige Indianerfotos. Von George Kirkland um 1871.

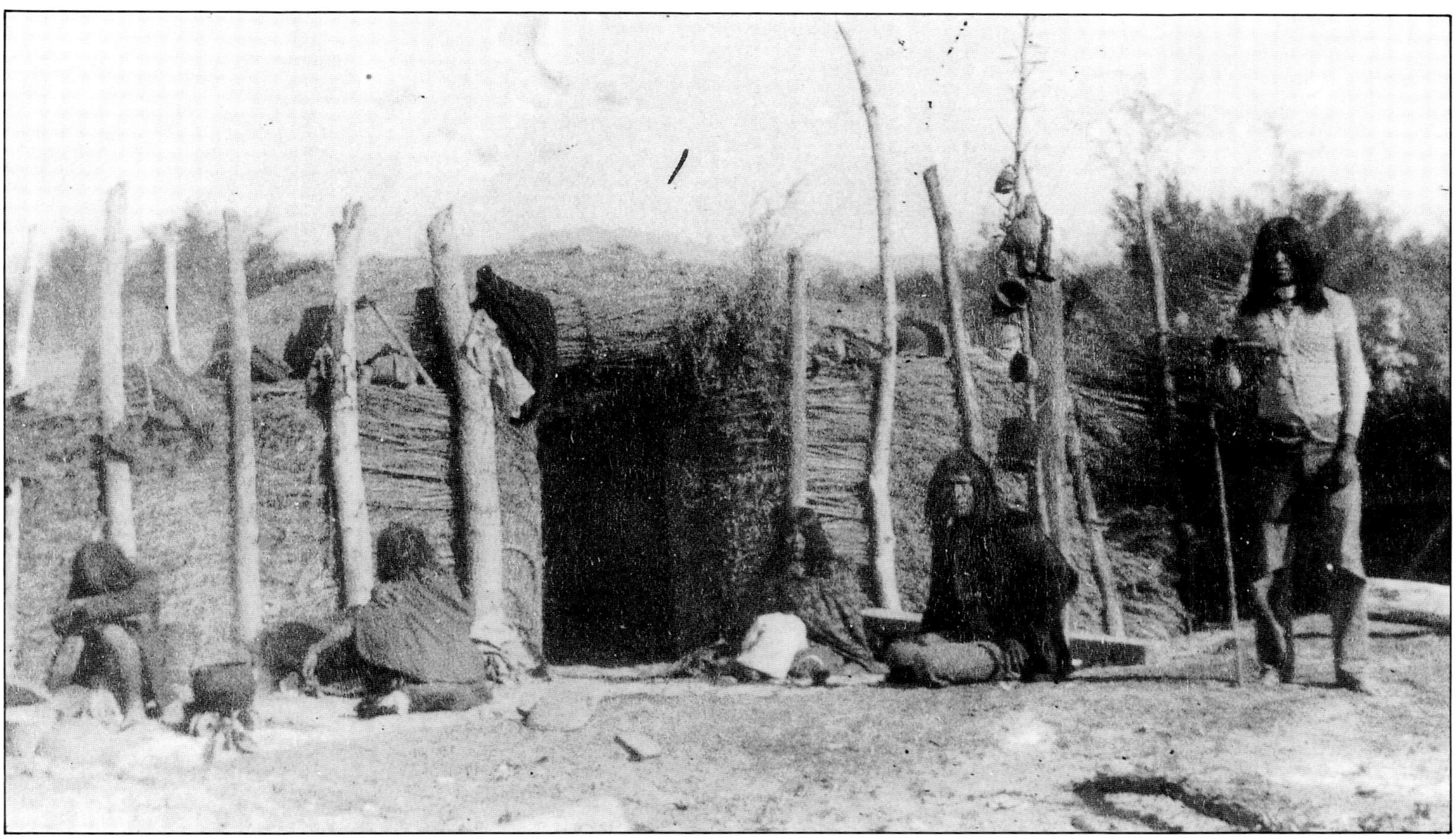

8.3. Eine Gruppe Mohave-Indianer im Colorado River Reservat in Arizona. Einige verdecken ihr Gesicht aus Angst vor der Kamera. Von einem unbekannten Fotografen.

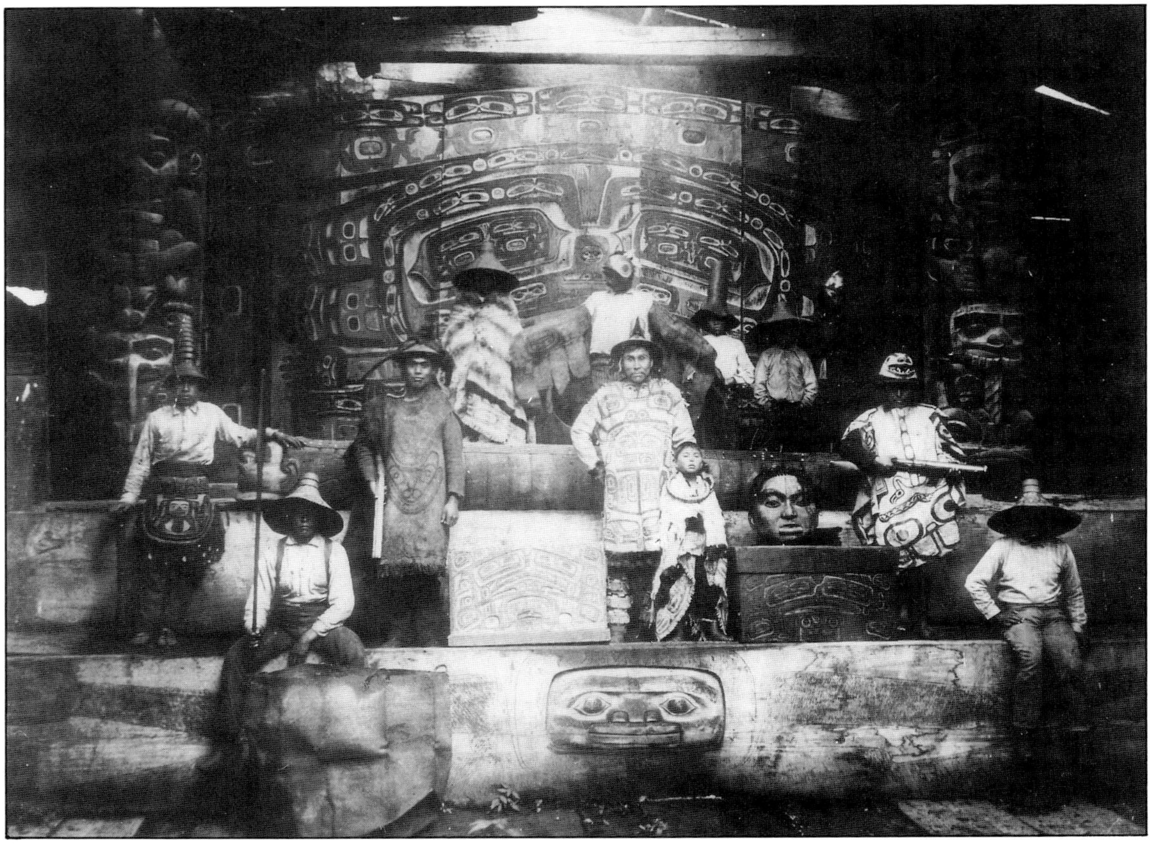

8.4 Innenansicht des Hauses von Tlingit-Häuptling Klart-Reech. Von Lloyd Winter und Percy Pond, Copyright 1895.

8.6 RECHTS Häuptling Joseph, der Anführer der Nez Perce. Vermutlich um 1877 aufgenommen und von Frank Jay Haynes, David F. Barry und Orlando Scott Goff verbreitet. (Der Fotograf kann nicht definitiv ermittelt werden.)

8.5 Tlingit-Tänzer bei einer Potlatch Zeremonie. Die Fotografen wurden unbeabsichtigt Zeugen einer heiligen Chilkat Zeremonie. Als sie von den Indianern entdeckt wurden, machte man sie zu Stammesmitgliedern, um Probleme zu vermeiden. Pond erhielt den Namen Crow Man, Winters Name wurde einfach in die Indianersprache übersetzt. Von Lloyd Winter und Percy Pond, Copyrigth 1895.

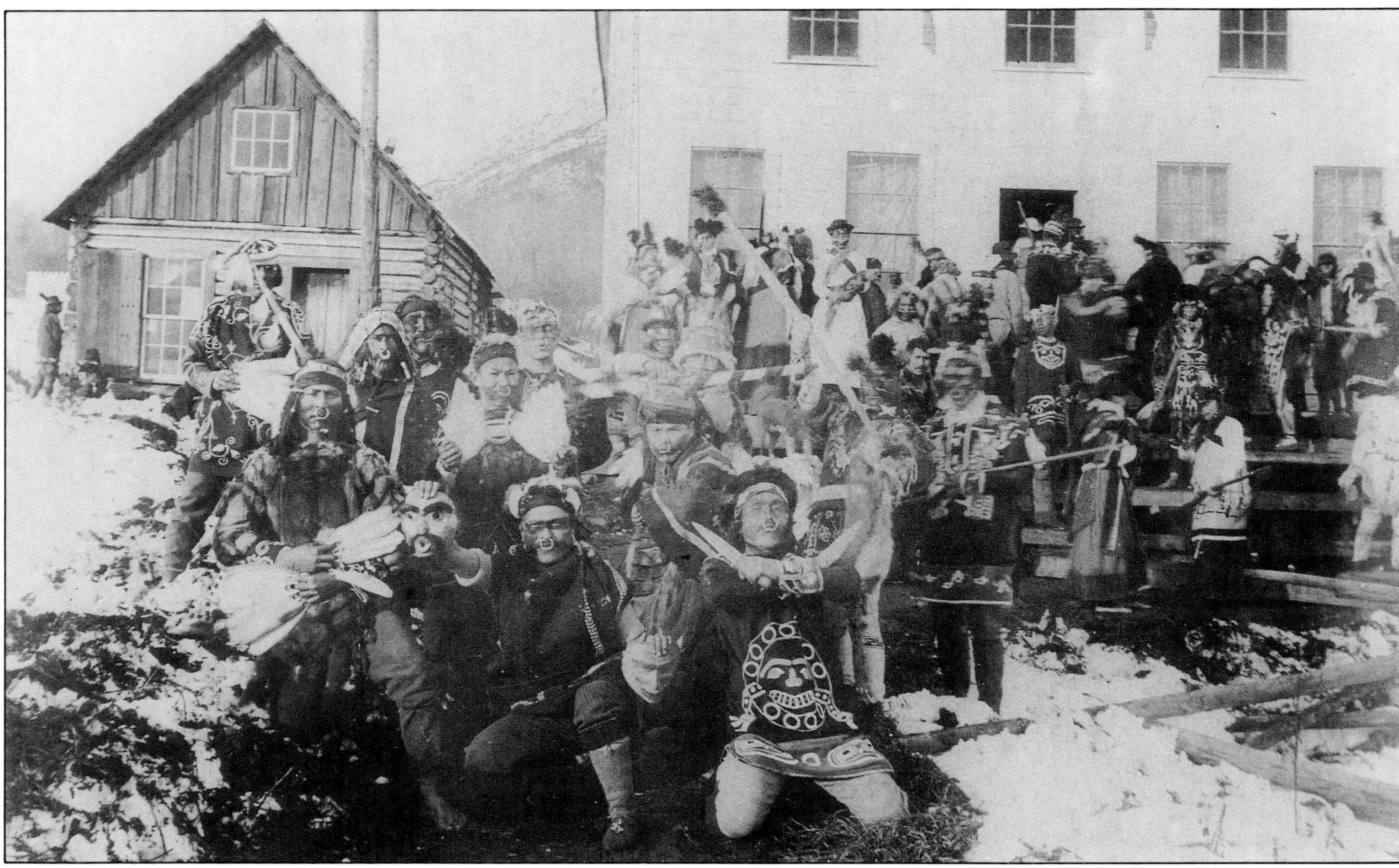

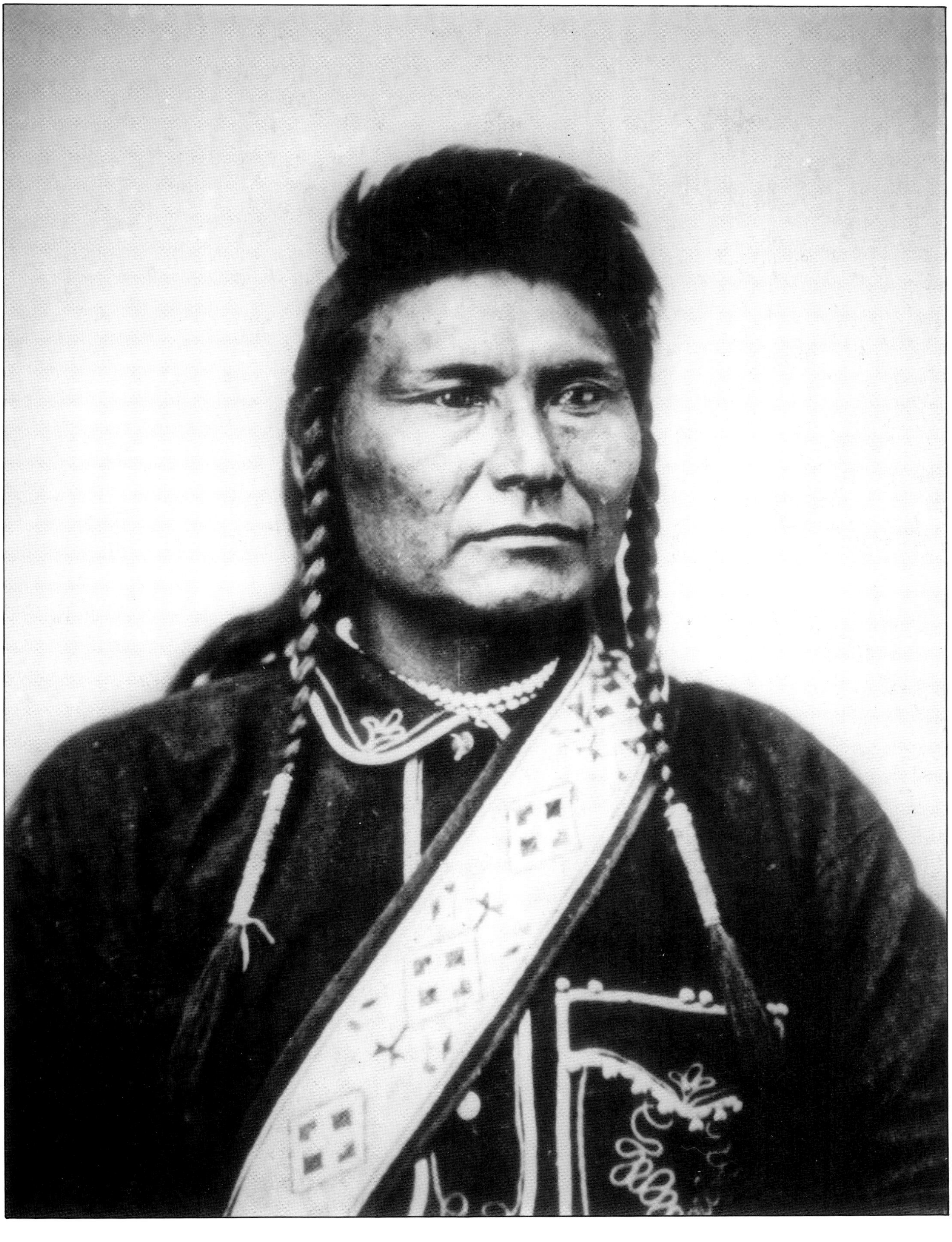

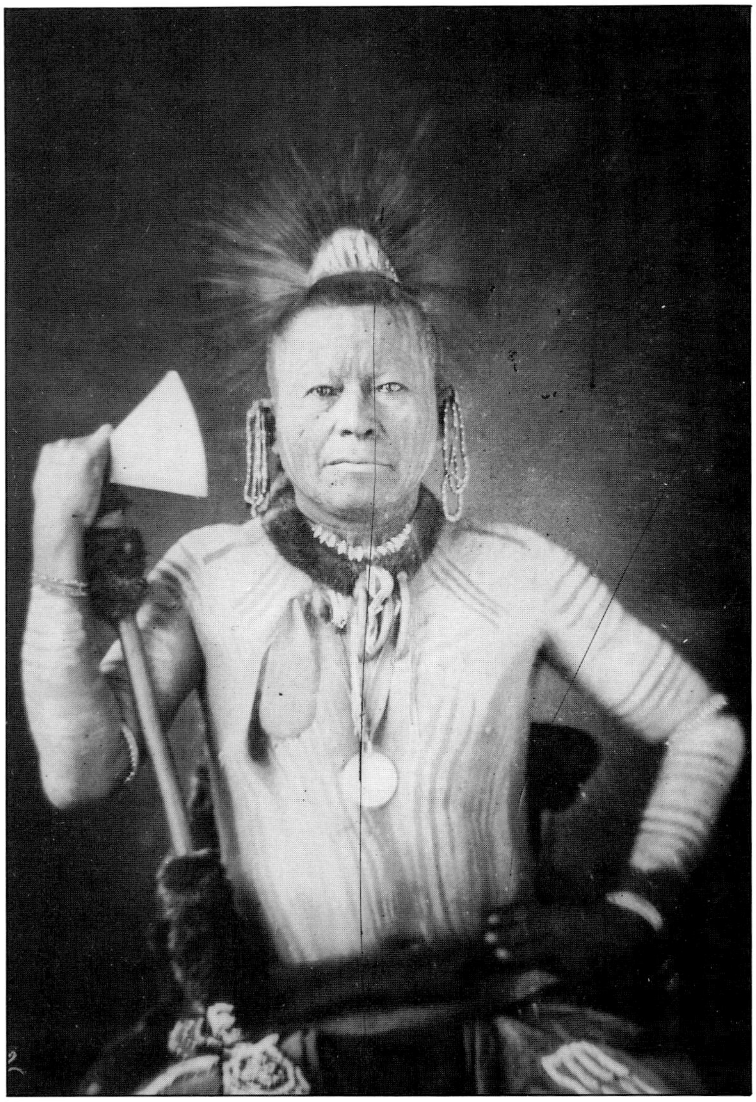

8.7 Longhorn, ein Sauk und Fox. Daguerreotype von Thomas M. Easterly, aufgenommen zwischen 1846 und 47. Das Negativ wurde mit dem nassen Kollodiumverfahren 1869 von A. Zeno Shindler hergestellt.

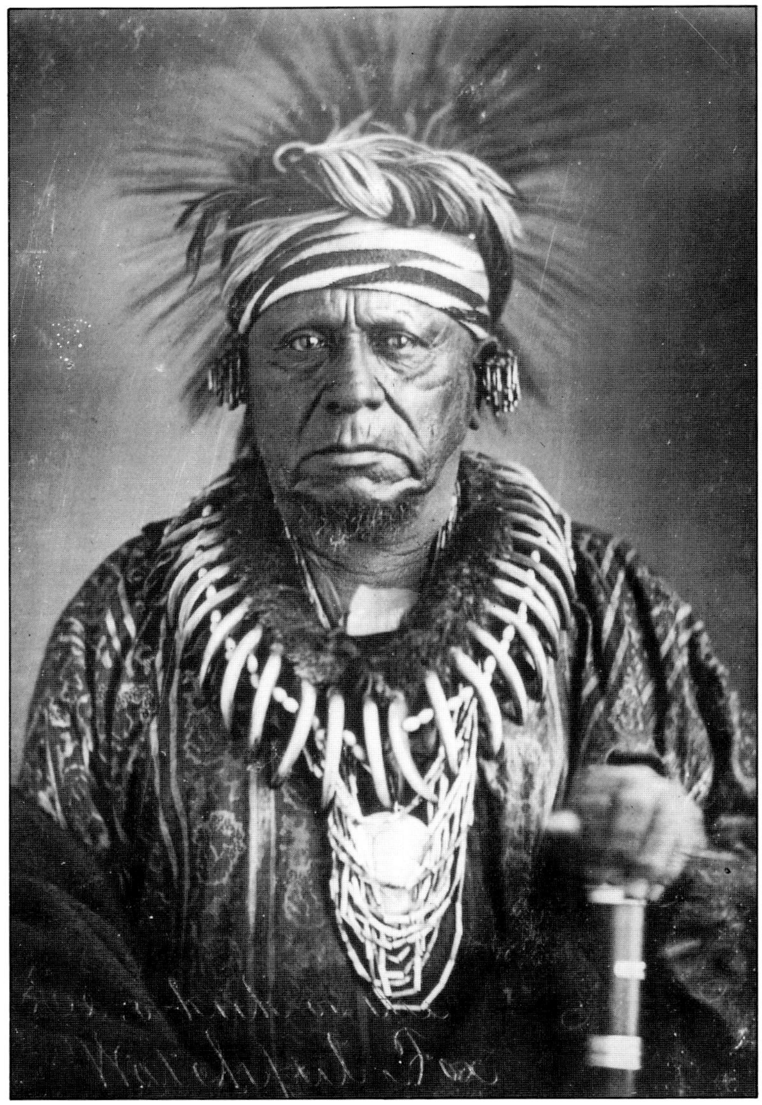

8.8 Keokuk, ein bekannter Sauk und Fox-Anführer. Daguerreotype von Thomas M. Easterly aufgenommen zwischen 1846 und 47. Das Negativ wurde 1868 mit dem nassen Kollodiumverfahren von A. Zeno Shindler hergestellt, zwanzig Jahre nach Keokuks Tod.

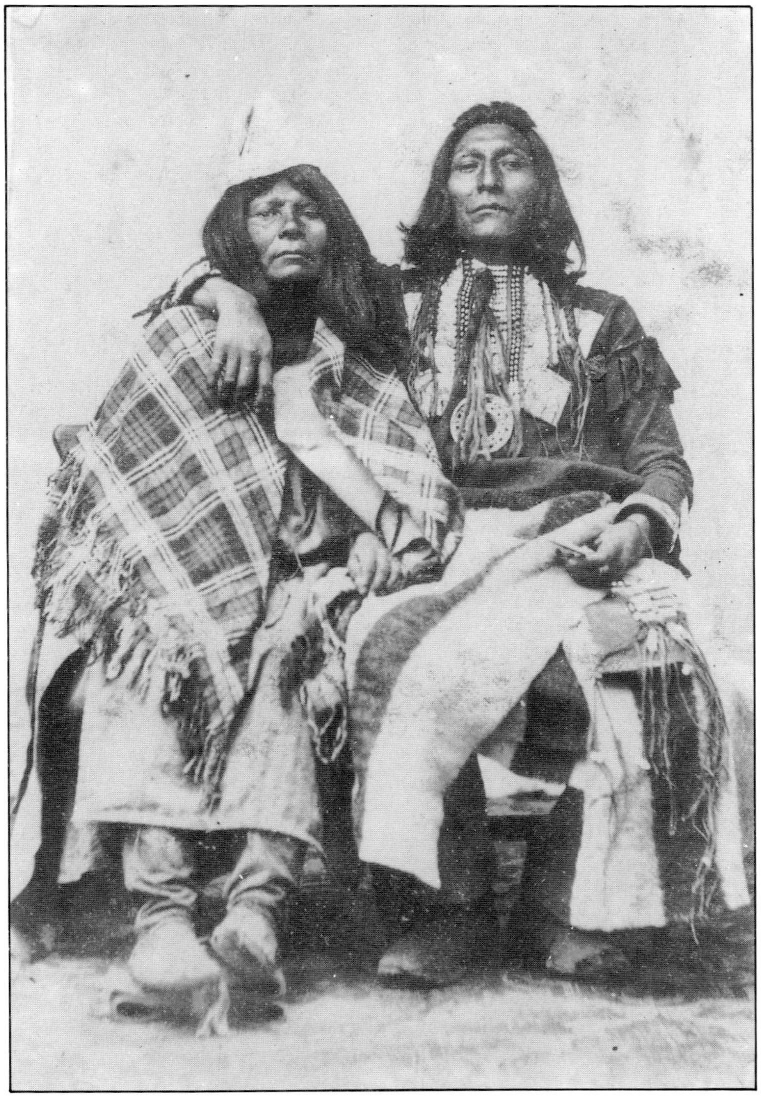

8.9 Paiute Jim und seine Frau. Der Fotograf kommentierte: »Ich nehme an, daß dies das erste Mal war, daß der liebe Jim den Arm um die Dame seines Herzens gelegt hat. ... er sah so liebenswert aus, wie er da neben seiner Frau saß, daß ich der Versuchung nicht widerstehen konnte, seinen Arm um ihren Hals zu legen.« Von Charles W. Carter von C. W. Carters View Emporium, Salt Lake City, Utah, um 1879.

8.10 Einer der vielen Kamera-Clubs, die um die Jahrhundertwende sehr verbreitet waren. Mitglieder dieses Clubs mit dem Hauptsitz in Pasadena, Kalifornien, waren H. E. Hoopes (ganz links, stehend), Adam Clark Vroman (sitzend) und Peter G. Gates. Von einem unbekannten Fotografen auf einer Reise zur San Juan Capistrano Mission 1900.

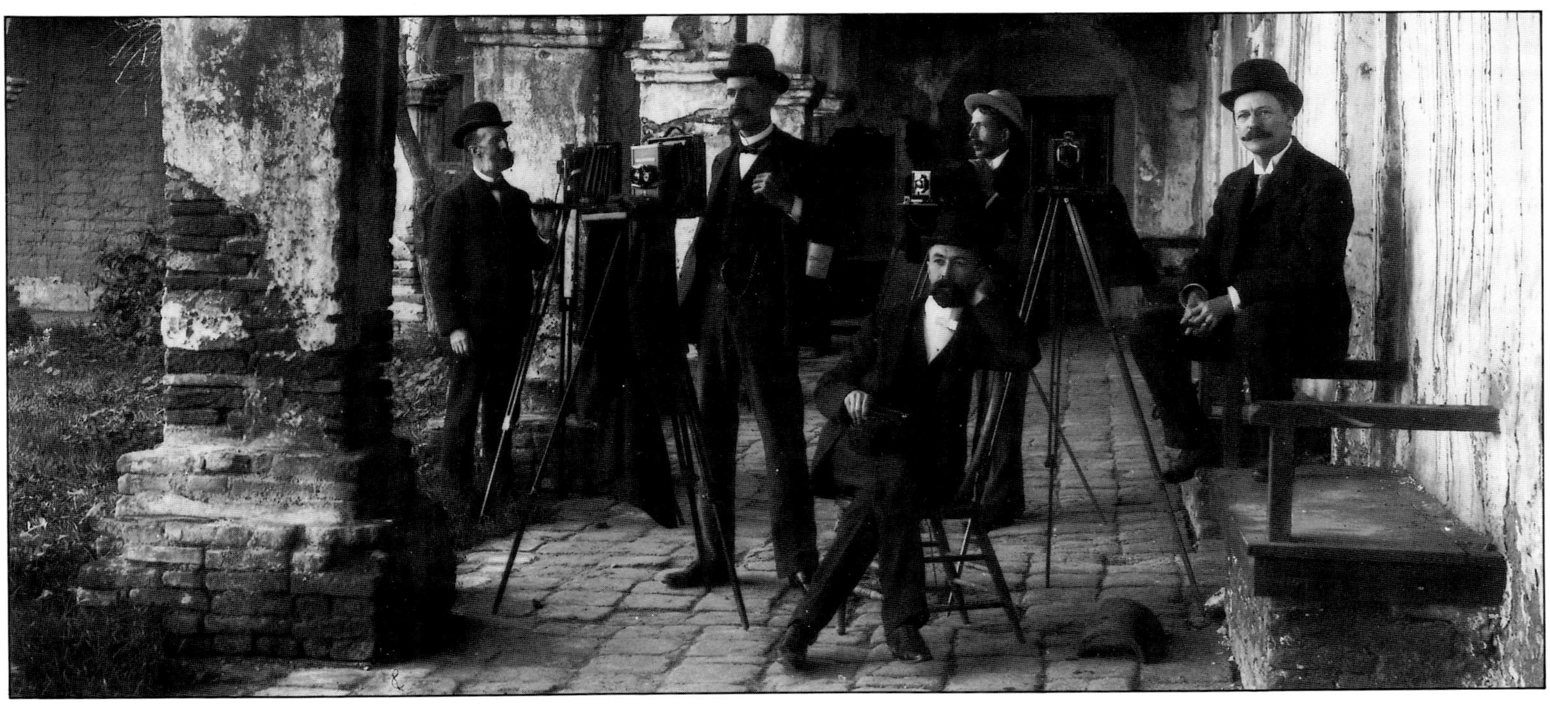

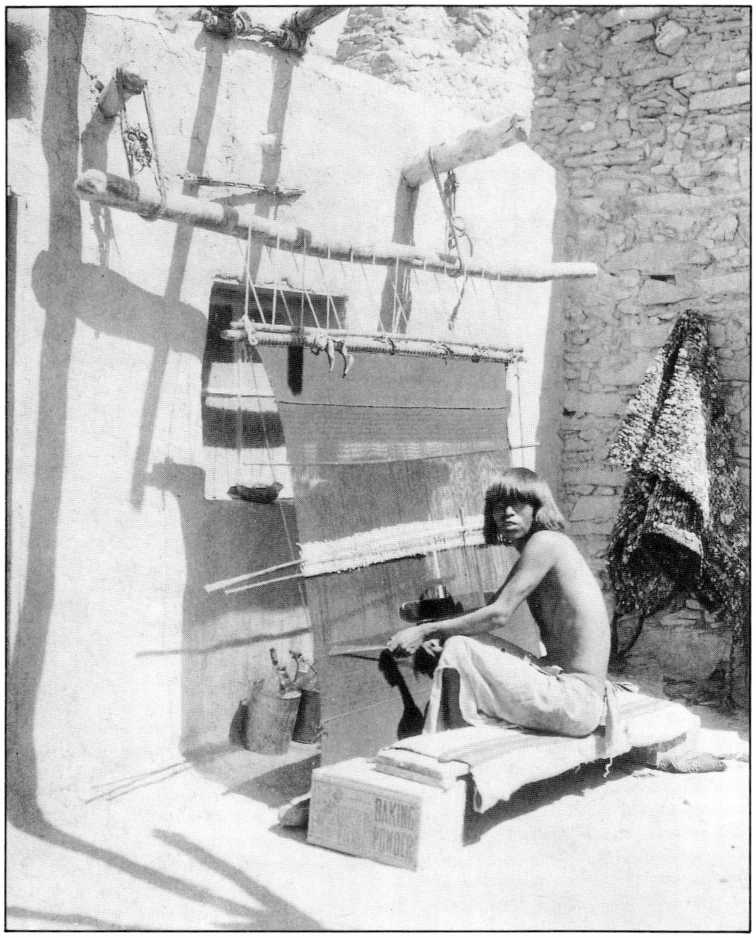

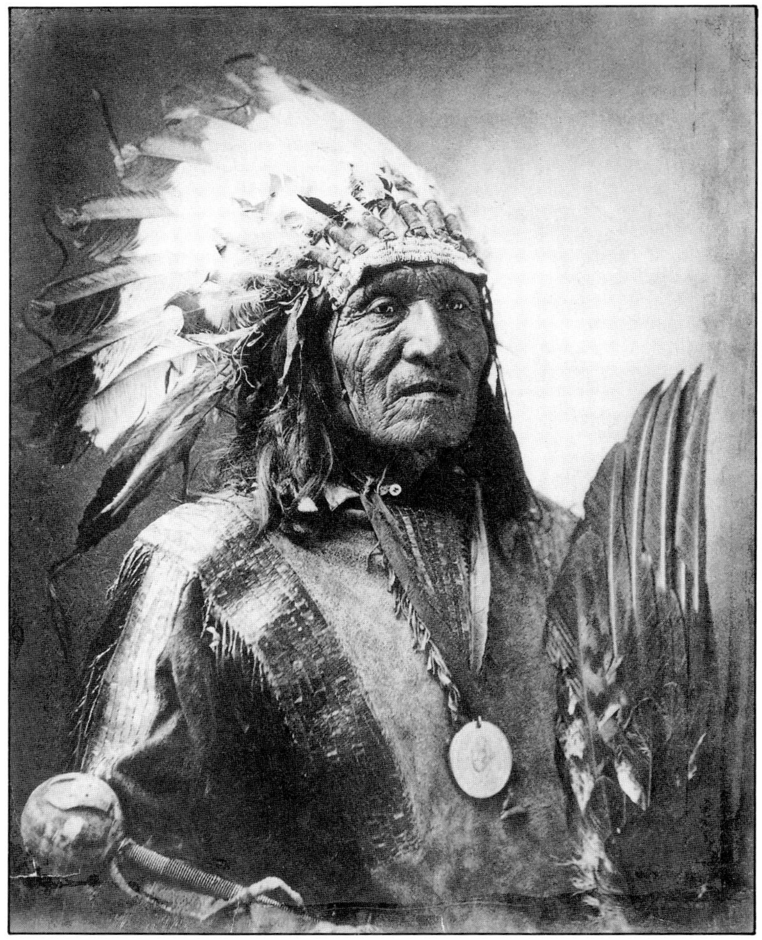

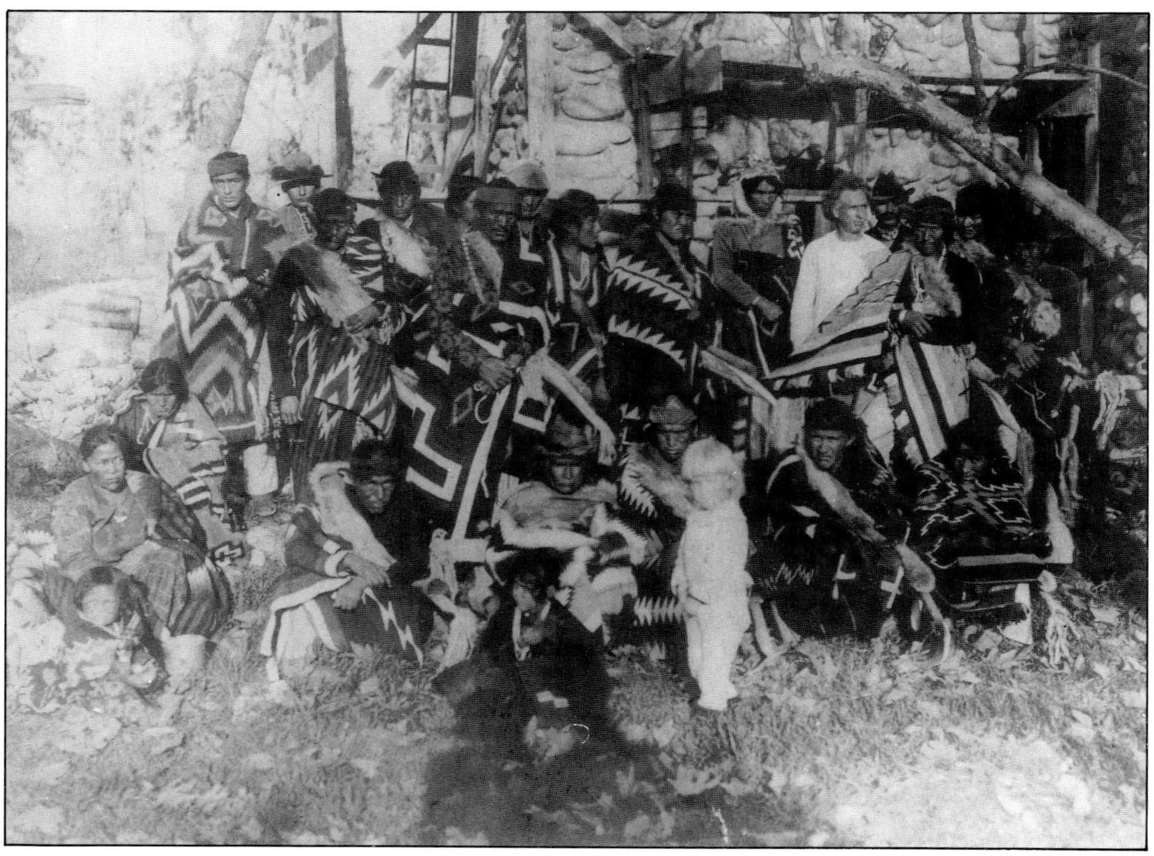

8.11 Webender Hopi. Aufgenommen von H. E. Hoopes vom Pasadena Kamera Club (Abb. 8.10) bei einem Besuch im Oraibi Pueblo 1902. Seine Aufnahme unterscheidet sich von denen seiner Kollegen nur durch eine veränderte Handposition, da es in den Kamera-Clubs üblich war, die Kamera auf ein Stativ zu stellen, und jedes Clubmitglied machte dann eine eigene Aufnahme derselben Szene.

8.12 He Dog, ein Brule-Dakota. Aufgenommen von John Alvin Anderson im Rosebud Reservat, South Dakota, zwischen 1895 und 1915.

8.13 Eine Gruppe Navahos zu Besuch bei dem Fotografen und Schriftsteller Charles F. Lummis in seinem Haus in Los Angeles, Kalifornien. Von einem unbekannten Fotografen.

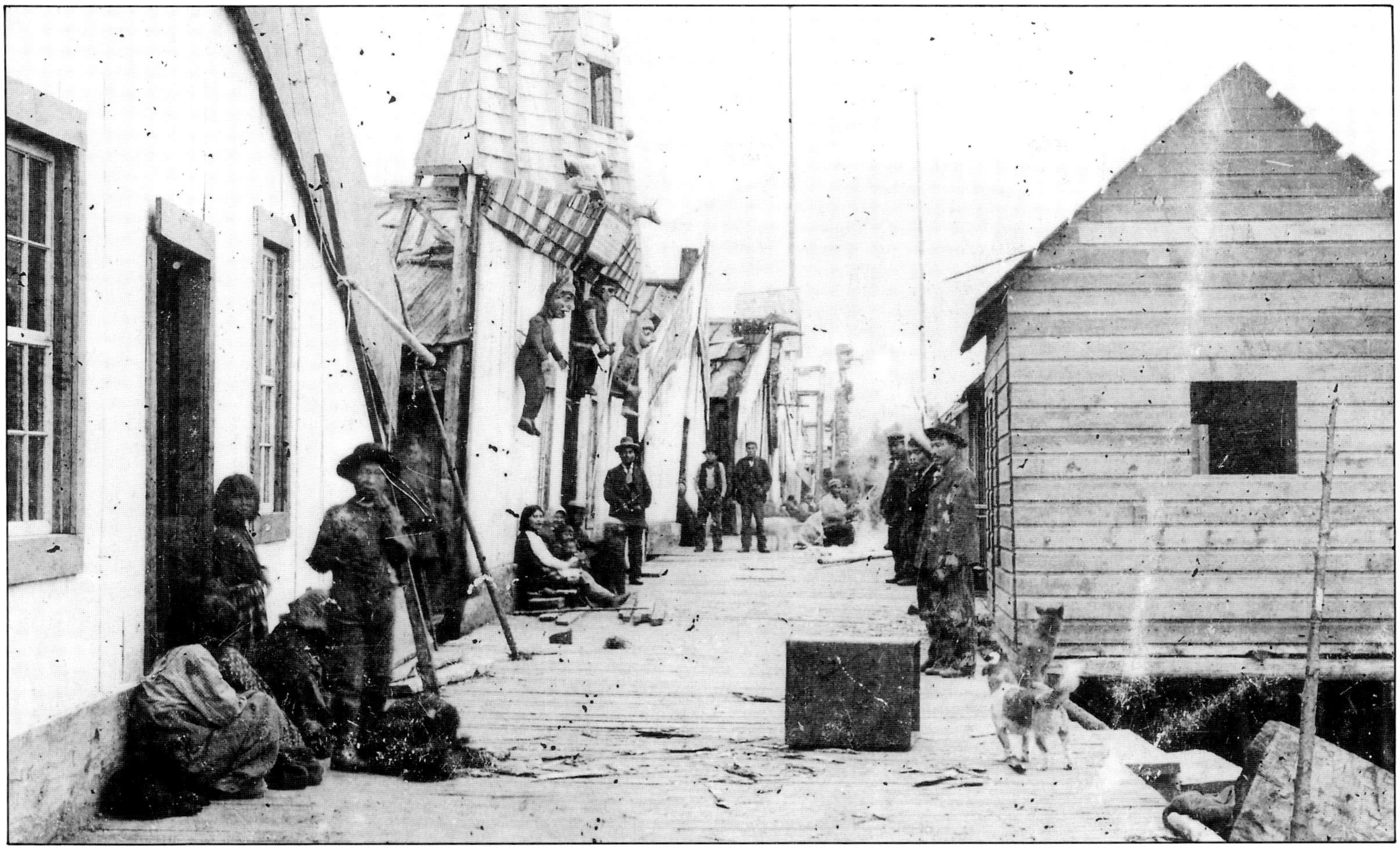

8.14 Straßenszene in einem Bella-coola-Dorf, British Columbia. Von einem unbekannten Fotografen vor der Jahrhundertwende.

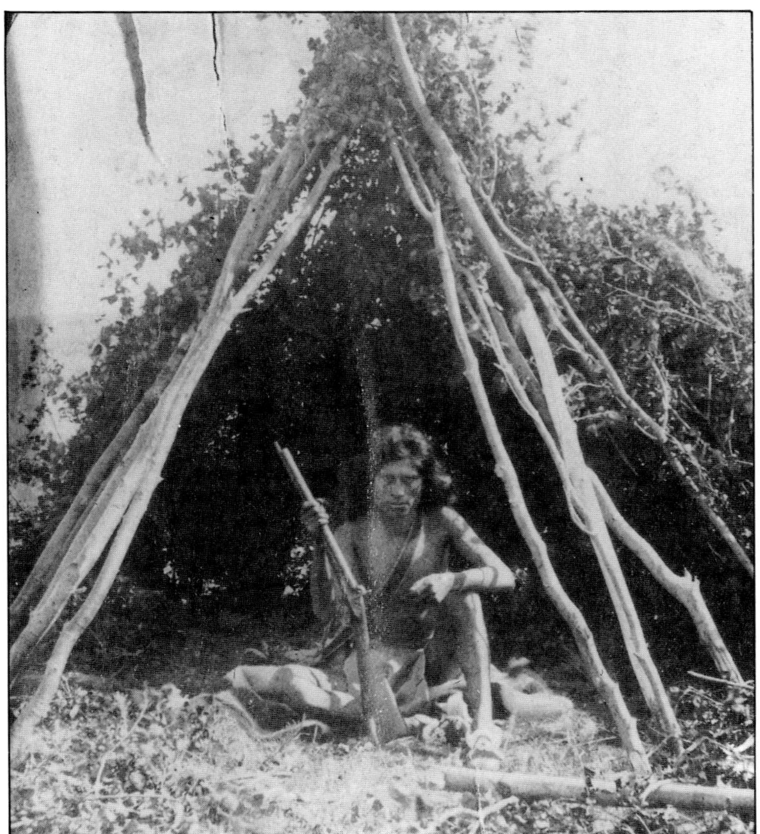

8.15 Lager des Hunkpapa Dakota Häuptlings Sitting Bull in Qu'Appelle, Kanada. Von Frank Jay Haynes, 1881.

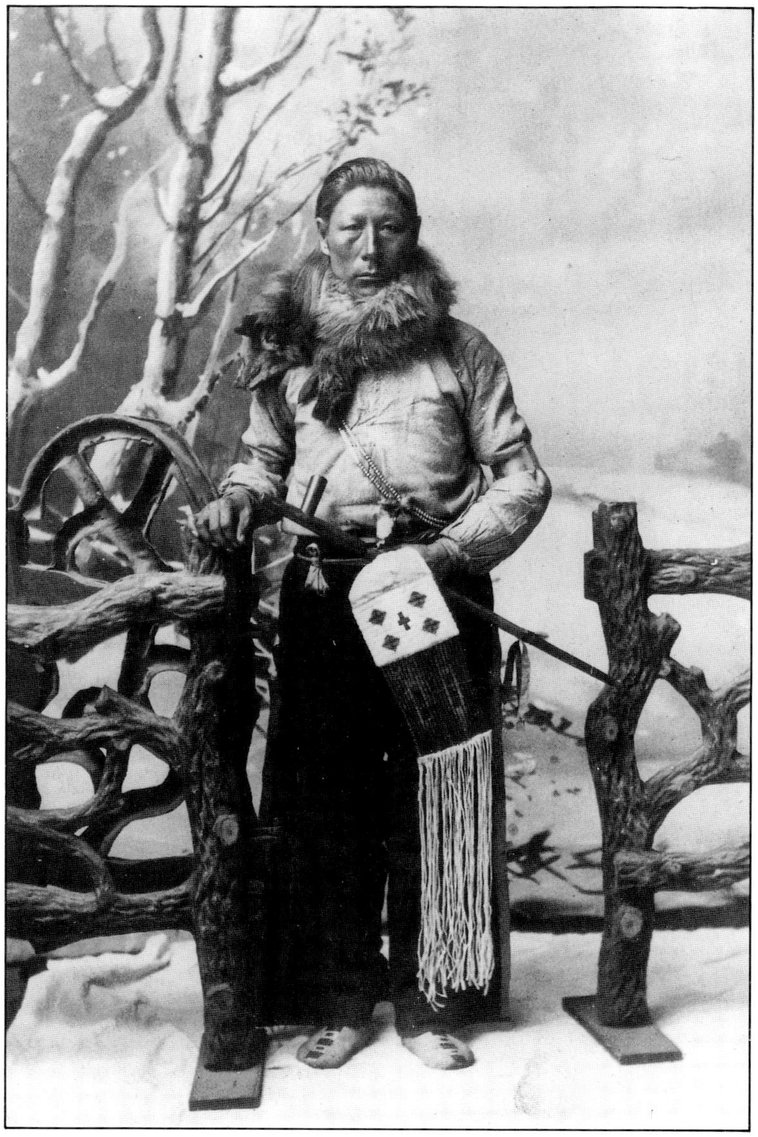

8.16 Henry Eaton, ein Dakota-Indianer. Aufgenommen von David F. Barry entweder in seinem Bismarck- oder in seinem Standing Rock Studio, Dakota Territory. Vermutlich in den 80er Jahren.

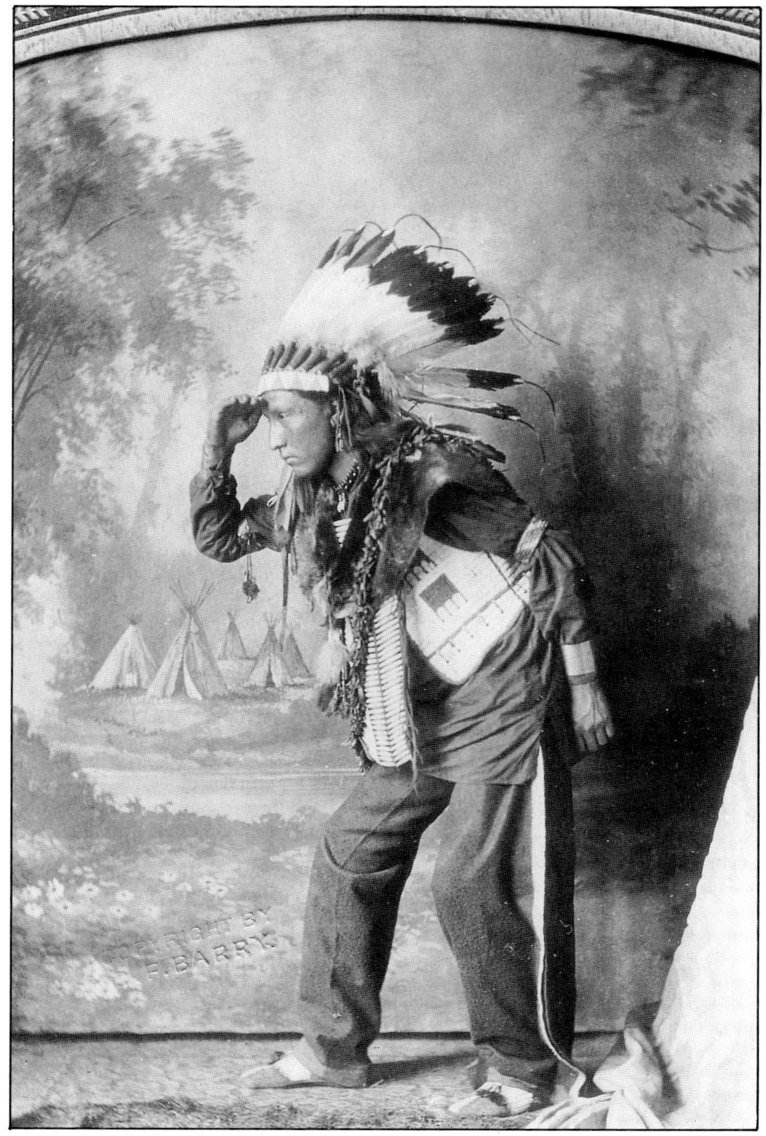

8.17 Ein unbekannter Dakota-Indianer posiert vor einem der vielen gemalten Hintergründe des Fotografen. Neben ihm ein Tipi, das auch zur Kulisse gehört. Von David F. Barry.

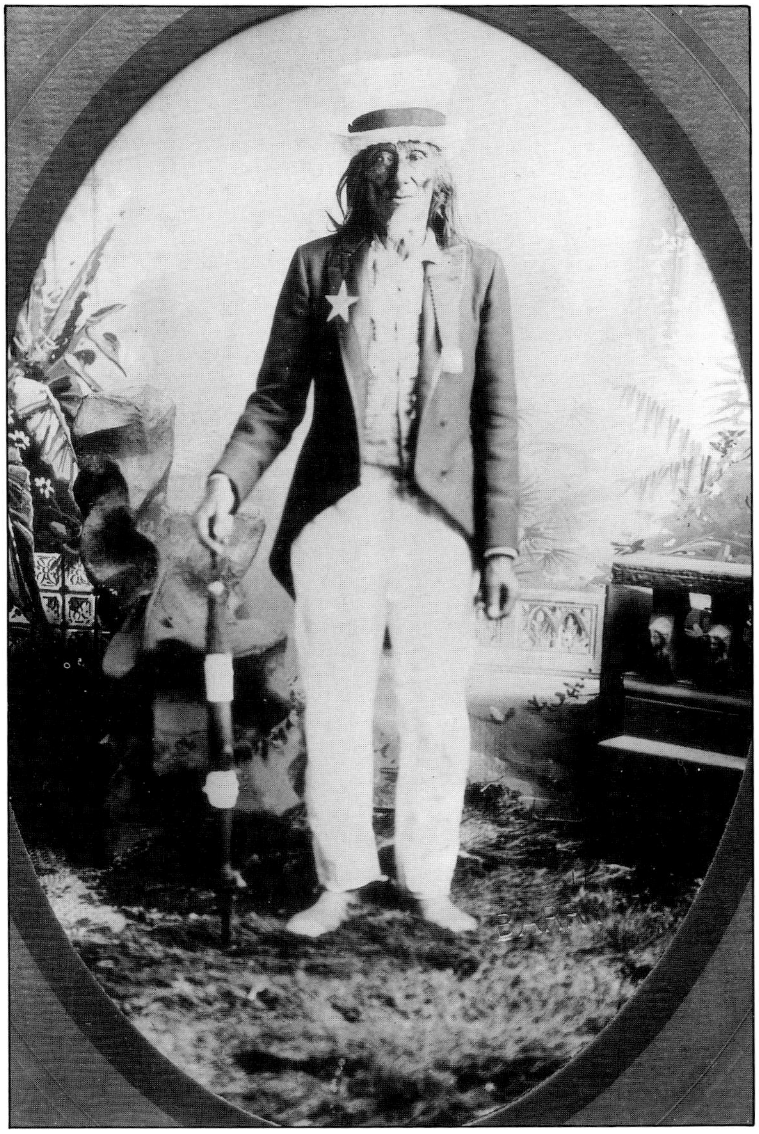

8.18 Hairy Chin, ein Hunkpapa-Dakota, anläßlich der Feierlichkeiten zum 4. Juli als Uncle Sam verkleidet. Auch bekannte Häuptlinge vom Standing Rock Reservat waren Gäste. Hairy Chin wurde eingeladen, um die Parade anzuführen. Er starb zwei Tage nachdem er ins Reservat zurückgekehrt war. Daraufhin schworen andere Indianer, niemals wieder dieses Kostüm zu tragen. Von David F. Barry im Juli 1889.

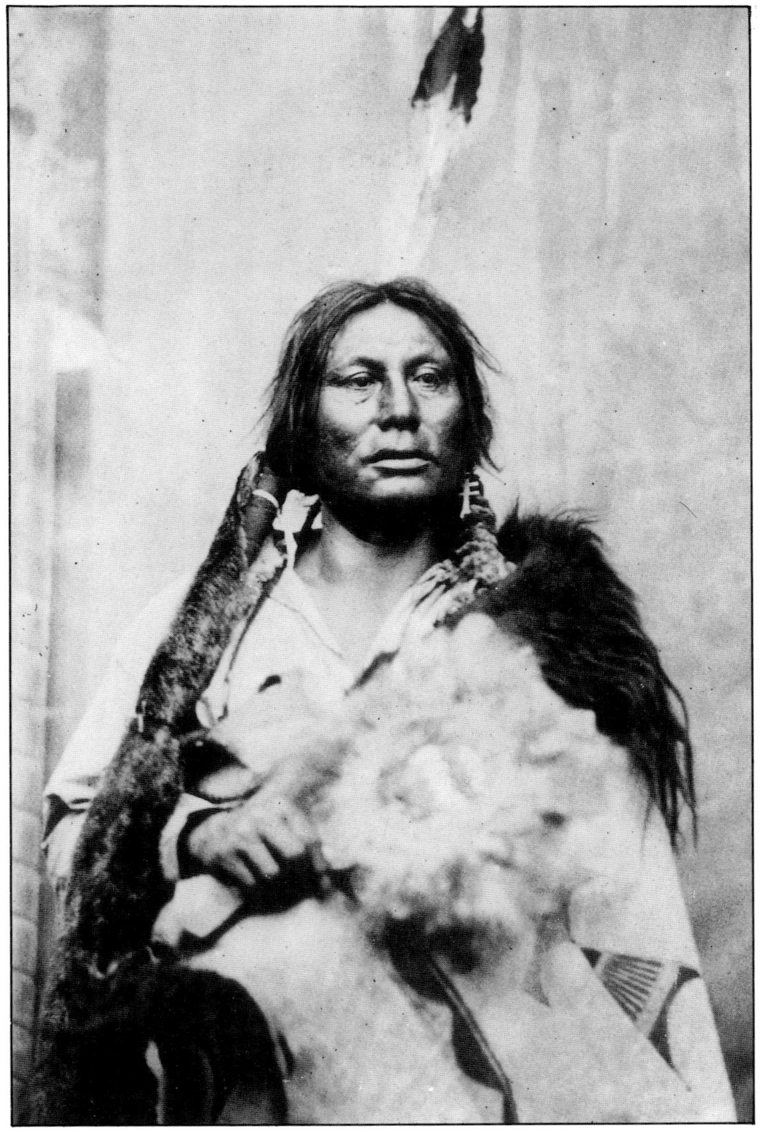

8.19 Häuptling Gall, ein Hunkpapa-Dakota, der den Fotografen, kurz nachdem er ihn kennengelernt hatte, mit einer Waffe bedrohte. Später wurden sie Freunde, und Barry machte noch viele Fotos von ihm. Von David F. Barry.

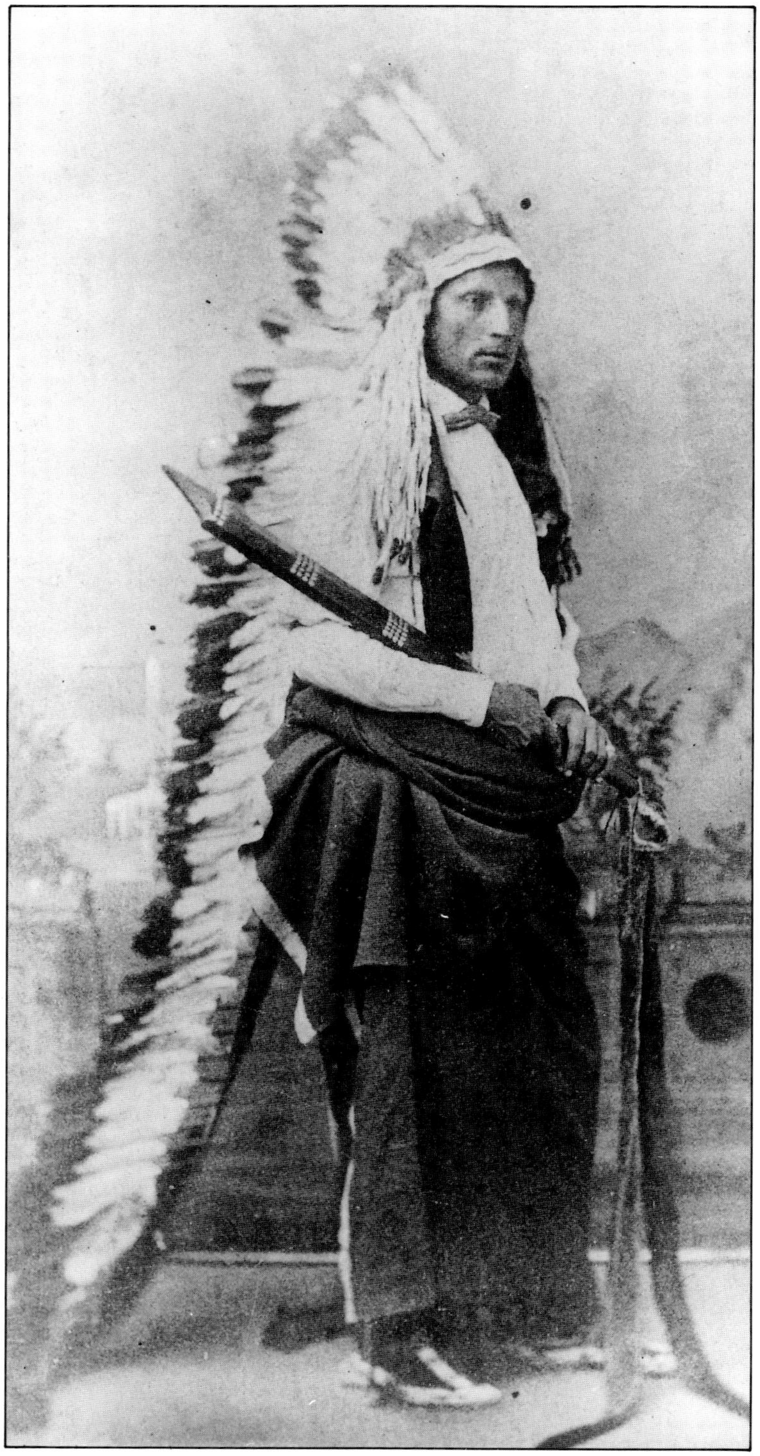

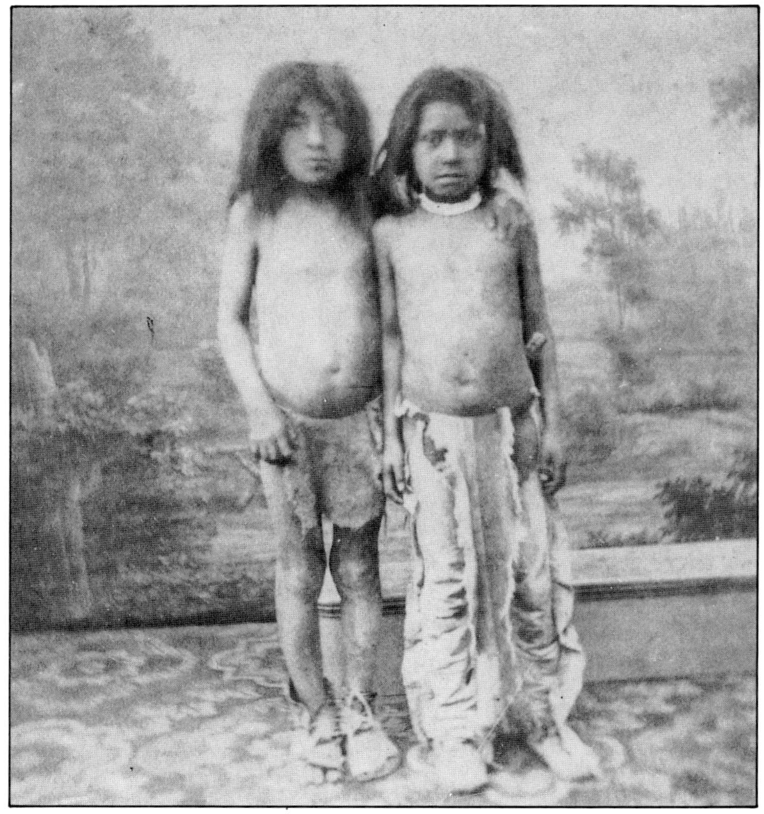

8.21 Unbekannte Paiute-Kinder. Von Charles W. Carter, Salt Lake City, Utah.

8.20 Red Shirt, ein Oglala-Dakota, vor einer Kulisse mit einem Garten, einem Springbrunnen und einer Balustrade. Auf einigen Indianerfotografien wurde die Balustrade wegretuschiert und aus dem Springbrunnen wurde ein Tipi. Viele Fotografen verbreiteten dieses Bild. Aufgenommen wurde es aber vermutlich von Daniel S. Mitchell oder seiner Firma Mitchell and McGowan, Omaha Nebraska, Ende der 70er oder Anfang der 80er Jahre.

8.22 RECHTS Ute-Indianer: Wa-Rets und Shavano. Von William Gunnison Chamberlain in seinem Studio in Denver, Colorado, wahrscheinlich 1868.

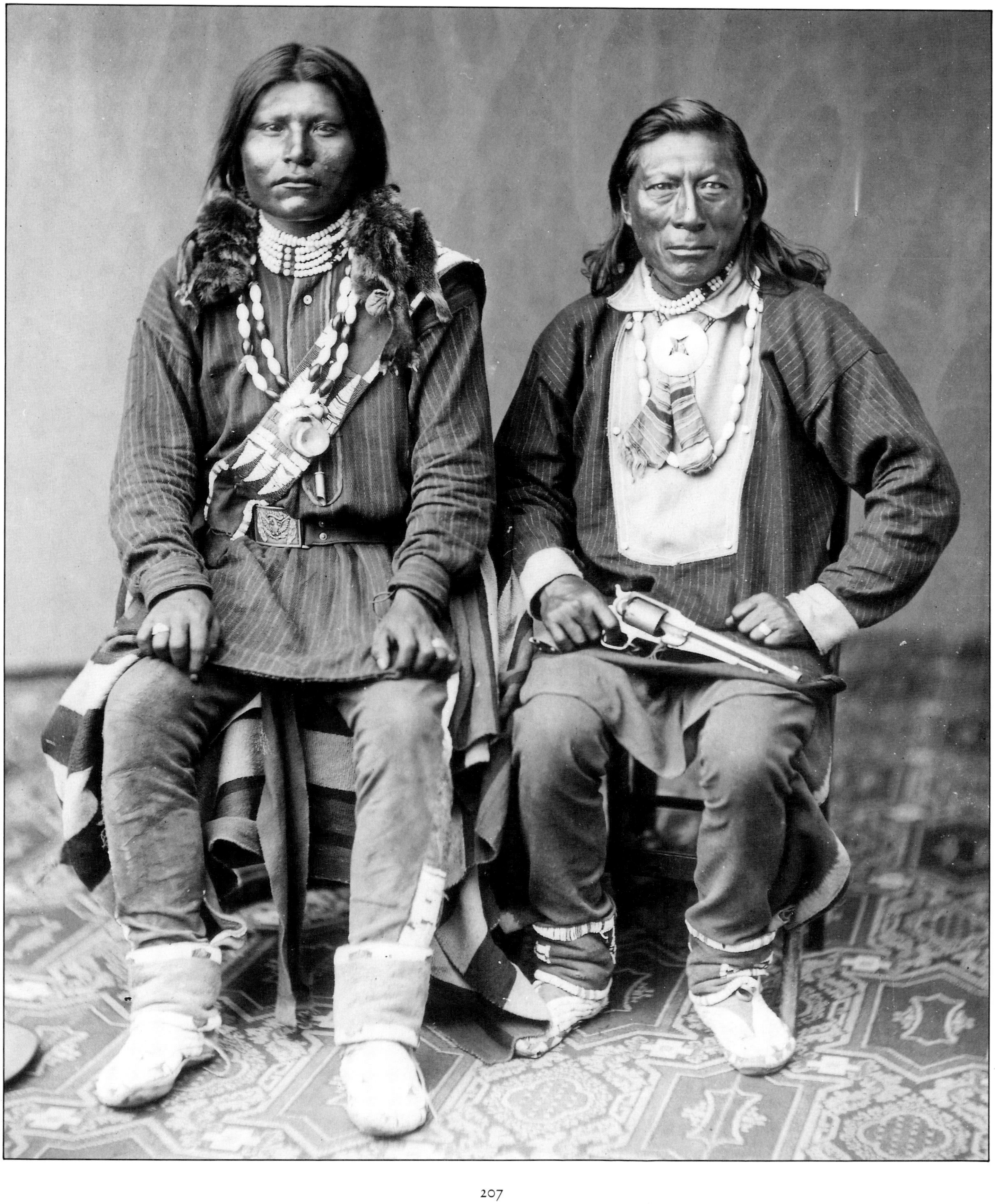

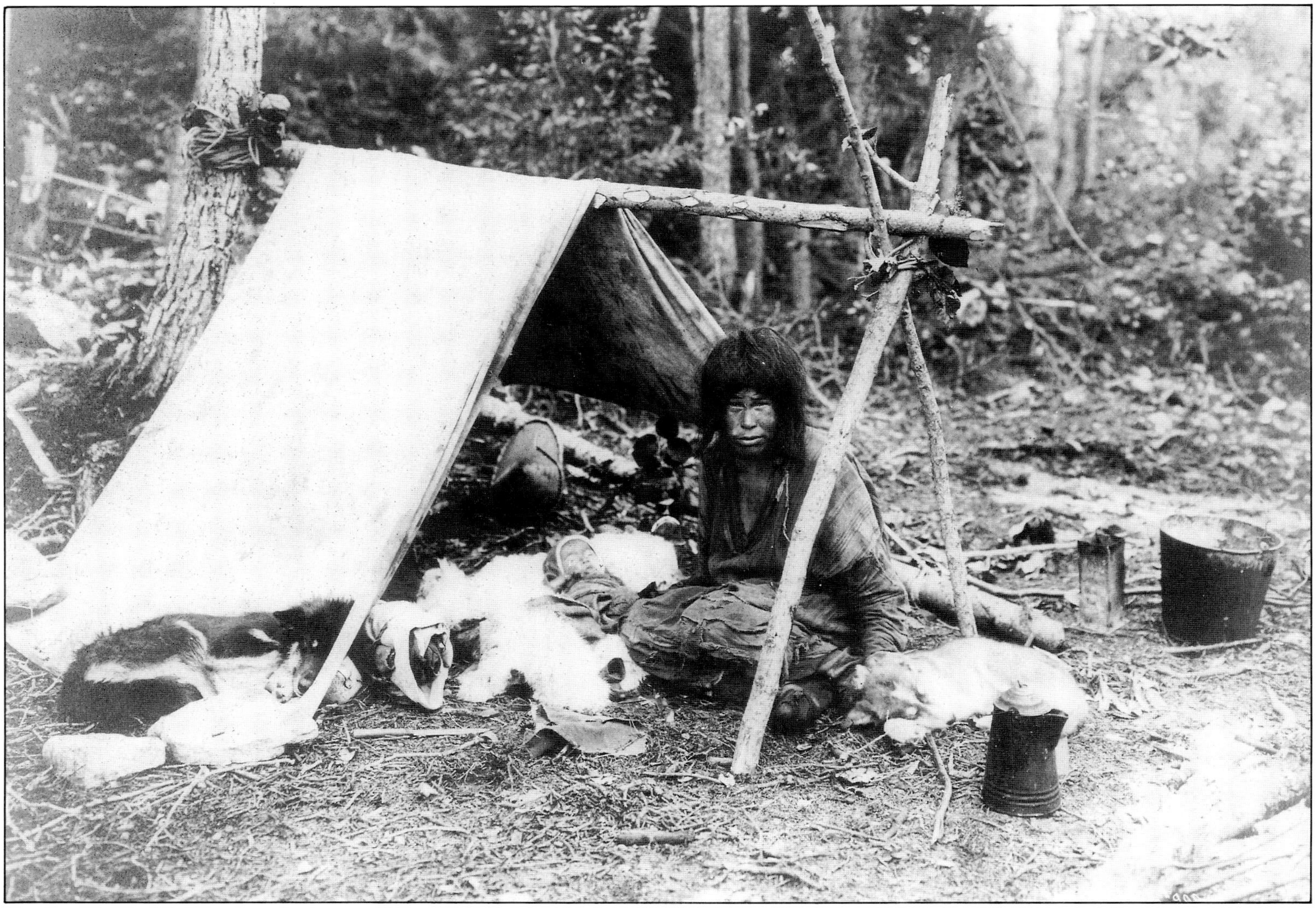

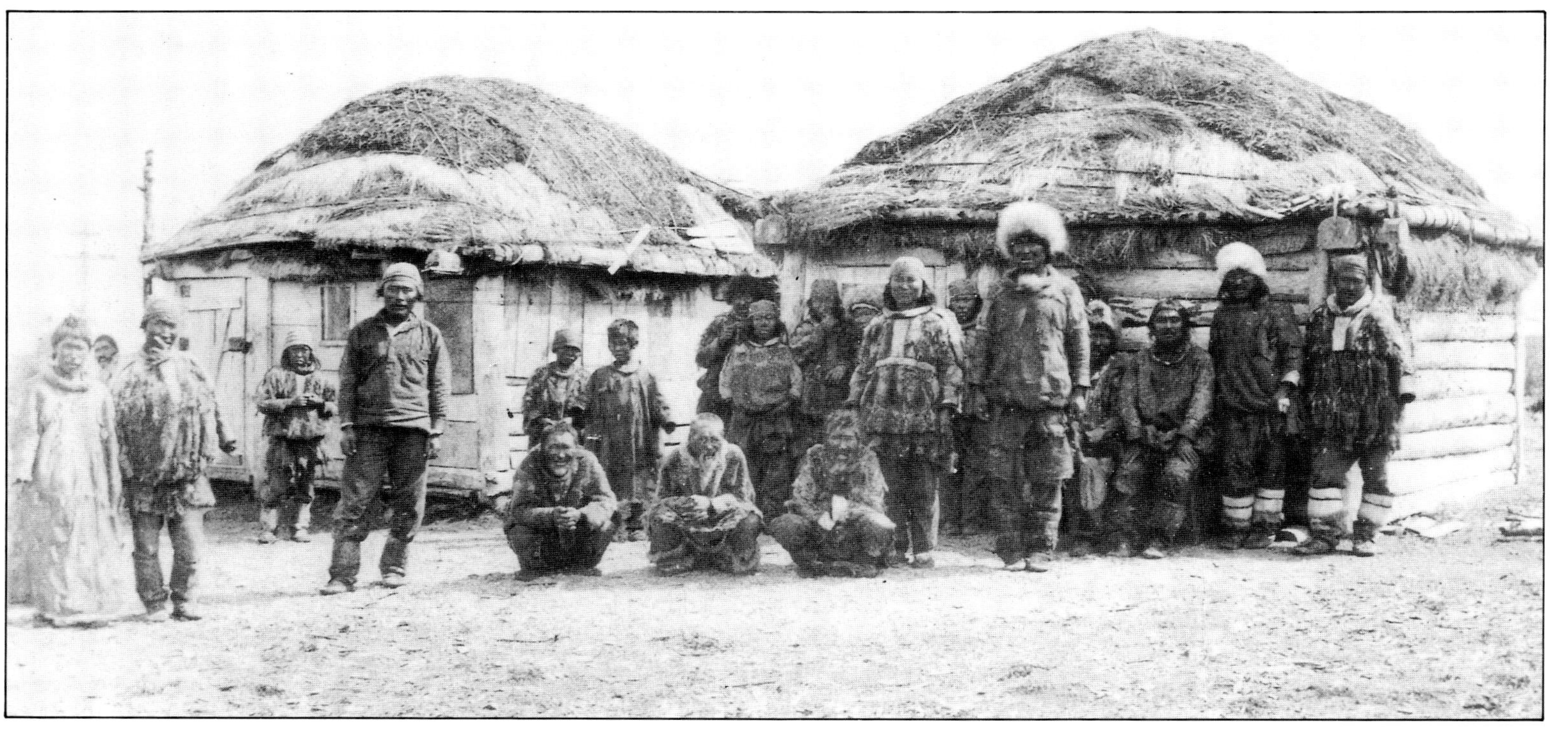

8.23 Links oben Ahtena Toral Frau mit Kind. Aufgenommen von den Brüdern Miles aus New York und San Francisco 1902 auf einer Reise, die sie im Auftrag der Valdez Copper River und Yukon Railroad Company machten, um die Strecke einer möglichen Eisenbahnlinie von Valdez, Alaska, aus zu fotografieren.

8.24 Links unten Eskimogruppe vor Warenhäusern in Togiak, Alaska. Aufgenommen von Hartmann und Weinland vor 1887.

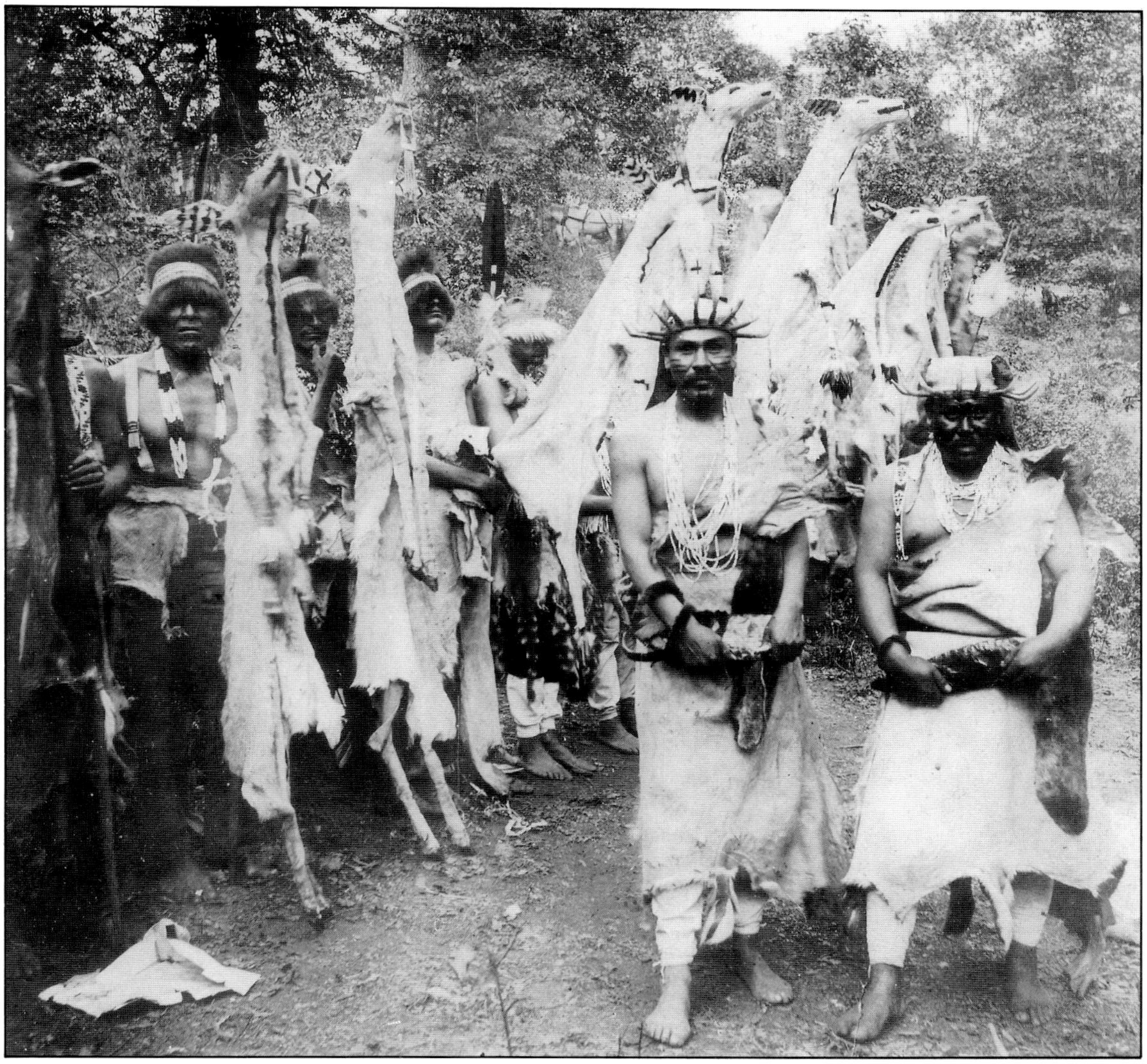

8.25 White Deerskin Tanz der Hupa-Indianer. Von A. W. Ericson zwischen 1890 und 1900.

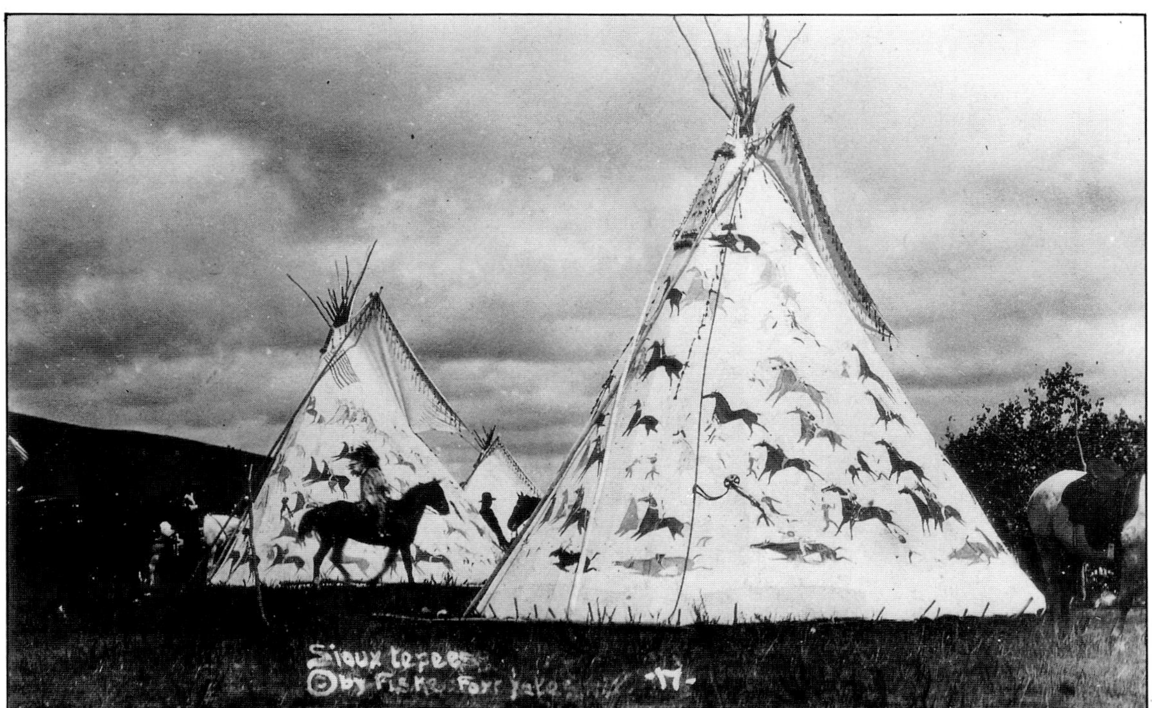

8.26 Das historische Tipi des Hunkpapa Dakota-Häuptlings Old Bull. Von Frank Fiske um 1900.

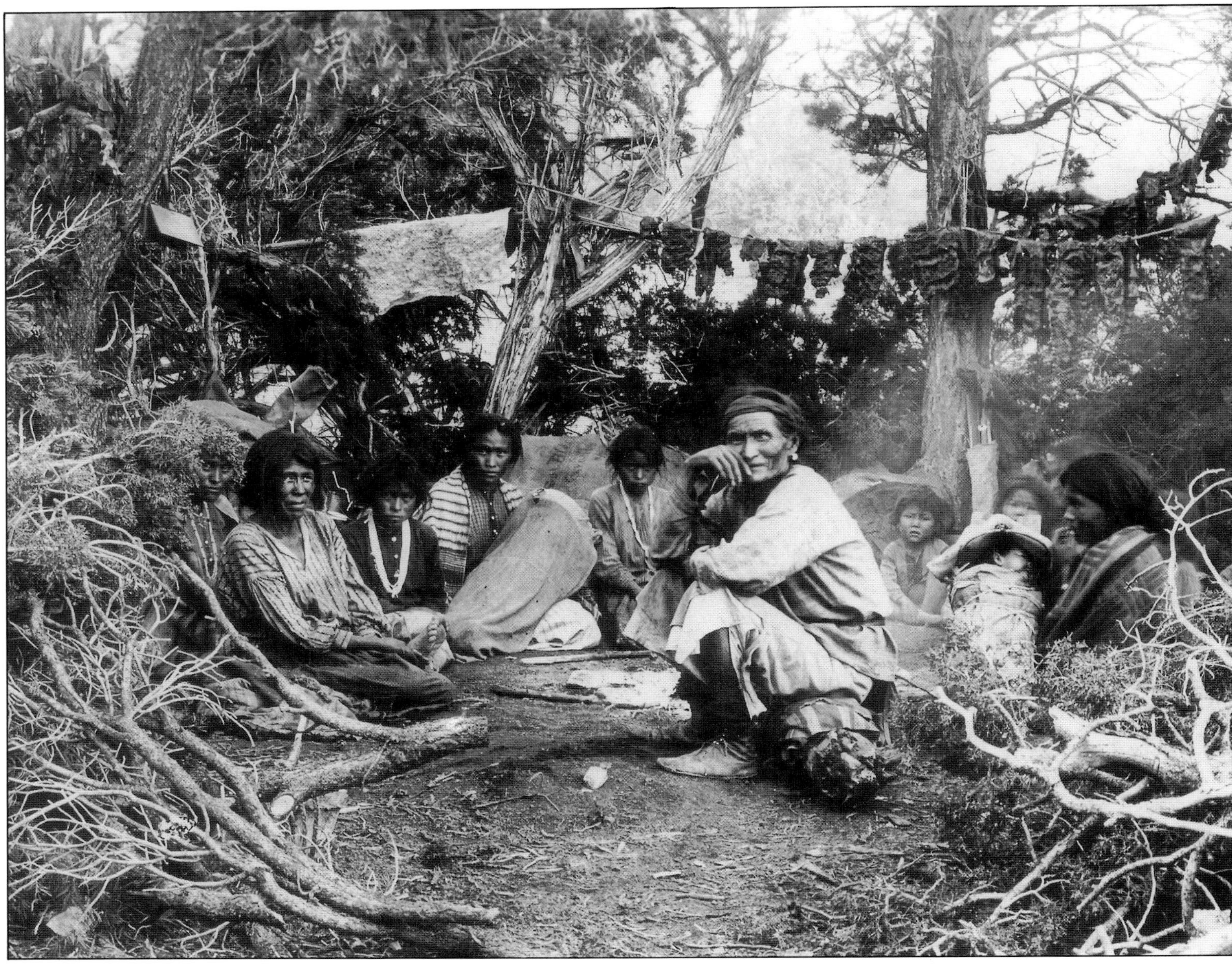

8.27 Navaho-Lager. Vermutlich von George Ben Wittick, copyright 21. Januar 1897.

8.28 RECHTS OBEN Eine Gruppe von Pawnee essen eine Wassermelone, wahrscheinlich während der Reise mit Pawnee Bills Wildwest-Show. Aufgenommen von William Prettyman um 1890.

8.29 RECHTS UNTEN Fest von San Geronimo im Taos Pueblo, New Mexico. Aufgenommen am 30. September 1871 von Orloff Westermann aus Elizabethtown, New Mexico, während er bei dem englischen Unternehmer und Sammler unter Vertrag stand, um für seine Sammlung Menschen zu fotografieren.

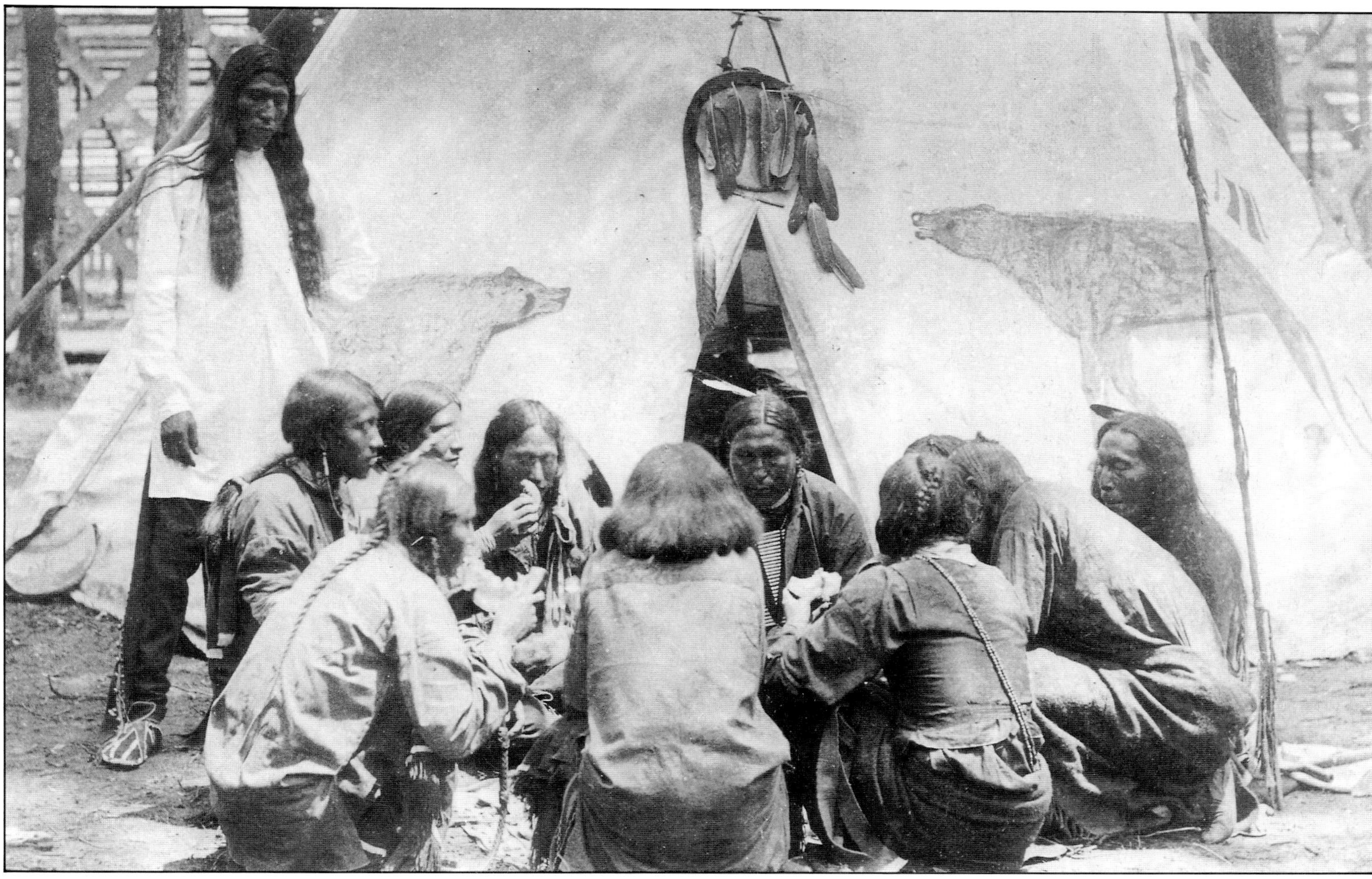

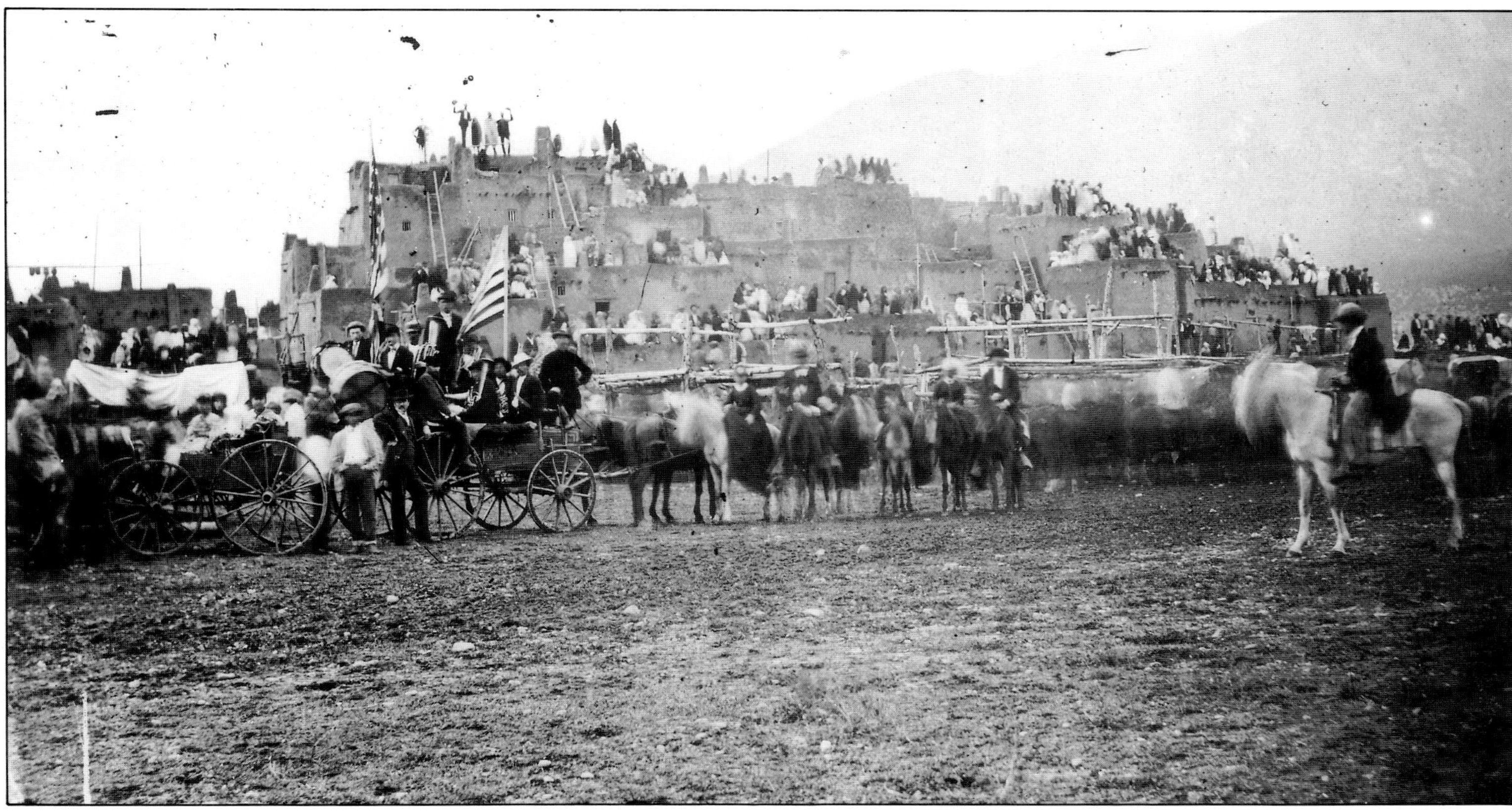

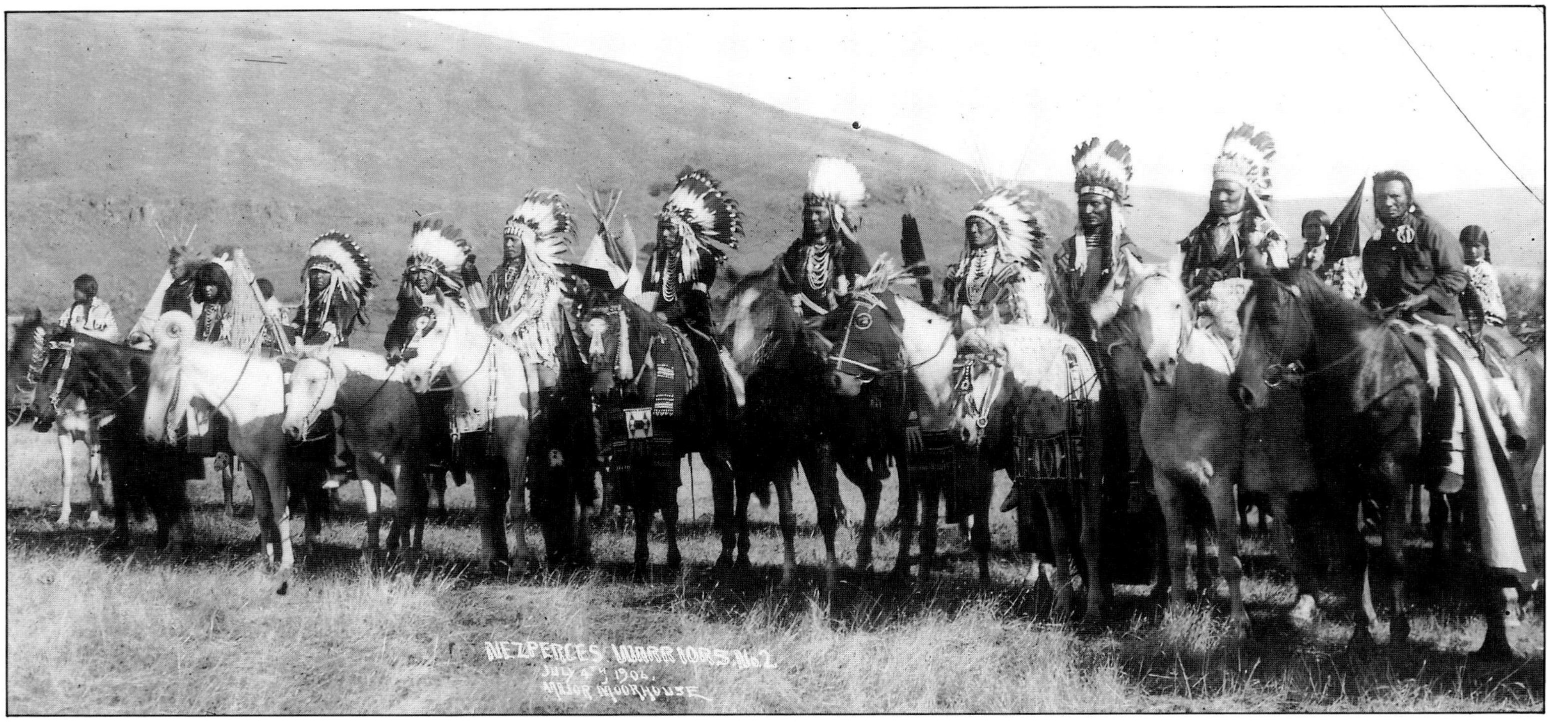
NEZPERCES WARRIORS No 2
JULY 4th 1906.
MAJOR MOORHOUSE

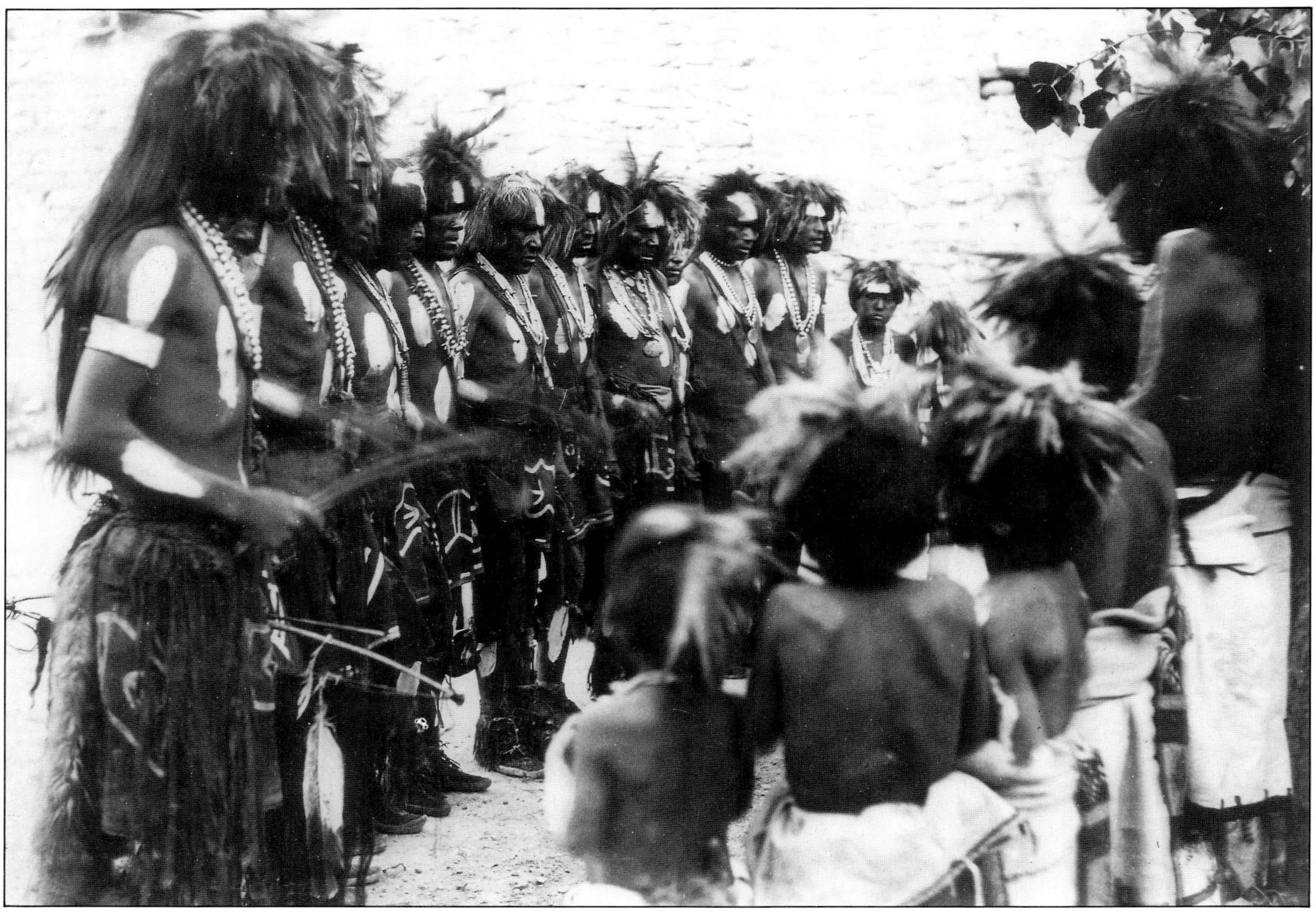

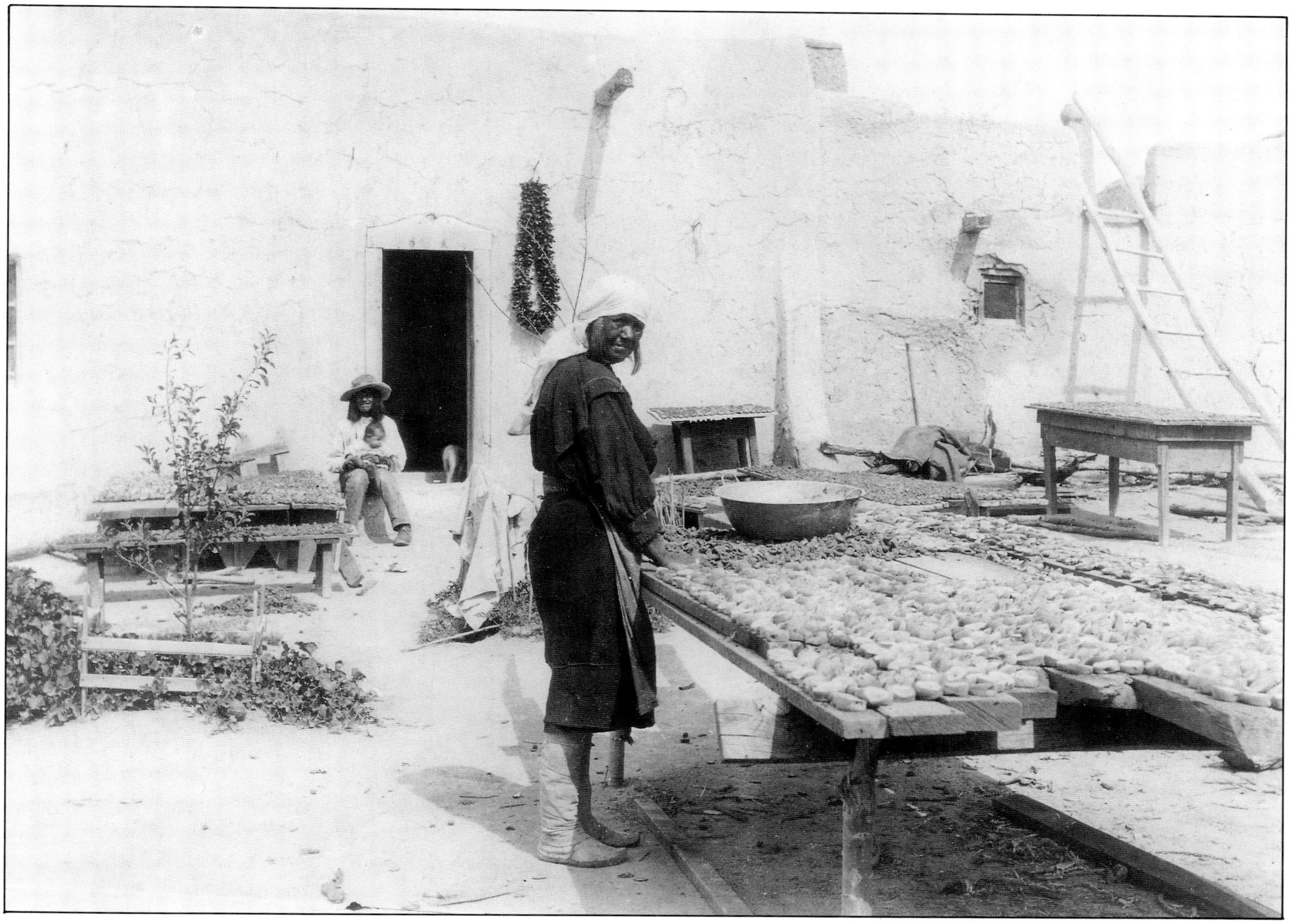

8.32 Isleta-Frau beim Trocknen von Pfirsichen. Der Fotograf reiste auf einem Fahrrad durch das Land und machte dabei seine Aufnahmen vom Leben im Westen. Von Sumner W. Matteson am 30. September 1900.

8.30 Links oben Nez Perce-Krieger. Aufgenommen von Major Lee Moorhouse am 4. Juli 1906.

8.31 Links unten Hopi-Schlangentänzer. Derlei Fotos von Zeremonien veranlaßten schließlich viele Stämme keine Fotografen mehr und später auch keine nichtindianischen Zuschauer zuzulassen. Aufgenommen von Sumner W. Matteson am 21. August 1900.

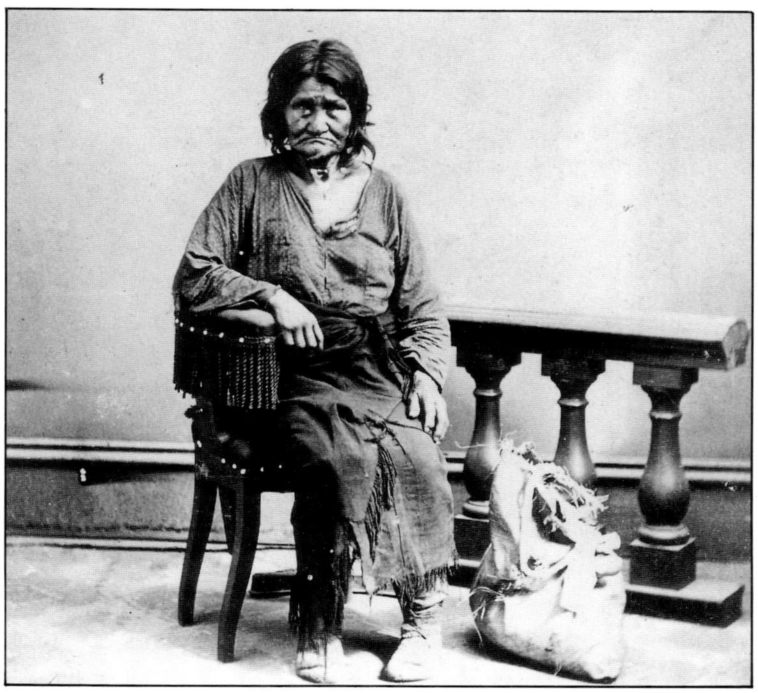

8.33 Old Bets, eine Santee-Dakota, die vielen Weißen während des Sioux-Aufstandes von 1862 geholfen hat. Von William Henry Illingworth aus St. Paul, Minnesota.

NEUNTES KAPITEL

Große Aufgaben

Nordamerika erlebte im 19. Jahrhundert dramatische Veränderungen. Industrie und Technik drückten der Geschichte ihren Stempel auf. Diese Entwicklung brachte eine Generation von Fotografen hervor, die es als ihre Verpflichtung ansah, das Alte wie auch die Veränderungen zu dokumentieren. Zu dieser Herkulesarbeit gehörte es, die Ureinwohner Nordamerikas zu fotografieren. Eine Reihe von Fotografen weihte dieser großen Aufgabe ihr Leben.

Nach 1890 mußten die Berufsfotografen neue Techniken und Wege finden, um ihr Überleben zu sichern. In künstlerischen Salons und Clubs entstand eine neue Ästhetik der Fotografie. Die Mitglieder dieser Clubs nannte man »Pictoralisten«. Die dort versammelten Fotografen versuchten in ihren Bildern, die atmosphärischen Effekte der impressionistischen Malerei zu erzeugen. Sie experimentierten mit neuen Techniken, neuartigen Kamerapositionen, extremen Nahaufnahmen, Weichzeichnerlinsen, künstlicher Beleuchtung, abstraktem Hintergrund, Kolorierung und allen möglichen Formen der technischen Behandlung der Fotos. Ihr Ziel war es, Kunstwerke zu schaffen und nicht bloß Fotografien.[1]

Zu den führenden Persönlichkeiten dieser Bewegung gehörte Gertrude Kasebier, eine ausgebildete Künstlerin, die in New York ein Porträtstudio besaß. 1900 oder 1901 fotografierte sie die Indianer der William F. Cody Wildwestshow. Die Porträts zeigen nicht nur ihr großes technisches Geschick – perfekte Komposition gepaart mit Beherrschung des Lichts und der Schattierungen –, sondern sind auch sensible, intuitive Bilder, die das Engagement widerspiegeln, das sie für die Menschen empfand, die sie fotografierte. (Abb. 9.1) 1902 gründete Gertrude Kasebier mit anderen Berufsfotografen den ›Photosession Club‹. Alfred Stieglitz, der Vater der modernen amerikanischen Fotografie, wurde ihr Mentor. Der Zweck des Klubs war es, Studiofotografie als Kunst auszustellen, zu veröffentlichen und zu fördern. Doch auch die Fotografie im Gelände erhielt durch den Klub neue Impulse.[2]

Die Pictoralisten des Westens folgten den alten Pfaden. Neu war jedoch, daß sie in relativ friedlicher Atmosphäre fotografieren konnten. Es gab keine Kriege mehr. Freilich waren sie statt dessen von jeder Menge Anthropologen, Forschern und Touristen umgeben, die ebenfalls zu den Indianern drängten. Wie die Expeditionsfotografen benutzten die Pictoralisten die großen Glasplattenkameras und nicht die Kodak-Box-Apparate der Amateure.

Die Berufsfotografen betrachteten sich als Bild-Historiker, als Künstler und Wissenschaftler. Sie wollten ethnologische Studien treiben und die traditionelle Lebensweise der Indianer aufzeichnen, bevor sie ganz verschwand. Idealistisch zogen sie hinaus, um den »edlen Wilden« zu entdecken. Statt dessen fanden sie entmutigte und verzweifelte Menschen. Mit realistischen Fotos war ihrem Anliegen nicht beizukommen, doch ihr künstlerisches Geschick konnte das, was sie vorfanden, idealisieren. Dazu war Phantasie und Respekt für die Menschen, die sie fotografierten, nötig. Die Kamera wurde ein Instrument der Kreativität, so wie der Pinsel für den Maler. Die Pictoralisten malten mit der Kamera.

Fotografie erzählt immer auch Geschichten. Jedes Bild schließt die Zeit vor und nach der Aufnahme mit ein: Die Welt, die durch eine Fotografie dargestellt wird, mag so nie existiert haben, und vielleicht werden wir die wahre Geschichte nie erfahren. Aber wir wissen, daß es vor und nach dem Foto eine Wirklichkeit gibt.

Bei jeder Fotografie wird ausgewählt. Der Fotograf zeigt seine Version der Welt. Die Absicht der Pictoralisten war dabei nicht, den Betrachter zu täuschen. Wenn sie in ihren Bildern manche Elemente veränderten oder wegließen, dann taten sie dies, um den Betrachter in eine vergangene Welt zu führen und ihn an etwas zu erinnern, was zerstört worden war. Sie wollten den Indianern zurückgeben, was man ihnen genommen hatte. Sie wollten die Geschichte wiederaufleben lassen und sie konzentrierten sich bei den Indianern auf jene ethnographischen und künstlerischen Elemente, die mit dem Medium der Fotografie zu erfassen waren.

So begann eine komplexe Zusammenarbeit zwischen Fotografen und Indianern. Gemeinsam schufen sie eine idealistische Vision, die den Bedürfnissen beider entsprach: zu zeigen, wie das Leben gewesen war und wie es sein sollte. Gemeinsam rekonstruierten sie dabei die Geschichte einer ganzen Nation: Der Westen wurde das Symbol für die Jugend Amerikas, die Indianer das Symbol der alten Weisheit.

Edward Sheriff Curtis

Edward Sheriff Curtis wurde 1869 in Wisconsin geboren, in eben jenem Jahr, als John Wesley Powell seine berühmte Reise durch den Grand Canyon machte. Er wuchs in einem Gebiet auf, in dem die indianische Überlieferung noch überall präsent war. Die Chippewa (Ojibwa), Menominee und Winnebago waren seine Nachbarn. Zur Zeit der Tragödie von Wounded Knee war er Mitte zwanzig. Obwohl die Grenzkriege vorbei waren, berichteten die Zeitungen immer noch von Massakern an Indianern oder Weißen. Curtis hatte gesehen, wohin die ›Schicksalsbestimmung‹ geführt hatte.

Er reiste in den Westen. Seine romantischen Landschaftsaufnahmen aus Seattle, Washington, machten ihn berühmt. Als offizieller Fotograf der Harriman-Expedition nach Alaska entdeckte er 1899 sein Interesse für die verschiedenen ethnischen Gruppen, denen er begegnete. Seine Beziehungen zu den reichen Harrimans und anderen Mitgliedern der Expedition verschafften ihm wichtige Kontakte im Osten.

1900–1906 fotografierte Curtis Indianer im Nordwesten, Südwesten und in den Plains. (Abb. 9.3–9.9) 1905 hielt er eine Vortragsreihe in Washington DC, bei denen er selbstangefertigte Dias seiner Fotos zeigte. Er hatte damit großen Erfolg und erregte die Aufmerksamkeit Präsident Roosevelts. Roosevelt betrachtete sich als einen der letzten »Frontiersmen«. Der Westen (und die Indianer) war ein Teil des Bildes von Amerika, das er verewigen wollte. Als junger Mann hatte er dort

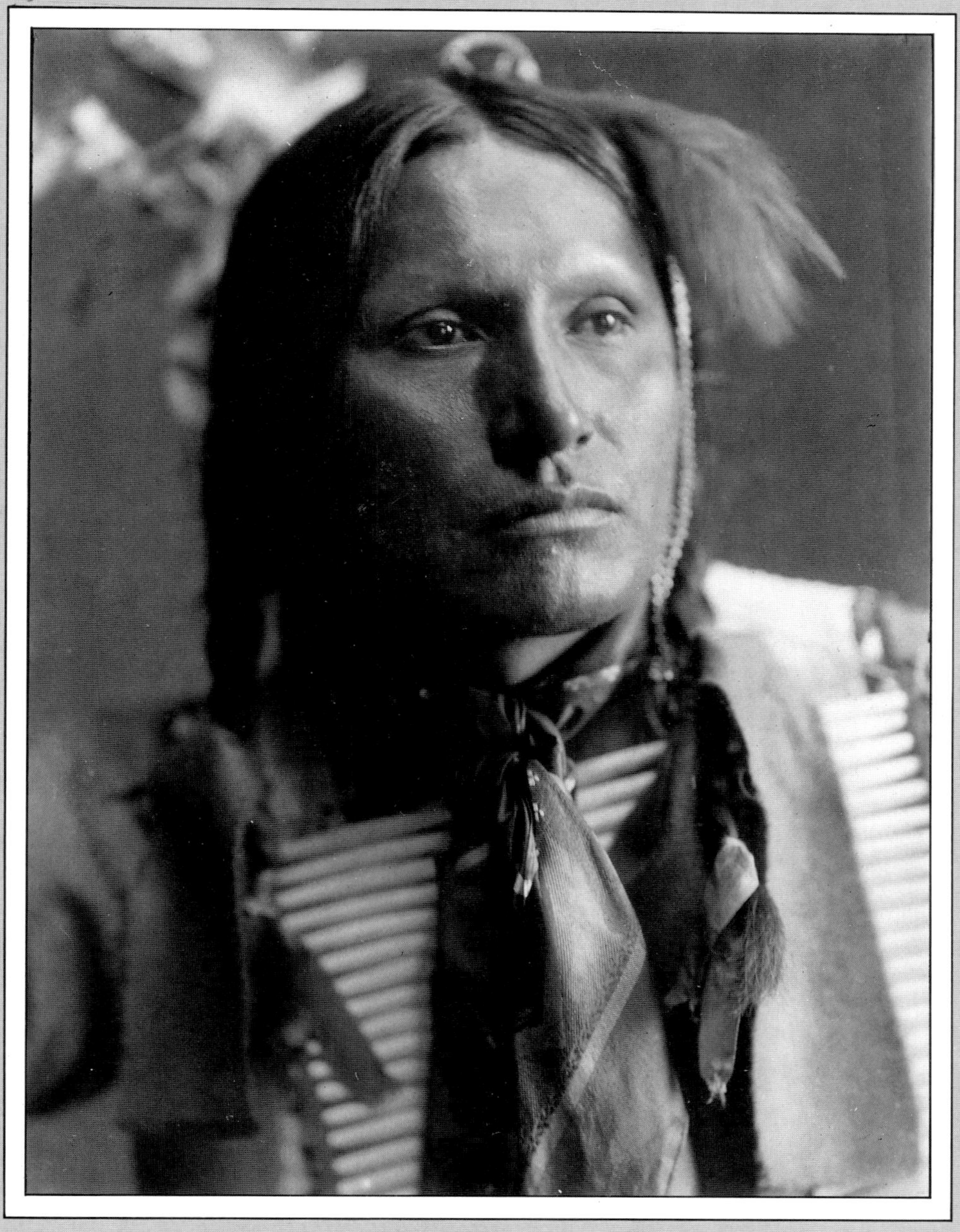

9.1 American Horse, ein Sioux-Teilnehmer der William F. Cody Wildwest Show in New York City. Aufgenommen von Gertrude Kasebier zwischen 1900 und 1901.

gekämpft. Bei seiner Amtseinführung waren große Indianerhäuptlinge, wie Geronimo und der Comanche Quannah Parker, in der Parade mitgeritten. Roosevelt erklärte Curtis' Indianerfotografien zu ›Kunstwerken‹, und wurde einer seiner glühendsten Verehrer.

Am 23. Januar 1906 schlug Curtis dem reichen Eisenbahnunternehmer J. Pierpont Morgan vor, seine Fotos zu veröffentlichen. In 20 Bänden mit 1500 Bildern sollten unter dem Titel ›Die nordamerikanischen Indianer‹ ihre Geschichte, ihr Leben, ihre Sitten, Zeremonien, Legenden und Mythologien dargestellt werden. Er erhielt ein zinsfreies Darlehen von 75 000 $ über fünfzehn Jahre. Auch das Smithsonian Institut unterstützte das Projekt. Der Ethnologe Frederick Hodge vom BAE wurde sein Herausgeber. Die Arbeit von Curtis an den Bänden dauerte 30 Jahre, wobei er 80 Stämme besuchte und etwa 40 000 Aufnahmen machte. (Abb. 9.10)

Außer den Fotos produzierte Curtis mit seinem Team einen Stummfilm. ›Im Lande der Kopfjäger‹ zeigt das Leben der Indianer an der Nordwestküste. Er entstand zwischen 1910 und 1914. Die Geschichte basiert auf Legenden und mündlicher Überlieferung, wurde aber dramatisiert und mit Gewalt und Romantik angereichert. Die Schauspieler trugen eigens für den Film entworfene Kostüme. Curtis führte Regie. Der Film wurde ein Mißerfolg, hatte jedoch einen großen Einfluß auf spätere ethnographische Filme, wie etwa Robert Flahertys Klassiker ›Nanook of the North‹. Fotografen und Indianer hatten damit die Welt des Films betreten.[3]

Roland Reed

Ein weiterer Indianerfotograf aus dieser Zeit war Roland Reed. Er wurde 1864 in Wisconsin geboren. 1890 ging er nach Westen, um sein Glück zu machen. Er begann seine Karriere mit Zeichnungen von den Indianern, insbesondere der Schwarzfuß längs der Great Northern Railroad. Doch Zeichnen befriedigte ihn nicht. Es zog ihn zur Fotografie.

1893 trat Reed in das Studio von Daniel Dutro in Havre, Montana, ein. Zusammen mit Dutro machte er einige Jahre lang Indianerporträts. Die Bilder verkauften sie an die Werbeabteilung der Eisenbahngesellschaft, die damit für ihre Reisen in den Westen Reklame machte. Später arbeitete Reed für *Associated Press* in Seattle. Von dort aus unternahm er Reisen, um den Goldrausch von Alaska und die dortigen Stämme zu fotografieren, was ihn jedoch auch nicht befriedigte.

1900 siedelte er sich in Bemidji in Minnesota an. Mit seinen Studioporträts finanzierte er Reisen zu den Chippewa-Indianern. Anfangs hatte er Schwierigkeiten, Aufnahmen zu machen. King Bird, der Anführer, schmiß ihn aus dem Dorf. Doch schließlich hatte er in der Indianerschule von Cross Lake Erfolg. Seine Fotos halfen ihm dabei. Nachdem er geduldig mehrere Tage im Dorf Ponemah gewartet hatte, baten ihn zwei kleine Mädchen, ein Foto von ihrem kranken Bruder zu machen. Als Reed ein paar Monate später mit dem Abzug in das Dorf zurückkehrte, wollte der Vater das Bild sehen. Als er es hatte, ging er damit weg und betrachtete es eine Weile. Dann fragte er, was es koste. Reed erkundigte sich nach dem Jungen und erfuhr, daß er gestorben war. Reed sagte dem Vater, wie froh er sei, daß er das Bild gemacht habe, und schenkte es ihm. »Der gute alte Mann gab mir seine Hand, und von da an war ich immer willkommen.«

1907 konnte es sich Reed leisten, sein Studio zu schließen, und sich ganz auf die Indianerfotografie zu konzentrieren. 1915 schuf er zusammen mit dem Autor James Willard Shultz einen Bildband. Für dieses Buch mit dem Titel ›Blackfeet Tales of Glacier National Park‹ holten sie eine Gruppe von Indianern mit Kostümen und Studio-Accessoires in die romantische Szenerie des Parks. Die Schwarzfüße hatten dort zwar nie gelebt, gemeinsam mit dem Autor aber stellten sie nun die Geschichten und Bilder lebensgetreu nach. (Abb. 9.12–9.16)

Reed produzierte Bilder nicht am laufenden Band. Er betrachtete seine Arbeit mit den Indianern als eine Kunstform. Jahrelang arbeitete er geduldig an der Verfeinerung seines Stils, bis er die wenigen Bilder, die ihm vorschwebten, geschaffen hatte. Er vermarktete seine Fotos nicht und lehnte sogar 15 000 $ ab, die ihm ein Werbeagent für 200 seiner Negative bot. Eine Veröffentlichung seiner Bilder erlaubte er ausschließlich dem *National Geographic Magazine.* Als er 1934 starb, hinterließ er seinem Cousin Roy Williams eine Sammlung von 70 Negativen, die Chippewa, Cheyenne und Schwarzfüße zeigten. Williams benutzte sie in seinen Schulstunden über Indianer.[4]

Die Expeditionen des Prinzen Roland Bonaparte

Auch Ausländer versuchten Anthropologie und Kunst in der Indianerfotografie zu verbinden. Einer von ihnen war Prinz Roland Bonaparte, ein Enkel des Bruders von Kaiser Napoleon I. Da ihm in Frankreich eine militärische Laufbahn untersagt worden war, hatte sich der Prinz der Geographie und anderen Wissenschaften verschrieben. Er war ausgebildeter Ethnologe und hatte im Jardin d'Acclimatation in Paris einige anthropometrische Aufnahmen gemacht. Vier Jahre später reiste er in die Neue Welt, um Indianer zu studieren. Seine Porträts, wie die der stolzen Omaha-Häuptlinge in ihren zeremoniellen Gewändern, erinnern an die frühen Delegationsfotos. 1906 hatte Bonaparte eine Sammlung von 7000 Negativen. Einige davon wurden in Bildbänden veröffentlicht. Der Band über die Indianer trägt den Titel ›Peaux Rouges‹. (Abb. 9.17–9.19)[5]

Die Wanamaker-Expeditionen

1908–1917, als die patriotischen Gefühle Hochkonjunktur hatten, versuchte eine Gruppe von Amerikanern das verzweifelte Los der Indianer in den Reservaten zu lindern. Wieder wurden Expeditionen in den Westen unternommen – diesmal aber nicht von der Regierung, sondern von Privatunternehmern. Sie dienten nicht der Entdeckung oder wissenschaftlichen Studien, sondern versuchten zu helfen, die Indianer vor der kulturellen Vernichtung zu bewahren. Mit Hilfe der auf diesen Expeditionen aufgenommenen Fotos sollte ein Kampagne für die Anerkennung der Indianer als amerikanische Bürger initiiert werden. Dies erschien vielen als der einzige Weg, das Überleben der Indianer zu sichern.

Der Geldgeber dieser Bewegung war Rodman Wanamaker, der Erbe einer Kaufhausdynastie aus Philadelphia. Leiter der Expedition wurde Joseph Kossuth Dixon, ein Jurist, aber auch ein sehr erfahrener Fotograf in der besten Tradition der Pictoralisten. Sein Sohn Rollin Lester Dixon nahm mit einem Filmteam an der Expedition teil.

Die erste Expedition ging 1908 ins Tal des Little Big Horn in Montana. Der Hauptzweck dabei war, eine Filmversion von ›Hiawatha‹ mit indianischen Darstellern zu drehen. Daneben entstanden auch 1000 Fotos, vor allem von Landschaften und vom täglichen Leben.

1909 kehrte eine zweite Expedition in das Tal zurück. Man hoffte, dort den letzten großen Indianerrat zu treffen. Wanamaker und Dixon glaubten wie viele ihrer Zeitgenossen, daß die traditionellen Indianer aussterben würden. Die Berichte des BAE hatten in jenem Jahr eine Verringerung ihrer Bevölkerung um 65% verzeichnet. Die alten Häuptlinge waren damals 50 oder 60 Jahre alt und starben. Mit ihnen verschwand ihre Geschichte. Es war höchste Zeit, diese letzte Generation dazu zu bringen, ihre Geschichten zu erzählen und Aufnahmen von ihnen zu machen. Dixon plante ein Buch mit dem Titel: ›Die untergehende Rasse‹. Er schrieb: »Kamera, Pinsel und Meißel haben uns mit seinem gefiederten Kopfschmuck vertraut gemacht, aber was wissen wir über die tiefen Quellen in seinem Inneren... was dachte er... was fühlte er?«

Die Repräsentanten kamen aus fast allen Reservaten – Crow, Schwarzfuß, Gros Ventre, Cayuse, Umatilla, Creek, Kiowa, Apachen, Comanchen, Cheyenne und Sioux. Dixon machte Porträts von den Häuptlingen, aber auch Aufnahmen vom Leben im Lager und Schlachtszenen. Er stellte sogar die Schlacht vom Little Big Horn für Foto- und Filmaufnahmen nach. 30 Jahre nach den Ereignissen spielten dabei die Teilnehmer der Schlacht sich selber: Die Scouts von Custer: Curly, Goes-Ahead, Hairy-Moccasin, und White-Man-Runs-Him von den Crow ebenso wie der Cheyenne-Häuptling Two-Moons und der der Sioux Runs-The-Enemy.

Manche befürchteten, daß die Erinnerung an die alten glorreichen Zeiten zum Ausbruch neuer kriegerischer Auseinandersetzungen führen würde. Doch Dixon erklärte, daß es der Zweck des Unternehmens sei, die authentischen indianischen Gebräuche zu zeigen. Alle, einschließlich der Krieger, die einst den Kampf geliebt hatten, seien jetzt den »höchsten Idealen des Friedens« verpflichtet.

Dixon versprach den Indianern, daß die Bilder in Washington für kommende Generationen aufbewahrt und damit auch der Erziehung der Kinder von Indianern dienen würden. Für alle Teilnehmer wurde es ein nostalgisches Treffen vieler Nationen. Einer der Häuptlinge, Pretty Voice Eagle, berichtete:

> »Das Treffen der Häuptlinge ist für mich in vieler Hinsicht eine große Sache. Erstens: Ich bin gerne hierher gekommen, um Häuptlinge aus dem ganzen Land zu treffen. Ich sehe viele, die ich noch nie gesehen habe, und rede mit ihnen in Zeichensprache. Es hat für mich eine große Bedeutung, daß wir uns alle hier treffen, in Frieden treffen... Zweitens: Es ist eine gute Idee, daß jemand unsere Reden aufschreibt, Bilder von uns macht, mit uns über alte Zeiten redet und nachdenkt und auch das notiert. Ich hoffe, daß meine Enkel und deren Enkel diese Rede, die ich hier gehalten habe, lesen und die Bilder ansehen werden.«[6]

Am 2. Mai 1909 schlug Wanamaker vor, ein nationales Denkmal für die Indianer zu errichten. Es sollte wie die Freiheitsstatue aus Bronze sein, nur größer, und im Hafen von New York aufgestellt werden. Am 8. Dezember 1911 unterschrieb William Howard Taft ein entsprechendes Kongreß-Gesetz. An Washingtons Geburtstag, dem 22. Februar 1913, wurde auf einem Hügel bei Fort Wadsworth auf Staten Island der Grundstein gelegt. Bei der Zeremonie waren 32 Häuptlinge von 11 Stämmen anwesend. Sie unterschrieben ein Dokument, in dem sie der amerikanischen Regierung ihre Treue erklärten, und sie hißten die amerikanische Flagge. Viele von ihnen fühlten sich zum ersten Mal als Teil des Landes. Leider verhinderte der Erste Weltkrieg, daß das Denkmal gebaut wurde.

Während der Amtseinführung Präsident Wilsons besuchte eine indianische Delegation Wanamaker in seinem Büro in Philadelphia. Mountain Chief, ein Schwarzfuß, schenkte Wanamaker eine Halskette aus Büffelzähnen und gab ihm den Namen ›High Crow‹. Diese Ehre hatte sein Stamm noch keinem Weißen erwiesen.

Im selben Jahr organisierte Wanamaker die Expedition des Bürgerrechts. Zweck dieser Expedition war es, die amerikanische Flagge, als Symbol des Bürgerrechts, von Fort Wadsworth zu jedem der 189 Indianerstämme zu bringen. Jeder Stamm erhielt eine Fahne und sollte sie als Wiederholung jener Zeremonie von New York bei sich hissen. Ein von Thomas Edisons Gesellschaft erfundenes, tragbares Grammophon spielte bei jedem Halt eine Rede von Präsident Wilson ab. Die Reise ging über 20000 Meilen, meistens in einem privaten Eisenbahnwagen, der auch eine Dunkelkammer besaß. Das Fotografenteam bestand aus J. Dixon, seinem Sohn, J. D. Scott und W. B. Cline. Wer die Fotos gemacht hat, ist immer noch umstritten. Wichtig bleibt, daß sie gemacht wurden.

Auf den drei Wanamaker Expeditionen wurden Kodak 3A und Garflex Kameras benutzt. Dabei entstanden 11000 Negative und 50 Meilen Film. Der Film existiert nicht mehr, die Fotos aber sind erhalten geblieben.[7]

Eine Fotografie enthält nur das ursprüngliche Konzept des Künstlers, der sie macht. Die Interpretation bleibt anderen überlassen. Was bleibt in unserem Gedächtnis: Bilder von Indianern, die die Kraft und die Würde einer herrlichen kulturellen Vielfalt zeigen. Bilder, die die universellen Werte der Familie, des Stammes und der Nation darstellen. Die Pictoralisten versuchten den Indianern Wovokas Traum wiederzugeben: Auf den Fotos sind sie endlich brüderlich vereint. Die Fotos zeigen ihnen ihr Erbe und machen sie zu einem Teil der amerikanischen Geschichte. Sie sind eine ständige Erinnerung an das indianische Leben. Sie sind gestellt, idealistisch und romantisch. Aber sie zeigen eine indianische Welt, die noch unberührt von der weißen Zivilisation ist. Sie sind wie ein Echo einer Zeit, als Mensch und Natur noch in Harmonie miteinander lebten. »Sie symbolisieren das Überleben der menschlichen Werte in einem Universum, das durch materialistische Gier aus den Fugen geraten ist.«[8]

9.2 Tatanka Ptieela, ein Dakota. Von Heyn und Matzen um 1900.

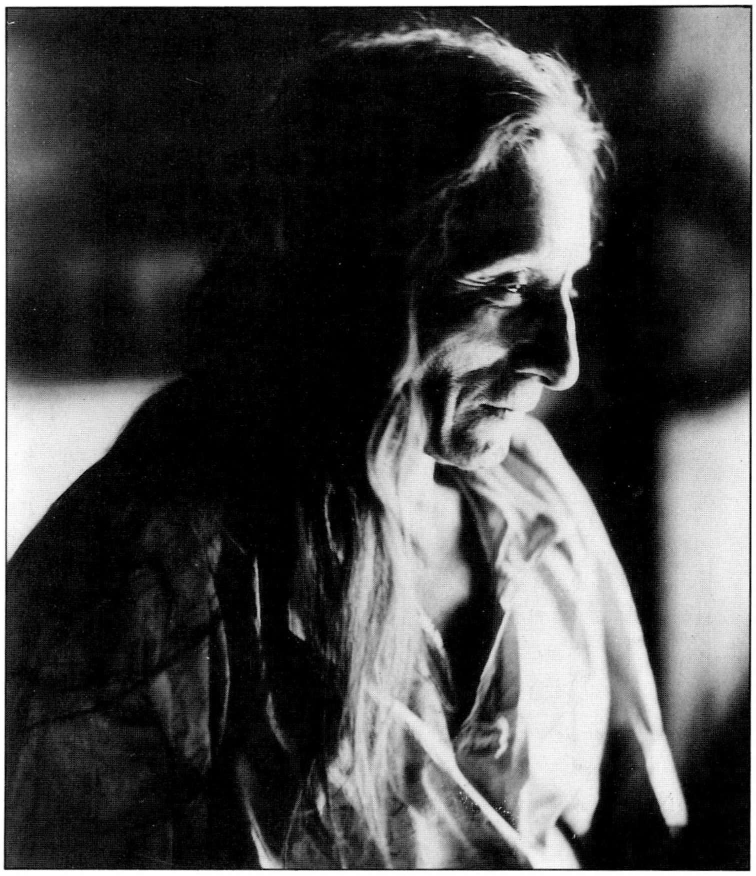

9.3 Navaho-Indianer im Canyon de Chelly, Arizona. Von Edward Sheriff Curtis 1904.

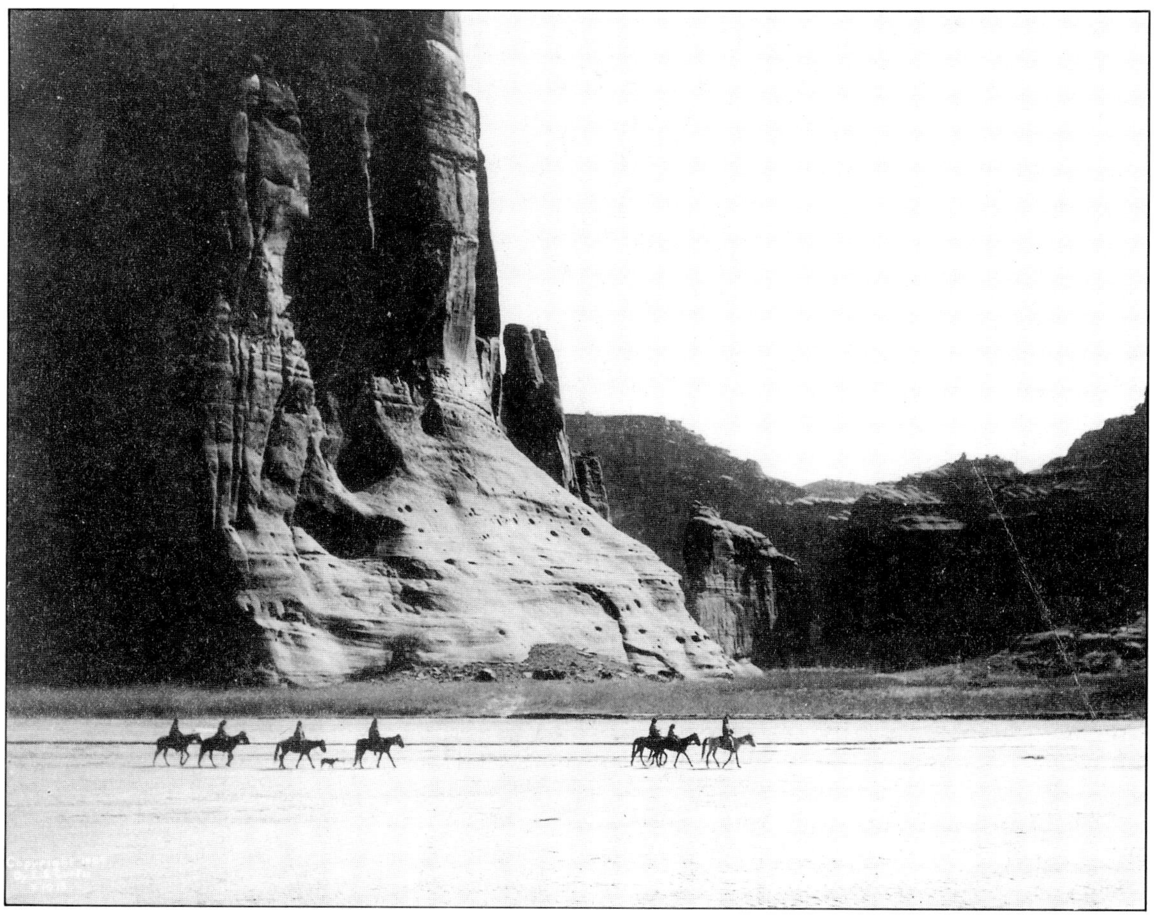

9.4. RECHTS Häuptling Joseph, Anführer der Nez Perce. Von Edward Sheriff Curtis 1903.

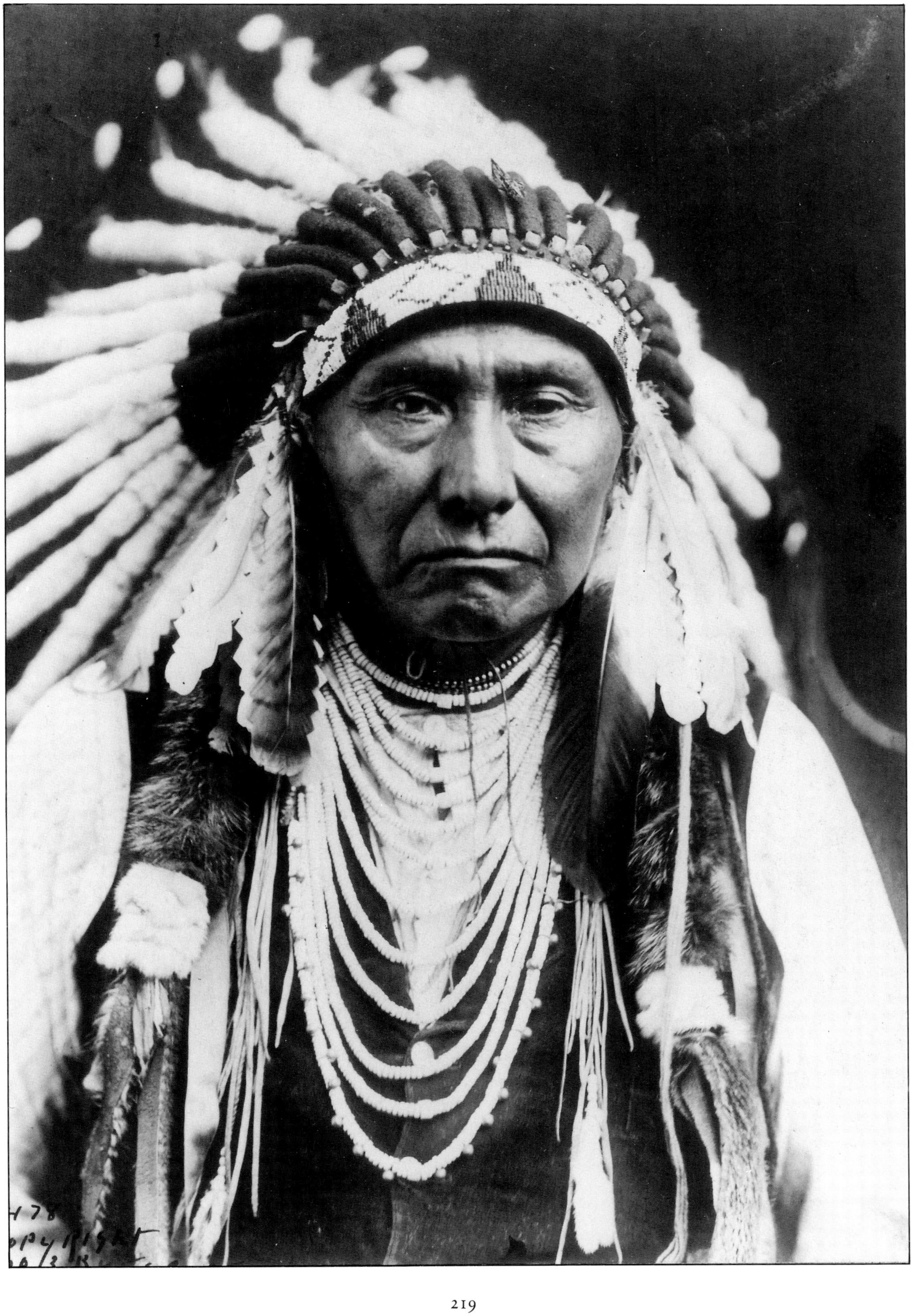

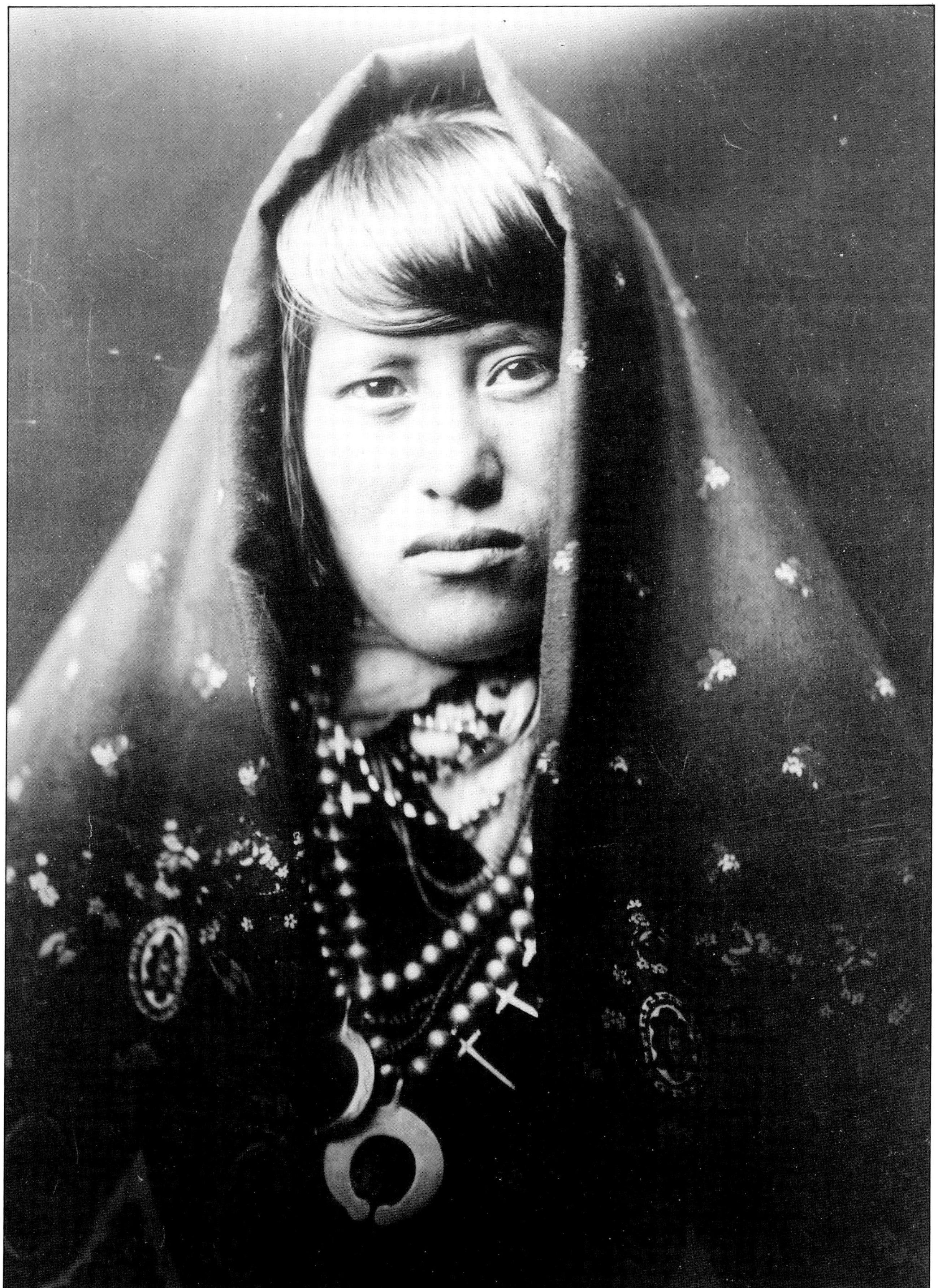

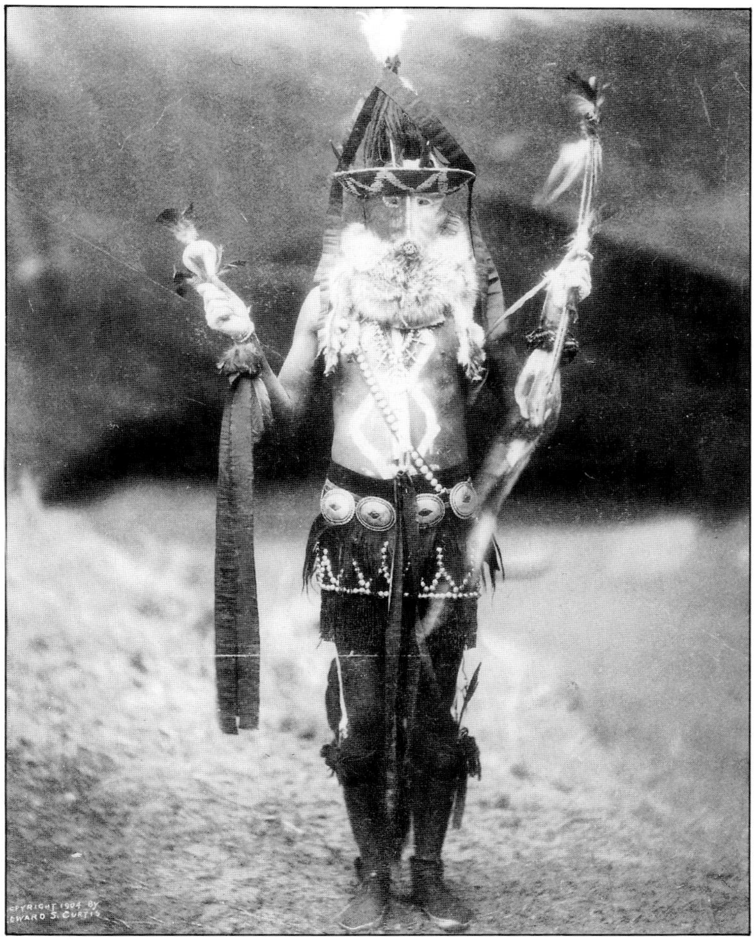

9.6 Yeibichai (Nachtgesang Zeremonie) der Navaho-Indianer. Von Edward Sheriff Curtis 1904.

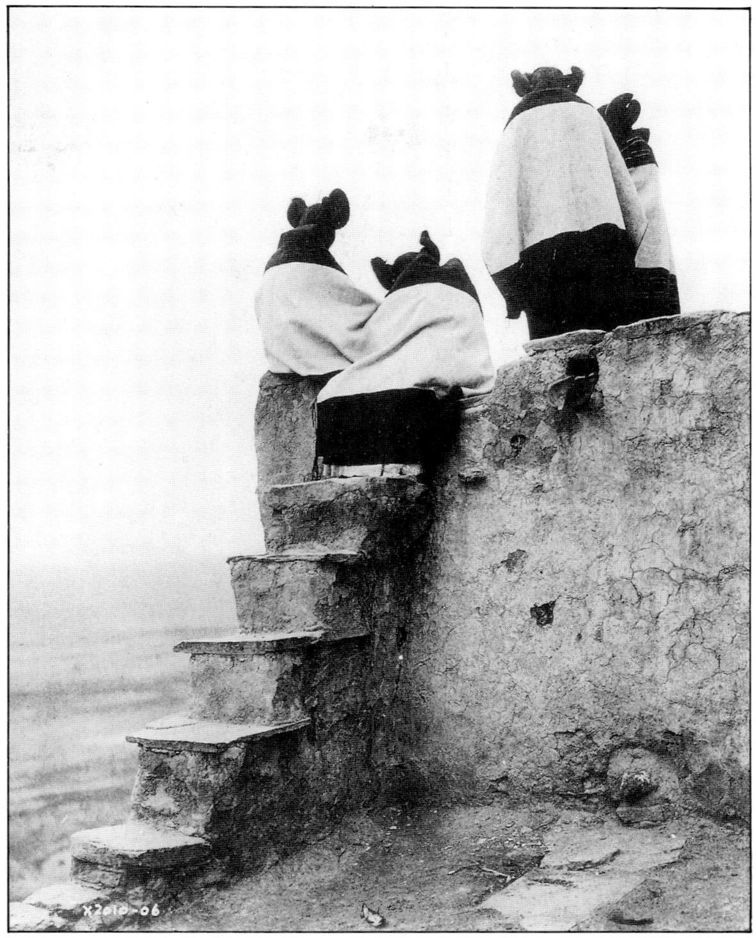

9.7 Zuschauerinnen bei den zeremoniellen Tänzen im Hopi Pueblo, Arizona. Von Edward Sheriff Curtis 1960.

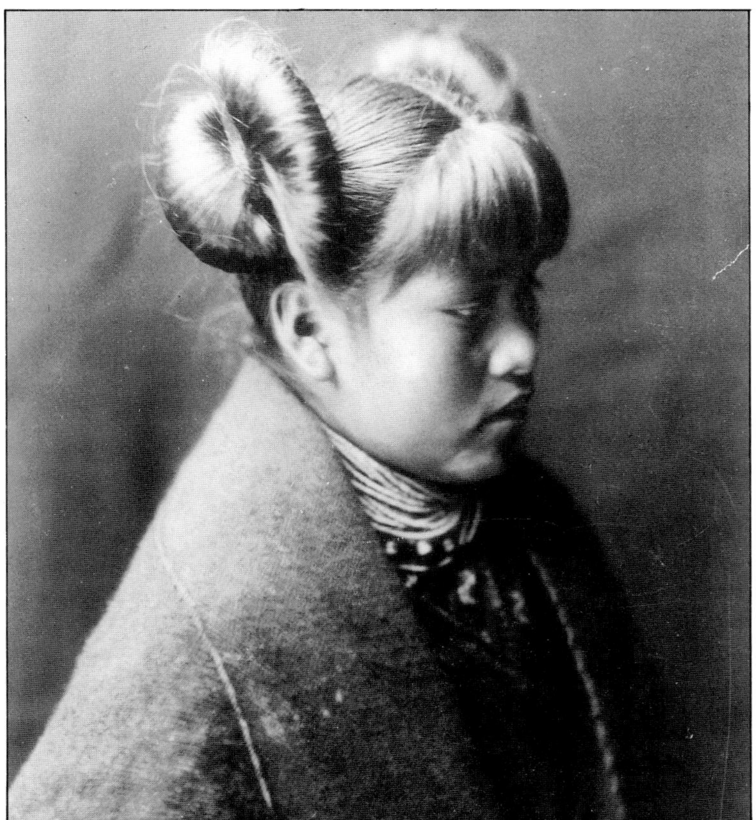

9.5 LINKS Acoma Pueblo Frau. Von Edward Sheriff Curtis 1905.

9.8 Hopi-Kind. Von Edward Sheriff Curtis.

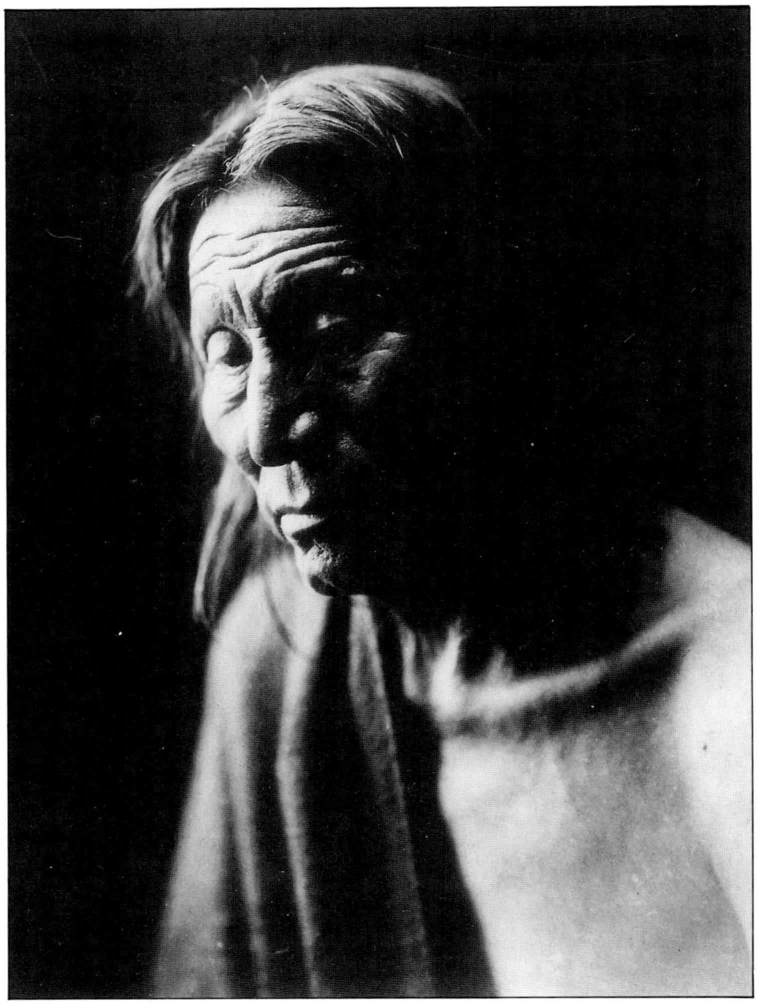

9.9 Big Head, ein Indianer von einem unbekannten südwestlichen Stamm. Von Edward Sheriff Curtis 1905.

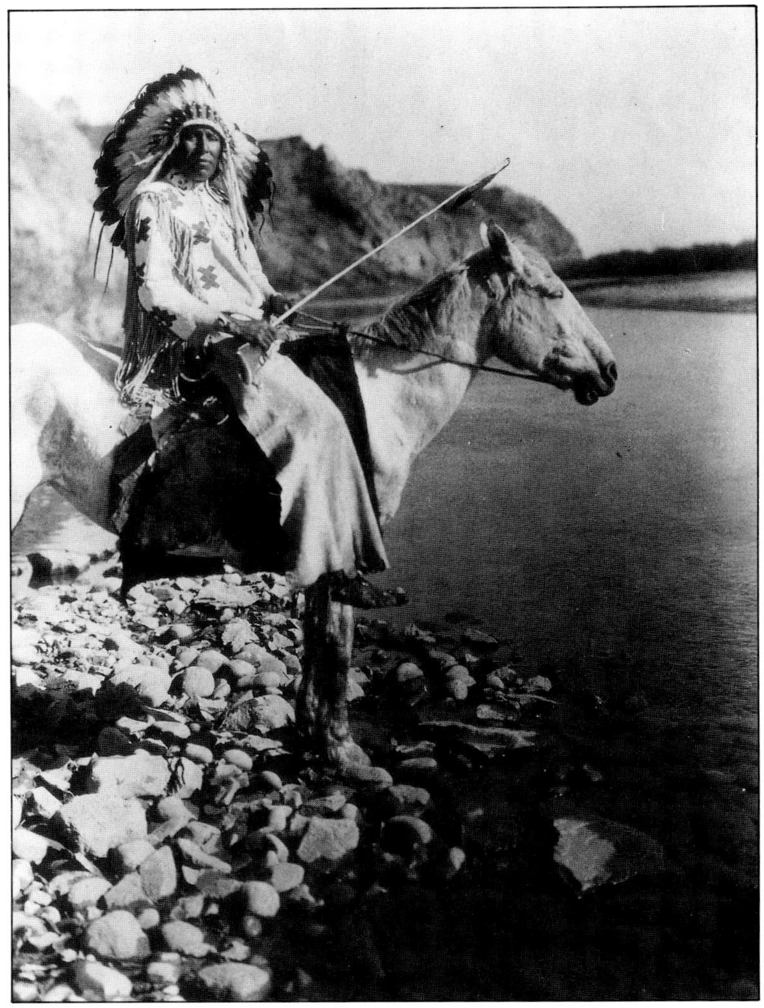

9.10 Ein Schwarzfuß im Glacier National Park: Eines der Bilder, die der Fotograf für sein 20bändiges Werk über 80 Indianerstämme aufnahm. Von Edward Sheriff Curtis 1927.

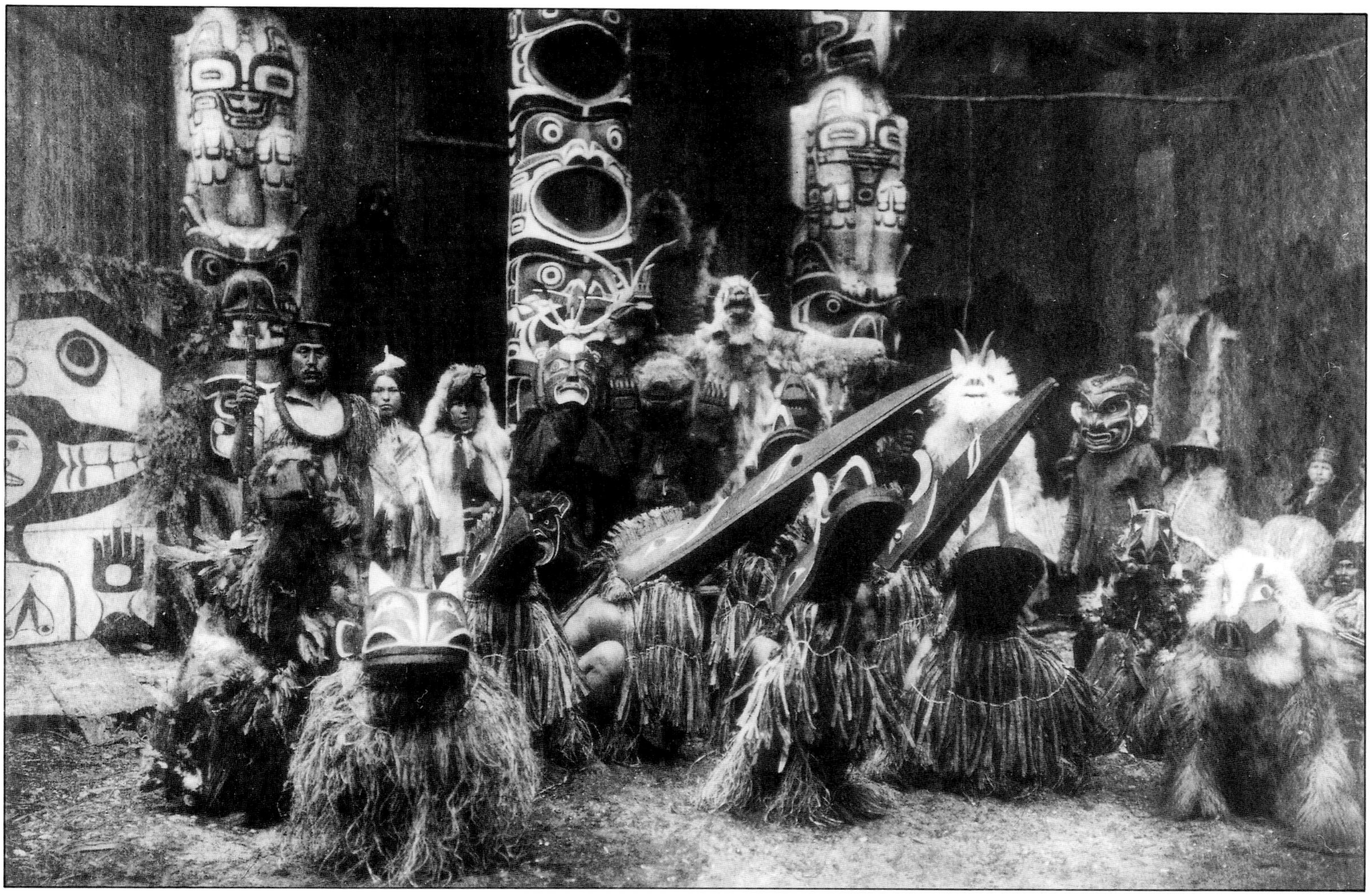

9.11 Maskierte Kwakiutl-Tänzer in Kostümen für den Stummfilm »Im Lande der Kopfjäger«, den Curtis drehte, und der das Indianerleben an der Nordwestküste wiedererstehen ließ. Von Edward Sheriff Curtis 1914.

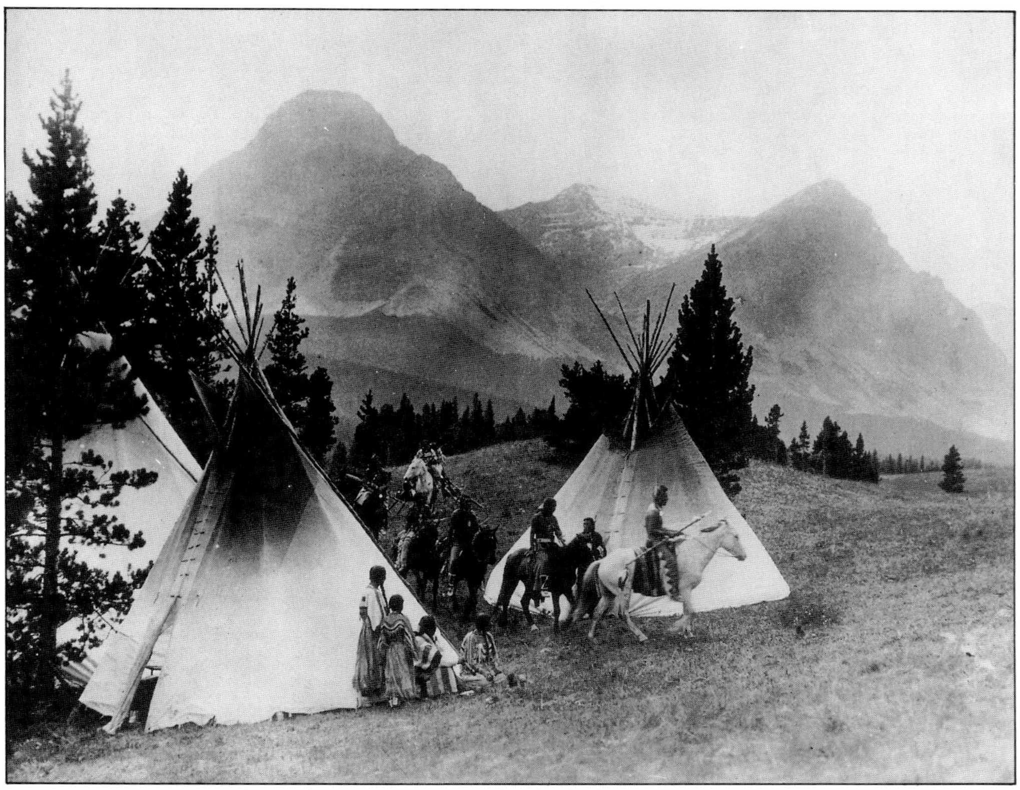

9.12 Schwarzfuß-Indianer im Glacier National Park, Montana, mit Daisy Norris Gilham (links, stehend, neben dem Tipi) und Two Guns White Calf (rechts, stehend, am Eingang des Tipis). Diese Bilder, bei denen die Schwarzfuß-Indianer mit Kulissen und Kostümen in eine Umgebung gebracht wurden, in der sie nie gelebt hatten, wurden für das Buch »Blackfeet Tales of Glacier National Park« verwendet, das der Fotograf zusammen mit dem Autor James Willard Schultz verfaßte. (Siehe auch Abb. 9.13–9.16). Von Roland Reed 1915.

9.13 Schwarzfuß-Indianer im Glacier National Park, Montana, mit Lazy Boy, Fish Wolf Robe und Two Guns White Calf. Von Roland Reed 1915.

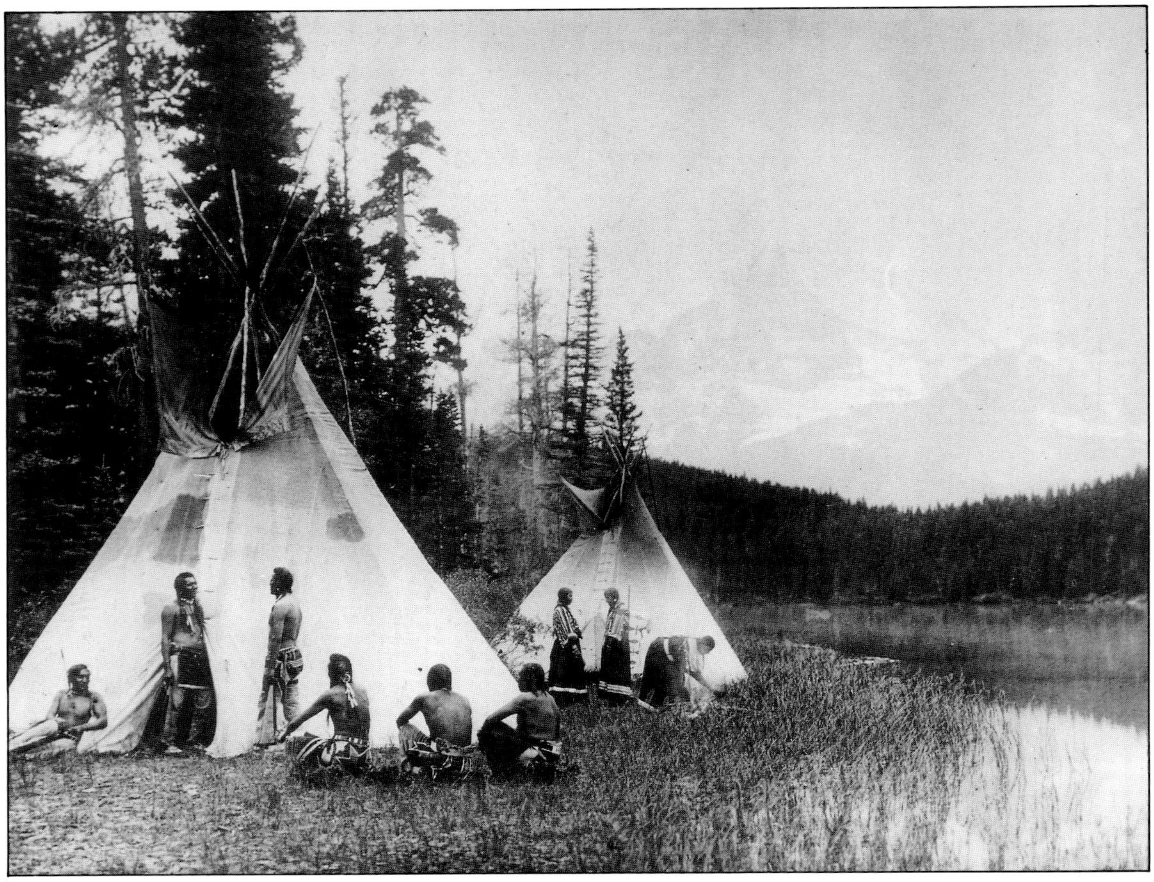

9.14 Die Schwarzfuß-Indianer Not A Real Woman und Three Bears (auch Frog Mouth genannt) im Glacier National Park, Montana. Von Roland Reed 1915.

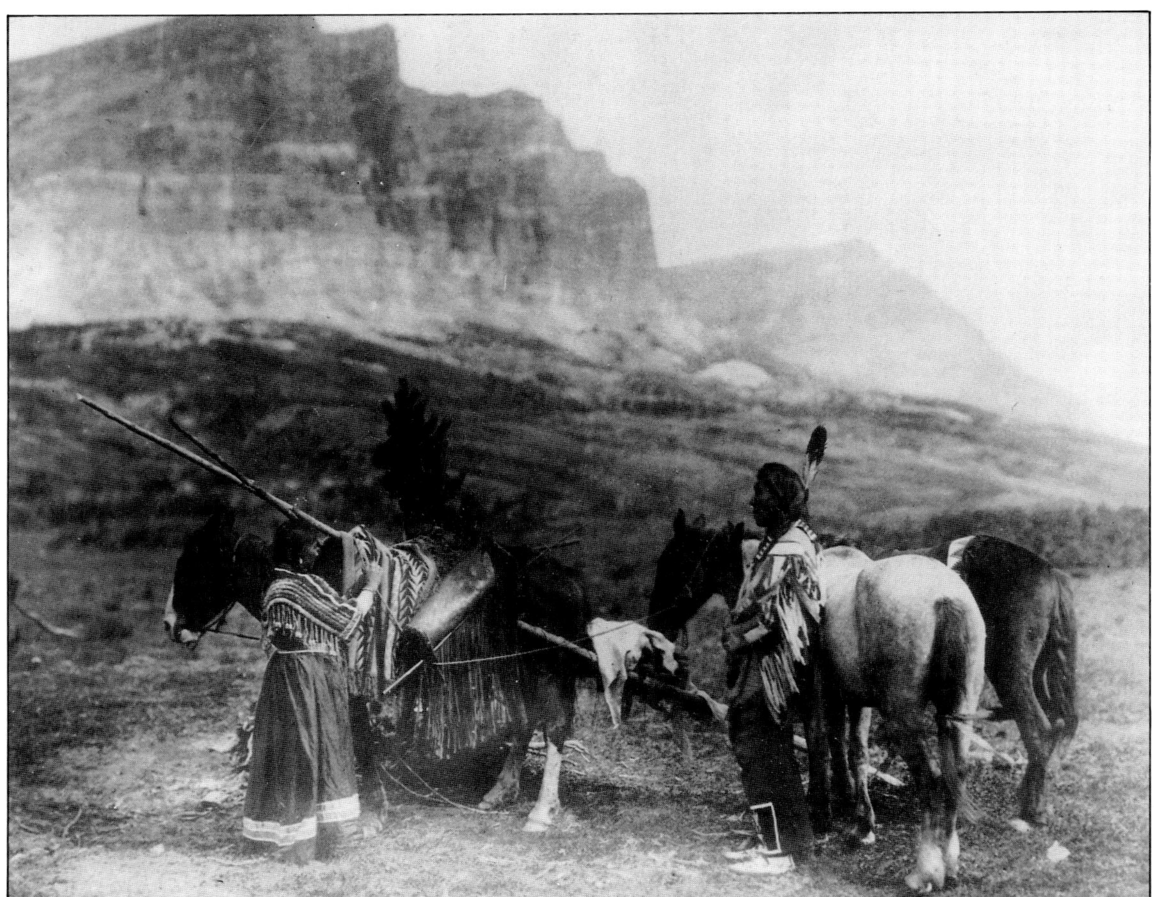

9.15 Schwarzfuß-Indianer im Glacier National Park, Montana. Von links nach rechts: Stabs By Mistake, Eagle Child, Two Guns White Calf, Black Bull und ein unbekannter Indianer. Von Roland Reed 1915.

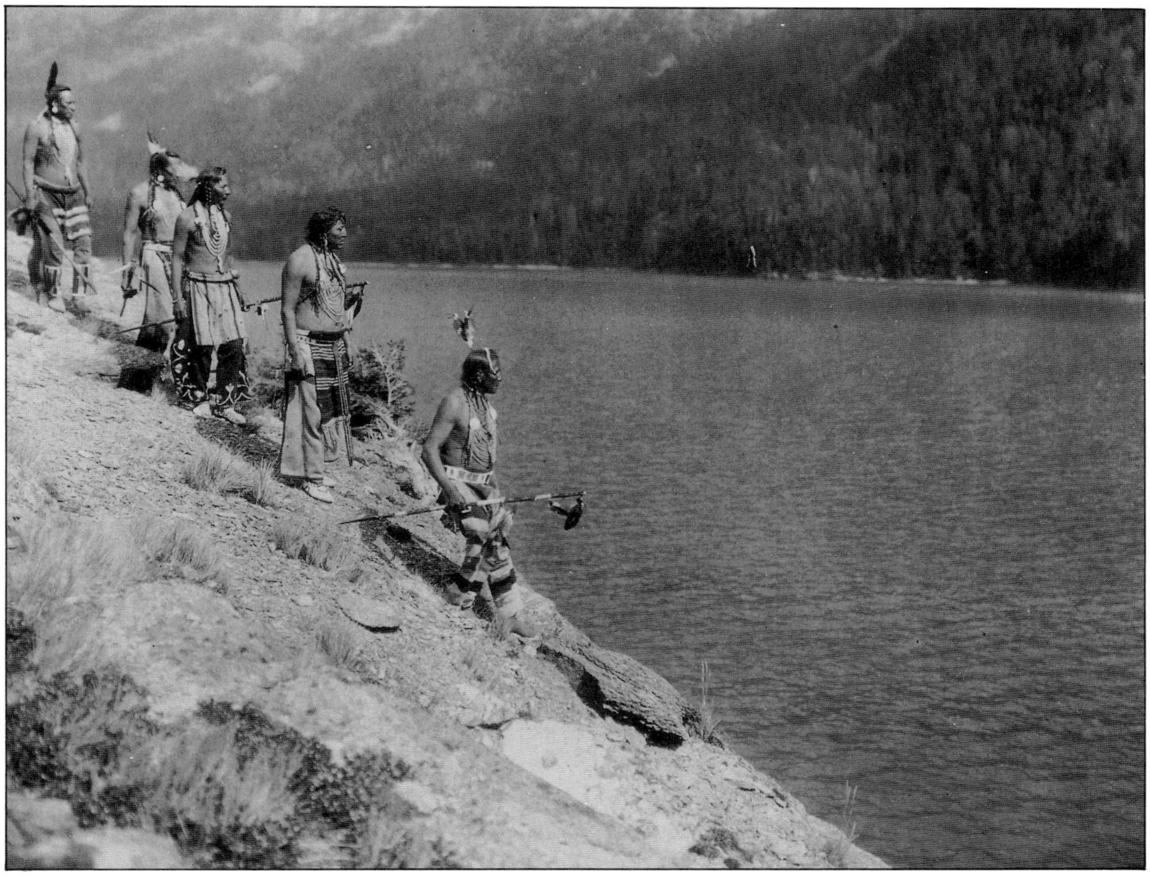

9.16 Schwarzfuß-Indianer mit Bill Shoot (links) und Eagle Child (Mitte) im Glacier National Park, Montana. Von Roland Reed 1915.

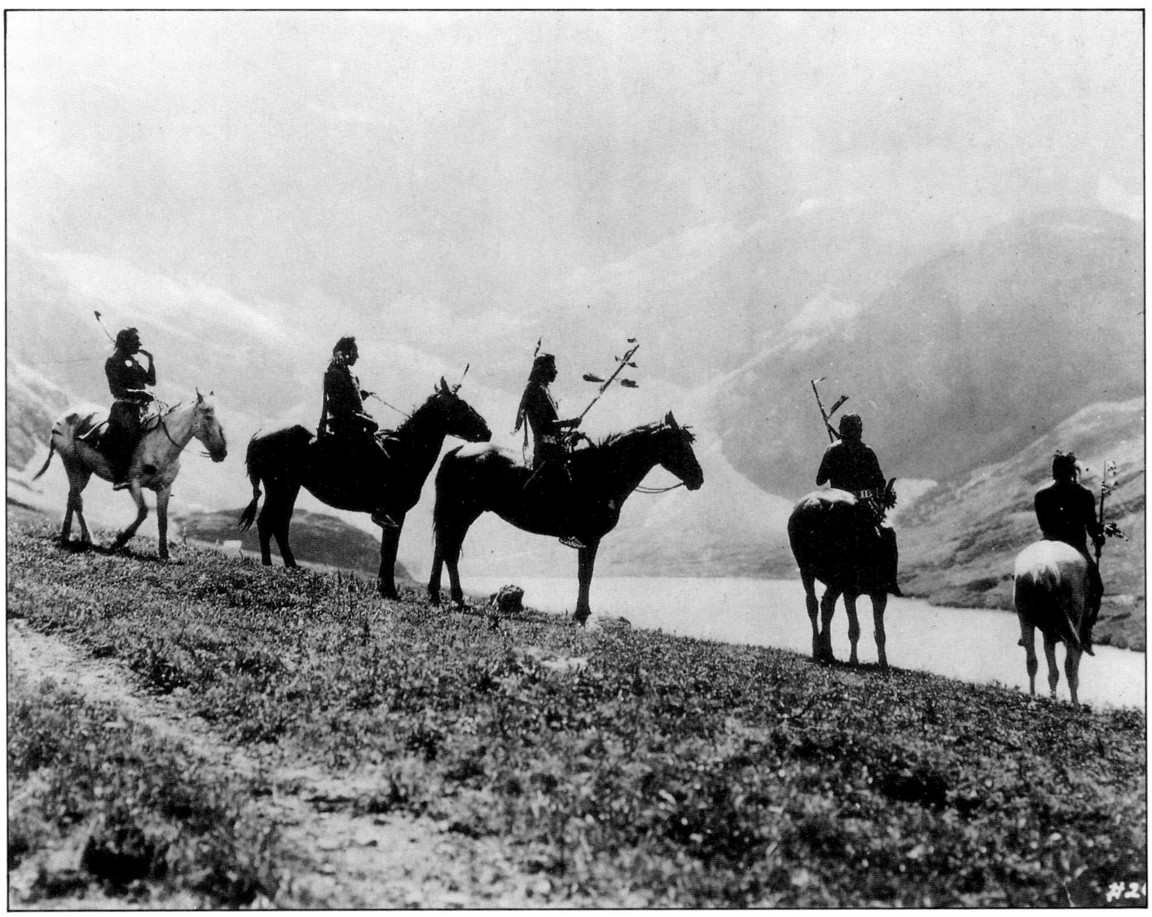

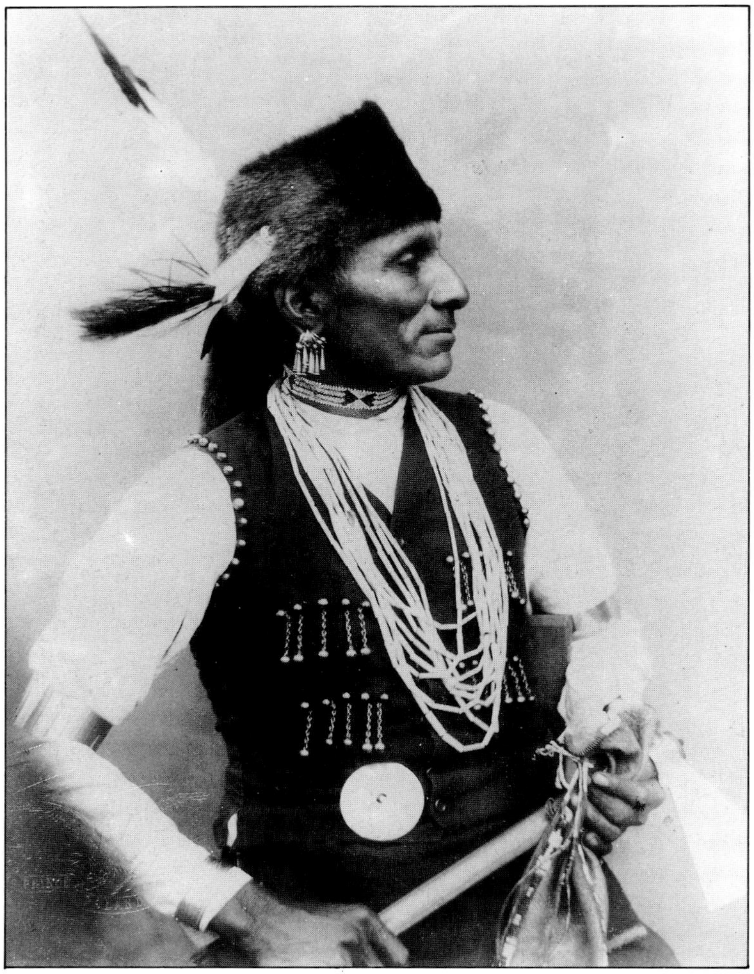

9.17 Omaha-Unterhäuptling Standing Bear, ein Repräsentant der Indianer (aufgenommen im Jardin d'Acclimatation in Paris). Von Prinz Roland Bonaparte 1883.

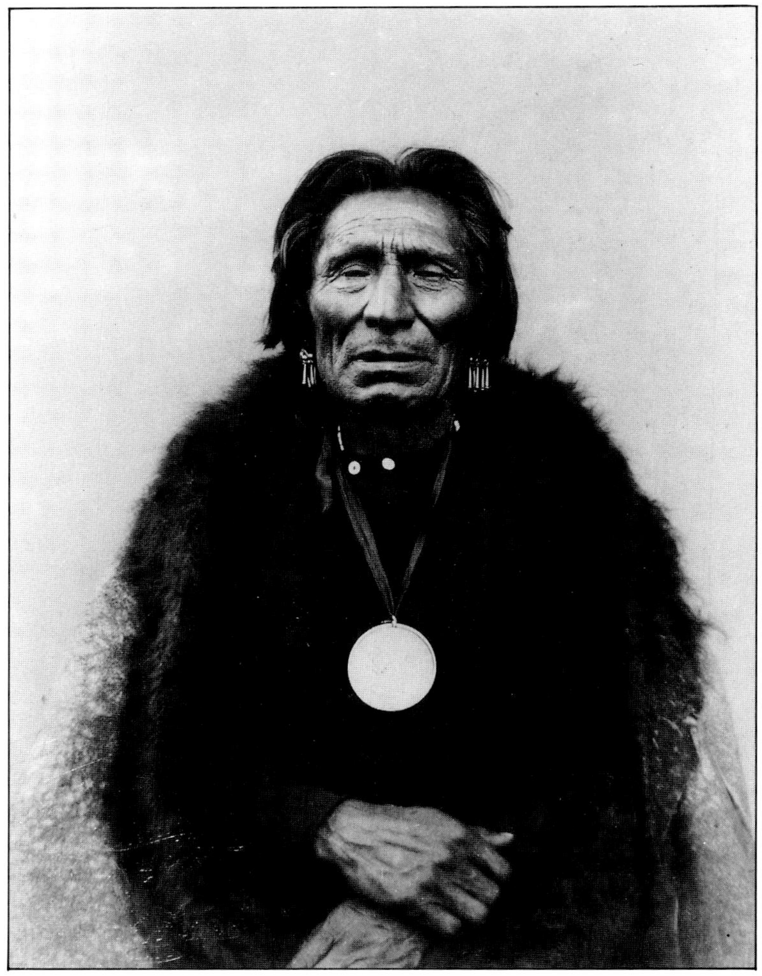

9.18 Omaha-Häuptling Yellow Smoke, ein Repräsentant der Indianer (aufgenommen im Jardin d'Acclimatation in Paris). Von Prinz Roland Bonaparte 1883.

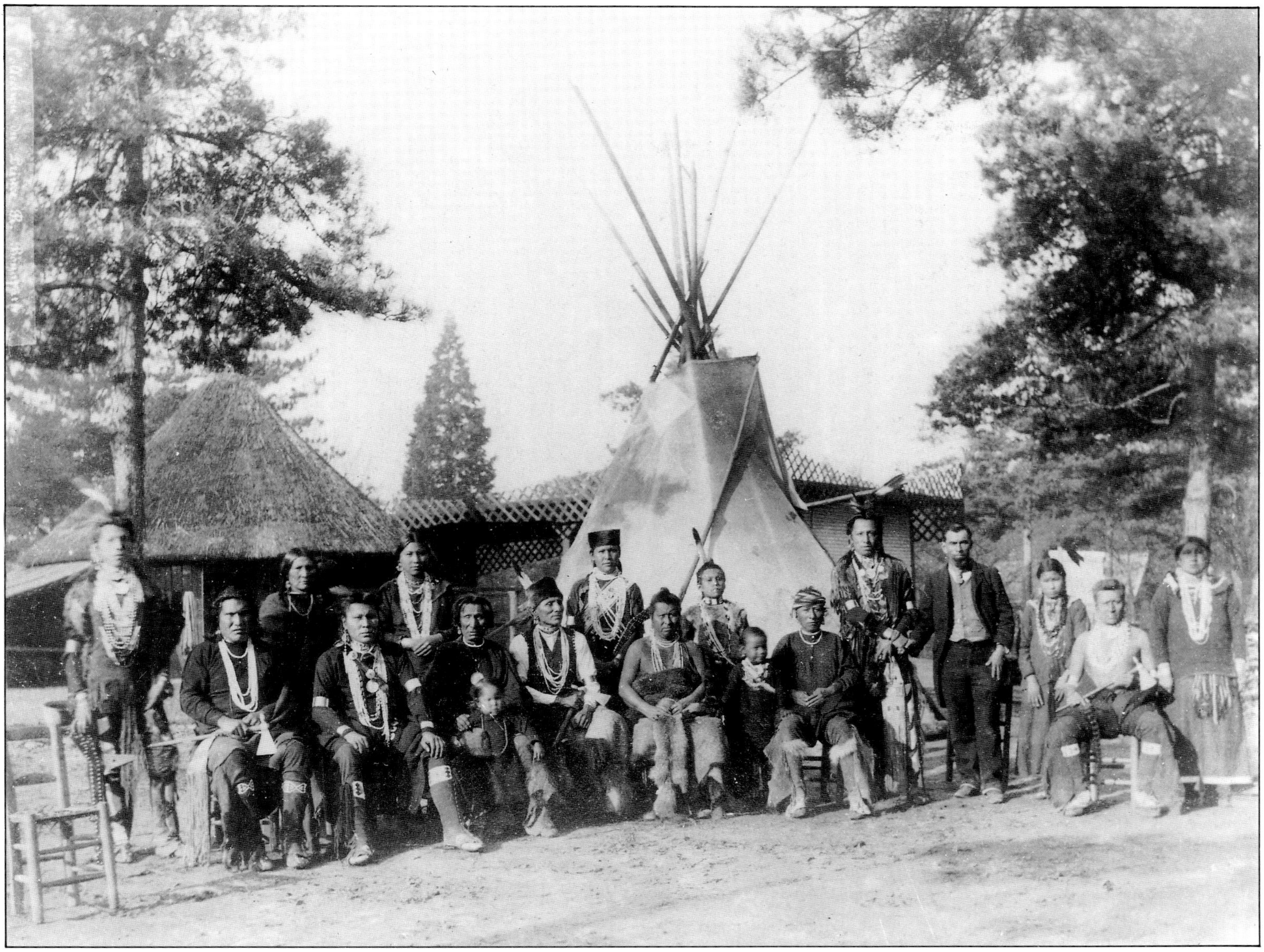

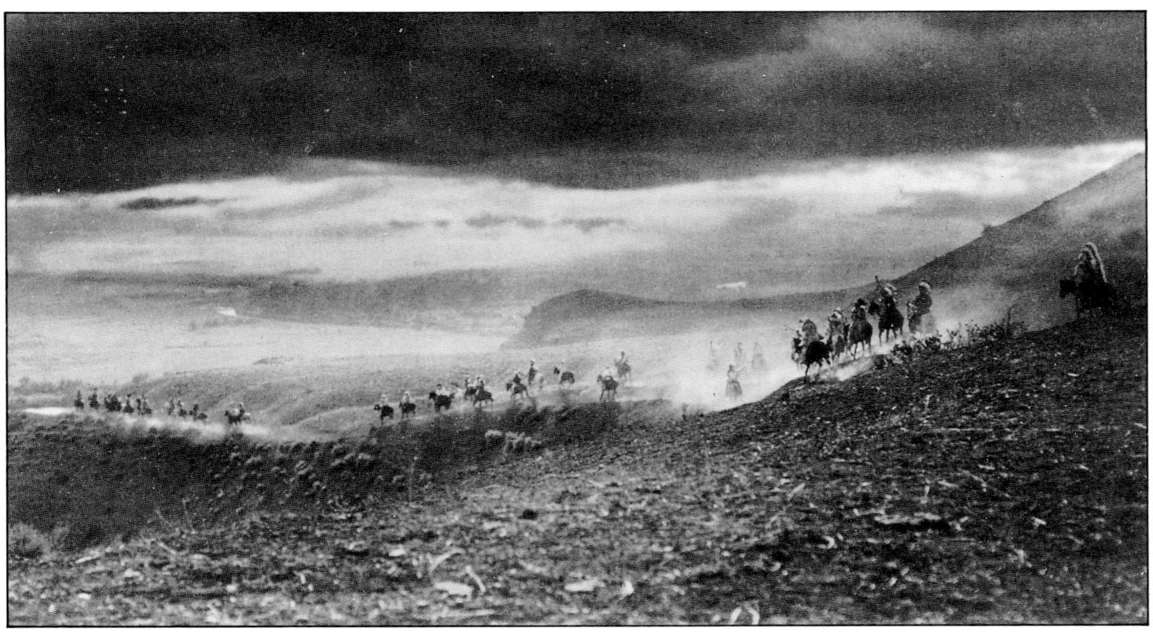

9.19 Eine Gruppe Omaha, die die nordamerikanischen Indianer repräsentieren (aufgenommen im Jardin d'Acclimatation in Paris). Von links nach rechts: White Swan, Inside Man, Cook, Chef Du Bande, Mnigh-Di-Tai, Yellow Smoke (mit einem Kind), Standing Bear (mit einem Pfeifen-Tomahawk in der Hand), Cat, Bright Eye, Traveler, Village Maker, Homme Connu, John Pilcher (ihr Anführer), ein unbekannter Mann, Lunne Dure, Hard Chief und White Crow. Von Prinz Roland Bonaparte 1883.

9.20 »Ins Tal« (Das Tal von Little Big Horn). Von Joseph Kossuth Dixon bei einer Wanamaker-Expedition.

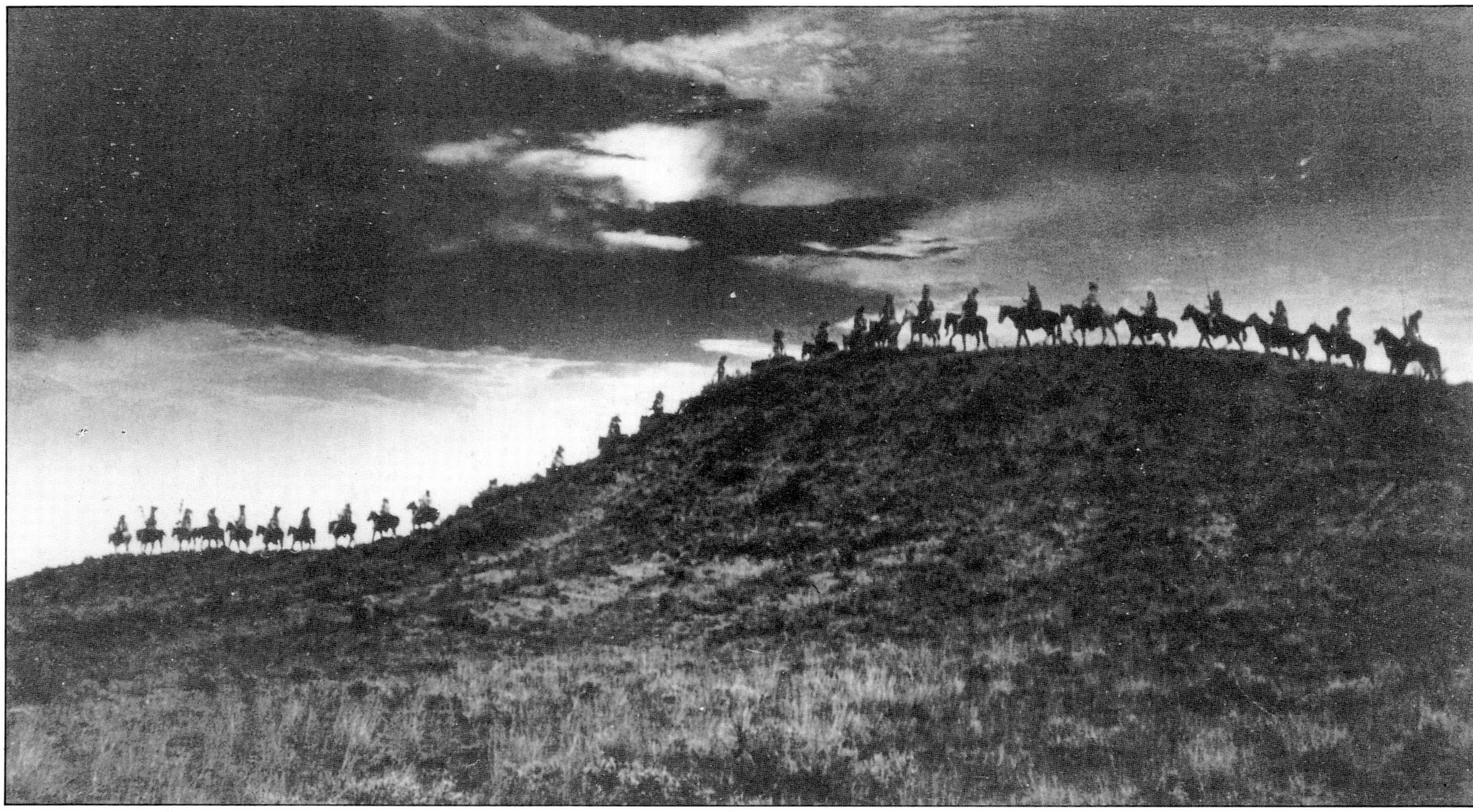

9.21 »Silhouetten am Horizont«. Aufgenommen von Joseph Kossuth Dixon bei einer Wanamaker-Expedition.

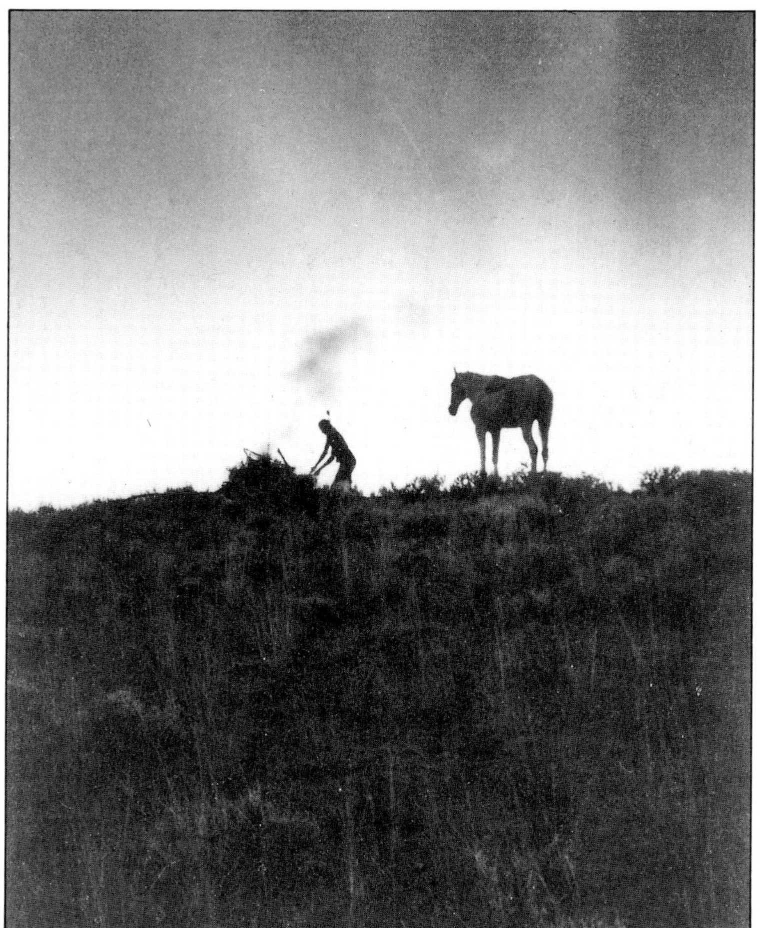

9.22 »Rauchsignal«. Von Joseph Kossuth Dixon bei einer Wanamaker-Expedition.

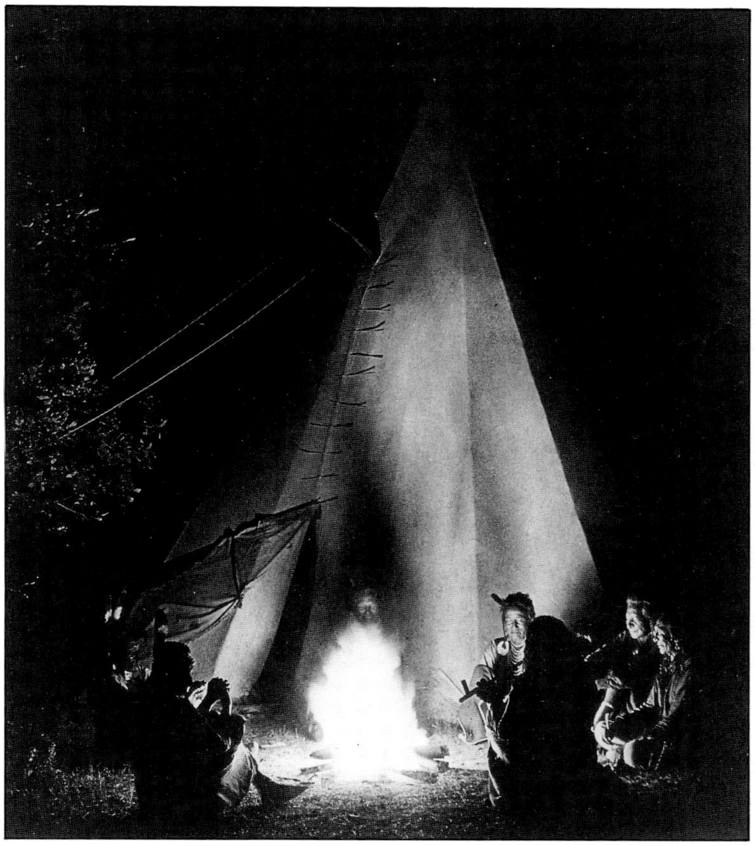

9.23 »Kriegserinnerungen«. Von Joseph Kossuth Dixon bei einer Wanamaker-Expedition.

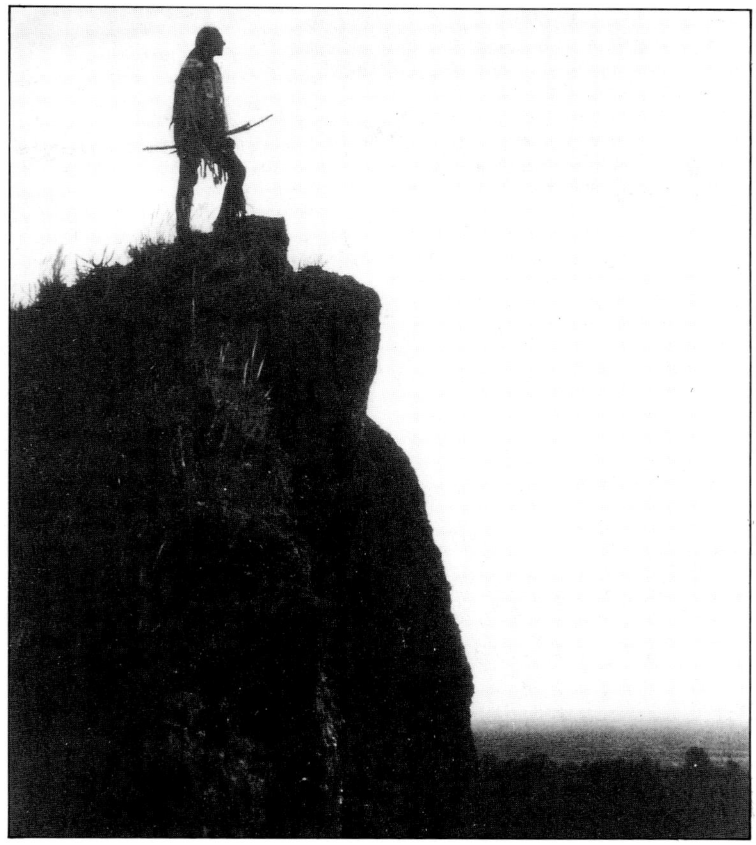

9.24 »Der letzte Vorposten«. Von Joseph Kossuth Dixon bei einer Wanamaker-Expedition.

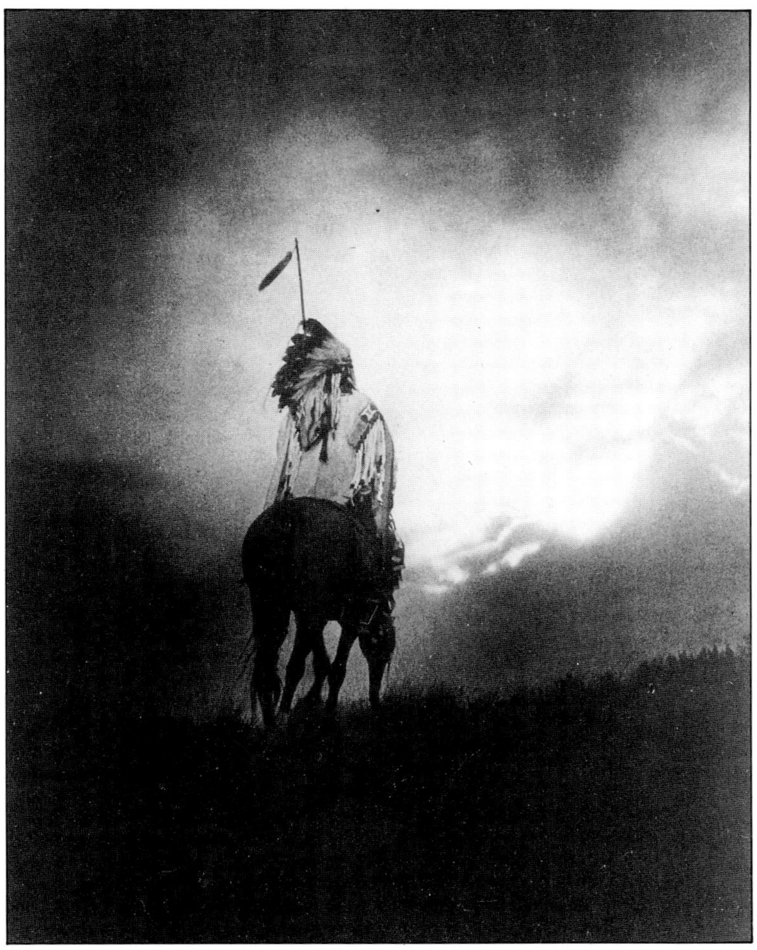

9.25 »Sonnenuntergang einer sterbenden Rasse«. Aufgenommen von Joseph Kossuth Dixon bei einer Wanamaker-Expedition.

Anhang

ANMERKUNGEN

Abkürzungen

acc. accession (= Erwerbung)
AR Annual Report (= Jahresbericht)
BAE Bureau of American Ethnology (= Büro für amerikanische Ethnologie)
DNI Daily National Intelligencer
encl. enclosed (= beigefügt)
IA Office of Indian Affairs (Büro für indianische Angelegenheiten)
LR letters received (= erhaltene Briefe)
LS letters sent (= abgesandte Briefe)
misc. miscellaneous collection (= gemischte Sammlung)
MS manuscript (= Manuskript)
NARA National Archives and Records Administration. Washington DC (formerly NARS, National Archives and Records Serice) = ibid
n.d. no date (= ohne Datum)
n.s. new series (= neue Serie)
P & FAJ Photographic and fine art Journal
RG Record Group (=Registrationsgruppe)
SI Smithsonian Institution
SIA Smithsonian Institution Archives, Washington DC
SINAA Smithsonian Institution National Anthropological Archives, Washington DC
SPC Source Print Collection
USNM National Museum Washington DC

Hinweis Ergänzende Einzelheiten zu den meisten Veröffentlichungen, die in diesen Anmerkungen zitiert sind, finden Sie in der Bibliographie auf den Seiten 232–37. Die Jahresberichte des Smithsonian Instituts und des US National Museums sind nach dem Jahr, über das sie berichten, aufgeführt, nicht nach dem Jahr ihres Erscheinens. Die Jahresberichte des BAE sind nach Nummern aufgeführt. Eckige Klammern zeigen ergänzende Informationen an.

Erstes Kapitel:1 Der Hintergrund

1 *Taft*, 1938, p. 3
2 *Hagan*, 1976, p. 157
3 *Heski*, 1978, p. 25
4 *Taft*, 1938, n.p.
5 *Cobb*, 1958, p. 136

Zweites Kapitel: Friedliche Begegnungen

1 *Donaldson*, 1887, pp, 328–30
2 Ibid., p. 331
3 Ibid.
4 *Viola*, 1976, pp. 21, 145
5 *DNI*, December 13, 1851, p. 2
6 Allen and Hillary Weiner, *Photographic Sales Catalogue*, New York 1981, p. 25
7 McIllvain to Fillmore, February 5, 1852, IA, RG 75, LR (misc.), NARA
8 *DNI*, January 10, 1852
9 Personal communication, Gary Roberts to author (Fleming), May 15, 1980; and in *Powell*, 1981, vol. 1, p. 113
10 William Little Chief to Commissioner of Indian Affairs, October 27, 1880, IA, RG 75, microfilm M234, roll 126, letter 1542, NARA
11 Report of Lower Sioux meeting, May 25, 1858, IA, RG 75, microfilm T494, roll 6, microfilm M234, roll 125, letter 1542, NARA
12 *P & FAJ*, vol. 10, n.s. vol. 4. October 1857, pp. 306–07
13 McCless circular in W. W. Turner papers, acc. 76–112, SINAA
14 *DNI*, December 16, 1857
15 *P & FAJ*, vol. 11, n.s., vol. 5. April 1858, pp. 98–99
16 Ibid.
17 *Weinstein*, Robert, 1978, pp. 1–8
18 Collection 4286, SINAA
19 Joseph Henry to James Denver, February 21, 1839, IA, RG 75, LR (misc.), NARA
20 Joseph Henry to Lewis V. Bogy, February 20, 1867, IA, RG 75, LR (misc), NARA
21 J. R. Hanson to Faulk, July 6, 1867, encl. with letter from Faulk to Commissioner for Indian Affairs, July 18. 1867, IA RG 75, LR Upper Missouri Agency (D-458). NARA; in *Viola* 1981, pp. 70–71
22 *McElroy's Philadelphia City Directory*, 1867, under McClees' (no listings located in Washington DC city directory or newspapers)
23 *Richmond City Directory*, 1866, under ›Vannerson Julian‹
24 *P & FAJ*, vol. 12, n.s. vol. 6. June 1859, p. 130
25 *Boyd's Directory of Washington*, 1867, under Shindler, A. Zeno, Marvin, P. B., Fountaine Louis
26 Clipping from *Washington Chronicle*, n. d., submitted with bil for advertisement, June 12, 1867, IA, RG 75, LR (misc.) (-267), NARA: in *Viola*, 1981, p. 163
27 *Viola*, 1981, p. 164
28 *DeMallie*, 1981, p. 43
29 Ibid.
30 *Kappler*, 1904, vol. 2, p. 1011
31 *DeMallie*, 1981, p. 59
32 Ibid., p. 48
33 Circular to Superintendents and Agents, October 16, 1868, IA, RG 75, LS, vol. 88, pp. 150–52, NARA; in *Viola*, 1981, p. 47
34 Ibid. pp. 47–49
35 William Blackmore collection, box 8, item 0070, Blackmore diary 16, 1868, p. 17, History Library, Museum of New Mexico
36 *(Shindler)*, 1867 (1869) (title page misdated 1867)
37 *Cobb*, 1958, p. 134
38 *Scherer*, 1975b, p. 73
39 Blackmore collection of photograph albums, British Museum, Museum of Mankind London
40 *Jackson*, 1874
41 *Jackson*, 1877
42 Example: Collection SPC, Dakota: 4877, SPC 005947.00, SINAA
43 *Brayer*, 1949, vol. 1, p. 318
44 Shindler to Baird, September 19, 1876, RG 52, vol. 204, p. 327, SIA
45 *Cobb*, 1958, p. 136

Drittes Kapitel: Die Indianerkriege

1 *Utley and Washburn*, 1977, p. 178
2 *Brown*, 1970, p. 9
3 *Utley and Washburn*, 1977, p. 2
4 Ibid. p. 212
5 Personal communication, John C. Ewers to author (Fleming), 12/85
6 Ibid., p. 195
7 Ibid., p. 223
8 *Capps*, 1973, pp. 176–77
9 *Carley*, 1976, p. 19
10 *Prucha*, 1984, vol. 1, pp. 458–59
11 *Watson*, 1948, p. 62
12 Ibid.
13 *Utley and Washburn*, 1977, p. 258
14 *Prucha*, 1948, vol. 1, pp. 537–38 p. 62
15 *Palmquist*, 1978, p. 193
16 Ibid., pp. 197–98
17 Example: SPC 015295.00, SINAA
18 *Mozley*, 1972, p. 46
19 *Palmquist*, 1978, pp. 45–46
20 *Gray*, 1978, p. 4
21 *Grosscup*, 1975, pp. 45–46
22 Ibid.
23 Ibid.
24 *Utley and Washburn*, 1977, p. 269
25 MS 2367–A, SINAA
26 *Watson*, 1948, p. 61
27 *Gray*, 1978, p. 8
28 Ibid., p. 9
29 Ibid., p. 7
30 Ibid., p. 10
31 *Utley and Washburn*, 1977, p. 302
32 MacEwan, 1973, opposite p. 90
33 *Gray*, 1978, p. 13
34 Personal communication, Gary Roberts to author (Fleming), 1985
35 *Prucha*, 1984, vol. 1, p. 539
36 *Bourke*, 1891, p. 476
37 *Mitchell* (1984?), p. 3
38 Ibid., pp. 4–5
39 *Niehardt*, 1972, p. 230

Viertes Kapitel: Die Zukunft wird geplant

1 *Utley and Washburn*, 1977, p. 193
2 Ibid.
3 *Prucha*, 1984, vol. 1, pp. 449–50
4 Carleton to Chavez, June 23, 1863: in *Prucha*, 1984, vol. 1, p. 451
5 *Prucha*, 1984, vol. 1, p. 451
6 Carleton to Lorenzo Thomas, September 6, 1863; in *Prucha*, 1984, vol. 1, p. 452
7 *Prucha*, 1984, vol. 1, p. 455
8 *Hagan*, 1976, p. 157
9 Harlan to Dole, June 22, 1865, Indian Office, LS, 5:262, RG 48, NARA; in *Hagan*, 1976, p. 157
10 *Rudisill*, 1973, p. 55
11 Ibid., p. 28
12 Ibid., p. 63
13 *Hagan*, 1976, p. 158
14 *Prucha*, 1976, p. 194
15 *Hagan*, 1976, p. 159

16 Ibid.
17 *Utley and Washburn*, 1977, p. 330
18 *Hagan*, 1976, p. 160
19 Ibid., p. 161
20 SPC Apache 020614.00, SINAA
21 *Hagan*, 1976, p. 162
22 *Prucha*, 1964, p. 82
23 *Frink and Barthelmess*, 1965, p. 90
24 *Gray*, 1976, p. 10
25 *Frink and Barthelmess*, 1965, p. 90
26 Ibid., p. 134
27 *Utley and Washburn*, 1977, pp. 250–51
28 *Hagan*, 1976, p. 162
29 *Prucha*, 1976, p. 206
30 Ibid., pp. 202; 206
31 *Hagan*, 1976, p. 165
32 *Utley and Washburn*, 1977, p. 333
33 *Scott*, 1984, p. 26
34 *Prucha*, 1977, p. 202
35 *Hagan*, 1976, p. 159
36 *Prucha*, 1977, pp. 207–21
37 Personal communication, Cesare Marino to author (Fleming), 1985
38 File print 3421-B-2, SINAA
39 File print 3421-B-10, SINAA
40 *Flecky and Moore*, 1976, p. 27
41 *Rudisill*, 1973, p. 52
42 *Peterson*, 1971, p. 3
43 *Utley and Washburn*, 1977, pp. 238–39
44 *Center of The American Indian*, 1984, p. 2
45 *Prucha*, 1976, p. 272
46 Ibid., p. 274
47 Ibid., p. 276
48 Ibid., p. 282
49 Malmsheimer to Viola, 1982, SINAA
50 USNM, AR 1889, p. 110
51 *Prucha*, 1976, p. 288
52 *McBride*, 1970, p. 78
53 Ibid., p. 82
54 *Dolan*, 1977, pp. 17–20
55 *Prucha*, 1976, p. 318
56 Personal communication, John C. Ewers to author (Fleming), January 13, 1986

Fünftes Kapitel: Das Festhalten der Einmaligkeit

1 *Ostroff*, 1981, p. 8
2 *Goetzmann*, 1959, pp. 4–5
3 Ibid., pp. 4–21
4 *Goetzmann*, 1959, p. 22
5 *Marder and Marder*, 1982, pp. 18–19
6 *Preuss*, 1958, pp. 32–38
7 *Goetzmann*, 1966, pp. 244–48
8 *Goetzmann*, 1959, pp. 109–11
9 *Taft*, 1938, p. 261
10 *Goetzmann*, 1966, p. 289, pp. 326–28
11 *Taft*, 1938, p. 263
12 *Ostroff*, 1981, p. 12
13 MS 4285, SINAA
14 *Darrah*, 1977, p. 92
15 *Hayden*, 1863, p. 457
16 *Goetzmann*, 1959, p. 427
17 *Sampson*, 1869, p. 466
18 *Horan*, 1966, pp. 33–54
19 *Jackson*, 1940, pp. 44–69
20 MS 4410, SINAA
21 *Bartlett*, 1962, p. xiv
22 *Naef, Wood and Heyman*, 1975, pp. 5–52
23 *Bartlett*, 1962, pp. 127–28
24 *Sampson*, 1869, p. 285
25 *Bailey*, 1884, pp. 151–54
26 *Darrah*, 1977, p. 93
27 *Bartlett*, 1962, pp. 338–67
28 *Wheeler*, 1874, pp. 167–77
29 *Bartlett*, 1962, pp. 333–49
30 *Horan*, 1966, pp. 252–53
31 *Darrah*, 1977, p. 93
32 *Naef, Wood and Heyman*, 1975, p. 131
33 Ibid., p. 131
34 Ibid., p. 53
35 *Darrah*, 1977, p. 93
36 *Bartlett*, 1962, pp. 3–34
37 *Brayer*, 1949, vol. 1, pp. 196–97
38 *Jackson*, 1877, p. 76
39 Jackson to Fewkes, April 28, 1921, BAE LR, SINAA
40 Jackson to Holmes, April 21, 1890, BAE LR, SINAA
41 *Jackson*, 1940, pp. 186–251
42 *Bartlett*, 1962, pp. 385–96
43 *Porter*, 1969, p. 9
44 Zimmerman to Powell, December 16, 1870; February 23, 1871, LR Powell Geographical & Geological Survey Rocky Mountains, 1869–72, microfilm M156, Roll 11, NARA
45 *Darrah*, 1949, p. 491
46 *Powell, W. C.*, 1949, p. 273
47 Ibid., p. 496
48 *Dellenbaugh*, 1908, n. d.
49 *Powell, W. C.*, 1949, p. 396
50 *Jones*, 1949, p. 54
51 *Steward*, 1949, p. 206
52 *Bishop*, 1947. p. 184
53 MS 4410, SINAA
54 *Powell, W. C.*, 1949, p. 292
55 *Beaman*, 1874, p. 516
56 MS 4410, SINAA
57 *Powell, W. C.*, 1949, pp. 472–73
58 Ibid., p. 385
59 Ibid., p. 492
60 MS 4410, SINAA
61 *Darrah*, 1949, pp. 492–95
62 Wheeler, O. D. to Stevenson, M. C., September 16, 1903, LR BAE, SINAA
63 *Fowler*, 1962, p. 6
64 *Jackson*, 1874; 1877
65 MS 4410, SINAA
66 Ibid.
67 *Noelke*, 1974, pp. 28–32
68 *Horan*, 1966, p. 318
69 *Darrah*, 1949, p. 496
70 *Bartlett*, 1962, pp. 370–71
71 Ibid., p. 119
72 *Jones and Jones*, 1975, p. 2
73 *Bartlett*, 1962, pp. 14–15

Sechstes Kapitel: Kulturbedingte Vorstellungen

1 *Benedict*, 1934, p. 1
2 *White*, 1949, pp. 15–6
3 *Sontag*, 1977, p. 93
4 *Blackman*, 1981, p. 45
5 *Moses*, 1984b, pp. 8–9
6 *Daniel*, 1967, pp. 216–17
7 *Hinsley*, 1981, p. 20
8 *Judd*, 1967, p. 12
9 Ibid., pp. 133–34
10 *Coe and Gates*, 1977, pp. 6–7
11 BAE, First AR
12 BAE, Second AR
13 BAE, Third AR
14 *Hinsley*, 1981, p. 196
15 BAE, Fourth AR
16 *Hinsley*, 1981, pp. 200–201
17 BAE, Eleventh AR
18 Ibid.
19 *Noelke*, 1974, p. 136
20 SI, AR 1879
21 SI, AR 1882
22 *Jacknis*, 1984, p. 4
23 *Mattison*, 1985
24 *Jacknis*, 1984, p. 5
25 *Mattison*, 1985
26 *Jacknis*, 1984, p. 6
27 *Mattison*, 1985
28 *McNickel*, 1972, p. 86
29 *Jacox*, 1985, pp. 18–23
30 *Moses*, 1984b, pp. 23–24
31 *Greenway*, 1969, pp. 152–53
32 Ibid.
33 *Underhill*, 1963, p. 257
34 *Moses*, 1984b, p. 53
35 *Moses and Szasz*, 1984a, p. 12
36 Mooney to Henshaw, LR BAE, January 19, 1891
37 Mooney to Henshaw, LR BAE, June 8, 1891
38 *Greenway*, 1969, p. 156
39 *Moses and Szasz*, 1984a, p. 13
40 *Colby*, 1978, p. 230
41 SI, AR 1894
42 SI, AR 1895
43 Ibid.
44 *Mahood*, 1961, p. 31
45 *Bigart and Woodcock*, 1979, p. 17
46 Ibid., p. 16
47 Mooney to Powell, LR BAE October 20, 1898
48 BAE, Twenty-second AR; BAE, Twenty-third R AR
49 *Mahood*, 1961, p. 10
50 BAE, Twenty-fourth AR
51 Ibid.
52 *Judd*, 1967, pp. 26–29
53 *Jacknis*, 1984, p. 6

Siebtes Kapitel: Fotostudios der Regierung

1 SI, AR 1873, p. 56
2 SI, AR 1875, p. 42
3 *Glenn*, 1983, p. 8
4 SI, AR 1882, p. 7
5 MS 4733, Dinwiddie to Powell, November 11, 1895, SINAA
6 SI AR 1894, p. 55
7 Walther affidavit, 1903, NAA
8 MS 4733, Dinwiddie to Powell, November 11, 1895, SINAA
9 SI, AR 1897, p. 45
10 SI, AR 1898, p. 46
11 Gill autobiography, Artists File, National Portrait Gallery Library, Washington DC
12 *Glenn*, 1983, p. 8
13 BAE, Fifteenth AR, p. xxi
14 SI, AR 1902, p. 44
15 BAE, Twenty-sixth AR, p. xxviii
16 Ibid.
17 SI, AR 1902, p. 44
18 BAE, Twenty-sixth AR, p. xxviii
19 BAE, Twenty-fifth AR, p. xxi
20 Ibid.

21 *The Detroit Free Press,* August 22, 1915
22 Ibid.
23 *Daniel,* 1969, p. 4
24 *The Detroit Free Press,* August 22, 1915
25 USNM, AR 1917, p. 26
26 USNM, AR 1920, p. 63
27 *Glenn,* 1983, p. 21

Achtes Kapitel: Unabhängige Indianerfotografen

1 *Taft,* 1938, p. 309
2 *Jackson,* 1947, p. vi
3 *Taft,* 1938, p. 309
4 *Grosscup,* 1975, p. 39
5 Ibid., p. 40
6 *Carvalho,* 1860, pp. 20–21
7 *Newhall,* 1976, p. 90
8 *Ostroff,* 1981, p. 19
9 *Daniels,* 1968, p. 177
10 *Jackson,* 1917, p. 177
11 *Taft,* 1938, p. 286
12 *Philadelphia Photographer,* vol. 3, no. 36, pp. 367–69
13 Ibid., vol. 3, no. 32, pp. 239–40
14 Ibid., vol. 3, no. 35, p. 339
15 Ibid.
16 Ibid., vol. 3, no. 36, p. 371
17 George Kirkland scrapbook, Library of State Historical Society of Colorado; in Mangan, 1975, pp. 39–41
18 Ibid., p. 46
19 *Webb and Weinstein,* 1973, p. 11
20 *Rathbone,* 1946, pp. 22–23
21 Ibid.
22 Ibid., p. 21
23 *Nye,* 1968, p. xi
24 *Cunkle,* 1979, p. 71
25 *Cunningham,* 1957, p. 55
26 *Moorhouse,* 1906
27 Montezuma to Holmes, July 10, 1905, LR BAE, SINAA
28 Kelly, Bernard, The Strange Story of Dr. Montezuma, *The Denver Post,* February 27, 1972
29 *Grosscup,* 1975, p. 49
30 Ibid., p. 45
31 *Cobb,* 1958, p. 130
32 Vintage Duplicates, under ›Shindler‹, SINAA
33 *Barry* (1882?)
34 *Wadsworth,* 1975, p. 122

Neuntes Kapitel: Große Aufgaben

1 *Witkin and London,* 1979, pp. 213–14
2 *Holm,* 1973, pp. 39–41
3 *Lyman,* 1982, pp. 37–60
4 *Johnston,* 1978, pp. 45–57
5 Bonaparte, SINAA Vertical File
6 *Dixon,* 1913, p. 206
7 *Reynolds,* 1966, pp. 1–30
8 *Deloria,* p. 12; in *Layman,* 1982

BIBLIOGRAPHIE

ADAM, Chuck, 1967, C. C. Stotz, Photographer of Indians. Central States Archaeological Journal 14(4): 154–57

ALINDER, Jim and Don Doll, 1976, *Crying for a Vision: A Rosebud Sioux Trilogy* 1886–1976, *Photographs by John A. Anderson, Eugene Buechel, S. J. and Don Doll, S. J. Dobbs Ferry, N. Y.: Morgan & Morgan*

ANDERSON, John Alvin, 1896, *Among the Sioux*. Rosebud Agency, South Dakota: J. A. Anderson

ANDREWS, Ralph W., 1963, *Indians as the Westerners Saw Them*. Seattle: Superior Pub. Co.

ANDREWS, Ralph W., 1964, *Picture Gallery Pioneers* 1850 *to* 1875. Seattle: Superior Pub. Co.

ANDREWS, Ralph, W., 1965, *Photographers of the Frontier West: Their Lives and Works* 1875 to 1915. NY: Bonanza Books

BAILEY, W. Whitman, 1884, Recollections of the W. Humboldt Mountains' *Appalachia* 4: Vol. 12

BARBRE, Joy and Louis B. Casagrande, 1982, *Side Trips: The Illustrated Adventures of Sumner Matteson*. The Science Museum of Minnesota Encounters 5(6): 7–9

BARRY, David F., (1882?), *D. F. Barry's Catalogue of Noted Indian Chiefs*. Bismarck Dakota: David F. Barry

BARTHELMESS, Caesy E. and Maurice Frink, 1965 *Photographer on an Army Mule*. Norman: Univ. of Okla. Press

BARTLETT, Richard A., 1962, *Great Surveys of the American West*. Norman: Univ. of Okla. Press

BEAMAN, E. O., 1874, The Canon of the Colorado and the Moquis Pueblos. *Appleton's Journal* 11 (266–271): 513–16; 545–48; 591–93; 623–26; 641–44; 686–88

BEATON, Sir Cecil W. H. and Gail Buckland, 1975 *Magic Image: The Genius of Photography from* 1839 *to the Present*. Boston: Little Brown

BELL, William Abraham, 1869 *New Tracks in North America*, N. Y.: Scribner, Welford & Co.

BELOUS, Russell E., and Robert A. Weinstein 1969, *Will Soule: Indian Photographer at Fl. Still, Oklahoma* 1869–74. Los Angeles: Ward Ritchie Press

BENDER, Norman J., ed., 1984, *Missionaries Outlaws, and Indians: Taylor E. Ealy at Lincoln and Zuni*, 1878–1881. Albuquerque: Univ. of New Mexico Press

BENEDICT, Ruth, 1934, *Patterns of Culture*. Boston: Houghton Mifflin, Co.

BENNETT, H. H. Studio, 1959, *The Beautiful Dells of the Wisconsin*. Wisconsin: H. H. Bennett Studio

BIGART, Robert, and Clarence Woodcock, 1979, The Trans-Mississippi Exposition of the Flathead Delegation' *Montana, The Magazine of Western History* 29(4): 16–17

BISHOP, Francis Marion, 1947, Capt. Francis Marion Bishop's Journal Edited by Charles Kelly. *Utah Historical Quarterly* 15(1–4): 159–238

BLACKMAN, Margaret B., 1980, Posing the American Indian: Early Photographers Often Clothed Reality in Their Own Stereotypes. *Natural History*, 89(10): 68–74

BLACKMAN, Margaret B., 1981, *Window on the Past: The Photographic Ethnohistory of the Northern and Kaigani Haida*. Ottawa: National Museums of Canada. (Revision of author's thesis, Ohio State Univ.)

BOURKE, John Gregory, 1891, *On the Border with Crook*. Chicago: Rio Grande Press

BOURNS, Phillips M., 1982, Matteson as Photographer: *The Science Museum of Minnesota Encounters* 5(6): 12–13

BOURNS, Phillips M. and Louis B. Casagrande, 1983, *Side Trips: The Photography of Sumner W. Matteson* 1898–1908. Milwaukee: Milwaukee Public Museum and Science Museum of Minnesota

BRATLEY, Jesse Hastings, 1962, *Teaching Indians of the Plains. Compiled by Winifred Reutter. Dakota Days*. Stickney, S. D.: Argus Printers

BRAYER, Herbert Oliver, 1949, *William Blackmore: The Spanish-Mexican Land Grants of New Mexico and Colorado* 1863–1878, vol. 1 of 2 vols. Denver: Bradford-Robinson

BROWN, Dee Alexander, 1970, *Bury My Heart at Wounded Knee*. N. Y.: Holt, Rinehart & Winston

BROWN, Mark Herbert, and W. R. Felton, 1955, *The Frontier Years: L. A. Huffman, Photographer of the Plains*. N. Y.: Henry Holt & Co.

BROWN, Mark Herbert, and W. R. Felton, 1956, *Before Barbed Wire, L. A. Huffman, Photographer on Horseback*. N. Y.: Henry Holt & Co.

BUCKLAND, Gail and Sir Cecil W. H. Beaton, 1975, *Magic Image: The Genius of Photography from 1839 to the Present*. Boston: Little, Brown

BUSHNELL, David, I., Jr., 1925, John Mix Stanley, Artist-Explorer, *Smithsonian Report For* 1924, pp. 507–12. Washington: G. P. O.

CAPPS, Benjamin and the Editors of Time-Life Books, 1973, *The Indians*. The Old West Series. N. Y.: Time-Life Books

CARLEY, Kenneth, 1976, *The Sioux Uprising of* 1862. St. Paul: Minn. Hist. Society

CARTER, John E., (1983?), *Photographers Listed in Nebraska Business Gazeteers* 1879 *Through* 1917. Lincoln: Neb. State Hist. Society

CARVALHO, Solomon N., 1860, *Incidents of Travel and Adventure in the Far West with Col. Fremont's Last Expedition*. N. Y.: Derby & Jackson

CASAGRANDE, Louis B., and Joy Barbre, 1982, *Side Trips: The Illustrated Adventures of Sumner Matteson. The Science Museum of Minnesota Encounters* 5(6): 7–9

CASAGRANDE, Louis B., and Phillips Bourns, 1983, *Side Trips: The Photography of Sumner W. Matteson* 1898–1908. Milwaukee: Milwaukee Public Museum and Science Museum of Minnesota

CASTLES, Jean L., 1971, »Boxpotapesh« of Crow Agency, *Montana. The Magazine of Western History* 21(37): 84–93

CENTER of The American Indian, 1984, *Making Medicine: Ledger Drawing Art from Fort Marion*. (Exhibition Sept. 16.–Nov. 26. 1984) Okla City: Center of the American Indian

COBB, Josephine, 1955, ›Mathew B. Brady's Photographic Gallery in Washington.‹ Speech reprinted in *The Columbia Historical Society Records* (53–56): 3–44

COBB, Josephine, 1958, *Alexander Gardner, Image* 7(6): 124–36

COE, Brian and Paul Gates, 1977, *The Snapshot Photograph: The Rise of Popular Photography* 1888–1939, London: Ash & Grant

COLBY, William Munn, 1977, *Routes to Rainy Mountain: A Biograpahy of James Mooney, Ethnologist*. Ph. D. diss. Univ. Wisconsin at Madison

COLNAGHI, P. & D. & Co. Ltd., 1976, *Photography: The First Eighty Years*. London: P. & D. Colnaghi & Co.

COSENTINO, Andrew J. and Henry H. Glassie, 1983, *The Capital Image: Painters in Washington*, 1800–1915. Washington DC: Smithsonian Institution Press

CRAWFORD, William, 1979, *The Keepers of Light: A History and Working Guide to Early Photographic Processes*. Dobbs Ferry, N. Y.: Morgan & Morgan

CUNKLE, Wendy, 1979, *Winter & Pond: Pioneer Photographers in Alaska*. M. A. Thesis, San Francisco State Univ.

CUNNIGHAM, Robert E., 1957, *Indian Territory: A Frontier Photographic Record by W. S. Prettyman*. Norman: Univ. of Okla. Press

CURRENT, Karen and William R. Current, 1978, *Photography and the Old West*. N. Y.: Harry N. Abrams, in assoc. with the Amon Carter Museum of Western Art

DANIEL, Forrest W., 1969, ›Running Antelope – Misnamed Onepapa.‹ *Paper Money* 8(1): 4–9

DANIEL, Glyn, 1967, *The Origins and Growth of Archaeology*. N. Y.: Galahad Books: 216–17

DANIELS, David, 1968, Photography's West-plate Interlude in Arizona Territory 1864–1880: *The Journal of Arizona History* 9(4): 171–94

DARNELL, Regna Diebold, 1969, *The Development of American Anthropology* 1879–1920: *From the Bureau of American Ethnology to Franz Boas*. Ph. D. diss., Univ. of Pennsylvania. Ann Arbor: Univ. Microfilms

DARRAH, William Culp, 1949, ›Beaman Fennemore, Hillers, Dellenbaugh, Johnson and Hattan.‹ *Utah Historical Quarterly* 17(1–4): 491–503

DARRAH, William C., 1977, *The World of Stereographs*, Gettysburg: W. C. Darrah

DAVIDSON, Carla, 1979, ›The View from Fourth and Olive.‹ *American Heritage* 31(1): 76–93

DELLENBAUGH, Frederick S., 1908, *A Canyon Voyage*. N. Y.: G. P. Putnam's Sons

DELORIA, Vine, Jr., 1982, *Introduction*. Christopher Lyman: *The Vanishing Race and Other Illusions: Photographs of Indians by Edward S. Curtis*. Washington, D. C: Smithsonian Institution Press, 1982

DEMALLIE, Raymond, 1981, ›Scenes in the Indian Country: A Portfolio of Alexander Gardner's Stereographic Views of the 1968 Fort Laramie Treaty Coucil.‹ *Montana, The Magazine of Western History* 31(3): 42–59

DINWIDDIE, William, 1895–96, *Monthly Reports, November, December and January*. (MS 4733 SINAA, Washington DC)

DIXON, Joseph Kossuth, 1913, *The Vanishing Race: The Last Great Indian Council.* Garden City, N. Y.: Doubleday, Page & Company

DOCKSTADER, Frederick J., 1977, *Great North American Indians: Profiles in Life und Leadership.* N. Y.: Van Nostrand Reinhold Company

DOLAN, Veronica, 1977, ›Life on the Reservation.‹ *The Denver Post.* Nov. 6. 1977, pp. 17–22

DOLL, Don and Jim Alinder, 1976, *Crying for a Vision: A Rosebud Sioux Trilogy 1886–1976. Photographs by John A. Anderson, Eugene Buechel, S.J. and Don Doll. S.J. Dobbs* Ferry, N. Y.: Morgan & Morgan

DONALDSON, Thomas, 1887, *The George Catlin Indian Gallery in the U.S. National Museum (Smithsonian Institution) with Memoir and Statistics* (from SI, AR 1885). Washington DC: GPO

DRIGGS, Howard R. and William Henry Jackson, 1929, *The Pioneer Photographer,* Yankers on Hudson. N. Y.: World Book Co.

DYCK, Paul, 1971, *Brulé: The Sioux People of the Rosebud.* Flastaff, Ariz.: Northland Press

EDKINS, Diana E., 1974, *William H. Jackson.* Dobbs Ferry, N. Y.: Morgan & Morgan in association with Amon Carter Museum Fort Worth, Texas

EVANS, Susan, 1981, ›Henry Buehman: Tucson Photographer 1874–1912‹ *History of Photography* 5(1): 59–81

EWERS, John Canfield, 1949, ›An Anthropologist Looks at Early Pictures of North American Indians.‹ *New York Historical Society Quarterly Bulletin* 32(4): 223–34

EWERS, John Canfield, 1968, Thomas M. Easterly's Pioneer Daguerreotypes of Plains Indians.‹ *Bulletin of the Missouri Historical Society* 24(4. pt 1): 329–39

EWERS, John Canfield, 1976, ›Artifacts and Pictures as Documents in the History of Indian-White Relations.‹ In *Indian-White Relations: A Persistent Paradoz,* edited by Jame F. Smith and Robert M. Kvasnicka. Washington DC: Howard Univ. Press

F. JAY HAYNES: *Fifty Views* (exhibition brochure), (1981?), Helena, Mont.: Montana Hist. Society

FARR, William E., 1984, *The Reservation Blackfeet,* 1882–1945: *A Photographic History of Cultural Survival.* Seattle. Univ. of Wash. Press.

FELTON, W. R. and Mark Herbert Brown, 1955, *The Frontier Years: L. A. Huffman, Photographer of the Plains.* N. Y.: Henry Holt & Co.

FELTON, W. R. and Mark Herbert Brown, 1956, *Before Barbed Wire, L. A. Huffman, Photographer and Horseback.* N. Y.: Henry Holt & Co.

FISKE, Turbese Lummis and Keith Lummis, 1975, *Charles F. Lummis, the Man and His West.* Norman: Univ. of Okla. Press

FLECKY, Michael S.J. and Harold Moore, 1976, *Photo Album: St. Francis Mission, School, and Community* 1886–1976. St. Francis, South Dakota: Rosebud Educational Society

FOWLER, Don D., ed., 1972, *›Photographed All the Best Scenery‹: Jack Hiller's Diary of the Powell Expeditions,* 1871–1875. Salt Lake City: Univ. of Utah Press

FRANCIS, Rell G., 1978, ›Views of Mormon Country: The Life and Photographs of George Edward Anderson.‹ *The American West* (15(6):14–29

FRINK, Maurice and Casey E. Barthelmess, 1965, *Photographer on an Army Mule.* Norman: Univ. of Okla. Press

FRYXELL, Fritiof Melvin, 1939, ›William H. Jackson, Photographer, Artist, Explorer.‹ *American Annual of Photography,* Reprinted 1940 by U. S. Dept. of Interior

GALUSHA, Hugh D., Jr, 1959 ›Yellowstone Years, a Story of the Great National Park as Chronicled in Pictures, Words and Deeds by the Venerable House of Haynes.‹ *Montana, the Magazine of Western History* 9(3): 2–21

GATES, Paul and Brian Coe, 1977, *The Snapshot Photograph. The Rise of Popular Photography* 1888–1939. London: Ash & Grant

GILBERT, George, 1980, *Photography, The Early Years: A Historical Guide for Collectors.* N. Y.: Harper & Row

GLASSIE, Henry H. and Andrew J. Cosentino, 1983, *The Capital Image: Painters in Washington,* 1800–1915. Washington DC: SI Press

GLENN, James R., 1981, The »Curious Gallery«: The Indian Photographs of the McCless Studio in Washington, 1857–1858. *History of Photography* 5(3): 249–62

GLENN, James R., 1983, De Lancey W. Gill: Photographer for the Bureau of American Etnology. *History of Photography* 7(1): 7–22

GLOVER, Ridgway, 1866, ›Photography Among the Indians.‹ *Philadelphia Photographer* 3(32): 239–40; 3(35): 339; 3(36): 367–69

GOETZMANN, William H., 1959, *Army Exploration in the American West* 1803–1863. New Haven: Yale Univ. Press

GOETZMANN, William H., 1966, *Exploration and Empire.* N. Y.: Knopf

GOODMAN, Theodosia Tell, 1948, ›Early Oregon Daguerreotypes and Portrait Photographers.‹ *Oregon Historical Quarterly* 49(1): 30–49

GRAY, John S., 1978, *Itinerant Frontier Photographers and Images Lost, Strayed or Stolen. Montana, the Magazine of Western History* 28(2): 2–15

GRISWOLD, Gillet, 1959, *William S. Soule Photographs: A Preliminary Survey.* Ft. Sill. Okla.: U. S. Army Artillery and Missile Center Museum

GREENWAY, John, 1978, *Folklore of the Great West.* Palo Alto, California: 152–56: American West Publishing Co.

GROSSCUP, Jeffrey P., 1975, ›Stereoscopic Eye on the Frontier West.‹ *Montana, The Magazine of Western History* 25(2): 36–50

GROSSMONT College Development Foundation, 1974, *Eugene Buechel, S.J.: Rosebud and Pine Ridge Photographs,* 1922–1943. (An exhibition prepared by Grossmont College Summer Photography Workshop in co-operation with the Buechel Memorial Lakota Museum in St Francis, S. D.) National City, Calif.: Crest Offset

HAGAN, William T., 1976, ›The Reservation Policy: Too Little and Too Late.‹ In *Indian-White Relations: A Persistent Paradox,* Jame F. Smith and Robert M. Kvasnicka, eds. Washington DC: Howard Univ. Press

HAMP, Sidford, 1872, ›Exploring the Yellowstone with Hayden, 1872: Diary of Sidford Hamp.‹ Edited by Herbert O. Brayer. *Annals of Wyoming* 14(4): 253–98

HARBER, Opel, (1975), *Directory of Early Photographers* 1853 *through* 1900. In Mangan, 1975, *Colorado On Glass.* Denver: Sundance

HAYDEN, Ferdinand Vandiveer, 1863, ›Contributions to the Ethnography and Philology of the Indian Tribes of the Missouri Valley.‹ *Transactions of the American Philosophical Society* 12 n.s.: 231–461

HESKI, Thomas, M., 1978, *›Icastinyanka Cikala Hanzi‹: The Little Shadow Catcher, D. F. Barry, Celebrated Photographer of Famous Indians.* Seattle: Superior Pub. Co.

HEYMAN, Therese Thau, Weston J. Naef and James N. Wood, 1975, *Era of Exploration: The Rise of Landscape Photography in the American West,* 1860–1885. Buffalo, N. Y..: Albright-Knox Art Gallery and the Metropolitan Museum of Art; distributed by New York Graphic Society, Boston

HILLERS, John K., 1972, *Photographed All the Best Scenery: Jack Hiller's Diary of the Powell Expeditions,* 1871–1875. Edited by Don D. Fowler. Salt Lake City: Univ. of Utah Press. (Orig. Hillers, diary is MS 4410, SINAA)

HIME, Humphrey Lloyd, 1857–8, *Photographs taken at Lord Selkirk's Settlement the Red River of the North.* MS. 4285, SINAA

HINSLEY, Curtis M., Jr, 1981, *Savages and Scientists: The Smithsonian Institution and the Development of American Anthropology* 1846–1910. Washington D. C.: Smithsonian Institution Press

HORAN, James D., 1966, *Timothy O'Sullivan, America's Forgotten Photographer,* Garden City, N. Y.: Doubleday

HORSE Capture, George, 1977, *The Camera Eye of Sumner Matteson. Montana, The Magazine of Western History* 27(3): 48–61

HURT, Wesley R., and William E. Lass, 1956, *Frontier Photographer, Stanley J. Morrow's Dakota Years,* Vermillion: Univ. South Dakota

HUYDA, R., 1973–4, *Exploration Photographer: Humphrey Lloyd Hime and the Assiniboine and Saskatchewan Exploring Expedition of* 1858. Transactions of the History and Science Society of Manitoba (Canada), Vol. 11(30): 45–59

JACKNIS, Ira, 1984, *Franz Boas and Photographs. Studies in Visuals Communication* 10(1): 2–60

JACOX, Elizabeth, 1985, »Cook, Photographer, and Friend«: Jana Gay's Photographs, 1889–1892. *Idaho Yesterdays* 28(1): 18–23

JACKSON, Clarence, S., 1947, *Picture Maker of the Old West: William H. Jackson*. N. Y.: Charles Scribner's Sons

JACKSON, William Henry, 1874, *Descriptive Catalogue of the Photographs of the United States Geological Survey of the Territories for the Years 1869 to 1873, Inclusive*. U. S. Department of Interior Miscellaneous Publication No. 5, 1st ed. only. Washington DC: G. P. O.

JACKSON, William Henry, 1877, *Descriptive Catalogue of Photographs of North American Indians*. U. S. Department of Interior Miscellaneous Publications No. 9. Washington DC: G. P.O.

JACKSON, William Henry, 1917, (Autobiography) (Manuscript and Pamphlet file no. 394 of the USNM National Anthropological Archives, Smithsonian Institution, Washington DC)

JACKSON, William Henry and Howard R. Driggs, 1929, *The Pioneer Photographer*. Yonkers on Hudson, N. Y.: World Book Co.

JACKSON, William Henry, 1940, *Time Exposure: The Autobiography of William Henry Jackson*. N. Y.: G. P. Putnam's Sons

JACKSON, William Henry, 1959, *The Diaries of William Henry Jackson Frontier Photographer to California and Return, 1866–67; and With the Hayden Surveys to the Central Rockies, 1873, nd to the Utes and Cliff Dwellings, 1874*. Edited by LeRoy Reuben Hafen and Ann W. Hafen. *Far West and Rockies Series*, vol. 10. Glendale, Calif.: Arthur H. Clark Co.

JOHN, C. H. Grabill's Photographs of the Last Conflict 1984, Between the Sioux and the United States Military, 1890–1891. *South Dakota History* (14(3): 222–37

JOHN Alvin Anderson, Frontier Photographer. 1970, *Nebraska History* 51(4): 469–80

JOHNSTON, Patricia Condon, 1978, The Indian Photographs of Roland Reed; *The American West* 15(2): 44–57

JOHNSTON, Patricia Condon, 1980, Truman Ingersoll: St. Paul Photographer Pictured the World: *Minnesota History*, 47(4): 122–32

JONES, Stephen Vandiver, 1949, ›Journal of John F. Steward. Edited by William Culp Darrah.‹ *Utah Historical Quarterly* 16(1–4): 19–174

JONES, William C. and Elizabeth B. Jones, 1975, *William Henry Jackson's Colorado*. Boulder, Colorado: Pruett Publishing Co.

JONES, William A., 1984, ›A Naturalist's Vision: The Landscape Photography of Henry Wetherbey Henshaw.‹ *History of Photography* 8(3): 169–74

JUDD, Neil, 1967, *The Bureau of American Ethnology: A Partial History*. Norman: Univ. of Okla. Press

KAPPLER, Charles J., comp. & ed., 1904, *Indian Affairs, Laws and Treaties*. vol. 2, *Treaties*. Washington, DC: G. P. O.

KELLY, Fanny, 1871, *Narrative of My Captivity Among the Sioux Indians*. Cincinnati: Wilstach, Baldwin & Co.

KUNHARDT, Dorothy Meserve and Philip B. Kunhardt, Jr., 1977, *Mathew Brady and His World*. Alexandria, Va.: Time-Life Books

KURUTZ, Gary F., 1978, »Courtesy of Title Insurance and Trust Company«: The Historical Collection at California Historical Society's Los Angeles History Center. *California History* 57(2): 186–94

KVASNICKA, Robert M. and Jane F. Smith, eds. 1976, *Indian-White Relations: A Presistent Paradox*. Washington DC: Howard Univ. Press. (Papers and Proceedings of the National Archives Conference as Research in the History of Indian-White Relations, sponsored by National Archive and Records Service, June 15, 1972)

KVASNICKA, Robert M. and Herman J. Viola, eds., 1979, *The Commissioners of Indian Affairs*, 1824–1977. Lincoln: Univ. of Neb. Press

LASS, William E. and Wesley R. Hurt, 1956, *Frontier Photographer, Stanley J. Morrow's*, 1956, *Dakota Years*. Vermillion: Univ. South Dakota

LONDON, Barbara and Lee D. Witkin, 1979, *The Photograph Collector's Guide*. Boston: New York Graphic Society

LYMAN, Christopher, 1982, *The Vanishing Race and Other Illusions: Photographs of Indians by Edward S. Curtis*. Introduction by Vine Deloria, Jr N. Y.: Pantheon Books; Washington DC: SI Press

MACEWAN, Grant, 1973, *Sitting Bull: The Years In Canada*. Edmonton, Alberta: Hurtig Pub.

MAHOOD, Ruth I., 1961, *Photographer of the Southwest: Adam Clar Vroman*, 1856–1916. Los Angeles: Ward Ritchie Press

MANGAN, Terry William, 1975, *Colorado On Glass: Colorado's First Half Century as Seen by the Camera*. Denver: Sundance

MARDER, William, and Estelle Marder, 1982, *Anthony: The Man, the Company, the Cameras*. (Plantation, Fla.): Pine Ridge Pub. Company

MATTESON, Sumner W., 1906, The Fourth of July Celebration at Fort Belknap. *Pacific Monthly* 16(1): 93–103

MATTISON, David, 1985, *Camera Workers: The British Columbia Photographers Directory* 1858–1900. Victoria. B. C.: Camera Workers Press

MAUER, Stephen G., 1985, Frederick Hamer Maude: Photographer of the Southwest. *Masterkey* 59(1): 12–17

MCBRIDE, Dorothy McFatridge, 1970, Hoosier Schoolmaster Among the Sioux. *Montana, The Magazine of Western History* 20(4): 78–97

MCCLEES, James E., (1858), *Indian Catalogue: Mc Cless' Photograph Gallery*. (In MS.76–112, W. W. Turner papers, National Anthropological Archives, Smithsonian Institution, Washington DC)

MCCLINTOCK, Walter, 1949, ›How It Was Possible to Make the Blackfoot Indian Collection.‹ *Yale University Library Gazette* 23(4): 159–74

MCNICKLE, D'Arcy, 1972, *The Emergent Native Americans*. Edited by Deward Walker, Jr. Boston: Little, Brown & Co.

MILLER, Nina Hull, 1962, *Shutters West*. Denver: Sage Books

MITCHELL, Lee Clark, 1982, *Witnesses to a Vanishing America: The Nineteenth-century Response*. Princeton: Princeton Univ. Press.

MITCHELL, Lynn, (1984?), ›George E. Trager: Frontier Photographer at Wounded Knee‹ (Unpublished papers of Dec. 1984; typescript in SINAA)

MONETA, Daniela P., ed., 1985, *Charles F. Lummis: The Centennial Exhibition. Commemorating His Tramp Across the Continent*. Los Angeles: Southwest Museum

MOORE, Harold and Michael Flecky, S. J., 1976, *Photo Album: St Francis Mission, School, and Community* 1886–1976. St Francis, South Dakota: Rosebud Educational Society

MOOREHOUSE, Lee (Maj.), 1906, *Souvenir Album of Noted Indian Photographs*. Pendleton, Oregon: Lee Moorhouse

MORA, Joseph Jacinto, 1979, *The Year of the Hopi: Paintings and Photographs by Joseph Mora*, 1904–06. (An exhibition organized and circulated by Smithsonian Institution Traveling Exhibition Service, 1979–1981) N. Y.: Rizzoli

MOSES, Lester George, and Margaret Connell Szasz, 1984a, ›Indian Revitalization Movements of the Later-Nineteenth Century.‹ *Journal of the West* 23(1): 5–15

MOSES, Lester George, 1984b, *The Indian Man: A Biography of James Mooney*. Chicago: Univ. of Ill. Press

MOSES, Lester George, 1984c, ›Wild West Shows, Reformers, and the Image of the American Indian, 1887–1914.‹ *South Dakota History* 14(3): 1932–221

MOZLEY, Anita Ventura, ed., 1972, *Eadweard Muybridge: The Stanford Years*. 1872–1882. San Francisco: Sanford Museum of Art

MURRAY, Keith A., 1959, *The Modocs and Their War*. Norman: Univ. of Okla. Press

MUSEUM OF MODERN ART NEW YORK, 1966, *The Hampton Album: Forty-four Photographs by Frances Benjamin Johnston from an Album of Hampton Institute*. Garden City, N. Y.: Doubleday & Co.

MUSICK, James, B., 1939, ›Billy Bowlegs by Carl Wimar.‹ *Bulletin of the City Art Museum of Saint Louis* 24(1): 8–11

MUSICK, James B., 1942, Three Sketch Books of Carl Wimar. *Bulletin of the City Art Museum of Saint Louis* 27(1 & 2): 10–14

NAEF, Weston J., James N. Wood, and Therese Thau Heyman, 1975, *Era of Exploration: The Rise of Landscape Photography in the American West*, 1860–1885. Buffalo, N. Y.: Albright-Knox Art Gallery and The Metropolitan Museum of Art; distributed by New York Graphic Society, Boston

NEWCOMBE, Barbara T., 1976, »A Portion of the American People«: The Sioux Sign a Treaty in Washington in 1858. *Minnesota History* 45(3): 82–96

NEWHALL, Beaumont, 1954, ›Minnesota Daguerreotypes.‹ *Minnesota History* 34(1): 28–33

NEWHALL, Beaumont, 1964, *The History of Photography from 1839 to the Present Day.* N. Y.: The Museum of Modern Art in collaboration with the George Eastman House, Rochester

NEWHALL, Beaumont, and Diana E. Edkins, 1974, *William H. Jackson.* Dobbs Ferry, N. Y.: Morgan & Morgan in association with Amon Carter Museum, Fort Worth, Texas

NEWHALL, Beaumont, 1976, *The Daguerreotype in America.* N. Y.: Dover Publications

NEWHALL, Beaumont, 1982, *The History of Photography from 1839 to the Present.* N. Y.: The Museum of Modern Art; distributed by New York Graphic Society Books & Little, Brown & Co., Boston

NIEHARDT, John G., 1972, *Black El Speaks: Being the Life Story of a Holy Man of the Oglala Sioux.* N. Y.: Simon & Schuster

NOELKE, Virginia, 1974, *The Origin and Early History of the B. A. E.,* 1879–1910. Ph. D. diss., Univ. of Texas, Austin. Ann Arbor: Univ. Microfilms

NYE, Wilbur Sturtevant, 1968, *Plains Indian Raiders: The Final Phases of Warfare From the Arkansas to the Red River.* Norman: Univ. of Okla. Press

OEHSER, Paul H., 1977, ›De Lancey Gill (1859–1940).‹ *Cosmos Club Bulletin* 30(7–8): 4–8

O'NEIL, Paul and the Editors of Time-Life Books, 1979, *The End and the Myth.* The Old West Series. Alexandria, Va.: Time-Life Books

OSTROFF, Eugene, 1981, *Western Views and Eastern Visions.* (Exhibition and catalog circulated by Smithsonian Institution Traveling Exhibition Service) Washington DC: SITES

PACKARD, Gar, and Maggy Packard, 1970, *Southwest 1880 with Ben Wittick Pioneer Photographer of Indian and Frontier Life.* Santa Fe: Packard Publications

PALMQUIST, Peter, 1977, ›Imagemakers of the Modoc War: Louis Heller and Eadweard Muybridge.‹ *Journal of California Anthropology* 4(2): 206–21

PALMQUIST, Peter E., 1978, ›Photographing the Modoc Indian War: Louis Heller versus Eadweard Muybridge.‹ *History of Photography* 2(3): 187–205

PETERSON, Karen Daniels, 1971, *Plains Indian Art from Fort Marion.* Norman: Univ. of Okla. Press

PHOTOGRAPHS of the Principal Chiefs of the North American Indians, taken when they have visited Washington as Deputations from their Tribes. (1865) Salisbury, England: Trustees of the Blackmore Museum

PILLING, Arnold R., (1975), *William Henry Jackson, an Anthropological Photographer in the Southwest.* SINAA, Washington DC Mimeo

POLITO, Ronald, 1983, *A Directory of Boston Photographers:* 1840–1900. 2nd ed. Boston: Univ. Mass. at Boston

PORTER, Eliot, ed., 1969, *Down the Colorado: Diary of the First Trip through the Grand Canyon,* 1869. N.Y.: E. P. Dutton

POWELL, John Wesley, 1969, *Down the Colorado: Diary of the First Trip through the Grand Canyon,* 1869. Edited by Eliot Porter. N. Y.: E. P. Dutton

POWELL, Peter John (Father), 1981, *People of the Sacred Mountain: A History of the Northern Cheyenne Chiefs and Warrior Societies,* 1830–1879, *With an Epilogue* 1969–1974. 2 vols. San Francisco: Harper & Row

POWELL, Walter Clement, 1949, ›Journal of John F. Steward, Edited by William Culp Darrah.‹ *Utah Historical Quarterly* 17–18(1–4): 181–251

PREUSS, Charles, 1958, *Exploring with Fremont: The Private Diaries of Charles Preuss, Cartographer for John C. Fremont on His First, Second, and Fourth Expeditions to the Far West.* Trans and ed. by Erwin G. Gudde, and Elisabeth K. Gudde. Norman: Univ. of Okla. Press

PRIEST, Loring Benson, 1942, *Uncle Sam's Stepchildren: The Reformation of United States Indian Policy.* 1865–1887. New Brunswick: Rutgers Univ. Press

PRUCHA, Francis Paul (S.J.), 1964, *A Guide to the Military Posts of the United States 1798–1895.* Madison: The State Hist. Soc. of Wisc.

PRUCHA, Francis Paul (S.J.), 1976, *American Indian Policy in Crisis: Christian Reformers and the Indian,* 1865–1900. Norman: Univ. of Okla. Press

PRUCHA, Francis Paul (S. J.), 1977, *A Bibliographical Guide to the History of Indian-White Relations in the United States.* Chicago: Univ. of Chicago Press

PRUCHA, Francis Paul (S. J.), 1984, *The Great Father: The United States Government and the American Indians.* 2 vols. Lincoln: Univ. of Neb. Press

RAHILL, Peter J., 1953, *The Catholic Indian Missions and Grant's Peace Policy.* Washington DC: Catholic Univ. of America Press

RATHBONE, Perry T., 1946, ›Charles Wimar: 1828–1862.‹ *Bulletin of the City Art Museum of Saint Louis* 31(2&3): 5–77

RINEHART, Frank A., 1900, *Rinehart's Prints of American Indians.* Omaha. Neb.: Frank A. Rinehart

ROARK, Carol, 1984, ›Ed Irwin (William E. Irwin).‹ Biography in letter to author, Oct., 1984. Typescript

ROBERTS, Gary L., 1978, In Search of Little Wolf... A Tangled Photographic Record. *Montana, The Magazine of Western History* 27(3): 48–61

ROBERTS, Gary L., 1978, The Shame of Little Wolf.‹ *Montana, The Magazine of Western History* 28(3): 36–47

RUBY, Jay, 1981, ›Photographs of the Piegan by Roland Reed.‹ *Studies in Visual Communication* 7(1): 48–62

RUDISILL, Richard, 1971, *Mirror Image: The Influence of the Daguerreotype on American Society.* Albuquerque. Univ. of New Mexico Press

RUDISILL, Richard, 1973, *Photographers of the New Mexico Territory* 1854–1912. Albuquerque: Univ. Printing Plant, Museum of New Mexico

RUDISILL, Richard, 1975, *A Problem in Attribution.* (Treats problem of attribution of Jackson photos.) Author's files, SINAA, Washington DC Mimeo

SAMPSON, John, 1869, ›Photographs from the High Rockies.‹ *Harper's New Monthly Magazine* 29(33): 466–73

SCHERER, Joanna Cohan, 1975a, ›Introduction: Pictures as Documents (Resources for the Study of North American Ethnohistory).‹ *Studies in the Anthropology of Visual Communication* 2(2): 65–66

SCHERER, Joanna Cohan, 1975b, ›You Can't Believe Your Eyes: Inaccuracies in Photographs of North American Indians.‹ *Studies in the Anthropology of Visual Communication* 2(2): 67–79

SCOTT, John C. (O. S. B.), 1984, ›To Do Some Good Among the Indians: Nineteenth Century Benedictine Indian Missions.‹ *Journal of the West* 23(1): 26–36

(SHINDLER, Antonio Zeno), 1867 (1869), *Photographic Portraits of North American Indians in the Gallery of the Smithsonian Institution* (wrong pub. date of 1867 on cover) in Smithsonian Miscellaneous Collections, 1876, vol. 14(216).

SLEMMONS, Rod, 1983, *Frank Fiske and Western Photography.* Bismarck: N. D. Heritage Foundation, Inc.

SMITH, Jane F., and Robert M. Kvasnicka, eds., 1976, *Indian-White Relations: A Persistent Paradox.* Washington DC: Howard Univ. Press. (Papers and Proceedings of the National Archives Conference on Research in the History of Indian-White Relations, sponsored by National Archive and Records Service, June 15, 1972)

SMITH, Margaret Denton, and Mary Louise Tucker, 1982, *Photography in New Orleans: The Early Years,* 1840–1865. Baton Rouge: Louisiana State Univ. Press

SNELL, Joseph W., 1958, ›Some Rare Western Photography by Albert Bierstadt Now in the Historical Society Collections.‹ *The Kansas Historical Quarterly* 24(1): 1–5

SONTAG, Susan, 1977, *On Photography.* N. Y.: Ferrar, Strauss & Gioroux

STEWARD, John F., 1949, ›Journal of John F. Steward. Edited by William Culp Darrah.‹ *Utah Historical Quarterly* 17–18(1–4): 181–251

STEWART, Julian H., 1939, *Notes on Hillers' Photographs of the Paiute and Ute Indians Taken on the Powell Expedition of* 1873. Smithsonian Miscellaneous Collections, vol. 98, no. 18. Washington DC: G. P. O.

STONE, Elizabeth Arnold, (1924), *Uinta County: Its Place in History.* Glendale, Calif.: Arthur H. Clark Co.

SZASZ, Margaret Connell and Lester George Moses, 1984, *The Indian Man: A Biography of James Mooney.* Chicago: Univ. of Ill. Press

TAFT, Robert, 1934, ›A Photographic History of Early Kansas. *Kansas Historical Quarterly* 3(1): 3–14

TAFT, Robert, 1937, ›Additional Notes on the Gardner Photographs of Kansas.‹ *Kansas Historical Quarterly* 6(2): 175–77

TAFT, Robert, 1938, *Photography and the American Scene: A Social History*, 1839–1889. N. Y.: Macmillan Co. (Reprinted 1964. Dover Pub.)

TAYLOR, Colin, 1975, *The Warriors of the Plains*. N. Y.: Hamlyn

THOMPSON, Erwin N., 1971, *Modoc War: Its Military History and Topography*. Sacramento: Argus Books

TILDEN, Freeman, 1964, *Following the Frontier with F. Jay Haynes: Pioneer Photographer of the Old West*. N. Y.: Knopf

TUCKER, Mary Louise and Margaret Denton Smith, 1982, *Photography in New Orleans: The Early Years*, 1840–1865. Baton Rouge: Louisiana State Univ. Press

ULKE, Titus, 1937, *Life and Works of the Portrait-Painter, Henry Ulke* (1821–1910). (Typescript in vertical file, National Portrait Gallery Library, SI, Washington DC)

UNDERHILL, Ruth, 1965, *Red Man's Religion*. Chicago. Univ. of Chicago Press

UTLEY, Robert M. 1963, *The Last Days of the Sioux Nation*. New Haven: Yale Univ. Press

UTLEY, Robert M., 1973, *Frontier Regulars: The United States Army and The Indian*, 1866–1891. N. Y.: Macmillan Co.

UTLEY, Robert M., and Wilcomb E. Washburn, 1977, *The American Heritage History of the Indian Wars*. N. Y.: American Heritage Pub. Co.

VAN RAVENSWAAY, Charles, 1953, The Pioneer Photographers of St. Louis. *Bulletin of the Missouri Historical Society* 10(1): 48–71

VAN VALKENBURGH, Richard, 1942, ›Ben Wittick: Pioneer Photographer of the Southwest.‹ *Arizona Highways* 18(8): 36–39

VIOLA, Herman J., 1976, *The Indian Legacy of Charles Bird King*. Washington DC: Smithsonian Institution Press

VIOLA, Herman J., 1981, *Diplomats in Buckskins: A History of Indian Delegations in Washington City*. Washington DC: Smithsonian Institution Press

VIOLA, Herman J., (c. 1981), (Notes relating to Indian Delegations) (Manuscript in SINAA)

VIOLA, Herman J. and Robert M. Kvasnicka, eds. *The Commissioners of Indian Affairs*, 1824–1977. Lincoln: Univ. of Neb. Press

VYZRALEK, Frank E., 1971, ›Down the Missouri in 1918: A Photographic Journey with Frank Fiske.‹ *North Dakota History* 38(4): 502–17

VYZRALEK, Frank, 1983, *Frank Bennett Fiske*. Bismarck: North Dakota Heritage Foundation

WADSWORTH, Nelson B., (1975), *Through Camera Eyes*. Provo, Utah: Brigham Young Univ. Press

WASHBURN, Wilcomb E., 1973, *The American Indian and the United States: A Documentary History*. 4 vols. N. Y.: Random House

WASHBURN, Wilcomb E. and Robert M. Utley, 1977, *The American Heritage History of the Indian Wars*. N. Y.: American Heritage Pub. Co.

WATSON, Elmo Scott, 1948, ›Photographing the Frontier.‹ *The Westerner's Brandbook*, 4(11): 61–68

WATSON, Elmo Scott, 1949, ›Local Man Took First Picture of Sitting Bull in 1881.‹ *Bismarck Tribune*, May 12, 1949

WATSON, Elmo Scott, 1962, ›Orlando Scott Goff, Pioneer Dakota Photographer.‹ *North Dakota History* 29(1 and 2): 210–15

WEBB, William and Robert A. Weinstein, 1973, *Dwellers at the Source: Southwestern Indian Photographs of A. C. Vroman*, 1895–1904. N. Y.: Grossman Publishers

WEINSTEIN, Robert A., 1978, ›Silent Witnesses‹. *G. Ray Hawkins Gallery Photo Bulletin*, 1(4).

WEINSTEIN, Robert A. and Russell E. Belous, 1966, ›Indian Portraits: Fort Sill, 1869.‹ *The American West* 3(1): 50–63

WEINSTEIN, Robert A. and Russell E. Belous, 1969, *Will Sonte: Indian Photographer at Ft. Sill, Oklahoma* 1869–74, Los Angeles, Ward Ritchie Press

WHEELER, George Montague, 1874, *Progress Report Upon Geographical and Geological Explorations and Surveys West of the One Hundredth Meridian*. Washington DC: G. P. O.

WHEELER, George Montague, 1875, *Report Upon United States Geographical and Geological Explorations and Surveys West of the One Hundredth Meridian*, vol. 3, *Geology*. Washington DC: G. P. O.

WHEELER, George Montague, 1889, *Report Upon United States Geographical Surveys West of the One Hundredth Meridian*, vol. 1. *Geographical Report*. Washington DC: G. P. O.

WHEELER, George Montague, 1983, *Wheeler's Photographic Survey of the American West*, 1871–1873. *With 50 Landscape Photographs by Timothy O'Sullivan and William Bell*. N. Y.: Dover

WHEELER, Keith, and the Editors of Time-Life Books, 1976, *The Chroniclers*. The Old West series. N. Y.: Time-Life Books

WHEELER, Keith, and the Editors of Time-Life Books, 1978, *The Scouts*. The Old West series, Alexandria. Va.: Time-Life Books

WHITE, Helen McCann, 1981, »His World/Was Art,« Dr Andrew Falkenshield. *Minnesota History* 47(5): 184–88

WHITE, Leslie, 1949, *The Science of Culture*. N. Y.: Farrar, Straus & Giroux: 15–16

WILKS, Claire Weissman, 1980, *The Magic Box: The Eccentric Genius of Hannah Maynard, Photographer*, 1834–1918, Canada. Toronto: Exile Editions Ltd

WILLIAMS, Bradley, B., 1981, ›Charles F. Lummis: Crusader with a Camera.‹ *History of Photography* 5(3): 207–71

WILSON, Joseph M., 1883, *A Eulogy on the Life and Character of Alexander Gardner, Delivered at a Stated Communication of Lebanon Lodge, No. 7, F. A. A. M., Jan.* 19, 1883. Washington DC: Beresford

WISSLER, Clark, 1923, *Man and Culture*, N. Y.: Thomas Y. Crowell

WITKIN, Lee D. and Barbara London, 1979, *The Photograph Collector's Guide*. Boston: New York Graphic Society

WOOD, James N., Therese Thau Heyman and Weston J. Naef, 1975, *Era of Exploration: The Rise of Landscape Photography in the American West*, 1860–1885. Buffalo, N. Y.: Albright-Knox Art Gallery and The Metropolitan Museum of Art; distributed by New York Graphic Society, Boston

WOODCOCK, Clarence, and Robert Bigart, 1979, The Trans-Mississippi Exposition of the Flathead Delegation. *Montana, The Magazine of Western History* 29(4): 16–17

BILDNACHWEIS

Die Archiv-Nummern der Foto-Negative sind in Klammern hinter den Nummern der Tafeln angegeben

Amon Carter Museum: 1.1 (79.38)

Colorado Historical Society: 3.9 (834-WPA)

From the collection of Gail Dane Gomberg Propp: 2.8

Kansas State Historical Society: 1.3 (FO5); 3.23; 5.4

Library of Congress, Washington DC: 5.2 (10730; 262–9065); 9.1 (10731/K2–91)

Minnesota Historical Society: 3.7; 3.8

National Archives and Records Administration: 2.9 (111-B-4669); 3.22 (111-SC82964); 4.2 (111-SC-87964); 5.6; 5.10; 5.19; 5.42 (57-PS-809-213)

National Museum of American Art: 2.3 (Catlin 474)

Princeton University Library, Western Americana, Sheldon Jackson Collection: 4.27 (50); 4.28 (72)

Seaver Center for Western History Research, Los Angeles County Museum of Natural History: 8.10

Smithsonian Institution National Anthropological Archives: 1.2 (85–12, 590), 1.4 (741-A); 1.5 (498-D); 2.1 (3243-A-1); 2.2 (2860-ZZ-21); 2.4 (240-A); 2.5 (196); 2.6 (3671-B-5); 2.7 (3108); 2.10 (3505-B); 2.11 (3566-A); 2.12 (3509-A); 2.13 (3632); 2.14 (79–4274); 2.15 (3471); 2.16 (3545-A); 2.17 (3635); 2.18 (3135-C); 2.19 (3572); 2.20 (77-13,305); 2.21 (3686); 2.22(691-B); 2.23 (1079); 2.24 (3120-A); 2.25 (3132-B); 2.26 (3121); 2.27 (3431-B); 2.28 (3419); 2.29 (source print 4420 v. 6; SPC 01 0091.00); 2.30 (2906); 2.31 (3307-C); 2.32 (3179-C); 3.1 (47.000); 3.2 (3485-D); 3.3 (43,631); 3.4 (3508); 3.5 (456); 3.6 (3469); 3.10 (2860-S-2); 3.11 (2860-W); 3.12 (3052-B); 3.13 (86-4130); 3.14 (84-5680); 3.15 (3051-B); 3.16 (3054-A); 3.17 (56,496); 3.18 (56,497); 3.19 (78/545); 3.20 (3711-N-2); 3.21 (56,193); 3.24 (75-8315); 3.25 (43,003-A) 3.26 (2575-F); 3.27 (43,003-B); 3.28 (75-8303); 3.29 (3200-B-15); 3.30 (3200-B-10); 3.31 (55,018); 3.32 (47,685-B); 3.33 (3200-B-1); 3.34 (3200-B-7); 3.35 (86-4131); 3.36 (86-4134); 3.37 (86-4133); 3.38 (86-4132); 3.39 (42,827); 4.1 (56,472); 4.3 (56,519); 4.4 (45,479-F); 4.5 (996-G-2); 4.6 (56,630); 4.7 (56,092); 4.8 (1063-F-2); 4.9 (76-6091); 4.10 (2575-i); 4.11 (75-8290); 4.12 (2575-J); 4.13 (43,005-B); 4.14 (2860-V-8); 4.15 (56,539); 4.16 (81-2171); 4.17 (72-514); 4.18 (38,583-C); 4.19 (3421-B-2); 4.20 (3649-B-2); 4.21 (2517-A); 4.22 (55,054); 4.23 (MHT 60,753); 4.24 (55,517); 4.25 (55,516); 4.26 (2251-D-2); 4.29 (53,502); 4.30 (53,378); 4.31 (53,380); 4.32 (53,374); 4.33 (53,372-B); 4.34 (53,340-C); 4.35 (53,413-C); 4.36 (78-2944); 4,37 (1169-N); 4.38 (72-496); 4.39 (56,280); 4.40 (56,258); 4.41 (75-10,326); 4.42 (4644); 5.1 (Coll. 78); 5.3 Coll. 78); 5.5 (Coll. 78), 5.7 (Coll. 78); 5.8 (Coll. 78); 5.9 (Coll. 78); 5.11 (Coll. 78); 5.12 (Coll. 78); 5.13 (Coll. 78); 5.14 (Coll. 78); 5.15 (Coll. 78; 5.16 (Coll. 78); 5.17 (34,068D); 5.18 (34,068B); 5.20 (1713); 5.21 (1668); 5.22 (1663-A); 5.23 (1245-B); 5.24 (56,528); 6.25 (Hayden 9-B); 5.26 (1506); 5.27 (1827A); 5.28 (1841C); 5.29 (1712-A); 5.30 (Hayden 1); 5.31 (Hayden 7); 5.32 (Hayden SIA-7); 5.33 (1535); 5.34 (2395); 5.35 (1623); 5.36 (1592a); 5.37 (1653); 5.38 (1654); 5.39 (1599); 5.40 (1613-A-1); 5.41 (1632); 5.43 (1591); 5.44 (1636); 5.45 (1662-a); 5.46 (264); 6.1 (2145); 6.2 (2355); 6.3 (2267-E); 6.4 (2267A); 6.5 (2382); 6.6 (Portrait 22E); 6.7 (78-12,294); 6.8 (86-4099); 6.9 (49,389-A); 6.10 (1807A); 6.11 (1825A); 6.12 (1835A); 6.13(2064); 6.14 (Arizona 120); 6.15 (1846); 6.16 (1817-A-5); 6.17 (2432); 6.18 (2189); 6.19 (2374); 6.20 (1983C); 6.21 (42,189-E);6.22 (2107); 6.23 (2372-A-4); 6.24 (81-9625); 6.25 (2981-A); 6.26 (4459); 6.27 (1008); 6.28 (1044-B); 6.29 (55,298); 6.30 (1034-A-1); 6.31 (81-9626); 6.32 (1655-A); 6.33 (1659-A-1); 6.34 (56, 782); 635 (1659-C); 6.36 (57,062); 6.37 (2458-F); 6.38 (2433); 6.39 (1878-B); 6.40 (79-8493); 6.41 (2412); 6.42 (1824-D); 6.43 (83-9704); 6.44 (86-4100); 6.45 (1426-A); 6.46 (4117); 6.47 (38,582-D); 6.48 (SI-3946); 6.49 (42,977A); 6.50 (4262); 6.51 (4277-A-1); 6.52 (4289-A-1); 7.1 (303-B); 7.2 (73-9466); 7.3 (3184-A); 7.5 (893); 7.6 (3834-A-1); 7.7 (3834-A-2); 7.8 (3461-A); 7.9 (3648-A); 7.10 (581-B-1); 7.11(581-B-2); 7.12 (3315-B); 7.13 (3793-A); 7.14 (2969-A); 7.15 (1760-C); 7.16 (3159-A); 7.17 (56,072); 7.18 (2913-B); 7.19 (2506-B); 7.20 (3195-D-2); 8.1 (46,736-C); 8.2 (56,523); 8.3 (86-4102); 8.4 (74-3623); 8.5 (56,942); 8.6 (43,201-A); 8.7 (84-16,042);8.8 (617); 8.9 (56,538); 8.11 (32,357); 8.12 (44,258); 8.13 (54,630); 8.14 (42,975-A); 8.15 (56,651); 8.16 (55,781); 8.17 (3656-B); 8.18 (3661-E); 8.19 (3189-B-10); 8.20 (55,719); 8.21 (85-13,352); 8.22 (1564); 8.23 (75-5659); 8.24 (56,720); 8.25 (43, 114-A); 8.26 (3179-B-6); 8.27 (76-15,144); 8.28 (56,608); 8.29 (1911); 8.30 (2987-B-12); 8.31 (76-13,466); 8.32 (56,955); 8.33 (45,480-G); 9.2 (3696-E-172-B); 9.3 (75-11252); 9.4 (76-15853); 9.5 (75-11253); 9.6 (86-4103); 9.7 (83-9383); 9.8 (86-4101); 9.9 (86-4098); 9.10 (76-3396); 9.11 (86-2842); 9.12 (4703); 9.13(4704); 9.14(4710); 9.15(4712); 9.16 (4711); 9.17 (47,702E); 9.18 (47,702B); 9.19 (47,704K); 9.20 (83-7809); 9.21 (83-7851); 9.22 (83-7759); 9.23 (83-7744); 9.24 (83-7819); 9.25 (83-7738)

Smithsonian Institution National Numismatic Collection: 7.4 (86-4812)

REGISTER

Kursivziffern verweisen auf die Abbildungen